GRUNDRISSE DES RECHTS

Rüthers/Fischer/Birk · Rechtstheorie

Rechtstheorie

mit Juristischer Methodenlehre

von

Dr. iur. Dres. h. c. Bernd Rüthers

em. o. Professor an der Universität Konstanz
vormals Richter am Oberlandesgericht

Dr. iur. Christian Fischer

o. Professor an der Friedrich-Schiller-Universität Jena

Dr. iur. Axel Birk

Professor an der Hochschule Heilbronn

10., überarbeitete Auflage 2018

C.H.BECK

www.beck.de

ISBN 978 3 406 71279 1

Wilhelmstraße 9, 80801 München
Druck und Bindung: Nomos Verlagsgesellschaft mbH & Co. KG
In den Lissen 12, 76547 Sinzheim

Satz: Thomas Schäfer, www.schaefer-buchsatz.de
Umschlaggestaltung: Druckerei C.H.Beck Nördlingen

Gedruckt auf säurefreiem, alterungsbeständigem Papier
(hergestellt aus chlorfrei gebleichtem Zellstoff)

Remota itaque iustitia quid sunt regna
nisi magna latrocinia?

Was sind Reiche, wenn ihnen die
Gerechtigkeit fehlt, anderes als
große Räuberbanden?

Augustinus von Hippo (354–430)
De civitate Dei, Liber IV [4, 1]

Ein Bereich der Ästhetik,
den wir noch nicht entdeckt haben,
ist die Schönheit des Rechts.
Über die Schönheit der Künste, eines
Menschen, der Natur können wir uns
halbwegs einigen.
Aber – Recht
und Gerechtigkeit sind auch schön,
wenn sie vollzogen werden.

Heinrich Böll

Vorwort

Die zehnte Auflage dieses Buches erscheint 19 Jahre nach dem Erscheinen der Erstauflage. Das bestätigt das wachsende Interesse an den Grundfragen der Rechtswissenschaft bei den Studierenden, in der Praxis und in der Wissenschaft. Die rasante, eher zunehmende Veränderungsgeschwindigkeit aller Lebensbereiche hat die zentrale Bedeutung der Fächer Rechtstheorie und Juristische Methodenlehre neu ins Bewußtsein gehoben. Grundkenntnisse der Rechtstheorie und der juristischen Methodenlehre sind unverzichtbare Voraussetzungen für eine wissenschaftliche Arbeit in allen juristischen Berufen.

Das Buch ist ein Lernbuch für Studierende, Praktiker und am Recht interessierte Bürger. Der studentische Leser sollte sich vom Umfang nicht abschrecken lassen. Es deckt Gebiete ab, die üblicherweise in mehreren Büchern behandelt werden. Um das zu verdeutlichen, haben wir den Titel ergänzt.

Das Fach Rechtstheorie umfaßt nach unserem Verständnis die Teildisziplinen Rechtsphilosophie, Allgemeine Rechtslehre und Juristische Methodenlehre. Es geht um drei zentrale Fragen aller juristischen Berufe: Was ist Recht? Warum gilt Recht? Wie wird Recht zutreffend angewendet? Als Jurist verantwortlich wirken kann nur, wer die Grundlagen und Funktionsweisen des Rechts, seine Geltungsgründe und die Folgen seiner Anwendungsmethoden kennt und bedenkt. Dazu müssen Juristen über den Gesetzesgehorsam hinaus die geschichtlichen, gesellschaftlichen, politischen und weltanschaulichen Zusammenhänge des Rechts kennen. Erst die Grundlagenfächer vermitteln jene Perspektiven, die aus der „Juristerei" eine Wissenschaft machen können.

Die Rechtstheorie wird in den Ausbildungsordnungen mehrerer Bundesländer neben anderen Grundlagenfächern (Rechtsgeschichte, Rechtsphilosophie, Rechtssoziologie) zu einem „Pflichtwahlfach“ herabgestuft. Den Studierenden wird dadurch suggeriert, man könne sie „abwählen“. Daneben haben namhafte Autoren von gängigen („klassischen“) Lehr- und Handbüchern über Jahrzehnte hin die dramatischen Umwälzungen der Rechtsideen, Grundwerte, Dogmatiken und Auslegungsmethoden in der jüngeren deutschen Geschichte, vor allem in den zwei totalitären Diktaturen entweder verschwiegen oder mehr pauschal abgetan als analysiert. Das ist verständlich. Justiz und Jurisprudenz waren an den beiden Rechtsperversionen im NS-Staat und im SED-Staat maßgeblich beteiligt. Durch das weitgehende Verschweigen dieser methodischen Wendepraktiken über Jahrzehnte hin sind in Generationen junger Juristen verfälschte Bilder der jüngeren Rechts- und Methodengeschichte entstanden. Auch in neuesten Lehr- und Handbüchern werden diese Bewußtseinslücken bisweilen unreflektiert weitergegeben und wirken vielfältig weiter. Das bewußt zu machen ist eines der Motive der Autoren. Nach einer langen Schweigespirale ist es in den letzten Jahren zu der überfälligen Methodendiskussion in der deutschen Rechtswissenschaft und auch in den obersten Bundesgerichten gekommen.

Nach dem Grundgesetz (Art. 20 und 28 Abs. 1) ist die Bundesrepublik ein demokratischer Rechtsstaat. Die erwähnte rasante Veränderungsgeschwindigkeit in allen Lebensbereichen und der kurzfristig fällige Wandel der „Grundwerte" in den genannten Verfassungsumbrüchen erforderten jeweils eine Anpassung der überkommenden Gesetzesordnung an die jeweils neue „Lage". Die Gesetzgebung konnte das in der geforderten Geschwindigkeit nicht leisten. Die Justiz und die Jurisprudenz traten oft in vorauseilendem Gehorsam an ihre Stelle. Aus der Herrschaft der Gesetze wurde so eine Herrschaft des „Richterrechts". Der Rechtsstaat wurde – durchaus im Rahmen der verfassungsmäßigen Ordnung – zunehmend zum Richterstaat. Geltendes Recht ist in der Praxis des Alltags heute für alle Staatsorgane das, was die zuständigen letzten Gerichtsinstanzen rechtskräftig entschieden haben. Das gilt sowohl national (Bundesgerichte, Bundesverfassungsgericht) als auch international (EuGH und EGMR). Dieser grundlegende Wandel der Verfassungsstruktur, der Rechtsquellen und des Staatshandelns wird in der deutschen Juristenausbildung selten bewußt gemacht.

Ein weiterer eklatanter Mangel der deutschen Juristenausbildung besteht darin, daß die Bedeutung der Sprachkompetenz für alle juristischen Berufe weithin unterschätzt wird. Recht ist Sprache. In Sprache wird es gesetzt, begründet, vermittelt, gelernt, verstanden (oder auch nicht!) und angewendet. Rechtswissenschaft ist (auch) Sprachwissenschaft. Das bedeutet: Die Sprache ist das unverzichtbare Handwerkszeug des Juristen. Souveräne Sprachbeherrschung ist die Voraussetzung und Obergrenze seiner Fachkompetenz. Im zusammenwachsenden Europa kommt auch der Beherrschung von Fremdsprachen grundlegende Bedeutung zu. Dem Thema „Recht und Sprache" ist in § 5 ein Schwerpunkt gewidmet.

Auch künftig sind wir, wie bisher, allen Lesern für kritische Hinweise, denen wir sorgfältig nachgehen werden, herzlich dankbar.

Bottighofen, Weimar und Schriesheim, im Dezember 2017

Bernd Rüthers
Christian Fischer
Axel Birk

e-mail:
Bernd.Ruethers@uni-konstanz.de
Ch.Fischer@uni-jena.de
Axel.Birk@hs-heilbronn.de

Funke, DSt 18, 267 (rechtstheoret. Aufklärung), Rüthers, JZ 15, 240 (Plur. Anw.)

Inhaltsübersicht

Inhaltsverzeichnis

3. Kapitel. Geltung des Rechts

4. Kapitel. Rechtsanwendung

Literaturverzeichnis

(Auswahl)

Adams, M., Ökonomische Theorie des Rechts, 2. Aufl., Frankfurt/M. 2004

Adomeit, K./Hähnchen, S., Rechtstheorie für Studenten, 6. Aufl., Heidelberg 2012

Albert, H., Kritischer Rationalismus, Tübingen 2000

Alexy, R., Begriff und Geltung des Rechts, 5. Aufl., Freiburg 2011

ders., Theorie der Grundrechte, 3. Aufl., Frankfurt/M. 1996 (Nachdruck 2011)

ders., Theorie der juristischen Argumentation, 3. Aufl., Frankfurt/M. 1996 (Nachdruck 2008)

Beaucamp, G./Treder, L., Methoden und Technik der Rechtsanwendung, 3. Aufl., Heidelberg 2015

Braun, J., Einführung in die Rechtsphilosophie, 2. Aufl., Tübingen 2011

Buckel, S./Christensen, R./Fischer-Lescano, A. (Hrsg.), Neue Theorien des Rechts, 2. Aufl., Stuttgart 2009

Bydlinski, F., Juristische Methodenlehre und Rechtsbegriff, 2. Aufl., Wien 1991

ders., Grundzüge der juristischen Methodenlehre, Wien 2005; 2. Aufl., Wien 2012 (bearbeitet von P. Bydlinski)

Canaris, C.-W., Die Feststellung von Lücken im Gesetz, 2. Aufl., Berlin 1983

ders., Systembegriff und Systemdenken in der Jurisprudenz, 2. Aufl., Berlin 1983

Coing, H., Grundzüge der Rechtsphilosophie, 5. Aufl., Berlin 1993

Cooter, R./Ulen, Th., Law & Economics, 6th ed., Boston 2011

Dreier, R., Recht – Moral – Ideologie, Frankfurt/M. 1981

ders., Recht – Staat – Vernunft, Frankfurt/M. 1991

Dworkin, R., Bürgerrechte ernstgenommen, Frankfurt/M. 1984

Engisch, K., Einführung in das juristische Denken, 11. Aufl., Stuttgart 2010

Esser, J., Grundsatz und Norm in der richterlichen Fortbildung des Privatrechts, 4. Aufl., Tübingen 1990

ders., Vorverständnis und Methodenwahl in der Rechtsfindung, 2. Aufl., Frankfurt/M. 1972

Fechner, E., Rechtsphilosophie, 2. Aufl., Tübingen 1962

Fikentscher, W., Methoden des Rechts, 5 Bände, Tübingen 1975–1977

Fischer, Ch., Topoi verdeckter Rechtsfortbildungen im Zivilrecht, Tübingen 2007
Fuller, L. L., The morality of law, 2. Aufl., New Haven 1969

Hart, H. L. A., Der Begriff des Rechts, Frankfurt/M. 1973
Hassemer, W./Neumann, U./Saliger, F. (Hrsg.), Einführung in die Rechtsphilosophie und Rechtstheorie der Gegenwart, 9. Aufl., Heidelberg 2016
Heck, Ph., Das Problem der Rechtsgewinnung, 2. Aufl., Tübingen 1932
ders., Gesetzesauslegung und Interessenjurisprudenz, AcP 112 (1914)
Hoerster, N., Was ist Moral?, Stuttgart 2008
ders., Was ist Recht?, 2. Aufl., München 2012
Holzleithner, E., Gerechtigkeit, Wien 2009
Horn, Ch., Einführung in die Politische Philosophie, 3. Aufl., Darmstadt 2012
Horn, N., Einführung in die Rechtswissenschaft und Rechtsphilosophie, 6. Aufl., Heidelberg 2016

Jhering, R. v., Der Kampf ums Recht, 23. Aufl., Wien 1946
ders., Der Zweck im Recht, 5. Aufl., Leipzig 1916
ders., Geist des römischen Rechts, 3 Teile, Nachdruck Aalen 1968

Kelsen, H., Reine Rechtslehre, 2. Aufl., Wien 1960 (Nachdruck 1992)
ders., Was ist Gerechtigkeit, Stuttgart 2016
Kehrer, J., Gesetzeskonforme Methodik, Wien 2013
Kerschner, F., Wissenschaftliche Arbeitstechnik und Methodenlehre für Juristen, 6. Aufl., Wien 2014
Kirste, S., Einführung in die Rechtsphilosophie, Darmstadt 2010
Kohler-Gehrig, E., Einführung in das Recht, 2. Aufl., Stuttgart 2017
Koller, P., Theorie des Rechts, 2. Aufl., Wien 1997
Kramer, E. A., Juristische Methodenlehre, 5. Aufl., München 2016
Kunz, K.-L./Martino, M., Rechtsphilosophie, Rechtstheorie, Rechtssoziologie, 2. Aufl., Bern 2015

Lagodny, O., Gesetzestexte suchen, verstehen und in der Klausur anwenden, 2. Aufl., Berlin 2013
Larenz, K., Methodenlehre der Rechtswissenschaft, 1. Aufl., Berlin 1960, 6. Aufl., Berlin 1991
ders./Canaris, C.-W., Methodenlehre der Rechtswissenschaft (Studienausgabe), 3. Aufl., Berlin 1995

Mahlmann, M., Rechtsphilosophie und Rechtstheorie, 4. Aufl., Baden-Baden 2016
Möllers, Th., Juristische Methodenlehre, München 2017
Muthorst, O., Grundlagen der Rechtswissenschaft, München 2011

Pawlowski, H.-M., Methodenlehre für Juristen, 3. Aufl., Heidelberg 1999

Polinsky, A. M., An Introduction to Law and Economics, 4th ed., Boston – Toronto 2011
Popper, K. R., Die offene Gesellschaft und ihre Feinde, 2 Bände, 6. Aufl., Tübingen 1980
Posner, R. A., Economic Analysis Of Law, 9th ed., New York 2014
Potacs, M., Rechtstheorie, Wien 2015
Puppe, I., Kleine Schule des juristischen Denkens, 3. Aufl., Stuttgart 2014

Radbruch, G., Einführung in die Rechtswissenschaft, 12. Aufl., Stuttgart 1969
ders., Rechtsphilosophie (Studienausgabe), 2. Aufl., Heidelberg 2003
Raiser, Th., Grundlagen der Rechtssoziologie, 6. Aufl., Tübingen 2013
Rawls, J., Eine Theorie der Gerechtigkeit, Frankfurt/M. 1979 (Nachdruck 2011)
Reimer, F., Juristische Methodenlehre, Baden-Baden 2016
Röhl, K. F./Röhl, H. C., Allgemeine Rechtslehre, 3. Aufl., Köln – München 2008
Röhl, K. F., Rechtssoziologie, Köln 1987
Rüthers, B., Das Ungerechte an der Gerechtigkeit, 3. Aufl., Tübingen 2009
ders., Die heimliche Revolution vom Rechtsstaat zum Richterstaat, 2. Aufl., Tübingen 2016
ders., Die unbegrenzte Auslegung – Zum Wandel der Privatrechtsordnung im Nationalsozialismus, 8. Aufl., Tübingen 2017
ders., Entartetes Recht, 3. Aufl., München 1994
ders., Wir denken die Rechtsbegriffe um … Weltanschauung als Auslegungsprinzip, Zürich 1987
ders., Geschönte Geschichten – Geschonte Biographien, Tübingen 2001
ders., Rechtsdogmatik und Rechtspolitik unter dem Einfluß des Richterrechts, Rechtspolitisches Forum 15, Trier 2003

Savigny, F. C. v., System des heutigen römischen Rechts, Bd. I, Berlin 1840
ders., Vom Beruf unserer Zeit für Gesetzgebung und Rechtswissenschaft (1814), Nachdruck in: *Hattenhauer, H.*, Thibaut und Savigny: Ihre programmatischen Schriften, 2. Aufl., München 2002
Schäfer, H.-B./Ott, C., Lehrbuch der ökonomischen Analyse des Zivilrechts, 5. Aufl., Berlin 2013
Schapp, J., Methodenlehre des Zivilrechts, Tübingen 1998
Schluep, W. R., Einladung zur Rechtstheorie, Bern – Baden-Baden 2006
Schmalz, D., Methodenlehre für das juristische Studium, 4. Aufl., BadenBaden 1998
Schnapp, F. E., Logik für Juristen, 7. Aufl., München 2016
Seelmann, K./Demko, D., Rechtsphilosophie, 6. Aufl., München 2014
Stammler, R., Rechtsphilosophie, 2. Aufl., Berlin 1923
ders., Wirtschaft und Recht, 4. Aufl., Berlin 1921
Stein, L. v., Gegenwart und Zukunft der Rechts- und Staatswissenschaft Deutschlands, Nachdruck Aalen 1970

ders., Geschichte der sozialen Bewegung in Frankreich, 3 Bände, Nachdruck Hildesheim 1959
Strömholm, St., Allgemeine Rechtslehre, Göttingen 1976
Stürner, R., Markt und Wettbewerb über alles?, München 2007
Suchanek, A., Ökonomische Ethik, 2. Aufl., Tübingen 2007

Tebbit, M., Philosophy of Law, 3nd. ed., London – New York 2017

Vesting, Th., Rechtstheorie, 2. Aufl., München 2015
Viehweg, Th., Topik und Jurisprudenz, 5. Aufl., München 1974

Wank, R., Die Auslegung von Gesetzen, 6. Aufl., München 2015
Weber, M., Gesammelte Aufsätze zur Wissenschaftslehre, 7. Aufl., Tübingen 1988
ders., Wirtschaft und Gesellschaft, 5. Aufl., Tübingen 1980
Weber-Grellet, H., Rechtsphilosophie und Rechtstheorie, 6. Aufl., Münster 2014
Weigel, W., Rechtsökonomik, München 2003
Wesel, U., Juristische Weltkunde, 8. Aufl., Frankfurt/M. 2000
Weinberger, O., Norm und Institution, Wien 1988

Zippelius, R., Juristische Methodenlehre, 11. Aufl., München 2012
ders., Rechtsphilosophie, 6. Aufl., München 2011

Vorrede

> Das Leben des Rechts ist nicht Logik sondern Erfahrung. Die gefühlten Notwendigkeiten der Zeit, die herrschenden moralischen und politischen Anschauungen, bewußte und unbewußte, und die Vorurteile, welche die Richter mit ihren Mitmenschen gemeinsam haben, sie haben die Regeln des Rechts, durch die Menschen geleitet werden sollen, weit stärker bestimmt als logische Ableitungen im Sinne des Syllogismus.
>
> Oliver Wendell Holmes, The Common Law (1881)

> ... unsere Gerechtigkeiten sind wie ein schmutziges Kleid.
>
> Jesaja 64, 5

1 Das Nachdenken über die Grundfragen des Rechts und seiner Funktionsweisen führt nicht notwendig zu erfreulichen oder beruhigenden Einsichten. Die beiden vorangestellten Zitate deuten das an. Sie stehen im Widerspruch zu jenen in der Geschichte nicht seltenen Vorstellungen, in denen staatliche Normsetzungen und Justizapparate mit Garantien überzeitlicher Rechtsideen und Gerechtigkeitspostulaten verwechselt werden. Eine Wurzel solcher Vorstellungen liegt im deutschen Idealismus.[1] G. W. F. Hegel meinte: „Der Staat ist die Wirklichkeit der sittlichen Idee" und „das an und für sich Vernünftige".[2] Solche Vorstellungen wirken in Teilen der deutschen Staatslehre, Rechtsphilosophie und Methodenlehre bis heute nach.

Das Zitat von O. W. Holmes faßt die Erfahrungen eines weisen alten Richters am Supreme Court der USA zu einer Zeit zusammen, als in Deutschland der philosophische Idealismus vorherrschend war. Systematisches Nachdenken über das Recht in Theorie und Praxis schließt Überraschungsrisiken ein. Es kann zu einer Entidealisierung, Entromantisierung und Entmythologisierung unserer Rechtsvorstellungen führen. Vielleicht ist das eine vorrangige Aufgabe der Rechtstheorie.

---

1 Zum deutschen Idealismus siehe etwa F. Voßkühler, in: H. Sandkühler (Hrsg.), Enzyklopädie Philosophie, Hamburg 1999, Stichwort „Idealismus".

2 Vgl. G. W. F. Hegel, Grundlinien der Philosophie des Rechts, §§ 257 und 258.

2 Der Mensch ist ein „politisches Lebewesen (zôon politikón)".[3] In jeder Form von Gesellung (Familie, Gemeinschaft, Gesellschaft, Staat) verlangt seine Sozialnatur nach Gerechtigkeit (siehe Rn. 343 ff.). Die Sehnsucht nach Gerechtigkeit ist ein menschlicher Urtrieb. Selbst Verbrecherbanden kennen spezifische Regeln zur Gerechtigkeit und haben, keine zufällige Verbindung, eine „Ganovenehre".

Das Bemühen um Gerechtigkeit zielt darauf, die ideale, die vollkommen gerechte Gesellschafts-, Staats- und Rechtsordnung zu erkennen. Die stets unvollkommene Wirklichkeit soll an einer universalen, allgemeingültigen Idee von Gerechtigkeit ausgerichtet werden. Nicht wenige Bürgerinnen und Bürger erwarten diese vollkommene Gerechtigkeit von der realen staatlichen Rechtsordnung und Justiz, denen sie unterstehen. Solche Erwartungen werden ebenso regelmäßig wie unvermeidbar enttäuscht.[4] Auch die Juristen wissen in offenen Rechtsfragen selten genau, welches die eine, ideal gerechte Antwort ist.

Mehr noch: Schon Immanuel Kant hat resignierend festgestellt, daß die Juristen trotz aller Bemühungen ihrer Wissenschaft durch die Jahrtausende bis heute nicht genau wissen, was Recht ist (siehe Rn. 48 ff.). Sie bezeichnen ihre Disziplin nicht ganz zufällig mit zwei sehr verschiedenen Namen, nämlich einerseits als „Rechtswissenschaft" und andererseits als „Jurisprudenz", also Rechtsklugheit. Mit dem zweiten Begriff sind die Grenzen menschlicher Erkenntnismöglichkeit angedeutet (siehe Rn. 280 ff.). Diese Einsicht ist für Juristen aller Berufe von Bedeutung, besonders dort, wo sie von „dogmatischen", scheinbar gesicherten, und von „rechtskräftigen" Erkenntnissen oder gar Wahrheiten reden. Sie bezeichnen damit – und das ist die Basis einer wirklichkeitsnahen Rechtstheorie – immer nur den letzten Stand möglicher wissenschaftlicher Irrtümer ihrer Disziplin.

Nach Jahrzehnten professioneller Beschäftigung mit dem Recht erscheint den Autoren zur Weitergabe an die Studierenden im Ergebnis besonders eine Einsicht wichtig: das ist die Unsicherheit des Rechts. Unsicher ist es in seiner Substanz und in seiner jeweiligen Ausprägung durch die zuständigen letzten Instanzen, also im realen Prozeß der Rechtsgewinnung. Recht wird von Menschen formuliert, „gesetzt" und angewendet. Es ist dem Irrtum und Mißbrauch menschli-

3 Aristoteles, Politik, 1253a 2 f.
4 Vgl. B. Rüthers, Das Ungerechte an der Gerechtigkeit, 3. Aufl., Tübingen 2009, S. 68 ff.

chen Handelns ausgesetzt. Wer anderes und mehr will, muß das Recht in einer anderen Welt ansiedeln, darf es dann aber auch erst in dieser „anderen Welt" erwarten.

Dieses Lernbuch soll Studierenden und Praktikern den Zugang zu 3
vier Grundfragen öffnen:

Was ist Recht?
Warum gilt Recht?
Wer bestimmt den Inhalt des Rechts?
Wie wird Recht angewendet?

Die Antworten auf diese Fragen sind, die Rechtsgeschichte lehrt es 4
eindrücklich, nicht zu allen Zeiten dieselben. Das Studium der Rechte (schon die Römer gebrauchten mit „iura" bereits den Plural) und ihre Durchsetzung in der Praxis verwickeln die tätigen Juristen oft in lebenslängliche politische Abenteuer. Rechtsnormen sind (immer auch) Steuerungsinstrumente der politisch Mächtigen. Aktive Juristen leben in einer unvermeidbaren, professionellen Nähe zu den Zielsetzungen der jeweiligen Normsetzer und Machtinhaber. In Zeiten häufiger und rascher Systemwechsel sind die daraus für Juristen erwachsenden Gefahren unübersehbar. Sie bekommen innere und äußere Glaubwürdigkeitsprobleme, wenn sie mehreren, inhaltlich verschiedenen Rechtsordnungen nacheinander zu dienen haben oder dienen sollen. Die innerdeutschen Umbrüche der Jahre 1918, 1933, 1945 und erneut 1989 sind augenfällige Beispiele dafür. Jurist in zwei oder gar drei „Reichen" gewesen zu sein, ist ein deutsches, in Teilen ein europäisches Massenschicksal.

Mit solchen Erfahrungen ist es schwer, eine allgemein gültige, gleichsam „*die*" Rechtstheorie aufzustellen, wenn sie mehr als technische Funktionsbeschreibungen von Rechtsnormen bieten soll. Jede Generation sucht, wir wissen es aus Goethes „Faust", nach dem „Rechte, das mit uns geboren" und von dem „leider! nie die Frage" ist.[5]

Recht ist – so gesehen – zunächst ein historisch-politischer Prozeß. Wer darüber schreibt, verarbeitet auch – bewußt oder unbewußt – eigene Erfahrungen, die seine eigenen Grundvorstellungen in einem in der Regel unbemerkten, aber erheblichen Ausmaß bestimmen. Gerade die häufigen Wechsel der politischen Systeme und ihrer Rechtsordnungen in Europa legen es nahe, die Grundlagen der Rechts- und Staatsvorstellungen zu überdenken. Die Frage nach den Kerngehalten

5 Faust I, Mephisto in der Studierzimmer-Szene.

der Begriffe „Recht", „Gerechtigkeit" und „Staat" erweist sich buchstablich als überlebenswichtig für jeden Bürger, erst recht für jeden Juristen.

In einem krassen Gegensatz dazu steht die scheue Distanz, die über Jahrzehnte hin die Juristenausbildung in der Bundesrepublik zu den historisch-politischen Erfahrungen der Rechtswissenschaft und der Justiz in diesem Jahrhundert gekennzeichnet hat. Das „kommunikative Beschweigen" der belasteten Rechts- und Methodengeschichte war in den Juristenfakultäten eine stillschweigend verordnete und befolgte Praxis. Sie hat in mehreren Juristengenerationen verkürzte und verfälschte Geschichtsbilder über die Rolle von Justiz und Jurisprudenz in den beiden deutschen Diktaturen des 20. Jahrhunderts erzeugt. Über die „Lehrstuhlfamilien" und Schülerschaften wirken sie in den juristischen Funktionseliten bis in die Gegenwart fort, bisweilen sogar in „juristischen Büchern des Jahres".[6]

Den größten Erkenntnis- und Lerngewinn hat eine Wissenschaft von der Wahrnehmung, Analyse und systematischen Reduktion ihrer Irrtümer und Schwachstellen zu erwarten. Die Rechtsgeschichte ist zu erheblichen Teilen eine Unrechtsgeschichte. Es besteht eine verbreitete Neigung, die Unrechtsgeschichte in erster Linie auf moralische Versäumnisse und Defekte der handelnden Personen zurückzuführen. Dabei tritt die Analyse der systembedingten Kausalfaktoren oft in den Hintergrund.[7]

Angezeigt ist die Frage nach den vielfältigen Ursachen solcher Fehlentwicklungen und den möglichen institutionellen Vorkehrungen. Wo hat die Jurisprudenz als Wissenschaft versagt? Haben ihre Schwächen zu den Rechtsperversionen dieses Jahrhunderts in Theorie und Praxis beigetragen und wie kann einer Wiederholung vorgebeugt werden?

---

6 B. Rüthers, Verfälschte Geschichtsbilder deutscher Juristen? – Zu den „Erinnerungskulturen" in Jurisprudenz und Justiz, NJW 2016, 1068 ff.; ders., Die unbegrenzte Auslegung, 8. Aufl., Tübingen 2017, S. 477 ff. und 485 ff.

7 In der Psychologie ist der Einfluß von systemischen Faktoren auf das Verhalten einzelner Personen vielfach untersucht: vgl. P. Zimbardo, Der Luzifer-Effekt, Heidelberg 2008; E. Aronson/T. Wilson/R. Akert, Sozialpsychologie, 8. Aufl., München 2014, Kap. 9.

1. Kapitel. Grundfragen

§ 1. Was ist und was soll Rechtstheorie?

> Sichere Wahrheit erkannte kein Mensch
> und wird auch keiner erkennen
> Über die Götter und alle die Dinge,
> von denen ich spreche.
> Sollte einer auch einst die
> vollkommenste Wahrheit verkünden,
> Wissen könnt' er das nicht:
> Es ist alles durchwebt von Vermutung.
>
> Xenophanes (564–470 v. Chr.)[8]

> Denn unser Wissen ist Stückwerk
> und unser Weissagen ist Stückwerk.
> Wenn aber das Vollkommene kommt,
> hört alles Stückwerk auf.
> … Wir sehen jetzt wie durch einen Spiegel,
> in dunklen Umrissen,
> dann aber schauen wir von Angesicht zu Angesicht.
> Jetzt erkenne ich stückweise.
> Dann aber werde ich durch und durch erkennen
> gleich wie ich erkannt bin.
>
> 1. Korinther 13, 9/10 und 12

> Die Philosophie ist ein Kampf gegen
> die Verhexung unseres Verstandes
> durch die Mittel unserer Sprache.
>
> L. Wittgenstein, Philosophische Untersuchungen, § 109

A. Was heißt Rechtstheorie?

Der Titel des Buches „Rechtstheorie“ bezeichnet den Versuch, über 5
die Rechtsordnung als ein Ganzes und deren soziale und wirtschaftliche Funktionen wissenschaftlich nachzudenken. Es geht darum, den Begriff und die Geltungsgründe des Rechts zu erfassen und seine An-

8 Zitiert nach K. R. Popper, Duldsamkeit und intellektuelle Verantwortlichkeit, in: ders., Auf der Suche nach einer besseren Welt, München 1984, S. 220.

wendungsweisen zu verstehen. Dieses Nachdenken wird auch mit den Titeln „Rechtsphilosophie“, „Rechtssoziologie“, „Methodenlehre“ oder „Allgemeine Rechtslehre“ bezeichnet. Es fragt sich daher, ob es zwischen diesen Bezeichnungen Unterschiede gibt.

Die nähere Bestimmung dessen, was Rechtstheorie ausmacht, erfolgt in zwei Schritten: Als erstes ist zu überlegen, was eigentlich eine „Theorie“ ist. Bei dem Blick in den philosophischen Bereich der sog. „Wissenschaftstheorie“ werden unversehens einige rechtstheoretische Grundlagenprobleme auftauchen (I.). Das Verständnis für Theorien erleichtert dann den Zugang zu dem, was speziell als „Rechtstheorie“ bezeichnet wird (II.).

I. Was ist eine Theorie?

1. Die Entstehung von Theorien

> Theorien sind Übereilungen eines ungeduldigen Verstandes, der die Phänomene gern los sein möchte und an ihrer Stelle deswegen Bilder, Begriffe, ja oft nur Worte einschiebt.
>
> Goethe, Maximen und Reflexionen, 428

6 Menschliches Erkennen beruht auf dem Zusammenspiel von Beobachten, Nachdenken und Vergleichen. Das griechische Wort theorein (= schauen, beobachten) verweist nachdrücklich auf das aufmerksame Betrachten eines Erkenntnisgegenstandes. Die Rolle des Betrachters ist ähnlich wie die des Zuschauers bei einem Schauspiel. Sein Blick wird allerdings oft bereits durch die Auswahl seines Anschauungsgegenstandes, sein Interesse dafür und seine Vorkenntnis davon subjektiv beeinflußt. Es kann bei diesem Betrachten um äußere Gegenstände, Erscheinungen und Sachverhalte oder um innere Bilder, Vorstellungen und Zusammenhänge gehen. Das Wort „Theorie“ kann also einerseits in einem empirischen Sinn verstanden werden als eine Verallgemeinerung von einzelnen Erfahrungen und Beobachtungen der äußeren Welt (griech. empeiria = „Erfahrung“). Das ist etwa kennzeichnend für naturwissenschaftliche Theorien, die aus Verallgemeinerung von Ergebnissen umfangreicher (Labor-)Versuche hervorgehen. Anderseits bezeichnet das Wort „Theorie“ aber auch Erkenntnisse, die nicht auf Beobachtungen und Versuchsanordnungen basieren, sondern durch reines Nachdenken gewonnen werden.[9] Das

9 A. Nuzzo, in: H. Sandkühler (Hrsg.), Enzyklopädie Philosophie, Hamburg 1999, Stichwort „Theorie“.

geschieht z. B. in der Mathematik oder der Philosophie. Diese Bedeutung von Theorie als reine Spekulation hat zu der weitverbreiteten, oft abwertend gemeinten Gegenüberstellung von Theorie und Praxis geführt.

Theorien im empirischen Sinn nehmen ihren Ausgangspunkt von Beobachtungen über bestimmte Gegenstände. Der betrachtete Gegenstand kann ein Objekt der objektiven, meßbaren Realität sein (z. B. in der Physik, Verhaltensforschung, Medizin). Er kann aber auch im menschlichen Bewußtsein angesiedelt sein (z. B. in der Psychologie). Die erzielten Ergebnisse werden in Beobachtungsaussagen (sog. Protokoll- oder Basissätzen) notiert. Diese haben die Form von Es-gibt-Sätzen.[10] Ein oft genanntes einfaches Beispiel lautet etwa: „Am 1. Februar d. J. schwamm im Konstanzer Hafen ein weißer Schwan". Hat man eine Vielzahl von Protokollsätzen gesammelt, lassen diese sich nach bestimmten, regelmäßig auftretenden Eigenschaften der beobachteten Objekte ordnen und zusammenfassen. Diese gleich bleibenden Eigenschaften erlauben dann die Aufstellung einer allgemeinen Regel. In unserem Beispiel ist die Aufstellung der allgemeinen Regel einfach. Sie lautet: „Alle Schwäne sind weiß". Mit der Aufstellung einer allgemeinen Hypothese entsteht somit eine Theorie oder der Grundstein für eine umfassendere Theorie. Bei komplexeren Phänomenen kommt es zumindest zu Beginn der Erforschung zur Aufstellung mehrerer Deutungshypothesen. Welche der Deutungsmöglichkeiten dann die richtige ist, muß in weiteren Experimenten überprüft werden. Inhalte einer Theorie sind also hypothetische Aussagen, Deutungen, Erklärungsmuster über Gesetzmäßigkeiten, die sie ihren Beobachtungsgegenständen (also im Beispiel den Schwänen) zuschreibt. 7

Versucht man die allgemeine Struktur wissenschaftlicher Theorien zu ermitteln, werden verbreitet folgende Elemente für notwendig erachtet:[11] 8

- Die Theorie ist ein System von allgemeinen Sätzen, die untereinander ableitbar und logisch konsistent sind. Man spricht von der Widerspruchsfreiheit der Theorie.

10 K. R. Popper, Logik der Forschung, 9. Aufl., Tübingen 1989, S. 66 ff.

11 Vgl. etwa R. Dreier, Zur Theoriebildung in der Jurisprudenz, in: ders., Recht – Moral – Ideologie, Frankfurt/M. 1981, S. 70 (82 f., 88); H. Sahner, in: G. Endruweit/G. Trommsdorff/N. Burzan, Wörterbuch der Soziologie, 3. Aufl., Konstanz 2014, Stichwort „Theorie"; T. Bartelborth, in: H. Sandkühler (Hrsg.), Enzyklopädie Philosophie, Hamburg 1999, Stichwort „Theorie und Erfahrung"; K. Homann/M. Meyer, Wirtschaftswissenschaftliche Theoriebildung, Braunschweig 2005.

- Die Sätze der Theorie müssen informativ sein, also etwas mitteilen über das, was in der Welt der Fall ist. Man spricht metaphorisch von der Fruchtbarkeit der Theorie.
- Die Sätze müssen so formuliert sein, daß sie an Tatsachen überprüft werden können. Man spricht vom realwissenschaftlichen Bezug bzw. der empirischen Prüfbarkeit einer Theorie.

Ein Problem für die Rechtstheorie ist insbesondere das Merkmal der empirischen Prüfbarkeit. Es ist klar, daß Theorien in den Naturwissenschaften durch Beobachtungen geprüft werden, aber gilt dies auch in anderen Wissenschaften wie etwa der Rechtswissenschaft? Außerdem stellt sich zuvor die Frage, wie Theorien überhaupt geprüft werden können. Das ist eine der zentralen Fragen der Wissenschaftstheorie.

9 **2. Die Prüfbarkeit von Theorien. a) Das Problem der Induktion.** Theorien verdienen ihren Namen als wissenschaftliche Erklärungs- und Denkmuster nur, wenn sie rational nachprüfbar sind, also wenn andere Personen bzw. Wissenschaftler sie testen können. Lange Zeit dachte man, daß die Prüfung einer Theorie durch häufige Bestätigung ihrer Ergebnisse erfolgen könne („Verifikation"). Man neigt auf den ersten Blick zu der Ansicht, daß dann, wenn ein weiterer weißer Schwan im Konstanzer Hafen oder auch sonst irgendwo auf der Welt gesehen wird, die Theorie von den weißen Schwänen gefestigt würde. Das ist aber leider nicht so, wie schon D. Hume festgestellt hat.[12] Auch noch so viele Beobachtungen weißer Schwäne machen unsere Theorie nicht sicherer, weil wir nie wissen können, ob nicht doch auf der Welt oder im Universum aktuell oder in der Zukunft ein schwarzer Schwan auftaucht. Und das gilt allgemein für alle Theorien. Es handelt sich dabei um das Problem der Induktion.[13]

10 **b) Falsifikation und kritischer Rationalismus.** Aus dieser mißlichen Lage hat K. R. Popper Konsequenzen gezogen und sein Modell der Falsifikation entwickelt.[14] Wissenschaftliche Hypothesen, also allgemeine Regeln, müssen danach dann verworfen werden, wenn ein tatsächlich beobachteter, wahrer Basissatz dazu in Widerspruch gerät.

---

12 D. Hume, Eine Untersuchung über den menschlichen Verstand, Hamburg 1993, IV. Abschnitt; K. Popper, Logik der Forschung, 9. Aufl., Tübingen 1989, S. 3 ff.

13 Vgl. C. Lumer, in: H. Sandkühler, Enzyklopädie Philosophie, Hamburg 1999, Stichwort „Induktion".

14 K. R. Popper, Wissenschaftslehre in entwicklungstheoretischer und in logischer Sicht, in: ders., Alles Leben ist Problemlösen, München 1994, S. 15 ff.

Die Wissenschaft sollte ihr Augenmerk also nicht auf die Bestätigung, sondern auf die Widerlegung von Theorien legen. Nehmen wir an, der Basissatz „Am 2. Februar schwamm im Konstanzer Hafen ein schwarzer Schwan" sei wahr, dann ist durch diese eine Beobachtung die Hypothese von den weißen Schwänen widerlegt. Aus diesem Grundgedanken ergeben sich wichtige Folgerungen für die Methode der Wissenschaften:

Mit der Falsifikation einer alten Theorie nach kritischer Diskussion und Prüfung entsteht anschließend die Suche nach einer neuen Theorie, welche die entstandenen Probleme zu erklären in der Lage ist. Der Fortschritt in der Wissenschaft nimmt seinen Ausgangspunkt also in der Regel vom Zusammenbruch einer bestehenden Theorie.

Jede Theorie ist nur ein Lösungsvorschlag, ein Schritt zur Wahrheitssuche und mithin immer zugleich nur der letzte Stand des möglichen Irrtums.[15] Gerade für die Rechtstheorie gilt der Erfahrungssatz: Der kontroverse Diskurs ist ein unverzichtbarer Motor des Erkenntnisfortschritts.

c) Übertragung auf die Rechtswissenschaft. Das Falsifikations- 11
modell ist – wie man leicht erkennen kann – an den Erfahrungen und Entwicklungen in den Naturwissenschaften orientiert. Manche Autoren sind der Ansicht, dieses Modell lasse sich direkt auf den Bereich der Normen und Gesetzesvorschriften übertragen.[16]

Versucht man das Falsifikationsmodell eins zu eins zu übertragen, stößt man auf das Problem, die Basissätze zu bestimmen, die eine juristische Theorie falsifizieren können. Der allgemeine Satz der Norm „Du sollst nicht töten" wird ja nicht schon durch die einmalige empirische Beobachtung „A nahm B das Leben" widerlegt. Normen, Werturteile und juristische Theorien lassen sich also durch Tatsachenaussagen nicht falsifizieren, sondern allenfalls durch andere Normen oder Werturteile.

Die Beobachtungssätze in den Naturwissenschaften spielen deswegen eine entscheidende Rolle, weil sie von jedermann überprüft und nachvollzogen werden können. Für den Bereich der Rechtswissen-

---

15 Vgl. K. R. Popper, Objektive Erkenntnis, 4. Aufl., Hamburg 1984, S. 82 und BVerfGE 49, 89 (129 f., 134, 139).

16 Dazu E. v. Savigny, Die Rolle der Dogmatik – wissenschaftstheoretisch gesehen, in: E. v. Savigny/U. Neumann/J. Rahlf, Juristische Dogmatik und Wissenschaftstheorie, 1976, S. 100 ff.; C.-W. Canaris, Funktion, Struktur und Falsifikation juristischer Theorien, JZ 1993, 377 ff.; U. Neumann, in: W. Hassemer/U. Neumann/F. Saliger, Einführung in die Rechtsphilosophie und Rechtstheorie der Gegenwart, 9. Aufl., Heidelberg 2016, S. 356 ff.

schaft besteht das Problem darin, für Wertungen und Werturteile ein gleiches Maß an allgemeiner Geltung zu begründen. Eine solche Evidenz kommt nur für Normen in Betracht, die gesetzlich fixiert oder richterrechtlich anerkannt sind. So verstanden bedeutet die Übertragung des Falsifikationsmodells aber nichts anderes als die Forderung nach Systembildung und Widerspruchsfreiheit der Rechtsordnung.

12 **d) Folgerungen aus dem kritischen Rationalismus.** Das Modell des kritischen Rationalismus gilt für Tatsachenaussagen. In der Rechtswissenschaft und Rechtstheorie geht es um Normen und deren Wirkung auf die Gesellschaft. Das Modell muß daher in ganz anderer Weise auf die Rechtswissenschaft übertragen werden als durch schlichte Anwendung auf Normen und Gesetzesvorschriften (dazu Rn. 289 ff.).[17] Das liegt – wie gesehen – vor allem daran, daß Tatsachenaussagen von Werturteilen und Normen unterschieden werden müssen. Diese Unterscheidung wird uns noch einige Male beschäftigen (Rn. 94 ff., 102 ff.).

13 Der kritische Rationalismus betont die grundsätzliche Fehlbarkeit der Vernunft und menschlicher Theorien. Es gibt für die menschliche Erkenntnis keine unfehlbare Grundlage, auf der alles weitere Wissen aufbauen könnte. Wir können lediglich durch kritische Prüfung versuchen, unsere Theorien zu verbessern.

Dieser Grundgedanke der ständigen kritischen Überprüfung läßt sich auch im Bereich der praktischen Philosophie, d. h. der Ethik, der Normen und damit auch der Rechtstheorie, umsetzen.[18] Auch in der Ethik wurden im Laufe der Jahrhunderte verschiedene Versuche unternommen, moralische Regeln so zu begründen, daß kein Zweifel an ihrer Richtigkeit und Wahrheit mehr möglich ist (Projekt der Letztbegründung). Die massiven Schwierigkeiten, die dabei auftreten, haben manchen zu der Konsequenz veranlaßt, moralische Regeln bzw. Ethik seien weder begründungs- noch wahrheitsfähig. Ethik sei mit anderen Worten allenfalls ein Gefühl (Gewissen) oder eine rhetorische Kunst, um andere von seinen Ansichten zu überzeugen (vgl. Rn. 117 ff.).

14 Die Grundidee des kritischen Rationalismus bietet aus diesem Dilemma einen Ausweg, weil sie auf absolute Letztbegründungen ver-

17 Dazu H. Albert, Kritischer Rationalismus, Tübingen 2000, S. 53 ff.; H. Eidenmüller, Rechtswissenschaft als Realwissenschaft, JZ 1999, 53 ff.; K.-H. Fezer, Teilhabe und Verantwortung, München 1986, § 8 C II.

18 Vgl. M. Quante, Einführung in die Allgemeine Ethik, 5. Aufl., Darmstadt 2013, S. 143 ff.

zichtet und trotzdem nicht die Folgerungen der Skeptiker ziehen muß. Vorgeschlagen wird dazu die Begründungsstrategie des sog. default-and-challenge, die gerade Juristen einleuchten dürfte. Danach ist an ethischen Prinzipien und Wertvorstellungen, die sich in der Praxis bewährt haben, solange festzuhalten, bis gute Gründe vorgebracht werden, welche die Angemessenheit des Prinzips bezweifeln lassen. Es handelt sich also um eine Art Beweislastverteilung. Bewährt haben sich Prinzipien, wie sie in den Grund- und Menschenrechtskatalogen Niederschlag gefunden haben, insbesondere das Recht auf Leben und Sicherheit der Person, das Recht auf Freiheit, Glaubens-, Meinungs-, Versammlungs- und Reisefreiheit, das Recht auf Eigentum, das Recht auf Privatsphäre und das Recht auf Gleichheit vor dem Gesetz. Im Bereich der Werte, Normen und moralischen Regeln müssen wir uns also mit Prinzipien begnügen, die nur prima-facie gelten und keinen Anspruch auf absolute und ewige Wahrheit oder Gewißheit haben.[19] Werte und Normen beruhen überwiegend auf weltanschaulich begründeten Vorverständnissen. Ziel von Wertediskussionen sollte daher nicht die eine Gerechtigkeit, sondern nur das Bemühen um rational begründbare Argumente sein. Wenn man überhaupt von einem wissenschaftlichen „Fortschritt“ im Bereich des Normativen sprechen will[20], dann liegt dieser weniger in einer Annäherung an eine absolute Gerechtigkeit, als vielmehr in einem Abstandnehmen von Ungerechtigkeiten in kleinen, bescheidenen Schritten (Rn. 397 ff.).

3. Die Theoriegeladenheit der Beobachtung und das Vorverständnis. Die bisherige Darstellung des wissenschaftstheoretischen Modells ist stark vereinfacht. Wir vertiefen sie jetzt nur um ein Element:[21] Unerwähnt blieb bisher der Umstand, daß unsere Beobachtungssätze selbst „kleine Theorien“ sind. Wenn wir etwa das Wort „Schwan“ benutzen, dann ist damit auch verbunden, daß es sich um „mit den Gänsen verwandte Siebschnäbler mit langem Hals“ handelt. Allgemein gilt also, daß mit jeder Verwendung von Begriffen in Beobachtungssätzen auf kleine Theorien über die Welt zurückgegriffen wird. Man nennt das die „Theoriegeladenheit“ der Beobachtung. Die Beobachtungsaussagen sind daher keine völlig sichere Grundlage zur 15

19 Dazu O. Marquard, Apologie des Zufälligen, in: ders., Zukunft braucht Herkunft, Stuttgart 2003, S. 146 (151 ff.).
20 Vgl. dazu S. Blackburn, Gut sein, 2. Aufl., Darmstadt 2009, Kap. 21.
21 Zur Vertiefung T. Bartelborth, in: H. Sandkühler (Hrsg.), Enzyklopädie Philosophie, Hamburg 1999, Stichwort „Theorie und Erfahrung“; A. F. Chalmers, Wege der Wissenschaft, 6. Aufl., Berlin 2007.

Prüfung von Theorien, es fließen bei deren Deutung und Formulierung vielmehr schon bestimmte Annahmen des Beobachters mit ein.

16 Dieser Umstand kann noch verallgemeinert werden. Theorien werden von Menschen gemacht. Das Beobachten und Denken ist kein rein „objektiver" Vorgang. Jede vermeintlich objektive Wahrnehmung geschieht von einem jeweils spezifischen „Standpunkt" aus. Der Wahrnehmende sieht alles um sich herum von dieser Position aus, nur seinen Standpunkt selbst sieht er in der Regel nicht – weil er nämlich darauf steht. Erst wenn er ihn wechselt, sieht er ihn und zugleich das bisher Wahrgenommene aus einer neuen Perspektive. Was hier für das räumliche Sehen und Beobachten der Dinge gesagt wird, gilt nicht minder für das geistige Erkennen und für die Deutung des Erkannten im Sinne einer Theorie.[22] Das Nachdenken geht in aller Regel vom jeweiligen Wissensstand, aber auch von den Wertvorstellungen des jeweiligen Autors, von seinem „Weltbild" aus, also von seiner weltanschaulichen Position. Bereits die Auswahl des Beobachtungsgegenstandes wird oft von subjektiven Überzeugungen und biographischen Faktoren beeinflußt. Das gilt verstärkt im Bereich der Werte und Normen. Wenn aus dieser notwendig subjektiven Position des Beobachters Theorien entworfen werden, muß die Aussage zur Entstehung von Theorien ergänzt werden: Jede Theorie entsteht aus einem Zusammenwirken von Vorverständnis („Vordenken"), Beobachten und Nachdenken.

17 **4. Definition und Funktionen von Theorien.** Als Theorie bezeichnen wir nach all dem die vorsichtige, tastende und sich ständig selbstkritisch korrigierende Verallgemeinerung von empirischen Beobachtungen oder von Erfahrungen mit normativen Prinzipien. Sie geht aus von bestimmten Gegenständen, die, zufällig oder bewußt ausgewählt, in das Blickfeld wissenschaftlicher Beobachtungen treten. Die Beobachtungen werden gesammelt und geordnet. Oft lassen sich gewisse Regelmäßigkeiten („Gesetzmäßigkeiten" des Verlaufes von Vorgängen) feststellen. Diese werden schließlich, wenn das möglich ist, in bestimmten Bezugsrahmen und Wertungsmustern gedeutet. Es entsteht eine „Theorie" über einen bestimmten Beobachtungsgegenstand.

18 Theorien haben in der Regel zwei Funktionen: Sie erklären einen bestimmten Untersuchungsgegenstand (explikative Funktion), und sie sagen voraus, wie noch unbekannte Probleme ihres Gegenstands-

22 Vgl. B. Rüthers, Wissenschaft und Weltanschauung am Beispiel der Jurisprudenz, Vaduz 1995.

bereiches beschaffen und wissenschaftlich zu lösen sein dürften (prognostische Funktion). In der explikativen Funktion lautet unsere Theorie „Alle Schwäne sind weiß". In der prognostischen Funktion lautet unsere Theorie: „Der nächste Schwan, den Du siehst, wird weiß sein." Beide Funktionen einer Theorie sind untrennbar miteinander verbunden.

Theorien entstehen und existieren nicht in einem luftleeren Raum, 19 sondern haben im Regelfall praktische Auswirkungen. Eine zunächst gültige oder auch nur brauchbare Erklärung eines Stückes „Welt" schafft die Grundlage für praktisches, gesellschaftliches und politisches Handeln, sei es zur Bewahrung des Bewährten oder zur Veränderung des Reformbedürftigen. Theorien – seien sie richtig oder falsch – sind immer gesellschaftlich und politisch wirksam, auch wenn ihre Autoren das nicht wissen oder wahrhaben wollen. Vielfach ist aber auch offensichtlich, daß mit einer Theorie zugleich gestaltende Absichten oder politische Zwecke verfolgt werden.

Schon aus diesem Grund ist eine scharfe Trennung von „Theorie" einerseits und „Praxis" andererseits immer wirklichkeitsfremd. Das gilt auch und gerade für die Rechtswissenschaft,[23] besonders für die Rechtstheorie. In der Rechtswissenschaft und Rechtstheorie kann es ohne schwerwiegende Funktionsverluste und Fehlentwicklungen weder praxislose Theorie noch theorielose Praxis geben. Ein guter Rechtswissenschaftler braucht unabdingbar Praxiserfahrung. Ein guter Praktiker, etwa ein Richter oder Rechtsanwalt, ist ohne gründliche dogmatische Kenntnisse verloren. Die „Theorie" muß die „Praxis", die „Praxis" muß die „Theorie" befragen, befruchten und korrigieren.

II. Was bedeutet demnach Rechtstheorie?

1. Begriff und Abgrenzungen. a) Begriff. Das Verständnis des 20 Theoriebegriffs erleichtert die Bestimmung dessen, was „Rechtstheorie" bedeutet: Die Rechtstheorie versucht allgemeine nachprüfbare Aussagen über Rechtsnormen als solche (nicht die Vorschriften eines bestimmten Staates) und ihre Wirkungsweise auf Gesellschaft und Wirtschaft zu treffen. Das tun aber auch die „Rechtsphilosophie" und die „Allgemeine Rechtslehre".[24] Die unterschiedlichen Bezeich-

---

23 Vgl. dazu die unverändert aktuelle und „moderne" Vorrede von F. C. v. Savigny zu seinem „System des heutigen römischen Rechts", Bd. I, Berlin 1840.

24 Vgl. etwa H. Nawiasky, Allgemeine Rechtslehre – System der rechtlichen Grundbegriffe, 1. Aufl., Einsiedeln 1941, 2. Aufl., Einsiedeln 1948; jetzt K. F. Röhl/H. C. Röhl, Allgemeine Rechtslehre, 3. Aufl., Köln 2008.

nungen sind im wesentlichen reine Etiketten und daher weitgehend austauschbar.[25] Sie beleuchten denselben Gegenstand aus jeweils leicht anderer Position.

21 Rechtstheorie ist der Versuch, das Recht als solches und das jeweilige Rechtssystem in seinen realen Funktionsabläufen zu erkennen und zu beschreiben. Sie dient dem besseren Verständnis der Grundbegriffe und Grundstrukturen des Rechts, seiner Kausalfaktoren und seiner Wirkungen auf die Gesellschaft. Die engen Verknüpfungen der Rechtstheorie mit der Soziologie (Rechtssoziologie), der empirischen Sozialforschung und der Wirtschaftswissenschaft, aber auch der Rechts- und Sozialgeschichte sind unverkennbar. Mit dem Begriff der Rechtstheorie wird der deskriptive Aspekt des Nachdenkens über das Recht betont. Es geht um das Recht, wie es entsteht, ist und wirkt.

22 **b) Rechtstheorie und Rechtsphilosophie.** Aus diesem Anschauen und Beschreiben der Funktionsweisen des Rechts ergeben sich aber weitere Fragen nach den Ursachen, dem „Warum?" dieser Funktionsweisen. Gilt das Recht, weil es „richtig" ist? Orientiert sich Recht also an der Unterscheidung „richtig" und „falsch", „wahr" und „unwahr"? Oder kommt es, abweichend davon, auf die Unterscheidung „zweckmäßig" und „unzweckmäßig", „angemessen" und „unangemessen" an? Ist die Akzeptanz des Rechts durch die Rechtsunterworfenen (euphemistisch die „Rechtsgemeinschaft") entscheidend? Oder wird das Recht zum Recht durch seine unverzichtbare Verknüpfung mit der „Gerechtigkeit", wie immer dieser Begriff definiert werden mag? Diese Fragen werden klassisch als Gegenstand und Aufgabe der Rechtsphilosophie betrachtet.[26] Mit der Bezeichnung wird der normative Aspekt des Nachdenkens über Recht hervorgehoben. Es geht um das Recht, wie es sein soll.

23 **c) Abgrenzung zur Rechtsdogmatik.** Auch die Rechtsdogmatik der einzelnen Rechtsgebiete stellt Theorien unterschiedlicher Art auf. Diese Theorien ordnen den Stoff und sollen die Lösung neuer Probleme, also die Entscheidung künftiger Fälle, ermöglichen (normative Theorien). Die Rechtsdogmatik beschäftigt sich aber mit den

---

25 Vgl. J. Sieckmann, in: W. Heun u. a. (Hrsg.), Evangelisches Staatslexikon, Stuttgart 2006, Stichwort „Rechtsphilosophie".

26 Vgl. etwa G. Roellecke, Wende der deutschen Rechtsphilosophie?, ARSP, Beiheft 44 (1991), S. 287 ff., 297; andererseits N. Luhmann, Ausdifferenzierung des Rechts, Frankfurt/M. 1981, S. 374, 388 ff., 419, 445.

Normen und Vorschriften eines bestimmten Staates, meist eines eng begrenzten Rechtsgebiets, wie etwa des Bereicherungsrechts im BGB (Rn. 309ff.). Die Rechtstheorie betrachtet und analysiert die bei der dogmatischen Arbeit anfallenden Erscheinungen und Probleme. Sie denkt über das Wirken der Dogmatik nach und erarbeitet eine über dieser liegende Abstraktionsebene, auf welcher die Rechtsnormen als solche Gegenstand der Betrachtung sind. Rechtstheorie ist also eine Art Meta-Dogmatik.

2. Funktionen der Rechtstheorie. Die Rechtstheorie hat drei 24
Funktionen, die sich als empirisch, analytisch und normativ bezeichnen lassen.

Empirie ist die systematische Beobachtung von Gegenständen in unserer Lebenswelt. Als Beobachtungsgegenstände der Rechtstheorie kommen sowohl Gesetze und Entscheidungen als auch das soziale Verhalten von Menschen in der Gesellschaft in Betracht. Das Recht regelt menschliche Beziehungen, ordnet Gesellschaft und Staat. Die Jurisprudenz ist eine Hilfswissenschaft für diese Ordnungsaufgabe. Unter diesem Blickwinkel geht es der Rechtstheorie um die Auswirkungen von Normen auf die Gesellschaft. Es stellt sich die sozialtechnologische und psychologische Frage, ob und auf welche Weise Rechtsnormen auf das Verhalten der Menschen einwirken. Es handelt sich um Untersuchungen über die tatsächliche Anwendung und Befolgung des Rechts in der Gesellschaft, seine Anerkennung durch Richter und Bürger. Die Rechtstheorie untersucht das Funktionieren der Rechtsanwendung wie ein neutraler Beobachter „von außen".[27]

Die Rechtstheorie hat zum zweiten eine analytische Funktion. Un- 25
ter diesem Aspekt geht es um die Untersuchung der Rechtssprache, der Struktur von Rechtsnormen und den Aufbau der Rechtsordnung. Es sind die Grundbegriffe des Rechts zu klären. Dabei handelt es sich um Ausdrücke wie beispielsweise subjektives und objektives Recht. Darüber hinaus sollen die überall in der Rechtsordnung wiederkehrenden Strukturen aufgedeckt werden. Die Rechtstheorie leistet damit einen Beitrag zur Einheit der Rechtsordnung.

Die dritte Funktion der Rechtstheorie besteht in der Untersuchung 26
normativer Fragen. Es geht um den Begriff des Rechts (Rn. 48ff.), seinen Geltungsgrund (Rn. 332ff.) und die Methoden der Rechtsanwendung (Rn. 640ff.). Die Rechtstheorie umfaßt damit auch eine Rechtsinhaltslehre. Sie bleibt nicht bei der Feststellung des geltenden

27 Vgl. St. Strömholm, Allgemeine Rechtslehre, Göttingen 1976, S. 11f.

Rechts stehen, sondern fragt nach den Möglichkeiten der Ermittlung des „richtigen“, des „gerechten“ Rechts.

27 **3. Rechtstheorie als Mittel zur Selbsterkenntnis.** Der Rechtstheorie geht es schließlich darum zu verstehen, was wir tun und was wir bewirken oder auch anrichten, wenn wir mit dem Recht arbeiten, es anwenden, es fortbilden oder auch bei seiner Setzung mitwirken. Rechtstheorie ist damit zugleich ein Beitrag zur Selbsterkenntnis, Selbstvergewisserung und zur Selbstkritik des Tuns von Juristen. Dieser Beitrag ist wichtig, ja unerläßlich. Rechtswissenschaft und Justiz haben nach den „gewendeten“ Unrechtssystemen des 20. Jahrhunderts bis heute kaum ein angemessenes Verhältnis zu den Verstrickungen ihrer Disziplinen mit dem Unrecht gefunden. Die Ursachen dafür liegen auch in ungeklärten Grundlagenproblemen der Disziplin, nicht zuletzt in den meist verdrängten, aber unvermeidbaren Verknüpfungen zwischen der jeweiligen Rechtsordnung, den systemgebunden tätigen Juristen, der etablierten Weltanschauung und dem politischen System. Rechtstheorie ist danach ein unverzichtbarer Teil der kritischen Selbstbesinnung von Rechtswissenschaft und Justiz.

28 Das Nachdenken über das Recht und seine Funktionsweisen, über die Juristen, ihre Denkmethoden und ihre wissenschaftlichen Instrumentarien führt zu fundamentalen Kernfragen. Jeder Jurist sollte sie erkannt und für sich plausibel beantwortet haben, wenn er auf seinem Berufsfeld sinnvoll und verantwortungsbewußt arbeiten will.

B. Wozu Rechtstheorie heute?

29 1970 hat die „Deutsche Sektion der Internationalen Vereinigung für Rechts- und Sozialphilosophie“ in Freiburg eine Tagung mit dem Thema veranstaltet: „Wozu Rechtsphilosophie heute?“[28] Die Frage trifft jede Epoche in unterschiedlicher Weise. Theodor W. Adorno hat einmal gemeint, nach Auschwitz könne es keine Gedichte mehr geben. Er irrte. Aber: Gedichte ohne die Erfahrung von Auschwitz sind geschichtslos. Für Recht und Rechtswissenschaft gilt nichts anderes.

---

28 Vgl. den Bericht von H.-P. Schneider, JZ 1971, 35ff.

I. Konjunkturen und Krisen der Rechtstheorie

Die Grundlagenfächer der Jurisprudenz haben Konjunkturen und Krisen. Das gilt in gleicher Weise für die Rechtstheorie, die juristische Methodenlehre, die Rechtssoziologie und die Rechtsgeschichte. Sichtet man die einschlägige juristische Literatur, so zeigt sich: Rechtstheoretische und andere Grundfragen des Rechts werden bevorzugt in Zeiten des Umbruchs und der Erschütterung von Weltbildern und Systemen gestellt. Plakativ ausgedrückt: Not fördert Rechtstheorie. 30

Dies läßt sich bereits an der Diskussion in der Staatsrechtslehre der politisch instabilen Weimarer Republik beobachten, bei der die Positionen des Gesetzespositivismus und der Naturrechtslehre aufeinander trafen (siehe Rn. 411 ff. und 466 ff.).[29] Der Zerfall der Weimarer Republik und die Machtübernahme Hitlers 1933 brachten eine neue Welle rechtsphilosophischer Beiträge. Mit der Stabilisierung des NS-Staates konzentrierten sich viele der nicht verdrängten Autoren darauf, den neuen autoritären „Führerstaat" mit rechtstheoretischen Argumenten zu legitimieren, den offenkundigen Umbruch der Rechtsordnung und die „Taten des Führers" (die Morde des 30.6.1934) zu rechtfertigen. Nach dem Zusammenbruch der NS-Diktatur kam es nach 1947 in Westdeutschland zu einer regelrechten Hochkonjunktur christlich fundierter Naturrechtsargumente in der juristischen Literatur wie auch in der Rechtsprechung der Bundesgerichte (vgl. Rn. 266). Angesichts der grauenhaften Realitäten des nationalsozialistischen Unrechtsstaates, die fälschlich allein dem juristischen Positivismus zugerechnet wurden, konnte man geradezu von einer Flucht der betroffenen Juristen in das christliche Naturrecht sprechen. Die „ewige Wiederkehr des Naturrechts"[30] wurde in vielen Varianten beschworen. Nicht selten handelte es sich um dieselben Autoren, die in aufeinander folgenden Verfassungsepochen gegensätzliche theoretische und philosophische Positionen vertraten. Die Rechtsidee geht – wie man sieht – oft mit der Zeit und ihren Moden. Der Zusammenbruch von Diktaturen und Unrechtssystemen löst in den betroffenen juristischen Stabseliten der abgelebten Rechts- und Herrschaftsordnungen in der Regel Identitäts- und Karrierekrisen 31

---

29 Vgl. die dramatische Kontroverse zwischen E. Kaufmann, H. Kelsen, G. Anschütz, R. Thoma und H. Nawiasky, in: VVDStRL 3 (1927), S. 25, 47, 53 ff.

30 So der Titel eines Buches von H. Rommen, 1. Aufl., Leipzig 1936, 2. erw. Aufl. München 1947.

aus. Die verstrickten wissenschaftlichen Spitzenvertreter des alten Systems suchen daher ihr Heil ebenso häufig in möglichst „unpolitischen“ Arbeitsfeldern und im Schweigen zur jüngsten Vergangenheit.

Die verfassungsrechtliche Bedeutung der richterlichen Methodenwahl wird wegen der Ausblendung der Methodengeschichte in Deutschland verkannt. Die in den beiden totalitären Systemen geübten Praktiken, die in den einschlägigen Lehr- und Handbüchern der Methodenlehre und der Rechtsgeschichte aus den Federn der damals Beteiligten und ihrer Schüler überwiegend unerwähnt bleiben, werden unreflektiert fortgeführt. Die Autoren von damals dienen den obersten Bundesgerichten nicht selten als Kronzeugen für ihre irrige These, der Richter sei in der Wahl der Methoden seiner Rechtsanwendung frei. Diese Vorstellung ist geeignet, die Richter von „Dienern der Gesetze“ zu Herren der Rechtsordnung und zu „Obergesetzgebern“ zu erheben. Die Neigung der letztinstanzlichen Gerichte zu einem solchen schleichenden Verfassungswandel, der die Grundsätze der Demokratie und des Rechtsstaates (Gewaltentrennung) verletzt, ist unverkennbar. Die neuerdings aufgebrochene Methodendiskussion zeigt bei maßgeblichen Repräsentanten der obersten Bundesgerichte erstaunliche historische, verfassungsrechtliche und rechtspolitische Fehleinschätzungen.[31] Die Problematik wird verschärft durch die Neigung des EuGH, bei wirklichen und vermeintlichen Differenzen zwischen den nationalen Rechtsordnungen und dem Europarecht seine Normsetzungskompetenz bisweilen sehr großzügig auszulegen oder auch zu überschreiten.

32 Noch aus anderen Gründen gibt es Zeiten, in denen das Interesse an der Rechtstheorie abnimmt oder verflacht. Das sind etwa Epochen materieller und ideeller Selbstgenügsamkeit und vermeintlicher oder wirklicher Stabilität. So dauerte die „Naturrechtswelle“ in der Bundesrepublik nach 1945 bis zur inneren und äußeren Befestigung der beiden deutschen Teilstaaten. In den späten fünfziger Jahren kam eine deutliche Philosophiemüdigkeit vor allem der Lehrenden, aber auch der Praktiker auf. Die Rechts- und Staatsidee oder deren Plural sah man in der Verfassung hinlänglich geklärt und festgeschrieben („positiviert“) an. Ganz anders in der DDR. Dort spielte die Lehre des Marxismus-Leninismus und seiner Nebengebiete als allein herr-

31 Vgl. G. Hirsch, JZ 2007, 853ff.; ders., FAZ vom 30.4.2007, S. 8; W. Hassemer, ZRP 2007, 2134ff.; J. Wenzel, NJW 2008, 345ff.; W. Arenhövel, ZRP 2005, 69f.; weitere Nachweise bei B. Rüthers, JZ 2008, 446ff.

schende „Rechtstheorie“ mit mehr als 700 Stunden in dem vierjährigen Studiengang eine zentrale Rolle für die Juristenausbildung.[32]

Erst als seit etwa 1965 eine kritische Jugend, die den NS-Staat, den Krieg und das nachfolgende soziale Elend nicht mehr bewußt erlebt hatte, nach Vergangenheit und Zukunft dieser Ordnung fragte, nach ihrer sozialethischen Substanz und nach den Folgen und Grenzen des Wirtschaftswachstums, bekam die Rechtstheorie wieder Schwung. Es setzte eine neue Diskussion über Basisprobleme einer freiheitlichen und demokratischen Gesellschafts-, Wirtschafts- und Rechtsordnung ein. Sie wurde nicht zuletzt von sozialistischen Remigranten (H. Marcuse, Th. Adorno, M. Horkheimer, E. Bloch) stimuliert. Auch wenn dieser Diskurs zur praktizierten Gewalt gegen Sachen und Personen ausartete, hat das ursprüngliche moralische Pathos der studentischen Protestbewegung um 1968 die Bundesrepublik und auch das Rechtsdenken nachhaltig beeinflußt.[33] 33

Der Zusammenbruch der angeblichen „Diktaturen des Proletariats“ in den Ländern des „real existierenden Sozialismus“ 1989 und danach zeitigte vergleichbare Erschütterungen der juristischen Stabseliten in den betroffenen Ländern, nicht zuletzt in der DDR. Alle bereits aus der Geschichte bekannten Verdrängungs-, Ablenkungs- und Vernebelungsstrategien seitens der ehemaligen Leitungskader wiederholten sich. Diese Prozesse, einschließlich der unbefangenen Produktion von Festschriften für bewährte Verächter der liberalen Demokratie, des Rechtsstaates und der Menschenrechte, dauern bis heute an. 34

Festzuhalten bleibt: Intensive und verbreitete rechtsphilosophische und rechtstheoretische Überlegungen folgen zeitlich oft auf Sozialkatastrophen, Systemkrisen und politische Umwälzungen. Rechtstheorie ist also auch ein Instrument, um eine jeweils neue geschichtliche (Krisen-)Lage der Rechtswissenschaft und des sozialen und politischen Systems zu verarbeiten. Angesichts der jüngeren Vergangenheit geht es nicht zuletzt darum, über wirksame juristische Vorkehrungen gegen Unrechtssysteme nachzudenken. 35

II. Juristen als Auslegungsakrobaten

Fragt man nach dem Prägefaktor, der sowohl das National- wie das Rechtsbewußtsein der Deutschen und ihr gesamtes Staatsverständnis – wenn auch häufig unbewußt – am meisten beeinflußt hat, so ist es 36

32 Nachweise bei B. Rüthers, Die Wende-Experten, München 1995, S. 149ff.
33 Vgl. B. Rüthers, Verräter, Zufallshelden oder Gewissen der Nation?, Tübingen 2008.

wohl die schnelle Folge der genannten Umbrüche von Verfassungen, Staatsideologien, Wirtschafts- und Währungskrisen. Staatlich verbürgte Rechtsgarantien sind für viele Bürger nach diesen Erfahrungen zutiefst zweifelhaft geworden.

Die deutschen Juristen schauen auf vier einschneidende Änderungen des politischen Systems (1918/19; 1933; 1945/49; 1989/90) innerhalb von 70 Jahren zurück. Sie haben aus dieser Zeit im eigenen Land ein reiches rechtswissenschaftliches und rechtspraktisches Anschauungsmaterial grundlegend gewandelter Rechtsvorstellungen („Rechtsideen“) und Verhaltensweisen von Juristen aus fünf verschiedenen Verfassungsepochen gewonnen. Sie können das Auslegungsschicksal ihrer großen Kodifikationen (Bürgerliches Gesetzbuch, Handelsgesetzbuch, Strafgesetzbuch, Gewerbeordnung, Verfahrensgesetze) jeweils durch mehrere Verfassungsepochen verfolgen. Auch bei „kleineren“ Gesetzen – etwa den Ehegesetzen von 1938 und 1946 – ist es äußerst spannend, die Auslegung wortgleicher Vorschriften in verschiedenen Verfassungssystemen (Nationalsozialismus, Bundesrepublik Deutschland, Deutsche Demokratische Republik) zu beobachten.[34]

Max Weber hat 1910 das Verhältnis zwischen BGB und verschiedenen Wirtschaftsordnungen so vorausgesehen:[35]

> „..., so könnte jeder einzelne Paragraph des Bürgerlichen Gesetzbuches völlig unverändert, wie wir uns auszudrücken pflegen, in Geltung bleiben ... und dennoch könnte die Wirtschaftsordnung sich dergestalt verändert haben, daß kein Mensch behaupten würde, sie sei noch dieselbe wie früher. Meine Herren, es wäre sogar nicht ausgeschlossen, daß bei vollem Bestehenbleiben des Bürgerlichen Gesetzbuchs eine sozialistische Wirtschaftsordnung entstehen könnte.“

Die Voraussage hat sich buchstäblich erfüllt. Allerdings wurde nicht nur die Wirtschaftsordnung, sondern das gesamte politische System gleich mehrfach umgestürzt. Der NS-Staat ließ das BGB mit wenigen Ausnahmen (z. B. EheG 1938, Testamentsgesetz) fortbestehen. Auch in der DDR blieb das BGB noch lange Zeit, wenn auch mit erheblichen Einschränkungen, in Kraft.[36]

---

34 Vgl. dazu B. Rüthers, Wir denken die Rechtsbegriffe um ... – Weltanschauung als Auslegungsprinzip, Zürich 1987; ders., Die heimliche Revolution vom Rechtsstaat zum Richterstaat, 2. Aufl., Tübingen 2016.

35 Verhandlungen des Ersten Deutschen Soziologentages, (1910), Tübingen 1911, S. 269f.

36 Erst das „Zivilgesetzbuch“ von 1975 hob die Reste deutscher Rechtseinheit im Privatrecht endgültig auf.

Deswegen gelten die Juristen vielen Zeitgenossen als wahre Akrobaten der Auslegung. Aus den unveränderten Gesetzestexten haben sie offenbar die vom jeweils herrschenden politischen System gewünschten Antworten hervorgezaubert. Die jeweils „herrschende Meinung" in Wissenschaft und Praxis hatte wenig Mühe, die Meinung der jeweils Herrschenden zu treffen. Das verbreitete Unbehagen vieler Bürger an der Justiz und an den Juristen ist von daher erklärbar.[37] Es ist nicht neu, wie Luther („schlechte Christen") oder Mephisto in Goethes Faust („Legt ihr's nicht aus, so legt ihr's unter") zeigen. Das Problem „Auslegung" als „Einlegung" ist alt. Auch die Jurisprudenz hat sich nach Systemwechseln meistens schwer getan mit ihrer jüngeren Vergangenheit. Das wissenschaftliche wie das moralische Selbstbewußtsein derer, die über mehrere Verfassungsepochen hin juristische Berufe ausgeübt hatten, war oft getrübt und erschüttert. Insofern gilt das zitierte Motto von L. Wittgenstein auch für die Rechtstheorie und die juristische Methodenlehre: Sie sind unverzichtbare Instrumente im Kampf gegen die Verhexung unseres Verstandes durch die Mittel der Sprache. 37

III. Die Unruhe in der Juristenausbildung – Ausbildungskrise als Grundlagenkrise

Das Selbstverständnis einer Wissenschaft bestimmt auch ihr Ausbildungskonzept. Unsicherheiten in theoretischen Grundsatzfragen wirken auf Lehrende wie Lernende ein und kehren als Ausbildungsprobleme wieder. Die kritische Diskussion über die Juristenausbildung in den juristischen Fakultäten der Bundesrepublik Deutschland ist seit Jahrzehnten ein „Dauerbrenner". Die permanente Flucht der Studenten aus den Hörsälen zu den Repetitoren zeigt deutlich, daß etwas faul ist. Auch der historische Rückblick bringt wenigen Trost: 38

> „Es bedarf keiner weiteren Ausführung, um begreiflich zu finden, daß das Hören und die selbstständige Arbeit vieler erlahmt und sie sich zum Repetitor retten .... Das Resultat ist: der Universitätsunterricht ermangelt der edukatorischen Kraft; er bietet, wenn man Vorlesungs- und Lernstoff identifiziert, zu viel, und er bietet zu wenig an Hilfskräften zur wirklich wissenschaftlichen, verständnisvollen Aneignung."

Das klingt in der Beschreibung wie im Urteil sehr gegenwartsnah. Geschrieben hat es Adolf Wach, Exzellenz und Wirklicher Geheimer

---

37 Vgl. zum Unbehagen an der Jurisprudenz B. Rüthers, Institutionelles Rechtsdenken im Wandel der Verfassungsepochen, Bad Homburg 1970, S. 9ff.

Rat, Mitglied der Ersten Kammer und ordentlicher Professor der Rechte in Leipzig, im Jahre 1913.[38] Das „düstere Bild" Wachs hatte damals wie heute eine Ursache darin, daß rechtstheoretische Grundsatzfragen weitgehend ausgeklammert werden. Die seit Generationen in Deutschland beklagte Krise der Juristenausbildung, ihre Lebens- und Praxisferne, ist also auch eine Folge verdrängter Grundlagenprobleme der Disziplingeschichte, der Theorie des Rechts und seiner Anwendung.

Leonhard Nelson hat 1917 zur damaligen Lage der Jurisprudenz sein mahnendes Buch „Die Rechtswissenschaft ohne Recht" geschrieben.[39] Es ging ihm schon damals darum, was aus dieser Disziplin werde, wenn sie sich nur noch als Handwerk eines blinden Gesetzesgehorsams oder einer kunstvollen Falltechnik verstehe. Diese Frage ist unvermindert aktuell. Rechtstheorie vermittelt dem Juristen die Einsicht in sein Tun und in die Folgen seines Handwerks.

IV. Wandel und Komplexität der Gesellschaft

39 Die Veränderungsgeschwindigkeit der hochentwickelten Industriegesellschaften hat in den Jahrzehnten seit 1945 in einem bis dahin unvorstellbaren Ausmaß zugenommen. Die Zeiträume, in denen die Menschen darauf vertrauen können, daß ihre Lebensverhältnisse dauerhaft sind, werden immer kürzer. Die Verläßlichkeit eigener Kenntnisse und Lebenserfahrungen nimmt ab in dem Maße, in dem sich etwa die „Halbwertzeiten" der Erkenntnisse und der Wissensstände in Naturwissenschaft und Technik verkürzen. Die „Innovationsverdichtung" übersteigt vielfach die Aufnahmekapazität der von den Veränderungen unmittelbar betroffenen Bevölkerungskreise. Die „Gegenwart" im Sinne einer Vertrautheit der Menschen mit den sie umgebenden Lebensverhältnissen wird immer kürzer. Die Planbarkeit der Zukunft ist individuell wie auch für die Gruppen und Institutionen in Gesellschaft und Staat nachhaltig beeinträchtigt. Die Probleme am Arbeitsmarkt („Beschäftigungskrise") und in der Altersversorgung („Wie sicher sind die Renten wirklich?") sind anschauliche Beispiele.[40]

---

38 In: Handbuch der Politik, Berlin 1912/1913, S. 594 ff., 597.

39 L. Nelson, Die Rechtswissenschaft ohne Recht (1917), 2. Aufl., Göttingen 1949 (Neudruck 2. Aufl., Hamburg 1971).

40 Vgl. dazu H. Lübbe, Im Zug der Zeit, Schriften des Unternehmerforum Lilienberg (S. 36), Ermatingen/TG 1991; ders., Im Zug der Zeit – Verkürzter Aufenthalt in der Gegenwart, 3. Aufl., Berlin 2003.

Das Recht der hier gekennzeichneten, hoch entwickelten Industriegesellschaften soll die so einschneidend veränderten und weiterhin im Fluß befindlichen Lebensverhältnisse regeln, d. h. sie mindestens temporär in systemkonforme Bahnen lenken. Folgende Aspekte sind dabei zu beachten: 40

Die Ökonomie paßt sich sowohl den neuen technologischen wie den neuen Bedarfsstrukturen an. Es entwickeln sich neue Industriezweige, internationale Standortstrategien, Verteilungssysteme und Angebotsformen. Auch das Recht muß dem folgen. Die Internationalisierung der Wirtschaft erzwingt ein internationales Wirtschafts-, Wettbewerbs- und Finanzrecht. Aus Wirtschaftsgemeinschaften werden, wie die Europäische Union zeigt, politische und rechtliche Gemeinschaften mit eigenen Gerichtsbarkeiten (Europäischer Gerichtshof). Die technischen Entwicklungen verändern die Formen menschlichen Daseins, also die soziale Struktur, und wirken dann auf alle Lebens- und Rechtsgebiete ein. (Beispiele: Anwachsen des Energiebedarfs, Klimawandel, Umweltprobleme, Zunahme der nationalen und internationalen Migration und Kommunikation, Konsumgewohnheiten, Freizeitverhalten etc.). 41

Der schnelle Strukturwandel in allen Bereichen der Gesellschaft führt zu vielen, neuartigen, regelungsbedürftigen Interessenkonflikten. Bevor der Gesetzgeber diese auch nur zur Kenntnis genommen hat, werden die Gerichte damit konfrontiert. Sie müssen im Rahmen ihrer Zuständigkeit jeden ihnen vorgelegten Rechtsfall entscheiden, können also nicht auf den Gesetzgeber warten („Rechtsverweigerungsverbot"), der ohnehin aus verschiedenen Gründen oft regelungsunwillig oder -unfähig ist. So gibt die Rechtsordnung häufig allein durch den Mund der Justiz Antworten auf neue und offene Rechtsfragen. Die obersten Bundesgerichte haben daher ausgeprägte rechtspolitische Funktionen: Sie schaffen und verändern in gesetzlich nicht geregelten Fragen ihr eigenes „Richterrecht" (Rn. 235 ff.). 42

V. Komplexität der Rechtsordnung

Das Recht muß seiner Regulierungsfunktion gemäß alle wichtigen („sozialtypischen") Lebensvorgänge und Interessenkonflikte steuern. Die geschilderte „Dynamisierung" der sozialen Grundlagen des Rechts hat daher noch eine zweite Folge: Je komplexer die „Industriegesellschaft" wird, je mehr Technik, Ökonomie und der sonstige Wandel die Lebenswelt der Menschen und die Menschen selbst ver- 43 ändern, umso komplexer und komplizierter wird die Rechtsordnung und ihre Dogmatik (siehe Rn. 213 ff.). Ihr Umfang und damit zugleich die Probleme eines einheitlichen Wertungssystems und seiner widerspruchsfreien Anwendung und Fortbildung nehmen zu. Die wachsende Dynamik der gesellschaftlichen Grundlagen und die abnehmende Kraft des parlamentarischen Gesetzgebers, diese Bewegungen normativ zu bändigen, stellen die Rechtswissenschaft und – mehr noch – die Gerichtspraxis vor Aufgaben, die in dieser Größenordnung neuartig sind. Das fordert zu einer rechtstheoretischen Besinnung auf die Grundlagen der angewandten Lösungskonzepte heraus.

44 *(frei)*

VI. Veränderung der Werte

45 **1. Wertewandel.** Die veränderten gesellschaftlichen Fakten und Strukturen wirken umgekehrt ihrerseits auf das Recht ein und ändern es (Rn. 173 ff.). Durch den rasanten Wandel der Lebensverhältnisse werden auch die überkommenen, oft durch Jahrhunderte bewahrten und gültigen Wertvorstellungen in Frage gestellt und durch neue ersetzt. An hehren idealistischen Konstruktionen und Thesen zur Aufgabe der Rechtsphilosophie und zur Rolle der Gerechtigkeit im Recht, in der Justiz und der Rechtswissenschaft gab und gibt es im ausgehenden Jahrhundert der Ideologien[41] keinen Mangel. Wenn die allgemeine Philosophie nach Hegel „ihre Zeit in Gedanken gefaßt“ wiedergibt, dann werden Rechtsphilosophie und -theorie wohl in der Regel die Gerechtigkeit ihrer Epoche in Gedanken gefaßt spiegeln. Das bedeutet: Die Begriffe von Recht und Gerechtigkeit sind nicht zeitlos fixiert. Ihre Inhalte werden maßgeblich von den Rahmenbedingungen des jeweiligen gesellschaftlichen und politischen Systems mitgeprägt, dessen Strukturen umgekehrt zugleich von den maßgeblichen Rechtsnormen und Gerechtigkeitsbildern bestimmt werden. Jede Zeit hat „ihr“ Recht und damit ihre rechtstheoretischen Hauptprobleme. Insofern ist das geltende Recht – im Gegensatz zu Mephistos These in Goethes Faust[42] – regelmäßig „mit uns geboren“, mag es auch aus alter Zeit stammen. Das wechselseitige Einflußverhältnis von Gesellschaftsordnung, Staatsordnung und Rechtsordnung

41 Vgl. K. D. Bracher, Zeit der Ideologien – Eine Geschichte politischen Denkens im 20. Jahrhundert, Stuttgart 1985.
42 Goethe, Faust I, Mephisto in der Studierzimmer-Szene.

ist der Ausgangspunkt rechtstheoretischer Beobachtungen und Überlegungen.

2. Konkurrenz der Ideologien. In liberalen Verfassungsstaaten findet ein ständiger geistiger und politischer Wettbewerb um die Steuerung des gesellschaftlichen Wandels statt. Die Wettbewerber wollen unterschiedliche Weltanschauungen („Ideologien“) zum Ausgangspunkt des staatlichen Handelns (Gesetzgebung, Exekutive, Justiz) gemacht sehen. Wir nennen ein solches System, das keine für jeden Bürger verbindliche Gesellschafts- und Staatsideologie kennt, Pluralismus. Pluralismus und Toleranz sind eng verbundene Begriffe (Rn. 443a ff.).[43] Der Pluralismus schafft einerseits möglichst große geistige Freiräume der Bürger. Er führt andererseits dazu, daß die unterschiedlichen weltanschaulichen, politischen und sozialen Gruppen in den Grenzen der Rechtsordnung um die Vorherrschaft ringen: Es findet ein permanenter „Kampf um das Recht“[44] statt. Die Rechtsgeschichte ist demnach zu allen Zeiten eine Geschichte des Kampfes um das „richtige Recht“ aus der Sicht derer, die den Rechtsetzungsprozeß aus ihren weltanschaulichen („ideologischen“) Vorverständnissen inhaltlich bestimmen wollen. An diesem Kampf sind alle juristischen Berufe in ihrer berufsspezifischen Weise anteilig beteiligt und damit mitverantwortlich für die Folgen – ob sie das wissen und wollen oder nicht. Das gehört unvermeidlich zu ihrem juristischen Berufsrisiko, das auch zum Existenzrisiko werden kann. Die oft verschwiegenen Erfahrungen aus den deutschen Systemwechseln und Rechtsperversionen im 20. Jahrhundert zeigen das anschaulich. Diese Einsicht sollte zum Kernbereich der Juristenausbildung gehören. 46

Dieser andauernde Meinungskampf kann – wie es in den 1970er Jahren geschehen ist – dazu führen, daß die Anerkennung der gemeinsamen Wertüberzeugungen („Grundwerte“), wie sie vom Grundgesetz etwa im Grundrechtskatalog und in der Präambel der Verfassung vorausgesetzt werden, schwindet.[45] Das betrifft die Stabilität der Gesamtordnung, denn:

---

43 O. Höffe, Pluralismus und Toleranz, in: ders., Den Staat braucht selbst ein Volk von Teufeln, Stuttgart 1988, S. 105 ff.; R. Lhotta und F. Surall, in: W. Heun (Hrsg.), Evangelisches Staatslexikon, Stuttgart 2006, Stichworte „Pluralismus“ und „Toleranz“.

44 R. v. Jhering, Der Kampf um's Recht, 22. Aufl., Wien 1929. Der Vortrag wurde in Wien 1872 gehalten, wurde bis 1983 21-mal übersetzt und erschien 1921 in der 20. Auflage. Das deutet die Brisanz der Erkenntnisse des Autors an.

45 Vgl. G. Gorschenek (Hrsg.), Grundwerte in Staat und Gesellschaft, 3. Aufl., München 1978.

„Jede echte Staatsform setzt einen festen Bestand von politisch-materialen Werten voraus, durch die die staatliche Gemeinschaft glaubensmäßig legitimiert und inhaltlich zusammengehalten wird. Jede politische Staatsform wird hierdurch zugleich im Metaphysischen begründet."

Gerhard Leibholz hat diese Sätze 1933 als Analyse des Zerfalls der Weimarer Republik geschrieben.[46] Sie kennzeichnen die Verankerung jedes Staates und jeder Rechtsordnung in Wertvorstellungen und damit in weltanschaulich begründeten Überzeugungen.

C. Zusammenfassung zu § 1

47 I. Rechtstheorie ist der Versuch, das Recht insgesamt zu erfassen, in seinen Funktionsweisen zu beobachten und durch systematisches Nachdenken darüber nachprüfbare (= widerlegbare) Erkenntnisse zu gewinnen. Die Bezeichnungen „Rechtstheorie", „Rechtsphilosophie" und „Allgemeine Rechtslehre" werden in der Literatur mit unscharfen Bedeutungen benutzt und sind oft austauschbar.

II. Die Rechtstheorie unterscheidet sich von der Rechtsdogmatik dadurch, daß ihr Gegenstand Normen als solche sind und nicht die Vorschriften eines bestimmten staatlichen Gesetzes.

III. Die Rechtstheorie umfaßt drei Aspekte:

1. Die Rechtstheorie ist eine empirische Wissenschaft, indem sie die Wirkung von Normen auf Wirtschaft und Gesellschaft zu Gegenstand hat und dafür geeignete Modelle zur Analyse zur Verfügung stellt. Sie berührt sich in diesem Bereich mit den empirischen Sozialwissenschaften, insbes. der Soziologie und den Wirtschaftswissenschaften.
2. Die Rechtstheorie ist eine analytische Wissenschaft, indem sie die Grundbegriffe des Rechts und seine Grundstrukturen herausarbeitet. Sie hat in diesem Bereich Verbindungen zur analytischen Philosophie und zur Logik.
3. Die Rechtstheorie ist eine normative Wissenschaft, indem sie die möglichen Geltungsgründe des Rechts diskutiert und nach

---

46 G. Leibholz, Die Auflösung der liberalen Demokratie in Deutschland und das autoritäre Staatsbild, München 1933, S. 9. E.-W. Böckenförde hat 1976 eine ähnliche Feststellung getroffen: „Der freiheitliche, säkularisierte Staat lebt von Voraussetzungen, die er selbst nicht garantieren kann", in: ders., Staat, Gesellschaft, Freiheit, Frankfurt/M. 1976, S. 60.

den Möglichkeiten zu deren Begründung sucht. Sie ist in diesem Bereich mit der philosophischen Ethik verwandt.

IV. Die Rechtstheorie ist ein Beitrag zur Selbstbesinnung und zur Selbstkritik des Tuns von Juristen. Es geht bei der Frage nach der Notwendigkeit von Rechtstheorie darum, ob Juristen wissen wollen, was sie tun, oder ob sie sich in eine bewußte oder unbewußte Orientierungslosigkeit begeben.

V. Es gibt Phänomene in unserer Gesellschaft und der deutschen Geschichte, die eine Beschäftigung mit rechtstheoretischen Themen geradezu herausfordern:

- Die häufigen Wechsel der politischen Systeme, der Verfassungen und Rechtsordnungen in Deutschland seit 1918 und die dabei zu beobachtende Akrobatik der juristischen Auslegungsstrategien.
- Die Ausbildungskrise im rechtswissenschaftlichen Studium als Symptom einer Grundlagenkrise.
- Die Entstehung neuer Interessenkonflikte auf Grund der raschen Veränderungen und des radikalen Strukturwandels in allen Lebensbereichen.
- Die Komplexität und Undurchsichtigkeit der Rechtsordnung.
- Der Wandel der Wertvorstellungen und die Konkurrenz der Weltanschauungen („Ideologien“) um die Dominanz im Recht.

2. Kapitel. Das Recht und seine Funktionen

§ 2. Was ist Recht?

Noch suchen die Juristen eine Definition zu ihrem Begriffe vom Recht.
Immanuel Kant, Kritik der reinen Vernunft, B 759 Anmerkung

Immanuel Kant (1724 – 1804), umfassend gelehrter Philosoph der Aufklärung von weltweiter Ausstrahlung: Neben seiner fundamentalen Erkenntnistheorie ist seine Rechtslehre bedeutsam.

Literatur: R. Alexy, Begriff und Geltung des Rechts, 5. Aufl., 2011; R. Dreier, Der Begriff des Rechts, NJW 1986, 890ff.; K.-H. Fezer, Die Pluralität des Rechts, JZ 1985, 762ff.; H. L. A. Hart, Der Begriff des Rechts, 1973; N.

Hoerster, Was ist Recht?, 2. Aufl., 2012; G. Radbruch, Gesetzliches Unrecht und übergesetzliches Recht, in: ders., Rechtsphilosophie (Studienausgabe), 2. Aufl., 2003, S. 211 ff.; G. Teubner, Verfassungsfragmente, 2012.

A. Definitionsprobleme

Die in der Überschrift dieses Paragraphen gestellte Frage klingt 48
einfach. Die Antwort ist schwierig. Zahllose Juristen und Philosophen haben sich an der Definition des Rechtsbegriffs versucht: „Die zutreffende Voraussage dessen, was die Gerichte wirklich entscheiden, das verstehe ich unter Recht", faßte der amerikanische Richter Oliver Wendell Holmes (1841–1935) seine Sicht zusammen.[47] „Als Zwangsordnung unterscheidet sich das Recht von anderen Gesellschaftsordnungen. Das Zwangsmoment … ist das entscheidende Kriterium", meinte Hans Kelsen.[48] Eine moderne Definition[49] umschreibt Recht als die „Bezeichnung für die Gesamtheit von institutionell kontrollierten Bestimmungen zur Regelung des gesellschaftlichen Zusammenlebens, die von der akzeptierten normgebenden Instanz legitimiert werden." Das sind nur einzelne Beispiele. Angesichts der Uneinigkeit der Juristen wurde auch schon die Auffassung vertreten, es sei gar nicht deren Aufgabe, den Begriff des Rechts zu suchen.[50] Die Jurisprudenz müsse ihn von der Philosophie übernehmen. Sie habe keinen eigenen Rechtsbegriff. Dieser müsse von der Philosophie her „überkommen".[51] Die Philosophie bietet aber erfahrungsgemäß für jedes begriffliche (Definitions-)Problem je nach den verschiedenen „Vorverständnissen" eine Mehrheit von Lösungen an. Der Rechtsbegriff bliebe also, würde man die Verweisung auf die Philosophie ernstnehmen, erst recht mehrdeutig. An diesem Befund können wir erkennen, daß die Feststellung Kants im Motto dieses Paragraphen immer noch aktuell ist.

In anderen Wissenschaftsdisziplinen hat die Frage nach einer Definition ihres Gegenstandes auch nicht annähernd eine ähnlich ausdauernde und kontroverse Debatte ausgelöst. Kaum ein Chemiker macht sich Gedanken über die Frage „Was ist Chemie?" und erwartet

47 O. W. Holmes, The Path of Law, Harvard Law Review, Vol. X (1897), S. 460; abgedr. in: ders., Collected Legal Papers, New York 1920, S. 167.
48 H. Kelsen, Reine Rechtslehre, Wien 1960 (Nachdruck 1992), S. 34 ff.
49 B. Gräfrath, in: J. Mittelstraß (Hrsg.), Enzyklopädie Philosophie und Wissenschaftstheorie, Stuttgart 1995, Stichwort „Recht".
50 J. Binder, Philosophie des Rechts (1925), Neudruck Aalen 1967, S. 213.
51 G. F. Puchta, Cursus der Institutionen, 10. Aufl., Leipzig 1893, Bd. 1, S. 55.

von der Antwort hierauf wesentliche Erkenntnisse für sein Fachgebiet. Ganz anders verhält es sich bei der Frage „Was ist Recht?". Zwar sind die meisten Menschen auf die Frage nach dem Recht ohne weiteres in der Lage, Beispiele für Gesetze zu geben. Jedermann weiß, daß es Vorschriften gibt, die es verbieten, andere zu töten oder zu verletzen. Es ist den meisten klar, daß bestimmte Vorschriften existieren, die das Zustandekommen von Verträgen oder das Errichten eines Testaments regeln. Hat sich jemand länger mit der Rechtsordnung seines Landes beschäftigt, wird er zudem Grundmerkmale dieses Rechtssystems nennen können. Diese Sicherheit in der Antwort verschwindet aber rasch, wenn die Sprache auf grundsätzliche und irritierende Fallkonstellationen kommt.

49 Betrachten wir beispielsweise die sog. Mauerschützenprozesse, so fällt die Antwort nach dem, was Recht ist, nicht mehr so einfach aus. Die DDR-Grenzsoldaten waren nach den §§ 26, 27 DDR-GrenzG gerechtfertigt, wenn sie auf „Republikflüchtige" geschossen haben, um diese am Grenzübertritt in die Bundesrepublik Deutschland zu hindern. In der Realität wurde von den Grenzsoldaten sogar erwartet, daß sie Flüchtige mit Schüssen aufhalten sollten. Wer dies tat, konnte mit einer Honorierung in der einen oder anderen Form rechnen. Mit der Frage „Was ist Recht?" wurden die Soldaten in Strafprozessen erst nach der Wiedervereinigung der beiden deutschen Teilstaaten konfrontiert.[52] Die angeklagten Soldaten beriefen sich zu ihrer Verteidigung auf die Rechtfertigungsgründe der §§ 26, 27 DDR-GrenzG. Die Gerichte verurteilten die Grenzsoldaten trotzdem zu mehrjährigen Freiheitsstrafen. Die §§ 26, 27 DDR-GrenzG wurden für unbeachtlich erklärt. Obwohl es sich um Vorschriften handelte, die von der DDR als Rechtsnormen in dem vorgesehenen Verfahren erlassen wurden, haben die bundesdeutschen Gerichte diesen Bestimmungen die Qualität als Recht aberkannt.

Die Frage nach dem Begriff des Rechts ist nicht bloß akademischer Art. Sie taucht regelmäßig nach politischen Systemwechseln auf. Wenn nach dem Zusammenbruch von Staatsordnungen, insbesondere Diktaturen und Unrechtsregimes, deren Hinterlassenschaften juristisch abgearbeitet werden sollen (z. B. Kriegsverbrecherprozesse, Staatskriminalität, ungerechte Enteignungen etc.), wird jeweils lei-

---

52 Dazu H. Dreier, Gustav Radbruch und die Mauerschützen, JZ 1997, 421 ff.; J. Sieckmann, Die Radbruch'sche Formel und die Mauerschützen, ARSP 2001, 496 ff.

denschaftlich gestritten, ob das, was „damals Recht war", heute Unrecht sein kann und was jetzt das Recht („die Gerechtigkeit") fordert.

In diesen Auseinandersetzungen stoßen Naturrechtslehren (siehe Rn. 411 ff., 445 ff.) auf bestimmte Thesen des Rechtspositivismus (siehe Rn. 466 ff.): Die einen sagen, das Recht – mindestens der Kernbereich seiner „obersten Grundsätze" – folge unmittelbar aus der Natur oder dem „Wesen" des Menschen. Es ist daher, seiner Definition entsprechend, inhaltlich dem Zugriff des Gesetzgebers entzogen und soll unabhängig von staatlicher Setzung gelten. Für die anderen ist Recht nur das, was die nach der Verfassung zuständigen Organe als Recht gesetzt haben. In den parlamentarischen Demokratien ist diese Position auch moralisch legitimiert: Die Mehrheit entscheidet, was Recht sein soll. Recht ist nach diesem Verständnis nichts anderes als ein Organisations- und Herrschaftsinstrument des Souveräns. Das ist in Demokratien das Volk (Art. 20 Abs. 2 S. 1 GG), das die Ausübung der Macht in Wahlen an besondere Organe (insbes. das Parlament) delegiert. 49a

Mit der Frage nach dem Rechtsbegriff sind offensichtlich Probleme verknüpft, welche es selbst Leuten, die mit Rechtsnormen in der Praxis ständig zu tun haben, schwer machen, eine einfache Antwort zu geben. Was genau verursacht die Verlegenheit, die bei der Frage nach einer Definition des Rechts entsteht? Ein Problem haben wir schon kennengelernt. Es ist das Verhältnis zwischen Gesetz und Gerechtigkeit, die Abgrenzung zwischen Recht und Moral. Bei zwei weiteren Problemen geht es um die zutreffende Beschreibung einer modernen Rechtsordnung und deren Abgrenzung zu anderen gesellschaftlichen Regelsystemen. 50

Die erste Schwierigkeit soll folgendes Beispiel illustrieren: Ein bewaffneter Räuber befiehlt seinem Opfer, ihm den Geldbeutel zu übergeben. Für den Fall einer Weigerung droht er damit, das Opfer zu erschießen. Abstrakt formuliert hat der Räuber in unserem Beispiel eine Verhaltensanweisung ausgesprochen und diese mit einer Sanktionsdrohung versehen. Von einigen Autoren wird nun behauptet, die staatliche Rechtsordnung sei im Grunde nichts anderes.[53] Ein Strafgesetz, das ein bestimmtes Verhalten verbietet und bei Verstoß dagegen eine Freiheits- oder Geldstrafe festsetzt, gleiche der Situation 50a

53 Diese Grundidee wird mit dem Stichwort „Imperativentheorie" bezeichnet (dazu näher Rn. 148 ff.) und wurde von J. Bentham (1748–1832) begründet (vgl. J. Bentham, Of Laws in General). Bekannt wurde die Theorie allerdings durch J. Austin (1790–1859), Lectures on Jurisprudence.

des bewaffneten Räubers. Auch hier enthält das Strafgesetz eine Verhaltensregel, die für den Fall des Verstoßes eine Sanktion vorsieht. Der Unterschied des Strafgesetzes zur Drohung des Räubers beschränke sich darauf, daß das Strafgesetz einen allgemeinen Verhaltenstypus anordnet (vgl. Rn. 219), sich an eine Vielzahl von Personen richtet und eine gewisse Beständigkeit aufweist. Das Recht, so sagt diese Theorie, bestehe (ausschließlich) aus Verhaltensanordnungen, die zwangsweise durchgesetzt werden können (vgl. die eingangs zitierte Definition von H. Kelsen). Das Rechtssystem sei mit dem Befehlscharakter der Rechtsnormen sowie einer „allgemeinen Gewohnheit" der Bevölkerung, den Befehlen zu gehorchen (allgemeiner Gehorsam), ausreichend umschrieben. Bei diesem Rechtsverständnis stellt sich die Frage, was das Recht von den Regeln einer Räuberbande unterscheidet. Diese Frage warf bereits Augustinus (354–430) auf.[54] Die Mehrheit der Menschen geht dagegen schon intuitiv von einem Unterschied zwischen Rechtsregeln und dem sozialen Kodex einer Räuberbande aus, weil sie die Rechtsordnung aus guten Gründen für legitimiert hält (vgl. Rn. 83 f.). Dieser Unterschied ist näher zu ermitteln und in eine Definition vom Recht aufzunehmen, wenn man die Realität zutreffend beschreiben will.

50b Die zweite Schwierigkeit hängt mit dem Verständnis von Recht als System von Regeln zusammen. Nach der zitierten Definition von O. W. Holmes kommt es allein auf die zutreffende Prognose der Entscheidungen der letzten Gerichtsinstanzen an. Holmes nimmt also die Position eines externen Beobachters ein, der neutral das Entscheidungsverhalten der Richter beobachtet und dabei Regelmäßigkeiten feststellt. Als externer Beobachter kann er nach einiger Zeit feststellen, daß Abweichungen von Normen mit großer Wahrscheinlichkeit sanktioniert werden. Solche sozialen Regelmäßigkeiten können aber auch auf anderen Gebieten festgestellt werden.

Zunächst gibt es eine Vielzahl von Regeln außerhalb des Rechts, die zu einem gleichmäßigen Verhalten veranlassen. Das sind z. B. die Spielregeln beim Fußball oder die Sitte, das Messer beim Essen nicht in den Mund zu nehmen. Damit taucht die Frage auf, welcher Unterschied zwischen dem bloß gleichmäßigen Verhalten innerhalb einer Gruppe, gesellschaftlichen Regeln und Rechtsnormen besteht. Auch diese Unterscheidung sollte uns eine Definition des Rechtsbegriffs liefern (vgl. Rn. 53 ff.). Die Beschreibung von Recht aus der Sicht ei-

54 Augustinus, Vom Gottesstaat, Buch 4, Kap. 4.

nes externen Beobachters verkürzt die Realität. Für denjenigen, der innerhalb der Rechtsordnung lebt, ist die Rechtsnorm nicht nur Grundlage für eine Prognose über Gerichtsentscheidungen, sondern sie definiert vielmehr einen verbindlichen Verhaltensstandard, nach dem sich die meisten Beteiligten richten. Die Strafrechtsnorm ist für den Richter der Grund und die Rechtfertigung (Legitimation), bestimmte Sanktionen zu verhängen, und nicht etwa eine Aussage, daß er diejenigen, die von der Regel abweichen, höchstwahrscheinlich bestrafen wird.

Wer eine Definition vornimmt, will eine Art von Dingen von ande- 51
ren unterscheiden (Rn. 195 ff.). Wir haben gesehen, daß gerade solche Personen nach Abgrenzungen suchen, die im täglichen Leben ständig mit Rechtsnormen zu tun haben. Dabei hat sich herausgestellt, daß es an einem einheitlichen, von der ganzen Rechtswissenschaft akzeptierten Rechtsbegriff fehlt. Das erinnert an einen Satz von Nietzsche, wonach definierbar nur das sei, was keine Geschichte habe.[55] Die Bemerkung Nietzsches weist darauf hin, daß jede Definition, begriffsgeschichtlich betrachtet, nur eine „Momentaufnahme" des Begriffsinhaltes bietet, also gerade nicht allgemein und zeitlos gültig ist.

Andererseits verlangt schon das Grundgesetz von jedem Juristen, 52
daß er „Recht" definieren kann. Nach Art. 20 Abs. 3 GG sind die vollziehende Gewalt und die Rechtsprechung an „Gesetz und Recht" gebunden. Die Verfassung unterscheidet also zwischen „Gesetz" und „Recht", wenn man dem Parlamentarischen Rat nicht Gedankenlosigkeit bei der Formulierung unterstellen will. Die Frage nach dem genauen Inhalt der Bindung von Exekutive und Rechtsprechung an die Rechtsordnung wird noch interessanter, wenn man Art. 97 Abs. 1 GG hinzunimmt. Danach sind die Richter unabhängig und „nur dem Gesetze" unterworfen. Ist die Verfassung hier widersprüchlich?[56] Die Juristen sollten doch genau wissen, woran sie bei der Rechtsanwendung gebunden sind. Wir sehen: Eine auf Rechtssicherheit und Praktikabilität ausgerichtete Rechtswissenschaft benötigt einen klar definierten Rechtsbegriff als Arbeitsgrundlage.

55 F. Nietzsche, Zur Genealogie der Moral, 2. Abhandlung, Abschnitt 13.

56 Vgl. H. D. Jarass, in: H. D. Jarass/B. Pieroth, Grundgesetz, 14. Aufl., München 2016, Art. 20 Rn. 52 f.

B. Arbeitshypothese: Recht als Summe der geltenden Rechtsnormen

53 Der Streit um den Begriff des Rechts kann für den hier verfolgten Zweck eines Lernbuches vorläufig pragmatisch beendet werden durch eine mit dem Leser zu vereinbarende („stipulatorische") Definition: Als Recht wird im Folgenden die Summe der geltenden, d. h. vom Gesetzgeber erlassenen und/oder von den Gerichten angewendeten („gerichtsfähigen") Normen bezeichnet. Die Aufgabe der Rechtswissenschaft wird in Anlehnung an Kant[57] insoweit dahin eingegrenzt, daß sie festzustellen hat, was an einem bestimmten Ort zu einer bestimmten Zeit Recht sein soll („quid sit iuris?").[58] Sie antwortet also nicht auf die allgemeine und globale Frage „Was ist („ewiges") Recht?" („quid est ius?"). Die Arbeitshypothese setzt also voraus, daß diese beiden Fragen trennbar sind.[59] Sie sind trennbar, wenn man das Recht, aus dem die Rechtswissenschaft und die Gerichte ihre Antwort schöpfen, auf das sog. positive, also das real angewandte Recht eines konkreten Staates beschränkt. Die vorsichtig gewählte Formulierung vom „angewendeten" Recht schließt auch solche Normen in den Rechtsbegriff ein, die nicht vom Staat gesetzt worden sind.

54 Die notwendige Diskussion mit Auffassungen, die dem einzelnen (oder wem immer) die Befugnis zubilligen, das staatliche Recht (Gesetz) an einem (angenommenen) höherrangigen „Recht" zu prüfen und zu verwerfen, wird dort ausgetragen, wo die Geltungsgründe des Rechts erörtert werden (Rn. 332ff.). An dieser Stelle sei lediglich angemerkt, daß die h. M. der Staatsrechtslehre aus der genannten Formulierung in Art. 20 Abs. 3 GG kein Recht des Richters ableitet, sich an nicht gesetzlich geregelten Gerechtigkeitsvorstellungen („Recht") zu orientieren (siehe dazu Rn. 264ff.).

I. Recht als staatliche Setzung

55 **1. Recht durch staatliche Gesetzgebung und Anerkennung.** Im neuzeitlichen kontinentalen Europa erscheint das Recht, vor allem

57 I. Kant, Die Metaphysik der Sitten, Einleitung in die Rechtslehre, § B.
58 Ähnlich H. Coing, Grundzüge der Rechtsphilosophie, 5. Aufl., Berlin 1993, S. 291.
59 Vgl. U. Müller, Der Begriff vom Recht und die Rechtswissenschaft, Konstanzer phil. Dissertation, 1981, S. 48ff.

seit Montesquieu,[60] zunächst als Gesetz. Rechtsnormen kommen in einem staatlich (meist in der Verfassung genau) geregelten oder anerkannten Verfahren zustande, bei dem in der Regel bestimmte besondere Staatsorgane (Regierung, Parlamente) zusammenwirken (lies Art. 70ff., 76–80 GG). Für diese Art der Rechtsetzung beansprucht der souveräne Staat für sich den Vorrang (sog. Vorrang des Gesetzes).

Würde man aber Rechtsnormen ausschließlich auf staatliche Set- 56
zung gründen, so würden wichtige Rechtsmaterien (und Rechtsregeln) aus dem Rechtsbegriff ausgeklammert, z. B. das Kirchenrecht und die Tarifverträge. Daher besteht eine andere Form in der staatlichen Anerkennung von Regelungen bestimmter Institutionen als Recht. Das ist bei den Kirchen auf Grund der Art. 140 GG i. V. m. Art. 137 Abs. 3 WRV der Fall, wonach sie ihre internen Angelegenheiten selbständig innerhalb der Schranken des für alle geltenden Gesetzes regeln können. Es gibt also innerkirchliche, vom Staat anerkannte Normen, die nicht vom Staat gesetzt sind. Im Arbeitsrecht sind die Tarifparteien und die Betriebsparteien durch das Tarifvertragsgesetz und das Betriebsverfassungsgesetz ermächtigt, für ihre Mitglieder und Betriebsangehörigen verbindliche Rechtsnormen zu setzen.

Mit dem Erfordernis der staatlichen Setzung oder der staatlichen Anerkennung haben wir ein formales Kriterium gewonnen, das uns die Trennung der Rechtsnormen von anderen Regeln des sozialen und gesellschaftlichen Zusammenlebens ermöglicht. Man spricht von den sog. Rechtsquellen (siehe dazu Rn. 217ff.). Wir können dadurch Rechtsnormen von bloßen Sitten und Gebräuchen sowie von den Regeln einer Räuberbande unterscheiden. Unter anderem dienen diesem Zweck die Vorschriften des Grundgesetzes, des EU-Vertrages und der Länderverfassungen über das Zustandekommen von Gesetzen, Verordnungen und sonstigen Rechtsnormen.

Im Gegensatz zu der hier vertretenen Definition von Recht stehen 56a
„pluralistische“ Rechtsbegriffe. Sie gehen davon aus, daß es in Gesellschaften neben dem „offiziellen“, staatlich gesetzten oder anerkannten Recht Verhaltensregeln geben kann, die von den Gesellschaftsmitgliedern wie staatliche Rechtsvorschriften beachtet und befolgt werden[61]. Für Vertreter pluralistischer Rechtsbegriffe gehören diese

60 C.-L. Montesquieu, Vom Geist der Gesetze (1748).

61 So gibt es z. B. im Bereich der Rechnungslegung und Bilanzierung eine Reihe von (internationalen) Standards, insbesondere die IAS (International Accounting Standards) und die IFRS (International Financial Reporting Standards), die von privaten Institutionen beschlossen werden und in der Praxis wie Gesetze wirken.

Regeln zum Begriff „Recht“, wobei sich die Begriffsinhalte der einzelnen pluralistischen Rechtslehren zum Teil erheblich unterscheiden[62]. Für rechtssoziologische Untersuchungen mag ein „pluralistischer“ Rechtsbegriff sinnvoll sein. Hier soll der Rechtsbegriff dazu dienen, das *staatlich gesetzte und anerkannte Recht* von anderen sozialen Verhaltensregeln zu unterscheiden. Der Begriff des Rechtspluralismus bzw. der „Pluralität des Rechts“ wird zudem verwendet, um eine Pluralität der Methoden und Verfahren der Rechtserkenntnis zu bezeichnen[63]. Dabei geht es um die methodische Frage der Gesetzesbindung, also um das Verhältnis zwischen Gesetzgebung, Rechtsprechung und Rechtswissenschaft[64]. Das sind Probleme, welche der Methodenlehre zuzuordnen sind (Rn. 640 ff.).

57 **2. Recht als Produkt der Entscheidungen letzter Instanzen: Richterrecht.** Das kontinental-europäische Rechtsdenken ging im Gegensatz zum anglo-amerikanischen Rechtskreis lange Zeit von einem Monopol der staatlichen Gesetzgebungsorgane aus. Die Rechtsordnung galt als ein Produkt des Gesetzgebers. Das ist eine etwas naive Sicht der Lage. Heute wissen wir: Die Gerichte setzen die Rechtsnormen nicht nur durch, sie entscheiden letztlich auch darüber, ob eine Norm als Recht zu qualifizieren ist oder nicht (Rn. 217 ff., 235 ff.). Daher hat das oberste Gericht eines Landes das letzte Wort darüber, was Recht ist und was nicht.[65] Man kann dies als „Kompetenz-Kompetenz“[66] der Gerichte bezeichnen. Hinzu kommt, daß in der sich schnell wandelnden Gesellschaft und folglich auch in der Rechtsordnung fortlaufend neue Steuerungs- und Entscheidungsprobleme entstehen, denen die Gesetzgebung nur mühsam und verspätet nachkommt. In der Zwischenzeit setzen die Gerichte, unterstützt von der Rechtswissenschaft, durch ihre Entscheidungen neues Recht (vgl. Rn. 235 ff.).

Ein Hauptaugenmerk der rechtstheoretischen Beobachtung ist deshalb notwendig auf die Auslegungspraxis der Gerichte zu richten. Sie ist es, die dem Recht reale Wirksamkeit verschafft – mehr als alle theoretischen Erwägungen und Postulate der Wissenschaft, ja oft

62 Näher dazu K. F. Röhl/H. C. Röhl, Allgemeine Rechtslehre, 3. Aufl., Köln 2008, § 24; R. Seinecke, Das Recht des Rechtspluralismus, Tübingen 2015.
63 So insbes. K.-H. Fezer, Die Pluralität des Rechts, JZ 1985, 762 ff.
64 Vgl. K.-H. Fezer, Die Pluralität des Rechts, JZ 1985, 762, 768.
65 H. L. A. Hart, Der Begriff des Rechts, Frankfurt/M. 1973, Kap. VII 3; dazu B. Rüthers, Die heimliche Revolution vom Rechtsstaat zum Richterstaat, 2. Aufl., Tübingen 2016, S. 29 ff., 77 ff.
66 K. F. Röhl/H. C. Röhl, Allgemeine Rechtslehre, 3. Aufl., Köln 2008, § 24 II.

auch mehr als der geltende Gesetzestext. Dieser Umstand hat den Richter O. W. Holmes zu der Formulierung seines eingangs zitierten Begriffs vom Recht gebracht, an die hier in der originalen englischen Fassung erneut erinnert sei:

„The prophecies of what the courts will do in fact, and nothing more pretentious, are what I mean by the law.“[67]

Die Aussage ist auch für unser Rechtssystem realistisch. In der Wirklichkeit des Rechtslebens, bei konkreten Streitfällen, geht es um die reale Durchsetzbarkeit von Ansprüchen vor dem zuständigen Gericht. Die Rechtsuchenden (und ihre Anwälte) tun deshalb gut daran, sich den Satz von O. W. Holmes als Leitmotiv für ihre Prozeßführung einzuprägen.[68]

II. Recht und staatlicher Zwang bei der Durchsetzung

Rechtsnormen, die durch staatliche Setzung oder Anerkennung 58
gelten, ist gemein, daß sie mit Zwang durchgesetzt werden können. Schon Kant schreibt: „Das Recht ist mit der Befugnis zu zwingen verbunden.“[69] Zwar hat derjenige, der gegen gesellschaftliche Normen verstößt, durchaus auch Sanktionen zu fürchten. Er wird beispielsweise von den anderen geschnitten und nicht beachtet. Allein Rechtsnormen aber werden mittels staatlich organisierten Zwangs gegen den Willen des Betroffenen durchgesetzt. Der Staat sichert den Geltungsanspruch der Rechtsnormen durch eine umfangreiche Gerichtsbarkeit (Stichwort: „Justizstaat“). Denn wo der öffentliche Ungehorsam gegenüber einer Rechtsnorm auf Dauer sanktionslos bleibt, wird nicht nur ihre Rechtsqualität in Frage gestellt. Der Rechtsstaat selbst verliert seine Autorität und Glaubwürdigkeit. In diesem Sinne hat R. v. Jhering, der Begründer der Interessenjurisprudenz, das Recht definiert als die Summe aller in einem staatlich gewährleisteten Zwangsverfahren durchsetzbaren Normen. Jhering hat das sehr bildhaft formuliert:

67 O. W. Holmes, The Path of Law, Harvard Law Review, Vol. X (1897), S. 460; abgedr. in: ders., Collected Legal Papers, New York 1920, S. 167.
68 Für den anglo-amerikanischen Rechtskreis ist diese Sichtweise wegen der dort geltenden Präjudizienbindung naheliegend, vgl. etwa J. S. Grax, The Nature and Source of Law, 2nd ed. 1927: „All the law is judge-made law“.
69 I. Kant, Metaphysik der Sitten, § B 35.

„Der vom Staat in Vollzug gesetzte Zwang bildet das absolute Kriterium des Rechts, ein Rechtssatz ohne Zwang ist ein Widerspruch in sich selbst, ein Feuer, das nicht brennt, ein Licht, das nicht leuchtet."[70]

III. Grenzen und Lücken des „positivistischen" Rechtsbegriffs

59 Die vorstehend vorgeschlagene, auf die staatliche Setzung und Durchsetzung ausgerichtete „positivistische" Definition des Begriffs „Recht" hat drei Merkmale, die Beachtung verdienen:

- Das Recht wird definiert als das Ergebnis staatlicher Setzungs- oder Anerkennungsakte: Es umfaßt alle Arten von staatlichen Normen sowie letztinstanzliche Entscheidungen, die nach der staatlichen Rechtsordnung Gültigkeit („Geltung") und Befolgung beanspruchen.
- Die Definition beantwortet nicht die Frage nach der „Gerechtigkeit" des Rechts (Rn. 343 ff.). Die Gerechtigkeitsfrage wird also von der Frage „Was ist Recht?" getrennt. Sie ist nicht etwa unwichtig – im Gegenteil! Aber das Problem der Unterscheidung von Recht und staatlichem Unrecht wird nicht in der Definition des Rechtsbegriffs angesiedelt, sondern gesondert unter der Frage nach der Rechtsgeltung erörtert.
- Aus der Definition ausgeklammert ist auch die Frage, welche Bedeutung die reale Wirksamkeit der Normen, ihre Akzeptanz und Befolgung durch die rechtsunterworfenen Bürger hat. Ist „Recht" auch das, was in der Bevölkerung – etwa wegen des Verstoßes gegen Grundüberzeugungen – auf verbreitete Ablehnung oder gar auf offenen Widerstand (Ungehorsam) stößt? Der Wirksamkeit und Geltung des Rechts, also der Realität des „Gelten-sollens" von Rechtsnormen ist später ein eigener Abschnitt in diesem Buch gewidmet (Rn. 332 ff.).

C. Recht im objektiven und im subjektiven Sinn

60 Das Wort „Recht" wird herkömmlich in zwei verschiedenen Bedeutungen verwendet. Es gibt objektives Recht (I.) und subjektives Recht (II.).

70 R. v. Jhering, Der Zweck im Recht, Bd. I, 3. Aufl., Leipzig 1893 (Nachdruck 1970), S. 322.

I. Objektives Recht

Als Recht im objektiven Sinne bezeichnet man die Summe der gel- 61
tenden Rechtsnormen. Damit ist die Rechtsordnung insgesamt, also sämtliche zu ihr gehörenden Rechtsnormen, gemeint. Woher das objektive Recht im einzelnen stammt und wo es zu finden ist, d. h. die Frage nach den Rechtsquellen, wird später behandelt (Rn. 217 ff.).

Thematisch zusammenhängende Sätze des objektiven Rechts wer- 62
den oft als „Institut" oder „Institution" bezeichnet. Es handelt sich um den Zusammenschluß miteinander verwandter Rechtssätze zu höheren Systemeinheiten.

Beispiel: Um das Eigentum an Sachen zu regeln, reicht eine einzige Norm nicht aus. Das BGB verwendet hierauf die §§ 903–1011 BGB.

Will man die Begriffe unterscheiden, so sind mit dem Ausdruck „Institution" verbandsmäßige Organisationen gemeint, so der Staat, Körperschaften und sonstige Vereinigungen (z. B. AG, GmbH, OHG). Den „Instituten" fehlt es an diesem Merkmal. Es handelt sich um die Ausgestaltung von sozialen Tatsachen wie beispielsweise Ehe, Eigentum und Vertrag. Die Begriffe „Institution" bzw. „Institut" sind so verstanden also reine Ordnungsbegriffe, mit denen zusammengehörige Normengruppen von anderen getrennt und die Masse der Gesetze nach Sachzusammenhängen sortiert werden können. Davon streng zu unterscheiden ist das sogenannte „institutionelle Rechtsdenken". Dort wird der Begriff „Institut" zu einem Instrument, das auf methodisch ungeklärte Weise die Ableitung neuer Rechtsnormen ermöglichen soll (dazu Rn. 557 ff.).

Den mit den Begriffen „Institut" oder „Institution" bezeichneten 62a
Normengruppen ist ein interessanter Aspekt gemeinsam. Die natürlichen Fähigkeiten und Handlungsmöglichkeiten des Menschen werden durch diese Normen erweitert (Rn. 128, 148b ff.).

Beispiele: Ein Baum auf einer Wiese in der Natur hat zunächst die Eigenschaften, die jeder Baum besitzt. Es ist ein ausdauerndes Holzgewächs mit ausgeprägtem Stamm und einer Krone aus belaubten Zweigen oder aus großen Blättern. Steht der Baum aber auf einer Wiese des Bauern B, kommt ihm eine weitere, unsichtbare Eigenschaft zu. Ihm läßt sich durch die Regeln des BGB die gesellschaftliche Tatsache „Eigentum" zuordnen (vgl. Rn. 128).

Mehrere Personen, die sich zur Verfolgung gemeinsamer Interessen zusammengefunden haben, sind zunächst nichts weiter als eine Gruppe. Durch die Gründung einer GmbH hat diese Gruppe die rechtliche Möglichkeit, sich in bestimmter Weise zu organisieren. Daß diese Gruppe als GmbH organisiert ist, kann man ihren einzelnen Mitgliedern als Person nicht ansehen. Die Organisation begründet in diesem Fall sogar ein eigenes Rechtssubjekt: die juristische Person. Die Idee, daß eine Organisation losgelöst von ihren Mitgliedern Träger eigener Rechte und Pflichten sein kann, wurde erst im 19. Jahrhundert entwickelt. Der Antike und dem Mittelalter war diese Vorstellung noch fremd.[71]

II. Subjektives Recht

63 **1. Begriff.** Die Lehren zum „subjektiven Recht“ haben in Deutschland eine bewegte und leidvolle Geschichte.[72] Es ist auf vielfältige Weise unterschiedlich definiert worden als „Willensmacht“ (F. C. v. Savigny), als „rechtlich geschütztes Interesse“ (R. v. Jhering, vgl. Rn. 520) und als „Anspruchs- und Gestaltungsrecht“ (B. Windscheid). Als subjektives Recht wird hier eine einklagbare (durchsetzbare) Berechtigung (Rechtsposition) bezeichnet, die sich für einzelne Personen aus den Vorschriften des objektiven Rechts ergibt. Das subjektive Recht ist also eine Rechtsmacht, die dem einzelnen von der Rechtsordnung („objektives Recht“) als ein Mittel zur Wahrung seiner Interessen verliehen ist. Die Klagbarkeit der subjektiven Rechte ist das Mittel (und die Voraussetzung) ihrer realen Durchsetzbarkeit.

Beispiele: Der Eigentümer eines Buches kann von dessen Besitzer die Herausgabe des Buches verlangen, wenn dieser kein Recht zum Besitz (mehr) hat (§§ 985 ff. BGB).

Der Verkäufer eines Autos kann vom Käufer den vereinbarten Kaufpreis verlangen (§ 433 Abs. 2 BGB).

Die notwendigen Elemente des subjektiven Rechts sind somit zwei Personen (nämlich der Träger des Rechts und der Verpflichtete) und eine Verhaltensnorm, deren Sanktionsanordnung klageweise durchsetzbar ist (Rn. 121 ff.). Man spricht hier auch von einer dreistelligen Relation, da zwei Personen und ein Gegenstand (das Recht auf eine Handlung) beteiligt sind.[73] Der Begriff „Pflicht“ ist das Gegenstück zum subjektiven Recht: Der Berechtigte kann vom Verpflichteten ein Verhalten fordern, daß in der Rechtsnorm als Sollensanordnung bestimmt ist (Rn. 123 ff.).

Die Begriffe „objektives“ und „subjektives Recht“ sind also Ausdruck unterschiedlicher Fragestellungen über denselben Gegenstand

71 Vgl. M. Kaser/R. Knütel/S. Lohsse, Römisches Privatrecht, 21. Aufl., München 2017, § 17 I.

72 Vgl. zur historischen Entwicklung ausführlicher K. F. Röhl/H. C. Röhl, Allgemeine Rechtslehre, 3. Aufl., Köln 2008, § 43; umfassend K.-H. Fezer, Teilhabe und Verantwortung, München 1986.

73 R. Alexy, Theorie der Grundrechte, 3. Aufl., Frankfurt/M. 1996, S. 171.

„Recht“ und beschreiben bloß die beiden Seiten einer Medaille aus jeweils anderem Blickwinkel. Rein objektives Recht, ohne Rechte und Pflichten, gibt es nicht.

2. Arten subjektiver Rechte. Das „subjektive Recht“ ist einer der zentralen Grundbegriffe des gesamten Rechtssystems und der Rechtswissenschaft. Es spielt in allen Rechtsgebieten eine das Gesamtsystem der Rechtsordnung prägende und steuernde Rolle. 64

Die Lehre vom subjektiven Recht wurde zunächst hauptsächlich im Privatrecht begründet.[74] Dort können die subjektiven Rechte nach den geschützten Interessen weiter in Vermögens- und Nichtvermögensrechte unterteilt werden. Vermögensrechte sind z. B. Forderungen, Sachen- oder Immaterialgüterrechte. Nichtvermögensrechte sind etwa Familienrechte oder Persönlichkeitsrechte.[75] Eine andere Einteilung unterscheidet zwischen absoluten, gegenüber jedermann geltenden Rechten und relativen, gegenüber nur einzelnen Personen geltenden Rechten. Absolute Rechte sind etwa das Eigentum, Urheber- und Patentrechte. Relative Rechte sind beispielsweise alle schuldrechtlichen Forderungen aus Gesetz oder Vertrag. Des weiteren kann zwischen Herrschafts- und Gestaltungsrechten unterschieden werden. Herrschaftsrechte sind primäre subjektive Rechte und geben dem Begünstigten die Herrschaft über das Verhalten eines anderen (z. B. Eigentum, vertragliche Ansprüche). Gestaltungsrechte sind sekundäre subjektive Rechte, weil sie erst durch Rechtsgeschäft begründet werden müssen. Sie erlauben dem Berechtigten die einseitige Einflußnahme auf ein Rechtsverhältnis (z. B. Kündigung, Widerruf).

Der Anwendungsbereich des subjektiven Rechts ist nicht auf das Privatrecht beschränkt. Das wird daran deutlich, daß die Menschen- und Grundrechte, von denen das Grundgesetz in Art. 1 Abs. 2 u. 3 ausgeht, als klagbare „subjektiv-öffentliche“ Rechte aufgefaßt werden und verfahrensrechtlich abgesichert sind. Der einzelne ist dadurch in der Lage, seine Rechte gegenüber dem Staat im Wege der Verfassungsbeschwerde oder auf dem Verwaltungsrechtsweg zu verteidigen. Die Grundrechte können darüber hinaus auch zwischen Privaten in allen Rechtsdisziplinen eine Wirkung entfalten, weil sie bei 65

74 Siehe A. Stadler, Allgemeiner Teil des BGB, 19. Aufl., München 2017, §§ 4, 5.

75 Ob das Allgemeine Persönlichkeitsrecht nicht auch ein Vermögensrecht sein kann, ist spätestens seit der Entscheidung des BGH NJW 2000, 2195 „Marlene Dietrich“ umstritten. Vgl. etwa einerseits H.-P. Götting, NJW 2001, 585 und andererseits V. Beuthien, NJW 2003, 1220.

der Auslegung, etwa im bürgerlichen und im Arbeitsrecht, vor allem mittels der Generalklauseln zu berücksichtigen sind. Das nennt man die „Drittwirkung“ der Grundrechte.[76]

65a Doch damit nicht genug. Sieht man das ausschlaggebende Kriterium des subjektiven Rechts in dessen Klagbarkeit bzw. in dessen Struktur als dreistellige Relation, so steht der Annahme von subjektiven Rechten des Staates nichts entgegen.[77] Dies gilt sowohl im Verhältnis Staat und Bürger als auch zwischen staatlichen Organen. Die Streitverfahren gemäß Art. 93 GG, wie etwa die Organstreitigkeit oder die Bund-Länder-Streitigkeit, machen deutlich, daß hier einzelne Staatsorgane ihre rechtlich geschützten Interessen (z. B. Gesetzgebungskompetenzen) mittels Klage durchsetzen können. Zwar geht es in diesen Fällen nicht um die Durchsetzung von Privatinteressen, doch kommt es hierauf nach unserer Definition nicht an.

66 **3. Funktionen des subjektiven Rechts. a) Freiheit der Persönlichkeit.** Der Begriff „subjektives Recht“ umfaßt alle individuellen gerichtsgeschützten Rechtspositionen von den Grund- und Menschenrechten bis zu schuldrechtlichen Forderungen und Gestaltungsrechten des Privatrechts. Wegen des weiten Umfangs bleibt der Begriff scheinbar blaß und abstrakt. Für den wirksamen Rechtsschutz des einzelnen, für seine juristische Selbstbehauptung und Verteidigungsfähigkeit ist er jedoch unverzichtbar (Schutzfunktion der subjektiven Rechte).

Beispiel: Das Eigentum ist durch Art. 14, 15 GG geschützt und gewährt dem Eigentümers z. B. die Rechtsbefugnisse der §§ 903, 985 ff., 1004 BGB. Die Eigentumsgarantie gewährt nicht nur Abwehrrechte, wenn das Eigentum entzogen oder gestört wird. Der Eigentümer wird durch die rechtliche Gewährleistung des Eigentums auch in die Lage versetzt, sich einen individuellen Freiraum eigenverantwortlicher, unabhängiger Daseinsgestaltung zu schaffen, in dem er als Person nach seinen Wünschen und Präferenzen frei entscheiden kann. Eigentum wird zur materiellen Basis persönlicher Entfaltungsfreiheit. Wo diese Eigentumsgarantie in einer Rechtsordnung fehlt, wird bereits auf die (durch Eigentum) mögliche selbstverantwortliche Daseinsgestaltung – und die Unabhängigkeit von staatlichen Sozialleistungen – verzichtet.[78]

---

76 Vgl. H. D. Jarass, in: H. D. Jarass/B. Pieroth, Grundgesetz, 14. Aufl., München 2016, Vorb. vor Art. 1 Rn. 13 („Ausstrahlungswirkung“), Art. 1 Rn. 52 ff. („Drittwirkung“).
77 Ebenso K. F. Röhl/H. C. Röhl, Allgemeine Rechtslehre, 3. Aufl., Köln 2008, § 45 V.
78 Ähnlich schon F. C. v. Savigny, System des heutigen römischen Rechts I, Berlin 1840, § 52, S. 331 f.; vgl. auch K. Larenz, Methodenlehre der Rechtswissenschaft, 6. Aufl., Berlin 1991, S. 31 mit Verweis auf Hegel.

Das subjektive Recht enthält, ähnlich wie die Begriffe Rechtsperson und Rechtsfähigkeit, eine Rechtsschutzzusage für den jeweils durch das objektive Recht Berechtigten. Es bezeichnet ein Gebiet unabhängiger Herrschaft des individuellen Willens; es ist die juristische Grundlage der Freiheit der Persönlichkeit. Es hat „freiheitsoptimierende" Funktion und zielt auf die bestmögliche Gewährleistung der Freiheit eines jeden Menschen.[79] Eine Rechtsordnung, die das subjektive Recht anerkennt, bejaht demnach das selbstverantwortliche Individuum, die rechtsfähige, zur freien Entfaltung ihrer Anlagen berufene Person. Eine solche Ordnung bekennt sich zum Vorrang und zum sittlichen Wert der Einzelpersönlichkeit unabhängig von ihrer Stellung in der gesellschaftlichen „Hierarchie". Das subjektive Recht wird daher durch die Art. 1 u. 2 GG geschützt.

An diesem Beispiel wird – sozusagen nebenbei – eine wichtige Einsicht über die Funktion der Rechtssprache deutlich: Die juristischen Begriffe haben kaum jemals eine rein technische, nur ordnende oder formale Funktion. Sie enthalten in aller Regel auch wertende (weltanschauliche) Elemente. Auf dieser Wertgrundlage entwickeln äußerlich rein technische Ordnungsbegriffe – wie z. B. das „subjektive Recht" – gesellschaftliche und rechtspolitische Wirkungen, die dem Verwender des Begriffs gar nicht bewußt sein müssen (näher dazu Rn. 176 ff., 201 ff.).

b) Gemeinwohl durch subjektive Rechte? Mit der Idee des subjektiven Rechts verbunden ist die Ansicht, die individuelle Freiheit des Einzelnen trage zugleich am besten zur Förderung des Gemeinwohls und der Wohlfahrt des Staates bei.[80] Das ist die berühmte Idee der „invisible hand" von Adam Smith:[81] Dadurch, daß der Einzelne seine eigenen Interessen verfolgt, trägt er regelmäßig mehr zur gesamtwirtschaftlichen Wohlfahrt bei, als wenn er versucht, sich am Wohl der Allgemeinheit zu orientieren. Die Einzelinteressen der Menschen werden durch den Markt koordiniert. Die dezentrale Koordination setzt voraus, daß die Marktteilnehmer frei agieren können und das notwendige rechtliche Instrumentarium für ihre Kooperation zum gegenseitigen Vorteil zur Verfügung steht. Das subjektive Privatrecht ist hierfür das Grundmodell. Historisch gesehen hat die über das subjektive Recht bewirkte, mindestens unterstützte Freiset- 67

79 K.-H. Fezer, Teilhabe und Verantwortung, München 1986, § 8 B.
80 Vgl. K.-H. Fezer, Die Pluralität des Rechts, JZ 1985, 762, 768.
81 A. Smith, Der Wohlstand der Nationen, 4. Buch, 2. Kapitel.

zung des Eigeninteresses durch Herauslösung des einzelnen aus traditionellen Bindungen die moderne Form der Marktwirtschaft und der „offenen Gesellschaft“ (K. R. Popper) erst möglich und erfolgreich gemacht.

68 Das subjektive Recht spielt daher in der sog. „Neuen Institutionenökonomik“ (Rn. 305 ff.), einer aktuellen Forschungsrichtung der Volkswirtschaftslehre, eine wichtige Rolle. Zum einen ist das subjektive Recht in der Form von sog. Verfügungsrechten, wie insbesondere dem Eigentum, ein Element des Erklärungsmodells der sog. Property-Rights-Analyse.[82]

Beispiel: Bereits D. Hume schildert einen Fall, der von der Institutionenökonomik aufgegriffen wurde und die Bedeutung von subjektiven Verfügungsrechten deutlich macht.[83] Steht eine Gemeindewiese allen Bauern eines Dorfes zur Nutzung für ihr Vieh zur Verfügung kommt es zur Übernutzung der Wiese mit der Folge, daß die Wiese in kurzer Zeit abgegrast ist. Da die Nutzung der Wiese frei ist, besteht für die Bauern ein Anreiz, immer mehr Tiere auf die Wiese zu treiben, ohne auf die Kosten für die Gemeinschaft (Zerstörung der Wiese) Rücksicht zu nehmen. Es besteht außerdem für sie ein Anreiz, keinerlei Investitionen in das Gemeinschaftseigentum (z. B. Bewässerung) zu tätigen. Das liegt daran, daß sie befürchten müssen, als einzige Mittel zum Erhalt der Wiese aufzubringen, während alle anderen davon nur profitieren wollen (Trittbrettfahrerproblematik). Dieses Problem wird virulent, wenn die Zahl der Nutzer von allgemein zugänglichen Ressourcen steigt und diese sich untereinander kaum kennen. Lösen läßt sich die Situation durch die Zuerkennung von subjektiven Rechten, in diesem Fall durch Eigentumsrechte an einen oder mehrere der Bauern. Diese haben dann einen Anreiz, die Wiese durch ihr Vieh nicht überweiden zu lassen und für den Erhalt der Wiese zu sorgen. Besitzt der Bauer selbst kein Vieh, kann er die Nutzung gegen Entgelt anderen Bauern überlassen, was wiederum nur funktioniert, wenn Gras auf der Wiese ist, er also in die Wiese investiert.

Zum anderen zeigen die Ergebnisse der Institutionenökonomik, daß die Sicherung privater Eigentumsrechte und die Freiheit der wirtschaftlichen Betätigung einzelner in Verbindung mit einer gewissen Qualität staatlicher Institutionen (funktionierendes Rechtssystem, staatliche Geldpolitik etc.) tatsächlich längerfristig zum allgemeinen Wohlstand beitragen. Hierzu wurden verschiedene empirische Untersuchungen angestellt, von denen die bekannteste der „Economic

---

82 Vgl. E. Göbel, Neue Institutionenökonomik, Stuttgart 2002, Kap. 3.

83 D. Hume, Traktat über die menschliche Natur, Band 2, Hamburg 1978, S. 288; G. Hardin, The tragedy of the commons, Science 162 (1968), S. 1243 ff.; E. Ostrom, Die Verfassung der Allmende, Tübingen 1999.

Freedom Index" ist.[84] Spätestens die globale Banken- und Finanzkrise ab 2007 hat die Notwendigkeit verbindlicher, international gültiger und durchgesetzter staatlicher Rahmenbedingungen für das Bankenwesen und die Kapitalmärkte deutlich gemacht[85].

4. Erfahrungen aus totalitären Systemen. Totalitäre Staatssysteme aller ideologischen Schattierungen sehen sich regelmäßig veranlaßt, die subjektiven Rechte ihrer Bürger zu beseitigen oder massiv einzuschränken. Der „Gemeinschaftsgedanke" (sei es die NS-"Volksgemeinschaft" oder die „sozialistische Menschengemeinschaft") tritt an die Stelle der Persönlichkeitsrechte.[86] Der methodische Kniff besteht oft darin, den Gemeinschaftsgedanken durch Merkmale wie z. B. „legitimer Zweck" oder „immanente Schranke" in den Begriff des subjektiven Rechts mit aufzunehmen. Diese Begriffsänderung ist bedeutsam, weil dadurch die Verteilung der Argumentationslast betroffen ist. Es besteht kein Zweifel darüber, daß derjenige, der ein subjektives Recht geltend macht, dies nicht grenzenlos tun kann. Es macht aber einen grundlegenden Unterschied, ob er die Geltendmachung seines Rechts in jedem Fall erneut gegen die Gemeinschaftsinteressen erst legitimieren muß, oder ob die Gegenseite (der Staat) die Argumentations- und Begründungslast für Einschränkungen des Rechts trägt. 69

Beispiel: Nach der Machtübernahme Hitlers fand 1935 eine besondere Tagung – das „Kitzeberger Lager junger Rechtslehrer"[87] – statt, um die Lehre vom subjektiven Recht zu kritisieren und zu zersetzen. Für die Einschränkung der subjektiven Rechte und den Vorrang des Gemeinschaftsprinzips plädierten Eckhardt, Würdinger, Siebert und Larenz.[88] Gegen das subjektiv-öffentliche Recht traten Höhn und Maunz[89] an. Zum Strafrecht vertrat Schaffstein[90] ähnliche Thesen. Zur Rechtsphilosophie äußerten sich Emge und Binder[91] in derselben Richtung. Schließlich gab Larenz 1935 noch einen umfangreichen Sammelband heraus,[92] der die Vehemenz des Umsturzes der

84 Siehe dazu S. Voigt, Institutionenökonomik, 2. Aufl., München 2009, Kap. 5.
85 Dazu R. Stürner, Markt und Wettbewerb über alles?, München 2007.
86 Vgl. etwa W. Siebert, bei: H. Frank (Hrsg.), Nationalsozialistisches Handbuch für Recht und Gesetzgebung, 2. Aufl., München 1935, S. 960 u. 969 („Du bist nichts, dein Volk ist alles!"); zu den rechtstheoretischen Strategien der Negation subjektiver Rechte siehe K.-H. Fezer, Teilhabe und Verantwortung, München 1986, § 6 B.
87 Vgl. den begeisterten Lagerbericht von F. Wieacker, DRW I (1936), S. 74 ff.
88 Vgl. DRW I (1936), S. 3, 15, 23 und 31.
89 Vgl. DRW I (1936), S. 49; ZStW 96 (1936), S. 71.
90 DRW I (1936), S. 39.
91 Emge, Jb.AkDR 1937, S. 93; Binder bei J. W. Hedemann (Hrsg.), Zur Erneuerung des Bürgerlichen Rechts, München 1938, S. 27.
92 K. Larenz (Hrsg.), Grundfragen der neuen Rechtswissenschaft, Berlin 1935.

Wertordnung vom Individuum zum völkischen NS-Kollektivismus spiegelt und zu dem er selbst einen maßgeblichen rechtstheoretischen Angriff auf das subjektive Recht und die gleiche Rechtsfähigkeit aller Bürger beisteuerte.[93]

70 In ähnlicher Weise schränkte die DDR die traditionelle Lehre der subjektiven Rechte ein. Auf der Basis der Rechtstheorie des Marxismus-Leninismus war nicht mehr die Einzelperson, sondern der Klassenstandpunkt der Leitstern des Rechts und seiner Entwicklung. Folgerichtig gab es keine klagbaren Grundrechte, keine Verfassungsgerichtsbarkeit und ab 1952 keine Verwaltungsgerichtsbarkeit. Die zivilrechtlichen Rechtspositionen der Bürger der DDR unterstanden zwar scheinbar der in der DDR-Verfassung verkündeten „sozialistischen Gesetzlichkeit". Die Interpretation dieser Rechte war jedoch gebunden an die These der notwendigen objektiven Übereinstimmung aller individuellen und kollektiven Interessen mit den gesamtgesellschaftlichen Erfordernissen und an die „moralischen Anschauungen der werktätigen Bevölkerung".[94]

D. Zusammenfassung zu § 2

71 I. Wissenschaftliches Arbeiten am Recht und mit dem Recht setzt einen klaren Rechtsbegriff voraus. Die Rechtswissenschaft hat trotz aller Bemühungen in den überschaubaren 2.500 Jahren keinen allgemein akzeptierten, eindeutigen Rechtsbegriff zustandegebracht. So bleibt nur die Möglichkeit, daß der jeweilige Verwender des Wortes „Recht" definiert, was er damit meint.

II. Recht tritt im kontinental-europäischen Rechtskreis ganz überwiegend in Form staatlicher Setzung, also besonders in der Form von Gesetzen auf.

III. Neben der staatlichen Setzung durch Gesetzgebungsorgane und oberste Gerichtsinstanzen steht die staatliche Anerkennung von Rechtssetzung bestimmter Institutionen. Ein Beispiel ist die Befugnis von Religionsgemeinschaften, „Kirchenrecht" zu schaffen.

93 K. Larenz, Rechtsperson und subjektives Recht, ebenda, S. 225 ff., 238 ff.; B. Rüthers, Die unbegrenzte Auslegung, 8. Aufl., Tübingen 2017, S. 336–360.

94 Vgl. Bericht und Materialien zur Lage der Nation 1972, BT-Drucks. VI/3080, Kapitel Zivilrecht, Rn. 152 ff.; ferner B. Rüthers, Arbeitsrecht und politisches System, Frankfurt/M. 1973, S. 27 ff.

IV. In einer untergeordneten, aber bedeutsamen Rolle sind auch die Gerichte letzter Instanz normsetzend tätig. Das von ihnen geschaffene Recht heißt „Richterrecht". Diese Ersatzgesetzgebung der obersten Gerichte verschiebt die Grenzen der Gewaltentrennung (Art. 20 GG).

V. Außer der staatlichen Setzung oder Anerkennung ist für die Qualifizierung einer Regel als Rechtsnorm erforderlich, daß sie in einem staatlich organisierten Zwangsverfahren durchgesetzt werden kann.

VI. Die positivistische, auf staatliche Setzung und Durchsetzung ausgerichtete Definition des Rechtsbegriffs hat Grenzen und Lücken:

1. Sie beantwortet nicht die Frage nach dem Zusammenhang des Rechts mit der Gerechtigkeit.
2. Sie klammert die Frage nach der Existenz und Geltung vor-, außer- oder überpositiver Rechtssätze aus.
3. Sie läßt ferner offen, ob die „Geltung" des Rechts dessen Akzeptanz durch die Mehrheit der Rechtsunterworfenen voraussetzt.

VII. Die objektiven, vom Staat gesetzten oder anerkannten Rechtsnormen weisen dem einzelnen subjektive Rechtsbefugnisse zu, die er vor den Gerichten einklagen oder sonst geltend machen kann. Sie heißen „subjektive Rechte". Das subjektive Recht ist einer der Grundbegriffe der gesamten Rechtsordnung. Es gewährt den Bürgern einen von staatlicher und gesellschaftlicher Macht unabhängigen eigenverantwortlichen Daseins- und Gestaltungsfreiraum. Subjektive Rechte in diesem umfassenden Sinne gibt es nur in liberalen Verfassungsstaaten. Totalitäre Systeme schränken den subjektivrechtlich geschützten Freiraum unter Berufung auf ihre Gemeinschaftsideologien regelmäßig massiv ein.

§ 3. Was leistet Recht? Die Funktionen des Rechts

Schrifttum: E. Göbel, Neue Institutionenökonomik, 2002; W. Heun u. a. (Hrsg.), Evangelisches Staatslexikon, 2006, Stichworte „Staatszwecke" und „Wirtschaftspolitik"; G. Kirsch, Neue politische Ökonomie, 5. Aufl., 2004; A. Suchanek, Ökonomische Ethik, 2. Aufl., 2007; S. Voigt, Institutionenökonomik, 2. Aufl., 2009.

A. Überblick

72 Die Antwort auf die Frage: „Was ist Recht?" fällt leichter und wird anschaulicher, wenn wir uns seine Aufgaben und Funktionen vor Augen führen. In der allgemeinsten Formulierung ist Recht zunächst ein für jedes politische Gemeinwesen unverzichtbares Organisations- und Herrschaftsinstrument, um das menschliche Zusammenleben zu ordnen, zu steuern und (um-)zu gestalten. Die primäre Aufgabe des Rechts besteht in der sozialen Steuerung und Kontrolle.[95] Es geht darum, eine gewisse Gleichförmigkeit und Berechenbarkeit menschlichen Verhaltens herzustellen.

73 Diese erste Antwort führt zu der Frage, weshalb denn die soziale Kontrolle durch das Recht so wichtig und unverzichtbar für das menschliche Zusammenleben ist. Immer wieder wurde in der Geschichte der politischen Philosophie der Gedanke der Anarchie im Sinne einer allgemeinen Herrschaftsfreiheit als ein wünschenswerter Gesellschaftszustand propagiert.[96] Auch der Marxismus sieht in seinem Endzustand eine Befreiung von jeglicher Herrschaft vor (vgl. Rn. 504 f.). Recht als Steuerungs- und Organisationsmittel von Herrschenden wird von diesen Konzeptionen abgelehnt bzw. für schlicht überflüssig erklärt.

Diese Ideen sind unrealistisch. Eine herrschaftsfreie, gewaltlose und zugleich prosperierende Gesellschaft hat sich bei allen einschlägigen historischen Experimenten, insbesondere in den Staaten des „real existierenden Sozialismus", als eine unerreichbare Sozialutopie erwiesen.[97] Auch das Konzept einer führerlosen Demokratie ist in zahlenmäßig größeren Gruppen nicht alltagstauglich, weil radikale Basisdemokratie und laufende Mitbestimmung das einzelne Gruppenmitglied zu viel Zeit kosten, einen zu hohen Informationsaufwand verursachen und keine Planungssicherheit geben.[98] Nichtsdestotrotz werden die Ideen des Anarchismus immer wieder in die

---

95 H. L. A. Hart, Der Begriff des Rechts, Frankfurt/M. 1973, III 1 c.

96 Vgl. W. Heun, in: W. Heun u. a. (Hrsg.), Evangelisches Staatslexikon, Stuttgart 2006, Stichwort „Anarchie".

97 Vgl. R. Spaemann, Zur Kritik der politischen Utopie, Stuttgart 1977, S. 104 ff.; W. Heun, in: W. Heun u. a. (Hrsg.), Evangelisches Staatslexikon, Stuttgart 2006, Stichwort „Anarchie".

98 Vgl. Ch. Horn, Einführung in die politische Philosophie, 3. Aufl., Darmstadt 2012, IV.

politische Debatte eingebracht.[99] Die Gegenthese zum herrschafts- und rechtsfreien Anarchismus hat Thomas Hobbes prägnant formuliert. Er beschreibt in seinem Buch „Leviathan" einen fiktiven, anarchischen Naturzustand der Menschen und kennzeichnet diesen als einen „Krieg aller gegen alle".[100] Die Schlußfolgerung aus seinem Gedankenexperiment des Naturzustandes basiert auf zutreffenden Beobachtungen der menschlichen Natur. Diese ist mindestens durch drei Elemente gekennzeichnet, welche ein Zusammenleben ohne rechtliche Regeln als undenkbar erscheinen lassen.

Menschen sind, jedenfalls im Grundsatz, in der Lage, frei und au- **74** tonom zu handeln. Aus der Sicht der Mitmenschen begründet die Handlungsfreiheit eine Unsicherheit und Ungewißheit, ob und inwieweit man sich auf den anderen verlassen kann. In früheren Gesellschaften konnten die Menschen grundsätzlich darauf vertrauen, daß traditionelle Regelsysteme (z. B. der christliche Glaube) für eine Verhaltenskoordinierung sorgen. Solche gemeinsamen Überzeugungen fehlen in modernen Gesellschaften weitgehend. Daher entsteht in modernen, pluralistischen Gesellschaften wegen der deutlich vergrößerten Handlungsfreiheiten der einzelnen ein vermehrter Abstimmungsbedarf. Die Menschen existieren nicht isoliert voneinander und müssen sich bei der Verfolgung ihrer Ziele laufend Erwartungen über das Handeln der anderen bilden. Um dieses Abstimmungsproblem zu lösen, werden Regeln benötigt, die von den Beteiligten gemeinsam akzeptiert werden und das Verhalten der anderen berechenbar machen. Die Hauptinstrumente hierfür sind im Verhältnis von Staat und Bürger das Gesetz, im Verhältnis der Bürger untereinander der Vertrag.

Die Befriedigung der menschlichen Bedürfnisse stößt auf das Pro- **74a** blem der Knappheit der Güter. Das ist das Kernthema der Volkswirtschaftslehre. Zumindest aus dem Umstand, daß die Güter zur Bedürfnisbefriedigung nicht in unbegrenztem Maß vorhanden sind, resultiert auch die ständige Gefahr menschlicher Konflikte. Der gewaltsame Kampf um die knappen Güter läßt sich nur durch rechtliche Vorschriften lösen.

Schließlich besteht eine der Eigenschaften des Menschen darin, daß **74b** er dazu neigt, seine eigenen Interessen denjenigen der anderen vorzu-

99 Das zeigt etwa das Beispiel der Occupy-Bewegung, vgl. D. Graeber, Inside Occupy, Frankfurt/M. 2012.
100 T. Hobbes, Leviathan, 13. Kapitel („Homo homini lupus est").

ziehen. Die Bereitschaft, für das Wohlergehen der Gemeinschaft zu handeln, ist oftmals nicht oder nur in geringem Maß vorhanden. Obwohl in der Regel eine Kooperation zum gegenseitigen Vorteil möglich wäre, wird diese aus egoistischen Gründen nicht gesucht. Die Spieltheorie[101] beschäftigt sich mit Modellen solcher Dilemmastrukturen. Das Recht stellt institutionelle Lösungen bereit, welche Zusammenarbeit ermöglicht, und setzt Anreize zu kooperativem Verhalten.[102] Außerdem verhängt es Sanktionen gegen denjenigen, der gegen die gemeinsamen Regeln verstößt.

74c Modelle für die Gestaltung von rechtlichen und nichtrechtlichen Regeln zur Lösung dieser Problematik entwickelt die Institutionenökonomik (Rn. 305 ff.), die wir schon bei der Bedeutung des subjektiven Rechts kennengelernt haben (Rn. 68). Neben der dort erwähnten Property-Rigths-Analyse bestehen die zwei weiteren zentralen Modelle in der „Principal-Agent-Theorie" und der „Transaktionskostenanalyse".[103] Diese beiden Modelle beschäftigen sich mit der effizienten Ausgestaltung vertraglicher Beziehungen und der Frage, mit welcher Form der Überwachung (insbesondere durch den Marktmechanismus oder durch hierarchische Strukturen) der Güteraustausch am besten und günstigsten abgewickelt werden kann. Sie gehen dabei davon aus, daß der Mensch im Regelfall seinen eigenen Nutzen im Auge hat und diesen möglichst maximieren will.

75 Die Unverzichtbarkeit einer sozialen Kontrolle durch rechtliche Regeln ist durch die vorstehenden knappen Überlegungen deutlich geworden. Im Rahmen dieser allgemeinen Funktion der Sozialkontrolle lassen sich die Aufgaben des Rechts in drei Gruppen einteilen. Im politischen Bereich, d. h. im Verhältnis zwischen Staat und Bürger, ist Recht das Mittel zur Steuerung des Verhaltens der Bürger und legitimiert die staatliche Machtausübung (B.). Im Bereich der Gesellschaft, d. h. der Privatpersonen untereinander, geht es um die Erwartungssicherung (insbesondere durch Verträge) und um die Konfliktbereinigung durch gerichtliche Verfahren (C.). Schließlich bietet das Recht dem Einzelnen Schutz vor staatlicher Machtausübung (D.).

---

101 Gute Einführungen in die Spieltheorie geben etwa A. Dixit/B. Nalebuff, Spieltheorie für Einsteiger, Stuttgart 1997; Ch. Rieck, Spieltheorie für Einsteiger, 14. Aufl., Eschborn 2015.

102 K. Homann/A. Suchanek, Ökonomik, 2. Aufl., Tübingen 2005; A. Suchanek, Ökonomische Ethik, 2. Aufl., Tübingen 2007; K. Homann/Ch. Lütge, Einführung in die Wirtschaftsethik, 3. Aufl., Münster 2013.

103 E. Göbel, Neue Institutionenökonomik, Stuttgart 2002, Kap. 4 und 5.

B. Politischer Bereich

I. Verhaltenssteuerung

1. Formale Ordnungsfunktion: Recht als Verhinderung von Chaos (Rechtlosigkeit). Recht schafft Ordnung, und zwar zunächst formal. Was das heißt, zeigt der Straßenverkehr. Wo es Fahrzeuge gibt, da muß es Verkehrsvorschriften geben. Es muß etwa geregelt sein, ob generell auf den Straßen rechts oder links gefahren werden soll. Zu Beginn sind beide Entscheidungen denkbar. Sie sind im Grundsatz gleichwertig, wenn man einmal von der Zweckmäßigkeit einer international einheitlichen Regelung absieht. Wichtig ist, daß die Frage entschieden wird. Das „Wie" der Entscheidung ist nachrangig. 76

Die Regelung des Straßenverkehrs ist kein Selbstzweck, dahinter stehen fundamentale Rechtsgüter. Es geht um den Schutz von Leben, Gesundheit und Eigentum der Teilnehmer am Straßenverkehr, also Rechtsgüter, die auf der inneren „Wertetafel" der Rechtsordnung einen hohen Rang haben. Hier zeigt sich ein wichtiger Zusammenhang: Die formale Ordnung ist schon für sich, ohne Rücksicht auf ihren Inhalt, unverzichtbar für den wirksamen Schutz materialer Rechtsgüter. Juristen sind aus Tradition und Erfahrungswissen geneigt, die formalen Ordnungsleistungen der Rechtsordnung hoch zu gewichten. 77

2. Gestaltungs- und Steuerungsfunktion. Im Gegensatz zu den meist unspektakulären Entscheidungen und Gesetzen über formale Ordnungsregeln geht es im politischen Bereich zugleich auch um die Umsetzung von politischen Zielen und Wertentscheidungen. Jedem Gesetz liegt ein normativ verfestigter politischer Gestaltungswille zugrunde. Will die jeweilige Regierung oder das Parlament einen bestimmten Lebensbereich neu ordnen, so ist das typische Instrument dazu ein Gesetz. Im Parlament, vor allem in seinen Ausschüssen, wird um den Inhalt der geplanten Regelung gerungen. Je emotionaler Anteil genommen wird an der zu regelnden Frage, um so leidenschaftlicher wird im Parlament um das neue Gesetz gekämpft. 78

Die Gestaltungsfunktion ist der zentrale Normzweck aus der Sicht der Gesetzgebung. Seine Beachtung durch die Rechtsanwender wird durch die strenge Gesetzesbindung der Gerichte und aller Rechtsanwender (Art. 20 Abs. 3 und 97 GG) gesichert.

Beispiele: Erinnert sei an das Ringen um die Reformen des Familien- und Scheidungsrechts, die Einführung des Lebenspartnerschaftsgesetzes, die Auseinandersetzungen um den § 218 StGB, das Asylrecht und das Einwanderungsgesetz sowie an das Mitbestimmungsgesetz 1976.

Wie unerläßlich das Recht als Gestaltungsmittel politischer Machthaber im Staat ist, zeigt sich daran, daß jede Regierung Rechtsnormen zur Durchsetzung ihrer politischen Programme benötigt. Das Recht steuert so in einem erheblichen Umfang den Ablauf aller bedeutsamen staatlichen und gesellschaftlichen Vorgänge und Entwicklungen.

78a Der Gestaltungszweck wird vielfach in stark formalistische Verfahrensregelungen umgesetzt und dadurch nicht selten äußerlich verdeckt. Das gilt gerade für die Alltagspraxis der Justiz und Verwaltung. Die politische, nämlich den Staat und die Gesellschaft gestaltende und steuernde Funktion der Rechtsanwendung tritt im Bewußtsein der Rechtsanwender daher oft in den Hintergrund oder wird gar nicht wahrgenommen.

Beispiele: Das Grundgesetz enthält etwa Verfahrensregeln für die Wahl des Bundeskanzlers, das konstruktive Mißtrauensvotum und die Vertrauensfrage (Art. 63, 67, 68 GG). Dahinter steht der Grundgedanke, daß ein entscheidendes Moment der Demokratie die Möglichkeit der friedlichen Abwahl der jeweiligen Regierung ist.

Am Arbeitsmarkt sorgen die formalen Regeln des Tarifvertragsgesetzes auf der Grundlage des Art. 9 Abs. 3 GG für eine weitgehend staatsfreie Regelung der kollektiven Arbeitsbedingungen (= Preisbildung am Arbeitsmarkt).

Im Zivilrecht ermöglichen die formalen Grundsätze der Privatautonomie und der Vertragsfreiheit eine freiheitliche und selbstverantwortliche Lebensgestaltung der Bürger.

79 **3. Befriedungsfunktion.** Das Recht dient dem geregelten und gewaltfreien Ablauf des staatlichen und gesellschaftlichen Lebens (vgl. Rn. 73). Die in jedem Gemeinwesen unvermeidbaren Konflikte sollen in Verfahren und nach Maßstäben ausgetragen werden, deren rechtsstaatliche Qualität der Staat sowohl durch sein Rechtsprechungs- wie durch sein Vollstreckungsmonopol gesichert sehen will. Das Recht dient also dem sozialen Frieden.

Dieser Rechtsfriede darf allerdings nicht als statische, andauernde Harmonie aller Bürger, Gruppen und Kräfte mißverstanden werden. Das Recht ermöglicht es vielmehr, Interessengegensätze und Meinungsverschiedenheiten im Rahmen der Maßstäbe und Verfahren, welche die Rechtsordnung bereithält, geregelt und gewaltfrei auszutragen. Der „Rechtsfrieden“ muß also in einer freiheitlichen Staats-

und Gesellschaftsordnung als ein dynamischer Prozeß zulässiger und kanalisierter Konfliktsteuerung verstanden werden.

Die Befriedungsfunktion des Rechts muß vor dem Hintergrund möglicher Bürgerkriege gesehen werden. Diese Sicht macht deutlich, daß selbst problematische, unzweckmäßige oder gar „ungerechte" Regelungen für das Zusammenleben des Menschen erträglicher sein können als ein völlig rechtloser (= ordnungsloser) Zustand. Das gilt überall dort, wo ohne eine verbindliche Regelung das Chaos und damit auch die völlige Rechtlosigkeit drohen. Das Chaos kann noch unmenschlicher und schwerer zu ertragen sein als organisierte Tyrannei.

II. Organisation und Legitimation sozialer Herrschaft

1. Konservierungsfunktion (materiale Ordnungsfunktion). Das 80
Recht hat die Aufgabe, die jeweilige Staats- und Gesellschaftsordnung zu stabilisieren, das gesellschaftliche und staatliche Ordnungsgefüge und die Entscheidungszuständigkeiten („Herrschaftsverhältnisse") zu konservieren. In diesem Sinne ist jede Rechtsordnung „konservativ": Sie konserviert die Prinzipien des jeweiligen Staats- und Gesellschaftsaufbaus und bestimmt damit die legale Grenze für „Systemveränderungen" (vgl. Art. 79 GG). Das Recht schützt diese Ordnungen gegen rechtswidrige Angriffe. So wird z. B. die Entscheidungsfreiheit des Parlaments durch § 105 StGB („Verbot der Parlamentsnötigung") abgesichert.

Die oft zu hörende Kritik an der „konservativen" Rolle des Rechts 81
ist entweder naiv oder unredlich. Niemand wacht eifersüchtiger über die Erhaltung des Status quo als ein siegreicher Revolutionär nach der Revolution. Jede Rechtsordnung dieser Welt, verfestigt ihre politischen Entscheidungen normativ, „konserviert" sie also. Nicht daß überhaupt, sondern was und wie konserviert wird, darüber kann man streiten:

In parlamentarischen Verfassungen wird die Abwahlmöglichkeit der Regierungen in freien, geheimen und gleichen Wahlen gewährleistet (vgl. z. B. Art. 20, 38, 63, 67 ff. GG). Ein demokratisches System will die Möglichkeit der Veränderung politischer Machtverhältnisse, die friedliche Abwahl der Regierenden, die Korrektur von Fehlern und damit die Offenheit für alternative Problemlösungen konservieren. Demokratische Systeme gehen also von der Unzulänglichkeit menschlicher Machtträger und ihrer Handlungen aus.

In anderen Verfassungssystemen ist das Gegenteil der Fall. Dort wird die Ewigkeitsherrschaft einer einmal zur Macht gelangten Partei oder Klasse festgeschrieben (z. B. Art. 1, 67 Abs. 3, 79 Abs. 2 DDR-Verf. von 1974). Solche totalitären Systeme wähnen sich im Besitz einer ewigen Wahrheit über die Entwicklungen der Menschheitsgeschichte. Nur diejenigen, die gleichsam hinter die Kulissen der Geschichte blicken können, erkennen diese höhere Wahrheit und sind dadurch zur Herrschaft und Regierung berufen.

82 **2. Integrationsfunktion.** Das Recht organisiert die gesellschaftlichen und politischen Abläufe in allen Lebensbereichen. Deshalb kommt der Rechtseinheit in politischen Staatsgebilden aller Art eine wichtige Rolle zu. Rechtseinheit bedeutet Organisationseinheit.

Beispiele: Die Gründung des Kaiserreiches 1871 führte zur Schaffung eines einheitlichen Reichsrechts durch große Kodifikationen (Verfassung, StGB, BGB, HGB, GewO, ZPO, StPO). Erst die Rechtseinheit gab der Reichseinheit das juristische und organisatorische Fundament.

Die Wiedervereinigung der beiden deutschen Teilstaaten wurde bewirkt und auf allen Lebensgebieten in Gang gesetzt durch den Einigungsvertrag von 1990, in dem die Gesamtrechtsordnung der Bundesrepublik mit geringen Ausnahmen und Übergangsregelungen für die neuen Bundesländer übernommen wurde.

Die Europäische Union hat in verschiedenen Bereichen bereits eine verbindliche einheitliche europäische Rechtsordnung („Europarecht“) zustande gebracht. Positive Beispiele sind hier die europäische Regelungen des Wettbewerbs- und Kartellrechts und die Errichtung eines gemeinsamen Marktes mit freiem Verkehr von Waren, Personen, Dienstleistungen und Kapital.

82a Die in den Beispielen angedeutete Integrationsfunktion des Rechts ist für die Existenz- und Handlungsfähigkeit der vom Recht gestalteten und verwalteten politischen oder gesellschaftlichen Einheit außerordentlich bedeutsam. Wie stark Rechtsnormen integrierend wirken können, zeigt die Tatsache, daß selbst systemkritische Mitbürger die positive Einstellung der Mehrheit der Bevölkerung zur Bundesrepublik schon vor der Wiedervereinigung der deutschen Teilstaaten – auf das Grundgesetz verweisend – als „Verfassungspatriotismus“ definiert haben. Diese Verfassung hat mit ihren Grundrechts- und Freiheitsgarantien 1989/90 entscheidende Impulse für den Beitrittswillen der DDR-Bevölkerung gegeben. Die Bedeutung der Integrationsfunktion des Rechts, die nur in politischen Ausnahmelagen voll in das Allgemeinbewußtsein gehoben wird, sollte also auch in der Normallage als wichtiges Wirkungselement nicht verkannt oder unterschätzt werden.[104]

3. Legitimationsfunktion. Recht kann mit staatlichem Zwang durchgesetzt werden. Dadurch ist es ein sehr effektives Mittel für die Herrschenden, ihre Vorstellungen von sozialer Ordnung und Kontrolle durchzusetzen. Es besteht die Gefahr, daß die Regierenden ihre Machtbefugnisse nicht nur zur Umsetzung akzeptierter oder notwendiger politischer Maßnahmen verwenden, sondern auch zur Verfolgung eigennütziger Ziele[105] oder Unterdrückung der Bevölkerung mißbrauchen. Herrschaft kann auf Dauer nur funktionieren, wenn sie legitimiert ist. **83**

Legitimation hat einen formellen und einen materiellen Aspekt: **84** Formell setzt Legitimation voraus, daß die Verfahren und Inhalte der Gesetzgebung den Bürgern transparent sind und für einen tragbaren und konsensfähigen Ausgleich der jeweils berührten sozialen Interessen sorgen. Zusätzliche Rechtfertigung erhält die staatliche Machtausübung, wenn sie sich Selbstbindungsmechanismen (z. B. Gewaltenteilung) und einer Kontrolle durch unabhängige Instanzen unterwirft. Das ist in Deutschland letztlich das Bundesverfassungsgericht. Die Regeln für die Kontrolle staatlicher Macht und für das Verfahren der Gesetzgebung sowie inhaltliche Grenzen staatlicher Machtausübung enthält für die Bundesrepublik Deutschland das Grundgesetz.

Materiell ist die staatliche Zwangsordnung durch das Recht nur dann legitimiert, wenn es von den Beteiligten und Betroffenen in seinen wesentlichen Grundprinzipien für „gerecht" gehalten und akzeptiert wird (acceptatio legis). Bestand und Funktionsfähigkeit der Staats- und Rechtsordnung hängen also auch davon ab, in welchem Maße das Recht die Gerechtigkeitsvorstellungen der Rechtsgemeinschaft (Rechtsunterworfenen) verwirklicht oder nicht (vgl. Rn. 334 ff., 343 ff.).

4. Präge- und Erziehungsfunktion. Geltendes und wirksames **85** (durchgesetztes) Recht schafft Rechtsbewußtsein und macht aus dem Rechtsgehorsam bei entsprechender Geltungsdauer Rechtsüberzeugung. Die Zustimmung der Bürger zu und ihre Identifikation mit

104 Vgl. R. Forst/K. Günther, Die Herausbildung normativer Ordnungen, Frankfurt/M. 2011, S. 19.

105 Vgl. S. Voigt, Institutionenökonomik, 2. Aufl., München 2009, Kap. 4 und Abschnitt 4.2.5.

der Rechtsordnung verändert deren Geltungsqualität und deren Ausstrahlung. Aus „Rechtsunterworfenen“ werden durch freiwillige Akzeptanz des Rechts Mitglieder einer „Rechtsgemeinschaft“ mit entsprechender „Rechtskultur“. Recht prägt also das „Rechtsbewußtsein“ weit über den realen Rechtszwang hinaus, der von den Rechtsnormen ausgeht.

Beispiele: Neuregelungen des Abtreibungsrechts (§ 218 StGB),[106] der Kriegsdienstverweigerung[107] oder der Arbeitnehmermitbestimmung[108] können das Rechtsbewußtsein der Bevölkerung maßgeblich beeinflussen.

Die individuellen und kollektiven Leitbilder von Gerechtigkeit, die bei gesellschaftlichen und politischen Grundsatzdiskussionen der Rechtspolitik miteinander im Wettbewerb stehen, werden in der Regel auch vom Status quo des geltenden Rechts maßgeblich beeinflußt. Die Präge- und Erziehungsfunktion des Rechts und die deutschen Erfahrungen mit sehr verschiedenen Rechtsordnungen verlangen die ideologie-kritische Analyse solcher Prägungen und oft unbewußten Vorverständnisse.

86 Die Erziehungsfunktion des Rechts wird in manchen politischen Systemen gezielt eingesetzt. Das gilt vor allem für Staaten, die ihre Bürger auf eine für jedermann verbindliche, staatlich verordnete Weltanschauung ausrichten wollen. So war z. B. das gesamte Arbeitsrecht der DDR in einem seiner Hauptzwecke darauf gerichtet, die Werktätigen in einem umfassenden Erziehungsprozeß durch die gemeinschaftliche Arbeit in ihren Arbeitskollektiven zu voll entwickelten sozialistischen Persönlichkeiten zu formen.[109]

C. Gesellschaftlicher Bereich

I. Erwartungssicherung: Rechtssicherheit und Vertrauensschutz

87 Verbindlich angeordnetes und gewährleistetes Recht macht das Verhalten der Bürger untereinander und die Beziehungen zwischen

---

106 BVerfGE 39, 1 und 88, 203.
107 BVerfGE 69, 1.
108 BVerfGE 50, 290.
109 Vgl. Autorenkollektiv, „Arbeitsrecht von A bis Z“, Berlin 1987, Stichwort „Erziehung“, S. 134; ferner: F. Kunz/W. Thiel (Autorenkollektiv), Arbeitsrecht, Berlin 1983, S. 66 f.: „Die Aufgabe des Arbeitsrechts, zur Entwicklung sozialistischer Persönlichkeiten und zur Entfaltung von Kollektivbeziehungen beizutragen“; vgl. auch W. Thiel, NJ 1977/17, 581 ff.

Bürger und Staat vorhersehbar.[110] Recht soll Rechtssicherheit schaffen und damit ein wichtiges Teilstück von Gerechtigkeit gewährleisten. Das Recht stellt in vielen Bereichen die Möglichkeit zur Verfügung, von vornherein Konfliktkonstellationen zu vermeiden. Das geschieht insbesondere durch vertragliche Abreden. Ein Großteil der juristischen Tätigkeit von Notaren und Rechtsanwälten in der Praxis dient diesem Ziel.

Beispiele: Eheverträge zur Vermeidung unerwünschter gesetzlicher Folgen der Eheschließung und Ehescheidung, Vereinbarungen zur Regelung der Erbfolge im Unternehmen u. ä.

Der Regelung gegenseitiger Beziehungen durch Verträge sind allerdings Grenzen gesetzt. Man spricht in der Institutionenökonomik (Rn. 305 ff.) von vollständigen und unvollständigen Verträgen.[111] Ein vollständiger Vertrag hält für alle eintretenden Eventualitäten, die in einer Austauschbeziehung vorkommen können, eine Regelung bereit. In der Realität sind Verträge aber nicht perfekt, sie enthalten Lücken und sind daher unvollständig. Das beste Beispiel ist der Arbeitsvertrag, während dessen Laufzeit eine Vielzahl von unvorhergesehenen Ereignissen eintreten kann. Für diese Art von Verträgen ist zu überlegen, wie und in welcher Form Anreiz- und Überwachungssysteme gestaltet werden können, so daß es für beide Seiten attraktiv ist, an der Kooperation festzuhalten.[112]

II. Streitentscheidungsfunktion

Vor den staatlichen Gerichten werden überwiegend Rechtsverlet- **88**
zungen und Interessenkonflikte verhandelt. Recht als Regulierungsinstrument und Entscheidungsmaßstab für Interessenkonflikte, das ist bis in die Gegenwart hinein die gängige Vorstellung von den Hauptaufgaben der Gesetze:

„Die Gesetze sind die Resultanten der in jeder Rechtsgemeinschaft einander gegenübertretenden und um Anerkennung ringenden Interessen materieller, nationaler, religiöser und ethischer Richtung.“[113]

110 E. Göbel, Neue Institutionenökonomik, Stuttgart 2002, Kap. 1, 3.4.1.
111 E. Göbel, Neue Institutionenökonomik, Stuttgart 2002, Kap. 1, 3.4.2.
112 E. Göbel, Neue Institutionenökonomik, Stuttgart 2002, Kap. 4 und 5.
113 Grundlegend Ph. Heck, Gesetzesauslegung und Interessenjurisprudenz, AcP 112 (1914), 1 (17).

Das Rechtssystem sorgt in seiner Entscheidungsfunktion dafür, daß in Streitfällen über den Inhalt der Rechtsordnung eine verbindliche, für die Parteien endgultige Entscheidung zustande kommt. Erst die (rechtskräftige) Entscheidung über die Bewertung der gegenläufigen Interessen durch die Gesetzgebung und die letzten Gerichtsinstanzen ermöglicht den Beteiligten, ihre Dispositionen an der nunmehr geklärten Rechtslage auszurichten.

89 Bei Grundsatzentscheidungen sind die konkreten Prozeßparteien nur die Initiatoren eines rechtspolitischen Aktes der richterlichen Normenkonkretisierung oder sogar Normsetzung. Diese Entscheidungen wirken weit über die Parteien hinaus. Man spricht in diesen Fällen vom Richterrecht (dazu näher Rn. 235 ff.). Entscheidungs- und Steuerungsfunktion gehen in diesem Bereich untrennbar ineinander über.

D. Schutz des Einzelnen vor staatlicher Machtausübung: Rechtsgarantiefunktion

90 Das Recht gewährt und schützt individuelle und kollektive Berechtigungen vor staatlichen Eingriffen. Mit den subjektiven Rechten (vgl. Rn. 63 ff.) ordnet es den Rechtspersonen geschützte, klagbare Rechtspositionen zu. Erst dadurch erhält der einzelne Bürger und erhalten Personenzusammenschlüsse (Vereine, Verbände, Gesellschaften) rechtlich geschützte Handlungsräume, in denen sie sich frei entfalten, ihre Interessen artikulieren und verfolgen können. Diese wichtige Aufgabe übernehmen die Grundrechte des Grundgesetzes, welche beispielsweise die Privat- und Tarifautonomie gewähren, die freie Meinungsäußerung ermöglichen sowie Presse und Rundfunk vor staatlichen Eingriffen schützen.

E. Zusammenfassung zu § 3

91 I. Recht ist in entwickelten Sozialsystemen mit hoher Rechtskultur in erster Linie ein Gestaltungs-, Steuerungs-, Stabilisierungs- und damit Herrschaftsinstrument. Der demokratische Rechtsstaat ist der Idee nach geradezu als eine „Herrschaft der Gesetze“ anstelle der Herrschaft von Menschen definierbar.

II. Die Funktionen des Rechts lassen sich nach drei Bereichen unterscheiden:
(1) Politischer Bereich
a) Verhaltenssteuerung
- Formale Ordnungsfunktion
- Gestaltungsfunktion
- Befriedungsfunktion
b) Organisation und Legitimation staatlicher Herrschaft
- Konservierungsfunktion (materiale Ordnungsfunktion)
- Integrationsfunktion
- Legitimationsfunktion
- Präge- und Erziehungsfunktion
(2) Gesellschaftlicher Bereich
- Erwartungssicherung
- Streitentscheidungsfunktion
(3) Schutz des Einzelnen: Rechtsgarantiefunktion

III. Die Normen der Rechtsordnung können mehrere der genannten Effekte zugleich bewirken. Die begriffliche Unterscheidung darf nicht als reale Trennung der Funktionen mißverstanden werden. Rechtsnormen sind multivalent.

§ 4. Die Rechtsnorm

Schrifttum: K. F. Röhl/H. C. Röhl, Allgemeine Rechtslehre, 3. Aufl., 2008, S. 189ff.; N. Hoerster, Was ist Moral?, 2008; ders., Was ist Recht?, 2. Aufl., 2012; H. Kelsen, Allgemeine Theorie der Normen, 1979; O. Weinberger, Norm und Institution, 1988, S. 85ff.; St. Strömholm, Allgemeine Rechtslehre, 1976, S. 41ff.

A. Überblick

Die Rechtsnormen sind die „Elementarteilchen" der Rechtsord- 92
nung. Der Begriff der Rechtsnorm ist ein Schlüsselbegriff der Allgemeinen Rechtslehre wie etwa der des „Rechts", der „Geltung", des „subjektiven Rechts" oder der „Gerechtigkeit". Wer das „Recht" verstehen will, muß sich über Begriff, Sprache, Struktur und Funktion der Rechtsnormen im klaren sein.

Das Recht besteht aus Rechtsnormen, die in sprachlichen Sätzen („Rechtssätzen“) zum Ausdruck kommen. Die Rechtsnorm ist kein körperlicher Gegenstand wie etwa ein Stuhl oder ein Tisch, den wir ohne weiteres mit unseren Sinnen wahrnehmen können. Es ist vielmehr ein Träger notwendig, der die Rechtsnorm nach außen überhaupt erkennbar macht. Dieser Träger ist der Rechtssatz. Rechtsnorm und Rechtssatz sind also zu unterscheiden.

Beispiel: Will der Gesetzgeber durch Strafandrohung verhindern, daß ein Mensch den anderen verletzt, kann er formulieren: „Wer einen anderen körperlich mißhandelt oder an der Gesundheit beschädigt, wird mit Freiheitsstrafe bis zu drei Jahren oder mit Geldstrafe bestraft.“ So hat es der deutsche Gesetzgeber in § 223 StGB getan. Genauso gut hätte man die Norm durch folgenden Wortlaut ausdrücken können: „Es ist verboten, einen anderen Menschen körperlich zu mißhandeln oder seine Gesundheit zu schädigen. Wer dagegen verstößt, wird mit Freiheitsstrafe bis zu drei Jahren oder mit Geldstrafe bestraft.“ In beiden Formulierungen kommt ein und dieselbe Norm zum Ausdruck. Daran kann man erkennen: Die Rechtsnorm prägt den Inhalt des Rechtssatzes.[114]

93 Um ein zutreffendes Verständnis von Rechtsnormen zu entwickeln, sind im folgenden zunächst der Begriff und die verschiedenen Arten von Normen zu klären. Nur bestimmte Normen haben den Charakter von Rechtsnormen (B.). Da Rechtsnormen in sprachlichen Sätzen zum Ausdruck kommen, geht es in einem zweiten Schritt darum, die Rechtssätze von anderen sprachlichen Sätzen zu unterscheiden (C.). Nachdem damit die Kriterien zur Identifikation von Rechtsnormen ermittelt sind, können wir uns dem allgemeinen Konstruktionsprinzip von Rechtsnormen und ihrer unterschiedlichen Funktionen zuwenden (D.). Weil Rechtsnormen nicht isoliert von anderen bestehen, sind ihr Verhältnis zueinander und der Aufbau der Rechtsordnung zu klären (E.).

B. Arten von Normen

I. Sollens- und Seinsnormen

94 Der Normbegriff wird nicht nur in der Rechtswissenschaft, sondern auch in den Sozialwissenschaften, der Theologie, der Sozialphi-

114 O. Weinberger, Norm und Institution, Wien 1988, S. 55; J. Rödig, Einführung in eine analytische Rechtslehre, Heidelberg 1986, S. 45.

losophie und den Naturwissenschaften verwendet. Das Wort Norm ist vom lateinischen „norma“ entlehnt. Norma bedeutet ursprünglich das „Winkelmaß“ oder die „Richtschnur“, bezeichnete also Handwerksgeräte zur Herstellung maßgerechter Werkstücke. Wir sprechen auch heute noch von „Normierung“, wenn es um die Festlegung bestimmter technischer Standards geht. Schon die römischen Juristen verwendeten das Wort im übertragenen Sinn von „Maßstab“, „Regel“ und „Vorschrift“. In dieser zweiten Bedeutung schreiben Normen den Menschen ein bestimmtes Verhalten (Konditionalvorschrift, vgl. Rn. 126) vor oder verpflichten sie, auf ein bestimmtes Ziel hinzuarbeiten (Finalvorschrift, vgl. Rn. 127). Die Norm wird so zum Steuerungsinstrument und Prüfungsmaßstab menschlichen Handelns (vgl. Rn. 72 ff.).

Bereits der Blick auf die Herkunft zeigt, daß der Begriff in zwei 95
Bedeutungen gebraucht wird, die streng zu unterscheiden sind. Es gibt zum einen Sollensnormen, die ein bestimmtes Verhalten vorschreiben (auch Sollensgesetze), zum anderen gibt es Seinsnormen, die eine real vorhandene allgemeine Beziehung zwischen Dingen und Vorgängen beschreiben (Seinsgesetze).[115]

Feststellungen über Gesetzmäßigkeiten in den Naturwissenschaften sind Seinsnormen. Seins- oder Naturgesetze sind unveränderlich. Wenn ein Ereignis eintritt, das dem Gesetz (der naturwissenschaftlichen Hypothese) widerspricht, ist es widerlegt (vgl. Rn. 9 ff.). Das vermeintliche Naturgesetz war dann falsch und muß korrigiert werden, da sich herausgestellt hat, daß die angenommene strikte Regelmäßigkeit nicht existiert. Da solche Seinsnormen unveränderliche Regeln aufstellen, können sie nicht übertreten noch etwa erzwungen werden. Sie sind in einem Bereich angesiedelt, der außerhalb der menschlichen Kontrolle liegt. Der Mensch kann sich allenfalls die Naturgesetze in technischen Erfindungen zu Nutze machen.

Ganz anders verhält es sich mit den Sollensnormen. Ein Gesetz oder eine sittliche Regel kann von den Menschen geändert und mit Zwang durchgesetzt werden (vgl. Rn. 58). Wenn ein Mensch ein solches Gesetz übertritt, kommt niemand auf die Idee, es deshalb für ungültig oder widerlegt anzusehen. Die Attribute „wahr“ oder „falsch“ lassen sich auf Sollensgesetze nicht anwenden, da sie keine Tatsachen beschreiben, sondern Richtlinien für menschliches Verhal-

---

115 Lesen Sie dazu K. R. Popper, Die offene Gesellschaft und ihre Feinde, Tübingen 1980, Band I, Kap. 5.

ten aufstellen. Sollensgesetze lassen sich auch nicht aus Tatsachen ableiten, obwohl sie sich auf Tatsachen beziehen. Nach dieser Unterscheidung ist klar, daß Rechtsnormen der Kategorie der Sollensnormen angehören.

96 Die Unterscheidung zwischen Seins- und Sollenssätzen ist keineswegs allgemein akzeptiert. In manchen Rechtslehren werden Sollensnormen mit Seinsnormen gleichgesetzt oder gar verwechselt. Man nimmt z. B. an, daß einige Rechtsprinzipien Naturgesetze seien, da sie der menschlichen Natur entsprechen würden oder von einem Gott festgelegt seien (Problem des Naturrechts, vgl. Rn. 411 ff.). Die Verwechslung kommt dadurch zustande, daß die Rechtfertigung von Rechtsnormen in Geschichten, Erzählungen oder Rituale eingebettet ist, welche sie wie eine Tatsache erscheinen lassen, die nicht weiter zu hinterfragen ist.[116] Mit naturgesetzlichen Gedanken wurde z. B. nicht nur die Lehre der Gleichheit der Menschen vor dem Gesetz, sondern auch die entgegengesetzte These von der Herrschaft der Starken gerechtfertigt: In der Natur sei es ein allgemeingültiges Gesetz, daß der Starke mit dem Schwachen tut, was ihm beliebt. Das gelte auch in der menschlichen Gesellschaft. Diese These findet sich schon in Platons Dialog Gorgias und wird dort von dem Sophisten Kallikles vorgetragen.[117] Bei der Auslegung von Normen tauchen solche Überlegungen oft unter der Argumentationsfigur der „Natur der Sache“ auf (Rn. 919 ff.).

II. Soziale Normen

97 **1. Begriff und Struktur sozialer Normen. a) Begriff.** Als soziale Normen bezeichnet man Verhaltensregelmäßigkeiten von Menschen. Das sind Verhaltensmuster, die innerhalb einer Gruppe oder Gesellschaft in bestimmten typischen Situationen dem einzelnen vorgeben, was zu tun ist, und die regelmäßig befolgt werden. Eine solche Norm sagt zunächst nur etwas aus über ein tatsächliches, durchschnittlich oder mehrheitlich geübtes Verhalten; sie will ein Faktum, nicht ein Sollen feststellen. Was die Mehrheit tut, gilt als „normal“. Welche sozialen Normen in einer Gesellschaft oder einer Gruppe eingehalten werden, kann empirisch mit Hilfe von Umfragen, Beobachtungen und Interviews ermittelt werden.

---

116 Vgl. R. Forst/K. Günther, Die Herausbildung normativer Ordnungen, Frankfurt/M. 2011, S. 18.

117 Platon, Gorgias, 484 a ff.

Beispiel: Ein berühmtes Beispiel für die Ermittlung sozialer Normen ist der sog. Kinsey-Report, in dem zum ersten Mal durch Befragung die Sexualgewohnheiten der Bürger in Amerika ermittelt wurden.

Indem sich eine soziale Norm entwickelt oder besteht, übt sie Wirkungen auf das kollektive soziale Bewußtsein aus; sie wirkt verhaltenssteuernd und damit „normativ". Der einzelne empfindet sie als Verhaltenserwartung an sich, wenn und weil er sich nicht gesellschaftlich isolieren will.[118] Soziale Normen stellen also wie Rechtsnormen Verhaltensanforderungen auf und sind in der Regel mit Sanktionen gesichert.[119]

Beispiel: Wer sich absonderlich oder unhöflich benimmt, nicht grüßt oder sich als unzuverlässig erweist, wird „geschnitten". Auch das Bekenntnis zu politischen oder weltanschaulichen Positionen, die der Mehrheitsmeinung, dem Zeitgeist oder der „political correctness" zuwiderlaufen, kann zu vielfältigen gesellschaftlichen Nachteilen führen.

b) Sanktionsformen. Sanktionen bei Rechtsnormen und sozialen **97a** Normen bestehen in der Regel aus der Zufügung von Nachteilen oder dem Entzug von Vorteilen. Sie sind also negativ. Das Recht kennt fast ausschließlich negative Sanktionen. Dazu muß man nur an die Vorschriften des Strafrechts denken, bei deren Übertretung mit einer Freiheits- oder Geldstrafe zu rechnen ist. Es gibt aber auch positive Sanktionen. In diesem Fall wird der Handelnde mit einer Belohnung für sein Verhalten prämiert. Positive Sanktionen werden insbesondere bei der Erziehung von Kindern angewandt. Im Recht kommen sie äußerst selten vor (vgl. aber § 971 BGB Finderlohn).

Sanktionen dienen unterschiedlichen Zwecken: Wird die Sanktion **97b** demjenigen, der eine Norm verletzt, zugefügt, um das Gerechtigkeitsgefühl des Verletzten auszugleichen, spricht man von Repression („Auge um Auge, Zahn um Zahn"). Soll die Sanktion den Zustand wiederherstellen, der bei Einhaltung der Norm bestanden hätte, handelt es sich um Restitution (vgl. § 249 BGB). Der dritte Zweck von Sanktionen besteht darin, den Normverletzer selbst oder die Allgemeinheit vor einer Übertretung der Norm abzuschrecken. Das nennt man Spezial- bzw. Generalprävention.

---

118 Vgl. E. Aronson/T. Wilson/R. Akert, Sozialpsychologie, 8. Aufl., München 2014, Kap. 8.

119 G. Spittler, Norm und Sanktion – Untersuchungen zum Sanktionsmechanismus, Freiburg 1967; G. H. v. Wright, Norm und Handlung, Königstein/Ts 1984; K. F. Röhl, Rechtssoziologie, Köln 1987, § 25, 4.

98 **2. Abgrenzung sozialer Normen von Rechtsnormen.** Die Unterscheidung von sozialen Normen und Rechtsnormen ist in der Praxis meist unproblematisch. Sie ist trotzdem wichtig, auch weil das deutsche Recht an verschiedenen Stellen auf die sog. Verkehrssitten verweist (vgl. §§ 157, 242 BGB, § 346 HGB). Den Begriff „Verkehrssitte“ versteht der BGH als „keine Rechtsnorm, sondern einen die Auslegung mitbestimmenden tatsächlichen Faktor“.[120] Es geht in diesen Bereichen also um die Ermittlung sozialer Normen (vgl. Rn. 232 ff.). Wie Rechtsnomen stellen soziale Normen Verhaltensanforderungen auf, die mit Sanktionsdrohungen verbunden sind. Im Unterschied dazu werden sie aber nicht von staatlichen Organen gesetzt und durchgesetzt (Rn. 53 ff.).

98a **3. Soziale Normen als Grundlage der Sozialwissenschaften.** Soziale Normen sind der Gegenstand verschiedener Wissenschaften wie insbesondere der Soziologie und der Volkswirtschaftslehre. Ein Spezialgebiet der Soziologie ist die Rechtssoziologie, die nach den Wirkungen von Rechtsnormen und Rechtsstrukturen in der Gesellschaft fragt.[121] Diese Wissenschaften beschränken sich aber nicht nur darauf, soziale oder wirtschaftliche Verhaltensmuster zu beobachten und empirisch zu ermitteln, sie stellen darüber auch Hypothesen auf, die naturwissenschaftlichen Gesetzen entsprechen oder zumindest ähneln. Das bedeutet, daß aus den beobachteten Einzelereignissen Generalisierungen und allgemeine Hypothesen (Theorien) abgeleitet werden, die wiederum durch beobachtete Ereignisse bestätigt oder widerlegt werden können (näher dazu Rn. 9 ff., 303 ff.).

III. Normen der Moral oder Ethik

99 **1. Abgrenzung von Moral- und Sozialnormen.** Soziale Normen, denen ein besonderer sittlicher Wert zugesprochen wird, werden als moralische bzw. ethische Normen bezeichnet. Die beiden Begriffe „Moral“ und „Ethik“ werden nicht immer mit einheitlicher Bedeutung gebraucht. Nach einem gängigen Sprachgebrauch bezeichnet „Moral“ alle von der Gesellschaft als richtig anerkannten Verhaltensnormen und Werte, während mit „Ethik“ der Bereich philosophi-

120 BGH NJW 1966, 503.
121 Dazu etwa: Th. Raiser, Grundlagen der Rechtssoziologie, 6. Aufl., Tübingen 2013; M. Rehbinder, Rechtssoziologie, 8. Aufl., München 2014.

scher Untersuchungen und Reflexionen über die Moral gemeint ist.[122]

Intuitiv machen wir einen Unterschied zwischen einfachen sozialen Normen, wie z. B. Eßregeln bei Tisch, und moralischen Normen, wie z. B. dem Verbot andere Menschen zu töten. Worin ist diese Intuition begründet? Bei moralischen Normen geht es um die Grundsätze des sozialen Zusammenlebens, die von der Gesellschaft als besonders wichtig eingestuft und für jedermann verbindlich (allgemeingültig bzw. universell) angesehen werden. Moralvorschriften verlangen vom Einzelnen, daß er seine persönlichen Interessen zurückstellen muß.[123] Das wird in der Regel durch einen besonders hohen sozialen Druck und erhebliche soziale Sanktionen erreicht. Wer sich mit sozialen Verhaltensnormen konfrontiert sieht, wird sich daran anpassen, auch wenn er den Sinn dieser Tradition oder Konvention nicht erkennen kann. Die Reaktion auf Handlungsweisen, welche moralische Normen verletzen, ist dagegen Entrüstung und Ablehnung.

2. Abgrenzung von Moral- und Rechtsnormen. Der Inhalt von moralischen Normen und Rechtsnormen läuft vielfach parallel. Sowohl Recht wie Moral verlangen z. B. von uns, andere Menschen nicht zu töten oder sie nicht grundlos zu verletzen. Dieser Gleichlauf hat Bedeutung für die Akzeptanz rechtlicher Normen (Rn. 332 ff.). Der Kreis der Regeln, welche die Moral aufstellt, ist aber zugleich weiter und enger als der Regelungsbereich der Rechtsordnung. Es gibt moralische Regeln, die nicht zusätzlich durch Rechtsnormen flankiert werden, so wie es umgekehrt Rechtsvorschriften gibt, denen kein unmittelbarer moralischer Aspekt zugrunde liegt. **99a**

Beispiele: Nach dem deutschen Recht schulden Verwandte nur in gerader Linie einander Unterhalt (§ 1601 BGB). Anders ist das z. B. nach dem Zivilgesetzbuch der Schweiz. Eine Unterhaltspflicht von Geschwistern kann sich aber sehr wohl aus moralischen Gründen ergeben. Davon nimmt auch das BGB Kenntnis (§ 814 BGB).

Umgekehrt stehen hinter den meisten Regeln der Straßenverkehrsordnung, wie etwa den Parkverboten, keinerlei moralische Verpflichtungen.

Gerade wenn die Inhalte von Moral- und Rechtsnormen identisch sind, fragt sich, worin der Unterschied zwischen diesen beiden Ebenen liegt. Die Unterscheidung beschäftigt auch die Neue Institutio-

122 M. Düwell/Ch. Hübenthal/M. H. Werner, in: dies., Handbuch Ethik, 3. Aufl., Stuttgart – Weimar 2011, Einleitung.

123 Vgl. H. Steinfath, in: S. Gosepath/W. Hinsch/B. Rössler (Hrsg.), Handbuch der politischen Philosophie und Sozialphilosophie, Berlin 2008, Stichwort: „Moraltheorien".

nenökonomik (Rn. 305 ff.) und wird dort als „interne" und „externe" Institutionen bezeichnet.[124] Häufig wird hierzu angeführt, daß die Moral ein „inneres Sollen" begründet. Anders als bei den meisten Rechtsnormen komme es nicht primär auf das äußere Tun, sondern auf die innere Gesinnung, die gute oder schlechte Absicht an.[125] Dahinter steckt die u. a. von I. Kant betonte Vorstellung, daß rechtliche Regeln autoritativ von anderen (heteronom) vorgegeben werden, während wir uns moralische Regeln selbst (autonom) auferlegen. Wir machen das, weil wir von ihrer Richtigkeit überzeugt sind. Damit ist der Unterschied aber nur angedeutet. Erst eine genauere Betrachtung erlaubt es uns, den Unterschied in den folgenden Grundmerkmalen moralischer Normen zu erkennen:

99b Rechtsnormen können durch den Gesetzgeber ohne weiteres von heute auf morgen geändert werden. Es ist möglich, daß ein bisher verbotenes Verhalten mit dem Stichtag 1. Mai 2015 plötzlich erlaubt ist. Im Gegensatz dazu können moralische Normen nicht durch legislative Maßnahmen direkt und zu einem bestimmten Stichtag geändert werden. Zwar sind durchaus Änderungen im Laufe der Zeit möglich. Das kann man an den geänderten Auffassungen der Bevölkerung zur Sexualmoral unschwer erkennen. Dafür gibt es aber oft keine nachweisbaren Kausalfaktoren, wie das beim Erlaß oder der Änderung von Gesetzen der Fall ist.

99c Die Definition von Moralnormen als ein „inneres Sollen" trifft etwas Richtiges, muß aber noch näher betrachtet werden. Sie zielt auf den unterschiedlichen Verantwortungsmaßstab von Recht und Moral ab.

Beispiel: Eine Assistenzärztin ist seit neun Wochen auf ihrer ersten Stelle in einem Krankenhaus tätig. Während ihr Chef Urlaub hat, trägt sie die alleinige Verantwortung für einen Patienten, der mit Verdacht auf einen Nebennierentumor eingeliefert wurde. Sie geht einigen unklaren Befunden nicht nach, insbesondere häufigen Blutdruckkrisen. Weil der Patient nicht sachgerecht behandelt wurde, stirbt er zwei Monate später.[126]

Indem der Patient sich ins Krankenhaus begab, hat er einen ärztlichen Behandlungsvertrag abgeschlossen. Die rechtliche Behandlung des Falles hängt an der Frage des Verschuldens. Hierzu stellt § 276 Abs. 2 BGB einen objektiven Fahrlässigkeitsmaßstab auf. Es kommt

---

124 Vgl. S. Voigt, Institutionenökonomik, 2. Aufl., München 2009, Kap. 2 und 7.

125 Vgl. A. Regenbogen/U. Meyer, Wörterbuch der philosophischen Begriffe, Hamburg 2013, Stichwort „Recht".

126 Vgl. BGH NJW 1988, 2298; 1992, 1560; 1993, 2989; 1994, 3008.

nicht auf die Fähigkeiten und Kenntnisse der Assistenzärztin an. Der Maßstab ist vielmehr die „verkehrsübliche" Sorgfalt, d. h. der allgemeine Standard der ärztlichen Kunst. Diesen Standard hat die Assistenzärztin verletzt. Das Recht zieht also auch dann Personen zur Verantwortung, wenn diese die verlangten Maßstäbe gar nicht einhalten können. Noch deutlicher wird dies im Rahmen der Gefährdungshaftung, wo es auf ein Verschulden gar nicht mehr ankommt.

Aus moralischer Sicht sieht dies anders aus. Auch Moralnormen knüpfen in ihrem Unwerturteil an die äußere Handlung an, d. h. in unserem Beispielsfall an die Verletzung der gebotenen Sorgfalt. Die Umschreibung von Moralnormen als „inneres Sollen" bedeutet also nicht, daß allein die Absichten oder Ziele des Handelnden von Bedeutung wären. Anders als im Recht ist aber die innere Einstellung und das subjektive Können stets Voraussetzung für eine moralische Verantwortlichkeit. In der Moral ist der Einwand „Ich konnte nichts dafür" eine mögliche Entschuldigung. Wer nachweisen kann, daß er alle ihm persönlich zu Gebote stehenden Vorsichtmaßnahmen ergriffen hat, ist entlastet. Unsere Assistenzärztin hatte – so nehmen wir an – keine Wahl, ob sie den Patienten betreut oder nicht. Sie war schlicht zur Urlaubsvertretung verpflichtet. Es trifft sie daher kein Übernahmeverschulden. Gehen wir zusätzlich davon aus, daß sie auch noch einen Kollegen zu Rate gezogen hat, der ihr aber keine weiteren Hinweise gab, so kann ihr die Gesellschaft keine moralischen Vorwürfe machen. Trotzdem ist der schärfere Maßstab des Zivilrechts gemäß § 276 Abs. 2 BGB nicht etwa falsch. Dem Zivilrecht geht es nicht allein um die individuelle Vorwerfbarkeit und Vermeidbarkeit, sondern etwa auch um die Frage, wer den Schaden leichter versichern kann.[127] Das sind in unserem Fall das Krankenhaus bzw. die Ärztin.

Die Umschreibung von Moralnormen als „innerem Sollen" hat **99d**
noch einen zweiten Aspekt. Rechtsnormen sind mit staatlich durchsetzbaren Sanktionen verknüpft. Sie halten Personen von einem Verstoß ab, indem sie äußere Nachteile wie insbesondere eine Strafe androhen. Das ist die Präventionswirkung der rechtlichen Sanktionen. Auch bei Moralnormen existiert dieser soziale Druck der Gesellschaft. Es kommt aber hier noch ein zweites Element hinzu. Moralische Normen verlangen wegen ihrer grundlegenden Bedeutung an sich Beachtung, völlig unabhängig von einer damit verbundenen

127 Vgl. H.-B. Schäfer/C. Ott, Lehrbuch der ökonomischen Analyse des Zivilrechts, 5. Aufl., Berlin 2012, 5. Kap.

Sanktion. Der moralische Druck resultiert nur sekundär aus sozialen Sanktionen und primär aus einem „inneren Schuldgefühl", aus dem Gewissen. Die Einhaltung moralischer Normen ist ein Gebot der Vernunft aller, die sich nicht aus der Gesellschaft verabschieden wollen. Wer dagegen verstößt, verstößt gegen die Regeln der eigenen Vernunft.[128]

99e Da moralische Normen für das Zusammenleben der Menschen neben dem Recht hohe Bedeutung haben, fragt sich, wie diese Normen sich entwickeln und woher sie abgeleitet werden. Über die Quellen von Normen der Moral wurden schon die unterschiedlichsten Aussagen gemacht.[129] Moralische Normen entstammten in den frühen Gesellschaften regelmäßig religiösen Überzeugungen. Eine durch rationale Reflexion gekennzeichnete Ethik entwickelten in Europa zuerst die Griechen. Insbesondere Platon (427–347 v. Chr.) und Aristoteles (384–332 v. Chr) beschäftigen sich in ihren Werken ausführlich und in analytischer Weise mit ethischen Problemstellungen.[130] Sie haben die bis heute beachteten grundlegenden Fragen der Ethik aufgeworfen und Lösungsansätze erarbeitet. Während des Mittelalters waren in Europa die christlichen Werte ganz überwiegend maßgeblich für die Moral der Bevölkerung. Erst nachdem der Einfluß der Kirchen seit der Renaissance und der Aufklärung nachließ, bildeten sich alternative Modelle der Begründung von Moralnormen aus.[131] In dem heute unter dem Begriff der „Ethik" zusammengefaßten Bereich geht es um die Entwicklung überindividueller Maßstäbe des Verhaltens gegenüber Mitmenschen und sich selbst (vgl. Rn. 373ff.). Ein Kerngedanke vieler aktueller Überlegungen und empirischer (spieltheoretischer) Versuche dürfte sein, daß sich Moral langfristig gesehen für die Beteiligten und die Gesellschaft „lohnt", wenn ein Mindestmaß an institutionellen Absicherungen vorhanden ist.[132]

---

128 Vgl. K. Bayertz, Einleitung: Warum moralisch sein?, in: ders., Warum moralisch sein?, Paderborn 2002, S. 9ff.

129 Vgl. G. Nummer-Winkler und H. Steinfath, in: S. Gosepath/W. Hinsch/B. Rössler (Hrsg.), Handbuch der politischen Philosophie und Sozialphilosophie, Berlin 2008, Stichworte: „Moralische Entwicklung" und „Moraltheorien".

130 Platon, Gorgias; Aristoteles, Nikomachische Ethik und Eudemische Ethik.

131 Die bekanntesten sind: D. Hume, Eine Untersuchung über die Prinzipien der Moral; I. Kant, Metaphysik der Sitten; J. S. Mill, Der Utilitarismus; J. Rawls, Eine Theorie der Gerechtigkeit.

132 Vgl. K. Bayertz, Einleitung: Warum moralisch sein?, in: ders. (Hrsg.), Warum moralisch sein?, Paderborn 2002, S. 9ff.; K. Bayertz, Warum überhaupt moralisch sein?, 2. Aufl., München 2014; S. Voigt, Institutionenökonomik, 2. Aufl., München 2009, Kap. 7; Ö. Gürerk/B. Irlenbusch/B. Rockenbach, The Competitive Advantage of Sanctioning Institutions, Science 312 (2006), S. 108ff.

3. Soft Law. Die Globalisierung hat dazu geführt, daß immer mehr Unternehmen ihre Produkte weltweit produzieren und vertreiben. Zwischen den Rechtsordnungen der Staaten bestehen aber zum Teil bedeutende Unterschiede insbesondere im Hinblick auf den Schutz von Arbeitnehmern und Umwelt. Viele Unternehmen haben sich dieses „Regelungsgefälle“[133] in der Vergangenheit zunutze gemacht. Solche Praktiken stoßen aber in der Öffentlichkeit und bei informierten Konsumenten zunehmend auf Ablehnung. Von transnational tätigen Unternehmen wird erwartet, daß sie mehr tun, als nur die Gesetze des jeweiligen Landes einzuhalten. Das hat dazu geführt, daß Unternehmen sich in internationalen Netzwerken zur Einhaltung bestimmter (moralischer) Standards selbst verpflichten.[134] Man spricht in diesem Zusammenhang häufig von „Soft Law“. Es entsteht dadurch ein „internationales Völkerprivatrecht“, das eine Vielzahl rechtstheoretischer, aber auch juristisch praktischer Fragestellungen aufwirft.[135] 99f

IV. Andere Normarten

Mit der Unterscheidung von Rechts-, Sozial- und Moralnormen haben wir nur die für die Rechtstheorie wichtigen Normarten aufgezählt. Daneben gibt es noch andere Normen, wie z. B. DIN-Normen (Industrie-Normen über Eigenschaften von Produkten, Stoffen, Verfahren und Leistungen), Arbeitsnormen („Normalleistungen“ bei Leistungslöhnen), Leistungsnormen (Mindestleistung zur Teilnahme an sportlichen Wettbewerben; „Limit“). Es handelt sich um vereinbarte Standards in Qualität, Leistung, Sicherheit oder ähnliches. 100

C. Arten von Sätzen

Weil das Recht aus sprachlichen Sätzen besteht, kommt dem zutreffenden Verständnis dieser Rechtssätze für das „Funktionieren“ der Rechtsordnung, also für die Verwirklichung der Normzwecke, eine zentrale Bedeutung zu. Der sachgerechte Umgang mit Rechtssätzen setzt zunächst voraus, daß die verschiedenen Arten von sprachlichen Aussageformen erkannt und unterschieden werden. 101

---

133 Vgl. BGH GRUR 1980, 858 „Asbestimporte“.
134 Die bedeutendste Initiative ist der UN Global Compact: www.unglobalcompact.org.
135 Vgl. A. Birk, Corporate Social Responsibility, unternehmerische Selbstverpflichtungen und unlauterer Wettbewerb, GRUR 2011, 196 ff.

I. Theoretische Sätze

102 Aussagen, die sich als wahr oder falsch erweisen können, nennen die Sprachwissenschaftler „theoretische" Sätze. Theoretische Sätze lassen sich in zwei Untergruppen einteilen: empirische (deskriptive) und analytische Sätze.

103 **1. Empirische oder deskriptive Sätze.** Empirische bzw. deskriptive Sätze enthalten Aussagen über Tatsachen. Empirische Sätze können wahr oder falsch sein, sind also dem Wahrheits- oder Falschheitsbeweis prinzipiell („theoretisch") zugänglich.

Beispiele:
(1) Dieses Haus wurde 1970 erbaut.
(2) Das Auto fuhr zum Unfallzeitpunkt unbeleuchtet.
(3) A verletzte den B mit einem Messer am Hals und an den Armen.
(4) Tulpen blühen im Mai.

103a Sätze dieser Art sind in der juristischen Wissenschaft und Praxis vor allem für die Feststellung von Sachverhalten („Tatbeständen" bei Entscheidungen) bedeutsam. Bevor das Gericht eine Entscheidung fällt, muß zuerst der Sachverhalt soweit wie möglich aufgeklärt werden. Das Prozeßrecht kennt hierzu grundsätzlich zwei unterschiedliche Verfahren: Im Zivilprozeß überläßt es das Gericht den Prozeßparteien, Tatsachen vorzutragen (Beibringungs- bzw. Verhandlungsgrundsatz). Nur dort, wo ein entscheidungsrelevanter Umstand streitig ist, wird das Gericht auf Antrag einer der Parteien Beweis erheben. Ganz anders verhält es sich im Strafprozeß. Dort ermittelt das Gericht von Amts wegen alle für die Entscheidung bedeutsamen Tatsachen (Ermittlungsgrundsatz).

Das bedeutet aber nicht, daß dieser mögliche Beweis im konkreten Zweifelsfall geführt werden kann. Festzustellen, was wirklich geschehen ist, bereitet in der Praxis oft größere Schwierigkeiten als den Sachverhalt rechtlich zutreffend zu beurteilen. Das wirkliche Geschehen bleibt – in der Rechtspraxis wie in der Geschichte – oft unklar. Die Zivilgerichte treffen für den Fall, daß sich der Sachverhalt trotz Beweiserhebung nicht abschließend aufklären läßt, eine Entscheidung nach den Regeln der Beweislast. Hat das Strafgericht Zweifel am Sachverhalt, so muß es von einer Verurteilung des Angeklagten nach dem bekannten Grundsatz in dubio pro reo (im Zweifel für den Angeklagten) absehen.

Empirischen Aussagen über die Wirkungszusammenhänge von Rechtsnormen sind außerdem Gegenstand der Rechtssoziologie (Kriminologie), Gesetzgebungslehre sowie den Sozial- und Wirtschaftswissenschaften (dazu Rn. 303 ff.). Diese Disziplinen untersuchen u. a., ob eine bestimmte Gesetzesnorm geeignet ist, bestimmte gesetzgeberische Ziele effektiv umzusetzen, und welche sozialen und wirtschaftlichen „Nebenwirkungen“ von der Vorschrift ausgehen. Schließlich spielen empirische Sätze regelmäßig auch bei der Gesetzesauslegung eine Rolle, wenn es darum geht, unter mehreren Verständnismöglichkeiten diejenige auszuwählen, welche den mit der Norm verfolgten Zweck am besten verwirklicht. Hierfür ist empirisches Wissen über soziale, wirtschaftliche oder technische Zusammenhänge unerläßlich, um die tatsächlichen Folgen der Auslegungsvarianten abschätzen zu können (dazu Rn. 291 ff.). 103b

2. Logische oder analytische Sätze. Als analytische Sätze werden Aussagen über Relationen zwischen Begriffen und Sätzen bezeichnet, deren Wahrheit oder Falschheit auf Grund logischer oder definitorischer Vereinbarung erwiesen werden kann. Es handelt sich vor allem um Sätze der Mathematik und der formalen Logik. 104

Beispiele:
(1) Fünf mal zwei ist zehn.
(2) Von zwei einander sich widersprechenden („kontradiktorischen“) Behauptungen über denselben Gegenstand muß (mindestens) eine falsch sein (Satz vom Widerspruch).[136]
(3) Die Aussage „Ich habe einen schwarzen Schimmel gesehen“ ist falsch.

Es ist klar, daß die Anforderungen an die Folgerichtigkeit bei juristischen Argumentationen zu beachten sind (Rn. 186 ff.). Wer zwei einander entgegengesetzte Aussagen über denselben Gegenstand macht, ohne daß sie einander zugeordnet werden, verstößt entweder gegen die Denkgesetze, weil er etwas Falsches aussagt, oder seine Aussage ist inhaltsleer (tautologisch, siehe Rn. 188), so bei unaufgelösten Widersprüchen.

Beispiel: „Die Institutionen sind relativ stabile, relativ dynamische Gestalten in der Zeit ..., sie retten Gedankengut, die idées, in die Gegenwart hinüber“.[137]

---

136 Vgl. Aristoteles, Metaphysik, 1005b 19 f.
137 Vgl. Nachw. bei B. Rüthers, Wir denken die Rechtsbegriffe um ... – Weltanschauung als Anschauungsprinzip, Zürich 1987, S. 74 ff.

II. Metaphysische Sätze (Glaubenssätze)

105 **1. Begriff.** Der Begriff „Metaphysik" ist durch die von Andronikos von Rhodos ca. um 70 v. Chr. vorgenommene Einteilung der Werke des Aristoteles entstanden. Der Begriff bezeichnet die Gruppe der Schriften des Aristoteles, die sich mit den Dingen hinter der Physik (d. h. den sinnlich wahrnehmbaren Tatsachen) beschäftigen. Daraus hat sich in der Folgezeit ein Sammelbegriff für all die philosophischen Untersuchungen entwickelt, deren Interesse über die Naturerklärung hinausgeht und etwa das Wesen des Seins (Ontologie), Gott, die Seele oder die Freiheit zum Gegenstand haben. Im Rahmen der philosophischen Kritik an der Metaphysik, die ab dem Spätmittelalter einsetzte, wurde dann zwischen wissenschaftlichen und metaphysischen Sätzen unterschieden. Da die Metaphysik weder von beobachtbaren Sinnesdaten (empirische Sätze) noch von formalen Beziehungen (analytische Sätze) handelt, kann sie nach dieser Auffassung keine Wissenschaft sein. An diese philosophische Tradition knüpfen wir an, wenn wir solche Sätze als metaphysisch bezeichnen, die wissenschaftlich nicht beweisbar sind. Ein Beispiel hierfür ist die Aussage „Gott lebt".

106 Das bedeutet aber nicht, daß metaphysische Sätze insgesamt unsinnig sein müßten. Auch im Bereich der Erkenntnis können sich ursprünglich metaphysische Sätze später als Ausgangspunkte fruchtbarer naturwissenschaftlicher Theorien erweisen, wie das Beispiel der Atomidee des Demokrit (ca. 470–380/370 v. Chr.) zeigt. Zur Zeit des Demokrit hatte man nicht die Möglichkeit, die Theorie von den Atomen als Bauteile der Materie zu überprüfen. Es handelte sich um eine rein gedankliche Konstruktion. Trotzdem hat sich diese Theorie später unglaublich fruchtbar erwiesen, als man mit ihrer Hilfe eine Vielzahl von Phänomenen der Natur einheitlich erklären konnte. Daran können wir sehen, daß Glaubenssätze und Gefühle das menschliche Handeln im praktischen Leben gleichermaßen oder stärker bewegen können als wissenschaftliche Hypothesen. Der Mensch ist nicht eindimensional auf die ratio beschränkt. Blaise Pascal sagt treffend: „Das Herz hat seine Gründe, die der Verstand nicht kennt".[138] Entscheidend ist, daß man beides auseinanderhält.

107 **2. Schwierigkeiten der Unterscheidung.** Es gibt Aussagen, die in ihrer indikativen sprachlichen Form wie Tatsachenbehauptungen (de-

138 B. Pascal, Pensées, Nr. 277.

skriptive Sätze) aussehen. In Wahrheit handelt es sich jedoch um Glaubenssätze, die von bestimmten weltanschaulichen Vorverständnissen getragen und dem Tatsachenbeweis nicht zugänglich sind.

Beispiele:
(1) „Gott lebt."
(2) „Der sozialistische Staat ... hält die Fahne ... der revolutionären Gesetzlichkeit hoch."[139]
(3) „Recht ist etwas im Blute Lebendes".[140]

Der Satz „Müller trägt eine rote Fahne" kann, jedenfalls prinzipiell, als wahr oder als falsch bewiesen werden. Ob der sozialistische Staat eine (imaginäre) Fahne sozialistischer Gesetzlichkeit „hochhält", ist eine Frage des weltanschaulichen Standpunktes. Nur der „Gläubige" wird dieser weltanschauungsgebundenen Proklamation zustimmen wollen. Der Konsens in den Glaubensprämissen wird vom Autor eines solchen Satzes als selbstverständlich vorausgesetzt. Die Aussage, Recht sei etwas „im Blute Lebendes" kann nicht bewiesen werden. Die unklare Form der sprachlichen Aussage hat hier die Funktion, den vermeintlich dominanten Einfluß der Rasse auf das Rechtsdenken eines Volkes auszudrücken.[141] An den Beispielen können wir sehen, daß metaphysische Sätze zu bestimmten Zwecken verwendet werden.

3. Funktionen metaphysischer Sätze. Unser Beispielssatz „Gott 108
lebt" ist die axiomatische Grundlage aller Theologie. Ohne diese Annahme ist das Nachdenken über christliche oder andere religiöse Fragen nicht sinnvoll.

Das Beispiel aus der Theologie könnte zu der Annahme verleiten, daß metaphysische Sätze diese Funktion allein in der Religion oder ähnlichen Weltanschauungen übernehmen. Bei genauerer Betrachtung trifft das aber auch auf deduktive Wissenschaften zu. So baut in der Mathematik das gesamte Gebäude dieser Wissenschaft auf wenigen grundlegenden Sätzen auf. Eine solche Axiomatisierung hat als erster Euklid für die Geometrie durchgeführt.[142] Bei Axiomen handelt es sich um Sätze, die uns so evident und einleuchtend erscheinen, daß wir keinerlei Zweifel an ihrer Wahrheit haben. Die Annahme von Axiomen hängt damit zusammen, daß wir auf der Suche nach dem

139 A. I. Wysinskij, Zur Lage an der theoretischen Rechtsfront, 1937, zit. nach N. Reich, Marxistische und sozialistische Rechtstheorie, Frankfurt/M. 1972, S. 113.
140 E. Wolf, Richtiges Recht im nationalsozialistischen Staate, Freiburg 1934, S. 3.
141 Vgl. B. Rüthers, Die unbegrenzte Auslegung, 8. Aufl., Tübingen 2017, S. 125 f.
142 Euklid, Die Elemente.

zureichenden Grund für eine wissenschaftliche Aussage immer weiter fragen können und dabei in einen unendlichen Begründungsregreß geraten. Im Alltagsleben kann man diese Situation im Gespräch mit Kindern erleben, die in einem gewissen Alter nach jeder Antwort stereotyp wieder „Warum?" fragen. Um der endlosen Fragerei zu entgehen, wird der Prozeß durch die Annahme selbstevidenter Axiome an irgendeinem Punkt abgebrochen. Selbst in der Mathematik, die lange Zeit als das Vorbild einer exakten und eindeutigen Wissenschaft galt, hat man im Laufe der Zeit festgestellt, daß es durchaus mehrere Möglichkeiten zur Axiomatisierung gibt. So wurden im 19. Jahrhundert verschiedene sog. nicht-euklidische Geometrien entwickelt, die zum Teil auf Axiomen beruhen, die mit den euklidischen nicht vereinbar sind.[143] Es gibt also nicht die Geometrie, sondern mehrere verschiedene Geometrien, die zu unterschiedlichen Zwecken jeweils mehr oder weniger gut geeignet sind. Daraus wird deutlich, daß die Annahme von Axiomen zur Dogmatisierung einer Wissenschaft führen kann und daß die Idee, nach einer festen, unverrückbaren Begründung der Wissenschaft und Erkenntnis zu suchen, nicht zum Erfolg führen kann.[144] Entscheidend ist vielmehr die Bereitschaft, wissenschaftliche Theorien ständig der kritischen Prüfung auszusetzen (siehe Rn. 9 ff.).

108a Die Verwendung metaphysischer Sätze im wissenschaftlichen Sprachgebrauch kann nur dann gerechtfertigt sein, wenn ihr axiomatischer Charakter offengelegt wird. Das trifft, wie das Beispiel aus der Rechtswissenschaft zeigt, nicht immer zu. Recht ist etwas „im Blute Lebendes" (Beispiel 2) nur für den, der gläubiger Anhänger der nationalsozialistischen Rassenideologie und des daraus abgeleiteten „Naturrechts aus Blut und Boden" ist. Wäre die These richtig, müßte die jeweilige Rechtsanwendung von einer vorhergehenden „Blutprobe" abhängig gemacht werden. In der NS-Zeit war das die herrschende Rechtsideologie.

An den genannten Beispielen zeigt sich ein häufig zu beobachtendes Phänomen metaphysischer Sätze: Sie appellieren an Gefühle und/oder Glaubensgemeinsamkeiten. Oft wollen die Autoren eine rationale Überprüfung ihrer Aussagen durch eine unklare Ausdrucksweise gerade verhindern. Wenn in wissenschaftlichen Ausführungen

143 Der Widerspruch betrifft das fünfte Postulat (Axiom) von Euklid, das sog. Parallelenpostulat.

144 Vgl. H. Albert, Traktat über kritische Vernunft, 5. Aufl., Tübingen 1991.

metaphysische oder quasi-metaphysische Sätze verwendet werden, ohne daß ihre Unbeweisbarkeit eingeräumt wird, ist Vorsicht am Platz. Es werden dann emotionale Appelle oder ideologische Überzeugungen statt nachprüfbarer Hypothesen angeboten.

III. Bewertende Sätze (Werturteile)

Bewertende Sätze können einen rein konstatierend-analytischen 109
Charakter besitzen oder handlungsanleitenden Inhalt haben. Man spricht auch von deskriptiven und präskriptiven Werturteilen.[145] In beiden Fällen wird das Verhältnis eines Sachverhaltes zu Wertmaßstäben ausgedrückt.

1. Deskriptive Werturteile. a) Begriff und Funktion. Im Alltag 109a
beurteilen wir ständig Personen, Handlungen oder Dinge an Hand von bestimmten Kriterien. Wir drücken solche Urteile häufig mit den Adjektiven „gut" oder „schlecht" aus.

Beispiele:
(1) Der Koch dieses Restaurants ist einmalig gut.
(2) Dieses Gemälde ist schön.
(3) Dieses Messer schneidet gut.

Die Beispielssätze treffen Urteile über Eigenschaften von Personen, Gegenständen und Sachverhalten oder drücken Präferenzen aus. Sie „bewerten" die Person des Kochs (1), eine ästhetische Leistung (2) oder einen Gegenstand (3). Solche Werturteile sind deswegen deskriptiv, weil sie sich auf eine Eigenschaft des jeweiligen Gegenstandes beziehen, ohne allerdings eine Handlung vorzuschreiben oder zu verbieten. Hinter jeder dieser Aussagen steckt in irgendeiner Weise eine deskriptive Grundlage: Ein schlecht schneidendes Messer hat eine stumpfe Klinge, ein guter Koch verwendet etwa nur frische Zutaten, das Gemälde trifft die porträtierte Person in ihren Charakterzügen.

b) Rechtspraktische Bedeutung. Der Unterschied zwischen empi- 110
rischen und bewertenden Sätzen (Tatsachenbehauptungen und Meinungsäußerungen) ist in der juristischen Praxis an verschiedenen Stellen von Bedeutung, so insbesondere im Presserecht und bei Verletzungen des Allgemeinen Persönlichkeitsrechts. Tatsachenbe-

145 S. Blasche, in: J. Mittelstraß (Hrsg.), Enzyklopädie Philosophie und Wissenschaftstheorie, Stuttgart 1996, Stichwort: „Werturteil".

hauptungen über andere Personen müssen grundsätzlich wahr sein. Sie sind dem Beweis zugänglich.[146] Gegen unwahre Tatsachenbehauptungen kann der Betroffene auf Widerruf klagen.[147] Die Gegendarstellung des Presse- und Medienrechts ist nur bei Tatsachenbehauptungen möglich.[148]

Werturteile hingegen sind als Meinungsäußerungen grundsätzlich frei (vgl. Art. 5 I GG).[149] Das gilt auch für Kritik an Personen und Zuständen, solange sie nicht böswillig, gehässig oder ohne Sachbezug in beleidigender und kränkender Weise geübt wird („Schmähkritik"),[150] was wiederum eine Wertungsfrage ist. Gegen rechtswidrige Werturteile gibt es keinen Anspruch auf Widerruf, nur auf Unterlassung. Einen staatlichen Zwang zum Widerruf von Meinungen und Werturteilen gibt es nicht.[151]

111 **2. Präskriptive Werturteile: Imperative und Normen.** Die Sprache ist auch das Mittel, Anordnungen zu treffen, Weisungen oder Befehle an Menschen zu erteilen oder ihnen Befugnisse einzuräumen. Solchen Sätzen ist gemeinsam, daß sie sich auf menschliches Verhalten beziehen und ein Sollen oder Dürfen verbindlich mitteilen. Sie werden wegen des handlungsanleitenden Charakters präskriptive Werturteile genannt. Präskriptive Sätze lassen sich in kontextabhängige Imperative und universal geltenden Normen einteilen.[152]

112 **a) Imperative Sätze.** Das lateinische Wort „imperare" bedeutet befehlen, anordnen im Gegensatz zu mahnen, empfehlen oder bitten.

Beispiele:
(1) „Schließen Sie das Fenster!"
(2) „Rauchen verboten!"

Beide Sätze sind Imperative. Sie können Gebote (Beispiel 1) oder Verbote (Beispiel 2) zum Inhalt haben. Sie beschreiben nicht Sachverhalte („Das Fenster ist geöffnet und läßt Kälte, Lärm oder Gerüche eindringen" oder „Rauchen ist hier gefährlich"), sondern ordnen ein Tun oder Unterlassen an. Bereits aus dem reinen Wortlaut unserer Beispiele können wir zwei Elemente der Grundstruktur von prä-

146 BGHZ 3, 270 (273 f.); BGH GRUR 1975, 89 (91) „Breuning-Memoiren I".
147 BGHZ (GS) 34, 99.
148 Vgl. etwa § 11 LPresseG Ba-Wü, § 56 RStV.
149 Grundlegend BVerfGE 7, 198 „Lüth".
150 BGH NJW 1974, 1762 f.; BGH DVBl. 1977, 640 (641 f.).
151 BGH NJW 1961, 1913; 1965, 294.
152 C. F. Gethmann, in: J. Mittelstraß (Hrsg.), Enzyklopädie Philosophie und Wissenschaftstheorie, Stuttgart 1995, Stichwort „deskriptiv/präskriptiv".

skriptiven Sätzen ermitteln: Imperative enthalten eine Sollensanordnung (Gebot oder Verbot) und fordern zu einem bestimmten Verhalten (Tun oder Unterlassen) auf.

Die Imperative in unseren Beispielen werden in bestimmten Situationen bzw. Kontexten geäußert. Die Aufforderung, das Fenster zu **112a** schließen oder das Rauchen zu unterlassen, ist in der Realität eine einmalige Anordnung, die z. B. von einem Lehrer (Urheber oder Autor des Imperativs) an einen bestimmten Schüler (Adressaten) gerichtet ist. Die Aufforderung gilt nicht etwa überall und für alle nur denkbaren Fälle und Konstellationen, sondern nur für eine ganz spezifische Situation. Nachdem wir die Beispiele in den Zusammenhang einer konkreten Situation gestellt haben, können wir nunmehr die Grundstruktur präskriptiver Sätze vervollständigen: Neben der Sollensanordnung (1) und der Art des Verhaltens (2) gehören zu den Elementen präskriptiver Sätze der Urheber (3), der Adressat (4) und die Beschreibung der Situation (5), in welcher die Aufforderung gelten soll (juristisch: der Tatbestand).

b) Normen. Die Besonderheit der eingeschränkten, nur für eine **113** ganz bestimmte Situation beanspruchten Geltung unterscheidet Imperative von Normen. Normen richten sich an einen unbegrenzten Adressatenkreis und gelten für unbegrenzt häufiges Auftreten der von ihnen beschriebenen Situation. Für Normen gilt der Allgemeinheitsgrundsatz (Rn. 219). Von den fünf Elementen der Grundstruktur präskriptiver Sätze sind davon die Elemente des Adressaten und der Situation (Tatbestand) betroffen. Diese Überlegungen haben z. B. im Verwaltungsrecht Bedeutung bei der Abgrenzung von Rechtsnorm und Verwaltungsakt.

Diskutiert wird immer wieder, ob es nicht Fälle „unbedingter" **114** bzw. „absoluter" Normen gibt.[153] Anlaß dazu gibt etwa das Grundgesetz, nach dessen Art. 1 die Würde des Menschen „unantastbar" ist.[154] Absolute Normen wären präskriptive Sätze, denen das Element der Situationsbeschreibung fehlt. Da eine solche Norm keinen Tatbestand hat, der ihren Geltungsbereich umschreibt und begrenzt, würde sie schlechthin in jedem denkbaren Fall und in jeder denkbaren Situa-

---

153 Vgl. dazu R. Alexy, Theorie der Grundrechte, 3. Aufl., Frankfurt/M. 1996, S. 94 ff.

154 Der philosophische Hintergrund ist Kants Idee von einem kategorischen Imperativ, der unabhängig von allen tatsächlichen Gegebenheiten und Umständen gelten soll; vgl. zur Diskussion in der Philosophie K. Steigleder und M. Düwell, in: M. Düwell/Ch. Hübenthal/M. H. Werner (Hrsg.), Handbuch Ethik, 3. Aufl., Stuttgart – Weimar 2011, Stichworte „Kant" und „Kompromiss".

tion zur Anwendung kommen. Das Recht kennt keine absoluten Normen.[155] So steht beispielsweise das Verbot, Menschen zu töten, unter dem Vorbehalt, daß keine Notwehr vorliegt. Selbst Art. 1 Abs. 1 GG ist nach der Rechtsprechung des BVerfG keine absolute Norm.[156] Das Gericht geht angesichts der Offenheit des Begriffs „Menschenwürde" davon aus, daß sich nicht generell, sondern immer nur „in Ansehung des konkreten Falles", sagen läßt, ob die Menschenwürde verletzt ist oder nicht.[157] Darüber hinaus kann es zu Konstellationen kommen, in denen die Menschenwürde des einen mit der Menschenwürde des anderen kollidiert und eine wertende Gesamtwürdigung nötig ist.[158]

115 **3. Sprachlicher Ausdruck von Normen.** Das sprachliche Mittel, in dem die Grundstruktur präskriptiver Sätze zum Ausdruck kommt, ist das sog. Konditionalschema: **Wenn** ein bestimmter Tatbestand vorliegt, **dann** wird dazu eine bestimmte Rechtsfolge angeordnet. Der Tatbestand enthält die Elemente des Adressaten und die Situationsbeschreibung, die Rechtsfolge enthält die Sollensanordnung und das angeordnete menschliche Verhalten. Urheber der Rechtsnorm ist im Rechtsstaat der Gesetzgeber.

Beispiele:

(1) Wer schuldhaft absolute Rechte eines anderen widerrechtlich verletzt, ist diesem zum Ersatz des daraus entstehenden Schadens verpflichtet (§ 823 Abs. 1 BGB).

(2) Wer vorsätzlich einen Menschen tötet, wird wegen Mordes oder Totschlags bestraft (§§ 211, 212 StGB).

116 Rechtssätze sind in der Regel schon in ihrer sprachlichen Fassung nach dem „Wenn-dann-Schema" aufgebaut. Ein Gegenbeispiel bildet § 857 BGB: „Der Besitz geht auf den Erben über". Aber auch hier lautet die verdeckt formulierte normative Aussage: Wenn jemand stirbt, tritt sein Erbe in die Besitzstellung an den Nachlaßgegenständen ein. An dem Beispiel können wir sehen, daß die konditionale

---

155 Ebenso W. Kersting, Theorien der sozialen Gerechtigkeit, Stuttgart – Weimar 2000, Kap. 11.3. Die Aussage ist im Hinblick auf Art. 1 GG sehr umstritten: siehe dazu M. Herdegen, in: Maunz/Dürig/Herzog/Scholz, Grundgesetz, Kommentar, München, Stand Juni 2017, Art. 1 GG Rn. 46 ff.

156 Vgl. M. Herdegen, in: Maunz/Dürig/Herzog/Scholz, Grundgesetz, Kommentar, München, Stand Juni 2017, Art. 1 GG Rn. 46 ff.

157 BVerfGE 30, 1 (25).

158 Große Aufmerksamkeit gefunden hat der Fall Gäfgen/Daschner/v. Metzler: LG Frankfurt/M. NJW 2005, 692; dazu H. Götz, NJW 2005, 953; EGMR NJW 2007, 2461; OLG Frankfurt/M. NJW 2007, 2494.

Struktur von Rechtssätzen oftmals erst durch Umformulierung des Gesetzestextes ermittelt werden kann. Dazu ist häufig der Kontext, in dem die Norm steht, heranzuziehen.

Nicht wenige Rechtsnormen sind im Indikativ formuliert. Die Sätze lesen sich, als werde in ihnen ein gleichsam naturgesetzlich vorgegebener Sachverhalt beschrieben, nicht aber ein Gebot, ein „Sollen" angeordnet.

Beispiele:

(1) „Die Menschenwürde ist unantastbar" (Art. 1 Abs. 1 S. 1 GG). Wie sehr die Menschenwürde alltäglich antastbar ist und angetastet wird, ist allgemein bekannt und schmerzlich bewußt.

(2) „Männer und Frauen sind gleichberechtigt" (Art. 3 Abs. 2 S. 1 GG). Sind sie es wirklich schon oder soll dies erst erreicht werden?

(3) „Die Rechtsfähigkeit des Menschen beginnt mit der Vollendung der Geburt" (§ 1 BGB). Ist das ein Naturgesetz oder ein Gebot an die Rechtsanwender?

In allen Beispielen handelt es sich um Gebote, also um „scheintheoretische" Sätze. Die Aussagen im Indikativ klingen wie schlichte Tatsachenfeststellungen, etwa wie „Diese Rose ist gelb" oder „Tulpen blühen im Mai". Die Normsetzer wollten aber keine Tatsachen beschreiben, sondern Verhaltensweisen und Lebenssachverhalte regeln:

(1) Die Menschenwürde soll unantastbar sein! Also: Jedermann, vor allem staatlichen Instanzen, ist es verboten, die Menschenwürde anzutasten.

(2) Männer und Frauen sollen gleichberechtigt sein!

(3) Jedes geborene Kind soll als rechtsfähig behandelt werden! Als rechtsfähig hat zu gelten, wer vom Menschen abstammt, also auch mit schweren Mißbildungen Geborene.

Auch wenn Rechtsnormen in der grammatischen Form von imperativen Sätzen gefaßt sind, können sie in ein konditionales „Wenn-dann-Schema" übersetzt werden.

Beispiele:

(1) Der Betriebsrat ist vor jeder Kündigung zu hören (§ 102 Abs. 1 S. 1 BetrVG).

(2) Verwandte in gerader Linie sind verpflichtet, einander Unterhalt zu gewähren (§ 1601 BGB).

In vollständiger Schreibweise wären die Beispielsfälle wie folgt zu formulieren:

(1) Wenn eine Kündigung ausgesprochen werden soll, dann ist der Arbeitgeber verpflichtet, zuvor den Betriebsrat anzuhören.

(2) Wenn Personen in gerader Linie verwandt sind, dann sind sie verpflichtet, sich einander Unterhalt zu gewähren.

Nach diesen Beispielen ist klar, daß sich alle Gesetzesvorschriften in ein „Wenn-dann-Schema" umformulieren lassen und damit die Grundstruktur präskriptiver Sätze aufweisen.

117 **4. Zur Beweisbarkeit von Werturteilen und Normen.** Werturteile sind oft dauerhaft umstritten. Ob sie wahr oder falsch sind, ist jedenfalls nicht in gleicher Weise beweisbar wie bei theoretischen Sätzen.

Beispiel: Ob A mit seinem Auto zum Zeitpunkt X in der Ortschaft Z verkehrswidrig über 70 statt der gebotenen 50 km/h fuhr, das läßt sich mit anerkannten Meßmethoden so zuverlässig feststellen, daß A selbst es zugeben muß. Ob er aber unter den konkreten Umständen eine so „schwere Verkehrsgefährdung" (Werturteil) beging, daß nur ein zeitweiliger Führerscheinentzug die angemessene Sanktion sein kann, das ist eine Wertungsfrage, die nicht nach den Kriterien „wahr" oder „falsch" entscheiden werden kann.

Bei deskriptiven Werturteilen, wie unsere Beispiele oben zeigen (Rn. 109a), können die Meinungen weit auseinandergehen. Dasselbe gilt für präskriptive Werturteile. Diese Anfangsbeobachtung wird noch dadurch verstärkt, daß wir eine am naturwissenschaftlichen Vorbild ausgerichtete Einteilung der theoretischen, beweisbaren und wahrheitsfähigen Aussagen in analytische und empirische Sätze vorgenommen haben. Werturteile passen danach scheinbar nicht in diese Kategorien. Daraus haben einige die Konsequenz gezogen, daß Werturteile prinzipiell nicht beweisbar, nicht wahrheitsfähig und auch nicht begründungsfähig sind. Werturteile sind danach allein der Ausdruck einer Emotion oder der Versuch, andere rhetorisch zu beeinflussen („Nonkognitivismus").

118 Die Folgerungen des Nonkognitivismus für unser alltägliches Zusammenleben wären zumindest erstaunlich. Daher hat sich über die Bedeutung von Werturteilen in der Philosophie eine umfangreiche Debatte entwickelt.[159] Ausgangspunkt ist dabei der grundlegende Wertbegriff „gut". Im Gegensatz zum Nonkognitivismus gehen die Kognitivisten davon aus, daß Werturteile wahrheitsfähig oder zumindest begründbar sind. Diese These erhält ihre Anfangsplausibilität durch den Umstand, daß wir in der Praxis regelmäßig nach einer Be-

159 Einen guten Einstieg bietet M. Quante, Einführung in die Allgemeine Ethik, 5. Aufl., Darmstadt 2013; grundlegend Max Weber, Gesammelte Aufsätze zur Wissenschaftslehre, 7. Aufl., Tübingen 1988, daraus insbes. der Beitrag „Wissenschaft als Beruf", S. 582ff.

gründung für Werturteile fragen. Allerdings gibt es auch innerhalb des Kognitivismus wiederum unterschiedliche Auffassungen darüber, inwieweit und weshalb Werturteile begründbar oder sogar wahrheitsfähig sind. Eine Antwort hierauf ist etwa, daß die Grundlage in den menschlichen Interessen zu finden ist. Die Interessen von Personen können durch Selbstbeobachtung oder durch empirische Untersuchungen ermittelt werden. Akzeptiert werden aber nicht alle Interessen, die eine Person haben kann, sondern lediglich die aufgeklärten Eigeninteressen rationaler Personen, welche die Wertigkeit ihrer verschiedenen Interessen reflektieren und sich die langfristigen Folgen vergegenwärtigen. So ist z. B. das grundsätzliche Verbot, andere zu töten, nach dieser Theorie deswegen begründet, weil jeder Mensch das feststellbare Interesse hat, weiterleben zu wollen.

Diese Position hat eine enge Verbindung zu der bereits erwähnten Institutionenökonomik und verwandten sozialwissenschaftlichen Ansätzen (Rn. 305 ff.). Für die Rechtstheorie ist sie von Bedeutung, weil sie – wie die Interessen- und Wertungsjurisprudenz (Rn. 518 ff.) – an dem Interesse anknüpft. Die Position des Kognitivismus darf aber nicht dahingehend mißverstanden werden, daß Werturteile mit absoluter Wahrheit begründet werden könnten. Schon bei den Überlegungen zum Begriff „Theorie“ wurde gezeigt, daß sich eine unumstößliche Wahrheit und Letztbegründung weder bei theoretischen Aussagen noch bei Werturteilen finden läßt (Rn. 9 ff.). Vielmehr gilt gerade für Werturteile die Begründungsstrategie des default-and-challenge, wonach an Werturteilen, Normen und Prinzipien, die sich in der menschlichen und sozialen Praxis bewährt haben, solange festzuhalten ist, bis gute Gründe für deren Änderung sprechen (vgl. Rn. 13).

Für die juristische Arbeit sind aus dieser ethischen Diskussion zwei **119**
Punkte von Bedeutung:

Hinter Werturteilen und Normen stehen immer Interessen und weltanschaulich begründete Wertvorstellungen. Zum einen sind daher bei der Rechtsanwendung die Motive und Ziele des Gesetzgebers zu ermitteln (Normzweck). Zum zweiten ist es wichtig, die Interessen der Personen herauszuarbeiten, die von einer gesetzlichen Regelung betroffen sind (Rn. 136 ff.). Schließlich lassen sich diese Interessen begründbar bewerten. Es ist daher im Grundsatz möglich, Jurisprudenz als Wissenschaft zu betreiben (vgl. Rn. 280 ff.).

Werturteile, Normen und Rechtssätze sind rational begründbar, aber nicht absolut wahrheitsfähig. Diese Einsicht ist für das Selbstverständnis und Selbstbewußtsein praktisch tätiger Juristen wichtig. Das von ihnen vertretene und angewendete Recht ist kein Hort objektiver Wahrheit, sondern lediglich ein Ausdruck relativer, historisch entwickelter und begründeter Zweckmäßigkeit, Angemessenheit und – im besten Fall – „Gerechtigkeit" (vgl. Rn. 343 ff., 373 ff.).

D. Aufbau der Rechtsnorm

120 Mit den vorangegangenen sprachtheoretischen Unterscheidungen haben wir das Instrumentarium zur Analyse der Grundstruktur einer vollständigen Rechtsnorm entwickelt. Diese besteht aus folgenden Elementen:

1. Der Rechtssatz ist eine generell adressierte Norm.
2. Der Rechtssatz ist ein bedingter Normsatz. Er beschreibt in seinem Tatbestand die Bedingungen, bei deren Vorliegen er angewendet werden soll.
3. Der Rechtssatz enthält eine Sollensanordnung.
4. Der Rechtssatz schreibt ein bestimmtes menschliches Verhalten vor (Rechtsfolge).

Mit dieser Grundstruktur haben wir den formalen Aufbau der Rechtssätze analysiert, deren einzelne Elemente noch näher zu betrachten sind (I.). Die Paragraphen der Gesetze enthalten regelmäßig nicht die ganze Norm, sondern nur Teile davon. Gesetzesparagraphen lassen sich nach ihrer Funktion für die Bildung der vollständigen Rechtsnorm unterscheiden (II.). Als inhaltlichen Kern von Normen haben wir den Zweck der Regelung ermittelt. Der Zweck ist auf die Verwirklichung eines „gerechten" Interessenausgleiches aus Sicht des Normsetzers gerichtet (III.).

I. Grundelemente der Rechtsnorm

121 **1. Adressaten der Rechtsnormen.** Rechtsnormen können sich an unterschiedliche Adressatenkreise richten. Sie können den Bürger, juristische Personen, Gerichte oder Behörden verpflichten. Viele Rechtssätze sind sowohl an Bürger (Verhaltensnormen) als auch an Behörden oder Gerichte (Entscheidungsnormen) adressiert. Solche Rechtsnormen sind also doppelt zielgerichtet. Für Normen gilt in jedem Fall das Gebot der Allgemeinheit, das Einzelfallgesetze untersagt (Rn. 219).

Beispiel: § 823 Abs. 1 BGB sagt jedem Bürger, daß er für bestimmte rechtswidrig und schuldhaft verursachte Schäden Ersatz leisten muß. Für den Schädiger ist die Vorschrift eine Verhaltensnorm, für den Geschädigten ist sie eine Anspruchsnorm, die ihm Schadensersatz verspricht. Für die Gerichte ist sie eine Entscheidungsnorm: Die Gerichte werden angewiesen, dem klagenden Geschädigten Schadensersatz zuzusprechen, wenn der Tatbestand erfüllt ist.

2. Tatbestand. Der Tatbestand umschreibt die Situation, für welche 122
die Rechtsnorm Geltung haben soll. Er bestimmt die Anwendungsvoraussetzungen der Rechtsnorm. Der Regelfall der richterlichen Tätigkeit besteht darin, für einen dem Gericht vorgetragenen Lebenssachverhalt die gesetzlichen Tatbestände zu finden, denen der fragliche Vorgang untergeordnet werden kann. Ist eine solche Unterordnung möglich, so kann die Rechtsfolge der anzuwendenden Rechtsnorm unmittelbar entnommen werden. Man spricht bei dieser Anwendung einer Rechtsnorm auf einen Sachverhalt, der den normativen Tatbestand ausfüllt, von der Subsumtion des Sachverhaltes unter die Norm (lat.: subsumere = unterziehen, vgl. Rn. 677 ff.).

3. Sollensanordnung. Rechtsnormen sind Anordnungen, die ein 123
bestimmtes Verhalten ihrer Adressaten bewirken und dadurch in ihrem Geltungsbereich ein bestimmtes Geschehen steuern sollen. Viele Rechtssätze bringen diesen Sollensgehalt klar zum Ausdruck, so z. B. § 1601 BGB: „Verwandte in gerader Linie sind verpflichtet, einander Unterhalt zu gewähren." Bei anderen Gesetzesvorschriften geschieht dies nur indirekt (vgl. Rn. 116).

Alle Sollensanordnungen lassen sich auf drei Grundarten zurück- 124
führen. Es handelt sich um Gebot, Verbot und Erlaubnis. Man nennt diese Grundformen „deontische Operatoren" (dazu Rn. 190 ff.).

4. Rechtsfolgenanordnung. Rechtsnormen ordnen bei Erfüllung 125
ihres Tatbestandes eine Rechtsfolge an, etwa eine Ersatzpflicht (§ 823 Abs. 1 BGB), eine Strafe (§ 242 StGB) oder einen Rechtsübergang (§ 929 BGB). In den konkreten Rechtsfolgen von Rechtsnormen kommen Anordnungen zum Ausdruck, die in drei unterschiedliche Arten eingeteilt werden können:

Klassischerweise besteht die Rechtsfolge einer Norm in einer Sank- 126
tion (Rn. 97a f.). Betrachten wir die Regeln des Strafrechts, so können wir feststellen, daß diese ausnahmslos bestimmte menschliche Handlungen verbieten, indem sie bei Übertretung eine Strafe androhen. Allgemeiner kann man sagen, daß es sich um Normen handelt, die von ihren Adressaten in einer bestimmten Situation die Vornahme ei-

ner menschlichen Handlung (Tun oder Unterlassen) verlangen und bei einem Verstoß dagegen eine Sanktion anordnen. Man spricht von Konditionalnormen.

127 Eine zweite Gruppe von Rechtsnormen regelt nicht ein bestimmtes Verhalten, sondern definiert ein Ziel. Solche Rechtsnormen enthalten die Aufforderung, auf das Eintreten oder das Weiterbestehen einer bestimmten Situation hinzuarbeiten. Wenn Art. 5 Abs. 3 GG die Freiheit von Forschung und Lehre verlangt, so wird damit eine Zielsetzung formuliert. Normen, die Zielsetzungen enthalten, nennt man Finalnormen. Sie kommen insbesondere im Öffentlichen Recht vor (vgl. etwa § 1 Abs. 5, 6 BauGB). Im Hinblick auf das Ziel kann wiederum nach relativ dazu gebotenen, verbotenen oder erlaubten Handlungen (Mitteln) unterschieden werden.

128 Die dritte Gruppe von Rechtsnormen bezieht sich nicht auf die Regelung natürlicher Handlungsmöglichkeiten der Menschen, sondern erweitert die natürlichen durch rechtliche Handlungsmöglichkeiten (konstitutive Normen). Man spricht von „Institut" oder „Institution" (Rn. 62f., 148bff.). Das geschieht insbesondere im Zivil- und privaten Wirtschaftsrecht. Durch diese Gesetze werden den Menschen etwa die Möglichkeiten gegeben, Verträge zu schließen, sich in Gesellschaften zu organisieren oder ihr Vermögen zu vererben. Solche Kompetenznormen existieren aber auch im Staatsrecht, wo sie den einzelnen Gesetzgebungskörperschaften Zuständigkeiten für den Erlaß von Normen zuweisen (vgl. Art. 70–82 GG).

II. Vollständige und unvollständige Rechtssätze

129 Wenn man die Regelungen des BGB oder anderer Gesetze anschaut, ist schnell festzustellen, daß eine Vielzahl von Vorschriften gar nicht dem genannten Aufbau einer Rechtsnorm entsprechen bzw. nicht alle Grundelemente einer Rechtsnorm aufweisen. So definieren z. B. die §§ 13, 14 BGB den Verbraucher und den Unternehmer. Die Vorschriften enthalten also weder eine Sollensanordnung noch eine bestimmte Rechtsfolge. Dieser Umstand macht sich bei der zivilrechtlichen Fallbearbeitung bemerkbar. Die Definitionsnormen der §§ 13, 14 BGB sind nur im Rahmen bestimmter Verbraucherschutznormen anzuwenden (etwa der §§ 312ff., 474 BGB). Daraus wird klar, daß die komplette Rechtsnorm selten in nur einem Paragraphen enthalten ist. Paragraphen, die keine Rechtsfolge anordnen, sind immer Ergänzungsnormen („Zuträger") für die Komplettierung von Anspruchsgrundlagen.

Was wir an Hand des Zivilrechts entwickelt haben, gilt allgemein: Man muß unterscheiden zwischen vollständigen Rechtssätzen, die sämtliche Grundelemente einer Rechtsnorm enthalten, und unvollständigen Rechtssätzen, die lediglich Teile der Rechtsnorm enthalten. Was zunächst wie eine Verkomplizierung aussieht, ist in der Praxis eine große Vereinfachung. Sie ermöglicht dem Gesetzgeber, bestimmte Teile von Rechtsnormen, die immer wieder auftauchen, in einem „Allgemeinen Teil“ zusammenzufassen. Das ist in Deutschland mit der Kodifizierung des BGB geradezu exemplarisch geschehen. Durch diese Technik findet im Recht so etwas wie eine Arbeitsteilung der einzelnen Paragraphen statt. Im Rahmen der Rechtsanwendung müssen diese Einzelteile dann wieder zu einem vollständigen Rechtssatz zusammengefügt werden. Das geschieht im Zivilrecht mit der Anspruchsmethode. Dieses Denken in Ansprüchen und Einwendungen bzw. Einreden führt zugleich zu einer Verteilung der Beweislast. Die verschiedenen Typen unvollständiger Rechtssätze wollen wir beispielhaft am Zivilrecht betrachten.

1. Anspruchsgrundlagen. Dem Leitbild einer vollständigen 130
Rechtsnorm entsprechen im Zivilrecht am ehesten die Anspruchsgrundlagen. Sie enthalten nach der abstrakten Definition des § 194 BGB die Befugnis, von einem anderen ein Tun oder Unterlassen verlangen zu können. Genauer gesagt finden sich in den Anspruchsgrundlagen die Rechtsfolgen, welche den einzelnen im praktischen Fall interessieren. Er will wissen, ob er vom anderen etwa Erfüllung der vertraglichen Verpflichtungen, Herausgabe eines Gegenstandes, Schadensersatz, Aufwendungsersatz, Beseitigung oder Unterlassung etc. verlangen kann. Die dafür erforderlichen Voraussetzungen werden in der Anspruchsgrundlage aber regelmäßig nicht vollständig genannt.

Beispiel: Wer wegen einer unerlaubten Handlung Schadensersatz verlangt, hat neben der Anspruchsgrundlage des § 823 Abs. 1 BGB zusätzlich u. a. die §§ 276, 249 ff. BGB heranzuziehen, um zu wissen, was Vorsatz und Fahrlässigkeit bedeuten und was als Schaden zu ersetzen ist.

Die Anspruchsgrundlagen werden in juristischen Klausuren übli- 130a
cherweise in einer bestimmten Reihenfolge erörtert.[160] Zuerst ist zu überlegen, ob vertragliche Ansprüche bestehen. Im Anschluß daran

---

160 Näher dazu etwa A. Stadler, Allgemeiner Teil des BGB, 19. Aufl., München 2017, § 10.

sind die vertragsähnlichen Ansprüche aus Verschulden bei Vertragsschluß und Geschäftsführung ohne Auftrag zu prüfen. Es folgen die dinglichen Ansprüche, diejenigen aus unerlaubter Handlung und abschließend die Ansprüche aus ungerechtfertigter Bereicherung. Dieses Schema ist zumeist zweckmäßig, aber durchaus nicht zwingend. Bei einzelnen Fragestellungen kann ein anderer Ablauf der Prüfung sinnvoll sein.

131 **2. Hilfsnormen.** Unter dem Begriff Hilfsnormen versteht man alle Vorschriften, welche dazu dienen, den Tatbestand von Anspruchsgrundlagen oder Einwendungen bzw. Einreden zu ergänzen oder zu präzisieren. Sie liefern Normbestandteile zu wie eine Zulieferfirma dem Hersteller Bauteile zur Fertigung des Endprodukts liefert. Da die Zulieferung zumeist für eine Reihe von Anspruchsgrundlagen oder Einreden erfolgt, finden sich solche Vorschriften vorwiegend im Allgemeinen Teil eines Gesetzes oder in den Allgemeinen Vorschriften zu einem Regelungsabschnitt eines Gesetzes.

131a **a) Definitionsnormen.** Definitionsnormen beschreiben Tatbestandsmerkmale, die für die Vervollständigung von mehreren Rechtssätzen von Bedeutung sind. Erst der Zusammenhang der Definitionsnorm mit anderen Vorschriften ergibt die vollständige Regelung. Ihre Funktion besteht darin, für ein Gesetz wie z. B. das BGB den Inhalt eines mehrfach verwendeten Wortes einheitlich zu bestimmen und zu präzisieren (Rn. 202).

Beispiele: § 90 BGB bestimmt: „Sachen im Sinne des Gesetzes sind nur körperliche Gegenstände". Die Definition des § 90 BGB hat Bedeutung für § 985 BGB, der den Herausgabeanspruch des Eigentümers regelt, wie für § 823 I BGB, der dem Eigentümer einen Schadensersatzanspruch gewährt. Eigentum ist nach § 903 BGB wiederum nur an Sachen i. S. d. § 90 BGB möglich.

Solche Definitionsnormen machen keine Aussagen über Tatsachen, sondern stellen lediglich Sprachgebrauchsregeln dar. Ein schönes Beispiel dafür, daß Legaldefinitionen nichts anderes als vom Gesetzgeber festgelegte Sprachgebrauchsvereinbarungen sind, ist die Bestimmung einer „Reichsschokoladenverordnung" der dreißiger Jahre, in der angeordnet wurde: „Weihnachtsmänner im Sinne dieser Regelung sind auch Osterhasen".[161] Der Sache nach war das die Ausdehnung des

161 Das Beispiel beruht – wie Piekenbrock in JA 2015, 336 ff. nachweist – auf einer didaktisch geschickten, aber unwahren Anekdote. Tatsächlich gab es nie eine Reichsschokoladenverordnung mit dem erwähnten Inhalt. Die Autoren haben in den ver-

Geltungsbereiches einer Gesetzesvorschrift auf die Osterhasenproduktion.

b) Gesetzliche Verweisungen. Gesetzliche Verweisungen sind wie Definitionsnormen eine Gesetzgebungstechnik, die Wiederholungen vermeiden soll. Die Verweisung kann auf zwei Arten erfolgen: Es kann auf die andere Norm insgesamt, also auf deren Tatbestand und Rechtsfolge (Rechtsgrundverweisung), oder nur auf deren Rechtsfolge (Rechtsfolgenverweisung) verwiesen werden. Unabhängig von der Art erklärt der Gesetzgeber mit einer Verweisung immer, daß der in der Verweisung beschriebene Sachverhalt rechtlich so zu behandeln ist, wie der Sachverhalt der Vorschrift, auf die verwiesen wird. Es handelt sich also um eine gesetzgeberische Form der Analogie (Rn. 889ff.). 132

Beispiele: Lesen Sie bitte §§ 292 Abs. 1, 437, 651 Abs. 1 BGB.

Da der Gesetzgeber nicht angibt, um welche Art der Verweisung es sich handelt, kann bei der Auslegung solcher Vorschriften leicht ein Streit entstehen, so etwa bei § 951 Abs. 1 BGB.[162]

c) Gesetzliche Fiktionen. Statt einer Verweisung kann sich der Gesetzgeber auch einer gesetzlichen Fiktion bedienen. Hier stellt das Gesetz bewußt zwei ungleiche Tatbestände gleich, um zu bestimmten erwünschten Rechtsfolgen zu gelangen. Die Fiktion erkennt man an der Verwendung des Wörtchens „gilt“. 132a

Beispiel: Nach § 119 Abs. 2 BGB „gilt“ der Irrtum über verkehrswesentliche Eigenschaften als Irrtum über den Inhalt der Erklärung. Das bedeutet: Die Rechtsfolge des § 119 Abs. 1 BGB soll, trotz der anderen Art des Irrtums, auch beim Eigenschaftsirrtum eingreifen. Der Gesetzgeber ging also davon aus, daß ein Inhaltsirrtum von einem Eigenschaftsirrtum verschieden ist. Es will aber für beide Fallgruppen dieselbe Rechtsfolge anordnen.[163]

d) Gesetzliche Vermutungen. Auch die unwiderleglichen Vermutungen sind nichts anderes als ein gesetzgeberisches Mittel zur Gleichbehandlung zweier Sachverhalte. Die Nähe zur Fiktion wird 133

---

gangenen Auflagen das Beispiel ohne einen klarstellenden Hinweis auf die fehlende Quelle übernommen. An diesem kleinen Beispiel kann man – ebenso wie an der „klassischen“ Vogel-Strauß-Geschichte (hierzu Rn. 905) – auch die Bedeutung der Kritik in der Jurisprudenz erkennen.

162 Siehe dazu Palandt-Herrler, BGB, 77. Aufl., München 2018, § 951 Rn. 2.

163 Vgl. dazu A. Birk, § 119 BGB als Regelung für Kommunikationsirrtümer, JZ 2002, 446ff.

schon dadurch deutlich, daß der Gesetzgeber zum Ausdruck einer unwiderleglichen Vermutung oft ebenfalls das Wort „gilt" verwendet.

Beispiele: Lesen Sie bitte § 612 Abs. 1 BGB. Bei Dienst- und Arbeitsverträgen „gilt" eine Vergütung als stillschweigend vereinbart, wenn solche Leistungen nach den Umständen üblicherweise nur entgeltlich erbracht werden. Hier wird die Vereinbarung einer Vergütung vom Gesetz „unwiderleglich vermutet". Der Arbeitgeber schuldet die Vergütung unabhängig davon, ob sie vereinbart wurde oder nicht.

Nach § 1566 BGB wird das Scheitern einer Ehe unwiderlegbar vermutet, wenn die Eheleute ein Jahr getrennt leben und beide die Scheidung wollen oder wenn sie seit drei Jahren getrennt leben.

Nach der Behandlung von Legaldefinition, Verweisung, Fiktion und unwiderleglicher Vermutung können wir zusammenfassend feststellen, daß all diese gesetzgeberischen Mittel dazu dienen, zwei unterschiedliche Sachverhalte mit derselben Rechtsfolge zu verbinden. Diese Hilfsnormen sind also weithin untereinander austauschbar. Eine Regel, nach welcher der Gesetzgeber die einzelnen Arten von Hilfsnormen anwendet, existiert nicht.

134 Von der unwiderleglichen Vermutung ist die widerlegliche („einfache") Vermutung zu unterscheiden. Sie kommt regelmäßig durch die Formulierung „im Zweifel" zum Ausdruck. Die widerlegliche Vermutung ist ein gesetzestechnisches Instrument zur Verteilung der Darlegungs- und Beweislast. Solche einfachen gesetzlichen Vermutungen können durch den Beweis des Gegenteils widerlegt werden (vgl. § 292 ZPO). Wer sie widerlegen will, trägt das Beweisrisiko.

Beispiele: So wird nach § 613 BGB vermutet, daß die Dienste im Arbeitsverhältnis „im Zweifel" in Person zu leisten sind, und der Anspruch darauf „im Zweifel" nicht übertragbar ist. Es kann also von den Vertragsparteien etwas anderes vereinbart werden. § 1362 Abs. 1 S. 1 BGB stellt zugunsten der Gläubiger von Ehegatten eine Eigentumsvermutung dahin auf, daß die im Besitz eines oder beider Gatten befindlichen beweglichen Sachen dem Schuldner gehören. Als weitere Beispiele lesen Sie bitte §§ 1592, 1600c, 1600d BGB.

135 **3. Einschränkende Rechtsnormen.** Die Anspruchsgrundlagen des Zivilrechts geben demjenigen, der sich darauf berufen kann, ein subjektives Recht (vgl. Rn. 63 ff.). Diese Berechtigungen werden durch einschränkende Vorschriften begrenzt. Im Zivilrecht kann man zwischen Einwendungen, die vom Gericht ohne weiteres zu berücksichtigen sind, und Einreden, die das Gericht erst nach ausdrücklicher Geltendmachung durch eine Prozeßpartei beachtet, unterscheiden. Einwendungen erkennt man an Formulierungen wie z. B. „erlischt"

oder „ist ausgeschlossen“, bei Einreden benutzt der Gesetzgeber regelmäßig die Wendungen „kann … verweigern“ oder „ist berechtigt … zu verweigern“. Rechtshindernde Einwendungen stellen Ausnahmetatbestände zu den Anspruchsgrundlagen dar. Der Anspruch entsteht schon gar nicht. Das ist etwa der Fall, wenn ein Anspruch gegen Gesetze oder die guten Sitten verstößt (§§ 134, 138 BGB). Rechtsvernichtende Einwendungen lassen einen entstandenen Anspruch untergehen, Einreden geben dem Anspruchsgegner ein Recht auf Verweigerung der begehrten Leistung. Rechtsvernichtende Einwendungen sind z. B. Kündigung oder Rücktritt. Eine Einrede begründen etwa die Verjährung oder die Zurückbehaltungsrechte der §§ 273, 320 BGB.

III. Gesetzlicher Bewertungsmaßstab: Der Normzweck

1. Ermittlung des Normzwecks. Mit Normen werden bestimmte Zwecke oder Ziele verfolgt. Normen sind final gedachte Gebote. Der mit den Geboten angestrebte Zweck ist ihr zentraler Orientierungspunkt. Schon Rudolf von Jhering hat formuliert: **136**

> „Der Zweck ist der Schöpfer allen Rechts.“

Mit jedem Rechtssatz sagt der Gesetzgeber, was in den tatbestandlich umschriebenen Lebenssachverhalten angemessen oder gerecht sein soll. Indem der Gesetzgeber einen Tatbestand mit einer Rechtsfolge verknüpft, deckt er einen Teilausschnitt seiner Vorstellungen darüber auf, wie er die Gesellschaft organisiert sehen will. In jeder Rechtsnorm liegt mithin eine „Interessenbewertung“, ein „Werturteil“ des Gesetzgebers. Rechtsanwendung bedeutet danach, normative Werturteile im konkreten Einzelfall zu verwirklichen.

Beispiel: Nach § 823 Abs. 1 BGB ist schadensersatzpflichtig, wer absolute Rechtsgüter rechtswidrig und schuldhaft verletzt. Die vom Gesetzgeber angeordnete Schadensersatzpflicht verfolgt hier mehrere Zwecke (im Einzelnen str.):[164] Sie verschafft dem Geschädigten Ausgleich für die erlittene Rechtsgutverletzung (Ausgleichsfunktion). Sie sanktioniert schuldhaft rechtswidriges Tun mit zivilrechtlichen Mitteln (Sanktionsfunktion). Sie führt dem potentiellen Rechtsgutverletzer die Mißbilligung solchen Tuns durch die Rechtsordnung vor Augen und weist ihn auf die Sanktionsfolgen hin (Präventionsfunktion).

---

164 Siehe Palandt-Sprau, BGB, 77. Aufl., München 2018, Einf v § 823 Rn. 1; Her. Lange/G. Schiemann, Schadensersatz, 3. Aufl., Tübingen 2003, S. 9ff.

Um die gesetzgeberische Interessenbewertung aufzudecken, muß hinter dem bloßen „Wie?“ der Regelung ihr „Warum?“, also der volle und oft mehrschichtige Zweck dieser Verknüpfung von Tatbestand und Rechtsfolge, ermittelt werden. Der so erkennbare gesetzliche Bewertungsmaßstab ist das für die Auslegung und Anwendung bedeutsame Kernstück jeder gesetzlichen Norm (Rn. 717ff.). Die Aufgliederung der verschiedenen Normschichten geht auf die Interessenjurisprudenz (Philipp Heck) zurück. Sie ist später von den Vertretern der Wertungsjurisprudenz[165] ausformuliert worden (Rn. 524ff.).

137 **2. Funktionen des Normzwecks.** Bei der Untersuchung der Funktionen des Rechts haben wir bereits gesehen, daß der Zweck von Rechtsnormen allgemein gesprochen in der sozialen Steuerung und Kontrolle besteht (vgl. Rn. 72ff.). Rechtsnormen verpflichten bestimmte Personenkreise (Adressaten), die normativen Gebote zu befolgen oder zu vollziehen. In dieser Funktion versuchen sie, die jeweiligen Adressaten zu einem bestimmten Verhalten zu bestimmen, sie haben handlungsanleitende (präskriptive) Funktion. Rechtsnormen definieren einen bestimmten Verhaltensstandard, der von den Menschen als verbindlich erachtet wird. Wir fragen aus dieser Perspektive nach den rechtlichen Konsequenzen unseres Handelns bzw. welche Rechte oder Pflichten wir haben.

138 Rechtsnormen enthalten aber auch Bewertungsmaßstäbe für den Richter. In dieser Funktion geben sie dem Richter die verbindlichen Wertungen vor, an Hand derer er den Fall zu beurteilen hat. Sie dienen dem Richter als Rechtfertigung für sein Urteil. Verstößt jemand gegen eine gesetzliche Vorschrift, so ist dieser Verstoß der Grund für eine gerichtliche Sanktion.

E. Aufbau der Rechtsordnung – das Rechtssystem

I. Systembegriff oder: Die Zusammenschau von Rechtsnormen

139 Wir haben gesehen, daß die Gesetzgebung bei der Formulierung der Gesetze die Rechtsnormen in eine Vielzahl kleinerer Rechtssätze aufteilt, um dadurch die Komplexität der Regelung zu verringern und durch vorangestellte „Allgemeine Teile“ die Gesetze auf einen überschaubaren Umfang zu reduzieren. Diesen Weg der Gesetzgebung

165 H. Westermann, Wesen und Grenzen der richterlichen Streitentscheidung im Zivilrecht, Münster 1955, S. 16ff.

muß der Rechtsanwender wieder zurückgehen. Jeder Rechtssatz ist also auf seinen systematischen Stellenwert zu befragen und in den Gesamtzusammenhang des jeweiligen Gesetzes und der Rechtsordnung insgesamt zu stellen. Die Einzelnorm ist Teil einer „Gesamtrechtsordnung“ und steht in enger äußerer und innerer Verknüpfung zu zahlreichen anderen gesetzlichen Vorschriften. Rechtsordnungen sind keine unverbunden angehäuften Einzelnormen nach Art eines Sandhaufens. Das Wissen um die gesetzliche Systematik ist daher wichtig für die Auslegung des Gesetzes (Rn. 744 ff.).

Der Zusammenhang der Einzelnorm mit anderen Normen wird oft mit dem Wort „Rechtssystem“ bezeichnet. Der Begriff „System“ steht allgemein für ein aus Teilen zusammengesetztes Ganzes. Der Begriff wurde in der Antike ursprünglich im astronomisch-kosmologischen Zusammenhang verwendet. Man spricht heute noch z. B. vom Sonnensystem. Ein System hat also mehrere Elemente (Planeten), die in bestimmten Beziehungen zueinander stehen (Gravitation) und grenzt sich gegenüber der Umwelt (Weltall) ab. Wenn wir nach einem System im Recht suchen, können damit zwei Ebenen gemeint sein: das äußere (II.) oder das innere (III.) System.

II. Äußeres System

Der Begriff „Rechtssystem“ kann zunächst in einem deskriptiven Sinn gebraucht werden (Rn. 177 ff.). Damit ist die Ordnung der Rechtsnormen nach formalen Gesichtspunkten gemeint. So kann man z. B. die Rechtsordnung in Öffentliches Recht und Privatrecht einteilen. Innerhalb des BGB kann das Schuld- und Sachenrecht unterschieden werden. Es handelt sich um Einteilungen, welche die Gesetze oder Teile davon nach bestimmten Sachthemen ordnen. Die Gesetzessammlungen, auch die Studienpläne der Juristenausbildung folgen solchen Einteilungen. **140**

Eine ebenfalls nur ordnende Einteilung ist die Unterscheidung nach Anspruchsgrundlagen, Hilfsnormen und einschränkenden Rechtssätzen. Diese Einteilung orientiert sich an der Funktion einer Vorschrift innerhalb des Zivilrechts. Wenn wir bei der Rechtsanwendung vor der Aufgabe stehen, die einzelnen Vorschriften wieder zu einer vollständigen Rechtsnorm zusammenzubauen, dann ist jeder Rechtssatz auf seine systematische Stellung zu befragen. Dazu sind folgende Überlegungen hilfreich: **141**

- Ist die Vorschrift eine Anspruchsgrundlage, eine Hilfsnorm oder ein einschränkender Rechtssatz? Handelt es sich um eine Hilfs-

norm, ist zu fragen, bei welcher Anspruchsgrundlage, Einwendung oder Einrede die Vorschrift eine Rolle spielt.
- Handelt es sich bei dem Rechtssatz um eine möglicherweise von Ausnahmen durchbrochene Regel?
- Gibt es noch andere Normen, welche die gewünschte Rechtsfolge besitzen? Lesen Sie dabei immer alle Vorschriften des Regelungsbereiches, in dem die Vorschrift mit der gewünschten Rechtsfolge steht.
- Können aus dem Standort des Rechtssatzes, der gesetzlichen Überschrift des Abschnitts oder Unterabschnitts Schlüsse auf den Regelungsgehalt des Rechtssatzes gezogen werden?
- Erinnern Sie sich ferner an alle Vorschriften, die ähnliche Regelungsprobleme betreffen oder konkurrierende Rechtsfolgen anordnen. In welchem Verhältnis stehen diese Normen?

Beispiel: § 615 BGB beläßt im Dienst- und Arbeitsvertrag bei Annahmeverzug des Arbeitgebers dem Dienstverpflichteten (Arbeitnehmer) grundsätzlich den Vergütungsanspruch. Diese Besonderheit des Dienstvertragsrechts beruht auf dem sozialen Umstand, daß die Vergütung regelmäßig die Existenzgrundlage des Dienstverpflichteten ist. Für die Voraussetzung des Annahmeverzuges müssen wir im Allgemeinen Schuldrecht die Regeln der §§ 293 ff. BGB heranziehen. Außerdem ist § 615 BGB von den Regeln zur Unmöglichkeit abzugrenzen. Dieses Problem entsteht aus der Zeitgebundenheit der geschuldeten Dienste. Dienstleistungen im Rahmen von Arbeitsverhältnissen sind üblicherweise zeitlich fixiert. Die Leistung gilt als nicht nachholbar (Fixschuld). Wird die Arbeitsleistung nicht zu dem vertraglich vorgesehen Zeitpunkt erbracht, so ist sie unmöglich geworden. Das würde an sich zur Anwendung der Unmöglichkeitsvorschriften führen. Das Schicksal des Lohnanspruchs (Gegenleistung) wäre dann in § 326 Abs. 2 BGB geregelt. Im Gegensatz zu § 615 BGB, der nach Risikosphären abgrenzt, kommt es für die Lohnfortzahlung nach § 326 Abs. 2 BGB auf die Verantwortlichkeit des Arbeitgebers an. Dieser Konflikt ist nach h. M. dadurch aufzulösen, daß § 615 BGB als spezielle Norm § 326 Abs. 2 BGB vorgeht.[166]

III. Inneres System

142 **1. Normzweck im System der Rechtsordnung.** Bei der Analyse des Aufbaus der Rechtsnorm haben wir gesehen, daß hinter jeder Rechtsnorm eine gesetzgeberische Interessenbewertung, ein gesetzlicher Normzweck steht. Die Gesetzgebung verfolgt beim Erlaß von Gesetzen bestimmte Regelungsabsichten. Da sie diese Regelungsab-

166 Palandt-Weidenkaff, BGB, 77. Aufl., München 2018, § 615 Rn. 4.

sichten und Rechtsgedanken mit sprachlichen Mitteln in Rechtssätzen zum Ausdruck bringt, ist bei der Rechtsanwendung der Weg der Gesetzgebung zurückzugehen. Der Rechtsanwender hat die hinter den Gesetzesvorschriften stehenden Normzwecke zu ermitteln. Das bedeutet zugleich, daß jeder Rechtssatz – nicht etwa nur einige unklar oder dunkel formulierte Vorschriften – der Auslegung bedürftig ist. Wenn vom Rechtssystem die Rede ist, kann also auch das System dieser hinter den Gesetzesvorschriften stehenden Normzwecke und Interessenbewertungen gemeint sein. Man spricht vom inneren System eines Gesetzes oder der Rechtsordnung insgesamt.

Die Einzelnorm ist nur ein Elementarteilchen einer großen, insge- 143
samt als einheitlich und planvoll zu denkenden Rechtsordnung (Rn. 276ff.). Sie läßt vom ideal-gedachten Regelungskonzept („sozialen Ideal") der Rechtsordnung nur ein kleines Bruchstück erkennen, das für den dort geregelten sozialen Bereich bedeutsam ist. Der Bewertungsmaßstab der Einzelnorm weist aus Sicht des Rechtsanwenders über die Einzelnorm hinaus auf einen übergreifenden Wertungsplan der Gesetzgebung hin. Durch eine genaue Analyse der Bewertungsmaßstäbe in den Einzelnormen können Rechtswissenschaft und Gerichtspraxis eine große Zahl von „Mosaiksteinen" aus dem Regelungsgesamtkonzept für bestimmte Lebensbereiche oder sogar für die Gesamtrechtsordnung sammeln. Geschieht das für eine Vielzahl von Einzelnormen und gelingt es, diese Mosaiksteine der Bewertungsmaßstäbe nach Art eines Puzzles zu einem einheitlichen Bild zusammenzufügen, so kann dadurch so etwas wie das „Sozialideal" oder die „Gerechtigkeitsidee" der Rechtsordnung für den fraglichen Regelungsbereich erkennbar werden, auch wenn das vielleicht nur in Andeutungen und Umrissen möglich ist.

Daraus folgt für die Rechtsanwendung, daß sich die rechtliche Be- 144
urteilung von Lebensvorgängen nie auf die bloße Subsumtion des fraglichen Sachverhaltes unter den Tatbestand einer einschlägigen Rechtsnorm beschränken darf. Bei der Anwendung von Einzelnormen ist von der Begrenztheit und Unvollständigkeit ihrer jeweiligen Aussage auszugehen. Erst aus der „Zusammenschau" mehrerer Normen läßt sich über die Ermittlung ihres spezifischen Normzwecks der Anwendungsbereich der einzelnen Vorschrift feststellen. Eine sinnvolle Rechtsanwendung setzt die harmonisierende Interpretation der Einzelnormen voraus.

Beispiel: Nach §§ 142, 119 BGB können irrtümlich erklärte Rechtsgeschäfte angefochten werden. Die §§ 133, 157 BGB regeln die Auslegung von Willenserklärungen und Verträgen.[167] Die Rechtsfolge der Anfechtung ist die rückwirkende Vernichtung des angefochtenen Rechtsgeschäfts. Diese scharfe Rechtsfolge ist, da sie einseitig vom Anfechtenden ausgelöst werden kann, ein erheblicher Eingriff in die Interessen des anderen Partners. Dem Interesse des Irrenden, sich vom Vertrag zu lösen, steht der Verkehrsschutz des Partners entgegen. Wenn schützenswerte mangelfreie „Willensreste" eine Aufrechterhaltung des Rechtsgeschäfts geboten erscheinen lassen, gilt der Grundsatz: „Die Auslegung [des Rechtsgeschäftes] geht der Anfechtung vor".[168] Bietet der Bauunternehmer einen Erdaushub zu EUR 1.000,– an, und legt er im Angebot seine Kalkulation mit 100 m^3 à EUR 100,– offen, so widersprechen sich beide Teile der Erklärung. Die Auslegung unter Berücksichtigung des Empfängerhorizonts (§§ 133, 157 BGB) kann dann ergeben, daß das Angebot nur zu EUR 10.000,– gelten soll, wenn bei den Vertragsverhandlungen die Methode der Preisberechnung im Vordergrund stand. Möglich ist aber auch, daß ein Dissens, ein Fehlen der Geschäftsgrundlage (beiderseitiger Irrtum) oder Rechtsmißbrauch vorliegt.[169] Obwohl § 119 Abs. 1 BGB die Anfechtung wegen eines Inhaltsirrtums ermöglicht, ergibt sich aus der systematischen Sicht und den hinter den Vorschriften stehenden Wertungen eine den Wortlaut des § 119 BGB einschränkende Interpretation des Anfechtungsrechts. Es gilt der Grundsatz: Der Irrtum gibt auf dem Weg über die Anfechtung kein „Reurecht".[170]

144a **2. Bestandteile des inneren Systems.** Grundlage des inneren Systems sind die geltenden Gesetze und die darin enthaltenen Wertungen. Es gibt daher grundsätzlich zwei Möglichkeiten für eine Systematisierung:

Zum einen kann man auf begrifflich-logische Weise Zusammenhänge zwischen Rechtsnormen herstellen. Das geschieht etwa, wenn im Zivilrecht vom Abstraktionsgrundsatz oder im Deliktsrecht vom Verschuldensgrundsatz gesprochen wird. Im Text des BGB sucht man vergeblich nach dem Begriff „Abstraktionsgrundsatz". Er liegt aber gedanklich etwa den §§ 433, 929ff. BGB zugrunde. Der Verschuldensgrundsatz drückt ein Regel-Ausnahme-Verhältnis aus: In der Regel setzen Schadensersatzansprüche ein Verschulden voraus. Eine Ausnahme bilden die Fälle der sog. Gefährdungshaftung. Die auf solche Weise gewonnenen Rechtsgrundsätze stärken die Über-

167 Vgl. A. Stadler, Allgemeiner Teil des BGB, 19. Aufl., München 2017, § 18 Rn. 5, 20ff.
168 Vgl. A. Stadler, Allgemeiner Teil des BGB, 19. Aufl., München 2017, § 25 Rn. 12.
169 Vgl. Palandt-Ellenberger, BGB, 77. Aufl., München 2018, § 119 Rn. 21ff.
170 Vgl. H. Brox, Die Einschränkung der Irrtumsanfechtung, Karlsruhe 1960, S. 168 (176).

zeugungskraft des geltenden Rechts, beeinflussen die Auslegung von Rechtsnormen und dienen der Offenlegung und Auflösung von Wertungswidersprüchen und Gesetzeslücken. Im Hinblick auf den Grundsatz der Gesetzesbindung sind sie relativ unproblematisch, besitzen sie doch eine von der Gesetzgebung abgeleitete Autorität und nehmen an der Verbindlichkeit des Gesetzes teil.[171]

Jeder vollständige Rechtssatz enthält mittelbar ein Werturteil über die ihm zugrundeliegenden Interessengegensätze.[172] Diese sollen im Idealfall ein wertungsmäßig folgerichtiges, abgestuftes System bilden. Daher kann man zum anderen auf inhaltliche Weise versuchen, Zusammenhänge zwischen den Zwecken und Werten, welche mehreren Normen zugrunde liegen, aufzufinden.

Problematisch wird diese Art der Systematisierung dann, wenn „rechtsethische Prinzipien"[173] aus „der Rechtsidee", „der Gerechtigkeit" oder „der Natur der Sache" abgeleitet werden (dazu näher Rn. 913 ff.).[174]

3. Einheit der Rechtsordnung. a) Wertungseinheit. Ein inneres **145** Rechtssystem der Normzwecke setzt Widerspruchsfreiheit und Konsistenz dieser Normzwecke voraus. Der Systemgedanke verbietet offensichtliche Wertungswidersprüche. Das System entsteht aus der zusammenfassenden und möglichst widerspruchsfreien Deutung aller den jeweiligen Entscheidungsgegenstand betreffenden Normen der Gesamtrechtsordnung (dazu näher Rn. 276 ff.). Die Wertungseinheit wird meist erst durch den Rechtsanwender hergestellt. Die Vorstellung eines einheitlichen Wertungsplans des Gesetzgebers ist eine ideale Wunschvision. In der Realität werden zu regelnde Lebensbereiche von der Gesetzgebung oft lückenhaft und widersprüchlich erfaßt. Freilich ist nach Regelungsmaterien zu differenzieren:

In Rechtsgebieten mit großer Regelungsdichte – etwa im Sachen- **146** recht oder im Straßenverkehrsrecht – ist das Regelungskonzept der Gesetzgebung weitgehend nachweisbar. In anderen Gebieten – etwa im Tarifrecht oder im Arbeitskampfrecht – führt die Abstinenz der Gesetzgebung dazu, daß ein einheitlicher Wertungsplan der Geset-

---

171 C. Höpfner, Die systemkonforme Auslegung, Tübingen 2008, S. 94.
172 H. Stoll, FS Heck, Rümelin, Schmidt, 1931, S. 60 (67).
173 Larenz/Canaris, Methodenlehre der Rechtswissenschaft, Studienausgabe, 3. Aufl., Berlin 1995, S. 157, 240.
174 Vgl. C.-W. Canaris, Die Feststellung von Lücken im Gesetz, 2. Aufl., Berlin 1983, S. 125 f.; ders., Systemdenken und Systembegriff in der Jurisprudenz, 2. Aufl., Berlin 1983, S. 69 f.; Larenz, Methodenlehre der Rechtswissenschaft, 6. Aufl., Berlin 1991, S. 170, 336, 474; ders., Richtiges Recht, München 1979, S. 41.

zesrechtsordnung wegen der weiten Regelungslücken kaum zu ermitteln ist (vgl. Rn. 857).

Die Feststellung – genauer: Konstruktion – eines übergreifenden gesetzgeberischen Wertungsplans wird oftmals auch dadurch erschwert, daß die einschlägigen Gesetzesvorschriften einen unterschiedlichen Entstehungszeitpunkt haben (Rn. 171 ff.) oder gar aus ganz unterschiedlichen Verfassungsepochen und gesellschaftlichen Entwicklungsphasen mit anderen Wertvorstellungen oder „Sozialidealen" der Gesetzgebung stammen. Das geschriebene Recht gleicht deshalb einem Faltengebirge unterschiedlichster Gesetzesmaterien.

147 **b) Einheitlicher Wertungsplan durch die Verfassung.** Die Zwecke, die mit Rechtsnormen verfolgt werden können, sind vielfältig, konkurrierend und dem historischen, soziokulturellen Wandel unterworfen. Der zu ermittelnde übergreifende Wertungsplan der Rechtsordnung ist – wie auch jeder Bewertungsmaßstab in einem einzelnen Rechtssatz – letzten Endes in politischen und weltanschaulichen Überzeugungen begründet. Das einheitliche Konzept ergibt sich aus einer harmonisierenden Interpretation im Lichte der Verfassung, ist also eine Leistung der Gerichte und Rechtsanwender. Insoweit kann man von den Gerechtigkeitsvorstellungen oder der „Gerechtigkeitsidee" der Rechtsordnung sprechen. Das einheitliche Konzept wird freilich nie vorgefunden, sondern erst durch den Rechtsanwender hergestellt (vgl. Rn. 278).

147a **c) Einheit des Unionsrechts.** Der Grundsatz der Einheit der Rechtsordnung gilt auch im Recht der Europäischen Union. Seine Verwirklichung stößt hier auf besondere Schwierigkeiten. Die europäische Gesetzgebung ist aufgrund ihrer durch das Prinzip der begrenzten Einzelermächtigung, das Subsidiaritätsprinzip (Art. 5 EUV) sowie das Erforderlichkeitsgebot (Art. 114 AEUV) beschränkten legislativen Kompetenzen gar nicht in der Lage, ein umfassendes und konsistentes Wertungsgefüge zu schaffen.

Gleichwohl gilt die wichtigste Ausprägung des Einheitsgrundsatzes, die Forderung nach Widerspruchsfreiheit, auch für das Unionsrecht.[175] Dies zeigt sich auf zweierlei Arten: Erstens hat das Unionsprimärrecht unstreitig derogierende Kraft gegenüber Verordnungen, Richtlinien und den früheren Rahmenbeschlüssen. Der EuGH besitzt in seiner Funktion als europäisches Verfassungsgericht gemäß

175 Vgl. C. Höpfner, Die systemkonforme Auslegung, Tübingen 2008, S. 223 ff.

Art. 264 AEUV die Normverwerfungskompetenz für das Sekundärrecht. Zweitens wird das sekundäre Unionsrecht durch das Primärrecht inhaltlich beeinflußt.

IV. Imperativentheorie

Im Zusammenhang mit unseren Analysen zur Struktur von Nor- 148
men und deren Einbindung in das System der Rechtsordnung steht die sog. Imperativentheorie. Nach der Imperativentheorie besteht die Rechtsordnung ausschließlich aus präskriptiven, d. h. handlungsanleitenden Normen (vgl. Rn. 50a). Danach enthält jeder vollständige Rechtssatz entweder ein Gebot oder ein Verbot, das mit einer Sanktionsdrohung durchgesetzt werden kann. Diese These war schon vielerlei Einwänden ausgesetzt, die wir jetzt – nachdem wir das nötige analytische Instrumentarium erarbeitet haben – besser verstehen können.

Ein erster naheliegender Einwand besteht in dem Hinweis, daß die 148a
Vorschriften in den Gesetzen offensichtlich vielfach gar keine vollständigen präskriptiven Normen enthalten. Wir können diesen Einwand durch die Unterscheidung von vollständigen und unvollständigen Rechtssätzen schnell ausräumen (Rn. 129 ff.). Nur ein vollständiger Rechtssatz drückt einen Imperativ aus. Den vollständigen Rechtssatz erhalten wir durch die richtige Kombination zusammengehörender unvollständiger Rechtssätze. Die Aufteilung der Norm in unvollständige Rechtssätze ist also nur ein gesetzestechnisches Mittel und begründet keinen Einwand gegen die Imperativentheorie.

Ein weiterer Einwand, der u. a. von K. Larenz vorgebracht wurde, 148b
geht dahin, die Imperativentheorie erfasse nur einen Teil der Rechtsnormen.[176] Anlaß für diese These ist die Beobachtung, daß jede Rechtsordnung nicht nur präskriptive Normen (Gebotsnormen bzw. Imperative), sondern auch konstitutive Normen (Ermächtigungsnormen) enthält.[177] Die Unterscheidung wurde bereits im Rahmen der Analyse möglicher Rechtsfolgen von Normen behandelt (Rn. 62 f., 126 ff.). Ermächtigungsnormen bilden die Grundlage für rechtlich wirksames Handeln von Personen. Erst durch die Regeln über den Vertragsschluß sind wir in der Lage, unsere privaten Rechtsverhältnisse autonom zu regeln und zu gestalten. Dabei ist der Adressat einer

---

176 Vgl. K. Larenz, Methodenlehre der Rechtswissenschaft, 6. Aufl., Berlin 1991, S. 253 ff.

177 Vgl. aus philosophischer Sicht J. R. Searle, Die Konstruktion der gesellschaftlichen Wirklichkeit, Reinbek bei Hamburg 1997, Kap. 2.

Ermächtigungsnorm frei darin zu entscheiden, ob er die eingeräumten Möglichkeiten und Kompetenzen wahrnehmen will oder nicht.

148c Man kann zwischen generellen Ermächtigungsnormen, die sich an jedermann richten, und internen Ermächtigungsnormen, die sich an Amtsträger richten, unterscheiden.[178] Generelle Ermächtigungsnormen ermöglichen es dem einzelnen Bürger, seinen rechtlichen Status zu ändern. So enthält etwa das BGB Vorschriften über die Entstehung (§§ 145 ff. BGB), den Erwerb (§§ 873, 929 BGB) oder den Verlust (§ 142 BGB) von Rechten, über die Rechts- und Geschäftsfähigkeit (§§ 1, 105 ff. BGB) oder die Gründung von Personenvereinigungen (§§ 21 ff., 705 ff. BGB). Interne Ermächtigungsnormen enthält insbes. das Grundgesetz und der EU-Vertrag, welche der Gesetzgebung für näher definierte Sachbereiche die Befugnis zum Erlaß von Gesetzen geben.

148d Auf den ersten Blick scheinen Ermächtigungsnormen nicht dem Grundmuster präskriptiver Normen zu entsprechen, keine Pflichten zu begründen und keine Sanktionsdrohung zu enthalten. Es ist jedoch möglich, Ermächtigungsnormen als Gebotsnormen zu deuten. Zunächst ist zu beachten, daß immer dann, wenn Rechte zugesprochen werden, einer anderen Person Pflichten auferlegt werden. Rechte und Pflichten korrespondieren gegenseitig. Man kann daher theoretisch die Rechtsordnung vollständig als ein System von Pflichten beschreiben.[179]

So sind auch generelle Ermächtigungsnormen mit Sanktionen versehen. Wer die Vorschriften des BGB über den Vertragsschluß nicht einhält, hat damit zu rechnen, daß der Vertrag nicht wirksam und nicht gerichtlich durchsetzbar ist. Das Fehlen einer vertraglichen Einigung wird spätestens vom Gericht festgestellt. Für den Richter stellen die §§ 145 ff. BGB unvollständige Rechtssätze dar, die im Zusammenhang mit einer Anspruchsgrundlage geprüft werden. Stellt der Richter dabei fest, daß der Vertrag etwa mangels wirksamer Einigung nicht zustande gekommen ist, dann muß er den geltend gemachten Anspruch abweisen. Für den Richter enthalten die Vorschriften der §§ 145 ff. BGB also präskriptive Normen, die er bei seiner Entscheidung beachten muß. Auch die internen Ermächtigungsnormen können als mittelbare Gebotsnormen verstanden werden, weil sie es

178 Die Terminologie ist übernommen von N. Hoerster, Was ist Recht?, 2. Aufl., München 2012, S. 18.

179 Diese These wird durch die moderne formale und deontische Logik gestützt, da sich jeder der deontischen Operatoren durch einen anderen definieren läßt.

dem jeweils zuständigen staatlichen Organ ermöglichen, Gebotsnormen für die Bürger zu erlassen.

Ermächtigungsnormen können also – mit einigem Argumentationsaufwand – als Gebotsnormen verstanden werden. Diese Deutung erfolgt vor dem Hintergrund, den Zwangscharakter des Rechts zu begründen (vgl. Rn. 48 ff.). Gesteht man dem Recht dagegen auch die Funktion zu, Regeln für das Leben und die Zusammenarbeit außerhalb des Gerichtsaals bereitzuhalten, wird man die Argumentation ablehnen und auf dem Unterschied zwischen Gebots- und Ermächtigungsnormen bestehen.[180]

Der Unterscheidung von Gebots- und Ermächtigungsnormen fügt **148e**
H. L. A. Hart noch eine weitere Kategorie von Normen hinzu, die von ihm sog. Erkenntnisregeln.[181] Mit dem Begriff der Erkenntnisregel bezeichnet Hart diejenigen Regeln, die uns sagen, welche Gebots- und Ermächtigungsnormen zu dem Rechtssystem einer Gesellschaft gehören und welche nicht. Die Erkenntnisregel hat also die Funktion, Recht von anderen handlungsanleitenden Ebenen wie etwa Moral und Gebräuchen abzugrenzen. Angewandt wird die Erkenntnisregel von den Richtern, die damit die Kompetenz für sich in Anspruch nehmen zu entscheiden, was Recht ist und was nicht. In der Konsequenz führt das dazu, daß das oberste Gericht (bei uns das Bundesverfassungsgericht) das letzte Wort darüber hat, was Recht ist.

F. Zusammenfassung zu § 4

I. Der Begriff „Norm" kommt in den unterschiedlichsten Zu- **149**
sammenhängen vor. Wir müssen Seins- und Sollensnormen unterscheiden. Im Rahmen der Sollensnormen kann zwischen Rechtsnormen, Moralnormen oder Sozialnormen differenziert werden.

II. Normen kommen in sprachlichen Sätzen zum Ausdruck. Wir können zwischen theoretischen, metaphysischen und bewertenden Sätzen (Werturteilen) unterscheiden. Werturteile können deskriptiv oder auch präskriptiv sein. Präskriptive Werturteile nennt man Imperative, wenn sie nur für eine bestimmte Situation gelten. Das Wort „Norm" verwendet man, wenn sich die Anordnung an einen unbestimmten Adressatenkreis

180 H. L. A. Hart, Der Begriff des Rechts, Frankfurt/M. 1973, Kap. III 1 c.
181 H. L. A. Hart, Der Begriff des Rechts, Frankfurt/M. 1973, Kap. V 3, VI.

wendet und für eine unbestimmte Vielzahl von bestimmten Situationen gilt.

III. Die Rechtsnormen können sprachlich verschieden gefaßt sein. Jede Gesetzesbestimmung kann aber, auch wenn sie etwa im Indikativ formuliert ist, in einen Satz mit Sollensanordnung umformuliert werden.

IV. Die vollständige Rechtsnorm besteht aus fünf Elementen: dem Urheber, dem Adressaten, dem Tatbestand, der Sollensanordnung und der Rechtsfolge.

V. Die Sollensanordnung kann in den deontischen Grundmodalitäten ausgedrückt werden: Gebot, Verbot und Erlaubnis.

VI. Im Rahmen der Rechtsfolgen können wir Rechtsnormen, die bestimmte Handlungsanweisungen geben (Konditionalnormen), von solchen unterscheiden, die zu erreichende Ziele vorgeben (Finalnormen) oder die rechtliche Gestaltungsmöglichkeiten erst begründen (konstitutive Normen).

VII. Die Rechtsnorm kommt in aller Regel nicht in einem einzigen Normsatz zum Ausdruck. Wir müssen vollständige und unvollständige Normsätze unterscheiden. Unvollständige Normsätze lassen sich nach ihrer Funktion im Zivilrecht in Anspruchsgrundlagen, Hilfsnormen und einschränkende Rechtssätze einteilen. Hilfsnormen sind insbesondere gesetzliche Begriffsdefinitionen, Fiktionen, Rechtsfolgeverweisungen oder unwiderlegliche gesetzliche Vermutungen.

VIII. Jeder Rechtssatz bringt zugleich eine Bewertung zum Ausdruck, nämlich den hinter ihm stehenden Normzweck.

IX. Die Rechtssätze stehen nicht vereinzelt, sondern sind Teil der Rechtsordnung. Die Rechtsordnung kann in zweifacher Hinsicht als ein System verstanden werden. Beim äußeren System geht es um die Ordnung der Rechtssätze unter verschiedenen formalen Kriterien. Beim inneren System geht es um den Zusammenhang der Normzwecke.

X. Die Rechtsnorm ist nur ein Teilstück („Mosaikstein") des jeweiligen Gesetzes und der Gesamtrechtsordnung. Jede einzelne Rechtsnorm weist über sich selbst hinaus auf ein vermutbares Gesamtkonzept, einen ideal-gedachten „Wertungsplan" für den zu regelnden Lebensbereich hin. Der Rechtsanwender sucht bei der Lösung eines „Falles" nicht nach der Antwort einer Einzelnorm, sondern nach derjenigen der Gesamtrechtsordnung.

§ 5. Recht und Sprache

Wenn die Sprache nicht stimmt, dann ist alles, was gesagt wird, nicht das, was gemeint ist. …
Trifft die Justiz nicht, so weiß das Volk nicht, wohin Hand und Fuß setzen. Also dulde man keine Willkür in den Worten.

Konfuzius

Was sich überhaupt sagen läßt, läßt sich klar sagen; und wovon man nicht sprechen kann, darüber muß man schweigen.

L. Wittgenstein, Tractatus logico-philosophicus, Vorwort

Die Grenzen meiner Sprache bedeuten die Grenzen meiner Welt.

L. Wittgenstein, Tractatus logico-philosophicus, 5.6

Die Sprache ist das Haus des Seins.

M. Heidegger, Brief über den „Humanismus" (1947)

Schrifttum: H. Albert, Kritik der reinen Hermeneutik, 1994; W. Dilthey, Die Entstehung der Hermeneutik, in: Gesammelte Schriften, Bd. V, 2. Aufl., 1957, S. 317 ff.; J. Esser, Vorverständnis und Methodenwahl in der Rechtsfindung, 2. Aufl., 1972; G. Grewendorf (Hrsg.), Rechtskultur als Sprachkultur, 1992; W. Iser, Der Akt des Lesens, 4. Aufl., 1994; R. Keller, Zeichentheorie, 1995; A. Newen/M. Schrenk, Einführung in die Sprachphilosophie, 2. Aufl., Darmstadt 2013; St. Strömholm, Allgemeine Rechtslehre, 1976, S. 26 ff.; E. Tugendhat/U. Wolf, Logisch-semantische Propädeutik, 1983.

A. Sprache als Arbeitsgerät der Juristen

Alle Rechtsnormen werden in Sätzen als „Rechtssätze" formuliert 150
(Rn. 92). Es gibt kein Recht außerhalb der Sprache. Recht kann nur in Sprache gefaßt, nur durch Sprache vermittelt, erläutert und fortentwickelt werden. Auch wer sich vorsprachliches Recht – etwa im Sinne von „Rechtsgefühl" oder „Rechtsbewußtsein" – vorstellt, muß auf die Sprache zurückgreifen, um solche gedachten oder gefühlten Rechtsinhalte auszudrücken und wirksam werden zu lassen. In einem sehr diesseitigen Sinne gilt also für das Recht und die Rechtswissen-

schaft der erste Satz des Johannesevangeliums: „In principio erat verbum …“ – „Am Anfang war das Wort …“. Ohne Sprache sind das Recht und die Juristen sprachlos.

151 Die unlösbare Verknüpfung von Recht und Sprache hat Folgen für die Setzung und die Anwendung von Rechtsnormen: Die Qualität des Rechts hängt unmittelbar ab von der Qualität der Sprache, in der es gefaßt und in der es vermittelt wird. Was für die Sprachqualität des Rechts selbst gilt, gilt ebenso für die Anforderung an die Sprachbeherrschung der Juristen.

Die möglichst sichere Sprachbeherrschung ist eine unersetzliche Voraussetzung für erfolgreiches Arbeiten mit dem Recht in allen juristischen Arbeitsbereichen, also

- in der Gesetzgebung,
- bei der Rechtsanwendung in Justiz und Verwaltung,
- für die Rechtsberatung, Vertragsgestaltung, Anfertigung von Schriftsätzen und die sonstigen Aufgaben der Rechtsanwälte und Notare,
- für das Forschen, Lehren und Lernen in der Rechtswissenschaft und
- nicht zuletzt für das Bestehen juristischer Prüfungen.

Die wichtige Grundeinsicht für alle juristischen Berufe lautet: Die Grenze des Sprachvermögens ist zugleich eine nicht überschreitbare Obergrenze juristischer Qualifikation. Der juristische Berufserfolg wird – vorrangig – mit den Mitteln der Sprache erreicht. Mit der Europäisierung der nationalen Rechtsordnungen und der Globalisierung der Wirtschaftsbeziehungen entstehen für die juristische Arbeit in vielen Bereichen neue, fremdsprachliche Herausforderungen.

I. Sprache als offener Lernprozeß

152 Die Sprachinhalte werden durch kollektiv eingeübte, im sozialen Kontakt erlernte Assoziationen vermittelt. Sie sind mit all ihren Wortbedeutungen, Sinnzusammenhängen und Anwendungsregeln gleichsam im „Kollektivbewußtsein“ eines Sprachkreises abgelagert. In diesem Sinne sprechen wir von Sprachgemeinschaften. In hochentwickelten Gesellschaften wird auch die Sprache teilweise bürokratisch verwaltet, etwa in den maßgeblichen Lexika oder durch administrativ verordnete neue Schreibregeln. Gerät die Rechtschreibung in die Hände der Kulturbürokratie, so kann das, wie die Erfahrung

zeigt, zu verhängnisvollen Verlusten der erreichten Präzision und Sprachkultur führen.[182]

In der Sprachwissenschaft ist umstritten, ob die Menschen Sprache allein durch Erfahrung, Interaktion mit der Umwelt oder zumindest auch durch einen angeborenen Spracherwerbsmechanismus erlernen.[183] Unabhängig davon besteht Einigkeit darin, daß Sprachfähigkeiten und Sprachvermögen durch einen ständigen gesellschaftlichen Lernprozeß vermittelt werden. Das gilt für den einzelnen Menschen, der als Kind gleichsam in die Sprache hineinwächst. Das gilt auch für das Kollektiv der erwachsenen Sprechpartner, welche im Wandel der sozialen Verhältnisse die Sprache durch das Sprechen und Schreiben weiterentwickeln und neue Inhalte der Verständigung aufnehmen oder – als Autoren oder Multiplikatoren (Medien) – selbst anregen. Die Sprachinhalte wandeln sich im permanenten Kommunikationsprozeß eines jeden einzelnen durch Veränderungen seiner persönlichen Einstellungen und Urteile ständig. Der Sprachbildungsprozeß ist also individuell wie kollektiv ein „offener Prozeß“, eine Kette sich ständig erneuernder Bedeutungsvereinbarungen. Er ist niemals abgeschlossen. 153

II. Sprache und Kommunikation als Sprach-Gemeinschaft und als Übersetzungsproblem

Sprachliche Verständigung unter Menschen ist ein Ablauf komplizierter Assoziationen bei der Abgabe und Entgegennahme von Botschaften.[184] Die Vielschichtigkeit des Vorganges ist den Sprechpartnern kaum je bewußt. Jeder, der spricht (schreibt) oder hört (liest), setzt bei seinem Sprechpartner eine Fülle von Wissen und Vorstellungen (Gegenstandsvorstellungen) voraus, ohne die ein richtiges Verstehen der mitzuteilenden Botschaft kaum denkbar wäre. Sprachliche Verständigung ist daher nur in einer Sprach-“Gemeinschaft“ möglich, d. h. unter Partnern, die zuvor über die Bedeutung der Laut- oder Schriftzeichen eine jedenfalls annähernde Einigung erzielt haben. 154

Es kommt etwas Wichtiges hinzu, nämlich die Bindung an Zeit, Situation und Erlebnishintergrund. Wenn wir ein Wort sprechen, schwingen historische, soziale, milieugeprägte, regionale und oft 155

182 R. Kunze, Die Aura der Wörter, Stuttgart 2004.
183 Vgl. N. Chomsky, Sprache und Geist, 6. Aufl., Frankfurt/M. 1996; G. Klann-Delius, Spracherwerb, 3. Aufl., Stuttgart 2016.
184 Weiterführend: D. Krallmann/A. Ziemann, Grundkurs Kommunikationswissenschaft, München 2001.

sehr subjektive Vorstellungen und Erfahrungen mit. Diese Vorstellungen sind nicht bei allen Menschen gleich. Dabei spielen prägende Grunderfahrungen und „Kindheitsmuster" für das „Begriffsbild" des Einzelnen oft eine wichtige Rolle, etwa zu Wörtern wie „Vater", „Familie", „Liebe", „Vaterland", „Staat", „Nation" etc. Man spricht hier von der Konnotation[185] eines Wortes, um diese individuelle und kontextabhängige Bedeutungskomponente zu bezeichnen.[186] Das bedeutet: Dieselben Wörter können für verschiedene Menschen verschiedene Bedeutungsgehalte haben. Es gibt insoweit keine einheitliche Wortbedeutung.

Die heutige Sprachtheorie geht von der generellen These aus, daß jede gelungene sprachliche Verständigung – also auch die in einer gemeinsamen Sprache – permanente Akte der „Übersetzung" aus der Sprachwelt des Sprechers (Autors) in die Sprachwelt des oder der Adressaten erfordert.[187] Besonders deutlich wird das beim Erfassen von Texten aus der Vergangenheit oder aus Lebensbereichen, die dem Rezipienten vom Milieu, vom sozio-kulturellen Hintergrund oder durch eine ausgeprägte Fach- oder Gruppensprache fremd sind. Nur im Zusammenspiel dieser vielfältigen Voraussetzungen und Bemühungen des Sprechenden und des Adressaten gewinnt die jeweilige Botschaft ihren gemeinten Inhalt.

III. Bedeutung eines sprachlichen Ausdrucks

155a In den bisherigen Ausführungen wurden die Wörter „Bedeutung", „Bedeutungsinhalt", „Bedeutungsgehalt" oder „Begriffsinhalt" und „Gegenstandsvorstellung" ohne nähere Erläuterungen verwendet. Die Frage nach der Bedeutung eines sprachlichen Ausdrucks ist aber nicht so unproblematisch, wie es scheint. Sie hat in der Philosophie eine lange Geschichte und wird intensiv diskutiert.[188] Juristen können aus diesen Erkenntnissen Hilfen für ihre eigene Arbeit am Gesetzestext gewinnen, wie das Beispiel der Irrtumsregelung des BGB am Ende des Abschnitts zeigt.

---

185 Siehe zum Begriff G. Gabriel, in: J. Mittelstraß (Hrsg.), Enzyklopädie Philosophie und Wissenschaftstheorie, Bd. IV, 2. Aufl., Stuttgart 2005, Stichwort: „Konnotation".

186 Mit dem Begriff „Denotation" wird dagegen die mehr oder weniger kontextunabhängige, konstante begriffliche Grundbedeutung eines sprachlichen Ausdrucks bezeichnet.

187 Vgl. G. Steiner, Nach Babel, – Aspekte der Sprache und der Übersetzung, Deutsche Ausgabe, Frankfurt/M. 1981, S. 7ff.; O. R. Scholz, in: H. Sandkühler (Hrsg.), Enzyklopädie Philosophie, Hamburg 1999, Stichwort „Verstehen".

188 P. Prechtl, Sprachphilosophie, Stuttgart 1999; E. Tugendhat, Sprachanalytische Philosophie, Frankfurt/M. 1976.

Die Äußerung eines Wortes oder Satzes durch einen Menschen ist zunächst ein physikalischer Vorgang. Ein Sprecher erzeugt Schallwellen, die von einem anderen Menschen gehört werden. Das sind rohe, physikalische Tatsachen. Dann passiert aber etwas Besonderes: Der Hörer kann in der Regel mit den Schallwellen etwas anfangen, das über deren physikalische Eigenschaften hinausgeht. Anders als ein Frequenzmeßgerät „versteht" er die Wörter. Es gibt neben den physikalischen Ereignissen also eine weitere Dimension, die wir mit „Bedeutung" bezeichnen. In welcher Weise entsteht diese zusätzliche Dimension?

Eine Antwort gibt bereits Aristoteles:[189] Es sind die Vorstellungen **155b**
in unserem Geist bzw. unserer Seele, die aus den Schallwellen mündlicher Äußerungen sprachliche Ereignisse machen und den Wörtern ihre Bedeutung geben. Das geschriebene Wort ist ein Symbol für die Lautzeichen eines Sprechers. Wenn wir z. B. ein Buch lesen, ergibt sich nach dieser Auffassung folgender Ablauf des Verstehens: Die Schriftzeichen verweisen auf stimmliche Lautzeichen, die Lautzeichen auf unsere Vorstellungen (Intension). Die Vorstellungen schließlich sind geistige Repräsentationen der tatsächlichen Dinge in der Welt (Extension). Das Verhältnis läßt sich in dem sog. semiotischen Dreieck darstellen:

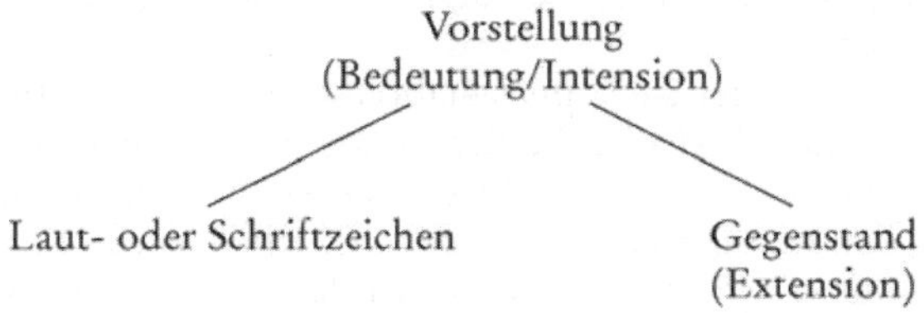

Das Zeichen „Haus" ruft in uns die Vorstellung eines von Menschen errichteten Bauwerks hervor, das als Unterkunft oder als Arbeitsstätte dient (Definition). Damit ist die Intension des Zeichens beschrieben. Der Extensionsbereich umfaßt sämtliche realen Gegenstände in der Welt, auf welche wir die Bezeichnung „Haus" anwenden.

Die juristische Kommentarliteratur ist regelmäßig nach diesem Muster aufgebaut: Die Kommentierung der Tatbestandsmerkmale beginnt mit einer allgemeinen Definition, mit welcher die Intension des Gesetzesbegriffs erläutert wird. Daran schließt sich eine Liste von

189 Aristoteles, De Interpretatione, 1. Kapitel 16a 3–8.

Einzelentscheidungen an, mit welcher der Extensionsbereich näher bestimmt wird.

155c Das Hauptproblem der Konzeption von Aristoteles liegt darin, daß die Menschen nach ihrer Sozialisation, ihrer Herkunft und ihrer Phantasie unterschiedliche Vorstellungen haben. Wenn ich mir ein Auto vorstelle, so sieht dies wahrscheinlich anders aus als ein Auto in der Vorstellung meiner Frau. Um diese Erfahrung zu machen, genügt es, wenn ich mit meiner Frau zusammen ein Auto kaufen will und zu einem Autohändler gehe. Im Regelfall können wir aber – anders als in dem Autokaufbeispiel – während einer Rede oder einem Gespräch unsere Vorstellungen mit denjenigen der Zuhörer oder des Partners nicht ständig abstimmen und vergleichen. Selbst wenn dies möglich wäre, würde trotzdem ein Unsicherheitsbereich verbleiben, da wir nicht in das Bewußtsein der anderen hineinschlüpfen können. Die Schwierigkeit besteht also darin, daß die Vorstellungen der Menschen subjektiv sind. Die Bedeutung sprachlicher Ausdrücke soll aber gerade nicht subjektiv und von den privaten Vorstellungen der Menschen bestimmt sein. Sie muß in gewissem Sinn „objektiv" sein, da wir uns sonst gar nicht verständigen könnten.[190]

155d Zur Lösung dieses Problems gibt es zwei philosophische Grundauffassungen: Man kann diese Auffassungen mit den Kurzbezeichnungen „repräsentationistische" und „instrumentalistische" Zeichentheorie benennen.[191]

Ein Hauptvertreter der repräsentationistischen Zeichentheorie war G. Frege.[192] Nach Frege ist die Bedeutung nicht individualpsychologisch zu verstehen. Es geht nicht um die Vorstellungen von Einzelpersonen, sondern um eine Frage der menschlichen Erkenntnis: Die Bedeutung eines sprachlichen Satzes ist das, was man als wahr oder falsch beurteilt, wenn man ein Urteil fällt.[193] Bei Aussagesätzen besteht die Bedeutung des Satzes darin, daß Wahrheitsbedingungen aufgestellt werden, die mein Zuhörer und jeder andere überprüfen kann. Wenn ich sage „Es schneit", dann lege ich mich darauf fest, die Wahrheit zu sagen, und die ist objektiv feststellbar. Die Bedeutung von Wörtern und Aussagesätzen besteht darin, daß sie ein Abbild der tat-

190 Aus der Sicht der Neurobiologie: G. Roth, Bildung braucht Persönlichkeit, Stuttgart 2011, Kap. 9.
191 Näher dazu: R. Keller, Zeichentheorie, Tübingen 1995, S. 22ff.
192 G. Frege, Über Sinn und Bedeutung, in: ders., Funktion – Begriff – Bedeutung, Göttingen 2002.
193 G. Frege, Der Gedanke. Eine logische Untersuchung, in: ders., Logische Untersuchungen, 4. Aufl., Göttingen 1993.

sächlichen Umstände geben, daß sie die Welt repräsentieren. Diese Erläuterungen treffen auf Aussagesätze zu (Rn. 102 ff.). Die Menschen reden aber nicht nur in der Form von Aussagesätzen, sondern geben Versprechen, ordnen etwas an oder geben Erklärungen anderer Art ab. Daher ist es besser, allgemein von den Erfüllungsbedingungen eines Wortes oder Satzes zu sprechen.[194] Die repräsentationistische Theorie hat allerdings Schwierigkeiten, sich von der individualpsychologischen Auffassung, die Bedeutung mit unseren Vorstellungen oder unserem Bewußtsein verbindet, zu lösen. Sie sieht sich daher oft ähnlichen Einwänden ausgesetzt wie die klassische Lehre des Aristoteles.[195]

Die instrumentalistische Gegenposition kann am besten mit einer Definition von L. Wittgenstein wiedergegeben werden: „Die Bedeutung eines Wortes ist sein Gebrauch in der Sprache."[196] Die Wörter einer Sprache erlangen ihre Bedeutung dadurch, daß sie innerhalb einer Sprachgemeinschaft, wie z. B. dem deutschen Sprachraum, nach bestimmten, allgemeinen Regeln gebraucht werden. Instrumentalistisch ist diese Theorie, weil sie in den Wörtern und Sätzen einer Sprache Werkzeuge (Instrumente) erkennt, mit denen man innerhalb einer Sprachgemeinschaft Verständigung erreichen kann. Wir folgen den Sprachregeln innerhalb unserer Gemeinschaft deshalb, weil wir den Gebrauch mit einem sozialen Training von Kindesbeinen an gelernt haben. Allerdings begegnet auch diese Auffassung gewissen Schwierigkeiten.

Beispiel: In muslimischen Ländern, so sagt man, kann sich ein Mann dadurch von seiner Frau trennen, indem er dreimal sagt „Ich scheide mich von Dir" und dabei drei weiße Kieselsteine wirft. Anders als bei uns bedarf es keines richterlichen Urteils zur Scheidung. Der Muslim kann also das Wort „Scheidung" anders gebrauchen als wir, da er durch Aussprechen des Wortes eine gesellschaftliche Tatsache schaffen kann. Wer die Ansicht vertritt, die Bedeutung eines Wortes oder Satzes sei sein Gebrauch, müßte daraus folgern, daß das Wort „Scheidung" für Muslime eine andere Bedeutung hat als für uns. Das ist aber offensichtlich nicht der Fall. Das Wort „Scheidung" hat sowohl für Muslime als auch für uns denselben Inhalt, nämlich daß die geschlossene Ehe dadurch beendet wird.[197]

---

194 J. Searle, Intentionalität, Frankfurt/M. 1991, S. 26 ff.
195 Vgl. P. Prechtl, Sprachphilosophie, Stuttgart 1999, S. 226 ff.
196 L. Wittgenstein, Philosophische Untersuchungen, § 43, in: L. Wittgenstein, Werkausgabe Band 1, Frankfurt/M. 1984.
197 Das Beispiel stammt von J. Searle, Die Konstruktion der gesellschaftlichen Wirklichkeit, Reinbek bei Hamburg 1997, S. 64; zur Kritik an der Gebrauchstheorie der Bedeutung siehe auch J. Searle, Sprechakte, Frankfurt/M. 1983, S. 68 ff., 199 ff., 220 ff.

Den genannten sprachphilosophischen Auffassungen liegt letztlich eine unterschiedliche Fragestellung zugrunde. Während die repräsentationistische Theorie sich dafür interessiert, was kommuniziert wird, geht es der instumentalistischen Theorie darum, was das Kommunizieren ermöglicht. Für juristische Zwecke braucht die Streitfrage nicht entschieden zu werden. Entscheidend ist, daß die Einsicht in diese Zusammenhänge zu präziseren Analysen von juristischen Problemen verhilft.

155e Ein Beispiel, bei dem uns die Kenntnis dieser Zusammenhänge nützt, ist die Irrtumsregelung des § 119 Abs. 1 BGB.[198] Ein Irrtum über den Inhalt einer Willenserklärung kann zunächst ein Irrtum über die Bedeutung (Intension) eines sprachlichen Ausdrucks oder eines Satzes sein. Die vom Sprecher mit dem Wort verbundene Bedeutung entspricht nicht dem allgemeinen Sprachgebrauch. So lag es in dem bekannten Fall der Schulleiterin, die „25 Gros Rollen" Toilettenpapier bestellte und hiermit die Vorstellung von 25 großen Rollen verband, während ein Gros nach deutschem Sprachgebrauch 144 Einheiten bezeichnet.[199]

Der Irrtum kann sich aber nach dem semiotischen Dreieck auch auf die Extension eines Wortes oder Satzes beziehen. Will etwa jemand bei einer Modeschau das „dritte gezeigte Kleid" kaufen und hat dabei ein gelbes Kleid in Erinnerung, während das dritte Kleid tatsächlich rot war, kann er nach h. M. ebenfalls anfechten. Der Erklärende irrt in diesem Fall nicht über die Bedeutung der Formulierung „drittes gezeigtes Kleid", sondern über die Extension seiner Erklärung, also den Bezugsgegenstand der Erklärung in der Realität. Ob die Extension allerdings zum Inhalt einer Willenserklärung zählt, kann man auch bezweifeln. Bei der Entscheidung hierüber ist zu berücksichtigen, daß die Gewährung von Anfechtungsrechten das Risiko der Irrtumsfolgen zu Lasten des Erklärungsempfängers verteilt. Unsere semantischen Grundkenntnisse geben uns die Antwort in dieser Auslegungsfrage nicht vor, sie helfen uns aber, die Frage richtig zu stellen.

198 Weitere Beispiele bei M. Herberger/H.-J. Koch, Zur Einführung: Juristische Methodenlehre und Sprachphilosophie, JuS 1978, 810 ff.; dazu auch A. Birk, § 119 BGB als Regelung für Kommunikationsirrtümer, JZ 2002, 446 ff.

199 LG Hanau NJW 1979, 721.

B. Von der Schwierigkeit, Texte „richtig" zu verstehen

I. Ein Blick auf die allgemeine Hermeneutik (Rezeptionstheorie)

Alle „Textwissenschaften" haben es mit den Problemen des Textverständnisses im Wandel der Zeit und der Umstände zu tun. Das betrifft nicht nur die Jurisprudenz, sondern etwa auch die Theologie, Philosophie, Geschichte, Sprach- und Literaturwissenschaft. Mit dem Stichwort „Hermeneutik" werden Theorien des Verstehens und der Auslegung vor allem von gesprochener Rede und schriftlich fixierten Texten bezeichnet. Hermeneutik ist ein Kunstwort, das sich vom dem altgriechischen Wort „hermeneuein" (übersetzen, kundgeben) herleitet. In der traditionellen Verwendung des Wortes geht es um die nähere Analyse der Vorgänge, die wir anstellen, wenn der sprachliche Text nicht mehr ohne weiteres inhaltlich verständlich ist.[200] In der Literaturwissenschaft wird von „Rezeptionstheorie" und „Rezeptionsästhetik" gesprochen.[201] Ironisch sagt Odo Marquard: 156

> „Hermeneutik (= Auslegung von Texten) ist die Kunst, aus einem Text herauszukriegen, was nicht drinsteht: wozu – wenn man doch den Text hat – braucht man sie sonst?"[202]

Von der traditionellen Hermeneutik ist die sog. philosophische Hermeneutik zu unterscheiden, die das „Verstehen" in einem weiten Sinn als besondere Daseinsbedingung des Menschen und seiner Erkenntnismöglichkeiten begreift.[203] Mit dieser Art von Hermeneutik verbunden ist die Frage, ob es eine besondere geisteswissenschaftliche Methode gibt.[204]

---

200 Näher zum Begriff der Hermeneutik etwa: A. Bühler, in: H. Sandkühler (Hrsg.), Enzyklopädie Philosophie, Hamburg 1999, Stichwort „Hermeneutik".

201 Vgl. etwa W. Iser, Der Akt des Lesens, 4. Aufl., München 1994; H. R. Jauß, Ästhetische Erfahrung und literarische Hermeneutik, Frankfurt/M. 1977; G. Grimm (Hrsg.), Literatur und Leser, Stuttgart 1975, S. 11–84; W. Wunderlich, Literatur und Publikum, Hannover 1978.

202 O. Marquard, Frage nach der Frage, auf die die Hermeneutik eine Antwort ist, in: ders., Abschied vom Prinzipiellen, Stuttgart 1987, S. 117 ff.

203 Die philosophische Hermeneutik ist insbesondere mit den Werken von M. Heidegger, Sein und Zeit, 10. Aufl., Tübingen 1960, und H.-G. Gadamer, Wahrheit und Methode, 6. Aufl., Tübingen 1990, verbunden.

204 Zur Diskussion über Hermeneutik: H. Albert, Kritik der reinen Hermeneutik, Tübingen 1994; K. O. Apel, Die Erklären-Verstehen-Kontroverse in transzendentalpragmatischer Sicht, Frankfurt/M. 1979; J. Mittelstraß, Die historisch-hermeneutischen Wissenschaften, Aspekte 4/1973, S. 24 und 5/1973, S. 26.

157 Auslegungsfragen werden immer und überall schnell zu Streitfragen. In der Rezeptionsgeschichte der Literatur werden die mögliche Vielfalt von Textinterpretationen und die darin liegende Problematik besonders deutlich. So ist etwa die literarische Figur des „Eulenspiegel"[205] aufgefaßt worden als fröhlicher Spaßvogel, rachsüchtiger Ausgestoßener, weiser Narr, klassenkämpferischer Schalk, sozialkritischer Aufwiegler oder widergöttliches Wesen.[206] Der literarische Text eröffnet offenbar viele Verständnismöglichkeiten. Die Literaturwissenschaft hat beispielhaft die Geschichtlichkeit des Textverständnisses, also das dialogische Verhältnis von Text und Leser, Botschaft und Empfänger deutlich gemacht.

Ähnliche Erfahrungen hält die vergleichende Geschichtswissenschaft bereit. So kann man etwa verfolgen, daß sich verschiedene geistesgeschichtliche Epochen von einer großen Gestalt der Geschichte, z. B. von Alexander dem Großen, ein jeweils verschiedenes, zum aktuellen „Zeitgeist" passendes Persönlichkeitsbild machen.[207] Geschichte ist immer die Wiederbelebung vergangener Ereignisse und Gedanken im Verständnishorizont des jeweiligen Historikers.[208] In diesem Sinne gibt es keine Geschichte (im Singular), sondern nur Geschichten. Der „Historikerstreit" der 80er und der „Literaturstreit" der frühen 90er Jahre sind weitere anschauliche Beispiele für die vielfältigen Deutungsmöglichkeiten.[209]

Die „Rezeption" von Literatur oder die „Rekonstruktion" von Geschichte anhand von Texten erweist sich also – bei aller Orientierung an den jeweiligen Texten – als eine inhaltlich produktive und konstruktive Tätigkeit.

158 Die allgemeine Hermeneutik in den Textwissenschaften hat aus den vorher angedeuteten Einsichten und Erfahrungen einige wichtige Folgerungen für das Verstehen von Texten gezogen, die allgemeine Beachtung, gerade auch bei den Juristen, verdienen:

---

205 S. Sichtermann (Hrsg.), H. Bote, Ein kurzweiliges Buch von Till Eulenspiegel (1510/11), Frankfurt/M. 1994.

206 Nachw. bei W. Wunderlich, Literatur und Publikum, Hannover 1978, S. 5; ders., Eulenspiegel-Interpretationen, Der Schalk im Spiegel der Forschung, München 1979.

207 A. Demandt, Politische Aspekte im Alexanderbild der Neuzeit, in: Archiv für Kulturgeschichte, Bd. 54, Köln 1972, S. 325 (357ff.).

208 R. G. Collingwood, The Idea of History, edited by J. v. Dussen, New York, Oxford 1993, S. 228: „history is nothing but the re-enactment of the past thought in the historian's mind".

209 Vgl. R. Kosiek, Historikerstreit und Geschichtsrevision, 2. Aufl., Tübingen 1988; I. Peter, Der Historikerstreit und die Suche nach einer nationalen Identität der achtziger Jahre, Frankfurt/M. 1995; K. Deiritz/H. Krauss, Der deutsch-deutsche Literaturstreit, Hamburg 1991.

(1) Der literarische Text ist kein für sich bestehendes Objekt, das jedem Leser zu jeder Zeit denselben Sinn vermittelt. Er ist wie eine Partitur auf die immer erneuerte Resonanz der Lektüre angelegt. Die These, daß ein literarischer Text zeitlos einen objektiven, ein für allemal geprägten Sinn vermittelt, wird als „platonisierendes Dogma der philologischen Metaphysik" in Frage gestellt.[210]
(2) Das Lesen und Verstehen von Texten wird als ein nicht nur reproduktives, sondern auch produktives Verhalten definiert.[211]
(3) Das Verstehen eines Textes setzt voraus, daß man die Frage oder die Problemlage verstanden hat, auf die der Text eine Antwort ist oder war.[212]

Auf die Gesetzesauslegung angewendet, lassen sich diese Thesen so umformulieren: 159
(1) Der Gesetzestext ist kein für sich bestehendes Objekt, das jedem Rechtsanwender zu jeder Zeit denselben Gebotsgehalt vermittelt. Gesetze sind Gebote, die unter veränderten Umständen auf neue Lesearten der Gerichte im Sinne der von der Gesetzgebung gewollten Regelungsziele angelegt sind.
(2) Das Lesen und Verstehen von Gesetzen und ihre Anwendung ist nicht ein rein reproduktives, sondern immer auch ein produktives Verhalten. Bei jeder Rechtsanwendung und Entscheidung steuert der Richter oder Jurist einen bestimmten eigenen Anteil bei, der sich nicht aus dem Gesetz ergibt.
(3) Die zutreffende Anwendung eines Gesetzes setzt notwendig voraus, daß der Anwender die Frage oder Problemlage verstanden hat, die das Gesetz bei seiner Entstehung regeln sollte.

Die Forschungsergebnisse sind für die Jurisprudenz ein Anlaß zum 160
Nachdenken, nicht aber zum blinden Nachmachen, denn selbstverständlich sind die ganz unterschiedlichen Interpretationsziele zu beachten. Auch bei den Juristen spielt das „richtige" Lesen, das zutreffende Verständnis der geltenden Gesetze, eine zentrale Rolle. Anders als bei der Lektüre und Deutung literarischer Kunstwerke ist der ju-

---

210 Vgl. H. R. Jauß, Literaturgeschichte als Provokation, 10. Aufl., Frankfurt/M. 1992, S. 29 ff., 43; W. Iser, Der Akt des Lesens, 4. Aufl., Stuttgart 1994.
211 Vgl. H. G. Gadamer, Wahrheit und Methode, 6. Aufl., Tübingen 1990, S. 280; H. R. Jauß, Literaturgeschichte als Provokation, 10. Aufl., Frankfurt/M. 1992, S. 47 f.; W. Iser, Der Akt des Lesens, 4. Aufl., Stuttgart 1994.
212 Vgl. R. G. Collingwood, Denken – eine Autobiographie, Stuttgart 1955, S. 30 ff.

ristische Interpret aber nicht frei.[213] Er ist an seinen Text, das Gesetz, nach Art. 20 Abs. 3 und 97 Abs. 1 GG „gebunden". Die Auslegung der Gesetze hat die Aufgabe, die im Gesetz festgelegten (rechtspolitischen) Ziele und Wertungen zu verwirklichen (Rn. 136 ff., 717 ff.).

II. Die Bedeutung des Kontextes

161 Für die Arbeit der Juristen ist die Erkenntnis wichtig, daß die Bedeutung sprachlicher Äußerungen von den jeweiligen konkreten Umständen der Abgabe (also des Sprechers oder Schreibers) und des Empfanges (also des Hörers oder Lesers) abhängt. Dieses Problem gilt für fast jedes Wort der Sprache. Erst recht gilt es für ganze Sätze oder Texte. Einen „reinen", von den Umständen (vom Kontext) unabhängigen Wort- oder Textsinn gibt es in der Sprache des Alltags kaum. Denkbar ist dies allenfalls bei numerischen Begriffen. Der („usuelle") Bedeutungsinhalt[214] eines Wortes, Satzes oder Textes ist wegen der inhaltlichen Unschärfe der Wörter nur begrenzt eindeutig. Das zutreffende Verständnis eines Textes setzt daher immer zunächst die Kenntnis der Umstände der Entstehungszeit voraus. Man kann sie den Kontext der Herkunft nennen.

162 Zwischen Abgabe und Empfang einer sprachlichen Äußerung können größere Zeiträume liegen. Die Inhalte sprachlicher Aussagen sind aber nicht etwas ein für allemal Festgelegtes. Der Bedeutungsinhalt von Wörtern, Sätzen und ganzen Texten ist also durch die Veränderungen der historischen, politischen und gesellschaftlichen Umstände in erheblichem Umfang wandelbar. Neben dem Kontext der Herkunft gibt es den Kontext des Zeitpunktes der Rezeption oder der Deutung. Das Verständnis von Texten spielt sich damit im Spannungsfeld zweier zeitlich mehr oder weniger auseinanderliegender Kontexte ab, dem der Herkunft und dem der Deutung.

163 Gleiches gilt auch für Gesetzestexte. Gesetze können, wenn die Bedeutung der Rechtssätze wandelbar ist, ihren Regelungsinhalt im Laufe der Zeit ändern. Je größer der Abstand zwischen der Entstehungs- und der Anwendungszeit des Gesetzes ist, um so stärker kann der Bedeutungswandel der Vorschriften durch die Verschiedenheit der Kontexte in den Herkunfts- und den Deutungsepochen werden.

---

213 Eindringlich hierzu aus aktuellen Anlässen nochmals B. Rüthers, Fortgesetzter Blindflug oder Methodendämmerung der Justiz?, JZ 2008, 446, 448; ders., Methodenfragen als Verfassungsfragen, Rechtstheorie 40 (2009), 253 ff.

214 Vgl. schon K. O. Erdmann, Die Bedeutung des Wortes, 3. Aufl., Leipzig 1922.

Angesichts dieser Erkenntnisse ist klar, daß die Gesetzgebung niemals eine für alle Zeiten eindeutig gültige Rechtslage durch Gesetzestexte schaffen kann. Der aufklärerische Versuch der absolutistischen Herrscher Ende des 18., Anfang des 19. Jahrhunderts durch umfassende Zivilrechtskodifikationen (Code Napoleon, Preußisches Allgemeines Landrecht, Österreichisches Allgemeines Bürgerliches Gesetzbuch) die gewollten Regelungsinhalte dauerhaft zu fixieren, mutet aus heutiger Sicht daher naiv an.[215]

C. Ungenauigkeit der Sprache

Der Blick in die Hermeneutik hat gezeigt, daß die Bedeutung von **164**
Texten vom jeweiligen Kontext abhängig ist. Die Bedeutung der Wörter und Sätze ist bereits in der Alltagssprache oft mehrdeutig (I.), ungenau (II.) und wandelbar (III.). Für Juristen kommt hinzu, daß einzelne Begriffe wegen ihres Wertbezugs Besonderheiten aufweisen (IV.). Diskutiert wird ferner, ob es sog. Typusbegriffe gibt, die spezifische Auslegungsspielräume lassen sollen (V.). Diese Eigenschaften der Sprache macht sich der Gesetzgeber auch oft bewußt zu Nutze (VI.).

I. Mehrdeutigkeit von Wörtern

Nicht wenige Wörter, aber auch ganze Sätze können verschiedene **165**
mögliche Bedeutungen haben, sie sind mehrdeutig.

Beispiele:

(1) Bad:
- a) Gefüllte Badewanne (Er nimmt ein Bad);
- b) Badezimmer (4 Zimmer, Küche, Bad);
- c) Badeort (Er ist in ein Bad gefahren, etwa nach Bad Kreuznach).

(2) Batterie:
- a) Stromquelle;
- b) Artillerie-Einheit;
- c) Mehrheit von Geräten.

(3) Die Wahl des Vorsitzenden fand Zustimmung:
- a) Der Vorsitzende wurde gewählt.
- b) Der Vorsitzende hat selbst eine Entscheidung getroffen, die von den Mitgliedern gebilligt wurde.

---

215 Vgl. H. Hattenhauer, Europäische Rechtsgeschichte, 4. Aufl., Heidelberg 2004, Kap. IX „Kodifikationen".

Der jeweilige Bedeutungsgehalt (vgl. Rn. 155a ff.) eines mehrdeutigen Wortes muß aus den Umständen der Verwendung geschlossen werden. In einer Autowerkstatt wird „Batterie" in der Regel eine Stromquelle, nicht eine Artillerie-Einheit bezeichnen.

Die Bedeutung einer sprachlichen Äußerung wird also vom Umfeld („Kontext") beeinflußt. Das kann ein sprachlicher oder außersprachlicher Zusammenhang sein, in dem die Äußerung vorkommt. Der Angesprochene („Empfänger") berücksichtigt zum Verständnis der Äußerung nicht nur den Wortlaut, sondern zieht zur Vermeidung von Mißverständnissen auch die einzelnen Umstände hinzu, in denen die Erklärung getroffen wurde. Dieser Gedanke ist auch für die Feststellung des Sinns einer Willenserklärung von Bedeutung. Nach § 133 BGB kommt es darauf an, wie ein „vernünftiger Empfänger" die Erklärung verstehen konnte oder mußte. Man spricht von der Auslegung der Willenserklärung nach dem „objektiven Empfängerhorizont".[216]

II. Unbestimmtheit von Wortbedeutungen

166 Die Bedeutung vieler Wörter der Umgangssprache ist unbestimmt („Vagheit"). Die Unbestimmtheit entsteht oft daraus, daß der Alltagsgebrauch zugunsten einer breiten Verwendbarkeit auf eine eindeutige Festlegung der Bedeutung verzichtet.

Beispiele: Welche Zeitspanne umfaßt der Begriff „Nacht", wenn er etwa im Januar, im Juni oder undifferenziert für das ganze Jahr verwendet wird?

Wie viele Bäume sind erforderlich, damit zutreffend von einem „Wald" gesprochen werden kann?

Von wann bis wann dauert der „Hochsommer" oder der „Spätherbst"?

167 Philipp Heck, der Begründer der Interessenjurisprudenz, hat das bildhaft ausgedrückt:[217]

„Wir haben einen Vorstellungskern, den nächstliegenden Wortsinn, und einen Vorstellungshof, der allmählich in wortfremde Vorstellungen führt. Die Bedeutung läßt sich dann mit einem Monde vergleichen, der in dunstigen Wolken sich mit einem Hofe umgibt".

216 A. Stadler, Allgemeiner Teil des BGB, 19. Aufl., München 2017, § 18 Rn. 12.

217 Ph. Heck, Das Problem der Rechtsgewinnung (1912) – Gesetzesauslegung und Interessenjurisprudenz (1914) – Begriffsbildung und Interessenjurisprudenz (1932), in: Studien und Texte zur Theorie des Rechts, Bd. II, hrsg. von J. Esser, redigiert von R. Dubischar, Berlin 1968, S. 66, 156.

Das Bild von Philipp Heck unterscheidet eigentlich drei Zonen („Vorstellungen").[218] Im Kernbereich ist die Zugehörigkeit der „Vorstellung" zum Begriff unzweifelhaft. Im Bereich des „Hofes", der nicht klar abgrenzbar ist, bedarf die Zugehörigkeit der Sachvorstellungen zu diesem Begriff (Wort) besonderer Prüfung. Sie ist zweifelhaft. Außerhalb des „Hofes" ist die Nichtzugehörigkeit unzweifelhaft. Die Problematik kann sich erhöhen, wenn der Hof nach beiden Richtungen (zum Kern und nach außen) nicht scharf begrenzt ist. Diese quasi zwangsläufige Unbestimmtheit umgangssprachlicher und auch juristischer Begriffe kann dem Juristen bei der Gesetzgebung wie bei der Gesetzesanwendung erhebliche Schwierigkeiten bereiten. Juristen sind in weiten Bereichen auf den Gebrauch umgangssprachlicher Wörter angewiesen. Sie versuchen dann oft, nicht selten zur Erheiterung des Nichtjuristen,[219] die Unbestimmtheit der Umgangssprache durch langatmige „fachsprachliche" Definitionen zu präzisieren (Rn. 195 ff.). Bei diesem zunächst rein sprachlichen Vorgang sind folgende Punkte zu beachten: Die Definition eines Begriffes bestimmt und verändert den Anwendungsbereich einer Norm (1.). Die Definition muß sich am Zweck der Norm orientieren (2.) und sie hat die sozialen und wirtschaftlichen Auswirkungen zu beachten (3.).

1. Wortbedeutung und Anwendungsbereich einer Norm. Die 168
Klärung der umgangssprachlichen Gesetzesbegriffe durch Definitionen verändert automatisch den Anwendungsbereich der Norm. Anders als etwa in der Physik, wo Definitionen reinen Zweckmäßigkeitserwägungen genügen, wirken sich Definitionen in der Rechtswissenschaft normativ aus.

Beispiel: Die Körperverletzung wird als „gefährliche" schwerer bestraft, wenn sie mittels einer „Waffe" oder eines anderen „gefährlichen Werkzeuges" begangen wird. Der Waffenbegriff war vom historischen Gesetzgeber des StGB technisch (z. B. Dolch, Degen, Pistole, Armbrust) gemeint. Ursprünglich sollte zu § 223 StGB ein Abs. 3 mit folgendem Wortlaut eingefügt werden:[220] „Hat der Thäter die Körperverletzung mittels einer Schuß-, Stich- oder Hiebwaffe, insbesondere eines Messers ...". Erst die eingesetzte Reichstagskommission hat den Wortlaut des § 223a StGB a. F. (jetzt § 224 StGB) vor-

218 M. Herberger/D. Simon, Wissenschaftstheorie für Juristen, Frankfurt/M. 1980, S. 287 f.

219 Vielbeachtetes Musterbeispiel ist die Definition der „Eisenbahn" im Sinne von § 1 des Reichshaftpflichtgesetzes durch das Reichsgericht in RGZ 1, 247 (251 f.), die etwa eine Druckseite füllt.

220 Vgl. Reg.-Vorlage Dr.-S. 1875/76 No. 54, S. 10, 54.

geschlagen, der dann auch Gesetz wurde. Aus der Sicht des Gesetzgebers war also „Waffe" der Oberbegriff zu der exemplifizierenden Aufzählung „Messer" und „gefährliches Werkzeug".

Die Rechtsprechung hat den Waffenbegriff entgegen der Regelungsabsicht des Gesetzgebers untechnisch gedeutet und dadurch erheblich ausgeweitet. Waffe oder gefährliches Werkzeug ist jetzt alles, was objektiv geeignet ist, erhebliche Verletzungen zuzufügen, z. B. ein Straßenschuh bei heftigem Fußtritt, verdünnte Salzsäure ins Gesicht, ein auf einen Menschen gehetzter Hund, ein fahrendes Kraftfahrzeug, ein Kleiderbügel oder ein als Schlagwerkzeug verwendetes, zugeklapptes Messer.[221] Durch diese Rechtsprechung wurde also der Begriff „gefährliches Werkzeug" zum Oberbegriff.

Die Abweichung der Rechtsprechung vom Willen des historischen Gesetzgebers ist methodisch beachtenswert. Art. 103 GG enthält für das Strafrecht ein Analogieverbot (vgl. Rn. 823a ff.). Wird durch die Ausweitung der Begriffe „Waffe" und „gefährliches Werkzeug" der Verstoß gegen dieses Verbot vermieden – oder wird es gar umgangen?

169 **2. Wortbedeutung und Normzweck.** Definitionen von Gesetzesbegriffen können nicht völlig frei erfolgen. Sie haben den Normzweck zu beachten. Gesetzesbegriffe müssen so definiert werden, daß der Normzweck möglichst gut umgesetzt wird.

Beispiel: Das Wort Nachtzeit wird in folgenden Vorschriften verwendet:

a) § 292 Abs. 2 Nr. 2 StGB: Schwere Jagdwilderei „zur Nachtzeit". Nach der Rechtsprechung ist unter Nachtzeit die Zeit vom Ende der Abend- bis zum Beginn der Morgendämmerung zu verstehen,[222] also die Zeit der Dunkelheit, nicht die der üblichen Nacht.

b) § 19 Abs. 1 Nr. 4 BJagdG: Jagdverbot „zur Nachtzeit" mit Legaldefinition: Die Zeit von 1½ Stunden nach Sonnenuntergang bis 1½ Stunden vor Sonnenaufgang.

c) § 104 StPO: Nächtliche Hausdurchsuchung mit Legaldefinition der Nachtzeiten in Abs. 3:
vom 1.4.–30.9.: 21.00–4.00 Uhr,
vom 1.10.–31.3.: 21.00–6.00 Uhr.

d) § 758a Abs. 4 ZPO: Vollstreckung zur Nachtzeit mit Legaldefinition der Nachtzeit in S. 2: 21.00–6.00 Uhr.

Derselbe ungenaue Begriff der Alltagssprache („Nachtzeit") wird in unterschiedlichen Gesetzen zu unterschiedlichen Regelungszwecken verwendet. Die Abweichungen in den Definitionen der Rechtsprechung oder des Gesetzgebers sind aus dem jeweiligen Normzweck der Vorschriften zu verstehen.

---

221 Vgl. Th. Fischer, StGB, 64. Aufl., München 2017, § 224 Rn. 7 ff.
222 BGH GA 1971, 336; LG Köln GA 1956, 300.

3. Wortbedeutung und Folgenorientierung. Der Zusammenhang zwischen der Definition eines Gesetzesbegriffs und dem Normzweck erfordert eine zusätzliche Überlegung: Um den Normzweck effizient zu verwirklichen, ist es wichtig, die sozialen und wirtschaftlichen Folgen einer bestimmten Gesetzesauslegung sowie die beteiligten Interessen im Auge zu haben. Nur so kann eine Norm die ihr zugedachte soziale Steuerungswirkung entfalten (Rn. 291 ff.). 170

Beispiel: Nach § 94 Abs. 2 BGB gehören zu den wesentlichen Bestandteilen eines Gebäudes auch die zu seiner Herstellung eingefügten Sachen. Die Rechtsprechung definiert: „Zur Herstellung eingefügt" sind alle Teile, ohne die das Gebäude nach der Verkehrsanschauung noch nicht fertiggestellt ist.[223] Da die Verkehrsanschauung sich mit dem Stand der Technik und, etwa bei Wohnhäusern, mit dem verkehrsüblichen Wohnkomfort ändert, ist der Begriff „zur Herstellung eingefügt" nicht eindeutig.

So ist in Norddeutschland die Einbauküche wesentlicher Bestandteil eines modernen Wohnhauses, in Süddeutschland nicht.[224] Das hat Auswirkungen für die Sicherungsrechte der an einem Hausbau beteiligten Unternehmer und der finanzierenden Banken. Ist die Einbauküche ein Bestandteil des Hauses, verliert der sie liefernde Handwerker das Eigentum an den Teilen der Küche. Der Handwerker hat nur seinen Werklohnanspruch.[225] Die Hypothek oder Grundschuld der finanzierenden Bank erstreckt sich dann auch auf die Küche. Ist dies nicht der Fall, setzen sich die Sicherungsrechte des Handwerkers (insbesondere ein Eigentumsvorbehalt) gegen die Sicherungsrechte anderer durch.

III. Veränderlichkeit von Wortbedeutungen

> Die Begriffe haben nämlich ebenso wie die Individuen ihre Geschichte und vermögen ebensowenig wie diese, der Gewalt der Zeit zu widerstehen.
>
> Kierkegaard

Die Sprache als Kommunikationsmittel ist, wie die Verständnisprozesse bei mehrdeutigen Wörtern zeigen, vom Umfeld der Verständigungsakte abhängig. Das Umfeld von Wörtern und Sätzen setzt sich zum einen aus dem sprachlichen Kontext zusammen, zum andern aber auch aus den gesellschaftlichen und sozialen Umständen. Die Folge der Veränderung gesellschaftlicher Verhältnisse ist: Es gibt zahlreiche Begriffe, deren Bedeutung sich im Laufe der Zeit wandelt („Porösität"). Das Wort als Laut- oder Schriftbild erweist sich als 171

---

223 BGHZ 53, 324 f.
224 Vgl. BGH NJW-RR 1990, 586 m. Nachw.
225 Der Anspruch aus § 951 BGB wird durch den vertraglichen Anspruch verdrängt: M. Wellenhofer, Sachenrecht, 32. Aufl., München 2017, § 10 III. 2.

Hülse („Worthülse"), deren Inhalt ganz oder teilweise ausgetauscht wird.

Ganz besonders augenfällig wird das bei gesellschaftlichen oder politischen Umbrüchen, bei denen die positiven oder negativen Bedeutungsgehalte bestimmter Begriffe sich einschneidend verändern. Nahezu jeder kennt aus der jüngeren deutschen Geschichte bestimmte Wörter, deren Inhalt und damit verbundenen „Wertgehalte" sich stark verändert haben.

Beispiele: Chancengleichheit, Demokratisierung, Fortschritt, Führertum, gesundes Volksempfinden, Gewalt, Intellektuelle, liberal, Marktwirtschaft, Mitbestimmung, Rasse, Sozialismus, sozialistische Menschengemeinschaft, System, Vaterland, Volksdemokratie, Volksgemeinschaft, Volkspolizei.

172 Solche Wörter können nur dann sinnvoll verwendet werden, wenn die an der Sprachkommunikation Beteiligten über gemeinsame Verständnishorizonte verfügen. Sind solche nicht vorhanden, so reden die Sprechpartner – nicht selten bewußt und mit demagogischer Absicht – aneinander vorbei.

173 **1. Wortbedeutung und Veränderung der gesellschaftlichen Verhältnisse.** Die Veränderung der gesellschaftlichen und sozialen Umstände kann massiv auf das Verständnis von Wörtern und die Interpretation von Texten Einfluß nehmen. Das wird besonders deutlich, wenn größere zeitliche Unterschiede zwischen der Erstellung des Textes und dessen Rezeption liegen.

Beispiel: Im Decretum Gratiani, einer Sammlung von kirchlichen (kanonischen) Rechtsvorschriften aus dem Jahre 1140, steht, verkürzt zitiert, der Satz: „Imperatores debent Pontificibus subesse, non preesse" (canon 11 Distinctio 96). Zu deutsch: „Die weltlichen Herrscher sollen der geistlichen Obrigkeit untertan sein, nicht voranstehen."

Im Zeitpunkt der Herausgabe der Gesetzessammlung (in der Mitte des 12. Jahrhunderts) diente dieser Text dazu, die generelle Vorherrschaft des Papsttums über das Kaisertum zu legitimieren. Der Bann Papst Gregors VII. gegen Kaiser Heinrich IV. (1076) kennzeichnet den Kampf um den Primat („Investiturstreit"), der mit dem Bußgang Heinrichs nach Canossa endete. Der Ausdehnung des päpstlichen Herrschaftsanspruches von der „potestas indirecta" der Kirche zur „potestas directa", also zur absoluten, auch weltlichen Oberherrschaft über das Kaisertum, die sich anschließend unter den Päpsten Innocenz III. und Bonifatius VIII. (Bulle „Unam sanctam", 1302) vollzieht, wurde juristisch auf die zitierte Vorschrift gestützt. Bernhard v. Clairvaux schreibt dazu zwei Briefe an Papst Eugen III. Danach stehen dem Papst beide Schwerter, das „geistliche" und das „leibliche" (lies: weltliche) zu. Der Kaiser soll es nur als „vicarius", als Gehilfe des Papstes führen.[226] Die Befugnis zur Weltherrschaft des Papsttums war demnach der Regelungsinhalt des canons 11.

Der Rechtssatz stammt aber, wie unstreitig erwiesen ist, nicht aus dem 12. Jahrhundert, sondern aus einem Brief von Papst Gelasius I. aus dem Jahr 496 an Kaiser Anastasius. Die historische Gesamtsituation zwischen Kaisertum und Papsttum war damals völlig verschieden von der des Hochmittelalters. Die Kirche hatte sich nach der Bekehrung Konstantins (um 400) zunächst vorbehaltlos, arglos und kritiklos in die Hand des neuen mächtigen Verbündeten, des Kaisers, begeben. Hundert Jahre später erkennt Gelasius, daß es einen inneren Kernbereich kirchlicher Angelegenheiten geben müsse, einen ureigenen geistlichen Auftrag in der Welt, der gegen Ein- und Übergriffe des Kaisers zu verteidigen sei. Gelasius lag es fern, generell die Unterordnung des Kaisers unter die Kirche zu fordern. Er wollte keine Weltherrschaft des Papstes, sondern einen vom Einfluß der weltlichen Herrscher gesicherten Freiraum der Kirche zur Erfüllung ihrer jenseitsbezogenen Aufgaben.

Das Beispiel macht deutlich, daß sich aus der Zeitdifferenz zwischen 496 und 1140 zwei grundlegend verschiedene, ja entgegengesetzte Auslegungsergebnisse unseres Textes ergeben. Um 500 soll er einen kircheneigenen, von der Kaiserherrschaft respektierten Freiraum für kirchenspezifische, geistliche Aufgaben garantieren. Die umfassende Herrschaftsbefugnis des Kaisers über die Welt steht außer Frage. Im 12. Jahrhundert hingegen wird mit canon 11 der Primat des Papstes für Kirche und Welt, geistliche und weltliche Machtfragen, im Sinne einer einheitlichen Herrschaftsgewalt über eine einheitliche christliche Welt, begründet.

Daraus wird deutlich, in welchem Ausmaß die Sinndeutung von Texten, auch Gesetzestexten, von den weltanschaulichen Vorverständnissen der Autoren wie der Interpreten geprägt werden kann. Aus demselben Text können unter veränderten Weltsichten geradezu gegensätzliche Bedeutungsgehalte entnommen werden.

2. Wortbedeutung und Veränderung der Wertvorstellungen. 174
Offen für veränderte Weltsichten und Wertvorstellungen sind insbesondere die unbestimmten Rechtsbegriffe und Generalklauseln (Rn. 185, 836 f.).

Beispiel: Die §§ 138, 826 BGB enthalten den Beurteilungsmaßstab „gute Sitten". Bereits der Gesetzgeber des BGB hat erkannt, daß mit solchen „unbestimmten Rechtsbegriffen" oder „Generalklauseln" dem richterlichen Ermessen bei der Anwendung ein großer Spielraum gewährt wird.[227] Tatsächlich wandelte sich das Verständnis über die „guten Sitten" rasch nach Erlaß des BGB, zunächst augenfällig im Wirtschaftsrecht während des Ersten Weltkrie-

226 Vgl. Migne CLXXXII 776 u. 464.
227 Motive I, 211 f.

ges und in der Zeit der Wirtschaftskrisen der Weimarer Republik.[228] Über die Generalklauseln wurden etwa die Grundsätze über den Wegfall der Geschäftsgrundlage eingeführt. Mit den gleichen Auslegungsinstrumenten wurden bald darauf politische Umbruchsituationen bewältigt.[229] Gleich zu Beginn des Nationalsozialismus gab der Große Senat für Zivilsachen beim Reichsgericht die neue Marschroute aus:

„Der Begriff eines 'Verstoßes gegen die guten Sitten'... erhält seinem Wesen nach den Inhalt durch das seit dem Umbruch herrschende Volksempfinden, die nationalsozialistische Weltanschauung".[230]

Die Rechtsprechung des höchsten Zivilgerichts hat so die veränderten politischen Umstände „seit dem Umbruch" in die Inhaltsbestimmung der zentralen Generalklauseln einfließen lassen. Ihr Inhalt wurde mit der nationalsozialistischen Weltanschauung gleichgesetzt. Im Einzelfall konnten allerdings solche Formeln auch eine nicht systemkonforme Rechtsprechung tarnen, besondere Gesinnungstreue vortäuschen, damit niemand merkte, welch ein „reaktionäres" (weil nicht nationalsozialistisches) Urteil gesprochen wurde.[231]

Unbestimmte Rechtsbegriffe sind also „Gleitklauseln" zur Anwendung alter Gesetze auf neue, von der Gesetzgebung nicht geregelte Interessenlagen und Wertvorstellungen. Sie dienen vor allem nach Systemwechseln und Verfassungsumbrüchen zur richterrechtlichen Durchsetzung der jeweils rechtspolitisch gewünschten „Rechtserneuerung" im Sinne der neu etablierten Staatsideologie.[232]

175 Die Rechtsprechung der NS-Zeit belegt exemplarisch den Zusammenhang zwischen gesetzlich verankerten Wertbegriffen und den jeweils außerhalb der Rechtsordnung herrschenden politischen Wertvorstellungen. Dieser Zusammenhang ist systemneutral überall und jederzeit zu beobachten. Die Gesetzesbegriffe und -texte sind gegenüber dem Zeitgeist offen. Das trifft schon deshalb zu, weil die Richter, welche die Gesetze anwenden, in der Regel zwar nach der Verfassung unabhängig sind (Art. 97 Abs. 1 GG), nicht aber unabhängig vom Zeitgeist und seinen Strömungen. In der NS-Zeit war darüber hinaus die verfassungsmäßige Unabhängigkeit der Richter durch starke Druckmechanismen des totalitären Systems eingeschränkt. In

228 RGZ 134, 342 (355); RG JW 1929, 249; RG in: Markt und Wettbewerb XXXI, S. 154; dazu B. Rüthers, Die unbegrenzte Auslegung, 8. Aufl., Tübingen 2017, S. 64 ff.

229 Vgl. dazu B. Rüthers, Die unbegrenzte Auslegung, 8. Aufl., Tübingen 2017, S. 91 ff.

230 RGZ 150, 1 (4); ähnlich RAG ARS 26, 125 (135); zu „Treu und Glauben" in § 242 BGB: RAG ARS 38, 290 (295); RG JW 1943, 610.

231 Vgl. Nachw. bei B. Rüthers, Die unbegrenzte Auslegung, 8. Aufl., Tübingen 2017, S. 233 ff., 246 ff., 253 ff.

232 Das wird oft übersehen oder unterbewertet, etwa bei M. Auer, Materialisierung, Flexibilisierung, Richterfreiheit: Generalklauseln im Spiegel der Antinomien des Privatrechtsdenkens, Tübingen 2005.

der DDR waren die politische Einflußnahme und der Druck exekutiver Organe auf die Justiz, wie vielfach belegt ist, nicht geringer.[233]

IV. Deskriptive und normative Begriffe (Wertbegriffe)

In Gesetzestexten und in der juristischen Fachliteratur kommen **176**
Wörter der Umgangssprache und juristische Fachbegriffe vor (z. B. „Eigenschaft der Person oder Sache", „dingliches" Recht, „Abstraktionsprinzip", „Leistungskondiktion"). Es lassen sich dabei deskriptive und normative Begriffe unterscheiden. Bei letzteren spricht man auch von Wertbegriffen, womit aber nur eine bestimmte Art normativer Begriffe gemeint ist. Die Unterscheidung hat für die Rechtstheorie und Methodenlehre Bedeutung, da die Wertbegriffe eine zusätzliche Unbestimmtheit aufweisen und dadurch dem Rechtsanwender einen größeren Entscheidungsspielraum zuweisen.

1. Deskriptive Begriffe. Deskriptive Begriffe dienen dazu, die viel- **177**
fältige Wirklichkeit geordnet zu erfassen. Solche Begriffe sind also die sprachlichen Mittel, mit denen Lebenswirklichkeiten der unterschiedlichsten Art „begriffen", d. h. wahrgenommen und verstanden werden. Es können Wörter, die äußere Wirklichkeiten („Sachschäden", „Körperverletzung") abbilden, von solchen, die innere Tatsachen („geheimer Vorbehalt", „Kennenmüssen") betreffen, unterschieden werden.

Bei der Umschreibung von Tatbeständen verwendet der Gesetzge- **178**
ber eine Vielzahl deskriptiver Begriffe. So verweist z. B. die Formulierung „Eigenschaften der Person oder der Sache" in § 119 Abs. 2 BGB auf den Stoff, den Bestand, die Größe oder die Herkunft der Sache. Das sind alles nachprüfbare Tatsachen. Zwar sind deskriptive Begriffe oftmals ungenau und auslegungsbedürftig. Ist der Inhalt aber durch Auslegung ermittelt, kann dann klar entschieden werden, ob ein bestimmter Fall von dem Begriff und damit der gesetzlichen Vorschrift erfaßt wird oder nicht. Die Phänomene der Mehrdeutigkeit und Ungenauigkeit oder des Bedeutungswandels betreffen deskriptive und normative Begriffe gleichermaßen.[234]

Deskriptive Begriffe werden zum anderen dazu verwendet, über **179**
das Recht als Beobachtungsgegenstand zu sprechen. Diese deskripti-

---

233 Vgl. etwa F. Werkentin, Kritische Justiz 1991, 333 ff. (347 m. Nachw.).
234 H.-J. Koch/H. Rüßmann, Juristische Begründungslehre, München 1982, § 18 Nr. 1d).

ven Begriffe sind dann regelmäßig Ausdrücke der juristischen Fachsprache.

Beispiele: So können damit z. B. Teilordnungen des Rechts unterschieden werden. Der Begriff „Sachenrecht" bezeichnet etwa die Summe der Rechtsnormen über „dingliche Rechte", das „Arbeitsrecht" die Gesamtheit der Vorschriften über die Beschäftigung weisungsgebunden tätiger „Arbeitnehmer". Der Ausdruck „Leistungskondiktion" ist eine Kurzbezeichnung für die in den §§ 812 Abs. 1 S. 1 Var. 1, Abs. 2, 817 S. 1 BGB geregelten Fälle der ungerechtfertigten Bereicherung. Deskriptive Fachbegriffe sind oft auch Abkürzungen für bestimmte juristische Konstruktionen. Mit dem Begriff „Abstraktionsprinzip" etwa ist die Trennung und rechtliche Unabhängigkeit von schuld- und sachenrechtlichen Rechtsgeschäften gemeint.

Viele juristische Fachbegriffe, die auf den ersten Blick wie deskriptive (empirische) Aussagen erscheinen, haben aber doch einen normativen Gehalt.

Beispiel: Die Unterscheidung zwischen öffentlichem und privatem Recht scheint zunächst ähnlich deskriptiv wie etwa die Bezeichnung „Sachenrecht", sie ist es aber nicht. Je nachdem, ob eine Vorschrift dem öffentlichen Recht zugeordnet wird oder nicht, gilt bei der Rechtsanwendung etwa der Verhältnismäßigkeitsgrundsatz oder eben nicht.

180 **2. Normative Begriffe.** Mit den Ausdrücken „normative Begriffe" oder „normativ" kann verschiedenes gemeint sein. Die Verwendungsweise ist uneinheitlich. Zunächst ist zu beachten, daß auch jeder deskriptive Begriff, wird er in einer gesetzlichen Vorschrift verwendet, automatisch einen normativen Gehalt bekommt. Er wird Bestandteil einer gesetzlichen Wertung, die in der Norm zum Ausdruck kommt. Die Auslegung deskriptiver Begriffe in Normen ist damit nicht mehr allein eine Frage des Sprachgebrauchs, sondern eine Interpretation mit Bezug auf den Normzweck. Aus dieser Perspektive ist jeder Begriff, der in einer Norm verwendet wird, auch normativ (vgl. Rn. 168 f., 201 ff.).

181 Gesetzesbestimmungen enthalten aber neben deskriptiven eine weitere besondere Art von Begriffen, eben normative Begriffe. Das sind Wörter, die sich entweder auf Normen beziehen oder eine Wertung des Rechtsanwenders verlangen.

Beispiele: Eine unerlaubte Handlung nach § 823 Abs. 1 BGB muß „vorsätzlich oder fahrlässig" begangen und sie muß „widerrechtlich" sein.

Die einseitige Leistungsbestimmung muß nach „billigem Ermessen" getroffen werden (§ 315 BGB). Die elterliche Sorge (§ 1626 BGB) ist auf das „Wohl des Kindes" zu richten.

a) Verweisende normative Begriffe. Es gibt zum einen normative Begriffe wie beispielsweise das Merkmal „fremd“ in § 242 StGB. Ob das gestohlene Buch fremd ist oder nicht, bestimmt sich nach den Regeln des Sachenrechts. Das läßt sich in aller Regel leicht und eindeutig bestimmen. Neben seinen natürlichen Eigenschaften, nämlich daß es aus Papier besteht, ist das Buch noch durch die rechtliche Eigenschaft Eigentum gekennzeichnet. Diese unsichtbare Tatsache existiert nur infolge menschlicher Übereinkunft, also weil wir alle glauben, daß sie existiert. Solche gesellschaftlichen Tatsachen,[235] wie beispielsweise Eigentum, Ehe oder auch Geld, bestehen unabhängig von eigenen Bevorzugungen, Bewertungen und moralischen Einstellungen. Normative Begriffe dieser Art haben also letztlich die Funktion, auf andere gesetzliche Regelungen (Rechtsinstitute, vgl. Rn. 62), zu verweisen. Sie verlangen bei ihrer Anwendung keine eigenen Wertungen des Rechtsanwenders. Dazu gehören auch die in den Beispielen genannten Begriffe in § 823 Abs. 1 BGB: „vorsätzlich und fahrlässig“ (Verweis auf § 276 BGB) und „widerrechtlich“ (Verweis auf die Rechtfertigungsgründe etwa der §§ 228, 904 BGB). 182

b) Offen normative Begriffe. Es gibt zum anderen normative Begriffe, nach denen der Rechtsanwender im Einzelfall zu einer eigenen Bewertung aufgerufen ist. Man kann hier von Wertbegriffen sprechen (nicht zu verwechseln mit Werturteilen, vgl. Rn. 109 ff.). Ihre Verwendung im Gesetz bedeutet, daß der Anwender im konkreten Fall gezwungen ist, selbst wertend abzuwägen, ob die speziellen Umstände den fraglichen Wertmaßstab ausfüllen oder nicht. Dabei kann sich der Wertungsrahmen, nach dem abgewogen wird, innerhalb oder außerhalb der Rechtsordnung finden. Die Maßstäbe der „im Verkehr erforderlichen Sorgfalt“ können sich zum einen aus der StVO zum anderen aber auch aus ungeschriebenen Sorgfaltsanforderungen ergeben. Die „guten Sitten“ bestimmen sich nach der Wertordnung der Grundrechte, aber auch nach ungeschriebenen moralischen Maßstäben. 183

Zwei Aspekte sind dabei zu beachten:

- Wertbegriffe verlangen bei ihrer Anwendung immer wertende Akte des Gerichts oder der Verwaltungsbehörde.
- Wertbegriffe enthalten wegen ihres Wertbezuges weltanschauliche Elemente (zu den damit verbundenen Gefahren vgl. Rn. 174 f.).

---

235 Dazu J. Searle, Die Konstruktion der gesellschaftlichen Wirklichkeit, Reinbek bei Hamburg 1997.

Mit Blick auf die Bindung des Richters an das Gesetz ergeben sich aus den Wertbegriffen somit Besonderheiten bei der Rechtsanwendung.[236] Solche Begriffe sind nicht nur in ihrer Bedeutung unbestimmt (Rn. 166ff.), sondern enthalten zudem noch ein Element, das man „evaluative Offenheit" nennen kann.[237] Worin liegt die Besonderheit dieses Elements? Im Regelfall legt der Richter gesetzliche Begriffe im Hinblick auf ein gesetzgeberisches Ziel aus. Er fragt sich, welches mögliche Verständnis ist am besten dazu geeignet, den mit der Vorschrift verfolgten Zweck zu erreichen. Der gesetzgeberische Zweck ist ihm dabei vorgegeben und kann etwa aus der Begründung des Gesetzes in den Protokollen des Bundestags und Bundesrats entnommen werden. Mit „evaluativer Offenheit" ist dagegen gemeint, daß mit der Verwendung von Wertbegriffen der Gesetzgeber den Richter oder Rechtsanwender zusätzlich damit betraut, die Zwecke und Ziele, die mit der Vorschrift im konkreten Fall verfolgt werden sollen, selbst zu definieren und unter ihnen abzuwägen.[238] So setzt beispielsweise die Anwendung von § 138 Abs. 1 BGB voraus, daß die konkret zu verwirklichenden Ziele vom Richter in einem ersten Schritt überhaupt festgelegt werden. Der Richter kann in diesem Bereich aber nicht völlig frei die Ziele bestimmen, sondern ist dabei vielmehr an die Wertungen des Grundgesetzes gebunden. Erforderlich ist ein Rückgriff auf die Wertungen der Grundrechte und die Abwägung der beteiligten Interessen.

Beispiel: Bürgschaften von nahen Angehörigen für Kredite können wegen deren krasser finanzieller Überforderung unwirksam sein.[239] Eine krasse finanzielle Überforderung nimmt der BGH an, wenn die Ehefrau oder der nahe Verwandte noch nicht einmal in der Lage ist, die Zinsen des Kredits zu bezahlen. Liegt diese Voraussetzung vor, besteht eine Vermutung dafür, daß die Bürgschaft allein aus emotionaler Verbundenheit mit dem Kreditnehmer übernommen wurde und die Bank diese Verbindung zu ihren Gunsten ausgenutzt hat. Dieser Schutz ist ein Ziel, das dem Begriff der „guten Sitten" nicht

---

236 Vgl. R. Alexy, Die logische Analyse juristischer Entscheidungen, in: R. Alexy/H.-J. Koch/L. Kuhlen/H. Rüßmann, Elemente einer juristischen Begründungslehre, Baden-Baden 2003, S. 9 (16); a. A. H.-J. Koch/H. Rüßmann, Juristische Begründungslehre, München 1982, § 18 Nr. 1 d).

237 R. Alexy, Die logische Analyse juristischer Entscheidungen, in: R. Alexy/H.-J. Koch/L. Kuhlen/H. Rüßmann, Elemente einer juristischen Begründungslehre, Baden-Baden 2003, S. 9 (16).

238 Ebenso R. Alexy, Die logische Analyse juristischer Entscheidungen, in: R. Alexy/H.-J. Koch/L. Kuhlen/H. Rüßmann, Elemente einer juristischen Begründungslehre, Baden-Baden 2003, S. 9 (16) Fn. 42; zum philosophischen Hintergrund vgl. etwa F. Ricken, Allgemeine Ethik, 5. Aufl., Stuttgart 2013, Rn. 81ff.

239 BVerfG NJW 1994, 36; BGH NJW 1999, 2584; BGH NJW 2001, 815; BGH NJW 2002, 744.

entnommen werden kann und auch nicht aus der Unbestimmtheit des Begriffs erklärt werden kann. Dabei sind aber nicht allein die Angehörigen zu betrachten. Das anerkennenswerte Ziel, das die Banken mit der Forderung von Bürgschaften Angehöriger bei der Kreditvergabe verfolgen, besteht darin, Vermögensverlagerungen des Kreditnehmers auf andere Personen zu vermeiden. Daher muß die Bank zur Wirksamkeit einer Bürgschaft diesen begrenzten Haftungszweck im Bürgschaftsvertrag eindeutig vertraglich festlegen und die Höhe der Bürgschaft an die finanzielle Leistungsfähigkeit des Bürgen anpassen.

V. Typusbegriffe

Insbesondere K. Larenz und einige seiner Schüler nehmen an, es **184** gäbe eine weitere Kategorie von Begriffen, die eine spezifische Unbestimmtheit aufweisen würden.[240] Larenz spricht von „Typusbegriffen". Diese Begriffe seien dadurch charakterisiert, daß die einzelnen Begriffsmerkmale nicht in jedem Fall vollständig vorliegen müssen und in unterschiedlichen Graden vorhanden sein können. Tatsächlich ist die Unterscheidung von „Typusbegriffen" jedoch schlicht überflüssig. Zum einen erlaubt es die moderne Definitionslehre ohne weiteres, Begriffe durch Einzelmerkmale zu definieren, die mit einem „oder" verbunden sind. Das kann bei jedem Wort vorkommen. Zum anderen meint die Rede von „unterschiedlichen Graden" nichts anderes als die Verwendung von komparativen Begriffen im Gesetzestext, die ebenfalls keine besonderen Eigenschaften besitzen. Die von Larenz genannten Merkmale rechtfertigen es daher nicht, eine besondere Kategorie der Typusbegriffe einzuführen (näher dazu Rn. 930 ff.).

VI. Kalkulierte Unbestimmtheit und Offenheit von Gesetzesbegriffen

Die vorangegangenen Ausführungen weisen auf eine Besonderheit **185** der Gesetzes- und Juristensprache hin. Die vom Recht zu erfassenden Lebensvorgänge sind vielfältig, ihre Zahl ist fast unendlich groß. Die Zahl der Rechtsvorschriften und der dogmatischen Sätze muß dagegen aus vielen Gründen überschaubar gehalten werden. Dieses Spannungsverhältnis zwischen der „unendlichen" Zahl von regelungsbedürftigen Vorgängen und der endlichen, möglichst kleinen Zahl von

240 K. Larenz/C.-W. Canaris, Methodenlehre der Rechtswissenschaft, Studienausgabe, 3. Aufl., Berlin 1995, S. 290.

Rechtssätzen hat sprachliche Folgen: Zum einen muß der Gesetzgeber allgemeine Begriffe zur Umschreibung der gesetzlichen Tatbestände verwenden, um die Vielzahl der möglichen Fälle erfassen zu können. Zum anderen enthalten eine Reihe von gesetzlichen Normen generelle Beurteilungsmaßstäbe, innerhalb derer sich ändernde Wertvorstellungen Berücksichtigung finden können. Dazu dienen beispielsweise die „unbestimmten Rechtsbegriffe" (z. B. „angemessen", „verhältnismäßig", „grober Undank", „ehrloses Verhalten") und Generalklauseln (z. B. „wichtiger Grund", „Treu und Glauben", „gute Sitten", „billiges Ermessen"). Die „Ungenauigkeiten" der unbestimmten Rechtsbegriffe und Generalklauseln sind in der Regel von der Gesetzgebung eingeplant. Auf diese Weise sollen breite Anwendungsfelder und Beurteilungsspielräume für die entsprechenden Rechtssätze geschaffen werden. Das Gesetz gewinnt durch diese kalkulierten Unbestimmtheiten Elastizität und kann sowohl auf neue Sachverhalte als auch auf neue soziale oder politische Wertvorstellungen angewendet werden (vgl. Rn. 835 ff.).

D. Präzision durch juristische Kunstsprache?

I. Vorbilder in exakten Wissenschaften

186 Die Rechtswissenschaft kann ihre Aufgaben in Staat und Gesellschaft (vgl. Rn. 72 ff.) nur erfüllen, wenn sie sprachlich hinreichend genau ist. Den Juristen muß also die Präzision ihrer Aussagen besonders am Herzen liegen.

Wenn die Ungenauigkeit der Sprache und damit ihre Unvollkommenheit als Verständigungsmittel gemildert werden soll, liegt es nahe, von Disziplinen mit großer Aussagenpräzision zu lernen. Mathematik, Physik, Chemie und Technik ersetzen die Umgangssprache teilweise durch künstlich geschaffene, vereinbarte Begriffe und Symbole mit genau definiertem, „unwandelbarem" Bedeutungsgehalt.

Ähnliche Versuche hat man auch in der Jurisprudenz unternommen. Bei den Bemühungen um eine „juristische Logik"[241] und eine „Wissenschaftstheorie für Juristen"[242] wird versucht, die Symbolsprache der modernen Logik für die wissenschaftliche Arbeit der Juristen nutzbar zu machen.

241 U. Klug, Juristische Logik, 4. Aufl., Berlin 1982; F. E. Schnapp, Logik für Juristen, 7. Aufl., München 2016.
242 M. Herberger/D. Simon, Wissenschaftstheorie für Juristen, Frankfurt/M. 1980.

1. Moderne formale Logik. Oft kann man hören, daß Juristen logisch denken bzw. denken sollen. Auch die Menschen, die solche Aussagen treffen, wissen nicht immer ganz genau, was eigentlich „Logik" ausmacht. Das Wort wird in der Umgangssprache in unterschiedlichen Zusammenhängen gebraucht. Man spricht etwa von der „Logik der Sozialwissenschaften" und meint damit die Methode, nach der die Sozialwissenschaften arbeiten bzw. arbeiten sollen. Im Unterschied dazu geht es der formalen Logik um die Analyse von Schlußformen, also der Folgerungsbeziehung zwischen sprachlichen Aussagen. Um sich dem zu nähern, was moderne formale Logik bedeutet, ist ein Beispiel hilfreich: 187

Beispiel: Alle Juristen sind Menschen
Alle Menschen sind sterblich
Alle Juristen sind sterblich

Die Sätze oberhalb des Strichs nennt man Prämissen, der Satz unterhalb des Strichs ist die sog. Konklusion. Das Besondere an dieser Kombination von Sätzen liegt nun darin, daß Prämissen und Konklusion offensichtlich in einer zwingenden Weise miteinander verbunden sind. Würde man unter den Menschen in Deutschland eine Umfrage machen, fände sich schwerlich jemand, der sich ernsthaft weigerte, die Konklusion zu akzeptieren, wenn er von der Wahrheit der Prämissen überzeugt ist. Diese Satzverbindung war schon in der Antike bekannt und wird seitdem als Syllogismus bezeichnet.[243] Interessant am Syllogismus ist der Umstand, daß dann, wenn die Prämissen wahr sind, ein „Wahrheitstransfer"[244] auf die Konklusion stattfindet. Man kann die Sätze eines Syllogismus zunächst dadurch formalisieren, daß statt „Juristen" ein A, statt Menschen ein „B" und statt „sterblich" ein C eingesetzt wird:

Beispiel: Alle A sind B
Alle B sind C
Alle A sind C

Durch die Formalisierung wird deutlich, daß unabhängig von dem Inhalt der Sätze und Wörter der Wahrheitstransfer allein durch die Verwendung der Wörter „alle ... sind" und das System der Sätze funktioniert. Die Logik der Griechen wurde in der Moderne vor al-

243 Als Begründer der Logik gilt Aristoteles; vgl. Organon bzw. Erste Analytiken und zum praktischen Syllogismus Nikomachische Ethik, 1147a 25–30.
244 P. Hoyningen-Huene, Formale Logik, Stuttgart 1998, S. 15.

lem durch die Arbeiten von G. Frege[245] und der auf ihm aufbauenden Nachfolger wesentlich erweitert.[246] Das hat zur Entwicklung verschiedener Arten von formalen Logiken geführt. Erwähnt seien hier die Aussagen- und Prädikatenlogik sowie die deontische Logik.

188 **2. Aussagen- und Prädikatenlogik.** Die Aussagenlogik beschäftigt sich mit der Verbindung von Aussagesätzen. Solche Satzverbindungen (Junktoren) sind in der Umgangssprache Wörter wie „und“, „oder“, „wenn... dann“. In der Aussagenlogik werden Symbole für „und“ (Konjunktion), für das einschließende „oder“ (Adjunktion), für „nicht“ (Negation), für „wenn ... dann“ (Implikation bzw. Konditional) und für „genau dann ... wenn“ (Äquivalenz) verwendet. Mit Hilfe der Symbole kann der Zusammenhang zwischen der Wahrheit von zwei Einzelaussagen und der Gesamtaussage dargestellt werden.

189 Die Prädikatenlogik fügt der Aussagenlogik weitere Elemente, die sog. Quantoren, hinzu. Der „Allquantor“ steht für die umgangssprachlichen Wörter „alle“, „jeder“ bzw. „immer ... wenn“ und der „Existenzquantor“ für die umgangssprachliche Wendung „es gibt ein ...“.

190 **3. Deontische Logik.** Der Anwendungsbereich der formalen Logik ist nicht auf Aussagesätze begrenzt. Die Regeln lassen sich ohne weiteres auf Sollenssätze ausdehnen. Dieser Bereich wird als deontische Logik bezeichnet. Die deontische Logik fügt der Aussagen- und Prädikatenlogik die sog. deontischen Operatoren hinzu: Das **Gebot** verlangt vom Adressaten ein Tun, das **Verbot** ein Unterlassen und die **Erlaubnis** räumt die Möglichkeit zu einer Handlung ein.[247]

Beispiel: Wer einen anderen tötet, wird mit einer Freiheitsstrafe bis zu zehn Jahren bestraft.
A hat den B erschossen.
A wird mit einer Freiheitsstrafe bestraft.

190a An dem Beispiel wird klar, warum die Logik (der Syllogismus) Juristen fasziniert. Mit ihrer Hilfe kann man scheinbar (!) zwingende („logische“) Argumente für eine juristische Entscheidung gewinnen

245 G. Frege, Logische Untersuchungen, 4. Aufl., Göttingen 1993; ders., Funktion – Begriff – Bedeutung, Göttingen 2002.

246 Gute Einführungen in die moderne Logik geben A. Beckermann, Einführung in die Logik, 4. Aufl., Berlin 2014; W. C. Salmon, Logik, Stuttgart 1983; E. Tugendhat/U. Wolf, Logisch-semantische Propädeutik, Stuttgart 1983.

247 Das Standardsystem der deontischen Operatoren kann auch noch erweitert werden: J. Joerden, Logik im Recht, 2. Aufl., Berlin 2010, S. 213 ff.

(vgl. Rn. 677ff.). Die erste Prämisse wird durch die gesetzlichen Vorschriften gebildet, die zweite Prämisse ergibt sich aus dem Sachverhalt. Anschließend wird im Wege der Subsumtion die Konklusion hergestellt. Diese einfache Sicht ist jedoch deswegen nicht zutreffend, weil es bei der Gesetzesanwendung maßgeblich darauf ankommt, die Prämissen überhaupt erst zu entwickeln, also die gesetzlichen Vorschriften auszulegen, und den Sachverhalt zu ermitteln (Rn. 681ff.). Außerdem ist auch die Struktur der korrekten juristischen Begründung nicht so schlicht, wie bei einem einfachen Syllogismus.[248]

Die Kombination von Aussage- und Sollenssätzen kann auch zu ungültigen (falschen) Schlüssen führen.

Beispiel: Kein Mensch darf andere belügen.
A ist ein Mensch.
A lügt nicht.

Das bewußt „falsche" Beispiel macht deutlich, daß sich aus Sollenssätzen auf logische Weise keine Aussagen über Tatsachen ableiten lassen. Umgekehrt gilt dasselbe. Es wird damit die logische Begründung für die bereits dargelegte Unterscheidung von Seins- und Sollenssätzen (Rn. 94ff.) nachgereicht.

II. Symbolsprache als Mittel größerer Genauigkeit juristischer Aussagen?

1. Grenzen der Anwendbarkeit. a) Formalisierung von Rechtstexten. Man könnte auf den Gedanken kommen, mit den Mitteln der formalen Logik eine eindeutige juristische (Kunst-)Sprache zu schaffen. Das wäre aber ein Mißverständnis der Zwecke und Möglichkeiten der Logik. Die formale Logik ist gar nicht dazu da, umgangssprachliche Texte vollständig in einer Kunstsprache zu formalisieren. Ihr geht es vielmehr um die genaue Darstellung und Analyse von Schluß- und Argumentformen. Außerdem bestehen im Bereich des Rechts dagegen rechtsstaatliche und methodische Einwände. 191

Rechtssätze sollen menschliches Verhalten regeln. Sie müssen daher möglichst allgemeinverständlich formuliert sein. Das Rechtsstaatsprinzip verlangt, daß gesetzliche Bestimmungen der Öffentlichkeit so zugänglich gemacht werden, daß die Bürger sich über deren Inhalt

---

248 Vgl. H.-J. Koch/H. Rüßmann, Juristische Begründungslehre, München 1982, § 6.

verläßlich Kenntnis verschaffen können.[249] Gleiches gilt für Entscheidungen der Gerichte. Die mögliche Nachprüfbarkeit juristischer Argumente durch alle Rechtsgenossen ist eine Funktionsbedingung der Justiz und der Rechtswissenschaft in einem demokratischen Verfassungsstaat. Bei einer vollständigen Formalisierung von Rechtstexten wäre das nicht möglich.

Die Übersetzung von umgangssprachlichen Texten in die Sprache der formalen Logik wirft regelmäßig ein Übersetzungsproblem auf.[250] So stellt sich z. B. bei dem Wort „oder" regelmäßig die Frage, ob es in einem einschließenden oder ausschließenden Sinn zu verstehen ist (Rn. 188). Diese Frage kann die Logik nicht beantworten.

Bei der Rechtsanwendung spielen logische Probleme nicht die Hauptrolle. Schwierigkeiten bereiten vielmehr die Ungenauigkeiten der Alltagssprache, die sich durch eine Formalisierung in die Symbolsprache der formalen Logik nicht lösen lassen, sondern durch Auslegung bewältigt werden müssen.

192 **b) Grenzen der Logik.** Das Standardsystem der deontischen Logik enthält z. B. den Grundsatz (Theorem), wonach normative Widersprüche ausgeschlossen sind. Es ist danach ausgeschlossen, daß zugleich die Gebote „Nehme die Handlung a vor" und „Nehme die Handlung a nicht vor" gelten.[251] Damit wäre jegliche Form des Normkonflikts oder eines moralischen Dilemmas ausgeschlossen. Dies entspricht aber nicht unserer Lebenserfahrung. Normkonflikte gehören zur moralischen und juristischen Realität. Sie kommen im juristischen Alltag z. B. im Bereich der Grundrechte vor. Die Konflikte werden vom Bundesverfassungsgericht unter dem Stichwort der Verhältnismäßigkeit durch Abwägung aufgelöst („praktische Konkordanz"). Diese Abwägungsvorgänge können im Rahmen des Standardsystems der deontischen Logik nicht abgebildet werden. Die formale Logik stellt also nur eine begrenzte Sprache zur Verfügung, die nicht in der Lage ist, sämtliche juristischen Vorgänge zu rekonstruieren. Es gibt aber außerhalb des Bereichs der strengen for-

249 H. D. Jarass, in: H. D. Jarass/B. Pieroth, Grundgesetz, 14. Aufl., München 2016, Art. 20 Rn. 93.

250 Dazu A. Beckermann, Einführung in die Logik, 4. Aufl., Berlin 2014, S. 43 ff., 161 ff., 263 ff.

251 Dazu näher J. Berkemann, Zum Prinzip der Widerspruchsfreiheit in der deontischen Logik, in: H. Lenk (Hrsg.), Normenlogik, Pullach bei München 1974, S. 166 ff.

malen Logik durchaus Möglichkeiten, Abwägungsvorgänge zumindest in ihren Strukturen näher zu klären und zu beschreiben.[252]

2. Nutzen der Logik in der Rechtswissenschaft. Richtig verstanden gibt es für die formale Logik auch in der Rechtswissenschaft Anwendungsfelder.[253] Die Logik hilft bei der Strukturierung von Gesetzestexten und der Analyse von Argumentationsformen in gerichtlichen Entscheidungen und der rechtswissenschaftlichen Literatur (siehe Beispiel Rn. 104). 193

Das Recht selbst verlangt die Beachtung der Logik: Nach § 546 ZPO liegt ein Revisionsgrund vor, wenn eine Rechtsnorm „nicht oder nicht richtig angewendet worden ist". Zur richtigen Anwendung gehört auch die Beachtung der sog. Denkgesetze[254], also der formalen Logik. Das gilt für alle anderen Prozeßordnungen gleichfalls.

Beispiel: Das Reichsgericht hatte über den Fall eines Klägers zu entscheiden, der bei einem Unfall ein Bein verloren hatte und 22 Jahre später in seinem Zimmer gestürzt war.[255] Er nahm den Unfallverursacher in Anspruch, weil der spätere Sturz eine Folge des Unfalls und seiner dadurch verminderten Standfestigkeit sei. Die Vorinstanz hatte der Klage stattgegeben. Zur Kausalität führte das Gericht aus, daß alle späteren Folgen dann als Unfallschaden anzusehen sind, wenn sie zum Unfallzeitpunkt vorhersehbar waren (Adäquanztheorie). Der Beklagte wandte ein, der Kläger habe bereits vor 22 Jahren Kenntnis vom Schaden gehabt, wodurch nunmehr Verjährung eingetreten sei (§ 852 BGB a. F., §§ 196, 199 BGB n. F.). Diesen Einwand wies das Gericht zurück, da der Kläger nicht hätte vorhersehen können, daß er auf Grund der verminderten Standfähigkeit stürzen würde. Mit dieser Entscheidung behauptete die Vorinstanz also zum einen, daß der spätere Sturz vorhersehbar und das er zugleich nicht vorhersehbar war. Da das Revisionsgericht auch „Verstöße gegen Denkgesetze" zu prüfen hat, hob es die Entscheidung wegen des logischen Widerspruchs auf.

Schwierigkeiten bereitet immer wieder die Bestimmung des Verhältnisses mehrerer Normen zueinander. Es stellt sich regelmäßig die Frage, ob auf einen Sachverhalt nur eine oder mehrere Vorschriften Anwendung finden. Hier hilft die Logik nur bedingt weiter. So ist 194

252 Vgl. etwa R. Alexy, Theorie der Grundrechte, 3. Aufl., Frankfurt/M. 1996, S. 77ff.

253 M. Herberger/D. Simon, Wissenschaftstheorie für Juristen, Frankfurt/M. 1980, S. 77ff., 135ff., 165ff.; J. Rödig, Die Alternative als Denkform in der Jurisprudenz, Berlin 1969; J. Joerden, Logik im Recht, 2. Aufl., Berlin 2010; F. E. Schnapp, Logik für Juristen, 7. Aufl., München 2016.

254 BGH NJW 1992, 1967; 1995, 966; H.-J. Heßler, in: Zöller, Zivilprozeßordnung, 32. Aufl., Köln 2018, § 546 Rn. 1, 7, 9, 13.

255 RGZ 119, 205.

etwa aus formal-logischer Sicht eine Norm A spezieller als eine Norm B, wenn B neben den Fällen, die von A geregelt werden, noch weitere Fälle erfaßt. Die Lösung der Normenkonkurrenz ist durch die Feststellung eines Subsidiaritätsverhältnisses aber nicht etwa schon vorgegeben (zugunsten der spezielleren Norm), sondern bedarf einer wertenden Entscheidung im Einzelfall (vgl. auch Rn. 770 ff.).

E. Präzision durch Definition

195 Die Anwendung einer logischen Kunstsprache in der Jurisprudenz hat sich als problematisch erwiesen. Um zu einer präzisen Verwendung der Begriffe zu gelangen, bleibt also nichts anderes übrig, als diese zu definieren.[256] Zunächst ist zu überlegen, was es genau bedeutet, einen Begriff zu definieren (I.). Bei der Definition von Gesetzesbegriffen gibt es außerdem Besonderheiten, die dabei zu beachten sind (II.). Diese Besonderheiten können zu einem klassischen Mißverständnis über die Funktion von Definitionen in der Rechtswissenschaft führen (III.).

I. Grundlagen der Definitionslehre

196 Um eine möglichst klare Verständigung zu erreichen, ist es erforderlich, die Bedeutung (Intension) von Wörtern und den Sprachgebrauch unter den Kommunikationsteilnehmern in einem bestimmten Umfang zu vereinbaren. Das kann stillschweigend oder ausdrücklich geschehen. Im Alltag geschieht das hauptsächlich stillschweigend durch individuelle Anpassungen an neue Bedeutungsvorgaben.[257] Welche Bedeutung ein Wort hat, läßt sich am Gebrauch durch Sprecher der Sprachgemeinschaft ermitteln. Diese Art der Vereinbarung läßt in der Regel einen erheblichen Bedeutungsspielraum. Wissenschaftliche Darlegung und Auseinandersetzung erfordert aber größtmögliche Klarheit über die verwendeten Begriffe zwischen den Kommunikationspartnern. Ohne klare Rechtsbegriffe ist kein sinnvolles Arbeiten mit dem Recht möglich. Die Begriffe müssen also definiert werden.

197 Die Definition (lat. „Abgrenzung", „Bestimmung") eines Wortes ist allgemein die Festsetzung des Gebrauchs bzw. der Bedeutung eines

---

256 Dazu F. E. Schnapp, Logik für Juristen, 7. Aufl., München 2016, § 6.
257 H. Glaser, Weshalb heißt das Bett nicht Bild?, München 1973, S. 15 ff.

sprachlichen Zeichens. Die klassische, auf Aristoteles zurückgehende Definitionslehre bestimmt, daß für eine Definition der nächst höhere Gattungsbegriff und die spezifische Besonderheit anzugeben ist, wodurch sich der zu definierende Gegenstand von anderen abhebt.

Beispiel: Der Begriff „Quadrat" kann definiert werden als „Rechteck mit vier gleich langen Seiten". „Rechteck" ist dabei der nächsthöhere Gattungsbegriff und „vier gleich lange Seiten" ist die spezifische Eigenschaft, durch die sich Quadrate von anderen Rechtecken unterscheiden.

Mit dieser Vorgehensweise können aber bei weitem nicht alle Fälle erfaßt werden. Die mathematisch einwandfreie Definition $a^2 = a \cdot a$ hat offensichtlich eine ganz andere Form. Daher haben sich im Laufe der Zeit eine Reihe weiterer Definitionsformen entwickelt, ohne daß eine übergreifende Lösung für jedes Definitionsproblem in Sicht wäre. Neben der Standarddefinition, welche den normalen Sprachgebrauch wiedergibt und sich in Wörterbüchern findet, ist die Unterscheidung zwischen Nominal- und Realdefinitionen wichtig.

Bei einer Nominaldefinition setzt der jeweilige Sprecher durch 198
seine eigene Entscheidung fest, was ein sprachlicher Ausdruck bedeuten soll. Eine Nominaldefinition ist also eine willkürliche Festsetzung der Bedeutung eines Wortes. Sie dient dazu, unter den Kommunikationspartnern (Autor-Leser/Redner-Zuhörer) möglichst große Klarheit über dessen Verwendung herzustellen. Man nennt das auch eine „stipulatorische" (vereinbarte) Definition (vgl. Rn. 53). So verhält es sich bei der Definition des Beispiels „Quadrat". Nominaldefinitionen können nicht wahr oder falsch sein. Juristische Texte, besonders Lehrbücher, beginnen oft mit einem Abschnitt „Begriff und Wesen". Dabei handelt es sich regelmäßig um eine Nominaldefinition, also um ein Vereinbarungsangebot des Autors an den Leser. Er teilt mit, welchen Bedeutungsgehalt er mit einem bestimmten Begriff verbindet. Der Leser kann dieses Angebot annehmen (er weiß nun, was der Autor mit dem Wort sagen will) oder ablehnen (er versteht unter dem Wort etwas anderes als der Autor).

Beim Definieren sind einige Regeln zu beachten:[258] 199

Die Definition darf zum einen nicht zirkelhaft sein. Es darf also nicht das Wort, das definiert werden soll, im Definiens vorausgesetzt sein. Das wäre – um im Beispiel zu bleiben – der Fall, wenn man „Quadrat" definiert als „Rechteck, das ein Quadrat ist".

258 H. Wansing, in: S. Jordan/Ch. Nimtz (Hrsg.), Lexikon Philosophie, Stuttgart 2011, Stichwort „Definition".

Zum zweiten gilt nach dem Grundsatz der Eliminierbarkeit, daß man an allen Stellen des Textes, an dem das definierte Wort auftaucht, ohne Bedeutungsverlust auch das Definiens einsetzen kann. In der Rechtswissenschaft wird unter Berufung auf den Normzweck von dieser Regel immer wieder abgewichen.

Beispiel: Der Begriff „Sache" ist in § 90 BGB definiert. Trotzdem versteht die Rechtsprechung den Begriff in § 119 Abs. 2 BGB auch im Sinne von nichtkörperlichen Gegenständen, also etwa Rechten.

Schließlich verlangt das Kriterium der Nichtkreativität, daß sich aus einer bloßen Definition keine neuen Tatsachen und – in der Rechtswissenschaft wichtig – keine neuen Rechtsfolgen ableiten lassen (siehe Rn. 205, 458 ff.).

200 Im Unterschied zu Nominaldefinitionen können Realdefinitionen wahr oder falsch sein. Statt Realdefinition spricht man auch von „Begriffsanalyse". Bei einer Realdefinition wird also nicht nur der Sprachgebrauch geklärt, sondern Wissen über die tatsächlichen Eigenschaften eines Gegenstandes ausgesagt.

Beispiel: Der Begriff „Aminosäure" wird definiert als „Carbonsäure mit einer oder mehreren Aminogruppen (-NH2)".

Welche Art der Definition, ob Nominal- oder Realdefinition, vorliegt, kann man an der sprachlichen Äußerung nicht erkennen. Es kommt dabei maßgeblich auf den Kontext der Äußerung und die Absichten des Sprechers an. Eine Realdefinition liegt vor, wenn der Sprecher wahrheitsfähige (empirische) Aussagen über die Realität treffen will.

II. Besonderheiten bei der Definition von Gesetzesbegriffen

201 Wir haben schon gesehen, daß dann, wenn es um die Definition von Gesetzesbegriffen geht, Besonderheiten auftauchen (Rn. 166 ff.). Autonomie bei der Schaffung (Erfindung) neuer und Definition alter Begriffe ist für Juristen nur da gegeben, wo es um die Klärung von deskriptiven Aussagen über Gesetze, Normen oder gerichtliche Entscheidungen geht (Rn. 179). Nur in diesem Bereich handelt es sich um reine Nominaldefinitionen, so daß die Bestimmung des Begriffs allein eine Frage der Zweckmäßigkeit ist.

Beispiel: Die Definition des Begriffs „Sachenrecht" verändert die normative Lage für denjenigen, der das Eigentum an einem Auto erwerben will in keiner

Weise. Sie ordnet nur Gesetzesvorschriften (nämlich die §§ 854–1296 BGB) einem bestimmten Rechtsgebiet zu.

Ganz anders verhält es sich mit Definitionen, die gesetzliche Begriffe näher bestimmen. Das können Legaldefinitionen sein oder Definitionen der Gerichte und der Rechtswissenschaft.

Zunächst finden sich innerhalb von einzelnen Gesetzen verschie- 202
dentlich Definitionsnormen (z. B. §§ 90, 99, 100 BGB, §§ 1–6 HGB). Die Rechtsanwender sind dann an das im Gesetz festgelegte Begriffsverständnis gebunden. Abweichende Definitionen von Richtern wären in diesen Fällen grobe Fehler bei der Rechtsanwendung (Rn. 131a).

Auch bei der Bestimmung derjenigen Wörter, die im Gesetz nicht 203
legaldefiniert sind, hat der Rechtsanwender keine Autonomie. Geht es um die Definition eines deskriptiven oder normativen Begriffs, der Bestandteil eines Gesetzes oder einer sonstigen Norm ist, so verändert sich durch die Definition immer auch der normative Gehalt dieser Regel. Je nach dem wie der Begriff „Waffe" verstanden und definiert wird, fallen mehr oder weniger Sachverhalte unter die Strafnorm des § 224 StGB (vgl. Rn. 168).

Gesetzesbegriffe sind nie als reine „Anschauungsbegriffe" im Verständnis der Alltagssprache zu verstehen. Leben, Gesundheit, Freiheit, Ehre, Mensch, Tier, Wald und viele andere Begriffe bekommen im Recht ihre konkrete Bedeutung erst aus dem Schutzzweck und dem Zusammenhang der einschlägigen Rechtsnormen. Aus den vorrechtlichen „Anschauungsbegriffen"[259] werden durch die Aufnahme der Begriffe in ein Gesetz spezifische Rechtsbegriffe mit oft neuen Intensionen und Grenzen.

Beispiel: Der Embryo kann sogar entgegen § 1 BGB schon rechtsfähiger Träger von Schadensersatzansprüchen i. S. des § 823 BGB sein.[260] Aus den Bienen eines durch Kontaktgifte ausgerotteten Bienenvolkes kann unversehens eine „öffentliche Sache" im Sinne bestimmter staatlicher Strafzwecke nach § 304 StGB werden.[261]

Gesetzesbegriffe sind Bausteine der Rechtsnormen und der Ge- 204
samtrechtsordnung. Diese besteht aus „Sollenssätzen" und ist auf bestimmte normative Zwecke, auf die Steuerung von Staat und Gesellschaft im Sinne des „Sozialideals" der Normsetzer ausgerichtet. Die

259 Ähnlich K. F. Röhl/H. C. Röhl, Allgemeine Rechtslehre, 3. Aufl., Köln 2008, § 6 IV.
260 BGHZ 58, 49ff.; 93, 351; R. Stürner, Die Unverfügbarkeit ungeborenen menschlichen Lebens und die menschliche Selbstbestimmung, JZ 1990, 709ff.
261 RGSt. 72, 1ff.

Gesetzesbegriffe nehmen teil an der Steuerungsaufgabe des Rechts. Sie sind teleologisch ausgerichtet. Der Normzweck bestimmt die Funktion der Rechtsbegriffe, nicht umgekehrt der Rechtsbegriff den Normzweck. Diese „normative" Interpretation kann von der Alltagsbedeutung der verwendeten Wörter erheblich abweichen. Der Zusammenhang zwischen Definition und Zweck der Norm wurde schon am Beispiel des Begriffs „Nachtzeit" deutlich (Rn. 169). Gleiches gilt für die Bedeutung der sozialen und wirtschaftlichen Folgen, die durch Definitionen von Gesetzesbegriffen beeinflußt werden (Rn. 170). Die Auslegung und Definition der Gesetzesbegriffe unter Berücksichtigung dieser Besonderheiten ist das Thema der juristischen Methodenlehre (Rn. 696 ff.).

III. Rechtsbegriffe als Rechtsquellen?

205 Rechtsbegriffe sind keine Rechtsquellen. Aus Begriffen allein lassen sich keine Sollenssätze, keine Rechtsfolgen ableiten. Sie geben juristisch nicht mehr her, als zuvor in sie hineingelegt worden ist. Nur Rechtsnormen, nicht Begriffe ordnen rechtsverbindliche Gebote an. Rechtsnormen werden nicht durch Begriffe, sondern nur durch Menschen („Normsetzer") geschaffen. Das ist die Absage an die sog. Begriffsjurisprudenz (siehe Rn. 458 ff.) und jene Auffassungen, die von einer normerzeugenden „Eigendynamik juristischer Begriffe"[262] ausgehen. Der These von der Eigendynamik der Rechtsbegriffe liegt ein Beobachtungsfehler zugrunde. Dynamisch sind nicht die Begriffe, sondern die juristischen Autoren. Sie füllen ihre rechtspolitischen Phantasien oder Wünsche zunächst in die Worthülsen der Rechtsbegriffe ein, um das Eingelegte dann als vermeintlich logisch-normative Gebote aus dem ausgewechselten Begriffsinhalt wieder hervorzuholen („auszulegen"). Auslegung des zuvor Eingelegten ist das Handlungsprinzip dieser Rechtstechnik. Sie ist insoweit mit dem „institutionellen Rechtsdenken"[263] und der Argumentation aus dem „Wesen" einer Einrichtung oder der „Natur" einer Sache vergleichbar (siehe Rn. 557 ff., 922 ff.).

206 *(frei)*

---

262 So noch heute C. W. Canaris, Karl Larenz, in: S. Grundmann/K. Riesenhuber, Deutschsprachige Zivilrechtslehrer des 20. Jahrhunderts in Berichten ihrer Schüler, Band 2, Berlin 2010, S. 292; vgl. dazu auch K. F. Röhl/H. C. Röhl, Allgemeine Rechtslehre, 3. Aufl., Köln 2008, § 7 IV.

263 Vgl. B. Rüthers, Wir denken die Rechtsbegriffe um ... – Weltanschauung als Auslegungsprinzip, Zürich 1987.

F. Die juristische Fachsprache

Durch die Verwendung von abstrakten Begriffen, unbestimmten Rechtsbegriffen und Generalklauseln in den Gesetzestexten, deren Bedeutung mittels Definitionen zum Teil vom Gesetz selbst, überwiegend aber von den Richtern und dem juristischen Schrifttum geklärt werden müssen, kommt es notwendigerweise zu einer Fachsprache. Diese Entwicklung läßt sich nicht umkehren, ihre Auswüchse sind allerdings zu bekämpfen. 207

I. Fachsprache

Über die Juristensprache in seiner englischen Heimat läßt Jonathan Swift seinen reisenden Gulliver 1726 so berichten: 208

„Außerdem verfügt diese Kaste über einen besonderen Jargon, den außer ihnen niemand versteht und in dem auch ihre Gesetzbücher abgefaßt sind, die sie mit immer mehr Gesetzen zu vergrößern suchen. Es ist ihnen dadurch gelungen, Wahrheit und Lüge, Recht und Unrecht dermaßen durcheinanderzubringen, daß sie dreißig Jahre benötigen, um eine Entscheidung darüber zu fällen, ob das mir von meinen Vorfahren durch sechs Generationen vererbte Feld mir gehören soll oder einem Fremden, der dreihundert Meilen weit weg wohnt."[264]

Das Unbehagen und Mißtrauen gegenüber dem Recht und den Juristen ist seit alters her verbreitet. Eine der Ursachen ist die Ratlosigkeit vieler Bürger angesichts der Unverständlichkeit der Gesetze, der Entscheidungsbegründungen und der juristischen Argumentationsweise schlechthin. Die Rechtssprache wird oft zur Verständnisschranke für den Rechtssuchenden.

Eine Rechtsordnung ist auf Dauer aber nur lebensfähig, wenn sie in ihren Grundzügen von den Bürgern verstanden und bejaht wird. Wenn juristische Argumentationen und Problemlösungen nicht mehr an Nichtjuristen zu vermitteln sind, verliert die Rechtswissenschaft die unerläßliche Kommunikation mit der Rechtsgemeinschaft. Rechtswissenschaft sollte daher eine auf Dialog und Verständlichkeit angelegte Wissenschaft sein. Dabei spielt die Fähigkeit der Juristen, ihre Ansichten und Einsichten allgemein verständlich darzulegen, 209

---

264 J. Swift, Reisen in verschiedene ferne Länder der Welt von Lemuel Gulliver, München 1958, S. 390. Es lohnt sich nachzulesen, was Gulliver ebendort über die Moral der Anwälte und Richter seiner Zeit erzählt.

eine entscheidende Rolle. Selbst schwierige Rechtsprobleme lassen sich in der Regel für die Betroffenen in den entscheidungsbedeutsamen Grundzügen so darstellen, daß auch juristische Laien die Wertungsalternativen erkennen und verstehen können.

II. Undurchsichtigkeit der Gesetze

210 So wie die juristische Fachsprache ist auch die geschriebene Rechtsordnung für den einfachen Bürger nicht unmittelbar verständlich. Der Tatbestand ist unbestreitbar; leider ist er auch unabänderlich. Wer etwa das BGB wie einen Roman lesen will, wird das Buch nach ein paar Seiten enttäuscht zur Seite legen. Das BGB etwa ist schwer verständlich, weil es knapp und möglichst frei von Wiederholungen gehalten ist und einen hohen juristisch-technischen Abstraktionsgrad aufweist. Man muß das Aufbauprinzip des BGB (vom Allgemeinen zum Besonderen), die unterschiedlichen Normarten (vgl. Rn. 129ff.), den Anspruchsaufbau sowie die Bedeutung vieler abstrakter Begriffe kennen, um die Vorschriften des BGB richtig anwenden zu können.

211, 212 *(frei)*

III. Kompliziertheit des Rechts als Spiegel des sozialen und politischen Systems

213 Die Rechtsordnungen entwickelter Gesellschaften sind sachbedingt kompliziert und für den Laien zunächst undurchsichtig. Entwickelte Rechtsordnungen lassen dem Nichtjuristen wenig Chancen, eigenständig verläßliche Beurteilungen zu gewinnen oder gar „Do it yourself"-Maßnahmen bei auftretenden Rechtsproblemen zu ergreifen. Die wachsende Veränderungsgeschwindigkeit moderner Industriegesellschaften auf vielen Lebensgebieten schafft ständig neue Steuerungsprobleme und Interessenkonflikte. In den Gesetzen ist das Recht daher immer (!) nur lückenhaft aufgezeichnet. Die Gerichte müssen, auch wenn der Gesetzgeber die Probleme noch gar nicht erkannt hat, Lösungskonzepte entwickeln und Entscheidungen treffen, die mit den Grundprinzipien der bestehenden Rechtsordnung vereinbar sind. Viele bedeutsame Rechtssätze gelten über Jahrzehnte hin nur als Richterrecht; sie sind also auch für den Bürger, der alle Gesetze sorgfältig und vollständig liest, nicht erkennbar.

214 Das Recht ist also u. a. deswegen so kompliziert und undurchsichtig, weil es auf die unübersehbare Fülle ständig sich wandelnder Pro-

bleme und Konflikte mit praktikablen, systemverträglichen Lösungen antworten muß. Hier – nicht in dem durchaus bedeutsamen Sprachproblem – liegt die wesentliche Ursache für die Undurchsichtigkeit und „Volksfremdheit" der hochentwickelten Rechtssysteme für Nichtjuristen. Die Kompliziertheit des Rechts ist ein Spiegel der Komplexität der Gesellschaft des modernen Staates. Es gilt: „Das Richterrecht bleibt unser Schicksal."[265]

Allerdings ist diese Problematik nicht für alle Staaten und Gesell- 215
schaftsordnungen gleich („systemneutral"). Sie ist vielmehr „systemspezifisch". Liberale Verfassungsstaaten mit weitgehender staatlicher Neutralität in weltanschaulichen Fragen, dem rechtsstaatlichen Grundsatz des Gesetzesvorbehalts und umfassender Rechtswegegarantie (Art. 19, 20 GG) entwickeln folgerichtig besonders differenzierte und damit komplizierte Rechtsordnungen. Der Rechtsstaatsgrundsatz erfordert ein ausgebautes System gesetzlicher Regelungen, vor allem für staatliches Handeln, soweit es in geschützte Rechte der Bürger eingreift. Der Zustand selbst wäre nur um den Preis einer Reduzierung des gesellschaftlichen Entwicklungsniveaus und der rechtsstaatlichen Organisation veränderbar. Wo es einen gerichtlichen Grundrechtsschutz oder Verwaltungsrechtsschutz der Bürger gegen staatliches Handeln nicht gibt (wie z. B. früher in den „real-sozialistischen" Staaten), entfallen solche Probleme. In der DDR gab es keine Verfassungs-, keine Sozial- und, nach einem kurzen Zwischenspiel bis 1952, keine Verwaltungsgerichtsbarkeit. Die Komplexität des Rechts ist also zugleich ein Spiegel des politischen Systems.

G. Zusammenfassung zu § 5

I. Sprachliche Kommunikation ist ein komplizierter Vorgang, 216
der von der Bedeutung der verwendeten Wörter, der Sprechsituation und dem Erlebnishintergrund der Beteiligten abhängig ist.

II. Die Bedeutung von Wörtern und Zeichen stellt das semiotische Dreieck dar. Es unterscheidet zwischen der Intension und der Extension sprachlicher Ausdrücke. Die Intension ist die Angabe der den Begriff charakterisierenden Merkmale,

---

265 F. Gamillscheg, Die Grundrechte im Arbeitsrecht, AcP 164 (1964), 385 (445).

sein Inhalt. Die Extension verweist auf die realen Gegenstände, die durch den Begriff bezeichnet werden.

III. Alle Textwissenschaften haben das Problem, Texte richtig zu lesen und zu verstehen. Einen objektiven, ein für allemal festgelegten Sinn von Wörtern, Sätzen und Texten, auch von Gesetzestexten, gibt es nicht. Die Hermeneutik verlangt zur Auslegung bzw. Interpretation von Texten die Berücksichtigung des Kontextes der Herkunft und des Kontextes der Rezeption.

IV. Die Umgangssprache ist unentrinnbar mehrdeutig, ungenau und wandelbar.

V. Deskriptive und normative Begriffe sind zu unterscheiden. Normative Begriffe können verweisend oder offen sein. Offen normative Begriffe (Wertbegriffe) enthalten ein Element evaluativer Offenheit, das vom Richter und Rechtsanwender noch ausgefüllt werden muß.

VI. Die Rechtsordnung enthält in zahlreichen unbestimmten Rechtsbegriffen und Generalklauseln (Wertbegriffen) kalkulierte sprachliche Ungenauigkeiten und Offenheiten, in denen neue Sachverhalte und neue Bewertungsmaßstäbe Raum finden.

VII. Die moderne formale Logik stellt kein Kalkül für die Lösung juristischer Alltagsprobleme zur Verfügung. Ihr Einsatzbereich im Rahmen der Rechtswissenschaften ist begrenzt auf die Analyse der Strukturen von Gesetzestexten, Entscheidungsbegründungen und der Formen juristischer Argumentation.

VIII. Juristen kommen um die Definition von Rechtsbegriffen nicht herum. Bei der Definition von Gesetzesbegriffen besteht keine Autonomie des Rechtsanwenders. Er ist dabei vielmehr an die mit der Norm verfolgten Zwecke gebunden.

IX. Das Streben der Juristen muß dahin gehen, ihre notwendige Fachsprache so erläuterungsfähig und einsichtig zu halten, daß sie nicht zur unüberwindlichen Sprachschranke gegenüber dem rechtssuchenden Bürger wird. Andererseits setzt die systemgemäße Komplexität des Rechts in einer rechtsstaatlich organisierten, entwickelten Industriegesellschaft der Durchschaubarkeit der Rechtsordnung für den Bürger enge Grenzen.

§ 6. Die Lehre von den Rechtsquellen

Schrifttum: K. Engisch, Die Einheit der Rechtsordnung, 1935; H. Kelsen, Reine Rechtslehre, 2. Aufl., 1960 (Neudruck 1992), S. 228 f.; A. Merkl, Prolegomena einer Theorie des rechtlichen Stufenbaus, in: A. Verdross (Hrsg.), Gesellschaft, Staat und Recht, Festschrift für Hans Kelsen, 1931 (Neudruck 1967), S. 251; F. Ossenbühl, Gesetz und Recht – Die Rechtsquellen im demokratischen Rechtsstaat, in: J. Isensee/P. Kirchhof (Hrsg.), Handbuch des Staatsrechts, Bd. V, 3. Aufl., 2007, § 100; B. Rüthers, Wer schafft Recht? – Methodenfragen als Macht- und Verfassungsfragen, JZ 2003, 995 ff.

A. Begriff und Funktion der Rechtsquellen

I. Begriff der Rechtsquellen

Das objektive Recht (Rn. 61 ff.) begegnet dem Richter in unter- 217
schiedlichen Formen. So hat er z. B. für seine Entscheidung über die Kündigung durch einen öffentlichen Arbeitgeber das KSchG, Sonderkündigungsschutzregeln (MuSchG, BEEG etc.), die §§ 620 ff. BGB und die tarifvertraglichen Regeln des TVöD/TVL heranzuziehen. Die gesetzlichen Regeln des KSchG und des BGB hat der Bundestag bzw. das Parlament erlassen, die tarifvertraglichen Regeln stammen aber aus einer Vereinbarung zwischen einer Gewerkschaft und einem Arbeitgeberverband bzw. Arbeitgeber. Die in diesem Fall anzuwendenden Regeln haben eine unterschiedliche Herkunft („Quelle"). Die Lehre von den Rechtsquellen beantwortet die Frage, welche Vorschriften der Richter bei der Entscheidungsfindung anzuwenden hat, und systematisiert diese Vorschriften nach ihrer Herkunft. Es geht der Rechtsquellenlehre darum, (Erkenntnis-)Kriterien zur Ermittlung dessen, was das Recht ist, zu bestimmen. Sie hängt daher direkt mit dem Begriff des Rechts zusammen (Rn. 52 ff.), da Rechtsquelle nur das sein kann, was zuvor als Recht anerkannt wurde.

Der Begriff der „Rechtsquelle" kann in einem weiten und in einem engen Sinn aufgefaßt werden. In weitem Sinne verstanden bezeichnet man damit alle Einflußfaktoren, die das objektive Recht maßgeblich prägen. So gesehen sind etwa die rechtswissenschaftliche Literatur („Juristenrecht"), die Exekutive (z. B. „Verwaltungsübung"), die Gerichtspraxis („ständige Rechtsprechung") und die Volksanschauung

(„allgemeines Rechtsbewußtsein“) ebenfalls Rechtsquellen. Sie können dem Richter dabei helfen, das geltende Recht zutreffend zu erkennen (Rechtserkenntnishilfen). Man kann insoweit auch von „soziologischen Rechtsquellen“ sprechen.

In der Rechtstheorie wird der Begriff überwiegend im engen Sinne gebraucht. Als Rechtsquelle wird nur anerkannt, was für den Rechtsanwender verbindliche Rechtssätze erzeugt. Dazu ist es wichtig, die einzelnen Formen kennenzulernen (B.). Was zu tun ist, wenn verschiedene anerkannte Rechtsquellen miteinander unvereinbare Rechtssätze produzieren, wird im Anschluß behandelt (C.).

II. Rechtsquellenlehre als Verfassungsfrage

218 Nach Art. 20 Abs. 3 und 97 Abs. 1 GG sind die Rechtsprechung und die vollziehende Gewalt an „Gesetz und Recht“ gebunden. Die Verfassung ist also die „Grundnorm der Rechtsquellenlehre“.[266] Die Antwort auf die Frage, was „Gesetz und Recht“ gebieten, entscheidet über die Gewaltentrennung (Machtverteilung) im Staat. Dazu muß der Richter wissen, wo und wie er das geltende Recht findet, an das er gebunden ist. Die Lehre von den Rechtsquellen soll dem Rechtsanwender helfen, seine Aufgabe getreu den Verfassungsgeboten der Art. 20 Abs. 3, 97 Abs. 1 GG wahrzunehmen, also seine Rolle im Gefüge der verfassungsmäßigen Gewalten zutreffend zu erkennen und auszufüllen.

Im Bereich der Rechtsquellenlehre zeichnet sich eine Entwicklung ab, welche die Grundlagen des Rechtsbegriffs und der Verfassungsorganisation verändert. In einem gängigen Lehrbuch des Staatsrechts steht der mit Nachweisen belegte Lehrsatz:

„Das Bundesverfassungsgericht … bestimmt also letztlich, 'was das Grundgesetz sagt'.“[267]

Für die Rechtsquellenlehre bedeutet er eine fundamentale Umwälzung. Trifft seine Aussage zu, dann sind nicht mehr Gesetz und Recht, sondern die jeweils letzten, bisweilen wechselnden Entscheidungen des Bundesverfassungsgerichts die maßgeblichen „Rechtsquellen“, an denen sich die Rechtsanwender aller Stufen und die Rechtsunterworfenen zu orientieren haben. Nicht mehr das Grundgesetz, sondern die Lesarten des zuständigen Senats oder einer seiner

---

266 Vgl. K. F. Röhl/H. C. Röhl, Allgemeine Rechtslehre, 3. Aufl., Köln 2008, § 66 II.
267 H. Maurer, Staatsrecht I, 6. Aufl., München 2010, § 20 Rn. 9.

Kammern legen den maßgeblichen Verfassungsinhalt fest.[268] Das Gericht wird entgegen dem Grundgesetz vom „Hüter der Verfassung" zum Verfassungsgeber. Es setzt mit seinen gelegentlich grundgesetzwidrigen Entscheidungen – in den einschlägigen Sondervoten ist das regelmäßig nachzulesen[269] – neues Verfassungsrecht, welches alle nachgeordneten Staatsorgane bindet (§ 31 BVerfGG). Das gilt auch für verfassungswidrige Kammer-Entscheidungen.[270]

III. Allgemeinheitsgrundsatz

Grundmerkmal aller Rechtsquellen ist die Allgemeinheit der Nor- 219
men (vgl. Rn. 113, 121). Für die Gesetzgebung ist dies ausdrücklich in Art. 19 I GG normiert. Der Grundsatz der Allgemeinheit verlangt, daß Rechtsnormen abstrakt-generelle Regelungen enthalten, d. h. Vorschriften, die für eine Vielzahl von Fällen und für eine unbestimmte Zahl von Personen gelten. Das Gegenteil sind konkret-individuelle Einzelfallentscheidungen, die durch Gerichte und Verwaltungsbehörden getroffen werden. Staatsrechtlich problematisch sind daher sog. Einzelfallgesetze.[271] Die Allgemeinheit der Gesetze gerät durch Güterabwägungen der Gerichte, die auf der Grundlage von Generalklauseln und unbestimmten Rechtsbegriffen vorgenommen werden, in Gefahr (vgl. Rn. 756 ff.).

Das Erfordernis der Allgemeinheit der Rechtsquellen läßt sich durch institutionenökonomische Überlegungen (Rn. 305 ff.) begründen:[272] In einer Demokratie wollen Politiker wiedergewählt werden. Sie neigen dazu, bestimmten Gruppen Sondervorteile einzuräumen, wenn sie sich davon bessere Wahlchancen versprechen (Lobbyismus). Die gesellschaftlichen Gruppen, die Sondervorteile von der Politik erstreben, werden versuchen, die genannten Methoden einzusetzen. Diese Art des Lobbyismus wird als Verschwendung von Ressourcen angesehen („rent seeking"). Daher sind rechtliche (institutionelle) Vorkehrungen gegen solche Formen der Privilegierung einzelner Gruppen zu treffen. Die Lösung ist das Gebot der Allgemeinheit

---

268 Dazu B. Rüthers, Wer herrscht über das Grundgesetz?, FAZ v. 18.11.2013, S. 7; ders., Die heimliche Revolution vom Rechtsstaat zum Richterstaat, 2. Aufl., Tübingen 2016.

269 Vgl. z. B. BVerfG NJW 2013, 2257 ff. mit Sondervotum Landau/Kessal-Wulf (Rn. 116 ff.).

270 Etwa BVerfG NJW 2014, 1874 „Flashmob".

271 Vgl. BVerfGE 25, 371; BVerfGE 85, 360.

272 S. Voigt, Institutionenökonomik, 2. Aufl., München 2009, Kap. 4.2.

der Rechtsquellen. Je größer die Allgemeinheit rechtlicher Regeln, desto geringer ist die Gefahr des „rent seeking".

Die von den Rechtsquellen geforderte Allgemeinheit hat darüber hinaus drei weitere wichtige Funktionen: Sie sichert zum einen die Gleichbehandlung. Des weiteren dient sie dem Vertrauensschutz der Bürger, die sich darauf verlassen können, daß gleich gelagerte Fälle zu gleichen Entscheidungen führen. Schließlich stellt die Verallgemeinerungsfähigkeit von Regelungen ein wichtiges Kriterium der Gerechtigkeit dar. Dieser Gedanke, der bereits in der Bibel vorkommt (sog. Goldene Regel),[273] hat seine wohl berühmteste Formulierung in Kants kategorischem Imperativ gefunden:[274]

> „Handle nur nach derjenigen Maxime, durch die du zugleich wollen kannst, daß sie ein allgemeines Gesetz werde."

Die moderne Philosophie diskutiert dieses Kriterium für Gerechtigkeit unter dem Stichwort „Universalisierung".[275] Dabei geht es um die Frage, wie die Forderung nach einer überparteilichen, alle relevanten Gesichtspunkte und Interessen der Betroffenen berücksichtigende Entscheidung formuliert und begründet werden kann (vgl. Rn. 403).

B. Arten von Rechtsquellen

I. Supra- und internationale Regelungen

220 Im Zuge der Einigung Europas und der weltweiten Internationalisierung von Rechtsmaterien gewinnen supra- und internationale Rechtsquellen immer mehr an Bedeutung. Problematisch ist hierbei die Einordnung des europäischen Unionsrechts in die klassische, am Staatsbegriff orientierte Rechtsquellenlehre.

221 **1. Völkerrecht.** Das Völkerrecht umfaßt zwei Arten von Rechtsquellen: die „allgemeinen Regeln des Völkerrechts" (z. B. diplomatischer Schutz) und die völkerrechtlichen Verträge (z. B. Staatsverträge).[276] Gemäß Art. 38 Abs. 1 lit. c–e des Statuts des Internationalen

273 Negativ formuliert im Buch Tobit 4, 16 und bei Lukas 6, 31, positiv ausgedrückt bei Matthäus 7, 12.

274 Kant, Grundlegung zur Metaphysik der Sitten, S. 421.

275 Dazu F. Ricken, Allgemeine Ethik, 5. Aufl., Stuttgart 2013, S. 138 ff.; R. Wimmer, in: M. Düwell/C. Hübenthal/M. H. Werner, Handbuch Ethik, 3. Aufl., Stuttgart 2011, Stichwort: „Universalisierung".

276 M. Herdegen, Völkerrecht, 16. Aufl., München 2017, § 14.

Gerichtshofes gehören zu ersteren insbesondere die von den Kulturvölkern anerkannten allgemeinen Rechtsgrundsätze (z. B. Prinzipien des Eigentums) sowie richterliche Entscheidungen und die Lehren der anerkannten Völkerrechtler der verschiedenen Nationen. Die „allgemeinen Regeln des Völkerrechts“ werden durch Art. 25 GG in das deutsche Recht transformiert. Sie stehen in ihrem Rang zwischen der Verfassung und formellen Bundesgesetzen. Die völkerrechtlichen Verträge wiederum werden gemäß Art. 59 Abs. 2 GG transformiert und nehmen den Rang des jeweiligen innerstaatlichen Zustimmungsaktes ein.[277]

2. Europarecht. Das Recht der Europäischen Union läßt sich in 222
primäres und sekundäres Unionsrecht unterteilen. Seit dem Inkrafttreten des Vertrags von Lissabon am 1.12.2009 besteht das Primärrecht aus dem Vertrag über die Europäische Union (EUV) und dem Vertrag über die Arbeitsweise der Europäischen Union (AEUV). Daneben existiert als Spezialmaterie der Vertrag über die Europäische Atomgemeinschaft (EAGV).[278] Die Verträge bestehen hauptsächlich aus Regelungen über die Organisation der Europäischen Institutionen und Ermächtigungen zum Erlaß von Rechtsnormen. Sie enthalten vereinzelt aber auch Vorschriften, die unmittelbar Geltung für die einzelnen Bürger der Gemeinschaft haben. Das gilt etwa für die Wettbewerbsvorschriften der Art. 101, 102 AEUV.

Das sekundäre Unionsrecht ist das von den Unionsorganen auf der Grundlage der genannten Verträge gesetzte Recht. Als Arten sekundären Unionsrechts unterscheidet Art. 288 AEUV Verordnungen, Richtlinien und Beschlüsse.

Welche Art der Rechtssetzung die Gemeinschaft nutzen darf, regelt die jeweilige Kompetenznorm, auf die sich das sekundäre Unionsrecht stützt. Verordnungen gelten unmittelbar in jedem Mitgliedstaat für die Bürger. Richtlinien wenden sich dagegen an die normsetzenden Instanzen der Mitgliedstaaten und müssen von diesen durch Gesetz erst in nationales Recht umgesetzt werden. Dabei lassen sie den nationalen Parlamenten einen mehr oder weniger großen Spielraum. Sie sind lediglich hinsichtlich ihrer Ziele verbindlich. Kommt es zu

277 H. D. Jarass, in: H. D. Jarass/B. Pieroth, Grundgesetz, 14. Aufl., München 2016, Art. 59 Rn. 19.

278 Zum Ganzen R. Streinz/Ch. Ohler/Ch. Herrmann, Der Vertrag von Lissabon zur Reform der EU, 3. Aufl. 2010; M. Herdegen, Europarecht, 19. Aufl., München 2017, § 1 Rn. 2 ff., § 4 Rn. 31.

Zweifeln bei der Auslegung der nationalen Umsetzungsgesetze, besteht eine Pflicht zu richtlinienkonformer Auslegung (vgl. Rn. 766ff.).

Das Rangverhältnis zwischen Europarecht und nationalem Recht und seine Begründung ist seit längerer Zeit in der Diskussion.[279] Der Europäische Gerichtshof hat schon früh das EG-Recht als eigenständige Rechtsordnung mit Vorrang vor nationalem Recht angesehen.[280] Trete zwischen unmittelbar anwendbarem Unionsrecht und nationalem Recht ein Widerspruch auf, komme dem Unionsrecht ein Anwendungsvorrang zu. Das Bundesverfassungsgericht hingegen erkennt den Vorrang nur auf Grund verfassungsrechtlicher Ermächtigung an.[281] Das führt dazu, daß durch Art. 23 Abs. 1 S. 1 und 3, 79 Abs. 3 GG der Union äußerste Grenzen gesetzt werden, bei deren Überschreiten EU-Recht im deutschen Hoheitsgebiet unverbindlich wird. Das würde insbesondere für die Nichtbeachtung der Grundrechte durch Rechtsakte der EU gelten.[282] Dabei handelt es sich eher um eine theoretische Überlegung, hat das Bundesverfassungsgericht doch festgestellt, daß der Grundrechtsschutz der Europäischen Union im wesentlichen den deutschen Standards genügt.[283]

II. Verfassung

223 Die Verfassung, in Deutschland das Grundgesetz, ist die Grundordnung des Staates. Gesetzgebung, vollziehende Gewalt und Rechtsprechung sind an das Verfassungsgesetz als oberste nationale Rechtsnorm gebunden. Im Grundgesetz wird das in den Art. 1 Abs. 3 und Art. 20 Abs. 3 ausdrücklich festgestellt. Die normative Verbindlichkeit des Grundgesetzes gilt nicht nur für die Träger und die Ausübung der öffentlichen Gewalt. In einzelnen Bestimmungen werden Rechte und Pflichten festgelegt, die auch für private Teilnehmer am Rechtsverkehr untereinander unmittelbar gelten (vgl. Art. 9 Abs. 3, 38 Abs. 1 Satz 2, 48 Abs. 3 GG). Darüber hinaus wirken die Grundrechte über unbestimmte Rechtsbegriffe und Generalklauseln vielfältig auf die Rechtsverhältnisse des Privatrechts ein (sog. Drittwirkung

279 M. Herdegen, Europarecht, 19. Aufl., München 2017, § 10 Rn. 19ff.
280 EuGH Slg. 1963, 1 (25) „Van Gend & Loos"; EuGH Slg. 1964, 1251 (1269ff.) „Costa/ENEL".
281 BVerfGE 37, 271; 73, 339; 75, 223; 89, 155; BVerfG NJW 2009, 2267, 2270ff.
282 Dazu M. Herdegen, Europarecht, 19. Aufl., München 2017, § 10 Rn. 19ff.
283 BVerfGE 102, 147; BVerfG NJW 2009, 2267, 2272ff.

der Grundrechte).[284] Insgesamt ist also das Verfassungsgesetz die vorrangige nationale Rechtsquelle. Das kommt im Bereich der Normenkontrollverfahren vor dem Bundesverfassungsgericht etwa in der Figur der „verfassungskonformen" Gesetzesauslegung zum Ausdruck (vgl. Rn. 763 ff.).[285]

III. Parlamentsgesetz als Mittel demokratischer Herrschaft

Gesetze sollen typische Lebenssachverhalte generell und abstrakt 224
regeln. In Kontinentaleuropa war lange die Vorstellung maßgeblich, eine umfassende Gesetzgebung für alle Lebensgebiete sei die zweckmäßige und zuverlässige Gestaltungsform der Rechtsordnung. Die Gesetzbücher hießen lateinisch „codices". Man spricht daher – im Sinne der „Kodifikationsidee" – von einer kodifizierten Rechtsordnung. Die großen deutschen Gesetzgebungswerke des 19. Jahrhunderts (BGB, HGB, StGB, GewO) stehen noch in dieser Tradition, der vorher auch der französische Code Civil, das Preußische Allgemeine Landrecht und das österreichische Allgemeine Bürgerliche Gesetzbuch gefolgt waren.

Verfassungsmäßig verabschiedete Gesetze sind für ein parlamenta- 225
risch-demokratisches System die wichtigste Form staatlicher Herrschaft (vgl. Rn. 76 ff.). Dieses Verständnis des Gesetzes ist für die Rolle der Justiz und der Rechtswissenschaft in der Demokratie grundlegend: Das Gesetz ist der normativ verfestigte politische Wille der (parlamentarischen) Mehrheit, die im politischen Meinungskampf erfolgreich war. Es repräsentiert nach einer Grundidee der parlamentarischen Demokratie den Willen des souveränen Staatsvolkes. Exekutive und Judikative haben diesen Willen dienend (!) zu verwirklichen.

IV. Rechtsverordnungen

Das Gesetz ist nicht die einzige Erscheinungsform geschriebenen 226
staatlichen Rechts. Auch Rechtsverordnungen enthalten generell-abstrakte Rechtssätze. Sie binden die Rechtsgenossen (Normadressaten) materiell wie ein Gesetz, aber sie kommen anders zustande. Rechtsverordnungen werden von dazu gesetzlich ermächtigten Organen

284 Vgl. H. D. Jarass, in: H. D. Jarass/B. Pieroth, Grundgesetz, 14. Aufl., München 2016, Vorb. vor Art. 1 Rn. 13 („Ausstrahlungswirkung"), Art. 1 Rn. 52 ff. („mittelbare Drittwirkung").
285 Vgl. BVerfGE 48, 40 ff.

der vollziehenden Gewalt in einem besonderen Verfahren erlassen. Damit wird die Gewaltenteilung (Art. 20 Abs. 2 GG) durchbrochen. Die Trennung der drei Gewalten (Legislative, Exekutive, Judikative) ermöglicht ihre gegenseitige Balance und die Kontrolle möglicher Kompetenzverletzungen im Interesse des individuellen Freiheitsschutzes.[286] Um die Durchbrechung dieses wichtigen rechtsstaatlichen Grundsatzes beim Erlaß von Rechtsverordnungen in Grenzen zu halten, schreibt das Grundgesetz in Art. 80 Abs. 1 GG vor, daß Rechtsverordnungen nur erlassen werden dürfen, wenn dazu eine besondere gesetzliche Ermächtigung besteht. Die gesetzliche Ermächtigungsform muß zugleich Inhalt, Zweck und Ausmaß der Verordnungsermächtigung bestimmen. Der Gesetzgeber steuert also den Umfang der Verordnungsbefugnis der Exekutive. Eine Ergänzung dieser Grundsätze erfolgt durch den Vorbehalt des Gesetzes und die sog. Wesentlichkeitstheorie.[287] Danach sind grundlegende Regelungsbereiche durch ein förmliches Gesetz zu legitimieren, damit das staatliche Handeln Transparenz erhält, die parlamentarische Opposition beteiligt wird und die Betroffenen und die Gesellschaft Gelegenheit erhalten, ihre Auffassungen und Interessen auszubilden und zu vertreten.[288]

227 Rechtsverordnungen können im Vergleich zum Gesetzgebungsverfahren schneller erlassen, geändert oder aufgehoben werden. Mit ihrer Hilfe kann also die Rechtsordnung an gewandelte Tatsachen oder Wertvorstellungen elastisch angepaßt werden. Im rapiden sozialen und technischen Wandel sind Rechtsverordnungen oft das einzige Mittel, um gesetzgeberische Grundsatzentscheidungen flexibel durchzuführen und zu ergänzen.

Beispiel: § 1612a BGB a. F. – Festsetzung des Regelbedarfs bei der Unterhaltspflicht gegenüber dem Kind bis Ende 2007. Die darauf gestützte „Regelbetrag-Verordnung“ der Bundesregierung wurde durch Änderungsverordnungen regelmäßig angepaßt.

V. Satzungen

228 Die Körperschaften des öffentlichen Rechts (also z. B. Gemeinden, Landkreise, Anwalts- und Ärztekammern, Zweckverbände, Universitäten, Fachhochschulen, Bundesbank etc.) benötigen und erlassen zur

286 Vgl. C.-L. Montesquieu, Vom Geist der Gesetze, Buch XI, Kap. 6.
287 H. D. Jarass, in: H. D. Jarass/B. Pieroth, Grundgesetz, 13. Aufl., München 2014, Art. 20 Rn. 44 ff.
288 BVerfGE 95, 267 (307 f.).

Erfüllung ihrer Aufgaben eigene Rechtssätze, sog. Satzungen.[289] Sie regeln damit ihre Rechtsverhältnisse nach innen (Organisation, Organe etc.). Die Satzungsbefugnis der Körperschaften des öffentlichen Rechts ist Ausdruck der Autonomie ihrer Träger. Im Gegensatz zur Verordnungsbefugnis der Exekutive durchbricht die Satzungsbefugnis nicht den Grundsatz der Gewaltenteilung zwischen Exekutive und Parlament, weil die autonomen Körperschaften des öffentlichen Rechts binnendemokratisch organisiert sind und mit der Satzungsbefugnis als eine Art „vierte Gewalt" anerkannt werden. Ein Selbstbestimmungsrecht verbunden mit einer autonomen Rechtsetzungsbefugnis haben nach Art. 140 GG i. V. m. Art. 137 der Weimarer Reichsverfassung auch die Religionsgesellschaften für ihre Angelegenheiten. Dieses Selbstbestimmungsrecht besteht im Rahmen der „für alle geltenden Gesetze". Die beiden christlichen Konfessionen haben auf dieser Grundlage ein eigenes kirchliches Arbeitsrecht geschaffen.[290]

VI. Kollektivrechtliche Normenverträge

Rechtsnormen in Tarifverträgen, die den Inhalt, den Abschluß oder die Beendigung von Arbeitsverhältnissen regeln, gelten für die beiderseits Tarifgebundenen unmittelbar und zwingend (§ 4 Abs. 1 TVG). Beim Verbandstarif z. B. werden die Arbeitsverhältnisse zwischen den Mitgliedern der tarifschließenden Gewerkschaft und des Arbeitgeberverbandes von den tarifvertraglichen Rechtsnormen erfaßt wie von einer gesetzlichen Regelung. Der Tarifvertrag ist ein privater kollektivrechtlicher Normenvertrag. Die Tarifautonomie ist Teil der sog. kollektiven Koalitionsfreiheit und durch Art. 9 Abs. 3 GG geschützt.[291] 229

Im Arbeitsrecht trifft das außer für die Tarifverträge auch für Betriebsvereinbarungen zu (§ 77 BetrVG). Betriebsvereinbarungen sind Verträge zwischen dem Arbeitgeber und dem Betriebsrat über die Rechtsverhältnisse der im Betrieb Beschäftigten oder über betriebliche Fragen. 230

Tarifverträge und Betriebsvereinbarungen werden auch als Kollektivvereinbarungen oder Gesamtvereinbarungen bezeichnet. Sie regeln 231

289 Vgl. dazu H. Maurer/C. Waldhoff, Allgemeines Verwaltungsrecht, 19. Aufl., München 2017, § 4 Rn. 24 ff.

290 Vgl. R. Richardi, Arbeitsrecht in der Kirche, 7. Aufl., München 2015; G. Thüsing, Kirchliches Arbeitsrecht, Tübingen 2006.

291 H. D. Jarass, in: H. D. Jarass/B. Pieroth, Grundgesetz, 14. Aufl., München 2016, Art. 9 Rn. 37 ff.

wie Gesetze einen erheblichen Teil der Arbeitsbedingungen in der Bundesrepublik Deutschland. Ihre normative Wirkung auf die Arbeitsverhältnisse macht sie zu Rechtsquellen.[292] Deswegen sind sie im Grundsatz ähnlich wie Gesetze auszulegen.

VII. Gewohnheitsrecht

232 Von der traditionellen Rechtsquellenlehre wird auch das Gewohnheitsrecht als eigenständige Quelle objektiven Rechts anerkannt. Das Gewohnheitsrecht setzt nach der h. L. eine dauerhafte tatsächliche Übung („Gewohnheit") in der Rechtsgemeinschaft voraus. Die Übung muß allgemein sein und auf der Rechtsüberzeugung (dem „Rechtsgeltungswillen") der Rechtsgemeinschaft beruhen.[293] Das Gewohnheitsrecht muß also von der Mehrheit der sozialen Gruppe (z. B. der Deutschen, der Kaufleute, der freien Völker) als verbindlich anerkannt werden.

Die Bedeutung von Gewohnheitsrecht ist heute nur noch gering. Das war früher anders: Historische Gesetzessammlungen wie der Sachsenspiegel oder das Decretum Gratiani (siehe Rn. 173) waren ursprünglich oft „private" Aufzeichnungen überlieferter gewohnheitsrechtlicher Rechtssätze.

Auf nationaler Ebene gibt es heute Gewohnheitsrecht praktisch ausschließlich in der Erscheinungsform eines festen Gerichtsgebrauchs.

Beispiele: Vor der Schuldrechtsreform des Jahres 2002 waren die jetzt in § 311 Abs. 2, 3 BGB geregelten Grundsätze der culpa in contrahendo ungeschrieben anerkannt. In vereinzelten Fällen ordnet der Gesetzgeber ausdrücklich die Beachtung von Gewohnheiten an (vgl. Rn. 98). Das wichtigste Beispiel hierfür ist § 346 HGB, wonach auf die im Handelsverkehr geltenden Gewohnheiten und Gebräuche Rücksicht zu nehmen ist.[294] Mittels dieser Vorschrift werden etwa die Grundsätze über das kaufmännische Bestätigungsschreiben und die Handelsklauseln (Incoterms) in rechtlich relevante Regeln transformiert.

Größere Bedeutung hat das Gewohnheitsrecht heute noch im Völkerrecht. Dort spielen die ungeschriebenen allgemeinen Regeln des

292 Vgl. H. Brox/B. Rüthers/M. Henssler, Arbeitsrecht, 19. Aufl., Stuttgart 2016, Rn. 113 ff., 128 ff.; K. Adomeit, Rechtsquellenfragen im Arbeitsrecht, München 1969, S. 141 ff.

293 Vgl. L. Enneccerus/H. C. Nipperdey, Allgemeiner Teil des Bürgerlichen Rechts, 15. Aufl., Tübingen 1959, S. 261 ff.; F. Bydlinski, Juristische Methodenlehre und Rechtsbegriff, 2. Aufl., Wien 1991, S. 214 ff.

294 Zur Ermittlung der Handelsbräuche: BGH NJW 1994, 659; 2001, 2465.

Völkerrechts als „Völkergewohnheitsrecht" eine erhebliche Rolle (Rn. 221).

Für den Rechtsanwender ist es nicht leicht, klare Rechtssätze aus dieser Rechtsquelle zu schöpfen, weil heute Gewohnheitsrecht ex definitione nicht-geschriebenes Recht ist. Ob ein gewohnheitsrechtlicher Rechtssatz besteht und was genau sein Inhalt ist, wird in einem Rechtsstaat verbindlich durch die letzten zuständigen Gerichtsinstanzen entschieden. Gewohnheitsrecht ist also letzten Endes nur das, was das zuständige höchste Gericht dazu erklärt. Hier zeigt sich eine wichtige Verknüpfung des Gewohnheitsrechts mit dem Richterrecht (Rn. 238). Der gelernte Jurist und große Soziologe Max Weber[295] hat daher die Auffassung vertreten, daß Gewohnheitsrecht in Wahrheit stets Juristenrecht sei. Er spricht von einem „halb mystischen Begriff" des Gewohnheitsrechts. In der Tat hält das Gewohnheitsrecht als eigenständige Rechtsquelle einer Überprüfung kaum stand, wenn man etwas anderes darunter versteht, als die gefestigte – und veränderbare – Rechtsprechung der zuständigen letzten Gerichtsinstanzen. In justizstaatlich organisierten Rechtssystemen kann Gewohnheitsrecht wohl nur noch als Gerichtsgebrauch auftreten und erkannt werden. Sowohl die Eigenständigkeit als auch die Erforderlichkeit der Rechtsquelle „Gewohnheitsrecht" erscheint daher zweifelhaft. 233

Das Gewohnheitsrecht ist von Karl Marx unter einem anderen Aspekt kritisiert worden. Es dürfe neben dem Gesetzesrecht nur dort anerkannt werden, wo die Gewohnheit die Antizipation eines gesetzlichen Rechts sei.[296] Von den gesetzlichen Rechten und den Gewohnheitsrechten der privilegierten Stände hielt Marx seiner sozialkritischen Position gemäß nichts. Sie fänden im bestehenden Gesetz oft genug sogar die Anerkennung ihrer unvernünftigen Anmaßungen. Die Gewohnheitsrechte der Armen und Unterdrückten seien dagegen Rechte wider die Gewohnheit des positiven Rechts. Marx unterscheidet also die „guten" Gewohnheitsrechte der Armen von den geschichtswidrigen und „bösen" Gewohnheitsrechten der Privilegierten (dazu näher Rn. 452 f., 495 ff.). 234

295 M. Weber, Wirtschaft und Gesellschaft, 5. Aufl., Tübingen 1976, S. 508.
296 K. Marx, Verhandlungen des 6. Rheinischen Landtages (1842) – Debatten über das Holzdiebstahlsgesetz, in: Marx/Engels, Werke, Bd. I, Berlin 1970, S. 109 ff. (116).

VIII. Richterrecht

235 **1. Begriff und Erscheinungsform.** Der Begriff „Richterrecht“ wird nicht einheitlich verwendet.[297] Er bezeichnet hier alle Entscheidungsnormen (Wertmaßstäbe), die ohne wertende, gebotsbildende Akte des Richters dem Gesetz nicht entnommen werden können.[298] Gemeint sind damit die Gerichtsurteile der letzten Instanzen, die im sog. Lückenbereich (vgl. Rn. 822ff.) ergehen oder gar vom Gesetz abweichen (Rn. 826ff., 936ff.). Zum Lückenbereich gehören gerichtliche Entscheidungen, die in gesetzlich nicht geregelten Bereichen gefällt werden (Rn. 835). Dazu gehören auch die Konkretisierung unbestimmter Rechtsbegriffe und Generalklauseln (Rn. 185, 836) sowie die Auslegung von gesetzlichen Begriffen und Vorschriften unter Heranziehung von Zwecken, welche die Gerichte selbst bestimmt haben (Rn. 796ff., 831).

Auf nationaler wie europarechtlicher Ebene ist das Richterrecht inzwischen zur quantitativen Hauptquelle der Rechtsanwendung geworden. Das bestätigt ein Blick in die deutsche Kommentarliteratur nahezu aller Rechtsgebiete mit breiten Rechtsprechungsnachweisen. Präjudizien des EuGH und des EGMR bestärken diese Feststellung.

Beispiele: § 50 Abs. 1 ZPO sagt, daß parteifähig nur ist, wer rechtsfähig ist. Nach der Rechtsprechung des BGH hatten die Gewerkschaften dennoch und trotz § 50 Abs. 2 ZPO a. F. die aktive Parteifähigkeit, obwohl sie als nicht rechtsfähige Vereine organisiert sind.[299]

§ 253 BGB erwähnt Geldersatzansprüche für Verletzungen des Allgemeinen Persönlichkeitsrechts nicht. Die Rechtsprechung billigt aber bei schweren Verletzungen des Allgemeinen Persönlichkeitsrechts dem Geschädigten Geldersatzansprüche zu.[300]

Das Arbeitskampfrecht ist ganz überwiegend nicht gesetzlich geregelt. Die Arbeitskampfrechtsordnung der Bundesrepublik Deutschland ist in zahlreichen, nicht selten schwankenden Entscheidungen des BAG (daneben auch des BVerfG und des BGH) entwickelt und verändert worden.[301]

---

297 Vgl. H. C. Röhl, in: W. Heun u. a. (Hrsg.), Evangelisches Staatslexikon, Stuttgart 2006, Stichwort „Richterrecht“; Ch. Fischer, Topoi verdeckter Rechtsfortbildungen im Zivilrecht, Tübingen 2007, S. 90ff.; R. Marcic, Vom Gesetzesstaat zum Richterstaat, Wien 1957.

298 B. Rüthers, Die unbegrenzte Auslegung, 8. Aufl., Tübingen 2017, S. 458ff.

299 BGHZ 42, 210; 50, 325; kritisch dazu F. Kübler, Rechtsfähigkeit und Verbandsverfassung, Berlin 1971; vgl. auch H. Fenn, Zivilprozessualer Rechtsschutz unter rivalisierenden Gewerkschaften – BGHZ 42, 210, JuS 1965, 175ff.

300 BGHZ 26, 349; BGH NJW 1996, 984; 2000, 2187 u. 2195.

301 Vgl. die weit über hundert Entscheidungen in AP zu Art. 9 GG Arbeitskampf oder in EzA Art. 9 GG Arbeitskampf.

2. Streit um die Normqualität. a) Position der herrschenden Meinung. Die Rechtsquellenqualität des Richterrechts ist umstritten. Von der überwiegenden Meinung wird sie verneint. Diese Ansicht stützt sich dabei auf die Lehre von der Gewaltentrennung, für die rechtsetzende Akte der Justiz systemfremd sind. Danach gibt es nur zwei Rechtsquellen des innerstaatlichen Rechts, nämlich die Gesetzgebung und das Gewohnheitsrecht.[302] Die Ansicht, der Gerichtsgebrauch und das Richterrecht hätten keine autonome Autorität, die dem Gewohnheitsrecht vergleichbar wäre, war zur Zeit der Entstehung des BGB[303] herrschend. Die Gesetzesverfasser beriefen sich dafür auf Windscheid,[304] gaben aber zu erkennen, daß sie das Gewohnheitsrecht selbst als ein „Produkt der fortbildenden Tätigkeit des Richters" ansahen.[305] 236

Die h. L. neigt dazu, die faktisch normsetzende Bedeutung gerichtlicher Entscheidungen und die schleichende Verschiebung der Normsetzungsmacht von der Legislative auf die Justiz zu unterschätzen. Wegen dieser verfassungsrechtlich bedeutsamen Machtverschiebung erfordert das in manchen Bereichen starke Wachstum des Richterrechts erhöhte Aufmerksamkeit.

Die Bundesgerichte selbst messen ihren Urteilen verbal keine Rechtssatzqualität zu. So hat z. B. der 1. Senat des Bundesarbeitsgerichts 1980 in drei Grundsatzurteilen entschieden, daß die Arbeitgeber zur Abwehraussperrung gegen Schwerpunktstreiks befugt sind.[306] Der Senat stützte diese Befugnis nicht auf die ständige Rechtsprechung des BAG, sondern auf das geltende Tarifrecht. Richterrecht als Grundlage der Aussperrungsbefugnis lehnte er in seiner Urteilsbegründung ausdrücklich ab. Von der Sache her zählte der Senat materiell seine Arbeitskampfurteile, indem er sie dem Tarifrecht zuordnete, zum geltenden Bundesrecht und verdrängte damit das Aussperrungsverbot der hessischen Landesverfassung.[307] Man kann 237

302 L. Enneccerus/H. C. Nipperdey, Allgemeiner Teil des Bürgerlichen Rechts, 15. Aufl., Tübingen 1959, S. 206; K. Larenz, Methodenlehre der Rechtswissenschaft, 6. Aufl., Berlin 1991, S. 356 und 429 ff., 477 ff.

303 Protokolle bei B. Mugdan, Die gesamten Materialien zum Bürgerlichen Gesetzbuch für das Deutsche Reich, Bd. I, Berlin 1899, S. 570.

304 B. Windscheid, Lehrbuch des Pandektenrechts, Bd. I, 7. Aufl., Frankfurt/M. 1891, S. 38 ff.

305 Protokolle bei B. Mugdan, Die gesamten Materialien zum Bürgerlichen Gesetzbuch für das Deutsche Reich, Bd. I, Berlin 1899, S. 570.

306 BAG EzA Art. 9 GG Arbeitskampf Nr. 36–38 = AP Nr. 64–66 zu Art. 9 GG Arbeitskampf.

307 Vgl. B. Rüthers, Anm. zu BAG EzA Art. 9 Arbeitskampf Nr. 36, 37.

daher pointiert sagen, daß er mit diesen Urteilen den bis dahin unbekannten Rechtssatz aufstellte:

Bundesrichterrecht (des BAG) bricht Landesverfassungsrecht.

238 Unter dem Eindruck des großen Einflusses der höchstrichterlichen Rechtsprechung auf das, was im Alltag des Rechtslebens tatsächlich geltendes Recht ist, wird die Anerkennung des Richterrechts als Rechtsquelle zunehmend differenzierter betrachtet.[308] Zunächst ist eine Abgrenzung vom Gewohnheitsrecht erforderlich. Eine ständige höchstrichterliche Rechtsprechung kann auch nach der h. M. Gewohnheitsrecht begründen (vgl. Rn. 232 ff.). Das trifft aber nur zu, wenn durch dauernde Übung („Gerichtsgebrauch") eine allgemeine Rechtsüberzeugung begründet wird.

Beispiele: Eine solche allgemeine Rechtsüberzeugung ist etwa anzunehmen bei der Sicherungsübereignung, obwohl diese Rechtsfigur von der Rechtsprechung gegen die erklärten Absichten des historischen BGB-Gesetzgebers eingeführt worden ist.[309] Zweifelhaft ist die allgemeine Rechtsüberzeugung hingegen bei Einzelfragen zur Geldentschädigung wegen schwerwiegender Persönlichkeitsrechtsverletzung,[310] bei der aktiven Parteifähigkeit von Gewerkschaften und beim Arbeitskampfrecht.[311] Hier hat die ständige höchstrichterliche Rechtsprechung bis heute immer neu Widerspruch in der Literatur und in der rechtspolitischen Diskussion gefunden.

Nach der herrschenden Definition des Gewohnheitsrechts ist also nur ein Teil der ständigen Rechtsprechung geltendes Recht. Die h. M. gesteht richterlichen Grundsatzentscheidungen erst dann den Status als Rechtsquelle zu, wenn die unsicheren Kriterien des Gewohnheitsrechts erfüllt sind. Das geschieht nicht schon nach einem Urteil, sondern erst, wenn dessen Leitsätze und tragenden Entscheidungsgründe mehrfach und über einen längeren Zeitraum durch andere Urteile und ggf. eine Akzeptanz in der rechtswissenschaftlichen Literatur bestätigt werden. Wann genau dann aus einer bestimmten Rechtsprechung Gewohnheitsrecht geworden ist, entscheiden wiederum die Gerichte.

---

308 Vgl. K. Larenz, Methodenlehre der Rechtswissenschaft, 6. Aufl., Berlin 1991, S. 429; J. Sieckmann, in: W. Heun u. a. (Hrsg.), Evangelisches Staatslexikon, Stuttgart 2006, Stichwort „Rechtsquellen"; ferner ausführlich W. Fikentscher, Methoden des Rechts in vergleichender Darstellung, Bd. III, Tübingen 1976, S. 703 ff., 713 ff.

309 M. Wellenhofer, Sachenrecht, 32. Aufl., München 2017, § 15 I.

310 Etwa der Gesichtspunkt der Prävention, der bei der Bemessung der Geldentschädigung eine Rolle spielen soll: BGH NJW 1996, 984. Kritisch dazu M. Körner, Zur Aufgabe des Haftungsrechts – Bedeutungsgewinn präventiver und punitiver Elemente, NJW 2000, 241.

311 Vgl. etwa H. Brox/B. Rüthers/M. Henssler, Arbeitsrecht, 19. Aufl., Stuttgart 2016, Rn. 761 ff.

b) Gegenposition. Erkennt man höchstrichterlichen Grundsatzentscheidungen, die offene Rechtsfragen erstmals entscheiden oder eine bisher anders entschiedene Materie neu ordnen, die Qualität als Rechtsquelle zu, so reicht bereits eine einzige Entscheidung zur Begründung einer Rechtsnorm aus. Wohlgemerkt, dies gilt nicht für die einfachen Entscheidungen der Gerichte, sondern nur für die Grundsatzentscheidungen der Bundesgerichte, wenn es sich um Richterrecht im oben genannten Sinne handelt. 239

Solche Entscheidungen wirken unzweifelhaft nachhaltig auf die Instanzgerichte und den Rechtsverkehr ein. Das führt z. B. zu folgenden Fragen: Was gilt nach einer solchen Entscheidung für den Rechtsanwalt und seine Beratungspflicht gegenüber einer rechtsuchenden Partei? Begründet die Entscheidung die entsprechende Kontinuitätserwartung des Rechtsverkehrs für die entschiedene Fallgruppe? Im Strafrecht stellt sich z. B. das Problem, ob die Staatsanwaltschaft Anklage erheben muß, wenn sich eine höchstrichterliche Rechtsprechung gebildet hat, die nach Auffassung der Anklagebehörde nicht dem Gesetz entnommen werden kann.[312]

Die Annahme, daß Richterrecht eine Rechtsquelle ist, legt es nahe, 240
bestimmte rechtliche Konsequenzen zu ziehen. Diese Konsequenzen ergeben sich aber nicht schon aus der bloßen begrifflichen Einordnung als Rechtsquelle, sondern müssen begründet werden. Wir haben bereits gesehen, daß für Rechtsquellen der Grundsatz der Allgemeinheit gilt (Rn. 219). Die Leitsätze bzw. der Tenor solcher Urteile müssen dann diesen Anforderungen genügen und über die Entscheidung des jeweiligen Einzelfalles hinausreichen.

Des weiteren ist daran zu denken, daß bestimmte rechtsstaatliche Grundsätze, die für Gesetze gelten, dann auch auf diese Art von Gerichtsurteilen Anwendung finden. Dazu zählen zum einen die Grundsätze der Rechtssicherheit und des Vertrauensschutzes. Das schließt die Änderung einer solchen Rechtsprechung nicht generell aus.[313] Auch Richterrecht kann von der zuständigen Instanz „novelliert" werden,[314] allerdings wegen der Rückwirkung neuen Rechts nur bei sorgfältiger Berücksichtigung des gebotenen Vertrauensschut-

312 BGHSt 15, 155; siehe dazu K. Kröpil, Die rechtliche Bindung der Staatsanwaltschaft an gerichtliche Präjudizien in Praxis und Prüfung, JA 1985, 30ff.
313 Vgl. dazu näher BGHZ 52, 259; 59, 343.
314 Vgl. als ein Beispiel für viele BAG NZA 1993, 547 und BGH NZA 1994, 270 zur Arbeitnehmerhaftung.

zes.[315] Zum anderen stellt sich die Frage, ob und inwieweit die Wesentlichkeitstheorie richterlicher Rechtsfortbildung Grenzen zieht.[316]

241 Das Richterrecht verstößt nicht generell gegen die verfassungsrechtliche Gesetzesbindung der Gerichte (vgl. Rn. 878ff.).[317] Gesetzliche Wertungen können den Richter nur dort binden, wo sie vorhanden sind. Schon im Jahresbericht des Bundesgerichtshofes für 1966[318] heißt es dazu:

> „Darüber ist jedenfalls unter Juristen kein Zweifel möglich, daß in allen übersehbaren Zeiträumen das verwirklichte Recht eine Mischung von Gesetzesrecht und Richterrecht gewesen ist und daß dasjenige Recht, das sich in den Erkenntnissen der Gerichte verwirklicht hat, sich niemals in allem mit demjenigen Recht gedeckt hat, das der Gesetzgeber gesetzt hatte. Zur Erörterung steht immer nur das Maß, nicht das Ob eines Richterrechts".

Damit klingt an, daß die rechtsquellentheoretische und verfassungspolitische Problematik des Richterrechts – entgegen der h. L. – auf die Dauer nicht durch die „Umbenennung" des Richterrechts in angebliches „Gewohnheitsrecht" gelöst werden kann. Von dem amerikanischen Chief Justice Charles E. Hughes stammt die treffende Formulierung des Problems für die Verfassungsrechtsprechung:

> „We are under a constitution, but the constitution is, what the judges say it is".[319]

Grundlegend ist die Einsicht, daß gerichtliche Entscheidungen in vielen Fällen dem Gesetz nicht entnommen werden können, weil diese dort entweder gar nicht, nicht eindeutig oder im Widerspruch zu anderen Normen und Wertmaßstäben der Rechtsordnung geregelt sind (siehe Rn. 822ff.). Solche Entscheidungen haben normsetzende (rechtspolitische) Elemente.

241a **3. Führt das Richterrecht zum „Richterstaat"?** Das Anwachsen des Anteils des Richterrechts an der Gesamtrechtsordnung hat verschiedene Gründe.[320] Die wichtigsten sind die rapide zunehmenden Veränderungsgeschwindigkeiten in allen Lebensbereichen durch den Wandel der ökonomischen, technologischen, gesellschaftlichen Struk-

---

315 Vgl. BVerfGE 74, 129; 84, 212; 88, 103; BGHZ 132, 117.
316 Vgl. BVerfGE 84, 212; 88, 103.
317 BVerfGE 84, 212.
318 Vgl. Mitteilungen zum Jahresbericht des Bundesgerichtshofes 1966, in: NJW 1967, 816f.
319 C. E. Hughes, Addresses and Papers of Charles Evan Hughes ..., New York 1908, S. 139.
320 B. Rüthers, Die heimliche Revolution vom Rechtsstaat zum Richterstaat, 2. Aufl., Tübingen 2016.

turen und der Verhaltensweisen. Hinzu kommt ein tiefgreifender Wandel der Wertvorstellungen in allen Lebensgebieten (unter Rn. 314). Die Gerichte müssen häufig Streitfälle entscheiden, die von der Gesetzgebung nicht geregelt sind. Allein dieser „Lückenbereich“ verlagert die zeitlich „primäre“ Regelungskompetenz von der Gesetzgebung auf die Justiz.

Der Entscheidungszwang der Gerichte, wenn sie im Rahmen ihrer Zuständigkeit angerufen werden, führt heute in vielen Bereichen wegen des Rechtsverweigerungsverbotes (Rn. 314 und 823) notwendig zu einer richterrechtlichen Regelung. Sie wirkt nicht nur für den entschiedenen Einzelfall, sondern bei letztinstanzlichen Entscheidungen für die entschiedene Fallgruppe faktisch wie ein Gesetz (dazu näher unten Rn. 909f.).

Daneben gibt es gesetzliche Regelungen, die zwar unter „Wertungshorizonten“ der Gesetzgebungsorgane entstanden sind, die sich aber seit dem Erlaß von neuen Rechtsnormen, auch durch solche des Richterrechts, einschneidend verändert haben. Früher war der „Gesetzesstaat“ die normale und tradierte Erscheinungsform des Rechtsstaates.

Die heute reale Erscheinungsweise des Rechtsstaates ist der Richterstaat. Die Entscheidungen der letzten Gerichtsinstanzen bestimmen weit über das Gesetz hinaus, nicht selten auch gegen den erklärten Willen der Gesetzgebung, was geltendes Recht ist. Nicht das Grundgesetz und die Gesetze definieren in solchen Fällen, was „geltendes Recht“ ist, sondern die Richtermacht der letzten Instanzen. Auch das Selbstverständnis der obersten Gerichte hat sich mit der wachsenden Menge richterrechtlicher Normsetzungen verändert.

Damit erhalten die Methoden der Rechtsanwendung eine verfassungsrelevante, den Rechtsstaat prägende Funktion. Die vom BVerfG vertretene Auffassung, das Grundgesetz enthalte zur Methode der richterlichen Gesetzesanwendung keine verbindliche Regelung, verkennt die Reichweite der richterlichen Gesetzesbindung nach Art. 20 Abs. 3, 97 Abs. 1 des Grundgesetzes. Das gilt besonders bei der Auslegung und richterlichen Fortbildung des Grundgesetzes. Die vom BVerfG gelegentlich praktizierte „Freiheit der Methodenwahl“ kann zu verfassungswidrigen Entscheidungen der Gerichte, auch des Bundesverfassungsgerichts, führen.[321] Das hat Folgen für den Begriff des

321 Beispiele bei B. Rüthers, Die heimliche Revolution vom Rechtsstaat zum Richterstaat, 2. Aufl., Tübingen 2016, S. 109ff., 115ff.

Rechts und für die Verteilung der Normsetzungsmacht zwischen Gesetzgebung und Justiz. Der so entstandene „Richterstaat" ist heute die reale Erscheinungsweise des Rechtsstaates in allen westlichen Demokratien. Die Entscheidungen der letzten Gerichtsinstanzen sind in aller Regel Akte der richterrechtlichen Normsetzung. Es gelten nicht primär die bestehenden Gesetze, sondern das, was die zuständigen Gerichte nach den von ihnen angewendeten Auslegungsmethoden aus ihnen herauslesen. Das ist dann mit der Rechtskraft solcher Entscheidungen das „geltende Recht".[322] Das modifiziert zugleich den Rechtsbegriff (Rn. 55 ff.) und die Rechtsquellenlehre (Rn. 217 ff.).

Weil das so ist, erhält die jeweils gewählte Rechtsanwendungsmethode entscheidende Bedeutung für das „Wesen des Rechtsstaates". Das Risiko ist ein „Siegeslauf des Richterrechts" gegen das geltende Gesetz auf vielen Rechtsgebieten. Der Rechtsstaat (Art. 20 GG) kann durch die dazu geeigneten, „frei gewählten" Auslegungsmethoden in einen oligarchischen Richterstaat verwandelt werden.[323]

242 Das Bundesverfassungsgericht hat sich immer wieder mit der Zulässigkeit und den Grenzen richterlicher Rechtsfortbildung befaßt.[324] Im Grundsatzurteil[325] zur Rechtsfortbildung beschreibt das Gericht das Phänomen der gesetzlichen Lücke als einen Vergleich von zwei Ebenen, nämlich der Ebene der einfachen Gesetze und einer zweiten Ebene, die von der Verfassung oder den allgemeinen Gerechtigkeitsüberzeugungen gebildet wird. Lücken in den einfachen Gesetzen kommen dadurch zustande, daß „gegenüber den positiven Satzungen der Staatsgewalt unter Umständen ein Mehr an Recht besteht, das seine Quelle in der verfassungsmäßigen Rechtsordnung als Sinnganzem besitzt und dem geschriebenen Gesetz gegenüber als Korrektiv zu wirken vermag". Die verfassungsrechtlichen Wertvorstellungen können nach Auffassung des Gerichts dann von der Rechtsprechung umgesetzt werden und den Text der geschriebenen Gesetze ergänzen.

243 **4. Begründung für die Normwirkung höchstrichterlicher Grundsatzentscheidungen.** Die Begründung für die Einordnung von Richterrecht als Rechtsquelle erfolgt hier indirekt. So wie man die Existenz von Elektronen nicht dadurch nachweisen kann, daß

---

322 Vgl. das Zitat von Charles E. Hughes in Rn. 241.

323 Beispiele bei B. Rüthers, Die heimliche Revolution vom Rechtsstaat zum Richterstaat, 2. Aufl., Tübingen 2016, S. 109 ff., 115 ff.

324 BVerfGE 34, 269 ff.; 37, 67 (81); 49, 304 (318 ff.); 54, 224 (234 f.); 54, 277 (297 ff.); 57, 220 (245); 65, 182 (191 ff.); 71, 354 (363 f.); 84, 212 (226 f.); 88, 103 (115 f.); NJW 2011, 836.

325 BVerfGE 34, 269 (287).

man sie dem Gesprächspartner einfach zeigt, sondern indem man ihn auf deren Wirkungen hinweist, so erkennt man die Rechtsquellennatur von Grundsatzentscheidungen an den Wirkungen auf die Gerichte und den Rechtsverkehr. Zum einen handelt es sich um faktische Wirkungen (a), die durch Regelungen der Prozeßordnungen unterstützt werden (b), zum anderen werden die rechtsstaatlichen Elemente des Vertrauensschutzes (c) und der Wesentlichkeit (d) in gewissem Umfang auf Grundsatzentscheidungen der Gerichte übertragen.

a) Faktische Geltung höchstrichterlicher Entscheidungen. Die 244
gesetzesähnliche Wirkung höchstrichterlicher Entscheidungen auf alle gleichgelagerten Fallgruppen und damit auf Gesellschaft und Staat steht außer Zweifel. Die Instanzgerichte und der Rechtsverkehr stellen sich auf höchstrichterliche Grundsatzentscheidungen unverzüglich ein, nicht zuletzt wegen der Kostenlast überflüssiger, weil aussichtsloser Gerichtsverfahren. Diese faktische Wirkung der Grundsatzrechtsprechung der obersten Gerichte anerkennt auch die h. M. Der Effekt mache die höchstrichterlichen Entscheidungen aber nur zu einer Rechtsquelle im weiteren Sinn, also einer „soziologischen" Rechtsquelle (Rn. 217).

b) Richtlinienfunktion nach dem Verfahrensrecht. Höchstrich- 245
terliche Entscheidungen haben nicht nur eine faktische Wirkungsmacht. Die Rechtsordnung selbst schreibt den obersten Bundesgerichten Leitfunktionen bei der normsetzenden Fortbildung der Rechtsordnung und bei der Minimierung von Wertungswidersprüchen im geltenden Recht zu (z. B. § 132 Abs. 4 GVG). Es gibt zwar keine formelle Bindung an Präjudizien der Obergerichte,[326] im einzelnen sorgen aber die Verfahrensrechte aller Gerichtszweige dafür, daß die Instanzgerichte von Entscheidungen der obersten Bundesgerichte oder anderer letztinstanzlicher Gerichte möglichst wenig abweichen. Sie sorgen außerdem dafür, daß auch auf der Ebene der Bundesgerichte Unterschiede in der Rechtsanwendung vermieden werden.

Instanzgerichte sind an die Entscheidung der höheren Instanz ge- 246
bunden, wenn das Rechtsmittelgericht das instanzgerichtliche Urteil aufhebt und die Sache mit entsprechenden inhaltlichen Vorgaben zur erneuten Entscheidung zurückverweist.[327] Entscheidet ein Oberlandesgericht in Strafsachen als letzte Instanz und will es von der Ent-

326 Eine Ausnahme gilt nach § 31 Abs. 2 BVerfGG für Entscheidungen des BVerfG, die ein Gesetz für nichtig erklären.
327 Vgl. etwa § 563 Abs. 2 ZPO.

scheidung eines anderen OLG oder des Bundesgerichtshofs abweichen, besteht eine Vorlagepflicht zum Bundesgerichtshof.[328] Schließlich gibt es einen Zulassungszwang für Revisionen: Will ein Gericht der zweiten Instanz oder ein Finanzgericht von der Entscheidung des obersten Bundesgerichts desselben Gerichtszweiges oder des Gemeinsamen Senats der obersten Gerichtshöfe des Bundes abweichen, so muß es stets die Revision zulassen.[329]

247 Verfahrensregeln sorgen auch auf der Ebene der Bundesgerichte dafür, daß Divergenzen zwischen einzelnen Senaten eines Bundesgerichts als auch Divergenzen zwischen Bundesgerichten untereinander beseitigt werden.[330]

Will der Senat eines obersten Bundesgerichts von der Entscheidung eines anderen Senats oder des Großen Senats abweichen, so muß er die Rechtsfrage dem Großen Senat dieses Gerichts vorlegen.[331] Dessen Entscheidung bindet den vorlegenden Senat in der vorgelegten Rechtsfrage.[332]

Will ein oberstes Bundesgericht von der Entscheidung eines anderen obersten Bundesgerichts abweichen, so entscheidet der gemeinsame Senat der obersten in Art. 95 Abs. 1 GG genannten Bundesgerichte.[333]

248 Das Gerichtsverfassungs- und das Verfahrensrecht versuchen also, die Einheitlichkeit und Widerspruchsfreiheit der Rechtsanwendung und (damit) des geltenden Rechts möglichst lückenlos zu gewährleisten. Dieses rechtspolitische Ziel hat einen hohen Rang, weil es die Glaubwürdigkeit des Rechts und die Rechtssicherheit betrifft. Die letzten Instanzen sollen bei abweichenden Entscheidungen das letzte Wort haben. Sie sind in solchen Streitfällen der „gesetzliche Richter" nach Art. 101 Abs. 1 GG.

Diese Feststellung hat aber auch für die Frage nach der Rechtssatzqualität (Rechtsquellennatur) des Richterrechts Bedeutung. Die verfahrensgesetzlichen Vorkehrungen zur Sicherung der Rechtseinheit

---

328 § 121 Abs. 2 GVG.

329 § 543 Abs. 2 S. 1 Nr. 2 ZPO; § 132 Abs. 2 Nr. 2 VwGO; § 72 Abs. 2 Nr. 2 ArbGG; § 115 Abs. 2 Nr. 2 FGO; § 160 Abs. 2 Nr. 2 SGG.

330 Ein interessanter und bislang einmaliger Konflikt ist zwischen den beiden Senaten des Bundesverfassungsgerichts in der Frage entstanden, ob eine Unterhaltspflicht für ein behindertes Kind als Schaden zu bewerten ist; vgl. BVerfG NJW 1998, 523.

331 § 132 Abs. 3 GVG; § 11 Abs. 2 VwGO; § 45 Abs. 2 ArbGG; § 11 Abs. 2 FGO; § 41 Abs. 2 SGG.

332 § 138 Abs. 1 S. 3 GVG; § 11 Abs. 7 S. 3 VwGO; § 45 Abs. 7 S. 3 ArbGG; § 11 Abs. 7 S. 3 FGO; § 41 Abs. 7 S. 3 SGG.

333 RsprEinhG vom 19.6.1968 BGBl. I, S. 661; vgl. zum Verfahren BGHZ 60, 392.

zeigen: Die Bindung des Richters an die Rechtsprechung der letzten Instanz ist im praktischen Ergebnis stärker abgesichert als die an das Gesetz.

Das Abweichen eines Instanzgerichts vom Gesetz ist ein Revisionsgrund, das Abweichen von der Rechtsprechung der Bundesgerichte verpflichtet das Instanzgericht zur Vorlage oder zur Zulassung eines Rechtsmittels (Revision). Ob aber eine Abweichung vom Gesetz vorliegt oder nicht, das entscheiden verbindlich wiederum allein die Bundesgerichte. Sie können dabei irren, aber sie irren dann rechtskräftig. Es gilt die Feststellung O. Bülows, daß die Rechtskraft der höchstrichterlichen Entscheidungen stärker ist als die „Gesetzeskraft", also als das geltende Gesetz.[334]

c) Der Grundsatz des Vertrauensschutzes. Änderungen der 249
höchstrichterlichen Rechtsprechung treffen die Parteien eines Rechtsstreits in der Regel völlig unvorbereitet, wie Hagelschlag aus blauem Himmel. Anders als Gesetzesrecht tritt Richterrecht grundsätzlich rückwirkend in Kraft und wird auch rückwirkend geändert. Das wird deutlich, wenn das BAG nach einem Arbeitskampf, der nach der bewährten Rechtsprechung rechtmäßig geführt wurde, überraschend „Aussperrungsquoten" einführt, welche die bis dahin gültigen rechtlichen „Spielregeln" nachträglich verändern.[335] Das Problem verschärft sich, wenn ein Gericht seine Rechtsprechung in kurzer Zeit mehrfach ändert, wie es etwa das BAG im Arbeitskampfrecht oder bei der Arbeitnehmerhaftung getan hat.[336]

Nach der Rechtsprechung des BVerfG kann der rechtsstaatliche 250
Grundsatz des Vertrauensschutzes nicht direkt auf die Rechtsprechung angewendet werden. Daher sind die für rückwirkende Gesetze entwickelten Grundsätze auf Änderungen der Rechtsprechung nicht unmittelbar anwendbar.[337] Das soll selbst dann gelten, wenn – wie im Arbeitskampfrecht – jegliche gesetzliche Grundlage fehlt, wenn es sich also um reines Richterrecht handelt (vgl. Rn. 878 ff.), oder wenn

334 O. Bülow, Gesetz und Richteramt, Leipzig 1885, Neudruck Aalen 1972, S. 7, 48; zu Bülow vgl. Henne/Kretschmann, Ein Mythos der Richterrechtsdiskussion: Oskar Bülow, Gesetz und Richteramt (1885), Ius commune 26 (1999), 211 ff.

335 BAGE 33, 140 ff. u. 185 ff.

336 Dazu E. Picker, Zum Gegenwartswert des römischen Rechts, JZ 1984, 153 ff.

337 BVerfGE 18, 224 (240); BVerfGE 38, 386 (396); BVerfGE 59, 128 (165); BVerfGE 84, 212 (227); BVerfGE 87, 273 (278); BVerfG NZA-RR 2008, 607.

es um die Anwendung von unbestimmten Rechtsbegriffen bzw. Generalklauseln geht (vgl. Rn. 185)[338].

Im Gegensatz zu dieser Grundhaltung stehen eine Reihe gerade jüngerer Entscheidungen oberster Gerichte und des EuGH, die sich gezwungen sahen, die Grundsätze der Rechtssicherheit und des Vertrauensschutzes auf die eigene Rechtsprechung bei Rechtsprechungsänderungen anzuwenden.[339] Die Gerichte machen dadurch deutlich, daß sie ihren Entscheidungen gesetzesähnliche Qualität zuerkennen. Das äußert sich entweder dadurch, daß die Gerichte eine geplante Änderung ihrer Rechtsprechung ankündigen oder ihre neue Rechtsprechung nicht auf Altfälle anwenden.

251 Die obersten Bundesgerichte kündigen die Änderung einer eingeführten Rechtsprechung bisweilen in einer vorausliegenden Entscheidung durch ein obiter dictum an. Der Rechtsverkehr kann sich dann auf die bevorstehende Änderung einer bislang ständigen Rechtsprechung einstellen. Bedeutung hat dies insbesondere für die Gestaltung von Verträgen, die dann an die zu erwartende neue Rechtsprechung angepaßt werden können. Ein anschauliches Beispiel dafür liefert die Judikatur des BAG zu den arbeitsvertraglichen Bezugnahmeklauseln.[340]

252 Selbst wenn die Gerichte eine Rechtsprechungsänderung ankündigen, kann es sein, daß die davon betroffenen Parteien sich zum Zeitpunkt ihrer Entscheidungen, Handlungen oder Rechtsgeschäfte noch an der alten Rechtsprechung orientiert haben. Die obersten Gerichte gewähren bisweilen Vertrauensschutz für solche „Altfälle". Damit ist gemeint, daß die jeweils neuen Grundsatzentscheidungen nicht auf Fälle angewendet werden, die zeitlich vor dieser Entscheidung oder der Änderungsankündigung stattgefunden haben.

Beispiel: Bis zur Entscheidung des EuGH in Sachen „Junk" im Jahr 2005 war es ständige Rechtsprechung des BAG, daß es für die Anwendung der §§ 17 ff. KSchG bei Massenentlassungen nicht auf die Kündigungserklärung, sondern auf den Zeitpunkt des Ablaufs der Kündigungsfrist ankommt. Das wurde aus dem Begriff „Entlassung" in § 18 KSchG gefolgert. Der EuGH hat dagegen Anfang 2005 entschieden, daß mit „Entlassung" die Kündigungs-

338 Str., siehe zu letzerem E. Kempf/H. Schilling, Revisionsrechtliche Rechtsfortbildung in Strafsachen, NJW 2012, 1849 ff.

339 Vgl. BGHZ 114, 127; 132, 119; BGH NJW 2008, 1438; BAG NZA 2006, 607; 2007, 965; 2009, 323; EuGH, NJW 2011, 907 „Test-Achats".

340 BAG NZA 2006, 607 und BAG NZA 2007, 965; dazu H. Brox/B. Rüthers/M. Henssler, Arbeitsrecht, 19. Aufl., Stuttgart 2016, Rn. 717 f.; C. Höpfner, NZA 2008, 91 ff.

erklärung gemeint ist.[341] In dieser Zeit gab es eine Reihe von Arbeitgebern, die sich noch an der alten Rechtsprechung des BAG orientiert hatten und daher die Massenentlassungsanzeige nicht oder verspätet abgegeben hatten. Für diese Fälle hat das BAG Vertrauensschutz gewährt,[342] so daß die ausgesprochenen Kündigungen nicht unwirksam waren.

Interessant ist in diesem Zusammenhang die Frage, wann die obersten Gerichte zur Gewährung von Vertrauensschutz für Altfälle verpflichtet sind.[343] Es geht dabei im konkreten Fall darum, ob das Gericht einer der Prozeßparteien, obwohl sie nach der neuen Rechtsprechung den Prozeß gewinnen müßte, es zumuten kann, ein ihr ungünstiges Urteil hinzunehmen. Die Rechtsprechung greift dazu regelmäßig auf die Grundsätze zur Rückwirkung von Gesetzen zurück.[344] Danach ist zwischen der Rechtssicherheit einerseits und der materiellen Gerechtigkeit andererseits abzuwägen. In der Praxis der Gerichte drehen sich die Entscheidungen um die Frage, ob und ab welchem Zeitpunkt der Betroffene mit einer Änderung der Rechtsprechung rechnen konnte und ob er in seinem Vertrauen auf die alte Rechtsprechung schutzwürdig ist.[345] In der Literatur wird dagegen vorgeschlagen, die Frage, ob Vertrauensschutz zu gewähren ist, für das Zivilrecht unter Heranziehung des BGB zu lösen.[346] 253

Beispiel: Nach der Rechtsprechungsänderung zu den arbeitsvertraglichen Bezugnahmeklauseln war das BAG in mehreren Entscheidungen dazu gezwungen, über die Frage des Vertrauensschutzes zu entscheiden. Danach sei für Altfälle ab dem Inkrafttreten der Schuldrechtsreform zum 1. Januar 2002 kein Vertrauensschutz mehr zu gewähren, da ab diesem Zeitpunkt mit einer veränderten Beurteilung arbeitsvertraglicher Bestimmungen zu rechnen gewesen sei.[347]

d) Die Wesentlichkeitstheorie. Die Wesentlichkeitstheorie ist ein Teil des rechtsstaatlichen Gesetzesvorbehalts. Sie dient dazu, dem 254

---

341 EuGH BB 2005, 331.
342 BAG BB 2006, 1971.
343 Dazu schon W. Grunsky, Grenzen der Rückwirkung bei einer Änderung der Rechtsprechung, Karlsruhe 1970; aus neuerer Zeit K. Langenbucher, JZ 2003, 1132ff.; C. Höpfner, RdA 2006, 156ff.; D. Effer-Uhe, Die Bindungswirkung von Präjudizien, 2008; für das österr. Recht ablehnend F. Kerschner, Wissenschaftliche Arbeitstechnik und Methodenlehre für Juristen, 6. Aufl., Wien 2014, S. 42.
344 BGH NJW 1996, 1467; 2003, 1803; 2006, 765; BAG AP Nr. 43 zu Art. 9 GG Arbeitskampf; BAG BB 2006, 1971; BVerfGE 18, 224; 74, 129; 84, 103; 88, 212.
345 Vgl. etwa BVerfGE 84, 212; BGH NJW 2003, 1803; 2006, 765; BAG NZA 2007, 965; 2009, 323.
346 D. Medicus, NJW 1995, 2577, 2578; C. Höpfner, RdA 2006, 156, 160ff.
347 BAG NZA 2007, 965; BAG NZA 2009, 323; dazu C. Höpfner, Nochmals: Vertrauensschutz bei Änderung der Rechtsprechung zu arbeitsvertraglichen Bezugnahmeklauseln, NZA 2009, 420ff.

Parlament die Kompetenz zur Regelung der grundsätzlichen Fragen der gesellschaftlichen und sozialen Ordnung zu sichern. Ihre klassische Formulierung hat die Wesentlichkeitstheorie in der Kalkar-Entscheidung des BVerfG gefunden.[348] Dort formuliert das Gericht, daß

> „der Gesetzgeber verpflichtet ist – losgelöst vom Merkmal des 'Eingriffs' – in grundlegenden normativen Bereichen, zumal im Bereich der Grundrechtsausübung, soweit er staatlicher Regelung zugänglich ist, alle wesentlichen Entscheidungen selbst zu treffen".

Die Wesentlichkeitstheorie wurde zuerst auf die Gesetzgebung angewendet und bestimmt dort die Kompetenzabgrenzung von Legislative und Exekutive. Das Bundesverfassungsgericht geht in seiner Rechtsprechung wie selbstverständlich davon aus, daß die Wesentlichkeitstheorie auch im Verhältnis zwischen Legislative und Judikative gilt und eine Grenze für die richterliche Rechtsfortbildung zieht.[349] Die Anwendung der Wesentlichkeitstheorie in diesem Bereich macht deutlich, daß die höchstrichterliche Rechtsprechung in den Lückenbereichen vom Bundesverfassungsgericht als gesetzesgleich angesehen wird.

255 **e) Rechtslage im anglo-amerikanischen Rechtskreis.** In anderen Ländern ist das Bewußtsein für die Bedeutung des Richterrechts wesentlich ausgeprägter. Das gilt insbesondere für das englische und amerikanische System des Fallrechts (case law),[350] das sich an den Entscheidungen der Obergerichte (precedents = Präjudizien) orientiert. Das jeweils höchste Gericht darf von Präjudizien, die es selbst entschieden hat, in der Regel nicht abweichen. Es gilt der Grundsatz des „stare decisis et non quieta movere". In Ausnahmefällen bleibt dem Gericht aber noch die Möglichkeit, sich von seiner früheren Entscheidung zu lösen und diese für verfehlt zu erklären („overruling"). Es setzt dadurch neues Richterrecht. Die Untergerichte sind formell an die Urteile der Obergerichte gebunden. Sie sind aber nur an diejenigen Rechtssätze der Präjudizien gebunden, welche die Entscheidung tragen, an die „ratio decidendi", nicht jedoch an nebenbei Gesagtes („obiter dicta"). Eine weitere Möglichkeit, sich vom Präjudiz der höheren Instanz zu lösen, ist das sog. distinguishing, bei dem die Besonderheiten des zu entscheidenden Falles betont werden.

---

348 BVerfGE 49, 86 (126); später BVerfGE 61, 260 (275); 77, 170 (230ff.).
349 BVerfGE 84, 212; 88, 103; dazu M. Kloepfer, NJW 1985, 2497ff.; P. Lerche, NJW 1987, 2465ff.; M. Löwisch, DB 1988, 1013ff.
350 Vgl. D. Blumenwitz, Einführung in das anglo-amerikanische Recht, 7. Aufl., München 2003.

Das anglo-amerikanische Recht ist kein reines Fallrecht. Das Gesetzesrecht spielt in England wie in den USA eine zunehmende Rolle. Umgekehrt hat die richterliche Entwicklung und Entfaltung eines nicht kodifizierten Rechts in den kontinental-europäischen Staaten erheblich zugenommen. Wichtige Lebensgebiete moderner Industriestaaten, wie der Bundesrepublik Deutschland, sind fast ganz (z. B. Arbeitskampfrecht) oder teilweise (z. B. der Schutz des Allgemeinen Persönlichkeitsrechts) richterrechtlich geregelt. Die Systeme nähern sich einander an.[351] Der grundlegende Unterschied besteht darin, daß es in der Bundesrepublik Deutschland eine gesetzlich geregelte Bindung von Untergerichten an die Präjudizien der Obergerichte nicht gibt. Tatsächlich aber haben die Grundsatzentscheidungen oberster Gerichte auch in kodifizierten Rechtsordnungen eine wichtige normsetzende und „Richtlinien"-Funktion. 256

(frei) 257, 258

IX. Juristenrecht

Manche rechtstheoretischen Denkansätze gehen davon aus, daß Rechtsnormen auch das Produkt von Einsichten kundiger Rechtsgelehrter oder das Ergebnis eines Diskussionsprozesses in der Rechtswissenschaft sein könnten. Diese Vorstellung stammt bereits aus dem römischen Recht.[352] Im 19. Jahrhundert wurde sie vor allem von den Vertretern der Historischen Rechtsschule (Rn. 451 ff.) und der Begriffsjurisprudenz (Rn. 458 ff.) vertreten. Auf einen parlamentarisch-demokratischen Rechtsstaat ist sie aus Gründen der Gewaltenteilung nicht übertragbar. 259

Die Rechtswissenschaft und die Juristen haben u. a. die Aufgabe, systemgerechte Lösungsvorschläge („Regelungsentwürfe") für offene Rechtsfragen zu erarbeiten. Diese Entwürfe der „Wissenschaft" sind nichts anderes als rechtspolitische Empfehlungen an die zur Normsetzung befugten Instanzen. Zur Normsetzung befugt sind nach der Verfassung primär die Organe der Gesetzgebung und sekundär – dort wo die Gesetzgebung gar nicht oder unvollständig, mehrdeutig oder widersprüchlich geregelt hat – die Gerichte letzter Instanz. Die Rechtswissenschaft hat heute keine Befugnis zur Setzung von Rechtsnormen. Dazu fehlt jede verfassungsgesetzliche Grundlage, jede de- 260

---

351 Vgl. K. Zweigert/H. Kötz, Einführung in die Rechtsvergleichung, 3. Aufl., Tübingen 1996, S. 262 ff.

352 Vgl. M. Kaser/R. Knütel/S. Lohsse, Römisches Privatrecht, 21. Aufl., München 2017, § 2 II.

mokratie-theoretische Legitimation und jede politische Verantwortlichkeit und Kontrolle der rechtswissenschaftlichen Regelungsentwürfe. Ein eigenständiges „Juristenrecht" gibt es daher nicht.

261 Lehren der Rechtswissenschaft sind keine Rechtsquelle,[353] aber ihr Einfluß auf die Normsetzung ist nicht unbedeutend. Die umfangreichen rechtspolitischen Beratungsfunktionen der Wissenschaft und die Neigung der normsetzenden Instanzen, ihre Regelungen auf das Votum anerkannter wissenschaftlicher Autoritäten zu stützen, legen den Schluß nahe, die schließlich vom Gesetzgeber oder einer letzten Gerichtsinstanz in Kraft gesetzte Rechtsnorm sei „eigentlich" ein Ergebnis der Rechtswissenschaft. Geltung i. S. normativer Verbindlichkeit erlangt die Norm aber durch den verfassungsgesetzlich und gerichtsverfassungsgesetzlich begründeten Akt der Inkraftsetzung, nicht durch die in der Norm ausgedrückte wissenschaftliche Kompetenz.

X. Naturrecht als Rechtsquelle?

262 **1. Die Sehnsucht nach überpositiver Kontrolle des positiven Gesetzes.** „Das Gesetz gilt, weil es Gesetz ist". Dieser Satz drückt den Glauben an die Allgewalt der staatlichen Regelungsmacht aus. Er hat vom ausgehenden 19. Jahrhundert an als „Gesetzespositivismus" lange das kontinentale Staats- und Rechtsdenken beherrscht (Rn. 466 ff.). Die Erfahrungen mit staatlichen Unrechtssystemen in Vergangenheit und Gegenwart haben aber gelehrt, daß Gesetze (und Richtersprüche) auch einen verbrecherischen Inhalt haben können. Es gibt das Problem des „gesetzlichen Unrechts".[354] Die Rechtsgeschichte im Nationalsozialismus bietet dafür anschauliche Beispiele. Erwähnt seien nur die Kriegssonderstrafrechts-Verordnung und das Sonderarbeitsrecht für Juden und Zigeuner.[355]

Das Problem „ungerechter" staatlicher Normsetzungen ist uralt. Die Rechtsgeschichte ist zu einem erheblichen Teil die Geschichte staatlichen Unrechts. Konflikte zwischen dem staatlich gesetzten

353 MünchKomm-Säcker, Bd. 1, 7. Aufl., München 2015, Einl. Rn. 101 f. m. Nachw.; B. Rüthers, Wer schafft Recht? – Methodenfragen als Macht- und Verfassungsfragen, JZ 2003, 995 ff.

354 Vgl. G. Radbruch, Gesetzliches Unrecht und übergesetzliches Recht, in: ders., Rechtsphilosophie (Studienausgabe), 2. Aufl., Heidelberg 2003, S. 211 ff.; R. Dreier, Recht und Moral, in: ders., Recht – Moral – Ideologie, Frankfurt/M. 1981, S. 180 ff.; O. Höffe, Naturrecht ohne naturalistischen Fehlschluß: ein rechtsethisches Programm, in: ders., Den Staat braucht selbst ein Volk von Teufeln, Stuttgart 1988, S. 24 ff.; H. Dreier, Radbruch und die Mauerschützen, JZ 1997, 421 ff.

355 Vgl. B. Rüthers, Recht als Waffe des Unrechts – Juristische Instrumente im Dienst des NS-Rassenwahns, NJW 1988, 2825.

(„positiven") und dem Naturrecht sind vielfach literarisch bearbeitet worden. Als klassisch gilt jene Stelle in „Wilhelm Tell", an der Schiller den Stauffacher, Bauer in Schwyz, sagen läßt:[356]

„Nein, eine Grenze hat Tyrannenmacht:
Wenn der Gedrückte nirgends Recht kann finden,
Wenn unerträglich wird die Last – greift er
Hinauf getrosten Mutes in den Himmel
Und holt herunter seine ew'gen Rechte,
Die droben hangen unveräußerlich
Und unzerbrechlich, wie die Sterne selbst –
Der alte Urstand der Natur kehrt wieder,
Wo Mensch dem Menschen gegenübersteht –
Zum letzten Mittel, wenn kein andres mehr
Verfangen will, ist ihm das Schwert gegeben –
Der Güter höchstes dürfen wir verteid'gen
Gegen Gewalt –"

Der enge Zusammenhang zwischen Naturrecht, Selbsthilfe, Gewalteinsatz und Revolution wird an diesem Zitat augenfällig. Derselbe Grundgedanke findet sich in den verschiedenen historischen Erscheinungs- und Begründungsformen des Widerstandsrechtes wieder (vgl. Art. 20 Abs. 4 GG).

Der Bürger und die Gesellschaft haben offenbar das elementare Be- 263
dürfnis, staatlichem Recht nicht bedingungslos unterworfen und ausgeliefert zu sein. Sie fordern eine Inhaltskontrolle des staatlichen Rechts: Es soll fundamentalen Grundsätzen der Menschenwürde und der Gerechtigkeit – wie immer diese Begriffe definiert werden (vgl. Rn. 343 ff.) – nicht widerstreiten dürfen. Der Gedanke des Naturrechts ist nicht zuletzt aus diesem jederzeit möglichen und historisch vielfach belegbaren Konflikt zwischen dem staatlichen Recht und den Grundwerten menschlichen Zusammenlebens hervorgegangen. Das Naturrecht hat die Aufgabe, als Maßstab und Kontrollinstrument gegenüber dem staatlich gesetzten Recht zu dienen, wo dieses gegen die „Gerechtigkeit" verstößt und zum „Unrecht" wird. Es dient ferner oft als Argument für rechtspolitische Reformbestrebungen. Diese Funktion kann es nur erfüllen, wenn es staatlichem Zugriff entrückt ist und über dem staatlich geschaffenen Recht steht.

2. Anerkennung von Naturrecht als Rechtsquelle? Die Frage, ob 264
Naturrecht als Rechtsquelle anerkannt werden kann, begegnet ver-

356 Schiller, Wilhelm Tell, 2. Aufzug, 2. Szene.

schiedenen durchgreifenden Bedenken. Die kritischen Fragen zum Naturrecht lauten. Wie läßt sich der Inhalt naturrechtlicher Rechtssätze bestimmen? Wer hat die Kompetenz, diesen Inhalt zu bestimmen? Enthält nicht bereits das Grundgesetz ausreichende Sicherheiten gegen staatliche Willkür?

265 Die Versuche, Naturrechtsordnungen in den Grundzügen zu entwerfen, sind zahlreich. Die verschiedenen außer- und überstaatlichen Deklarationen und Kataloge von Grund- und Menschenrechten gehören dazu. Die unterschiedlichen Formen des Naturrechts gehören zum Problemkreis „Warum gilt Recht?" und werden dort behandelt (vgl. Rn. 332ff., 412ff., 445ff.). Ihre konkreten Inhalte, also die verbindlichen Rechtssätze des Naturrechts, sind im einzelnen umstritten. Hier mag die Feststellung genügen, daß es bis heute nicht gelungen ist, den Inhalt und den Geltungsgrund von überzeitlichen naturrechtlichen Rechtssätzen hinreichend präzise und überzeugend zu bestimmen.

Die Diskussion über sog. Grundwerte betrifft ein ähnliches Problem. In einem weltanschaulich neutralen und pluralistisch organisierten Gemeinwesen ist es schwierig, brauchbare, allgemein verbindliche, überpositive Wertmaßstäbe im Sinne konkret anwendbarer Entscheidungsnormen zu begründen. An Stelle eines überzeitlichen und der Idee nach unwandelbaren Naturrechts kann allenfalls an ein für eine bestimmte sozio-kulturelle Epoche maßgebliches „Kulturrecht" gedacht werden.[357]

266 Vor allem in der ersten Zeit ihres Bestehens haben oberste Bundesgerichte als Folge der lebhaften Naturrechtsdiskussion nach 1945 gelegentlich ihre Entscheidungen mit naturrechtlichen Argumenten und Ableitungen begründet.[358] Ein Naturrecht, das von den obersten Gerichtsinstanzen angewendet wird, gerät notwendig in die Definitionskompetenz dieser Instanzen. Die Gerichte definieren dann, was Naturrecht sein soll und wie es auf den konkreten Fall anzuwenden ist. Das von der Justiz angewendete „Naturrecht" ist der Sache nach im-

357 Vgl. H. Westermann, Wesen und Grenzen der richterlichen Streitentscheidung im Zivilrecht, Münster 1955, S. 26ff.

358 Vgl. etwa BGHZ 6, 270 (275); 9, 83 (89); 11, Anhang 2 (23ff.); 43 (64); 81 (84f.); 13, 265 (296f.); 16, 350 (353); BGHSt 4, 375 (376f.); 6, 46ff.; 6, 147ff.; BVerfGE 1, 14ff.; 2, 12 und 403; 3, 118f. und 232f.; zur Übersicht vgl. H. Weinkauff, Der Naturrechtsgedanke in der Rechtsprechung des Bundesgerichtshofs, NJW 1960, 1689ff.; G. Müller, Naturrecht und Grundgesetz, Würzburg 1967; H. U. Evers, Zum unkritischen Naturrechtsbewußtsein in der Rechtsprechung der Gegenwart, JZ 1961, 241ff.

mer Richterrecht. Hier wird die Argumentation mit dem Naturrecht unter der Hand zu einer Erscheinungsform staatlicher Normsetzung oder Normerhaltung, nämlich in der Form des Richterpositivismus (Rn. 490 ff.). Naturrecht ist dann das, was die letzten Instanzen dazu sagen. Wie aktuell diese Problematik ist, zeigen die Äußerungen des ehemaligen Präsidenten des Bundesgerichtshofs Hirsch in einem Beitrag des Jahres 2006:[359]

> „Im Konfliktfall [zwischen Recht und Gesetz] hat der Richter seine Entscheidung am (überpositiven) Recht auszurichten, …“

Unter der Fahne des „übergesetzlichen Rechts“ wird damit ein unbekümmerter Richterrechtspositivismus vertreten, der mit dem Demokratieprinzip und der Gewaltenteilung nach Art. 20 Abs. 3 GG nicht vereinbar ist.

Schließlich ist zu beachten, daß die Naturrechtsdiskussion regel- **267**
mäßig in sozialen oder staatlichen Ausnahmesituationen aufflammt: Naturrecht ist – jedenfalls im Kern – ein juristisches Instrument zur Bewältigung von Ausnahmelagen. Für die Normallage hat die Rechtsordnung der Bundesrepublik vorgesorgt. Die Verfassungsbeschwerde (Art. 93 Abs. 1 Nr. 4a GG, §§ 90, 93 BVerfGG) sowie die abstrakte und konkrete Normenkontrolle (Art. 93 Abs. 1 Nr. 2, 100 Abs. 1 GG) schützen die Rechtsgemeinschaft vor der Anwendung verfassungswidriger Gesetze, solange die Funktionsfähigkeit der damit befaßten Verfassungsorgane gesichert ist. Der Grundrechtskatalog des Grundgesetzes ist ein normiertes (= positives) Naturrecht.[360] In Art. 20 Abs. 4 und der sog. Notstandsverfassung macht das Grundgesetz sogar den Versuch, für den Ausnahmezustand den Schutz der Verfassung zu normieren. Das Grundgesetz enthält ausreichende Vorsorge gegen „ungerechte“ Gesetze (vgl. Rn. 965 ff.).[361] Das nicht normierte Naturrecht ist unter der Geltung des Grundgesetzes daher keine Rechtsquelle, aus der die Rechtsanwender geltendes Recht schöpfen können.[362]

(frei) **268, 269**

359 G. Hirsch, Zwischenruf – Der Richter wird's schon richten, ZRP 2006, 161 ff.; dazu B. Rüthers, Zwischenruf aus der methodischen Wüste: „Der Richter wird's schon richten“, JZ 2006, 958 ff.

360 Vgl. H. Westermann, Wesen und Grenzen der richterlichen Streitentscheidung im Zivilrecht, Münster 1955, S. 26 ff.

361 H. D. Jarass, in: H. D. Jarass/B. Pieroth, Grundgesetz, 14. Aufl., München 2016, Art. 20 Rn. 52 f.

362 J. Sieckmann, in: W. Heun u. a. (Hrsg.), Evangelisches Staatslexikon, Stuttgart 2006, Stichwort „Naturrecht“.

C. Rechtsordnung als Einheit?

I. Vielzahl der Rechtsquellen als Problem

270 Aus den vorstehend geschilderten Rechtsquellen sprudeln unaufhörlich neue Rechtsnormen hervor. Die Vielzahl der Rechtsquellen und die unterschiedliche Entstehungszeit der Normen bewirken, daß die „Gesamtrechtsordnung“, also die Summe der geltenden Rechtsnormen auch für Juristen unübersichtlich ist. Durch die stetige Flut neuer Gesetze und neuen Richterrechts im nationalen Recht wie im Europarecht ist sie ständig in Bewegung. Ihr genauer Inhalt für einzelne Rechtsfragen muß immer neu ermittelt werden. Dabei können auch „fernwirkende“ Neuregelungen in anderen Teilgebieten der Rechtsordnung eine Rolle spielen.

Beispiel: Die 1999 eingeführten und zwischenzeitlich (2003) schon wieder aufgehobenen, sozialrechtlichen Regeln zur sog. Scheinselbständigkeit in § 7 Abs. 4 SGB IV hatten Auswirkungen auf den Arbeitnehmerbegriff des Arbeitsrechts.

271 Die große Menge der Rechtsnormen kann leicht zu Normkollisionen führen: Mehrere Vorschriften regeln denselben Lebenssachverhalt mit unterschiedlichen, oft entgegengesetzten Rechtsfolgen. So sind verschiedene Regeln des deutschen Arbeitsrechts nach der Rechtsprechung des EuGH mit dem Europarecht in Konflikt geraten, wie etwa Fragen der Gleichstellung von Mann und Frau,[363] der Altersdiskriminierung[364] oder des Betriebsübergangs[365]. Dasselbe Problem entsteht auf der Ebene des nationalen Rechts, wenn etwa fortgeltende Vorschriften aus früheren Epochen mit einfach gesetzlichen Neuregelungen oder mit grundlegenden Wertvorstellungen des Grundgesetzes kollidieren.[366]

Die „Gesamtrechtsordnung“ bildet also real betrachtet keine in sich widerspruchsfreie Regelungseinheit. Sie enthält immer Wertungswidersprüche, Ungereimtheiten und Regelungslücken. Andererseits müssen widersprüchliche Antworten der Rechtsordnung, be-

---

363 EuGH Slg. 1997, I-2195 „Nils Draehmpaehl“ = NZA 1997, 645.

364 EuGH Slg. 2005, I-9981 „Mangold“ = NZA 2005, 1345; Slg. 2010, I-365 „Kücükdeveci“ = NZA 2010, 85.

365 EuGH Slg. 1994, I-1311 „Christel Schmidt“ = NZA 1994, 545; EuGH Slg. 1997, I-1259 „Ayse Süzen“ = NZA 1997, 433.

366 Z. B. BGHZ 26, 349 „Herrenreiter“; BVerfGE 34, 269 „Soraya“.

sonders der Gerichte, auf dieselbe Rechtsfrage tunlichst vermieden werden. Sie gefährden die Rechtssicherheit und das Vertrauen der Bürger in die Justiz. Zur Vermeidung oder Auflösung von Normkollisionen existieren verschiedene Möglichkeiten: Der Stufenbau der Rechtsordnung sorgt für ein Rangverhältnis unter den Normen (II.). Widersprüche zwischen gleichrangigen Normen werden durch allgemeine Kollisionsregeln oder Abwägung aufgelöst (III.). Schließlich können Konflikte des inneren Systems der Rechtsordnung durch den Gedanken der Einheit der Rechtsordnung beseitigt werden (IV.)

II. Stufenbau der Rechtsordnung

Ein Mittel, vorhandene Widersprüche innerhalb des Rechts auszuräumen, ist die Lehre vom Stufenbau der Rechtsordnung. Sie stammt von A. Merkl[367] und ist mit ihrer Übernahme durch H. Kelsen herrschend geworden.[368] Danach haben nicht alle Rechtssätze den gleichen Rang, sondern sind in einer Rangordnung gegliedert. Dieser Gedanke wird als „Stufenbau" der Rechtsordnung bezeichnet. Bei Normkollisionen geht der Rechtssatz höheren Ranges dem der nachgeordneten Rangstufe vor: „Lex superior derogat legi inferiori." **272**

Die Praktikabilität dieser Lehre hängt davon ab, daß die Rangfolge der verschiedenen Rechtsquellen und der daraus sprudelnden Arten von Rechtsvorschriften klar definiert ist. Für die deutsche Rechtsordnung gilt die folgende Rangordnung: **273**

1. Supranationale Rechtsnormen (EU-Recht).
2. Verfassungsnormen: Das Grundgesetz legt die Rangfolge der nationalen Rechtssätze selbst fest. Aus den Art. 20, 70 ff., 93, 100 GG ergibt sich eine „Hierarchie von Ermächtigungsnormen" zur Normsetzung, die zugleich die Rangfolge der so entstehenden Rechtssätze festlegt.
3. Der Verfassung nachgeordnet folgen die „allgemeinen Regeln" des Völkerrechts im Sinne des Art. 25 GG.
4. Unter diesen rangieren die Bundesgesetze, soweit sie zwingendes Recht enthalten. Nachgiebige („dispositive") Gesetzesvorschriften greifen nur ein, wenn vertragliche oder tarifvertragliche Abre-

367 A. Merkl, Das doppelte Rechtsantlitz, Jur. Blätter, 1918, S. 425 ff.; vgl. auch ders., Prolegomena einer Theorie des rechtlichen Stufenbaus, in: A. Verdross (Hrsg.), Gesellschaft, Staat und Recht, Festschrift für Hans Kelsen, Frankfurt/M. 1967, Nachdruck der Ausgabe Wien 1931, S. 252.

368 H. Kelsen, Reine Rechtslehre, 2. Aufl., Wien 1960 (Nachdruck 1992), S. 228 ff.; vgl. K. F. Röhl/H. C. Röhl, Allgemeine Rechtslehre, 3. Aufl., Köln 2008, § 36.

den nicht bestehen. Im Rang gleichgeordnet sind völkerrechtliche Verträge.

5. Es folgen Rechtsverordnungen des Bundes und Satzungen autonomer Organisationen des Bundes.
6. Danach rangieren die Landesverfassungen (vgl. Art. 31 GG, der besagt, daß einfaches Bundesrecht dem Landesverfassungsrecht vorgeht).
7. Ihnen folgen die Landesgesetze, soweit sie zwingendes Recht enthalten.
8. Darunter stehen die Rechtsverordnungen der Länder und die Satzungen.
9. Es folgt das Gewohnheitsrecht. Sicher erkennbar ist es allerdings erst, wenn es von zuständigen staatlichen Instanzen anerkannt worden ist.
10. Die kollektiven Normenverträge des Arbeitsrechts stehen unter dem staatlichen Recht, soweit dieses nicht den Vorrang von Kollektivvereinbarungen anordnet. (Beispiel: § 87 Abs. 1 BetrVG – tarifdispositives Gesetzesrecht). Im Bereich der Normenverträge gehen zwingende Normen von Tarifverträgen vor (§ 4 Abs. 1 TVG). Ihnen nachgeordnet sind die zwingenden Normen von Betriebsvereinbarungen (vgl. §§ 77 Abs. 3, 87 Abs. 1 BetrVG).[369]
11. Die „Religionsgesellschaften" haben nach Art. 140 GG und Art. 137 Abs. 3 WRV eine beschränkte Normsetzungsbefugnis, ihre Angelegenheiten selbständig zu regeln, etwa ein kirchenspezifisches Arbeitsrecht.

Die geschilderte Rangfolge des Stufenbaus der Rechtsordnung ist für die Rechtsanwender verbindlich. Sie gibt zugleich eine wichtige Orientierung für das Auffinden der im Einzelfall anzuwendenden Rechtsnormen.

Im Hinblick auf die sich abzeichnenden und erkannten Entwicklungen in der Bundesrepublik, in der Europäischen Union und in allen justizstaatlich organisierten Ländern bedarf die geschilderte Rangfolge einer Ergänzung. Faktisch zeichnet sich eine neue Rechtsquellenhierarchie ab. Die obersten deutschen und europäischen Rechtsquellen sind tatsächlich nicht mehr nur die unter 1. bis 11. aufgezählten Kodifikationen und Normtexte, sondern auch die dazu ergangenen rechtskräftigen Entscheidungen der zuständigen letzten

369 Zum Verhältnis der kollektiven Normenverträge vgl. Ch. Fischer, Die tarifwidrigen Betriebsvereinbarungen, München 1998.

Gerichtsinstanzen, also des EGMR, des EuGH, des BVerfG und der übrigen obersten Bundesgerichte. Sie sind für das Auffinden der im Einzelfall gültigen und anzuwendenden Rechtsnormen praktisch unverzichtbar.[370]

III. Komplexität der Rechtsanwendungsprobleme

Die Zahl und die Rangverschiedenheit der Rechtssätze zeigen bereits, wie kompliziert eine zutreffende Rechtsanwendung sein kann. Besondere Anwendungsprobleme ergeben sich, wenn Rechtssätze der gleichen Rangstufe nach ihrem Tatbestand auf den zu entscheidenden Sachverhalt anwendbar sind und zu widersprüchlichen Rechtsfolgen führen. In der juristischen Methodenlehre spricht man von „Kollisionslücken" (Rn. 841 ff.). Zur Auflösung dieser Kollisionen gibt es zwei Regeln: Das jüngere Gesetz geht dem älteren vor. Das spezielle Gesetz geht dem allgemeinen vor (dazu näher Rn. 770 ff.). Diese Regeln helfen aber dann nicht weiter, wenn die Normen zur gleichen Zeit erlassen wurden und auch keine Spezialität festgestellt werden kann. In diesem Fall muß die Lücke in anderer Weise beseitigt werden (dazu näher Rn. 878 ff.). 274

Beispiel: Bei einem Teil- oder Schwerpunktstreik wird die Produktion nicht bestreikter Betriebe (Betriebsteile) im Kampfgebiet durch die Streikfolgen lahmgelegt. Gilt für die Lohnansprüche der unbeschäftigten Arbeitnehmer §§ 275, 326 Abs. 1 BGB oder § 615 BGB? Die Überlegung, daß die Regel des § 615 BGB nach dem allgemeinen Aufbau des BGB die spezielle Vorschrift ist, führt hier nicht weiter. Das Lohnrisiko muß daher nach anderen Gesichtspunkten verteilt werden. Nach der Rechtsprechung verlieren die Arbeitnehmer grundsätzlich ihren Lohnanspruch.[371]

Eine andere Art der Normkollision kommt insbesondere bei den Grundrechten vor. 275

Beispiel: Die Freiheit der Presse nach Art. 5 Abs. 1 GG gerät häufig mit dem Allgemeinen Persönlichkeitsrecht eines anderen nach Art. 1 Abs. 1 und Art. 2 GG in Konflikt. So wird etwa die Resozialisierung eines Straftäters gefährdet, wenn über seinen Fall eine Filmdokumentation hergestellt wird,

370 Näher B. Rüthers, Wer herrscht über das Grundgesetz?, FAZ v. 18.11.2013, S. 7; ders., Die heimliche Revolution vom Rechtsstaat zum Richterstaat, 2. Aufl., Tübingen 2016, S. 77 ff., 95 ff., 103 ff.

371 Zuerst RGZ 106, 272; jetzt BAG, DB 1981, 321; siehe zur Entwicklung der Rechtsprechung Ch. Fischer/B. Rüthers, Anm. zu EzA Art. 9 GG Arbeitskampf Nr. 115, zu C. II.1.; H. Brox/B. Rüthers/M. Henssler, Arbeitsrecht, 19. Aufl., Stuttgart 2016, Rn. 387 ff.

die nicht ausreichend fiktionalisiert ist und seine Person identifizierbar macht.[372]

Nach der Rechtsprechung des Bundesverfassungsgerichts ist dieser Normenkonflikt, der durch die Freiheitsrechte zweier unterschiedlicher Personen entsteht, im Wege der praktischen Konkordanz durch Abwägung aufzulösen. Die Auflösung solcher Normkonflikte kann als Prinzipienabwägung analysiert und dargestellt werden (dazu näher Rn. 756 ff.).

IV. Einheit der Rechtsordnung als Auslegungsargument

276 Bereits im Abschnitt über „Einzelnorm und Rechtssystem" (Rn. 139 ff., 142 ff.) wurde dargestellt, daß der Rechtsanwender immer danach zu fragen hat, wie sein Rechtsproblem nach der Gesamtrechtsordnung zu lösen ist. Dabei wird gedanklich vorausgesetzt, daß die Rechtsordnung eine Einheit bildet und daß die Einheit gerade dann eine wichtige Interpretationshilfe bieten kann, wenn einzelne Rechtsnormen lückenhafte oder widersprüchliche Regelungen enthalten.

Beispiel: Das Allgemeine Persönlichkeitsrecht wird nach der Rechtsprechung des Bundesverfassungsgerichts durch Art. 1 Abs. 1 und Art. 2 GG gewährleistet.[373] Ausschnitte aus dem Schutzbereich des Allgemeinen Persönlichkeitsrechts wurden schon früher durch verschiedene Vorschriften des BGB und durch Spezialgesetze geschützt. So schützt z. B. § 12 BGB das Recht am eigenen Namen, die §§ 22 ff. KunstUrhG schützen das Recht am eigenen Bild. Das Urheberrechtsgesetz schützt in §§ 12 ff. das Urheberpersönlichkeitsrecht. Das Bundesdatenschutzgesetz schützt die personenbezogenen Daten. Darüber hinaus gewährt die Rechtsprechung bei schweren Persönlichkeitsrechtsverletzungen dem Verletzten eine Geldentschädigung. Gerechtfertigt wird dies mit dem höheren Rang des Persönlichkeitsschutzes, der wiederum aus Art. 1 Abs. 1 und Art. 2 Abs. 1 GG hergeleitet wird.[374] Das zum Allgemeinen Persönlichkeitsrecht als sonstiges Recht i. S. d. § 823 Abs. 1 BGB entwickelte Richterrecht des BGH ist so sehr im Rechtsbewußtsein verankert, daß die Gesetzgebung bei der Neuregelung des § 253 BGB durch die Schadensersatzreform des Jahres 2002 systemwidrig auf die Aufnahme dieser Rechtsprechungsgrundsätze in das Gesetz verzichtet hat.

277 Am Beispiel der Entwicklung des allgemeinen Persönlichkeitsrechts zeigt sich besonders anschaulich, daß Rechtsanwendung nicht

---

372 BVerfGE 35, 202 „Lebach-Entscheidung"; BVerfG NJW 2000, 1857 „Lebach II".
373 Vgl. BVerfGE 27, 1; 65, 1; 89, 9 (st. Rspr.); BGHZ 26, 349; w. Nachw. bei H. D. Jarass, in: H. D. Jarass/B. Pieroth, Grundgesetz, 14. Aufl., München 2016, Art. 2 Rn. 1, 36 ff.
374 BGHZ 26, 349 „Herrenreiter"; BVerfGE 34, 269 „Soraya".

nur die Anwendung einzelner Normen ist, sondern auch die Anwendung übergreifender Regelungskonzepte bedeutet, die in der Rechtsordnung über mehrere Gesetze und Rechtsgebiete verstreut sein können. Der Rechtsanwender sucht nicht die Antwort einer Norm auf den konkreten Fall, sondern die Antwort der gesamten Rechtsordnung. Der Interpret muß ungeachtet der äußeren, formalen Gliederung die jeweiligen Normen und Gesetze sowie die Rechtsordnung als Wertungseinheiten begreifen und anwenden. In den Entscheidungen und Lehrbüchern findet sich daher als Begründungsargument für bestimmte Lösungskonzepte in Einzelfragen oft der Hinweis auf

- die „Einheit des Gesetzes“,
- die „Einheit der Verfassung“,[375]
- die „Einheit der Rechtsordnung“.[376]

Dabei ist zu beachten: Die „Einheit“ von Regelungen (z. B. der Verfassung oder gar der ganzen Rechtsordnung) ist ein ideal gedachter, gesuchter, nicht aber real vorhandener Orientierungspunkt der Interpretation. Real ist ein Gesetz (auch die Verfassung) in der Regel das Produkt vielfältiger Kontroversen und Kompromisse. Die einzelnen Vorschriften und Regelungskomplexe haben oft ihre eigene Entstehungsgeschichte. Gesetze sind daher schon für sich betrachtet meist nicht „aus einem Guß“, sondern voller Spannungen und unaufgelöster Regelungswidersprüche. Noch stärker gilt dies für die „Gesamtrechtsordnung“. Sie enthält Regelungen aus verschiedenen historischen Epochen mit den unterschiedlichsten rechtspolitischen Zwecksetzungen und weltanschaulichen Orientierungen. Die Annahme einer widerspruchsfreien „Wertungseinheit“ oder „Sinneinheit“ eines Gesetzes oder der Verfassung ist daher – bewußt oder unbewußt – eine ideale Unterstellung oder, real gesehen, eine Illusion. Es geht darum, daß eine rational orientierte Rechtsanwendung von dem – historisch nicht gerechtfertigten – Grundsatz ausgeht, der Gesetzgeber könne sich selbst nicht widersprechen. Daraus folgt: Real feststellbare Wertungswidersprüche müssen durch sachgerechte Rechtsanwendung aufgehoben werden. Die „Einheit der Rechtsordnung“ ist also ein methodischer Hilfsbegriff des Rechtsanwenders, mit dem festgestellte Wertungswidersprüche überwunden oder „Ge- 278

375 BVerfGE 1, 14 (32); 19, 206 (220); 28, 243 (260); 34, 165 (183) (st. Rspr.); H. D. Jarass, in: H. D. Jarass/B. Pieroth, Grundgesetz, 14. Aufl., München 2016, Einl. Rn. 10 (ausführlicher in Voraufl.).

376 Vgl. K. Engisch, Die Einheit der Rechtsordnung, Heidelberg 1935, Neudruck Goldbach 1995.

setzeslücken" ausgefüllt werden können (vgl. Rn. 822ff.). Die sog. Einheit der (jeweiligen) Rechtsordnung wird nie vorgefunden, sondern stets hergestellt, indem einer der widerstreitenden Normen der Anwendungsvorrang eingeräumt und die andere insoweit rechtsfortbildend derogiert wird.

D. Zusammenfassung zu § 6

279 I. Die Gerichte und die vollziehende Gewalt sind an „Gesetz und Recht" (Art. 20 Abs. 3, 97 Abs. 1 GG) gebunden. Die Rechtsquellenlehre definiert, aus welchen Quellen, in welcher Rangfolge die Rechtsanwender die Rechtsnormen zu entnehmen haben. Die Rechtsquellenlehre betrifft also die Gesetzesbindung und damit Verfassungsfragen. Alle Rechtsquellen müssen dem Allgemeinheitsgrundsatz genügen.

II. Rechtsquellen sind supranationale und internationale Rechtsnormen, Verfassungsnormen, verfassungsgemäß zustandegekommene Gesetze sowie die auf ihrer Grundlage erlassenen Rechtsverordnungen. Rechtsquellen sind ferner die Satzungen juristischer Personen des öffentlichen Rechts sowie die kollektivrechtlichen Normenverträge (Tarifverträge und Betriebsvereinbarungen) des Arbeitsrechts. Die Kirchen haben nach der Verfassung eine Regelungsautonomie für ihre Angelegenheiten im Rahmen der für alle geltenden Gesetze (Art. 140 GG).

III. Rechtsquelle ist auch das Gewohnheitsrecht. Die Annahme von Gewohnheitsrecht setzt eine langdauernde Übung voraus, die von allgemeiner Rechtsüberzeugung getragen wird. Ob diese Voraussetzungen gegeben sind, das entscheidet allerdings allein die zuständige letzte Gerichtsinstanz. Gewohnheitsrecht ist mithin u. E. immer ein Produkt des Richterrechts.

IV. Als Richterrecht bezeichnet man die Leitsätze und tragenden Gedanken („Wertmaßstäbe") höchstrichterlicher Entscheidungen, die in der gesetzlichen oder gewohnheitsrechtlichen Rechtsordnung nicht enthalten sind. Richterrecht ist entgegen der h. M. eine Rechtsquelle. Das wird durch die Regeln des Prozeßrechts und die Anwendung des Vertrauensgrundsatzes und der Wesentlichkeitstheorie auf höchstrichterliche Urteile deutlich.

V. Die Rechtswissenschaft ist in einem parlamentarisch-demokratischen Rechtsstaat keine autonome Rechtsquelle. Es gibt kein eigenständiges „Juristenrecht".

VI. Ein den Richter bindendes überzeitliches Naturrecht als eigenständige Quelle verbindlicher Rechtssätze ist zu verneinen. In das Grundgesetz (Grundrechtskatalog) und die übrige Rechtsordnung sind jedoch zahlreiche dem Naturrechtsdenken entstammende Wertvorstellungen und Wertmaßstäbe aufgenommen („positiviert") worden.

VII. Der Stufenbau der Rechtsordnung führt zu einer Hierarchie der Rechtsquellen. Höherrangige Rechtsnormen verdrängen solche niedrigen Ranges. Der Stufenbau der Rechtsordnung trägt zur Beseitigung von Normkollisionen bei.

VIII. Jede Einzelnorm muß als Teil einer widerspruchsfrei gedachten Gesamtrechtsordnung verstanden, in dieses einheitliche Rechtssystem eingeordnet und aus dessen Regelungsabsicht ausgelegt werden. Nicht die Einzelnorm, sondern die Rechtsordnung als Wertungseinheit ist der Maßstab der Rechtsanwendung in jedem Einzelfall. Die Einheit der Rechtsordnung ist nicht ein realer Zustand, sondern ein ideales Ziel der Rechtsanwendung. Sie wird vom Rechtsanwender hergestellt, indem Wertungswidersprüche der Rechtsordnung rechtsfortbildend beseitigt werden.

§ 7. Jurisprudenz als Wissenschaft

> Die Grade des Falschen festzustellen, ist die Aufgabe der Wissenschaft.
>
> Nietzsche

> Ob der rechte Rechts-Verstand
> Je sey worden wem bekant
> Ist zu zweifeln; allen meinen
> Wil stets was zu wider scheinen;
> Ist also was zweifelhaft
> Schwerlich eine Wissenschaft
>
> Friedrich von Logau (1604–1654), Sinngedichte

Schrifttum: H. Albert, Kritischer Rationalismus, 2000, S. 57ff.; R. Dreier, Zum Selbstverständnis der Jurisprudenz als Wissenschaft, in: ders., Recht – Moral – Ideologie, Studien zur Rechtstheorie, 1981, S. 48ff.; J. v. Kirchmann,

Die Wertlosigkeit der Jurisprudenz als Wissenschaft (Berlin 1848), Nachdruck Freiburg 1990

A. Ist die Jurisprudenz eine Wissenschaft?

280 Wir haben die Gegenstände kennengelernt, mit denen sich die Jurisprudenz beschäftigt, nämlich die Rechtsnormen und ihre Rechtsquellen. Wir haben die Stolpersteine erkannt, welche die Fachsprache den Juristen und ihren Klienten in den Weg legt. Dabei hat sich ergeben, daß die Rechtswissenschaft und die Rechtsanwendung von einem deutlichen Maß an Unsicherheit und Mangel an Eindeutigkeit gekennzeichnet sind. Nach allem liegt es nahe, zu fragen: Ist die Rechtswissenschaft überhaupt eine „Wissenschaft" oder nur eine kunstfertige Technik im Umgang mit Texten, also Gesetzen, Entscheidungen, juristischer Dogmatik und Rhetorik? Bemerkenswert ist schon die unterschiedliche Bezeichnung der Disziplin einerseits als Jurisprudenz (= Rechtsklugheit) und andererseits als Rechtswissenschaft. Prudentia oder scientia, das ist mehr als eine Frage der Benennung.

281 Die Frage nach der Wissenschaftlichkeit der Rechtswissenschaft ist alt. Sie ist schon früh von Juristen selbst gestellt und verneint worden, am knappsten in dem noch heute lesenswerten Vortrag des preußischen Staatsanwaltes von Kirchmann „Über die Wertlosigkeit der Jurisprudenz als Wissenschaft" von 1848.[377] Kelsen hat im Vorwort seiner „Reinen Rechtslehre" die Rechtswissenschaft als eine „dem Zentrum des Geistes entlegene Provinz" bezeichnet, die „dem Fortschritt nur langsam nachzuhumpeln" pflege.[378] Er drückt damit zwei heute zweifelhaft gewordene Gewißheiten des frühen 20. Jahrhunderts aus: Man glaubte zu wissen, wo das „Zentrum des Geistes" zu suchen sei, und man vertraute der Qualität dessen, was jeweils als „Fortschritt" galt.[379] Wiethölter schließlich hat in seinem „Funkkolleg" der Jurisprudenz folgenschwere Hilflosigkeit und fehlenden Anschluß an die Wissenschaftstheorie bescheinigt.[380]

282 Man könnte die Frage nach der „Wissenschaftlichkeit" der Jurisprudenz für gekünstelt halten. Schließlich hat diese Disziplin ein ehr-

377 J. v. Kirchmann, Die Wertlosigkeit der Jurisprudenz als Wissenschaft (1848), Nachdruck Freiburg 1990.
378 H. Kelsen, Reine Rechtslehre, 2. Aufl., Wien 1960 (Nachdruck 1992), S. IV (Vorwort).
379 H. Lübbe, Fortschritt als Orientierungsproblem, Freiburg 1975, S. 32ff., 57ff.
380 R. Wiethölter, Rechtswissenschaft, Frankfurt/M. 1968, S. 9 (Vorwort).

würdiges Alter und in der Theorie wie in der Praxis eine bedeutende, wenn auch wechselvolle Geschichte. In der Hierarchie der antiken und mittelalterlichen Welt- und Wissenschaftsordnung, aber auch in den komplexen Strukturen der entwickelten Industriegesellschaft hatte und hat sie augenscheinlich wichtige soziale, ökonomische, politische und kulturelle Aufgaben.[381]

Die Frage nach der Wissenschaftlichkeit ist nicht nebensächlich. Sie ist eine andere Formulierung für das Problem: Kann ich mich auf die Aussagen der Disziplin verlassen? Schon in der Antike wurde Wissen vom unabgesicherten, subjektiven Meinen und von der Kunstfertigkeit abgrenzt.[382] Es geht um die Teilnahme der Jurisprudenz an der Rationalität der Wissenschaften und deren besonderen Erkenntnismethoden. Wissenschaften verfügen über einen begründeten Wissensfundus, der über unser Alltagswissen hinausgeht.

B. Schwieriger Wissenschaftsbegriff

I. Herkömmlicher Begriff

283 Vor der Antwort auf die Frage, ob Rechtswissenschaft eine Wissenschaft ist, steht die Frage: Was ist eine Wissenschaft und was charakterisiert ihre besonderen Erkenntnismethoden? Diese Frage hat eine eigene philosophische Disziplin hervorgebracht, die Wissenschaftstheorie (vgl. Rn. 7 ff.). Die philosophische Diskussion hat aber nicht zu einem allseits akzeptierten Ergebnis geführt, sondern eine Vielzahl unterschiedlicher und konkurrierender Auffassungen hervorgebracht.[383]

283a Manche wollen sich daher mit der soziologischen Aussage begnügen, Wissenschaft sei, was durch eigene Lehrstühle an Universitäten in Forschung und Lehre vertreten sei. Damit würde die Entscheidung über den Inhalt des Wissenschaftsbegriffs auf die Kultus- und Finanzbürokratie der Bundesländer delegiert. Die Finanzreferenten würden über den Wissenschaftsbegriff verfügen. Das weckt Zweifel an der Brauchbarkeit dieses Kriteriums. Im praktischen Leben ist die-

381 Vgl. K. Larenz, Über die Unentbehrlichkeit der Jurisprudenz als Wissenschaft, Berlin 1966.
382 Vgl. Platon, Menon, 97a ff.; Aristoteles, Nikomachische Ethik, 1142b 10 ff.
383 Gute Einführungen bieten: A. F. Chalmers, Wege der Wissenschaft, 6. Aufl., Berlin 2007; J. A. Schülein/S. Reitze, Wissenschaftstheorie für Einsteiger, 4. Aufl., Wien 2016.

ser Ansatz gleichwohl wirksam. Gemeinhin spricht man von einer Wissenschaft, wenn das betreffende Fach durch Forschung, Lehre und bewährte Überlieferung existent ist und wenn es über einen als gesichert erachteten Wissensbestand verfügt.

284 Trotz der bestehenden Meinungsverschiedenheiten läßt sich ein kleinster gemeinsamer Nenner finden, wonach als wissenschaftliche Aussagen solche anzusehen sind, die bei rationaler Beurteilung auch der kritische Diskussionsgegner als zutreffend akzeptieren müßte (Begründungsanspruch der Wissenschaft).[384] Das hat zwei Voraussetzungen: Die Aussagen müssen begründet sein, und die Begründung muß nachprüfbar sein. Darin besteht der Gegensatz zum subjektiven „Meinen", das sich auf Ahnungen, Vermutungen, Intuition, Gefühle u. ä. stützen kann. Wer „wissenschaftliche" Aussagen macht, erhebt den Anspruch, daß diese in einer sachkundig und rational geführten Diskussion unter kritischen Fachleuten Zustimmung finden können oder gar müssen. Unter Wissenschaft ist somit methodisch-rationales Bemühen um Erkenntnisfortschritt zu verstehen.

284a Weil die kritische Diskussion der Aussagen wichtig ist, muß die Wissenschaft nach der Überzeugung aller Kulturvölker „frei" (vgl. Art. 5 GG) sein. Das heißt: Wissenschaftliches Wissen, Forschen, Lehren und Publizieren sollen von äußeren Zwängen (etwa des Staates oder gesellschaftlicher Machtgruppen) freigehalten werden.

II. Wissen und Glauben

285 Die Wissenschaft nimmt für sich in Anspruch, besonders gut begründete Aussagen zu treffen. In naiver Wissenschaftsgläubigkeit könnte man daher der Ansicht sein, daß die Wissenschaften ausschließlich wahre, unverrückbare Sätze über die Welt und ihre Zusammenhänge produzieren. Das trifft aber nicht zu, wie die Wissenschaftstheorie gezeigt hat.[385] Ohne ein Mindestmaß von geglaubten, wissenschaftlich nicht beweisbaren Voraussetzungen ist menschliches Leben und damit auch wissenschaftliches Arbeiten nicht denkbar. Diese geglaubten Prämissen kann man „Ideologie" oder auch „Weltanschauung" nennen.[386] Boshaft formuliert sind die

> „meisten Weltanschauungen … Mittel, die dazu dienen, in der Welt ein solches Prinzip ausfindig zu machen, auf dessen Konto wir die Schulden unseres

384 F. Kambartel, in: J. Mittelstraß (Hrsg.), Enzyklopädie Philosophie und Wissenschaftstheorie, Stuttgart 1996, Stichwort „Wissenschaft".
385 Vgl. H. Albert, Traktat über kritische Vernunft, 5. Aufl., Tübingen 1991.
386 Vgl. dazu B. Rüthers, Die Wende-Experten, München 1995, S. 32ff., 42ff.

Lebens schreiben dürfen; dieses Prinzip kann ebenso gut die Vorsehung wie ein so oder anders verstandenes Naturfaktum sein, ebenso gut der Fortschritt der Menschheit wie eine Autorität, die Offenbarung ebenso gut wie die Geschichte. Die meisten Weltanschauungen sind Ansammlungen von Instrumenten, die dazu dienen, sich der Eigeninitiative zu entledigen – sind Methoden zur unbegrenzten Verlängerung der Kindheit".[387]

Wissenschaftliches Fragen und Forschen können demgegenüber 286
geradezu als das „Prinzip der Unsicherheit" beschrieben werden:

„Denn er ist das Wissen darüber, daß jeder jederzeit vor Gericht gerufen werden kann. Der Rationalismus ist jedoch nicht der Richter, sondern lediglich derjenige, welcher den Angeklagten vor Gericht führt, um einen Augenblick später den Richter auf die Anklagebank zu versetzen. Der Rationalismus ist die provokatorische Unruhe, die Unsicherheit, die keine Endurteile sucht, er ist der Mangel an Beständigkeit, der nur sich selbst Bestand geben möchte".[388]

Der Wissenschaftler steht also in einem Spannungsverhältnis. Er ist einerseits durch sein Menschsein angewiesen auf gesellschaftlich begründete Wertmuster und geglaubte Prämissen, auf weltanschauliche Grundlagen und eine soziale, d. h. zugleich nicht rein rationale Konstruktion seiner Lebenswirklichkeit.[389] Andererseits ist es sein Handwerk, keine These, keine Vorstellung, kein Werturteil unbefragt als gegeben hinzunehmen.[390] Kritische Überprüfung ist sein Habitus. Aber wenn er kritisch prüft, tut auch er das im Kontext seines individuellen und sozialen Zeithorizonts. Er arbeitet unter den Gegebenheiten seines „Weltbildes", seiner Erfahrungen, seiner Urteile und Vorurteile.

Wissenschaft vermittelt Verfügungswissen. Verfügungswissen gibt 287
Antwort auf die Frage „Wie kommen wir an ein bestimmtes Ziel?". Verfügungswissen umfaßt die Kenntnisse über Mittel und Methoden, die man zur Verwirklichung der jeweiligen Ziele benötigt. Im Gegensatz dazu steht die Frage „Welches Ziel wollen wir erreichen?". Die Diskussionen und Ergebnisse über privat und gesellschaftlich anzustrebende Ziele nennt man Orientierungswissen. Orientierungswissen dient der Ausrichtung des Lebens und der Gesellschaft auf erwünschte Zustände. Es wird durch weltanschauliche Grundpositio-

387 L. Kolakowski, Traktat über die Sterblichkeit der Vernunft, München 1967, S. 254.
388 L. Kolakowski, Traktat über die Sterblichkeit der Vernunft, München 1967, S. 260.
389 Vgl. P. Berger/T. Luckmann, Die gesellschaftliche Konstruktion der Wirklichkeit – Eine Theorie der Wissenssoziologie, 24. Aufl., Frankfurt/M. 2012.
390 K. R. Popper, Wissenschaftslehre in entwicklungstheoretischer und in logischer Sicht, in: ders., Alles Leben ist Problemlösen, München 1994.

nen (Religion, philosophischer Glaube oder andere Lebensgrundsätze) geprägt. Es handelt sich um rational diskutierbare, aber nicht wissenschaftlich beweisbare Werturteile (Rn. 109ff.). Die Ziele für den Aufbau unserer Gesellschaft, also das normierte Orientierungswissen, sind im Grundrechtskatalog des Grundgesetzes und den verfassungsrechtlichen Grundsätzen des Art. 20 GG enthalten.

Die Menschen leben aus der unbewußten oder evidenten Spannung dieser zwei unterschiedlichen Wissens- und „Gewißheits"-Ebenen. Diese Spannung zwischen den zwei Ebenen kann fruchtbar sein: Die Unsicherheit des (wissenschaftlich ergründeten) Wissens wird aufgewogen und erträglich durch die axiomatisch begründeten Annahmen der lebenspraktischen Orientierungsgewißheiten. Wer sich nur auf seine eigene Erfahrung und deren rationale Auswertung stützt, muß bedenken, daß auch die „eigene" Erfahrung gesellschaftlich konstruiert ist.[391] Auch der endgültige Verzicht des Skeptikers auf letzte Begründungen ist keine wissenschaftlich beweisbare Position.[392] Es ist eine Lebenshaltung und damit eine weltanschauliche Position. Beide Lebenshaltungen sind zu beobachten, lassen sich legitimieren und in Zweifel ziehen. Nicht selten wechselt ein Wissenschaftler im Laufe seines Lebens zwischen beiden Positionen.

III. Prüfbarkeit

288 Bereits bei den Überlegungen zum Begriff „Theorie" wurde deutlich, daß eine Theorie grundsätzlich überprüfbar sein muß (vgl. Rn. 7ff.). „Wissenschaftlich" sollte ein Wissenschaftler seine Aussagen nur nennen, wenn er ein Verfahren akzeptiert, mit dessen Hilfe die Aussage bestätigt oder widerlegt werden kann. Das Kriterium der Prüfbarkeit orientiert sich an den empirischen Wissenschaften. So gibt es in den Naturwissenschaften das Experiment, um Theorien zu überprüfen. Wir haben gesehen, daß sich dieses Modell nicht einfach auf die Rechtswissenschaft übertragen läßt (Rn. 11ff.). Man kann diese Form der Prüfbarkeit zwar bei der Frage der tatsächlichen Auswirkungen von Normen auf die Gesellschaft und Wirtschaft anwenden. Im Bereich der Normen und der Normzwecke stößt das Kriterium der Prüfbarkeit, versteht man es im Sinn der empirischen Wissenschaften, aber an seine Grenzen.

---

391 Vgl. P. Berger/T. Luckmann, Die gesellschaftliche Konstruktion der Wirklichkeit – Eine Theorie der Wissenssoziologie, 24. Aufl., Frankfurt/M. 2012.

392 Dazu A. Musgrave, Alltagswissen, Wissenschaft und Skeptizismus, Tübingen 1993, S. 280ff.

Scheinbar befinden wir uns dann in einem Dilemma: Entweder läßt sich eine wissenschaftliche Aussage oder Theorie an Hand von Beobachtungen (Basissätzen) empirisch überprüfen oder es handelt sich gar nicht um eine wissenschaftliche Aussage. Gibt es keinen Test, dann kann es nur um Glaubensfragen und die dahinter stehenden Vorverständnisse und Weltanschauungen gehen. Daher wurde auch schon vorgeschlagen, auf das Kriterium der Prüfbarkeit für wissenschaftliche Theorien ganz zu verzichten.[393] Dieser Vorschlag beruht auf einer Betonung gewisser Unterschiede zwischen den Wissenschaften, die nachfolgend näher beleuchtet werden sollen.

C. Rechtswissenschaft als Wissenschaft

I. Unterschiede von Wissenschaftlichkeit

Alle Wissenschaften stimmen darin überein, daß sie Ausschnitte 289
von Wirklichkeiten zutreffend erfassen und beschreiben wollen. Ihr Ziel ist es, „Wahrheiten“ zu ermitteln. Aber die zu erforschenden Wirklichkeiten sind verschieden. Auch die Ansprüche wissenschaftlicher Theoriebildung und Thesenformulierungen sind je nach Disziplin, aber auch nach Motivation und Interesse des einzelnen Wissenschaftlers sehr verschieden. Dabei spielt auch die Exaktheit der Überprüfungsmechanismen für neue Aussagen eine Rolle. Sie ist in den Naturwissenschaften und der Mathematik eine andere als in der Rechtswissenschaft, Soziologie oder Politikwissenschaft.

Gegenwärtiges Leitbild der Wissenschaftstheorie sind die Natur- 290
wissenschaften mit ihren unbestreitbaren Erfolgen. Dort geht es um Aussagen und Theorien über Tatsachen, die in Experimenten und Beobachtungen überprüft werden. Die Wahrheit der Aussagen ist die regulative Idee, an der sich die Theorien bewähren müssen. Im Unterschied dazu geht es in der Rechtswissenschaft im wesentlichen um die Verwirklichung normativer Zwecke, also um teleologische Probleme, nicht selten mit einer Mehrheit von möglichen Lösungen unterschiedlicher Zweckmäßigkeit und „Systemgerechtigkeit“. Die Wahrheitsfrage stellt sich insoweit in den spezifischen Formen einer Disziplin, die gestalten will und darauf abzielt, Werte und Zwecke

393 So etwa J. Habermas, Gegen einen positivistisch halbierten Rationalismus, in: T. Adorno u. a., Der Positivismusstreit in der deutschen Soziologie, 13. Aufl., Frankfurt 1989, S. 235 ff.; dagegen H. Albert, Kritischer Rationalismus, Tübingen 2000, S. 74 f.

zu verwirklichen. Die Besonderheiten und Probleme der Rechts- und Sozialwissenschaften lassen sich besser verstehen, wenn man einen Blick auf den sog. Werturteilsstreit wirft.

II. Werturteilsstreit

290a Die Eigenart der Werturteile als eine besondere Art von Sätzen wurde bereits behandelt (Rn. 109ff.). Werturteile können nicht wie Tatsachenaussagen als wahr oder falsch erwiesen werden (Rn. 117ff.). Dieser Unterschied hat zu der Schlußfolgerung geführt, daß Werturteile, da sie nicht wahrheitsfähig sind, keine wissenschaftlich begründbaren Aussagen enthalten. Das ist der Inhalt des sog. Postulats der Wertfreiheit der Wissenschaften und der Ausgangspunkt der Kontroverse, die unter dem Namen „Werturteilsstreit" bekannt geworden ist. Die Debatte wurde zu Beginn des 20. Jahrhunderts maßgeblich durch Max Weber angestoßen. Daraus ist eine heftige, noch andauernde Kontroverse entbrannt (vgl. Rn. 579ff.).[394] Die einen sprechen sich im Anschluß an Max Weber für eine Wertfreiheit der Wissenschaften aus.[395] Die anderen gehen davon aus, auch Werturteile seien wissenschaftlich begründbar.[396] Sie versuchen also die Trennung von Sein und Sollen aufzuheben.

290b Um von vornherein Mißverständnisse zu vermeiden, sei darauf hingewiesen, daß auch die Befürworter einer Wertfreiheit der Wissenschaften nicht verkennen, daß es in der Forschungspraxis erkenntnisleitende Entscheidungen und Bewertungen geben muß. Die Auswahl des Forschungsthemas und die dem Thema zugemessene Bedeutung sind selbstverständlich Wertentscheidungen des jeweiligen Wissenschaftlers und der ihn fördernden Institutionen. Keine grundsätzliche Schwierigkeit stellt außerdem der Umstand dar, daß Werturteile in verschiedenen Wissenschaften den Gegenstand der wissenschaftlichen Betrachtung bilden. Solange die Werturteile und Wertentscheidungen nur den Betrachtungsgegenstand der Wissenschaft ausma-

394 Vgl. M. Weber, Die „Objektivität" sozialwissenschaftlicher und sozialpolitischer Erkenntnis, in: ders., Gesammelte Aufsätze zur Wissenschaftslehre, 7. Aufl., Tübingen 1988, S. 146ff.; E. Topitsch (Hrsg.), Logik der Sozialwissenschaften, 12. Aufl., Frankfurt/M. 1993; H. Albert/E. Topitsch (Hrsg.), Werturteilsstreit, 3. Aufl., Darmstadt 1990; Th. Adorno (Hrsg.), Der Positivismusstreit in der deutschen Soziologie, 14. Aufl., Darmstadt 1991.

395 M. Weber, V. Kraft, K. R. Popper, E. Topitsch, H. Albert.

396 Kritische Theorie der Frankfurter Schule, besonders J. Habermas, Zur Logik der Sozialwissenschaften, 5. Aufl., Frankfurt/M. 1982; ferner die konstruktive Wissenschaftstheorie, vgl. P. Lorenzen, Konstruktive Wissenschaftstheorie, Frankfurt/M. 1974; vgl. auch M. Kriele, Kriterien der Gerechtigkeit, Berlin 1963.

chen, bestehen keine Bedenken, da hierüber wahrheitsfähige Aussagen getroffen werden können (vgl. Rn. 179).[397]

Der Werturteilsstreit betrifft die Juristen und ihre Wissenschaft unmittelbar, weil sie ständig mit normierten Werturteilen umgehen, sie auslegen, ergänzen, verändern und gesellschaftlich durchsetzen. Die Juristen müssen daher ein elementares Interesse haben, die Bereiche abzustecken, in denen sie mit wahrheitsfähigen (kognitiven) Aussagen arbeiten können, sowie alle Möglichkeiten auszuschöpfen, sich über Werturteile und ihre Begründungen intersubjektiv zu verständigen. Die Kernfragen des Werturteilsstreits sind in den folgenden fünf Thesen zusammengefaßt. Sie können die sehr umfangreiche, interdisziplinär geführte Kontroverse nicht annähernd vollständig nachzeichnen und sollen die Leser lediglich zum Nachlesen verführen: 290c

(1) Ein verläßliches, allgemein anerkanntes Verfahren, Werturteile wissenschaftlich zu begründen, ist bisher nicht gefunden worden. Die Beweislast für die wissenschaftliche Begründbarkeit und die so verbürgte „Objektivität" von Werten, Wertordnungen und Werturteilen liegt bei den Denkschulen, welche diese behaupten. 290d

(2) Wenn oder solange eine Begründung von Werturteilen in einer intersubjektiv nachprüfbaren, wissenschaftlichen Verfahrensweise nicht möglich ist, kommen nur andere Begründungen von Werturteilen in Betracht. Dabei sind vor allem drei Begründungsarten wichtig:

- Werte können allgemein oder mehrheitlich anerkannt sein (Konsensprinzip).
- Werte können autoritativ vorgegeben, „gesetzt" sein (Autoritätsprinzip).
- Werte können geglaubt werden.

(3) Aus dem Umstand, daß sich Werturteile wissenschaftlich nicht begründen lassen, folgt nicht zwingend ein absoluter Wertrelativismus oder Wertnihilismus. Sinnvoll erscheint ein eingeschränkter, ein „relativer Relativismus":[398] Über die Existenz und die Rangfolge verbindlicher Werte macht dieser keine Aussage mit wissenschaftlichem Anspruch.

(4) Gleichwohl ist es sinnvoll, über den Rang und die Zuordnung von Werten rational zu diskutieren mit dem Ziel, sich über eine

397 Vgl. H. Albert, Kritischer Rationalismus, Tübingen 2000, S. 53.

398 U. Klug, Thesen zu einem kritischen Relativismus in der Rechtsphilosophie, in: Radbruch-Gedächtnisschrift, Göttingen 1968, S. 103 ff.; A. Brecht, Politische Theorie, 2. Aufl., Tübingen 1976, S. 139 ff.

„Werthierarchie" zu verständigen. Dabei ist zu beachten, daß in dieser rational zu führenden Diskussion die weltanschaulichen Vorverständnisse der Teilnehmer eine erhebliche Rolle spielen. Werturteile sind, auch wenn sie nicht wissenschaftlich begründbar sind, nicht jeder wissenschaftlichen Reflexion entzogen und etwa gegen Kritik gefeit.[399] Die kritische Reflexion und Diskussion über Wertfragen muß nicht notwendig „unwissenschaftlich" sein.[400] Es bleibt die Aufgabe der normativ arbeitenden Wissenschaften, die intersubjektive wissenschaftliche Verständigung über Wertfragen voranzutreiben, also Werturteile im erreichbaren Umfang nachprüfbar zu machen.

(5) Es ist wichtig, Tatsachenbehauptungen und Werturteile zu unterscheiden. Innerhalb der jeweiligen Wissenschaft ist darauf zu achten, bis zu welchem Punkt empirische Aussagen getroffen werden können und ab wann ein wertender Entscheidungsakt hinzutritt. Die jeweiligen Bereiche sind transparent zu machen. Werturteile können nur auf der Grundlage einer ausreichenden Ermittlung des Sachverhaltes, einer Untersuchung über die Effizienz der möglichen Mittel und der zu erwartenden Nebenfolgen getroffen werden.

III. Folgerungen für die Rechtswissenschaft

291 Viele Juristen nehmen an, daß es sich bei der Rechtswissenschaft hauptsächlich oder ausschließlich um eine normative Disziplin handelt, da ihre Aussagen normativen Charakter hätten. Aus dem Werturteilsstreit scheint zu folgen, daß Rechtswissenschaft entweder nicht wertfrei zu betreiben ist oder daß es sich nicht um eine Wissenschaft handelt. Wir haben schon gesehen, daß diese Annahme und ihre Konsequenz nicht zutreffen. Man kann z. B. sehr wohl deskriptive Aussagen über Normen machen, indem man sie etwa systematisiert (vgl. Rn. 179). Das ist angesichts der Normenflut der nationalen und europäischen Gesetzgebung eine nicht gering zu achtende Aufgabe. Nimmt man das Postulat der Wertfreiheit an, stellt sich die Frage, in welchen Bereichen die Rechtswissenschaft wahrheitsfähige (empirische, deskriptive) Aussagen treffen kann und in welchen Bereichen sie Werturteile verwendet. Damit soll die Rechtswissenschaft nicht

399 H. Albert, Kritischer Rationalismus und Dialektik der Revolution, in: C. Grossner (Hrsg.), Verfall der Philosophie, Reinbek 1971, S. 187; K.-H. Fezer, Teilhabe und Verantwortung, München 1986, § 8 C II 1.

400 So, aber von einer anderen Position her, St. Strömholm, Allgemeine Rechtslehre, Göttingen 1976, S. 34, unter Berufung auf die Uppsala-Schule der skandinavischen Jurisprudenz.

von Werturteilen gereinigt werden, sondern nur deutlich gemacht werden, wann sie normative Elemente für ihre Aussagen hinzuzieht.

1. Deskriptive Aussagen über das Recht und die Rechtspraxis. 292
Empirische und wahrheitsfähige Aussagen kann die Rechtswissenschaft zunächst unter zwei Blickrichtungen treffen: Adressat solcher Aussagen kann zum einen der Richter zum anderen der beratende Rechtsanwalt bzw. Notar sein.

Klassischerweise sieht die Rechtswissenschaft ihre Aufgabe darin, den Richter in seiner Entscheidungsfindung zu unterstützen. Darauf ist auch die Juristenausbildung nach wie vor ausgerichtet. Dabei geht es darum, dem Richter das Programm des Gesetzgebers zu vermitteln und die gerichtlichen Entscheidungen an Hand dieses Programms zu kontrollieren. Das geschieht durch die Beschreibung des geltenden Rechts, seiner Konstruktionsprinzipien und seiner systematischen Zusammenhänge. Das ist der Bereich der juristischen Dogmatik (dazu Rn. 309 ff.). Die dabei getroffenen Aussagen sind deskriptiv, weil die Normen nur Gegenstand der Beobachtung sind.

Die Aufgabe der Rechtswissenschaft besteht aber genauso darin, 293
Rechtsanwälten, Notaren, Wirtschaftsjuristen und anderen rechtsberatenden Berufen die möglichen rechtlichen Gestaltungsspielräume aufzuzeigen und auf rechtliche Risiken hinzuweisen. Unter diesem Aspekt hat die Rechtswissenschaft vorherzusagen, was die letzten Instanzen zu einem in Frage stehenden Fall sagen werden. Prognosen über gerichtliche Entscheidungen können mit erträglicher Gewißheit aufgestellt werden, weil man voraussetzen darf, daß die Bundesgerichte ihre Rechtsmeinung in der Regel nicht willkürlich ändern, gleichgelagerte Fälle also gleich entscheiden werden, auch wenn Ausnahmen in der sehr wankenden Rechtsprechung oberster Bundesgerichte unübersehbar sind. Auch in diesem Bereich trifft die Rechtswissenschaft deskriptive Aussagen über die Entscheidungspraxis der Gerichte.

Interessant und problematisch sind aber die Fälle, bei denen sich die Fachleute einig sind, daß die letztinstanzliche Entscheidung schwer vorauszusagen ist, weil es noch kein passendes Präjudiz gibt. Dann sind noch nicht existente Auslegungsvarianten oder Regeln zu entwerfen, mit deren Hilfe der „neue" Fall entschieden werden kann.

2. Deskriptive Aussagen bei der Auslegung und Fortentwicklung des Rechts. 294
Damit ist der Bereich rechtswissenschaftlicher Tätigkeit angesprochen, der regelmäßig als Argument dafür vorgebracht

wird, daß die Rechtswissenschaft normativen Charakter habe. Da die Rechtswissenschaft aber keine Kompetenz zur Rechtssetzung hat (Rn. 259 ff.), sieht es so aus, als müsse sie sich bei der Fortentwicklung des Rechts darauf beschränken, den Gerichten oder dem Gesetzgeber Normvorschläge zu unterbreiten, die von diesen kompetenten Instanzen dann als verbindlich erklärt werden oder eben nicht. Nimmt man an, daß normative Aussagen nicht wahrheitsfähig sind, könnte die Rechtswissenschaft keine Erkenntnisse, sondern lediglich Regelungsvorschläge aus gesetzlichen Sinn- und Systemzusammenhängen produzieren. Sie müßte sich um die realen Wirkungen von Normen nicht kümmern.

295 Eine solche Auffassung über die Rechtswissenschaft trifft weder die Realität noch stellt sie ein angemessenes Modell rechtswissenschaftlicher Tätigkeit dar. Die Rechtswissenschaft kann vielmehr als sozialtechnologische Disziplin bis zu einem gewissen Punkt auch im Bereich der Fortentwicklung des Rechts deskriptive und wahrheitsfähige Aussagen treffen, die für die praktische Rechtsanwendung von Bedeutung sind.[401] Außerdem ist es auch hinsichtlich der zu erreichenden Ziele, d. h. im Bereich der Wertungen, möglich, rational zu argumentieren.

296 Die Funktion des Rechts ist Zweck- und Wertverwirklichung durch Normen (Rn. 136 f., 717 ff.). Daraus folgt, daß in der Rechtswissenschaft die Teleologie im Zentrum des wissenschaftlichen Interesses steht. Die deskriptive Aufgabe der Rechtswissenschaft besteht dann in einem ersten Schritt darin, die Steuerungswirkung von Gesetzen und richterlichen Entscheidungen zu untersuchen. Es geht um die Analyse der (gesetzgeberischen) Zwecke und die relevanten Wirkungszusammenhänge der Normen und ihrer Auslegung auf die sozialen Systeme. Darüber hinaus kann die Rechtswissenschaft auch zur Lösung ungeregelter Fälle beitragen, indem sie effiziente Auslegungsvarianten und Normvorschläge entwickelt, die auf der Grundlage empirisch ermittelter sozialer Zusammenhänge die Normzwecke bestmöglichst verwirklichen.

Beispiel: Die Ausrichtung am gesetzgeberischen Zweck und der sozialen Steuerungswirkung läßt sich an den Kausalitätstheorien des § 823 Abs. 1 BGB zeigen. Der Zweck der Haftung nach § 823 BGB liegt in der Verhaltens-

401 H. Eidenmüller, Rechtswissenschaft als Realwissenschaft, JZ 1999, 53 ff.; V. Kraft, Die Grundlagen einer wissenschaftlichen Wertlehre, 2. Aufl., Wien 1951, S. 17 f.; Th. Wälde, Juristische Folgenorientierung, Königstein/Ts. 1979.

steuerung durch Androhung einer Schadensersatzpflicht.[402] Eine Verhaltenssteuerung funktioniert nur dann, wenn ein wohlinformierter Beobachter die Folgen der schadensursächlichen Handlung hätte einschätzen können. Nicht vorhersehbare Folgen einer Handlung beeinflussen die Entscheidung und das Verhalten der Menschen nicht. Eine Verpflichtung zum Schadensersatz für inadäquate Folgen einer Verletzungshandlung würde daher lediglich Kosten für die Umverteilung hervorrufen. Das ist ökonomisch nicht sinnvoll.[403] Daher ist die Adäquanztheorie zur Eingrenzung der haftungsausfüllenden Kausalität ein geeignetes Mittel zur Verwirklichung der gesetzgeberischen Zielsetzung, nämlich die Verhaltenssteuerung der Menschen zur Vermeidung von Schäden bei anderen Personen. Diese Aussage läßt sich auch überprüfen, indem etwa die Verkehrsteilnehmer daraufhin befragt werden, ob sie ihr Verhalten ändern würden, wenn sie auch für ganz entfernt liegende Schäden haften müßten.

Bei der Auslegung und Fortentwicklung des Rechts kommt ein zweiter Umstand hinzu: Neue Auslegungsvarianten und Normen sind nicht nur in ihrer sozialen Wirkung auf die gegebenen Ziele hin zu untersuchen, sie sind auch auf ihre Vereinbarkeit mit dem System der schon geltenden Normen zu prüfen. Widerspricht eine neu gebildete Regel bestehenden Normen und Wertungen der Rechtsordnung, so besteht eine „Kollisionslücke“ (Rn. 274, 841 ff.). **297**

Jede rechtsfortbildende, also auch jede „lückenfüllende“ richterliche Entscheidung enthält unvermeidbar volitive, also rechtspolitische Elemente. Sie stellt für die darin behandelte Fallgruppe neue, gesetzesähnlich wirkende Maßstäbe auf. Das verpflichtet die zuständige Instanz zu einer sorgfältigen Abwägung der zu erwartenden Rechtsfolgen sowohl für den zu entscheidenden Einzelfall als auch für die davon betroffene Fallgruppe. Vor allem gilt das für letztinstanzliche Gerichtsentscheidungen, die neue richterrechtliche Wertmaßstäbe aufstellen und damit über den entschiedenen Fall hinaus die Rechtsordnung verändern. Das trifft insbesondere für Entscheidungen des Bundesverfassungsgerichts zu. Deshalb spielt die Folgenabwägung in vielen seiner Entscheidungen, auch seiner Kammern, eine wichtige Rolle. Die Sorgfalt, die in den Gründen regelmäßig auf dieses Argument verwendet wird, zeigt den großen Anteil richterlicher Rechtspolitik in seiner Rechtsprechung. Deshalb darf die Pflicht zur Folgenabwägung als eine Leitlinie des BVerfG bei der Wahrnehmung seiner Aufgaben verstanden werden. Dasselbe gilt im jeweiligen Zu-

402 Vgl. Palandt-Sprau, BGB, 77. Aufl., München 2018, Einf v § 823 Rn. 1.
403 H.-B. Schäfer/C. Ott, Ökonomische Analyse des Zivilrechts, 5. Aufl., Berlin 2012, S. 263 ff.

ständigkeitsbereich für die obersten Bundesgerichte (siehe auch Rn. 303, 330).

298 **3. Wertbezug und wertende Elemente.** Solange lediglich die effiziente Verwirklichung vorgegebener Ziele und deren Einpassung in das System der Rechtsordnung gefragt sind, kann sich die Rechtswissenschaft weitgehend wertfrei bewegen. Sie trägt dann insbesondere durch Berücksichtigung empirischer Sozialdaten und Wirkungszusammenhänge zur Verbesserung sozialer Systeme bei. Unproblematisch ist dies, solange die Ziele und Zwecke des Gesetzgebers klar und deutlich vorgegeben sind.

299 Schwieriger wird es dann, wenn diese Ziele nicht zu erkennen sind oder wenn sich die Zwecke des Gesetzgebers im Laufe der Jahre überlebt haben, wie dies bei älteren Gesetzen vorkommt. Außerdem delegiert der Gesetzgeber über Generalklauseln und unbestimmte Rechtsbegriffe die Aufgabe zu deren normativer Konkretisierung auf die Rechtsprechung (vgl. Rn. 185). In diesen Fällen ist die Rechtswissenschaft gezwungen, in gewissem Umfang selbst Ziele zu definieren. Auf der Ebene der Auslegung und Fortbildung des einfachen Rechts bewegt die Rechtswissenschaft sich aber auch dann noch in einem vorgegebenen Rahmen, soweit sie die anzustrebenden Ziele etwa den Grundrechten des Grundgesetzes oder gültigen Grundsätzen der Gesamtrechtsordnung entnehmen kann. Daher konnte etwa das Bundesverfassungsgericht die Rechtsfortbildung des BGH zur Geldentschädigung bei Persönlichkeitsverletzungen billigen.[404]

300 Noch schwieriger wird es allerdings, wenn zur Lösung eines Sachverhaltes konkurrierende Grundrechte gegeneinander abzuwägen sind. Auch dann lassen sich jedoch eine Vielzahl von Fällen unter Einbeziehung deskriptiver Aussagen lösen. Das Verhältnismäßigkeitsprinzip verlangt für die Einschränkung der Grundrechte immer, daß das Mittel geeignet und erforderlich ist. Dabei handelt es sich – wie Alexy gezeigt hat – um eine „Optimierung" in bezug auf die tatsächlichen Möglichkeiten.[405] Das bedeutet aber nichts anderes, als die Berücksichtung empirischer Aussagen über die gesetzgeberischen Mittel, welche das betroffene Grundrecht am geringsten beeinträchtigen. Die Grenzen der Wertfreiheit sind aber spätestens dann überschritten, wenn es um die sog. Verhältnismäßigkeit im engeren Sinn oder um freie Rechtsfortbildungen geht.

404 BVerfGE 34, 269 „Soraya".
405 R. Alexy, Theorie der Grundrechte, 3. Aufl., Frankfurt/M. 1996, S. 100ff.

Es ist klar, daß dann, wenn es um die Angemessenheit und Sachgerechtigkeit oder Zweckmäßigkeit geht, die Problemlösungen nicht immer eindeutig als „richtig" oder „falsch" beurteilt werden können. Daraus erklären sich viele der Ungenauigkeiten und Unberechenbarkeiten juristischer Aussagen zur Gesetzgebung (Rechtspolitik) und zur Rechtsanwendung. Es wäre jedoch verfehlt, daraus den pauschalen Schluß zu ziehen, die Rechtswissenschaft sei „unwissenschaftlich". Sie hat Normen und damit verbindlich vorgegebene Gestaltungsabsichten und Zwecke zum Gegenstand. Diese zu verwirklichen ist aber kein mathematisch-logisches, sondern ein auf soziale und politische Praxis ausgerichtetes Geschäft. 301

D. Beziehung der Rechtswissenschaft zu anderen Wissenschaften

Aus der Analyse der Bereiche, in denen die Rechtswissenschaft Beiträge zur Verbesserung der sozialen Systeme leisten kann, ist deutlich geworden, daß es nützlich und oft notwendig ist, auf Ergebnisse aus anderen Wissenschaften zurückzugreifen. Was den normativen Aspekt betrifft, sind für die Rechtswissenschaften die philosophische Ethik und die Moraltheologie interessant (I.). Im Hinblick auf die empirische, deskriptive Seite der sozialen Wirkungszusammenhänge können die Untersuchungen und Methoden der Sozialwissenschaften weiterhelfen. So sind im gesamten Vermögensrecht wirtschaftswissenschaftliche Kenntnisse unverzichtbar (II.). Schließlich sind für die analytischen Aufgaben der Textinterpretation, des System- und Sinnzusammenhangs, auch die Forschungen der modernen Sprachphilosophie und Hermeneutik wertvoll (III.). 302

I. Rechtswissenschaft als normative Wissenschaft

Es wurde gezeigt, daß die Rechtswissenschaft ab einem bestimmten Punkt den Bereich der Wertfreiheit verläßt und normative Interpretations- und Regelungsvorschläge macht. Das geschieht jedoch nicht mit der Kompetenz zur Rechtsetzung. In solche Vorschläge fließen notwendig Werturteile ein, die sich zwar rational diskutieren, von der Wissenschaft aber letztlich nicht entscheiden lassen (Rn. 117 ff.). Wie und in welcher Weise sich solche Vorschläge rechtfertigen und legitimieren lassen, ist die Grundfrage der Ethik. Ergebnisse aus der 302a

Diskussion in der Ethik sind in der Rechtswissenschaft in vielfältiger Weise rezipiert worden.[406]

II. Rechtswissenschaft als empirische Sozialwissenschaft

303 **1. Bedeutung sozialwissenschaftlicher Aussagen.** Recht gestaltet die Gesellschaft (Rn. 72 ff.). Das setzt voraus, daß vor jeder Gesetzgebung, Rechtsfortbildung oder problematischen Auslegung folgende Fragen beantwortet werden:

(1) Wie sieht das soziale Feld aus, das normativ (neu) gestaltet werden soll?

(2) Welche Interessen haben die von einer Regelung betroffenen Personen?

(3) Welche normativen Regelungen sind geeignet, die rechtspolitischen Ziele der geplanten Gestaltung zu verwirklichen, d. h. den bestehenden Zustand in den gewünschten zu überführen? Welche Folgen und Nebenfolgen sind von der geplanten Normsetzung zu erwarten?[407]

(4) Liegt die beabsichtigte Rechtsfortbildung im verfahrens- und verfassungsrechtlichen Kompetenzbereich der entscheidenden Instanz?

304 Wenn der Jurist an die genannten sozialen Fakten anknüpft, ist er oft auf die Forschungsergebnisse der empirischen Sozialwissenschaften (Wirtschaftswissenschaften, Politologie, Sozialpsychologie, Demoskopie, Soziologie) angewiesen. Sie können zum einen die sozialen Bedingungen für die Setzung neuer Normen, aber auch den möglichen Wirkungsgrad, die reale Geltung vorhandener Rechtssätze erforschen.

Für den rechtsanwendenden Juristen (insbes. den Richter) ist zum anderen von Bedeutung, daß die sozialwissenschaftlichen Ergebnisse und Methoden bei der der Auslegung und Rechtsfortbildung wesentliche Dienste leisten können, wenn es darum geht, die Zusammen-

406 Vgl. R. Alexy, Theorie der juristischen Argumentation, 3. Aufl., Frankfurt/M. 1996; R. Dreier, Zur Problematik und Situation der Verfassungsinterpretation, in: ders., Recht – Moral – Ideologie, Frankfurt/M. 1981; H.-J. Koch, Die Begründung der Grundrechtsinterpretation, in: R. Alexy/H.-J. Koch/L. Kuhlen/H. Rüßmann, Elemente einer juristischen Begründungslehre, Baden-Baden 2003, S. 179 ff.

407 Die unzureichende Analyse dieser beiden Fragenkreise kann dazu führen, daß eine rechtspolitische Reform ganz oder teilweise das Gegenteil dessen bewirkt, was mit ihr erreicht werden sollte. Ein Beispiel hierfür bildet die Frage der Beendigung des Arbeitsverhältnisses mit Erreichen der Altersgrenze. Siehe dazu H. Brox/B. Rüthers/M. Henssler, Arbeitsrecht, 19. Aufl., Stuttgart 2016, Rn. 597.

hänge zwischen dem Zweck der Norm und den dazu erforderlichen Mitteln zu erkennen (Rn. 294ff.). Gleiches gilt für den Bereich der Rechtsfortbildung etwa durch Analogie oder Erst-Recht-Schluß, die ebenfalls die Beachtung von Zweck-Mittel-Zusammenhängen verlangen (Rn. 888ff.). Nicht in allen Fragen stellen die Sozial- und Wirtschaftswissenschaften dem Richter verläßliche Forschungsergebnisse bereit. Dann ist der Jurist auf das angewiesen, was ihm Sozialwissenschaftler gerne ankreiden, seine „Alltagstheorien" nämlich.

2. Die Methoden der Sozialwissenschaften. Der Werturteilsstreit 305
(Rn. 290aff.) wurde über die (richtige) Methode der Sozialwissenschaften geführt. Eine der methodischen Schwierigkeiten dabei ist die Frage, worauf die sozialen Gesetzmäßigkeiten eigentlich beruhen. Geht man davon aus, daß der Mensch einen freien Willen hat und nicht mechanisch handelt, ist es zunächst erstaunlich, weshalb man überhaupt soziale Verhaltensmuster feststellen kann. Es gibt zur Beantwortung dieser Frage grundsätzlich zwei Ausgangspunkte:

Die einen nehmen einen „allgemeinen Willen" bzw. einen „Gruppengeist" an. Sie gehen also von der Existenz eines kollektiven Tatbestandes aus, mit dem sich soziale Normen erklären lassen. Als soziale Basisphänomene gelten nicht die Individuen und ihr Verhalten, sondern nur soziale Ganzheiten wie z. B. Klassen, Sozialisationskohorten oder Produktionsverhältnisse. Man bezeichnet diese Ansicht als Holismus. Sein juristisches Pendant hat der Holismus in der Lehre vom „institutionellen Rechtsdenken" (Rn. 557ff., 913ff.).

Die Gegenauffassung, der methodologische Individualismus[408], 306
nimmt an, daß sich das Verhalten von Staaten und anderen sozialen Gruppen auf das Verhalten und die Handlungen menschlicher Individuen reduzieren lasse. Innerhalb dieser Ansicht existieren wiederum verschiedene Auffassungen darüber, woraus sich letztlich eine Gleichförmigkeit des menschlichen Verhaltens ergeben kann, die für die Annahme einer sozialen Norm erforderlich ist. Der Psychologismus behauptet beispielsweise, daß sich alle sozialen Verhaltensmuster auf psychologische Gesetze zurückführen lassen.

Nach einer anderen Meinung ist die innere Einstellung der Menschen für die Sozialforschung unbeachtlich. Es komme allein auf die Logik der Situation, d. h. eine objektive Perspektive an. Dabei geht es

---

408 Siehe dazu C. F. Gethmann, in: J. Mittelstraß (Hrsg.), Enzyklopädie Philosophie und Wissenschaftstheorie, 2. Aufl., Stuttgart 2005, Sichtwort: „Individualismus, methodologischer".

darum, die Situation, in der sich ein Mensch befindet, soweit zu analysieren, daß aus den psychologischen Momenten, z. B. Wünschen, Motiven etc., objektiv bestimmbare Ziele dieser Person werden. Erfolgt die Analyse in ausreichendem Umfang, können wir uns anschließend selbst in die Position des Menschen begeben und unter Berücksichtigung seiner Ziele und seines Wissens feststellen, daß wir in seiner Situation ebenso gehandelt hätten.[409]

306a Die Orientierung am Forschungsprogramm der „Logik der Situation" hat zur Ausprägung verschiedener, untereinander verwandter Teilgebiete in den Wirtschafts- und Sozialwissenschaften geführt. Als ausgesprochen erfolgreich haben sich die Rational Choice Theory, die sog. Neue Institutionenökonomik, die Ökonomik und die Spieltheorie erwiesen.[410] Zu dieser Forschungsrichtung gehört auch die ökonomische Analyse des Rechts.[411] Auf einzelne Ergebnisse der Neuen Institutionenökonomik wurde schon hingewiesen (vgl. Rn. 68, 74c, 87, 99a, 219). Die genannten Theorien untersuchen den Zusammenhang zwischen dem Handeln einzelner Personen und den rechtlichen, sozialen und moralischen Institutionen. Die ökonomische Analyse des Rechts beschäftigt sich speziell mit der Frage, wie rechtliche Regelungen gestaltet bzw. interpretiert werden müssen, um eine möglichst effiziente Mittel- und Ressourcenverwendung zu bewirken.

Gemeinsamer Ausgangspunkt dieser Theorien ist die Annahme, daß sich alle Beteiligten rational und ökonomisch verhalten („homo oeconomicus"). Man überlegt dann, wie sich solche Menschen unter gegebenen Rahmenbedingungen verhalten werden und welche (wirtschaftlichen) Ergebnisse daraus resultieren. Danach lassen sich soziale Phänomene („Makroebene") nur unter Rückgriff auf das Verhalten der einzelnen Individuen erklären („Mikroebene"). Das Verhalten der Individuen wird bestimmt durch ihr Selbstinteresse (Eigennut-

409 K. R. Popper, Die Logik der Sozialwissenschaften, in: T. Adorno u. a., Der Positivismusstreit in der deutschen Soziologie, 13. Aufl., Frankfurt/M. 1989, S. 103 ff.; ders., Die offene Gesellschaft und ihre Feinde, Band II, 6. Aufl., Tübingen 1980, S. 112 ff.

410 Einführungen geben: V. Kunz, Rational Choice, Frankfurt/M. 2004; E. Göbel, Neue Institutionenökonomik, Stuttgart 2002; S. Voigt, Institutionenökonomik, München 2002; K. Homann/A. Suchanek, Ökonomik. Eine Einführung, Tübingen 2000; A. Suchanek, Ökonomische Ethik, 2. Aufl., Tübingen 2007; M. D. Davis, Spieltheorie für Nichtmathematiker, 3. Aufl., München 1999; A. Dixit/B. Nalebuff, Spieltheorie für Einsteiger, Stuttgart 1997.

411 Dazu: H.-B. Schäfer/C. Ott, Lehrbuch der ökonomischen Analyse des Zivilrechts, 5. Aufl., Berlin 2012; kritisch dazu K.-H. Fezer, Aspekte einer Rechtskritik an der economic analysis of law und am property rights approach, JZ 1986, 817 ff.; ders., Nochmals: Kritik an der ökonomischen Analyse des Rechts, JZ 1988, 223 ff.

zenmaximierung und Rationalität) und die rechtlichen, wirtschaftlichen und sozialen Rahmenbedingungen, innerhalb derer sie handeln („Logik der Situation"). Daraus läßt sich für die Individuen ein typisches Verhalten ableiten („Logik der Selektion"). Da sich jeder Mensch in der beschriebenen Situation so verhalten würde, lösen diese Verhaltensweisen einen kollektiven Effekt aus („Logik der Aggregation").[412]

Eine berühmte klassische Version dieser Vorgehensweise stammt von Th. Hobbes:[413] Die regulative Idee bzw. das Ziel seiner Überlegungen ist die Friedenssicherung. Das war in den bürgerkriegsähnlichen Zeiten im England des 17. Jahrhunderts das wichtigste gesellschaftspolitische Problem. Bei der Frage, wie dieses Ziel am besten zu erreichen wäre, geht er von bestimmten Annahmen über die menschliche Natur aus: Das Verhalten der Menschen sei durch die Orientierung am eigenen Interesse geprägt. Zusätzlich sei der Mensch mit dem Problem der Knappheit der Güter konfrontiert, weshalb Konflikte unvermeidlich sind. Die gesellschaftlichen Zustände sind das ungeplante Ergebnis der absichtlichen Handlungen einzelner Personen. Die Situation der Verfolgung eigener Interessen bei Knappheit der Güter führt also theoretisch zu einem Krieg aller gegen alle mit der Folge, daß für alle unerträgliche Lebensumstände eintreten. Das Ziel der Friedenssicherung ist daher nur zu erreichen, wenn es gelingt, ein (staatliches) Gewaltmonopol zu errichten. Damit beinhaltet die Vorgehensweise von Th. Hobbes schon wichtige Elemente dessen, was die moderne Rational-Choice-Theory ausmacht. 307

In Wirklichkeit verhalten sich nicht alle Menschen ständig rational und am eigenen Nutzen interessiert. Es handelt sich dabei offenkundig um eine Modellannahme, die allerdings z. B. auf das Verhalten von Unternehmen recht gut zutrifft. Die Abweichungen des Modells von der Realität müssen also korrigiert werden, indem man im Einzelfall schätzt, mit welchem Grad der Abweichung zu rechnen ist. Daß es zu Abweichungen zwischen den ökonomischen Modellen und der Realität kommt, darf nicht verwundern oder generell an der Methode zweifeln lassen. Jede Wissenschaft arbeitet mit Modellen, die nicht in vollem Umfang der Realität entsprechen. 307a

412 Vgl. etwa K.-D. Opp, in: G. Endruweit/G. Trommsdorff, Wörterbuch der Soziologie, 2. Aufl., Stuttgart 2002, Stichwort „Rational Choice Theory"; H.-B. Schäfer/C. Ott, Ökonomische Analyse des Zivilrechts, 5. Aufl., Berlin 2012, S. 58 ff.; K. Homann/A. Suchanek, Ökonomik, 2. Aufl., Tübingen 2005, S. 26 ff.

413 T. Hobbes, Leviathan, Stuttgart 1980.

III. Rechtswissenschaft als analytische Textwissenschaft

308 Die Rechtswissenschaft ist auch eine Textwissenschaft. Sie hat es mit Gesetzestexten, mit Entscheidungen von Gerichten und mit der Planung von neuen Texten in Form von Verträgen und Gesetzen zu tun. Diese Texte haben für sie, soweit es sich um geltendes Recht handelt, eine besondere Art von Verbindlichkeit. Das wird im Abschnitt über die Geltung des Rechts näher zu untersuchen sein (Rn. 332ff.). Alle Textwissenschaften haben vergleichbare (nicht gleiche) Interpretationsprobleme.[414] In welchen Bereichen die Rechtswissenschaft auf Hilfe aus anderen Textwissenschaften zurückgreifen kann, ist schon an verschiedenen Stellen im Abschnitt über die Sprache dargelegt worden (Rn. 155a ff., 156ff., 186ff., 195ff.).

E. Rechtswissenschaft – Jurisprudenz – Rechtsdogmatik

> … quod sine scripto in sola prudentium interpretatione consistit.
> ([Die Dogmatik erklärt,] … was nicht im Gesetz steht, sondern kluger Interpretation entspricht.)
> Pomponius, Dig. 1, 2, 2, 12

I. Was ist Rechtsdogmatik?[415]

309 Im täglichen juristischen Sprachgebrauch ist häufig nicht von Wissenschaft, sondern von Rechtsdogmatik die Rede. Was hat es damit auf sich? Es ist ein oft gebrauchtes, aber selten und dann meist spärlich erklärtes Wort. Die bestehende Unklarheit der Begriffsbildung wird dadurch deutlich, daß die Rechtsdogmatik in einem neuen Buch zu diesem Thema einmal als eine eigenständige „Disziplin“, ferner als eine „Theorie“ und weiter als eine „Praxis“ und eine „Tätigkeit“ aufgefaßt wird.[416] Verschwiegen oder übergangen wird regelmäßig die Tatsache, daß die deutsche Justiz und Jurisprudenz in den 70 Jahren zwischen 1919 und 1989 zu jedem von fünf verschiedenen politischen Systemen aus oft unveränderten Kodifikationen die jeweils „passenden“ Rechtsdogmatiken hervorgebracht haben. Diese Tatsache ist für

414 H. G. Gadamer, Wahrheit und Methode, 6. Aufl., Tübingen 1990, S. 9ff., 317ff., 387ff.

415 Zum Thema Ch. Bumke, Rechtsdogmatik, Tübingen 2017; B. Rüthers, Rechtsdogmatik als Schranke des Richterrechts?, JöR 64 (2016), 309ff.

416 Vgl. Ch. Bumke, Rechtsdogmatik, Tübingen 2017, S. 1, 3, 101, 186ff.

das Verständnis der Funktionsweise juristischer Berufe grundlegend. Übergangen wird ferner die Tatsache, daß mit der Normsetzungsrolle der letzten Instanzen auch die Führungsrolle bei der Schaffung und Veränderung von „Rechtsdogmatik“ verstärkt worden ist. So wird zum Beispiel die „Grundrechtsdogmatik“ in Deutschland durch die jeweils neuesten Entscheidungen des Bundesverfassungsgerichts geprägt.[417] In Handlexika und „Einführungen“ in die Rechtswissenschaft ist oft nicht einmal das Stichwort enthalten. Der Begriff löst darüber hinaus Emotionen aus. Dogmatik galt und gilt vielen als konservative Erstarrung, als Dogmatismus, als Fremdheit des Rechts gegenüber der Lebenswirklichkeit sowie den Erfordernissen der Gegenwart und der Zukunft. Sie erscheint als Abwehrmittel der Juristen gegenüber neuen Einsichten und Wertvorstellungen, welche die hergebrachten Rechtssätze in Frage stellen oder verändern könnten.[418]

Zum besseren Verständnis dessen, was Rechtsdogmatik ist und 310
leisten kann, ist ein Blick auf die Sprachwurzeln hilfreich. Das Wort „Dogma“ hat im Griechischen mehrere Bedeutungen; es besagt etwa „festgelegte Meinung“, „Verfügung“, „verbindlicher Lehrsatz“. Wissenschaftsgeschichtlich betrachtet ist der Begriff Dogma zunächst in der Philosophie und später in der (christlichen) Theologie verwendet worden. Das Dogma hatte hier die Bedeutung einer Grundüberzeugung, eines Glaubenssatzes, der gegen Zweifel nicht durch rationale Beweisbarkeit, sondern durch autoritative Deklaration und glaubensgestützte Akzeptanz gesichert war. Das Dogma in diesem Sinne erhebt Anspruch auf Gültigkeit.

Angewendet auf das Recht bedeutet Dogmatik die Erläuterung der 311
für das geltende Recht maßgeblichen Begründungen und Lösungsmuster. Damit sind alle Lehrsätze, Grundregeln und Prinzipien erfaßt, sowohl diejenigen, die im Gesetz zu finden sind, als auch diejenigen, die Rechtswissenschaft und Rechtspraxis dem Gesetz hinzugefügt haben. Die Dogmatik soll das geltende Recht mit rationaler Überzeugungskraft erklären. Das führt zu den Fragen: Wie entsteht juristische Dogmatik? Worauf gründet sich der Gültigkeitsanspruch juristischer Dogmatik? Welche Funktionen hat sie und

417 Vgl. Merten/Papier (Hrsg.), Grundsatzfragen der Grundrechtsdogmatik, Heidelberg 2007; U. Volkmann, Veränderungen der Grundrechtsdogmatik, JZ 2005, 261 ff.

418 Zur Kritik vgl. etwa J. Esser, Vorverständnis und Methodenwahl in der Rechtsfindung, 2. Aufl., Frankfurt/M. 1972, S. 90 ff.; H. Rottleuthner, Richterliches Handeln, Frankfurt/M. 1973.

welche Folgerungen sind daraus zu ziehen? In welchem Verhältnis steht sie zur Rechtspolitik?

312 Die historische Rückschau auf die einschneidenden Wandlungen der Rechtsdogmatiken und Auslegungspraktiken nach den Systemwechseln von 1918/19, 1933, 1945/49 und 1989/90 zeigt: Jedes neue politische System fordert und schafft sich mit Hilfe von Rechtswissenschaft und Justiz die zu seinen Grundwerten und Zielen passende Rechtsidee, Rechtsquellenlehre, Rechtsdogmatik und Rechtsanwendungsmethode in allen systemrelevanten Teilgebieten der Rechtsordnung. Die jeweilige Rechtsdogmatik und ebenso die Rechtsanwendungsmethode sind also Produkte der maßgeblichen juristischen Funktionseliten. Das gilt besonders in „Wendezeiten". Carl August Emge (1886–1970), Rechtsphilosoph in drei Reichen, hat seine Erfahrungen in seinem Alterswerk auf die aufreizende, aber realitätsnahe Formel gebracht: „Juristische Dogmatik als Höchstform der Ideologie."[419]

II. Wie entsteht Rechtsdogmatik?

313 **1. Vieles ist neu unter der Sonne.** Das Leben ist immer bunter und vielfältiger als das Gesetz. Der Rechtsverkehr ist erfindungsreicher als der Gesetzgeber. Entwickelte Gesellschaften zeichnen sich durch ihre Dynamik und die Komplexität ihrer Lebensverhältnisse, der Organisationsformen und Steuerungsmittel aus. Aus der Sicht der Gerichte führt das dazu, daß immer auch unvorhergesehene Fälle entschieden werden müssen, die noch nicht im Gesetz vorbedacht sind. Die Rechtsordnung muß für alle denkbaren Interessenkonflikte und Streitfälle eine „passende", d. h. in die bestehende Rechtsordnung widerspruchsfrei sich einfügende („systemgerechte") Lösung bereithalten oder bereitstellen.

314 **2. Zwang zur Entscheidung aller Streitfälle – oder: Ist die Dogmatik allwissend?** Die Gerichte müssen – im Rahmen ihrer Zuständigkeit – die ihnen vorgetragenen Rechtsfälle entscheiden.[420] Sie dürfen Streitfälle um Materien, die gesetzlich nicht ausdrücklich geregelt sind („Lückenprobleme") nicht etwa deswegen zurückweisen und die

419 C.A. Emge, Philosophie der Rechtswissenschaft, Berlin 1961, S. 327–341. Emge trug 1933/34 zunächst aktiv zur NS-Rechtserneuerung bei, ging aber später deutlich auf Distanz zur NS-Ideologie, vgl. die Hinweise im Nachruf von U. Klug auf Emge in ARSP Bd. 72 (1986), S. 130.

420 Dies wurde schon in Art. 4 des französischen Code civil geregelt.

streitenden Parteien auf den (oft untätigen oder verspäteten) Gesetzgeber verweisen. Es gilt für die Gerichte das sog. Rechtsverweigerungsverbot.[421] Es gibt also keine („unbeantwortbaren") gerichtshängigen Rechtsfragen, die unentschieden bleiben können. Von den Gerichten und damit von der Rechtsdogmatik wird erwartet, daß sie für jeden Rechtsstreit eine Entscheidung, auf jede Rechtsfrage eine Antwort finden. Diese Antwort muß innerhalb der Verfahrensregeln, also „alsbald" gefunden werden. Das unterscheidet die Rechtswissenschaft von allen anderen Wissenschaften. Es darf für sie, jedenfalls im Bereich der Justiz, keine „unlösbaren" Fragen und Probleme geben.

Natürlich sind Juristen und Gerichte nicht allwissend. Aber sie sind dazu verurteilt, auch das zu entscheiden, was ihnen selbst noch neu und bisher unbekannt ist. Es gilt für sie eine besondere Gesetzmäßigkeit ihres Handelns:

> „Die Notwendigkeit, zu entscheiden, geht weiter als die Möglichkeit zu erkennen".[422]

Das gilt sowohl für die Justiz wie für die Jurisprudenz. Beide stehen durch die rasante Veränderungsgeschwindigkeit der modernen und zunehmend globalisierten Welt ständig neuen, entscheidungsbedürftigen Interessenkonstellationen gegenüber, die gesetzlich noch nicht geregelt sind. Das ist der Alltag der Justiz, da die Gesetzgebung die neuen Realitäten in allen Lebensbereichen (Technologien, Finanzmarktprodukte, Produktionsformen, Entlohnungssysteme, Sozialstrukturen etc.) bei Erlass der Gesetze noch nicht kennt und sich zudem oft als regelungsunwillig oder regelungsunfähig erweist (Beispiel: Arbeitsgesetzbuch, Arbeitskampfrecht). Dogmatik entsteht aus dem Zusammenwirken von Rechtswissenschaft und Justiz. Dabei hat allerdings die Justiz wegen der Rechtskraft ihrer letztinstanzlichen Entscheidungen regelmäßig das „letzte Wort".[423]

Juristische Dogmatiken haben, wie auch juristische Methodenlehren, etwas mit kollektiven Geschichtsbildern („Erinnerungskulturen") gemeinsam: Sie entstehen nicht gleichsam von selbst und anonym, sondern sie werden von den maßgeblichen „Generationskohorten" und Funktionseliten mehr oder weniger gezielt hergestellt.

---

421 Vgl. dazu E. Schumann, Das Rechtsverweigerungsverbot, ZZP 81 (1968), 79 ff.; B. Rüthers, Anm. zu BAG EzA Art. 9 GG Arbeitskampf Nr. 37, zu B. I.3.c.

422 Arnold Gehlen hat diese Einsicht nach Immanuel Kant allgemein für das menschliche Tun formuliert. Vgl. A. Gehlen, Der Mensch, (1. Aufl., 1940), 12. Aufl., Wiesbaden 1978, S. 303.

423 B. Rüthers, Wer schafft Recht? – Methodenfragen als Macht- und Verfassungsfragen, JZ 2003, 995 ff.

Dabei spielen politische oder andere Interessen und Vorverständnisse der am Rechtsfindungs- und Rechtsverwirklichungsprozeß Beteiligten eine oft verdeckte und unbewusste, aber wichtige Rolle. Diese Vorverständnisse und die oft mächtigen Einflüsse der Leitmedien sind zeitbedingt, vielfältig und, wie die Erfahrung lehrt, ungemein schnell wandelbar.

Für die Justiz läßt sich die Unabhängigkeitsgarantie des Artikels 97 Abs. 1 des Grundgesetzes nach den praktischen historischen Erfahrungen vielleicht auch so lesen: „Die Richter sind unabhängig und nur dem Gesetz sowie den Einflüssen der wechselnden Zeitgeister unterworfen."

III. Gültigkeitsanspruch dogmatischer Sätze

315 Der Streit der Rechtsmeinungen in der juristischen Literatur und die oft untereinander abweichenden Urteile der Instanzgerichte beweisen die mögliche Streubreite bei der Entscheidung neuer Fälle. Gerade in diesem Gewoge von Meinungen benötigt der praktische Jurist Hinweise und Orientierungen für sein berufliches Handeln. Das bietet ihm die Dogmatik. Sie zeigt, welche Problemlösungen und Begründungen es bei einer Rechtsfrage gibt. Mit der Aufstellung dogmatischer Sätze ist immer auch ein Gültigkeitsanspruch verbunden (vgl. Rn. 332 ff.). Es fragt sich dann aber, ob, worin und wieweit dieser Anspruch begründet ist.

316 **1. Wahrheitsanspruch juristischer Lehrsätze.** Wie wir gesehen haben, kann der Gültigkeitsanspruch der Dogmatik sich nicht auf die „Wahrheit" oder absolute „Richtigkeit" der dogmatischen Sätze berufen (Rn. 109 ff., 117 ff.). In wertbezogenen und juristischen Regelungsfragen gibt es keine Wahrheit. Dasselbe gilt für die in Gerichtsurteilen enthaltenen Aussagen. Auch das liegt auf der Hand, denn verschiedene Gerichte entscheiden immer wieder gleich gelagerte Streitfälle unterschiedlich, oft sogar entgegengesetzt. Auch dasselbe Gericht entscheidet nicht selten die nämliche Frage bei unveränderter Gesetzeslage unterschiedlich.[424] Es „novelliert" seine eigene Rechtsprechung.

317 **2. Führungsrolle der obersten Bundesgerichte.** Der Zwang der Gerichte, alle real vorhandenen Streitfragen alsbald zu entscheiden,

424 Vgl. dazu BAG EzA zu Art. 9 GG Arbeitskampf Nr. 115 mit Anm. Ch. Fischer/B. Rüthers.

rückt die Autorität der gerichtlichen Entscheidungsinstanzen in den Vordergrund. Es bewährt sich insoweit die These von der „Legitimation durch (Gerichts-)Verfahren".[425] Für die Teilnehmer am Rechtsverkehr, für Anwälte, Beamte und Instanzgerichte ist die Frage wichtig: Wie wird im Streitfall die letzte Instanz entscheiden? Danach richten sie ihr Verhalten. Das erinnert an eine Begründung der Rechtsgeltung, die Thomas Hobbes in seinem Hauptwerk „Leviathan" gegeben hat:[426]

> „Auctoritas non veritas facit legem."
> Die Autorität (Macht), nicht die Wahrheit schafft das Gesetz (Recht).

Sieht man auf die Führungsrolle der obersten Bundesgerichte für 318
die Entwicklung der Rechtsordnung und der Rechtsdogmatik, so läßt sich dieser Satz auf sie übertragen. Die Verfahrensgesetze weisen ihnen eindeutig eine Führungs- und Rechtsfortbildungsfunktion zu (Rn. 245 ff.). In jedem Falle gilt die Autorität der „letzten Instanz". Ein selbstkritischer Bundesrichter hat das einmal so formuliert:

> „Auch oberste Bundesgerichte irren, aber sie irren rechtskräftig".

Auch „falsche", also kritikwürdige, etwa normwidrige oder systemwidrige Entscheidungen gestalten durch ihre Vollziehbarkeit („Vollstreckbarkeit") das Rechtsleben und damit die gesellschaftliche oder staatliche Wirklichkeit. Auch irrige Urteile letzter Instanzen gehören daher zur Dogmatik.

Dogmatik entsteht also auch, gegenwärtig vielleicht sogar primär, aus den rechtskräftigen Entscheidungen der letzten Instanzen, vor allem aus neuem Richterrecht des Bundesverfassungsgerichts, nicht selten sogar aus Kammerentscheidungen. Beispielhaft zeigt das die Grundrechtsdogmatik, die maßgeblich von der Rechtsprechung des BVerfG geprägt ist.[427] Bei der Definition und der Wirkungsanalyse juristischer Dogmatik wird oft übersehen, daß sie einen Speicher von anerkannten oder auch gewünschten Wertvorstellungen darstellt. Werturteile sind aber, anders als Tatsachenfeststellungen, dem „Wahrheitsbeweis" nicht in gleicher Weise zugänglich wie „theoretische Sätze" (Rn. 102, 117, 315 ff.). Die Dogmatik bietet also keine absoluten Wahrheiten. Sie ist immer „Menschenwerk", und zwar wie in

---

425 N. Luhmann, Legitimation durch Verfahren, 2. Aufl., Frankfurt/M. 1989.
426 Th. Hobbes, Leviathan, 26. Kap.
427 Näher dazu B. Rüthers, Die heimliche Revolution vom Rechtsstaat zum Richterstaat, 2. Aufl., Tübingen 2016, S. 47–54.

Rn. 314 ausgeführt, das Gemeinschaftsprodukt von maßgeblichen Funktionseliten in Jurisprudenz und Justiz. Sie enthält unvermeidbar verfestigte, weltanschaulich geprägte Grundentscheidungen (vgl. das Emge-Zitat in Rn. 312). Sie ist, wie alle Wertentscheidungen, irrtumsoffen und, wie gerade die jüngere deutsche Rechtsgeschicht zeigt, historisch in kurzer Folge, sogar in einer Juristengeneration, mehrfach wandelbar. Jurisprudenz und Justiz stehen auch dabei im Dienst der jeweils neu etablierten Grundwerte der Verfassung und/oder des politischen Systems.

319 **3. Die Rolle der Rechtswissenschaft.** Solche Legitimation haben die von der Rechtslehre entwickelten dogmatischen Thesen und Lösungsvorschläge nicht. Immerhin bilden sich auch hier im Laufe der Teilnahme am wissenschaftlichen Diskurs Kompetenzhierarchien heraus. Die Gegner der jeweiligen herrschenden Meinung pflegen diese als „Zitierkartell“ anzugreifen.[428] Ihr eigenes wissenschaftliches Gruppenverhalten steht oft im Gegensatz zu dieser Kritik. In der juristischen Fachwelt werden unterschiedliche Stimmen in einem Meinungsstreit nicht nur gezählt, sondern auch gewogen. Das „Wägen“ der Meinungen hat mehrere Komponenten. Die wichtigste ist die Überzeugungskraft der vorgetragenen Argumente („Legitimation durch Begründung“).[429] Daneben spielt in der Regel auch das auf bewährte Forschungsleistungen gegründete Ansehen des Autors einer Meinung eine bedeutende Rolle. Es bildet sich im Laufe einer solchen problemorientierten juristischen Diskussion das heraus, was – mit viel Kritik und Vorbehalt[430] – eine „herrschende“ oder „überwiegende“ Meinung genannt werden kann.

320 *(frei)*

IV. Funktionen der Rechtsdogmatik

321 **1. Ordnungs- und Systematisierungsfunktion.** Die Dogmatik ordnet und systematisiert den umfangreichen und unübersichtlichen Rechtsstoff. Er ist in zahlreichen Einzelgesetzen und Einzelvorschriften zersplittert. Ohne Dogmatik könnte er nicht durchdrungen oder

428 Vgl. etwa R. Wahsner, Das Arbeitsrechtskartell, in: Kritische Justiz, 1974, S. 369 ff.; W. Däubler, Das Arbeitsrecht 1, 8. Aufl., Reinbek 1986, S. 35 f.; vgl. auch U. Wesel, Juristische Weltkunde, 8. Aufl., Frankfurt/M. 2000, S. 189 f.

429 F. Eckhold-Schmidt, Legitimation durch Begründung, Berlin 1974, bes. S. 16 ff.

430 Vgl. kritisch U. Wesel, Juristische Weltkunde, 8. Aufl., Frankfurt/M. 2000, S. 159, 189 f.

einheitlich angewendet werden. Erst die in der Dogmatik geleistete Systematisierung gestattet einen Einblick in das innere Wertungssystem einer Rechtsordnung. Dadurch wird das Recht lehr- und lernbar. Die Einzelnormen lassen in ihrer Summe Ordnungszusammenhänge erkennen. Auch die zwischen ihnen bestehenden Relationen, Rang- und Abhängigkeitsverhältnisse werden durchschaubar.

2. Stabilisierungsfunktion. Die Anzahl möglicher Lösungsansätze 322 für bestimmte Regelungsprobleme ist oft groß. Gäbe es keine Dogmatik, so müßte man jeweils alle Lösungsmöglichkeiten neu diskutieren. Dogmatische Sätze bieten generell anwendbare Lösungsmuster für bestimmte Entscheidungsprobleme. Setzen sie sich durch, so bewirken sie gleichartige Entscheidungen über längere Zeiträume. Eine gefestigte Dogmatik stärkt die Vorhersehbarkeit der Gerichtsentscheidungen, also die Rechtssicherheit, besonders in gesetzlich nicht eindeutig geregelten Fragen.

3. Entlastungsfunktion und Negationsverbot für die Praxis. 323 Juristische Dogmen, Rechtsprinzipien und Entscheidungsregeln erleichtern die Arbeit der Juristen in der Praxis, indem sie für bestimmte Rechtsfragen und Entscheidungsprobleme bewährte Antworten und Lösungsmuster bereithalten. Die Gerichtspraxis kann darauf verzichten, bei jeder neuen Entscheidung jede Wertungsfrage hinsichtlich aller Lösungsmöglichkeiten neu zu erwägen. Die Dogmatik entlastet also den praktischen Juristen.

Dogmatische Sätze sind das Ergebnis einer kritischen Prüfung im 324 juristischen Diskurs. Sie können deshalb auch nicht einfach negiert werden. Es gilt das sog. Negationsverbot. Wer anders entscheiden will, muß bessere Argumente haben. Er muß sich mit der bewährten Lehre und einem bestehenden Gerichtsgebrauch auseinandersetzen. Die Abwendung von der herkömmlichen Dogmatik gilt im Interesse der Vorhersehbarkeit der Rechtsprechung (= Rechtssicherheit) nicht schon dann als gerechtfertigt, wenn für eine neue Lösung gleich gute Gründe sprechen. Die Argumente dafür müssen zusätzlich den Bruch mit der dogmatischen Tradition rechtfertigen. Es ist jeweils zu überprüfen, ob die Gründe für die Neuerung so stark sind, daß sie ausreichen, das Vertrauen der Rechtsgemeinschaft in die bestehenden Regeln zu übergehen. Die Argumentationslast dafür trägt derjenige, der die geltende Dogmatik ablösen und ersetzen will.

4. Bindungs- und Innovationsfunktion für die Rechtsanwendung. 325 Die Dogmatik begrenzt auch die Freiheit der Juristen im Umgang mit juristischen Texten, also mit Gesetzen und mit den Grundsätzen der Dogmatik selbst. Sie regelt die interpretative Elastizität der Rechtsordnung durch Auslegung und Rechtsfortbildung. Sie bestimmt also das Verhältnis zwischen Programm (Gesetz, Rechtsprinzipien, dogmatische Grundsätze) und Entscheidung (Urteil) in der Rechtsordnung. Die Dogmatik definiert damit zugleich die Bedingungen und die Grenzen des juristisch Variablen, d. h. die Möglichkeiten einer neuen juristischen Konstruktion zur Lösung von Rechtsproblemen.[431] In dieser Rolle geht die Dogmatik über das geltende Recht hinaus. Auch Argumente der Rechtspolitik („de lege ferenda") werden insoweit von ihr einbezogen.

An den bisher geschilderten Aufgaben der Dogmatik wird deutlich, daß die dogmatischen Begriffe, Theorien, Erkenntnisse und Prinzipien die Entwicklung des jeweiligen Rechtssystems zu einem erheblichen Teil steuern.[432] Die Bindungswirkung der Dogmatik für die Rechtsanwendung und Rechtsfortbildung ist ein Ausdruck dieser Steuerungsfunktion.

326 **5. Kritik- und Fortbildungsfunktion.** Juristen sind versucht, nach der Devise zu handeln: Das haben wir immer schon so gemacht. Dogmatik soll aber nicht traditionelle Lösungen zementieren. Mit der systematischen Ordnung des geltenden Rechts schafft die Dogmatik zugleich die Voraussetzung einer differenzierten und vertieften Kritik. Widersprüchlichkeiten werden so erst sichtbar, können aufgedeckt und beseitigt werden. Neue Lösungen können systemgerecht gefunden werden. Erst die von der Dogmatik ausgebreitete Differenziertheit der rechtlichen Wertungsgesichtspunkte gestattet die Kontrolle der mit ihr erzielten Ergebnisse und Entscheidungen.

327 Die Dogmatik liefert die begrifflichen Instrumente für eine wissenschaftlich durchdachte und kontrollierte juristische Praxis. Sie enthält mit der „gespeicherten Diskussion" zugleich auch Angebote und Anregungen für die Entwicklung neuer Lösungsansätze. Die normsetzenden Instanzen wählen aus diesem Angebot die ihnen plausibel erscheinende Lösung aus und wandeln sie in geltendes Recht um.

Diese kritische Aufgabe ist eine Rechtfertigung für die Freiheit von Forschung und Lehre in der Rechtswissenschaft. Sie muß die in der Praxis auftauchenden Scheinargumente erkennen, offenlegen und

431 N. Luhmann, Rechtssystem und Rechtsdogmatik, Stuttgart 1974, S. 24.
432 N. Luhmann, Rechtssystem und Rechtsdogmatik, Stuttgart 1974, S. 19ff.

ausräumen.[433] Sie hat die Offenlegung der verdeckten rechtspolitischen Wertmaßstäbe und Gestaltungsziele zu erzwingen.

V. Rechtsdogmatik und Rechtspolitik

In dem Maße, in dem die Dogmatik als ein Instrument der Rechtsfortbildung dient, verliert sie den Charakter eines rein klassifikatorischen Systems im Sinne wertungsneutraler, rein logischer Begriffsarbeit.[434] Rechtsfortbildung bedeutet unvermeidlich Normsetzung und damit Teilnahme an der Rechtspolitik. Die Teilnahme an der Rechtspolitik schließt zwei Folgen ein.[435] 328

1. Wertbezug der Dogmatik. Eine auf die begriffliche Klassifikation und Differenzierung ausgerichtete rein logische Denkarbeit reicht für die rechtspolitische Funktion der Dogmatik bei der Rechtsfortbildung nicht aus. Es gilt eher die Gegenthese: Alle dogmatischen Begriffe, Klassifizierungen und Grundsätze sind im Kern wertbezogen. Es gibt keine wertfreie Dogmatik. Dogmatik ist immer auch „weltanschaulich" geprägt. 329

2. Folgenorientierung. Teilnahme an der Rechtspolitik bedeutet zugleich eine „Folgenverantwortung", also auch ein Folgenabwägungsgebot bei der Aufstellung dogmatischer Begriffe und Grundsätze. Dogmatische Aussagen sind auch Instrumente zur Gestaltung der Realität. Die vorhersehbaren Folgen des Gestaltungsprozesses können nicht außer acht bleiben. Hier sind die geschilderten sozialen Wirkungszusammenhänge zu beachten und auf die Ergebnisse der Wirtschafts- und Sozialwissenschaften zurückzugreifen (Rn. 303 ff.). 330

F. Zusammenfassung zu § 7

I. Der Wissenschaftscharakter der Jurisprudenz gilt als zweifelhaft. 331
Aber auch der Wissenschaftsbegriff selbst wird in den verschie-

433 Vgl. Ch. Fischer, Topoi verdeckter Rechtsfortbildungen im Zivilrecht, Tübingen 2007.

434 Vgl. K. Larenz, Methodenlehre der Rechtswissenschaft, 6. Aufl., Berlin 1991, S. 229 ff. gegen N. Luhmann, Rechtssystem und Rechtsdogmatik, Stuttgart 1974, S. 24 ff., 31 ff.; B. Rüthers, Rechtsdogmatik und Rechtspolitik unter dem Einfluß des Richterrechts, Rechtspolitisches Forum 15, Trier 2003, S. 30 ff.

435 Vgl. B. Rüthers, Rechtsdogmatik als Schranke des Richterrechts?, JöR 64 (2016), 309 ff.; Th. Wälde, Juristische Folgenorientierung, Königstein/Ts 1979, S. 12 f.

denen Schulen der Wissenschaftstheorie unterschiedlich definiert.

II. Im sog. Werturteilsstreit hat Max Weber das Postulat der Wertfreiheit der Wissenschaften aufgestellt. Von Bedeutung ist dabei vor allem die Trennung deskriptiver, empirischer Aussagen von normativen Aussagen. Es geht nicht darum, Wissenschaften wertfrei zu machen, sondern innerhalb der Wissenschaft so genau wie möglich zu wissen, wann Wertungen ins Spiel kommen.

III. Die Jurisprudenz ist eine normative, empirische und analytische Wissenschaft.

1. Sie ist normativ, da sie es mit Sollensnormen, also mit Werturteilen und deren Anwendung und Durchsetzung zu tun hat. Sie dient der Wertverwirklichung durch Normen.
2. Recht dient der Sozialgestaltung. Die Jurisprudenz wirkt auf soziale und politische Vorgänge ein. In diesem Sinne ist die Rechtswissenschaft auch eine empirische Sozialwissenschaft. Sie muß die tatsächlichen Bedingungen der sozialen Vorgänge kennen, wenn sie die regelungsbedürftigen Bereiche sachgerecht erfassen und gestalten will („Rechtstatsachenforschung"). Es geht um die Ermittlung und Berücksichtigung sozialer Wirkungszusammenhänge (Zweck-Mittel-Relationen).
3. Rechtswissenschaft ist schließlich analytisch, indem sie die Sinn- und Systemzusammenhänge von Normen und juristischen Argumentationsformen untersucht und transparent macht.

IV. Die Rechtswissenschaft kann in jedem der drei Bereiche auf die Forschungen und Ergebnisse von Nachbardisziplinen zurückgreifen (Wirtschaftswissenschaften, Soziologie, Politologie, Psychologie und Demoskopie, Philosophie und Literaturwissenschaften).

V. Juristische Dogmatik ist die „Schatzkammer" aus Erfahrung gewachsener juristischer Problemlösungsmuster. Dogmatik ist nicht wertfrei. Sie beruht auf den vorausgesetzten weltanschaulichen Grundwerten der jeweiligen Rechtsordnung.

VI. Die Funktionen der juristischen Dogmatik sind:

1. Ordnung und Systematisierung
2. Stabilisierung und Konservierung
3. Entlastung und Negationsverbot
4. Bindung und Innovation
5. Kritik und Rechtsfortbildung

3. Kapitel. Geltung des Rechts

§ 8. Geltungsbegriff

Schrifttum: R. Alexy, Begriff und Geltung des Rechts, 5. Aufl., 2011; H. L. A. Hart, Der Begriff des Rechts, 1973, S. 170 ff.; H. Henkel, Einführung in die Rechtsphilosophie, 2. Aufl., 1977, S. 543 ff.; H. Kelsen, Vom Geltungsgrund des Rechts, Festschrift für Verdross, 1960, S. 157 ff.; G. Küpper, Begriff und Grund der Rechtsgeltung, Rechtstheorie 22 (1991), 71 ff.; G. Radbruch, Rechtsphilosophie (Studienausgabe), 2. Aufl., 2003, § 10; H. Ryffel, Grundprobleme der Rechts- und Staatsphilosophie, 1969, S. 371 ff.

A. Problemübersicht

Warum gilt Recht? Wird der Dieb nur bestraft, weil es im Strafge- 332
setzbuch (§ 242 StGB) vorgesehen ist? „Gilt" die Höchstgeschwindigkeit von 50 km/h innerorts (§ 3 Abs. 3 Ziff. 1 StVO) nur dann, wenn die Polizei den Verkehrssünder erwischt, nicht aber dann, wenn er ungestraft davonkommt? Der Bürger erfährt die Geltung von Rechtsnormen oft erst, wenn staatliche Organe (Polizei, Gerichte, Gerichtsvollzieher) auf Normverletzungen mit Sanktionen (Strafen, Bußgeldern, Erzwingung von Schadensersatzleistungen) reagieren. Die Geltung von Normen bedeutet jedoch mehr als ihre obrigkeitliche, heteronome Durchsetzung.

Der Mensch ist ein „zôon politikón",[436] ein gesellschaftliches Wesen, auf die Existenz in der Gruppe angelegt und in der Kindheitsphase lebensnotwendig angewiesen. Die Existenz in gesellschaftlichen Gruppen setzt, wenn Chaos vermieden werden soll, Regeln des Verhaltens voraus, die eingehalten werden. Der Mensch ist also, gleichsam von seiner Natur her (autonom), ein „Regelwesen", um der Existenzerhaltung willen auf die Einhaltung bestimmter Sollensregeln angelegt. Wir kennen ähnliche Phänomene auch aus der Tierwelt (Rudel von Wölfen, Löwen oder Elefanten, Zugvögel, Bienen- und Ameisenvölker u. ä.). Ob hier ein genetisch-biologisch vorgegebener, genereller Geltungsgrund auch für Rechtsnormen vorliegt oder ob

---

436 Aristoteles, Politik, 1253a 1 ff.

die Sozialisation in der frühen Kindheitsphase diese Bereitschaft zur Normakzeptanz ausbildet, kann hier dahinstehen.[437]

Die Frage nach dem Geltungsgrund des Rechts ist die zentrale Frage der Rechtswissenschaft und der Justiz. Vielen Juristen bereitet sie Unbehagen (vgl. Rn. 48 ff.). In der staatsrechtlichen Normallage erscheint sie überflüssig. Die Antwort darauf gibt aber Auskunft darüber, welche Daseinsweise dem Recht von der (jeweiligen) Rechtstheorie zuerkannt wird. Es geht darum, ob das Recht über den staatlichen Durchsetzungsmechanismus hinaus eine selbständige Existenz hat, so etwas wie eine „geistige Macht" darstellt oder gar die Erscheinungsform eines wie immer gearteten „objektiven Geistes" ist.

Staatlich gesetzte Rechtsnormen sollen gelten. Ihr Erlaß ist immer mit einem Geltungsanspruch verbunden. Seine Anerkennung oder auch seine bloße Hinnahme kann bei den einzelnen Rechtsgenossen aber verschiedene Gründe haben:

- A ist überzeugter Christ. Für ihn ist § 242 StGB der ins Strafrecht übersetzte Ausdruck des 7. Gebotes im Dekalog.
- B beachtet § 242 StGB, weil er privates Eigentum als einen notwendigen Bestandteil einer (sittlich) gerechten Gesellschafts- und Staatsordnung ansieht.
- C stiehlt nicht, weil er die Strafe und deren soziale Folgen im Beruf und in der Nachbarschaft fürchtet.
- D hält kleinere Ladendiebstähle in großen Warenhäusern moralisch für erlaubt; er tritt für eine Änderung des § 242 StGB ein, die den Warenhausdiebstahl generell als Ordnungswidrigkeit einstuft. Gleichwohl hält er es für zweckmäßig, geltendes Recht zu beachten, da sonst Anarchie drohe.

Zu allen Zeiten ist darüber nachgedacht worden, wo denn die Autorität und der Geltungsanspruch staatlichen Rechts ihren Grund und ihre Grenze hätten. In Gesellschaften mit einheitlichen religiösen Überzeugungen lag und liegt es nahe, das Recht primär in der Religion zu verankern, wie das z. B. gegenwärtig in Teilen Afrikas sowie im Nahen und Mittleren Osten beobachtet werden kann. Das Recht wird geglaubt, weil es durch göttliche Setzung begründet ist („lex divina"). In einem Gemeinwesen, das sich – wie die Bundesrepublik – selbst als religiös und weltanschaulich weitgehend neutral (Art. 3 Abs. 3, 4, 5 Abs. 1 GG),[438] vielleicht auch als „multikulturell" ver-

437 Dazu etwa M. D. Hauser, Moral Minds, New York 2006; J. Greene, Moral Tribes, London 2014; M. Mahlmann, Rechtsphilosophie und Rechtstheorie, 4. Aufl., Baden-Baden 2016, § 34 spricht von einer „Universalgrammatik der Moral".

438 Die Präambel („Gott") sowie die Ewigkeitsklausel des Art. 79 Abs. 3 GG markieren als positiviertes Naturrecht die Grenzen dieser Neutralität.

steht, kann eine Religion aber nur für die gläubigen Teile der Bevölkerung die Anerkennung des Rechts und den Rechtsgehorsam begründen. Außer religiösen Gründen gibt es noch eine Vielzahl weiterer Auffassungen über den Geltungsgrund des Rechts.

Die möglichen Geltungsgründe können in einem Grundriß nur 333
knapp und in einer repräsentativen Auswahl vorgestellt werden (§§ 11–18). Die Darstellung soll dem Leser vor Augen führen, daß die Wahl eines eigenen rechtstheoretischen Standpunktes notwendig ist und welche Wahlmöglichkeiten und Abwägungsgrundlagen existieren. Unsere These lautet: Juristen ohne einen bewußt gewählten eigenen rechtstheoretischen Standort sind ein gesellschaftliches und politisches Risiko. Sie üben ihren Beruf ohne das Bewußtsein der Tragweite ihrer Wirkungen, gleichsam im „Blindflug“, aus. Das führt, wie die Geschichte lehrt, leicht zu schrecklichen Folgen. Juristen werden zu ahnungslosen oder willfährigen Werkzeugen der jeweiligen Machthaber.

B. Arten der Geltung

I. Juristische, faktische und moralische Geltung

Die genannten, staatlich gesetzten Rechtsvorschriften sind „gelten- 334
des Recht“. Sie sollen von den Bürgern, den Ermittlungsbehörden, den Gerichten und den Vollstreckungsbehörden beachtet werden. Ihre Geltung geht darauf zurück, daß sie nach dem „geltenden“ Gesetzgebungsverfahren erlassen und seither nicht wieder aufgehoben worden sind.

Nicht jeder Diebstahl wird bestraft. Man denke nur an die vielen unentdeckten Ladendiebstähle. Gleichwohl war und ist § 242 StGB in Deutschland geltendes Recht. Die Vorschrift „gilt“ ausnahmslos. Das ist ein wichtiges Merkmal der „juristischen“ Geltung von Rechtsvorschriften: Sie beanspruchen generelle Gültigkeit. Die Normadressaten sollen ohne Ausnahmen an sie gebunden sein. Hier wird deutlich: Die „juristische“ Geltung bezeichnet einen allgemeinen Geltungsanspruch, ein an die Adressaten gerichtetes Sollen (Rn. 219).

Etwas ganz anderes ist die tatsächliche Geltung, also die Frage, ob 335
und inwieweit eine Rechtsnorm von den Bürgen befolgt wird. Die Kriminalität weist in vielen Bereichen hohe Dunkelziffern auf. Deshalb bleibt das Strafrecht gleichwohl geltendes Recht (vgl. Rn. 9ff.).

Aber es ist nur beschränkt wirksam. Rechtsnormen werden oft nicht eingehalten. Nicht immer und überall ist das geltende Recht durchsetzbar und damit wirksam. Diese tatsächliche (faktische) Geltung kann zur Unterscheidung von der juristischen Geltung als Wirksamkeit des Rechts oder als Effizienz bezeichnet werden.[439]

336 Wenn die Rechtsordnung von der Mehrheit der Bürger befolgt wird, liegt dem in der Regel ein Fundus gemeinsamer Rechtsüberzeugungen zugrunde, die auf anerkannten Grundwerten der Sozialmoral beruhen. Dazu gehören heute z. B. die Grund- und Menschenrechte, der Rechtsstaatsgedanke und das Verbot des Rechtsmißbrauchs. Neben der juristischen und tatsächlichen Geltung des Rechts gibt es also eine moralische Geltung, die das geltende staatliche Gesetz in seiner Wirksamkeit stärkt, weil Gesetz und Rechtsüberzeugung der Bürger übereinstimmen.[440]

Als ein Sonderfall der moralischen Geltung läßt sich das Naturrecht verstehen. Es gilt nach der Überzeugung seiner Anhänger unabhängig von staatlicher Setzung. Sie leiten aus der moralischen Überzeugungskraft der Naturrechtssätze deren juristische Geltung ab (zum Naturrecht siehe Rn. 411 ff.).

337 Bei der Frage nach der Geltung des Rechts sind also drei verschiedene Arten der Geltung zu unterscheiden:

– die „juristische" Geltung (Soll-Geltung): Das Recht soll gelten, weil es staatlich gesetzt ist und staatlich durchgesetzt werden kann.
– die „faktische" Geltung (Ist-Geltung): Sie liegt vor, wenn das Recht real befolgt wird. Das ist meßbar. Die faktische Geltung ist unabhängig von den Motiven der dem Recht Gehorchenden.
– die „moralische" Geltung (Anerkennungs- oder Überzeugungsgeltung/Akzeptanz): Sie kennzeichnet die moralischen Fundamente des Rechtsgehorsams. Eine Rechtsnorm hat moralische Geltung, wenn sie freiwillig aus Rechtsüberzeugung befolgt wird.

Die Fragen der Geltung des Rechts hängen unmittelbar mit der Definition des Rechtsbegriffs zusammen. Die juristische Geltung ergibt sich daraus, daß die Rechtsnormen in dem von der Rechtsordnung vorgesehen Gesetzgebungsverfahren verabschiedet werden. Sie folgt also dem „positivistischen" Rechtsbegriff. Geltendes Recht ist das, was vom Staat gesetzt ist und durchgesetzt wird (vgl. Rn. 53 ff.). Die faktische Geltung ist eine soziologische Kategorie. Sie mißt, ob

439 K. F. Röhl/H. C. Röhl, Allgemeine Rechtslehre, 3. Aufl., Köln 2008, § 37 I.
440 Dazu J. Braun, Recht und Moral im pluralistischen Staat, JuS 1994, 727 ff.

und wie die erlassenen Rechtsnormen in der Wirklichkeit befolgt werden. Die moralische Geltung betrifft die innere Akzeptanz der Rechtsnormen durch die rechtsunterworfene Bevölkerung.

II. Divergenzen und Verknüpfungen der Geltungsarten

Die drei Arten der Geltung können weit auseinandergehen. Als 338
Beispiel sei die Gesetzgebung Polens zur Lockerung des Abtreibungsverbotes (Fristenregelung) vom November 1996 genannt. Gegen dieses Gesetz gab es leidenschaftliche Proteste und Demonstrationen der katholischen Kirche und ihrer Anhänger. Die juristische Geltung solch umstrittener Gesetze steht unter rechtsstaatlichen Aspekten außer Zweifel. Die moralische Geltung hingegen ist für einen erheblichen Teil der Bevölkerung aus weltanschaulicher oder religiöser Überzeugung zweifelhaft oder fehlt sogar ganz. Dieser Autoritäts- und Geltungsverlust der angezweifelten Normen und der normsetzenden Instanzen kann sowohl bei Gesetzen wie bei Richterrechtsnormen eintreten. Das Akzeptanzrisiko ist dort besonders groß, wo der Weltanschauungsbezug der Regelungsmaterie besonders eng und intensiv ist. Hier wird ein Spannungsverhältnis deutlich, das zwischen der juristischen und der moralischen Geltung von Rechtsnormen entstehen kann. Das zeigt sich insbesondere bei Unrechtssystemen, die sich vornehmlich auf den Einsatz diktatorischer Gewalt stützen. Deren Gesetzesordnung wird in der Regel zumindest von Teilen der Bevölkerung nicht als moralisch gültig angesehen. Sie gilt juristisch, wegen der Zwangsgewalt des Staates auch faktisch, nicht aber moralisch, soweit sie als Unrecht und Unmoral empfunden wird.

Die moralische Geltung des Rechts setzt die Akzeptanz der gesetz- 339
ten Normen durch die Rechtsgemeinschaft voraus. Wo diese Akzeptanz in krasser Weise verweigert wird, leidet die Festigkeit der Rechtsordnung. Die Folge ist, daß auch die faktische Geltung in Gefahr gerät. Aber auch in besonderen Notlagen kann die Geltung von Normen, die in Normallagen allgemein akzeptiert werden, bezweifelt werden. In einem kalten Winter der Nachkriegszeit (1946/47) äußerte der damalige Kardinal von Köln, Josef Frings, öffentlich in einer Predigt, er habe Verständnis dafür, wenn die Bevölkerung des Ruhrgebiets sich gelegentlich aus den Kohlenzügen der Besatzungsmächte mit Brennmaterial versorge. Das hieß dann im Volk bald „fringsen" statt stehlen. Die faktische Geltung des § 242 StGB wurde so mit moralischer Rückendeckung des Kardinals erheblich reduziert nach dem Sprichwort: „Not kennt kein Gebot".

340 Für das Verständnis des Rechts und seiner Funktionen ist es wichtig zu erkennen, daß die juristische, die faktische und die moralische Geltung von Recht untereinander in einem Funktionszusammenhang stehen. Die juristische Geltung wird funktionslos, wenn das Recht faktisch nicht beachtet wird. Der juristische Geltungsanspruch kann auch dadurch gefährdet oder ausgehöhlt werden, daß dem staatlichen Recht die moralische Geltung fehlt oder abhanden kommt. Wenn der Staat Rechtsnormen setzt, die den moralischen Grundvorstellungen breiter Bevölkerungsschichten zuwiderlaufen, ist es um deren dauerhafte Stabilität schlecht bestellt.

III. Die Bedeutung der Akzeptanz

341 Volle und dauerhafte Wirkung gewinnt das staatlich gesetzte Recht erst durch die Annahme im Volk. Die „acceptatio legis" ist für das Recht ein wichtiges Kriterium. Zu beachten ist dabei, daß sich die Anerkennung oder Akzeptanz grundsätzlich auf das System bezieht. Sobald ein Rechtssystem anerkannt oder akzeptiert ist, werden im wesentlichen auch die vom System produzierten Einzelnormen akzeptiert.[441] Erst wenn eine staatliche Normsetzung von der breiten Mehrheit der Bevölkerung entschieden abgelehnt wird, weil sie ihr als staatliches Unrecht erscheint, wenn also die Akzeptanz von der Mehrheit verweigert wird, entsteht ein Gegensatz zwischen dem Recht und der Rechtsüberzeugung der Rechtsgemeinschaft. Staatliche Norm und Rechtskultur fallen dann auseinander. Solche Rechtssetzungssysteme können dann noch mit staatlicher Sanktionsgewalt durchgesetzt werden. Aber ihre Anerkennung als Recht ist dauerhaft in Frage gestellt. Es gilt für sie die allgemeine Erfahrung aus Diktaturen: Mit Bajonetten kann man vieles machen, aber man kann nicht dauerhaft darauf sitzen.

Deshalb benötigen die normsetzenden Instanzen ein feines Gespür für die Grenzen der Akzeptanz bei der Rechtsgestaltung.[442] Das gilt für Parlamente wie für die Ersatzgesetzgebung durch letzte Instanzen, nicht zuletzt durch das Bundesverfassungsgericht und den Europäischen Gerichtshof. Einige Entscheidungen des Bundesverfassungsgerichts und besonders deren Begründungen haben heftige Akzeptanzkontroversen ausgelöst (Kruzifixurteil, „Soldaten sind

441 Vgl. dazu J. Searle, Wie wir die soziale Welt machen, Berlin 2012, Kap. 5 IV, V und Kap. 7.

442 Zur Bedeutung der Rechtskultur und Akzeptanz: R. Zippelius, Recht und Gerechtigkeit in der offenen Gesellschaft, 2. Aufl., Berlin 1996, Kap. 1 IV.

Mörder", Sitzblockade). Sie haben das Ansehen des Gerichts in der Bevölkerung nach den eindeutigen Umfrageergebnissen (zeitweilig) beträchtlich gemindert.

C. Zusammenfassung zu § 8

I. Wenn vom Recht die Rede ist, wird seine Geltung in der Regel als selbstverständlich vorausgesetzt. Warum und in welcher Weise aber Recht „gilt", diese Frage wird von vielen Juristen gern gemieden. Der Geltungsgrund des Rechts ist eines der Grundprobleme der Rechtswissenschaft und der Justiz. 342

II. Es sind verschiedene Arten der Rechtsgeltung von Normen zu unterscheiden, nämlich die juristische Geltung („Soll-Geltung"), die faktische Geltung („Ist-Geltung") und die moralische Geltung („Überzeugungsgeltung" oder „Akzeptanz"). Diese Geltungsarten hängen in konkreten Rechtssystemen funktionell zusammen.

III. Das „Gelten" von Rechtsnormen läßt sich verschieden begründen. Die Begründungen haben im Ablauf der Geschichte gewechselt. Sie werden in den folgenden Paragraphen näher erläutert.

IV. Eine besondere Bedeutung kommt der Akzeptanz des Rechts durch die Rechtsunterworfenen zu. Erst diese „acceptatio legis" führt dazu, daß aus dem Macht- und Steuerungsinstrument der Normsetzer eine Gemeinschaft von „Rechtsgenossen" wird, daß eine Rechtskultur entstehen kann.

§ 9. Recht und Gerechtigkeit

Denn die Gerechtigkeit ist unsterblich.
Die Weisheit Salomonis 1, 15

Von allen politischen Ideen ist der Wunsch, die Menschen vollkommen und glücklich zu machen, vielleicht am gefährlichsten. Der Versuch, den Himmel auf Erden zu verwirklichen, produzierte stets die Hölle.
Karl Raimund Popper

Justiz hat mit Gerechtigkeit soviel zu tun wie die Landeskirchenverwaltung mit dem lieben Gott.
H. Rosendorfer, Richter und Schriftsteller, Sonntagsblatt – Ev. Wochenzeitung für Bayern, Ausgabe 24/2005

„Cuius regio, eius iustitia."
(Wer die Herrschaft hat, bestimmt die Gerechtigkeit).

Schrifttum: R. Dreier, Recht und Moral, in: Recht – Moral – Ideologie, 1981, S. 180ff.; K. Engisch, Auf der Suche nach der Gerechtigkeit, 1971; F. A. v. Hayek, Recht, Gesetz und Freiheit, 2003; E. Holzleithner, Gerechtigkeit, 2009; O. Höffe, Gerechtigkeit, 5. Aufl., 2015; H. Kelsen, Was ist Gerechtigkeit?, 2000; J. Rawls, Eine Theorie der Gerechtigkeit, 1979; B. Rüthers, Das Ungerechte an der Gerechtigkeit, 3. Aufl., 2009; A. Sen, Die Idee der Gerechtigkeit, 2010; M. Walzer, Sphären der Gerechtigkeit, 2006.

A. Gerechtigkeit – skeptische Zweifel

I. Verhältnis von Recht und Gerechtigkeit

343 Gerechtigkeit hieß begriffsgeschichtlich zunächst nichts anderes als Übereinstimmung mit dem geltenden Recht. Der altgriech. Ausdruck „dikaios" (gerecht) stammt von „dike" (Recht) ab und bedeutet „rechtsgemäß" bzw. „rechtschaffen". Für die römischen Juristen war die Verbindung des Rechts mit dem Guten und Gerechten geradezu untrennbar:

„Das Recht ist die Kunst, das Gute und das Angemessene zu verwirklichen." (Celsus nach Ulpian, Dig. 1, 1,1).

„Die Rechtswissenschaft ist die Wissenschaft dessen, was gerecht und ungerecht ist.“ (Ulpian, Dig. 1, 1,10).

Folgerichtig sagt die Glosse zu 1.1. pr. Dig. 1,1: „Das Recht aber kommt von der Gerechtigkeit, gleichsam wie von seiner Mutter; also war die Gerechtigkeit vor dem Recht.“

Wenn Recht, wie oben definiert (Rn. 53 ff.), aber nur staatlich gesetztes oder anerkanntes und durchgesetztes Recht ist, wird die Verknüpfung zweifelhaft. Die (begriffliche) Trennung von Recht und Gerechtigkeit eröffnet die Möglichkeit, das geltende Recht an Hand eines (externen) Gerechtigkeitsmaßstabes zu beurteilen. Jeder Mensch erwartet vom Recht, daß es der Gerechtigkeit dient. Daher findet sich in allen Kulturen und geschichtlichen Epochen die Vorstellung, daß Gerechtigkeit ein notwendiges Merkmal und Regulativ von Herrschaft sei („iustitia fundamentum regnorum“).[443] Der Pflicht der Herrschenden zur Gerechtigkeit entsprach schon im Mittelalter das Widerstandsrecht der Beherrschten gegen ungerechte Gewalt.[444] Bedrückende Beispiele für ein Auseinanderfallen von Recht und Gerechtigkeit, für in Gesetzesform gegossenes Unrecht, liefern die totalitären Staaten der Gegenwart und der jüngsten Vergangenheit.[445] In solchen Systemen wird das Gesetzesrecht zum Mittel der Versklavung der Menschen im Dienst der jeweiligen totalitären Weltanschauung.[446] Totalitäre Staaten betreiben so das „Unrecht als System“, sie werden „Unrechtssysteme“ (vgl. Rn. 546 ff.). Soll das Recht am Maßstab der Gerechtigkeit überprüft werden, dann ist damit, wie so oft mit einem neuen Begriff, das Problem nicht gelöst, sondern zunächst nur verschoben. Wenn das Recht der Gerechtigkeit dienen soll, muß man klären, was Gerechtigkeit ist. Es ist dies zugleich die Frage: Welchen Inhalt soll das Recht haben?

---

443 Vgl. schon Aristoteles, Nikomachische Ethik, 1134a 31: „Das Recht ist die Scheidung von Gerechtem und Ungerechtem.“

444 Vgl. K. Wolzendorff, Staatsrecht und Naturrecht in der Lehre vom Widerstandsrecht des Volkes gegen rechtswidrige Ausübung der Staatsgewalt (1916), 2. Neudruck, Aalen 1968, S. 24 ff.

445 Vgl. etwa B. Rüthers, Recht als Waffe des Unrechts – Juristische Instrumente im Dienst des Rassenwahns, NJW 1988, 2825.

446 H. Arendt, Elemente und Ursprünge totalitärer Herrschaft, Frankfurt/M. 1962, S. 574 ff.; H. Buchheim, Totalitäre Herrschaft – Wesen und Merkmale, 4. Aufl., München 1965; R. Aron, Demokratie und Totalitarismus, Hamburg 1970.

II. Relativität der Gerechtigkeit?

344 In unserem Alltag beurteilen wir in vielfältiger Weise etwas als „gerecht" und noch häufiger sprechen wir von „Ungerechtigkeiten". Eine klassische Frage ist das Alltagsproblem, wie ein Kuchen gerecht aufzuteilen ist. Es wird üblicherweise dadurch gelöst, daß eine Person den Kuchen teilt und die andere dann die Wahl zwischen den beiden Teilen hat. Ein Aspekt der Gerechtigkeit ist also die Verteilung von Gütern. Es kann aber auch um die Verteilung von Lasten gehen. Viele Bürger sind z. B. der Meinung, daß das Steuersystem „ungerecht" ist, etwa weil es zu kompliziert sei und zu viele Schlupflöcher lasse, weil die Steuersätze zu hoch seien bzw. für „die Reichen" zu niedrig, weil die Finanzverwaltung Steuervergehen nicht für alle in gleicher Weise sanktioniere oder weil „der Staat" mit den Steuergeldern nicht sparsam genug umgehe. In solchen Äußerungen geht es neben der Verteilungsfrage um das Gleichbehandlungsgebot und die unparteiliche Regelanwendung. Etwas versteckter ist auch die Wechselseitigkeit der Leistungen angesprochen: Der Staat erhält von den Bürgern Steuern. Im Gegenzug erwarten die Bürger Leistungen des Staates, wie etwa ein funktionierendes Justizsystem oder äußere und innere Sicherheit.

Bereits in früher Zeit gab es Zweifel daran, ob die Gerechtigkeit einen klaren und einheitlichen Maßstab zur Beurteilung menschlichen Verhaltens bieten kann. Schon den Griechen der Antike ist bei ihren Fahrten in andere Länder schnell aufgefallen, daß nicht überall dieselben sozialen Regeln gelten.[447] Später notierte B. Pascal (franz. Mathematiker und Philosoph, 1623 – 1662) ironisch, daß die Gerechtigkeit durch die zufälligen politisch-geographischen Grenzen eines Flusses oder von Bergen begrenzt werden: „Spaßhafte Gerechtigkeit, die ein Fluß begrenzt! Diesseits der Pyrenäen Wahrheit, jenseits Irrtum".[448] Seine Skepsis kommt auch in zwei weiteren Zitaten zum Ausdruck: „Wie die Mode bestimmt, was uns gefällt, so bestimmt sie auch das Recht" und „Recht ist, was gültig ist. Und so werden alle gültigen Gesetze notwendig für gerecht gehalten, ohne daß man sie prüft, da sie gültig sind."[449] Die Frage nach dem sicheren Inhalt, nach Kriterien der Gerechtigkeit ist so alt wie die Menschheit selbst. Diese Debatte ist nicht ohne Ergebnisse geblieben. Umstritten blieb gleichwohl die

---

447 Platon, Theaitetos, 172a–172b; M. Quante, Einführung in die Allgemeine Ethik, 5. Aufl., Darmstadt 2013, Kap. IX 2.
448 B. Pascal, Pensées, Nr. 294.
449 B. Pascal, Pensées, Nr. 309 und 312.

genaue inhaltliche Definition der Gerechtigkeit. Das folgende Beispiel mag die Relativität der Gerechtigkeit aufzeigen:[450]

Es waren einmal drei Brüder A, B und C. A und B waren Handwerker. C, ein „Blumenkind", hatte nichts gelernt. A und B wollten C helfen und ihm eine Ziegenzucht ermöglichen. A gab von seinen 30 Ziegen dem C 5, B gab ihm von seinen 3 Ziegen eine. C züchtete acht Jahre lang erfolgreich und hatte 132 Ziegen, als er unerwartet und ohne Testament verstarb. A und B waren nicht ganz so erfolgreich in der Ziegenzucht gewesen. Als C starb, hatte A 50 und B 10 Ziegen. C hatte außer den Brüdern A und B keine Verwandten. A und B kamen zusammen und berieten, wie sie die 132 Ziegen unter sich verteilen sollten. Ein gesetzlich geregeltes Zivil- und Erbrecht gab es nicht. Je länger sie nachdachten, um so unentschlossener waren sie angesichts der verschiedenen Teilungsmöglichkeiten, die ihnen teils selbst einfielen, teils von klugen Freunden geraten wurden: 345

1. Variante: Jeder Bruder erhält die Hälfte der von C hinterlassenen 132 Ziegen, also jeder 66.
2. Variante: Jeder erhält zunächst zurück, was er dem C bei der Gründung der Ziegenzucht gab, also A 5 Ziegen und B eine Ziege. Die restlichen (132 – 6 =) 126 Ziegen werden hälftig verteilt. Es erhält also A: 5 + 63 = 68 Ziegen, B: 1 + 63 = 64 Ziegen.
3. Variante: B schlägt vor, man solle von der „Opferquote" der Brüder bei der Gründung der Zucht des C ausgehen. Dann hat B damals von seinem Besitz (1 von 3) 1/3, A aber nur (5 von 30) 1/6 an C gegeben. B hatte also die doppelte Opferquote. Dem entspräche eine Teilung von 1/3 : 1/6 = 2 : 1. B würde dann 88, A 44 Ziegen erhalten.
4. Variante: Das findet A wenig gerecht. Als sie sich nicht einigen, schlägt ein Freund beider ihnen vor, auf andere Weise als in der 3. Teilungsmöglichkeit von der Opferquote auszugehen: B habe damals 1/3 seiner Ziegen an C gegeben. Er solle jetzt 1/3 der Ziegen des C, also 132 : 3 = 44 Ziegen vorab erhalten. A habe 1/6 seines Besitzes an C gegeben. Entsprechend erhalte er jetzt 132 : 6 = 22 Ziegen vorab. Den Rest von 66 Ziegen solle man brüderlich durch zwei teilen. A bekomme also 22 + 33 = 55 Ziegen, B bekomme 44 + 33 = 77 Ziegen.

450 Die Geschichte ist von E. Fechner, Rechtsphilosophie, 2. Aufl., Tübingen 1962, S. 11 Fn. 1 übernommen. Er fand sie bei E. Rüster, in: Atlantis, Jahrgang 1944, S. 87 f. Sie wurde hier leicht abgewandelt und mit Lösungen ergänzt.

5. Variante: Jetzt schlägt A vor, man solle die Relation der damals an C gegebenen Ziegen zugrundelegen, also im Verhältnis 5 (A) : 1 (B) teilen. Damit werde das jeweils von beiden für die Zucht gestellte „Ausgangskapital“ berücksichtigt. Es ergeben sich bei der Teilung 5 : 1 für A 110 Ziegen und für B 22 Ziegen.
6. Variante: B macht einen Gegenvorschlag: Es liege hier doch offenbar ein „Gemisch“ aus Rechtsgeschäften unter Lebenden (Hingabe von Ziegen an C durch A und B vor acht Jahren) und einem Erbfall vor. Deshalb sei es gerecht, die Ziegen zur Hälfte nach erbrechtlichen Gesichtspunkten und zur anderen Hälfte nach dem Verhältnis der anteiligen Hingabe (A: 5 ./. B: 1) oder nach der Opferquote (A: $1/6$ ./. B: $1/3$ = 1 : 2) zu teilen. Danach würden erhalten:
   a) erbrechtliche Hälfte (132 : 2 = 66): A = 33; B = 33
   b) rechtsgeschäftliche Hälfte:
      (1) bei anteiliger Teilung
          A: 66 : 6 × 5 B: 66 : 6 × 1
          A = 55 B = 11
      (2) bei Teilung nach Opferquote
          A: 66 : 3 B: 66 × 2 : 3
          A = 22 B = 44

   Im Falle (1) würde A 88 und B 44 Ziegen erhalten.
   Im Falle (2) würde A 55 und B 77 Ziegen erhalten.
   Im Falle (1) ist das Ergebnis also genau umgekehrt wie bei der 3. Teilungsmöglichkeit. Im Falle (2) deckt sich das Ergebnis mit der 5. Teilungsmöglichkeit, wobei die Begründung eine etwas andere ist.
7. Variante: Ein befreundeter Richter schlägt vor, A und B bei der Teilung so zu stellen, wie sie stehen würden, wenn sie beide keine Ziegen an C abgegeben hätten. A hatte aus 25 Ziegen 50 gezüchtet, also seinen Bestand verdoppelt. Bei 30 Ziegen hätte er 60 erzielt. Also soll er jetzt 10 Ziegen vorab erhalten. B hat seinen Bestand von zwei auf zehn verfünffacht. Bei drei Ziegen hätte er 15 erzielt. Also bekommt B fünf vorab. Der Rest von 117 ist dann hälftig zu teilen. Jeder bekommt 58 davon. Die letzte kann dann bei einem Friedensmahl zur Feier der gelungenen Teilung gemeinsam verschmaust werden.

346 Es sind noch mehr Teilungsmöglichkeiten denkbar als die hier dargestellten sieben Varianten. Die Vielfalt und Wandelbarkeit der Lösungen legen die Frage nahe: Welche der vorstehenden Teilungsmöglichkeiten ist „gerecht“, „gerechter“ oder „die gerechteste“? Über viele Jahre hin haben wir darüber in Lehrveranstaltungen über Rechtstheorie und Wirtschaftsethik nach gründlicher Erörterung der Vorschläge abstimmen lassen. Die relativen Mehrheiten für die Möglichkeiten 1 bis 7 wechselten von Jahr zu Jahr erheblich. Die Gerechtigkeitsvorstellungen der Studenten waren also stark unterschiedlich und auch nach Jahrgängen verschieden.[451]

Zu beachten ist: Die Teilung unter A und B ist ein Regelungsproblem. Den beiden Brüdern halfen kein Zivilgesetzbuch, kein gesetzliches Erbrecht, kein Testament und keine vertragliche Vereinbarung. Die Teilung war also ein Problem der Rechtsgestaltung („Gesetzgebung“), nicht der Rechtsanwendung. Solche Regelungsprobleme lassen nach der Erfahrung der Juristen in Geschichte und Rechtsvergleichung in aller Regel verschiedene Lösungsmöglichkeiten zu, die als gerecht empfunden werden können. Anders ausgedrückt: Juristische Regelungsprobleme können nicht eindeutig gerecht oder richtig gelöst werden im Sinne einer einzigen („wahren“) Lösung. Überlegen Sie bitte, zu welcher Lösung das deutsche Erbrecht in diesem Fall kommt! Das ist eine Frage der Rechtsanwendung. Diese sind von Regelungsfragen zu unterscheiden. Bei Rechtsanwendungsfragen ist es möglich, dass nur eine Lösung richtig ist. Mit zwingenden Gesetzen gibt der demokratisch legitimierte Gesetzgeber *seine* Gerechtigkeitsvorstellungen für den Rechtsanwender bindend vor.

Ein staatsfreies Verfahren zur Lösung von Gerechtigkeitskonflik- **346a**
ten, das zunehmend an Bedeutung gewinnt, ist die Mediation (s. Rn. 399a). Der modernen Gerechtigkeitspsychologie verdanken wir die Erkenntnis, dass praktisch alle Konflikte im Grunde Gerechtigkeitskonflikte sind.[452] In der Mediation geht es um Regelungsfragen. Die eine einzig gerechte Lösung gibt es daher auch in der Mediation nicht. Wenn die Parteien aber mit Hilfe eines nur für das Verfahren verantwortlichen Dritten, des Mediators, informiert und eigenverantwortlich ihren Konflikt lösen, dann ist die erzielte Übereinkunft für sie gerecht.

---

451 Hörhinweis: http://www.deutschlandfunknova.de (Suche: „Was heißt hier gerecht?“; Erstausstrahlung 24.5.2014).

452 L. Montada/E. Kals, Mediation: Psychologische Grundlagen und Perspektiven, 3. Aufl., Weinheim 2013, S. 128 ff.

B. Was heißt „Gerechtigkeit"?

I. Begriff

347 **1. Anwendungsbedingungen der Gerechtigkeit.** In einer ersten Annäherung an den Begriff „Gerechtigkeit" kann man fragen, in welchen Situationen wir Gerechtigkeitsargumente verwenden. Das Beispiel der Kuchenaufteilung macht deutlich, daß es oft darum geht, das Problem der Knappheit von Gütern zu lösen. Dies ist zugleich der Ausgangspunkt der Volkswirtschaftslehre.[453] Das Problem entsteht, weil die Ressourcen auf der Erde beschränkt sind, weil der Mensch die natürlichen Ressourcen zumeist erst noch verarbeiten muß, bevor sie nutzbar werden („Leistungs- und Beitragsgerechtigkeit"), und weil Menschen tendenziell unersättlich sind. Knappheit besteht aber nicht nur bei Gütern, sondern auch bei menschlichen Dienstleistungen. Schon mit der Geburt ist der Mensch auf die Fürsorge anderer angewiesen. Wenn diese Fürsorge knapp wird, kann das für die Entwicklung des Kindes negative Folgen haben. Das Beispiel über die Haltung der Bürger zum Steuerrecht weist darauf hin, daß wir auch dann mit Gerechtigkeit argumentieren, wenn es um die Gleichheit vor dem Gesetz oder die Unparteilichkeit der Justiz geht. In diesen Fällen geht es also um die Verteilung von Rechten. Zusammenfassend kann man sagen, daß Gerechtigkeit in allen sozialen Beziehungen, in denen widerstreitende Interessen aufeinanderstoßen, gefragt ist, gleich ob es um die Kooperation oder die Konkurrenz zwischen Menschen geht.[454] Gerechtigkeit dient der unparteilichen Auflösung von Streit und Konflikt zwischen widerstreitenden Interessen: Gerechtigkeit schafft Frieden. Das wußte schon der römische Dichter Vergil.[455] In der Nähe der Gerechtigkeit gibt es noch andere Bewertungsmaßstäbe für menschliche Handlungen und gesetzliche Regelungen, wie insbesondere Zweckmäßigkeit, Effizienz[456] und die Förderung der Wohlfahrt einer Gesellschaft. Im folgenden wird

453 Vgl. etwa N. G. Mankiw/M. P. Taylor, Grundzüge der Volkswirtschaftslehre, 6. Aufl., Stuttgart 2016, Kap. 1.

454 Ch. Lumer, in: H. J. Sandkühler, Enzyklopädie Philosophie, Hamburg 1999, Stichwort „Gerechtigkeit"; W. Brugger, Gesetz, Recht, Gerechtigkeit, JZ 1989, 1, 5.

455 R. Faber, Die Verkündigung Vergils, Hildesheim 1975, S. 28. Im Ehrenhof des Schlosses und der Universität Mannheim findet sich dieser Gedanke wieder in der dort angebrachten Aufschrift „Der Gerechtigkeit Frucht wird Frieden sein".

456 Dazu H. Eidenmüller, Effizienz als Rechtsprinzip, 4. Aufl., Tübingen 2015.

auch darum gehen, das Verhältnis der Gerechtigkeit zu diesen Bewertungsmaßstäben näher zu bestimmen.

2. Gerechtigkeit im objektiven und im subjektiven Sinn. Das Wort Gerechtigkeit im objektiven Sinn verwendet beurteilt eine Handlung oder eine (gesetzliche) Regelung als sittlich gut und deshalb billigenswert.[457] Man spricht von einer gerechten Strafe, einer gerechten Teilung der Erbschaft, von einer gerechten Mitbestimmungsregelung oder einer gerechten Sozialordnung. Platon (427–347 v. Chr.) nennt in seinem Dialog „Der Staat" („Politeia") eine Definition der Gerechtigkeit, die er damals bereits als überliefert bezeichnet: 348

> Gerechtigkeit besteht darin, daß „jeder das Seinige und Gehörige hat und tut".[458]

Dieser Gedanke ist über Aristoteles,[459] Cicero[460] und Augustinus[461] in das römische Recht eingegangen und zum Grundbestand europäischen Rechts- und Staatsdenkens geworden.[462] Die Verbreitung über die Jahrhunderte täuscht darüber hinweg, daß der Satz eine Leerformel enthält.[463] Auch das Lagertor des KZ Buchenwald trug die Inschrift „JEDEM DAS SEINE". Sie sollte die Inhaftierten täglich daran erinnern, daß sie das bekamen, was sie aus Sicht ihrer Peiniger verdienten. Diese Verwendungsweise zeigt die Weite der Auslegungsmöglichkeiten von Gerechtigkeitsformeln, je nach Vorverständnis des Verwenders.

Neben der Bestimmung dessen, was gerecht ist, geht es auch in der Antike bereits um das Verhältnis von Gerechtigkeit, Staat und Recht. Aristoteles hat das so bestimmt:

> „Die Gerechtigkeit aber stammt erst vom Staat her, denn das Recht ist die Ordnung der staatlichen Gemeinschaft; das Recht ist aber die Entscheidung darüber, was gerecht ist".[464]

Gerechtigkeit ist nach diesem Verständnis das Fundament aller rechtmäßigen Herrschaft („iustitia fundamentum regnorum"). Ge-

---

457 Vgl. G. Radbruch, Rechtsphilosophie (Studienausgabe), 2. Aufl., Heidelberg 2003, S. 34 ff.
458 Platon, Politeia, 331e, 433 a ff.; Homer, Odyssee 14, 84; Überblick bei E. Wolf, Griechisches Rechtsdenken, Bd. III/2, Frankfurt/M. 1956, S. 274.
459 Aristoteles, Rhetorik, 1366b 9 ff.
460 Cicero, De finibus, 5, 23, 67; ders., De natura deorum 3, 15, 38.
461 Augustinus, Vom Gottesstaat, Buch 19, Kap. 21.
462 O. Höffe, Gerechtigkeit, 5. Aufl., München 2015, S. 49 f.; kritisch H. Kelsen, Was ist Gerechtigkeit?, Stuttgart 2000, V. 20.
463 Vgl. H. Kelsen, Was ist Gerechtigkeit?, Stuttgart 2000, V. 20. (S. 32 ff.).
464 Aristoteles, Politik, 1253a 39 ff.

rechtigkeit wird zu einem Prüfungsmaßstab des staatlichen („positiven") Rechts, also insbesondere zu einem Maßstab für Gesetze.

349 Gerechtigkeit im subjektiven Sinn ist eine persönliche Tugend, sie ist neben der Weisheit, der Tapferkeit und der Besonnenheit eine der vier Kardinaltugenden.[465]

Nach Platon sorgt die Gerechtigkeit für das richtige Verhältnis und den Ausgleich zwischen den drei anderen Tugenden. Die Formulierung „Jedem das seine" bedeutet für Platon daher, daß die Gerechtigkeit für jede der drei anderen Tugenden den Bereich bestimmt, in dem sie nützlich ist. Gerechtigkeit ist für Platon weniger die faire Regelanwendung oder Güterverteilung (objektive Gerechtigkeit) als vielmehr eine Charaktereigenschaft von Personen.[466]

Dieses Begriffsverständnis ist eine Besonderheit von Platon. Gerechtigkeit im subjektiven Sinn bedeutet für die meisten Philosophen und Juristen etwas anderes: Die klassische Formulierung Ulpians (170–223)

> „iustitia est constans et perpetua voluntas ius suum cuique tribuendi" (Gerechtigkeit ist der feste und stetige Wille, jedem sein Recht zu gewähren)[467]

zeigt die Verbindung: Gerecht (subjektiv) ist derjenige, der sein Tun auf objektive Gerechtigkeit hin ausrichtet. Das ist dasselbe Verhältnis wie zwischen (persönlicher) Wahrhaftigkeit und (objektiver) Wahrheit. Hier geht es also um einen Appell an den Willen und die Einstellung des Einzelnen, jedem anderen sein Recht zuzugestehen. Man spricht vom gerechten Richter, vom gerechten Lehrer und von gerechten Eltern. Gerechtigkeit wird hier als sittliche Haltung des einzelnen verstanden. Dazu genügt es nicht, daß jemand aus Zufall oder wegen Furcht vor Strafe gerecht handelt. Es bedarf einer freien und willentlichen Zustimmung zur Gerechtigkeit, einer inneren Überzeugung, einer Gerechtigkeitsgesinnung.[468] Im folgenden ist nur von der Gerechtigkeit im objektiven Sinn die Rede, nicht von gerechten Menschen.

---

465 Platon, Der Staat, 433 b.
466 Platon, Politeia, 443c – 444e; Ch. Horn/J. Müller/J. Söder, Platon Handbuch, Stuttgart – Weimar 2009, V. 7.
467 Ulpian, libro primo, D. 1,1,10 pr.-1.
468 Aristoteles, Nikomachische Ethik, 1130b 5ff., 1130b 30ff., 1134b 18ff. und 1135a 16ff.

Platon (427–347 v. Chr.), griechischer Philosoph, überlieferte in seinem Dialog „Der Staat“ eine bereits damals traditionelle Definition der Gerechtigkeit.

3. Grundlegende Unterscheidungen. Gerechtigkeitsfragen stellen sich in unterschiedlichen Situationen. Diese Beobachtung hat bereits Aristoteles zur Unterscheidung von verschiedenen Gerechtigkeitsarten geführt.[469] Auf einer ersten Ebene grenzt er die abstrakte von der politischen Gerechtigkeit ab. Letztere betrifft den gerechten Aufbau des Gemeinwesens und der staatlichen Institutionen. Erstere, die abstrakte Gerechtigkeit, teilt er auf einer zweiten Ebene in eine „austeilende“ („zuteilende“) Gerechtigkeit einerseits (unten II.) und eine „ausgleichende“ Gerechtigkeit andererseits (unten III.) ein. Im Falle der austeilenden Gerechtigkeit geht es nach Aristoteles um Güter, bei denen die Gefahr der Unersättlichkeit droht. Das sind insbeson- 350

469 Aristoteles, Nikomachische Ethik, 1130b 30–1131a 9.

dere Ehre, Geld, Selbsterhaltung und Macht. Die ausgleichende Gerechtigkeit betrifft die Gleichwertigkeit von Tauschvorgängen.

II. Austeilende Gerechtigkeit („iustitia distributiva")

351 Die austeilende Gerechtigkeit betrifft das Verhältnis von mindestens drei Beteiligten. Ein Dritter (der Staat) teilt Güter, Dienstleistungen und Rechte zu. Es ist diese Zuteilung, die dem Gerechtigkeits- und damit dem Werturteil der Beteiligten und auch von Unbeteiligten unterliegt. Zusätzlich wird in solchen Fällen auch noch ein Element der Verfahrensgerechtigkeit erwartet: die Unparteilichkeit desjenigen, der die Verteilung vornimmt. Die Verteilung von Gütern und Rechten kann nach verschiedenen Grundsätzen erfolgen, an denen sich das Gerechtigkeitsurteil orientiert: In Betracht kommen der Gleichheitsgrundsatz (1.), der Grundsatz der erworbenen Rechte, der Beitrags- oder der Bedürfnisgrundsatz (2.). Der Gegenbegriff zu einer gerechten Verteilung ist die willkürliche Verteilung. Die erste Frage bei der Verteilung von Gütern lautet also: Soll die Zuteilung gerecht, d. h. unter Anwendung einer Verteilungsregel, oder nach Gutdünken erfolgen. Willkür schließt unser Grundgesetz durch Art. 3 Abs. 1 GG für alle staatlichen Zuteilungsverfahren aus.

1. Gleichheitsgrundsatz.

> Stets ist das Recht gesucht worden, das Gleichheit garantiert, sonst gäbe es nämlich kein Recht.
>
> Cicero, De officiis, II, 42

352 Der Gleichheitsgrundsatz ist die einfachste Verteilungsregel, die wir kennen. Danach erhält jeder Mensch den gleichen Anteil eines Gutes zugeteilt, z. B. verteilt die Mutter an jedes Kind gleich große Kuchenstücke. Die Regel ist mathematisch leicht zu handhaben. Hinzu kommt, daß sie die Schwierigkeit vermeidet, den Nutzen messen zu müssen, den der einzelne von der Zuteilung hat (vgl. Rn. 365 ff.). Die Zuteilung erfolgt ohne eine Bewertung seiner Leistungen oder seiner Bedürfnisse. In einigen Fällen kann man mit diesem Grundsatz gerechte, alle Parteien zufriedenstellende Ergebnisse erzielen. Der Maßstab kann aber nicht immer angewandt werden. Es kommt darauf an, was, in welcher Situation verteilt wird. Oft ist dann die Anwendung anderer Verteilungsregeln geboten (Rn. 357 ff.).

353 Der Gleichheitsgrundsatz ist ein Grundprinzip unserer Rechtsordnung in Art. 3 Abs. 1 GG: „Alle Menschen sind vor dem Gesetz

gleich." Er beruht auf der Überzeugung, daß alle Menschen nach ihrer leiblich-seelischen Natur und der unantastbaren Würde ihrer Person gleich seien. Er hat vor allem in der christlichen Lehre von der Gleichheit aller Menschen vor Gott und ihrer Gottesebenbildlichkeit starken Ausdruck gefunden. In der vom neuzeitlichen rationalen Naturrecht (Rn. 445 ff.) inspirierten Unabhängigkeitserklärung der nordamerikanischen Kolonien (1776) findet sich der fundamentale Satz, daß alle Menschen „gleich geboren sind und gleich bleiben". Von dort ging der Gedanke über die Menschenrechtserklärung der französischen Revolution von 1789 („égalité") als „Gleichheitssatz" in nahezu alle modernen demokratischen Verfassungen ein. Der Gleichheitsgrundsatz ist eine Reaktion auf sog. primäre Diskriminierungen, die einen vorausgehenden Wertunterschied zwischen den Menschen machen: Bürger werden anders als Sklaven, Weiße anders als Farbige, Arier anders als Juden und Proletarier anders als Kapitalisten behandelt. Die Geschichte der Menschheit zeigt, daß die Gefahr zu solchen Diskriminierungen in jeder Gesellschaft latent vorhanden ist.[470]

Das Grundgesetz enthält weitere Bestimmungen zur Gleichheit: die Diskriminierungsverbote in Art. 3 Abs. 2 u. 3 GG,[471] die Gleichheit des Wahlrechts nach Art. 38 GG und der gleiche Zugang zu öffentlichen Ämtern gemäß Art. 33 GG. Auch das Bürgerliche Gesetzbuch geht in § 1 BGB von der gleichen Rechtsfähigkeit aller Menschen aus. Diese Bestimmungen machen deutlich, daß nach den Überzeugungen in unserer (westlichen) Gesellschaft der Gleichheitsgrundsatz dann anzuwenden ist, wenn es um die Verteilung von Rechten, politischen Mitbestimmungsmöglichkeiten und die Beseitigung von sozialen Privilegien oder Behinderungen geht.

So einfach der Grundsatz klingt, wirft das Verständnis von Art. 3 **354**
Abs. 1 GG doch schwierige Probleme auf. Ein erstes Problem ist das „Paradoxon der Gleichheit". Das BVerfG formuliert das folgendermaßen:[472] „Einzelne Gruppen fördern heißt bereits, andere ungleich zu behandeln." Das Paradoxon hat zwei Komponenten:

Zum einen geht es um das Verhältnis von rechtlicher und tatsächlicher (ökonomischer) Gleichheit. Wer tatsächliche Gleichheit herstellen will, muß die Bürger rechtlich ungleich behandeln. Umgekehrt

470 A. Sen, Die Identitätsfalle, München 2007.
471 Konkretisiert u. a. durch das Allgemeine Gleichbehandlungsgesetz.
472 BVerfGE 12, 354 (367).

läßt die rechtliche Gleichbehandlung tatsächliche Ungleichheiten unter den Menschen bestehen, ja verstärkt diese oft noch. Das Paradoxon läßt sich auflösen, wenn man, wie die Staatsrechtslehre,[473] nach der Art der zu verteilenden Gegenstände zwischen Rechten und Sachgütern unterscheidet. Art. 3 Abs. 1 GG bedeutet danach: Alle Menschen sind rechtsgleich. Die Vorschrift sagt nicht: Alle Menschen sind gleich. Ihre Lebensverhältnisse, Arbeitsplätze, Einkünfte, Bedürfnisse, Leistungen, Fähigkeiten müssen daher nicht gleich sein oder nivelliert werden. Daher wird das Gebot zur tatsächlichen Gleichbehandlung aus dem Grundsatz des sozialen Rechtsstaates[474] (Art. 20, 28 GG) hergeleitet.[475] Im Kollisionsfall ist der Gesetzgeber dazu verpflichtet, eine den Anforderungen der Verhältnismäßigkeit genügende Abwägung zwischen Art. 3 Abs. 1 GG und dem Grundsatz des sozialen Rechtsstaates vorzunehmen.

Zum anderen taucht das Paradoxon auch im Bereich der tatsächlichen Gleichbehandlung auf. Wird zum Beispiel etwas gleich verteilt, bedeutet das nicht, daß die Bedürfnisse der einzelnen Empfänger in gleicher Weise befriedigt werden (vgl. Rn. 366). Daher können Gleichverteilungen ungerecht und Ungleichverteilungen gerecht sein. Soziale Gleichheit aller ist also weder ein Gebot der Verfassung noch der herkömmlichen Gerechtigkeitsidee.[476] Es gilt im Gegenteil: Totale soziale Gleichheit aller widerspricht der Gerechtigkeit ebenso wie „übergroße" soziale Differenzierungen und Gegensätze.[477]

355 **2. Gebot der Ungleichbehandlung des Ungleichen. a) Arten der Diskriminierung.** Es gibt eine Reihe von Gründen, den Gleichheitssatz nicht pauschal auf alle Fälle anzuwenden. Bei der ungleichen Zuteilung von Rechten ist die Unterscheidung von primärer und sekundärer Diskriminierung zu beachten. Eine primäre Diskriminierung liegt vor, wenn eine vorausgehende Wertunterscheidung zwischen den Menschen angenommen wird. Beispiele für solche Diskriminierungen finden sich in der Geschichte der Menschheit zuhauf. Nicht

473 Vgl. nur H. D. Jarass, in: H. D. Jarass/B. Pieroth, Grundgesetz, 14. Aufl., München 2016, Art. 3 Rn. 1 ff.

474 Mit einseitig verkürzender und verfälschender Terminologie oft als „Sozialstaat" bezeichnet.

475 H. D. Jarass, in: H. D. Jarass/B. Pieroth, Grundgesetz, 14. Aufl., München 2016, Art. 3 Rn. 1, 12, 22 und Art. 20 Rn. 160.

476 Bereits Aristoteles läßt Ungleichheiten ohne weiteres zu: Aristoteles, Nikomachische Ethik, 1130b 30 ff.

477 Vgl. dazu mit historischem Überblick J. Rückert, „Frei und sozial" als Rechtsprinzip, Baden-Baden 2006.

nur in lange zurückliegenden Zeiten wurden Bürger anders als Sklaven, Weiße anders als Farbige, Arier anders als Juden oder Proletarier anders als Kapitalisten behandelt. Noch zu Beginn des 20. Jahrhunderts wurde ein Wertunterschied zwischen Mann und Frau angenommen. Derartige Diskriminierungen sind im Geltungsbereich des Grundgesetzes durch Art. 3 und Art. 1 GG ausgeschlossen. Art. 3 GG erlaubt dagegen die zweite Form der Diskriminierung, sogenannte sekundäre Diskriminierungen. Dabei handelt es sich um Ungleichbehandlungen, welche die Annahme, daß alle Menschen den gleichen Wert besitzen, unberührt läßt oder sogar voraussetzt. Hierfür gibt es eine Vielzahl praktischer Beispiele. Art. 3 Abs. 1 GG hat etwa besondere Bedeutung im Steuer- und Abgabenrecht, im Sozial-, Arbeits- und Beamtenrecht, im Berufs- und Wirtschaftsrecht erlangt.[478] Für solche Ungleichbehandlungen trägt dann allerdings der Gesetzgeber die Rechtfertigungslast.

Das zweite grundsätzliche Problem bei der Auslegung von Art. 3 356
Abs. 1 GG besteht in der Frage: Was ist „gleich" und was ist „ungleich"? Hier hilft der Text des Grundgesetzes nicht weiter. Das Urteil über Gleichheit oder Diskriminierung ist immer eine Abstraktion von gegebener Ungleichheit unter bestimmten, weltanschaulich vorgeprägten Gesichtspunkten.[479] Nach Ansicht des Bundesverfassungsgerichts muß es sich um Verschiedenheiten handeln, „denen aus Erwägungen der Gerechtigkeit und Zweckmäßigkeit auch für das Recht unterscheidende Bedeutung zukommt".[480] Das Gericht verlangt dafür „Unterschiede von solcher Art und solchem Gewicht ..., daß sie die ungleiche Behandlung rechtfertigen können".[481] Die metaphorische Redeweise von „Art" und „Gewicht" macht deutlich, daß an dieser Stelle vom Bundesverfassungsgericht ein großer Wertungsspielraum offen gelassen wird, der anfällig für Ideologieeinflüsse ist. Daher ist es nicht verwunderlich, daß auch die Gerichte sich mit Art. 3 GG zuweilen schwertun.[482] So hat das Bundesverfassungsgericht z. B. früher die Strafbarkeit der Homosexualität für verfassungs-

478 Siehe dazu nur H. D. Jarass, in: H. D. Jarass/B. Pieroth, Grundgesetz, 14. Aufl., München 2016, Art. 3 Rn. 44 ff.
479 G. Radbruch, Rechtsphilosophie (Studienausgabe), 2. Aufl., Heidelberg 2003, S. 37.
480 BVerfGE 3, 225 (240); 6, 55 (71).
481 BVerfGE 107, 205 (213 f.).
482 Vgl. H. D. Jarass, in: H. D. Jarass/B. Pieroth, Grundgesetz, 14. Aufl., München 2016, Art. 3 Rn. 16 ff.

mäßig unbedenklich angesehen, obwohl Lesbierinnen straflos blieben.[483]

Bei jeder Anwendung des Gleichheitssatzes ist zu bedenken, daß der Begriff „Gleichheit“ unvermeidbar weltanschauliche („ideologische“) Vorverständnisse der Verwender und ihrer subjektiven Maßstäbe einschließt.[484]

357 **b) Verteilungsregeln.** Der Gleichheitssatz des Grundgesetzes ist so zu verstehen, daß Gleiches gleich, Ungleiches aber ungleich zu behandeln ist. Art. 3 Abs. 1 GG enthält nicht nur eine Differenzierungserlaubnis, sondern auch ein Differenzierungsgebot. Mit dem Gebot zur Ungleichbehandlung muß sich die Verteilung an anderen Maßstäben orientieren. Die gemeinsame Definition für diese Maßstäbe lautet: „Jedem das Seine“![485] Das „Seine“ kann aber Verschiedenes bedeuten: die erworbenen Rechte des Einzelnen, die Zuteilung nach seinem Beitrag oder nach seinen Bedürfnissen.

358 Eine ungleiche Verteilung kann dadurch begründet sein, daß die vom Empfänger bereits erworbenen Rechte erfüllt werden müssen. Hat die Mutter dem Kind, weil es Geburtstag hat, einen größeren Anteil an der Torte bereits vorher versprochen, so kann das Kind diesen Anteil wegen des Versprechens einfordern.

359 Wer Güter und Dienstleistungen nach dem Leistungsprinzip verteilt, nimmt als Maßstab den Beitrag, den der einzelne für die Her- oder Bereitstellung erbringt. Wer vergleichsweise mehr leistet, erhält auch mehr. Das „Seine“ ist dann das, was dem Menschen in seiner Individualität, mit seinen Fähigkeiten, Neigungen und Leistungen zukommt. Das war nicht immer so. Früher galt es als selbstverständlich, daß schon der Status einer Person in der Gesellschaft ein Verteilungskriterium war. Adligen wurden deswegen mehr Rechte zugeteilt, weil sie sich auf ihre Abstammung berufen konnten.

Selbst wenn man sich auf die Anwendung des Leistungsprinzips einigt, kommt es nach Ansicht einiger Autoren weiter darauf an, ob die

---

483 BVerfGE 6, 389 (422). Schon Gustav Radbruch, Rechtsphilosophie (Studienausgabe), 2. Aufl., Heidelberg 2003, S. 37, hat gewußt: „Gleichheit ist nicht eine Gegebenheit; die Dinge und Menschen sind so ungleich wie ein Ei dem anderen. Gleichheit ist immer eine Abstraktion von gegebener Ungleichheit unter einem bestimmten Gesichtspunkt.“

484 Vgl. schon G. Radbruch, Rechtsphilosophie (Studienausgabe), 2. Aufl., Heidelberg 2003, S. 37. Ein Beispiel dafür ist die Entscheidung des Zweiten BVerfG-Senats zum „Ehegattensplitting für homosexuelle Paare“, BVerfG NJW 2013, 2257. Dazu B. Rüthers, Die heimliche Revolution vom Rechtsstaat zum Richterstaat, 2. Aufl., Tübingen 2016, S. 111–138.

485 Institutionen 1.1.

Leistung auf den Fähigkeiten und Talenten einerseits oder dem betriebenen Aufwand andererseits beruht.[486] Über den Aufwand kann der Einzelne selbst entscheiden, über seine Talente und das Glück, von den Eltern und in der Schule gefördert zu werden, dagegen nicht.

Als dritte Verteilungsregel kommt das Bedürfnis des Einzelnen in 360 Betracht. Die Mutter kann einem Kind ein größeres Stück Torte geben, weil es von der körperlichen Konstitution schwächer ist oder weil es meint, größeren Hunger als die anderen zu haben. Es gibt also offensichtlich zwei Arten von Bedürftigkeit: Objektiv bedürftig ist, wer auf Grund physischer oder psychischer Defizite zur Selbstversorgung nicht in der Lage ist. Zu denken ist an Kinder, alte Menschen oder physisch und psychisch Behinderte. Etwas anderes ist dagegen die subjektiv empfundene Bedürftigkeit. Sie beruht auf dem Umstand, daß die Bedürfnisse der Menschen unterschiedlich groß sind. In diesem Sinn ist eine Person schon dann bedürftiger, wenn sie mehr oder größere Wünsche als die anderen hat (vgl. Rn. 366).

III. Ausgleichende Gerechtigkeit („iustitia commutativa“)

1. Gleichwertigkeit und Marktmechanismus. Im Gegensatz zur 361 austeilenden Gerechtigkeit betrifft die ausgleichende Gerechtigkeit das Verhältnis von zwei Personen (Bürger – Bürger).[487] Sie kann in eine freiwillige und eine unfreiwillige ausgleichende Gerechtigkeit unterteilt werden. Wir kennen diese Unterteilung aus dem BGB als Vertrags- und Deliktsrecht. Im Vertragsrecht sorgen die Vertragsparteien – zumindest in der Theorie – selbst für die Äquivalenz von Leistung und Gegenleistung. Dagegen erfolgt der Ausgleich im Deliktsrecht durch einen gesetzlichen Schadensersatzanspruch. Es geht konkret um die Fragen: Wie ist eine Bereicherung auszugleichen, wenn sie nicht mehr vorhanden oder ihre Substanz verändert ist? Wie ist ein Schaden gerecht zu bemessen? Welche Geldsumme wiegt ein verlorenes Bein oder eine schwere Ehrenkränkung auf?

Für das Privatrecht der Bundesrepublik Deutschland sind die Grundsätze der Selbstbestimmung (Privatautonomie) und der Vertragsfreiheit (§ 311 BGB) maßgebliche Ordnungsprinzipien. Grund-

---

486 Vgl. insbes. J. Rawls, Eine Theorie der Gerechtigkeit, Frankfurt/M. 1979, Kap. 3, 24 Der Schleier des Nichtwissens; kritisch dazu W. Kersting, Theorien sozialer Gerechtigkeit, Stuttgart – Weimar 2000, III. 10.

487 Aristoteles, Nikomachische Ethik, 1131a, 1ff.; geschichtlicher Überblick bei C. Brinkmann, Geschichtliche Wandlungen in der Idee des gerechten Preises, in: Die Welt als Geschichte, Nendel (Liechtenstein) 1939, S. 418ff.

sätzlich wird niemand durch den Einsatz hoheitlicher Mittel zum Abschluß privatrechtlicher Verträge gezwungen (Abschlußfreiheit). Auch die inhaltliche Ausgestaltung der privaten Verträge und ihre Beendigung sind im Grundsatz frei. Die Vertragsfreiheit ist das rechtliche Fundamentalprinzip einer Marktwirtschaft. Wichtige Ausnahmen enthalten insbesondere §§ 305 ff. BGB, § 20 GWB, das Arbeitsrecht und das AGG.

362 **2. Gerechte Preise?** Marktwirtschaftlich organisierte Gesellschaftsordnungen verzichten auf staatlich festgesetzte Preise dort, wo der Marktmechanismus zu funktionieren verspricht. Sie überlassen insoweit die Preisbildung, also die Äquivalenzbestimmung, in der Regel dem – mehr oder weniger – freien Spiel von Angebot und Nachfrage. Diese Zurückhaltung ist sinnvoll, weil die Ermittlung und Bewertung des Nutzens von Gütern, wenn sie von einem Dritten vorgenommen wird, erhebliche Probleme aufwirft, da der Dritte bestenfalls indirekt Zugang zu den subjektiven Wertvorstellungen der Beteiligten hat (Rn. 365 ff.).[488] Damit erübrigt sich insoweit die Frage nach der Gerechtigkeit der so vereinbarten Vertragsbedingungen: Volenti non fit iniuria = Wer bekommt, was er will, dem geschieht kein Unrecht. Die privatautonome Preisbestimmung enthält, was die „Gerechtigkeit“ von Preisen angeht, auch ein resignatives Element: Niemand vermag zu sagen, welcher genaue Preis für eine Ware oder Leistung angemessen ist. Die „Marktgerechtigkeit“ von Preisen wird zudem von den weltanschaulichen Vorverständnissen der herrschenden Marktteilnehmer bestimmt.[489] Allerdings verzichtet unsere Rechtsordnung nicht vollständig auf eine Preiskontrolle. Es gibt Situationen, in denen der Marktmechanismus nicht mehr funktioniert (Monopole, Oligopole, Kartelle u. ä.). Dann ermöglicht das nationale und internationale Wettbewerbsrecht Eingriffe in die Preisgestaltung der Unternehmen (über §§ 1, 19, 20 GWB und Art. 101, 102 AEUV).[490] Auch enthält das BGB das allgemeine Verbot wucherischer Rechtsgeschäfte (§ 138 BGB).

---

488 Verfahren zur Lösung dieses Problems für bestimmte Konstellationen haben insbes. S. J. Brams/A. D. Taylor entwickelt: Fair Division, Cambridge 1996; The Win-Win-Solution, New York 1999.

489 Vgl. zu der Diskussion über Preise für Sklaven im Spätmittelalter Rn. 435.

490 Zu den Grenzen der Preisbildung siehe A. Birk/J. Löffler, Marketing- und Vertriebsrecht, München 2012, 12. Kap.

3. Gerechte Löhne? Die Frage, was ein „gerechter Lohn" ist, ist nicht einfach zu beantworten.[491] Sie hat bereits in den scholastischen Erwägungen zur Preisgerechtigkeit im späten Mittelalter eine wichtige Rolle gespielt.[492] In marktwirtschaftlich organisierten Gesellschaften verzichtet der Staat bewußt auf eine Regelung der Lohnfrage und überläßt dies dem „Arbeitsmarkt". Dabei ist zu berücksichtigen, daß menschliche Arbeit eine ganz besondere „Ware" darstellt. Sie wird, wie schon Marx zutreffend gesagt hat, in Behältern von Fleisch und Blut (und Geist!) gehandelt. Arbeit ist für die Menschen regelmäßig ein persönlichkeitsstabilisierender Faktor. Hinzu kommt, daß die „Lohngerechtigkeit" für den gesellschaftlichen Konsens eine wichtige Rolle spielt. Der Arbeitsmarkt verlangt daher eine besondere „Marktordnung".[493] Für viele Arbeitnehmer werden die Arbeitsbedingungen (Löhne, Urlaub u. a.) durch Gewerkschaften und Arbeitgeberverbände in Tarifverträgen mit normativer Wirkung vereinbart. Durch Allgemeinverbindlicherklärung nach § 5 TVG und das Arbeitnehmer-Entsendegesetz besteht die Möglichkeit, die Tariflöhne auch auf nicht tarifgebundene Arbeitgeber auszudehnen. Zusätzlich hat sich der Gesetzgeber in der Vergangenheit die Festsetzung von Mindestarbeitsbedingungen und Lohnuntergrenzen vorbehalten.[494] Seit dem 1. Januar 2015 gilt in Deutschland erstmals ein allgemeiner gesetzlicher Mindestlohn in Höhe von 8,50 Euro pro Zeitstunde[495] (seit 1.1.2017 8,84 €). Die Festsetzung von Mindestlöhnen ist in ihren arbeitsmarktpolitischen Folgen umstritten. 363

Auch wenn eine Bestimmung der absoluten Höhe von Löhnen nicht möglich ist, besteht in unserer Gesellschaft weitgehende Übereinstimmung darüber, daß sich die relativen Lohnabstände zwischen den Arbeitnehmern nach deren Leistungen bzw. deren Vorleistungen in Form von vorangegangenen Bildungsaufwendungen (z. B. Studium) orientieren sollten. Lohnunterschiede werden in der Regel mit 364

---

491 Vgl. dazu etwa O. v. Nell-Breuning, Kapitalismus und gerechter Lohn, Freiburg 1960, S. 103 ff., 150 f.; U. v. Suntum, Die unsichtbare Hand, 5. Aufl., Berlin – Heidelberg 2012, S. 65 ff.; W. Pfannkuche, Wer verdient schon, was er verdient?, Stuttgart 2003.

492 Vgl. Th. v. Aquin, Summa Theologica, deutsch-latein. Ausgabe, Heidelberg 1953, Bd. 18 – Recht und Gerechtigkeit, quaestio 77, mit Erl. von F. Utz, S. 540 f.

493 Vgl. H. Brox/B. Rüthers/M. Henssler, Arbeitsrecht, 19. Aufl., Stuttgart 2016, Rn. 1 ff.; P. Bofinger, Grundzüge der Volkswirtschaftslehre, 4. Aufl., München 2015, Kap. 10.

494 Gesetz über die Festsetzung von Mindestarbeitsbedingungen (MiArbG) v. 11.1.1952.

495 Gesetz zur Regelung eines allgemeinen Mindestlohnes (Mindestlohngesetz – MiLoG) v. 11.8.2014.

dem Leistungsprinzip begründet (Rn. 359). Bereits A. Smith hat weitere „objektive" Umstände aufgezählt, mit denen Lohnunterschiede üblicherweise gerechtfertigt werden können:[496] Es kommt darauf an, ob die Arbeit eher angenehm oder eher unangenehm ist, ob sie eher leicht oder eher schwierig ist, ob die Arbeit dauerhaft oder nur zeitweilig ausgeübt werden kann, ob die Verantwortung eher groß oder eher klein ist und ob das Risiko, in dem Beruf Erfolg zu haben, eher groß oder eher klein ist. Die Höhe der Gehälter bestimmt sich aber auch an den Preisen, die sich für das Produkt der Arbeit, das die Arbeitnehmer erstellen, erzielen lassen.[497] Obwohl ein Fußballspieler der Bundesliga vielleicht nicht mehr arbeitet als ein normaler Arbeitnehmer, bringt er seinem Verein hohe Eintrittsgelder und Einnahmen durch Werbung und den Verkauf von Fernsehrechten. Auch die Gehälter von Topmanagern orientieren sich oft weniger am Leistungsprinzip als an den Marktverhältnissen. Der Lohn bestimmt sich hier nach der Nachfrage, die von den Aufsichtsräten der großen Aktiengesellschaften gesteuert werden. Daraus entsteht zwischen den Arbeitnehmern und dem Topmanagement eine Kluft bei der Beurteilung der „gerechten" Gehaltshöhen, die zu vielfältigen Diskussionen Anlaß gibt.[498]

IV. Gerechtigkeit, Nutzen und Effizienz

365 **1. Das Problem der Nutzenmessung und -bewertung.** Bei der gerechten Verteilung von Gütern und Dienstleistungen entsteht das Problem, auf welche Weise die Leistung bzw. der Beitrag oder das Bedürfnis des einzelnen zu messen und zu bewerten sind.[499] Es geht um das Problem der intersubjektiven Beitrags- und Nutzenmessung. Auf den ersten Blick erscheint es nicht schwierig, menschliche Bedürfnisse und den Nutzen von Gütern zu deren Befriedigung in eine Rangordnung zu bringen.[500] Geht es jedoch darum, eine Nutzenabwägung zwischen mehreren Personen durchzuführen, ergeben sich Schwierigkeiten:

---

496 A. Smith, Der Wohlstand der Nationen, 5. Aufl. (1776), München 1999, S. 86 ff.
497 P. Bofinger, Grundzüge der Volkswirtschaftslehre, 4. Aufl., München 2015, Kap. 10.
498 Vgl. etwa W. Pfannkuche, Wer verdient schon, was er verdient?, Stuttgart 2003, S. 12 ff.; S. Freiburg, Managergehälter und Lohngerechtigkeit, Saarbrücken 2006.
499 Bei der ausgleichenden Gerechtigkeit hilft dagegen regelmäßig der Mechanismus des freien Marktes: Das Problem der Nutzenbestimmung wird den Bürgern überlassen.
500 Der bekannteste Vorschlag ist die sog. Maslowsche Bedürfnispyramide; vgl. A. Maslow, Motivation und Persönlichkeit, 12. Aufl., Reinbek bei Hamburg 1981.

Güter und Dienstleistungen haben einen Markt- und einen Gebrauchswert (Nutzen), die erheblich auseinanderfallen können.[501] Der Marktwert eines Ferrari ist hoch, über seinen Gebrauchswert kann man angesichts voller Autobahnen ins Zweifeln geraten. Der Marktwert eines Brotes ist dagegen relativ niedrig, der Gebrauchswert aber sicherlich hoch, vor allem, wenn der Magen knurrt. Wenn es einen objektiven Maßstab für den Nutzen von Gütern gäbe, dürften Markt- und Gebrauchswert eigentlich nicht auseinanderfallen. Das tun sie aber ständig.

Offensichtlich bewerten die Menschen den Nutzen, der ihnen aus einer Güterzuteilung erwächst, höchst unterschiedlich. Der Nutzen eines Gutes kann also nur subjektiv bestimmt werden. Für den einen ist Brot ein wichtiges Lebensmittel, während der andere darauf möglicherweise sogar allergisch reagiert. Selbst ein und dieselbe Person kann zu verschiedenen Zeiten den Wert eines Gegenstandes ganz unterschiedlich beurteilen. Hinzu kommt, daß mit jeder erneuten Zuteilung eines Gutes der Nutzen sinkt, den der einzelne daraus zieht. Stillt das erste Brot noch den Hunger, so ist das in der Regel beim zweiten nicht mehr der Fall. Es gilt das Gesetz vom abnehmenden Grenznutzen (sog. Gossensche Gesetze).[502]

Orientiert man sich bei Entscheidungen allein am Nutzen für die **366**
betroffenen Personen und hält man wegen der genannten Schwierigkeiten einen interpersonellen Nutzenvergleich für nicht möglich, hätte das die unangenehme Konsequenz, daß man z. B. nicht mehr entscheiden kann, ob es richtig ist, einem Verhungernden zu helfen, indem man einem Reichen etwas wegnimmt. Daher bleibt gar keine andere Möglichkeit, als eine Basis für die interpersonelle Nutzenmessung zu entwickeln, die zumindest eine näherungsweise und mehrheitsfähige Einteilung und Bewertung von einzelnen menschlichen Interessen (Nutzenerwartungswerten) und deren Zusammenführung auf gesellschaftlicher Ebene (Interessenaggregation) ermöglicht.[503] Aus dieser Perspektive wird klar, welche große Bedeutung Demokra-

---

501 Das Problem beschäftigte schon A. Smith, Der Wohlstand der Nationen, 5. Aufl. (1776), München 1989, S. 27.

502 Dazu U. van Suntum, Die unsichtbare Hand, 5. Aufl., Berlin – Heidelberg 2012, S. 45 ff.; P. Bofinger, Grundzüge der Volkswirtschaftslehre, 4. Aufl., München 2015, Kap. 6.3.

503 Vgl. K. W. Rothschild, Ethik und Wirtschaftstheorie, Tübingen 1992, Kap. 7; A. Sen, Ökonomie für den Menschen, 3. Aufl., München 2005, Kap. 11; für die Spieltheorie: Ch. Rieck, Spieltheorie, 14. Aufl., Eschborn 2015, Kap. 4.6.

tie und Meinungsfreiheit für die Entwicklung gemeinsamer Nutzen- und Verhaltensüberzeugungen haben.

367 **2. Das Problem staatlicher Umverteilung.** Die staatliche Umverteilung von Gütern und Dienstleistungen (austeilende Gerechtigkeit) ist Gegenstand vielfältiger politischer Debatten. Im Hintergrund steht der Konflikt zwischen Gerechtigkeitsüberlegungen und effizienter Güterverteilung sowie ökonomischen Freiheitsrechten, der in unterschiedlichen materialen Gerechtigkeitstheorien Ausdruck gefunden hat (Rn. 379 ff.). Die Frage der Umverteilung und der dazu einzusetzenden staatlichen Mittel (durch das Steuer- und Sozialrecht oder auch durch das Zivilrecht?) beschäftigt auch die ökonomische Analyse des Rechts.[504]

368 **a) Gerechtigkeit und Effizienz.** Die Volkswirtschaftslehre mißt eine effiziente Güterverteilung am sog. Pareto-Kriterium.[505] Danach ist die Güterverteilung zwischen zwei Personen effizient, wenn es für sie durch Tausch nicht mehr möglich ist, ihre Lage zu verbessern, ohne daß einer schlechter gestellt wird. Die Begriffe „besser" und „schlechter" beziehen sich auf den Nutzen, den die Beteiligten den auszutauschenden Gütern beimessen.

Beispiel: Ein ausländischer Professor verbringt ein Forschungs- und Gastdozentensemester an einer deutschen Hochschule. Er hat ein Auto gekauft, um mobil zu sein. Das Forschungssemester nähert sich dem Ende zu. Damit wächst das Interesse des Professors am Weiterverkauf des Autos. Zufällig gibt es im Kurs des Professors einen Studenten, der etwas weiter weg von der Hochschule wohnt und nicht mehr auf die öffentlichen Verkehrsmittel angewiesen sein will. Es wird in diesem Fall für beide von Vorteil sein, einen Kaufvertrag (Tausch) über das Auto zu schließen. Durch den Verkauf wird eine für beide optimale Güterverteilung hergestellt. Zwei Punkte sind dabei hervorzuheben: (1) Es sind die Märkte (nicht der Staat), die unter Wettbewerbsbedingungen theoretisch für eine pareto-optimale Güterverteilung sorgen. Märkte orientieren sich an Leistung und Nachfrage (vgl. Rn. 361–364), nicht an sonstigen (Gerechtigkeits-)Kriterien. (2) Die Verteilung der Güter auf die Einzelnen spielt keine Rolle. Es können daher auch eindeutig „ungerechte" Güterverteilungen pareto-optimal sein.

369 Die staatliche Umverteilung von Gütern, insbesondere durch Steuern, gerät regelmäßig in Konflikt mit dem Effizienzkriterium

504 H. Eidenmüller, Effizienz als Rechtsprinzip, 4. Aufl., Tübingen 2015, §§ 6 B, 11, 12.
505 V. Pareto, Manuale di economia politica, Nachdruck Stuttgart 1992; dazu U. v. Suntum, Die unsichtbare Hand, 5. Aufl., Berlin – Heidelberg 2012, S. 48 ff.; H.-B. Schäfer/C. Ott, Lehrbuch der ökonomischen Analyse des Zivilrechts, 5. Aufl., Berlin 2010, Kap. 2, 3.–5.

der Pareto-Optimalität.[506] Werden durch solche Maßnahmen leistungsfähige Mitglieder der Gesellschaft schlechter gestellt, kann das Auswirkungen auf die Gesamtmenge verfügbarer Güter haben.

Beispiel: Die Einkommenssteuer kann sich auf die Bereitschaft derjenigen, die zu produktiven Leistungen fähig sind, negativ auswirken. Wird das vom Staat über Steuern eingenommene Geld im Wege der Sozialhilfe an Bedürftige verteilt, die keinen Beitrag zum Bruttosozialprodukt leisten, ist das für die gesamtwirtschaftliche Effizienz nachteilig.

Daher argumentieren die Gegner von staatlichen Umverteilungsmaßnahmen, daß die Güter zur Umverteilung von den Bürgern zunächst erarbeitet werden müssen und der Staat nur zu sekundären Leistungen fähig ist. Umverteilung beeinträchtige die notwendigen Arbeits- und Investitionsanreize. Sie sei ineffektiv, da sie die optimale Gesamtgütermenge negativ beeinflusse. Außerdem führe sie zu bürokratischen Auswüchsen. Nimmt man das Pareto-Kriterium ernst, wären jede staatliche Umverteilung von Gütern und viele politische Maßnahmen ausgeschlossen.

Auf der Suche nach einem tauglichen Entscheidungskriterium, das 370
einen bestimmten gesellschaftlichen Zustand auch dann als besser ausweist, wenn einzelnen Personen schlechter gestellt werden, wurde das Kaldor/Hicks-Kriterium entwickelt.[507] Das Kriterium ist – trotz aller Kritik – die grundsätzliche Entscheidungsregel für die ökonomische Analyse des Rechts. Danach ist ein neuer Zustand vorteilhafter als ein bestehender Zustand, wenn der Vorteil für die Gewinner so groß ist, daß sie die Verlierer entschädigen könnten. Wären die Verlierer bei einer Entschädigung bereit, den neuen Zustand zu akzeptieren und verbliebe immer noch ein Restvorteil für die Gewinner, ist das Kaldor/Hicks-Kriterium erfüllt. Das Kriterium verlangt nicht, daß die Gewinner die Verlierer kompensieren müssen, sondern nur, daß sie es könnten. Nehmen wir an, der Bau einer Umgehungsstraße wäre für viele Pendler, aber auch viele Anwohner von Vorteil. Allerdings sind andere Gemeindemitglieder durch den erhöhten Straßenlärm beeinträchtigt. Die Gewinne und Verluste durch die Straßenbaumaßnahme lassen sich über gestiegene und gefallene Grundstückspreise ermitteln und monetär bewerten. Ergibt sich dabei nach Abzug der

506 Vgl. P. Bofinger, Grundzüge der Volkswirtschaftslehre, 4. Aufl., München 2015, Kap. 11 und 25.1.; N. G. Mankiw/M. P. Taylor, Grundzüge der Volkswirtschaftslehre, 6. Aufl., Stuttgart 2016, Kap. 1 und Kap. 12.

507 Siehe dazu näher H.-B. Schäfer/C. Ott, Lehrbuch der ökonomischen Analyse des Zivilrechts, 5. Aufl., Berlin 2012, Kap. 2, 6.–10.

zusammengerechneten Nachteile ein Restgewinn für die Begünstigten und würden die Verlierer bei einer entsprechenden Kompensation (durch Geld oder etwa durch den Bau einer Lärmschutzwand) den Lärm ertragen, entspricht die Maßnahme dem Kaldor/Hicks-Kriterium.

371 **b) Gerechtigkeit und Freiheitsrechte.** Staatliche Umverteilungsmaßnahmen führen außerdem dazu, daß (ökonomische) Freiheitsrechte eingeschränkt werden. Solche Rechte umfassen die Befugnis, mit rechtmäßig erworben Gütern tun zu können, was dem Einzelnen sinnvoll erscheint. Freiheitsrechte ermöglichen dem Einzelnen Selbstbestimmung in wirtschaftlicher und persönlicher Hinsicht. Damit wird ein wichtiges Interesse der Menschen abgedeckt, nämlich über die Früchte seiner Talente, Fähigkeiten und Begabungen selbst bestimmen zu können. Die Freiheitsrechte sind wiederum Grundlage für die Effizienz der Märkte und damit der gesamtgesellschaftlichen Nutzenmaximierung. Staatliche Umverteilung greift in diese Rechte ein, indem etwa die Erhebung von Steuern das Eigentumsrecht nach Art. 14 GG bzw. das allgemeine Freiheitsrecht nach Art. 2 Abs. 1 GG beeinträchtigt.[508] Jede Form der Umverteilung setzt so etwas wie Rechte an den Früchten der Arbeit anderer voraus (property rights in other people).[509] Der Einzelne gehört mit seinen Fähigkeiten und seinen Leistungen nicht mehr ganz sich selbst, sondern zum Teil der Gemeinschaft. Setzt man die Freiheitsrechte absolut, führt das zur Ablehnung jeglicher staatlicher Umverteilungsmaßnahmen.[510]

Das Grundgesetz folgt diesen Überlegungen zumindest im Grundsatz: Staatliche Eingriffe in ökonomische Freiheitsrechte sind rechtfertigungsbedürftig.[511] Im Rahmen des Art. 3 Abs. 1 GG intensiviert das Bundesverfassungsgericht seinen Prüfungsmaßstab dann, wenn sich die Gleich- oder Ungleichbehandlung auf die Ausübung grundrechtlich geschützter Freiheiten nachteilig auswirken kann.[512]

---

508 Umstritten ist, ob Art. 2 Abs. 1 oder Art. 14 GG die zutreffende Rechtsgrundlage zur Kontrolle von öffentlichen Abgaben ist: H. D. Jarass, in: H. D. Jarass/B. Pieroth, Grundgesetz, 14. Aufl., München 2016, Art. 2 Rn. 27 und Art. 14 Rn. 28 f.

509 Vgl. R. Nozick, Anarchy, State, and Utopia, New York 1974, S. 168 ff.

510 So etwa R. Nozick, Anarchy, State, and Utopia, New York 1974, S. 172; F. A. v. Hayek, Recht, Gesetz und Freiheit, Tübingen 2003, Kap. 9.

511 BVerGE 87, 153 (169) zu den sog. „erdrosselnden“ Abgaben.

512 Siehe etwa BVerfGE 111, 176 (184).

C. Begründungen der Gerechtigkeit

Die verschiedenen Gebiete, in denen Gerechtigkeitsargumentationen auftauchen, und die unterschiedlichen Gegenstände (Güter und Dienstleistungen, soziale Positionen, Rechte, Mitbestimmungsmöglichkeiten), die zu verteilen sind, haben in der Geschichte der Menschheit zur Entwicklung einer Vielzahl von Gerechtigkeitstheorien geführt.[513] Bei der Frage nach der Begründung für die Gleich- oder Ungleichbehandlung von Sachverhalten, für die Auswahl des richtigen Verteilungs- und Beurteilungsmaßstabes und für den Aufbau eines gerechten Staatssystems geht es im Kern um die Frage: Was ist bei dem Gebot „Jedem das Seine" das „Seine", das jedem zugestanden werden soll? Das ergibt sich erst aus einem übergreifenden Konzept von „Gemeinwohl". Gerechtigkeitsvorstellungen und die Definition des Gemeinwohls hängen eng zusammen. In der Geschichte der Philosophie wurde hierzu eine Vielzahl von Vorschlägen gemacht. Vereinfachend dargestellt lassen sich drei Gruppen von Gerechtigkeitstheorien unterscheiden: Es gibt deskriptive (I.), prozedurale (II.) und materiale (III.) Gerechtigkeitstheorien. 372

I. Deskriptive Gerechtigkeitstheorien

Deskriptive Gerechtigkeitstheorien sind darauf ausgerichtet, die in einer Gesellschaft bestehenden Wertvorstellungen zu beschreiben. Sie können an der Sprache oder an den tatsächlichen moralischen Vorstellungen der Menschen ansetzen. 373

Die philosophische Form deskriptiver Ethik und Gerechtigkeitstheorie ist der sprachanalytische Ansatz, die sogenannte Metaethik.[514] Sie analysiert die in der Alltagssprache gebrauchten moralischen Wörter und Sätze und kommt dadurch zu Aussagen über die Struktur und Logik menschlichen Gerechtigkeitsdenkens. Die einzelnen sprachanalytischen Theorien stimmen darin überein, daß empirische

513 Überblicke finden sich bei N. Mazouz, in: M. Düwell/Ch. Hübenthal/M. Werner, Handbuch Ethik, 3. Aufl., Stuttgart 2011, Stichwort „Gerechtigkeit"; B. Barry/M. Matravers, in: E. Craig (Hrsg.), Kleine Routledge Enzyklopädie der Philosophie, Berlin 2007, Stichwort „Gerechtigkeit".

514 Ausgangspunkt war die Sprachphilosophie L. Wittgensteins. Siehe L. Wittgenstein, Vortrag über Ethik, Frankfurt/M. 1989, S. 9ff.; guter Überblick bei M. Quante, Einführung in die Allgemeine Ethik, 5. Aufl., Darmstadt 2013, S. 24ff.

Argumente die Grundlage jeder ethischen Begründung bilden.[515] Sie unterscheiden sich aber in der Frage, was zu diesen Argumenten noch hinzutreten muß, damit es zu verbindlichen moralischen Aussagen kommen kann.

374 Die empirische Gerechtigkeitsforschung hat ihre Ursprünge in der Psychologie und ist Teil der Rechtssoziologie.[516] In den letzten Jahren haben sich dazu sozial- und wirtschaftswissenschaftlich geprägte Forschungsrichtungen entwickelt.[517] Sie arbeiten mit Experimenten oder Befragungen. Die empirische Gerechtigkeitsforschung ist bedeutsam, weil ein großer Teil unseres Handelns vom Rollenverhalten, Gruppenbindung und den dort jeweils vorherrschenden Verhaltensregeln geleitet ist.[518]

II. Prozedurale Gerechtigkeitstheorien

375 Bei Verfahren kommt es vordergründig nicht auf die Inhalte oder Ergebnisse an, sondern auf Zuständigkeiten, Abläufe (Verfahren i. e. S.) und Förmlichkeiten. Verfahrensregeln haben oft Auswirkungen auf die inhaltlichen Ergebnisse. Hinzu kommt, daß Menschen dazu neigen, eigentlich ungerechte Verteilungen als gerecht zu akzeptieren, wenn diese Ergebnisse durch ein als gerecht empfundenes Verfahren zustande gekommen sind.[519]

376 Die Leistungsfähigkeit von Verfahren zur Herbeiführung gerechter Ergebnisse ist unterschiedlich: Zunächst gibt es Fälle, in denen das Verfahren selbst schon die Gerechtigkeit ausmacht. Eine Abstimmung z. B. ist gerecht, wenn die Stimmen korrekt ausgezählt werden. Es gibt als zweites Situationen, in denen Verfahren in der Lage sind, mit großer Wahrscheinlichkeit gerechte Ergebnisse zu erzeugen. Für das Ergebnis gibt es aber einen vom Verfahren unabhängigen Maßstab. Folgt man bei der Aufteilung eines Kuchens der üblichen Verfahrensregel, daß derjenige, der teilt, das letzte Stück erhält, wird mit großer Sicherheit der Kuchen in gleich große Stücke geteilt werden.

515 Vgl. R. M. Hare, Freiheit und Vernunft, Frankfurt/M. 1983; ders., Moralisches Denken, Frankfurt/M. 1992 (insbes. Kap. 9).

516 Einen Überblick geben S. Liebig, Soziale Gerechtigkeitsforschung und Gerechtigkeit im Unternehmen, München 1997; K. F. Röhl, Rechtssoziologie, Köln 1987, § 19; umfassend D. Miller, Grundsätze sozialer Gerechtigkeit, Frankfurt/M. 2008.

517 Vgl. V. Schmidt, Zum Verhältnis prozeduraler und distributiver Gerechtigkeit, Zeitschrift für Rechtssoziologie 14 (1993), S. 80 ff.; ders., Bedingte Gerechtigkeit. Soziologische Analysen und philosophische Theorien, Frankfurt/M. 2000.

518 G. Wiswede, Wirtschaftspsychologie, 5. Aufl., München – Basel 2012, Kap. 3.2.3.

519 Vgl. E. A. Lind/T. R. Tyler, The Social Psychology of Procedural Justice, New York 1988.

In einem dritten Bereich spielt das Verfahren zwar eine wichtige Rolle, es ist aber allein nicht in der Lage, gerechte Ergebnisse zu erzeugen. Auch in diesem Bereich benötigen wir vom Verfahren unabhängige Kriterien zur Beurteilung, ob das Ergebnis gerecht ist. So versucht z. B. das Zivilprozeßrecht mit seinem Beibringungsgrundsatz, den Beweislastregeln etc., die Tatsachengrundlage für die richterliche Entscheidung zu schaffen. Die ZPO ist aber nicht in der Lage, falsche und ungerechte Entscheidungen zu verhindern. Für weite Bereiche unseres Rechts- und Staatssystems dürfen wir von Verfahren nicht mehr erwarten als diese sog. unvollkommene Verfahrensgerechtigkeit. Trotzdem enthält die unvollkommene Verfahrensgerechtigkeit ein wichtiges Kriterium der Gerechtigkeit, nämlich die Unparteilichkeit. Sie verlangt, daß soziale Ordnungen und individuelles moralisches Handeln an Regeln orientiert, also nicht willkürlich, sind und diese Regeln personenunabhängig angewendet werden.

Die Idee, nach einem Verfahren zu suchen, das richtige und ge- 377
rechte Ergebnisse produziert, ist nicht neu. Bereits Platon beschreibt eine dialektische Methode, mit deren Hilfe allerdings nur die Philosophen zur Erkenntnis des Guten gelangen könnten.[520] Konsequenterweise fordert er, daß sie die Leitung des Staates übernehmen sollten. Die prozeduralen Gerechtigkeitstheorien haben diese Idee aufgegriffen und suchen nach Bedingungen, unter denen gerechte Ergebnisse erzielt werden können. So versucht beispielsweise die Diskurstheorie die Bedingungen und Regeln über die Durchführung eines möglichst freien, vernünftigen und herrschaftsfreien Diskurses zu beschreiben und erwartet davon einen möglichst „wahren" Konsens (näher dazu Rn. 586 ff.).[521] Angesichts des Umstandes, daß wir uns mit unseren Gerechtigkeitsproblemen im Regelfall im Bereich der unvollkommenen Verfahrensgerechtigkeit befinden, ist prozeduralen Rechts- und Demokratietheorien, wenn sie einen umfassenden Erklärungsanspruch erheben, mit einer gewissen Skepsis zu begegnen.

III. Materiale Gerechtigkeitstheorien

Deskriptive Gerechtigkeitstheorien geben zwar wichtige Hinweise 378
darauf, was von Menschen als gerecht akzeptiert wird, sie können Gerechtigkeitsurteile aber nur feststellen. Eine Begründung dafür lie-

520 Platon, Der Staat, 514a–517a.

521 J. Habermas, Moralbewußtsein und kommunikatives Handeln, 6. Aufl., Frankfurt/M 1996; R. Alexy, Die Idee einer prozeduralen Theorie der juristischen Argumentation, Rechtstheorie, Beiheft 2 (1981), 177 ff.

fern sie nicht. Die Verfahrensgerechtigkeit ist im Regelfall nur unvollkommen und muß durch darüber hinausgehende Kriterien ergänzt werden. Materiale Gerechtigkeitstheorien versuchen, solche Maßstäbe zu entwickeln und zu begründen. In früherer Zeit waren das insbesondere die Naturrechtslehren (Rn. 411 ff., 445 ff.). Die modernen materialen Gerechtigkeitstheorien lassen sich grob in drei Grundtypen einteilen:[522] Die teleologischen Theorien orientieren sich am Nutzen einer Handlung oder bestimmten Güterverteilung (1.). Die Vertragstheorien legen den Schwerpunkt auf die Freiheitsrechte des Individuums (2.). Egalitäre Theorien versuchen einen Eigenwert der Gleichheit zu begründen (3.). Der Überblick gibt Anlaß zu einem ersten Fazit (4.).

379 **1. Teleologische Theorien (Nutzen und Effizienz).** Unter den teleologischen Theorien ist der Utilitarismus die am weitesten ausgearbeitete und bekannteste Variante. Er wurde vor allem von englischen Moralphilosophen im 18. u. 19. Jahrhundert begründet.[523] Der Jurist J. Bentham hat die Formel, wonach die Gerechtigkeit in der Verwirklichung des größtmöglichen Glücks für die größtmögliche Zahl von Menschen besteht, berühmt gemacht.[524] Für den Utilitarismus kommt es auf die Maximierung der Gesamtnutzensumme, nicht auf die Verteilung der Güter an.[525] Er orientiert sich an einer Mehrheitsregel: Das Interesse jedes einzelnen wird zwar berücksichtigt, es hat „eine Stimme" und insofern besteht Gleichheit bei der Berücksichtigung der jeweiligen Interessen. Das Interesse des Einzelnen kann aber durch die Anzahl oder die Bedeutung anderer Interessen überwogen („überstimmt") werden. Der Utilitarismus definiert Ungerechtigkeit als die Differenz zwischen dem tatsächlich erreichten und dem theoretisch möglichen Gesamtnutzen. In den Grundüberlegungen des Utilitarismus haben sowohl die volkswirtschaftliche Wohlfahrtsöko-

522 Die Einteilung folgt Th. Nagel, Gleichheit, in: ders., Letzte Fragen, Hamburg 2008, S. 149 ff.; A. Sen, Ökonomie für den Menschen, 3. Aufl., München 2005, Kap. 3; B. Barry/M. Matravers, in: E. Craig (Hrsg.), Kleine Routledge Enzyklopädie der Philosophie, Berlin 2007, Stichwort „Gerechtigkeit".

523 Vgl. J. St. Mill, Der Utilitarismus, Stuttgart 1985.

524 J. Bentham, Codification proposal, in: The Works of Jeremy Bentham, Bd. IV, New York 1962, S. 535 ff. Dieses utilitaristische Grundprinzip findet sich bereits bei F. Hutcheson, Über den Ursprung unserer Ideen von Schönheit und Tugend (1726), Hamburg 1986, S. 71.

525 Vgl. O. Höffe, Einführung in die utilitaristische Ethik, 5. Aufl., Tübingen 2013.

nomik als auch die ökonomische Analyse des Rechts ihren Ausgangspunkt.[526]

Der Utilitarismus hat verdienstvolle Seiten: Er nimmt zu Recht an, 380
daß sich Gerechtigkeit am Wohl der Menschen und der Gesellschaft orientieren muß. Die Ziele unserer Handlungen lassen sich sehr wohl danach beurteilen, ob sie den Interessen der Menschen entsprechen oder nicht. Zutreffend ist ebenfalls, daß wir Handlungen rational nach ihren Folgen beurteilen sollten (sog. zweckrationales Handeln).[527] Der Utilitarismus sieht sich aber verschiedenen Einwänden ausgesetzt:[528] Zunächst setzt er voraus, daß die Menschen bereit und motiviert sind, ihr Handeln auf die Nutzenmehrung anderer bzw. der Gemeinschaft zu richten. Bekanntermaßen neigt der Mensch aber dazu, eher den Eigennutzen im Auge zu haben. Der Utilitarismus hat also ein Motivations- und Realitätsproblem. Des weiteren gesteht der Utilitarismus der Gleichheit keinen Eigenwert, sondern allenfalls einen instrumentellen Wert zur Erhöhung des Gesamtnutzens zu. Das widerspricht dem Empfinden vieler Menschen. Hinzu kommt, daß der Utilitarismus gezwungen ist, den Nutzen, das Glück, den Schmerz und ähnliche subjektiv verschieden gefühlte Phänomene objektiv zu bewerten und zu quantifizieren. Das stößt auf erhebliche Schwierigkeiten (Rn. 365 ff.).

2. Vertragstheorien (Freiheitsrechte). Wer Zweifel daran hat, daß 381
der Mensch motiviert sein könnte, sein Handeln auf die Nutzenmehrung anderer auszurichten, der orientiert sich stärker an den Vertragstheorien der Gerechtigkeit („Kontraktualismus"). Die Grundfrage der Vertragstheorien lautet: Warum macht es für den Einzelnen Sinn, sich einer staatlichen Ordnung zu unterwerfen, die an Gerechtigkeitsüberlegungen orientiert ist, anstatt nur das zu tun, was ihm selbst nützlich ist? Die Antwort aus Sicht eines am Eigennutzen orientierten Menschen kann nur lauten: Weil die Teilnahme an einem gerechten Gemeinwesen bzw. Staat für alle von Vorteil ist.[529]

526 H.-B. Schäfer/C. Ott, Lehrbuch der ökonomischen Analyse des Zivilrechts, 5. Aufl., Berlin 2012, Kap. 2; H. Eidenmüller, Effizienz als Rechtsprinzip, 4. Aufl., Tübingen 2015, § 1.

527 Vgl. M. Weber, Wirtschaft und Gesellschaft, 5. Aufl., Tübingen 1972, Kap. I, § 2.

528 Vgl. J. L. Mackie, Ethik, Stuttgart 1992, S. 157 ff.; B. Williams, Kritik des Utilitarismus, Frankfurt/M. 1979; A. Sen, Ökonomie für den Menschen, 3. Aufl., München 2005, Kap. 3.

529 Diese Idee findet sich schon in der Rede des Glaukon bei Platon, Politeia, 358e–359b.

Vertragstheorien gehen davon aus, daß jedem Menschen umfassende Freiheitsrechte zukommen. In dieser (gedachten) Ausgangssituation besteht die Gefahr, daß die unkontrollierte Ausübung von Freiheitsrechten zu großen Unsicherheiten im menschlichen Zusammenleben führt. Stärkere Personen könnten versucht sein, schwächere Mitglieder der Gesellschaft zu unterdrücken und auszubeuten. Die Vertragstheorien rechtfertigen Einschränkungen der Freiheit und deren staatliche Durchsetzung mit der Beobachtung, daß Menschen auf Kooperation angewiesen sind.[530] Das wechselseitige Geben und Nehmen (durch implizite Verträge) ist ein unverzichtbarer Bestandteil im Zusammenleben der Menschen. Innerhalb einer Familie und kleinen Gruppen ist dieses Prinzip leicht überschaubar und den meisten Menschen unmittelbar einsichtig. Die Lage wird unübersichtlicher, wenn es um moderne Großgesellschaften und deren Staats- und Rechtsordnungen geht. Das Kooperationsmodell muß daher durch die Theorie eines Gesellschaftsvertrages ergänzt werden.[531] Die Grundidee besteht in der Annahme eines (fiktiven) Vertrages, in welchem die Menschen auf ihre uneingeschränkte Handlungsfreiheit verzichten und im Gegenzug dafür insbesondere Sicherheit und Frieden erhalten. Die Vertragstheorien verlangen für den Abschluß des Gesellschaftsvertrags Einstimmigkeit. Gleichheit (Gerechtigkeit) besteht für die Vertragstheorien also in den für jeden gleichen, wechselseitig gewährten Ansprüchen, in bestimmten Grenzen von anderen nicht behindert und beeinträchtigt zu werden. Kant formuliert das in seiner Rechtslehre folgendermaßen:

> „Das Recht ist also der Inbegriff der Bedingungen, unter denen die Willkür des einen mit der Willkür des anderen nach einem allgemeinen Gesetz der Freiheit zusammen vereinigt werden kann."[532]

382 Vertragstheorien betonen die Freiheit des Individuums. Danach hat jeder Mensch insbesondere das ökonomische Recht, alles was er besitzt und verdient hat, ohne Einschränkungen zu behalten und weiterzuvererben. Vertragstheorien akzeptieren Gerechtigkeit lediglich als Gleichheit gegenüber dem Gesetz. Darüber hinaus haben sie regelmäßig Schwierigkeiten, die Beseitigung von Ungleichheiten oder

530 So schon Aristoteles, Politik, 1252a 25–1153a 40.
531 Grundlegend für die Theorie des Gesellschaftsvertrags waren Th. Hobbes, Leviathan, Stuttgart 1986: J. Locke, Zwei Abhandlungen über die Regierung, 12. Aufl., Frankfurt/M. 2006; J.-J. Rousseau, Der Gesellschaftsvertrag oder Die Grundsätze des Staatsrechts, Stuttgart 1986.
532 I. Kant, Metaphysik der Sitten, Einleitung in die Rechtslehre, § C.

sogar insgesamt das, was wir üblicherweise unter Gerechtigkeit verstehen, als Bestandteil der Moral (und des Rechts) anzuerkennen (vgl. Rn. 371).[533] Vertragstheorien haben somit die Tendenz, staatlichen Eingriffen und Umverteilungen kritisch bis ablehnend gegenüber zu stehen.

3. Egalitäre Theorien (Gerechtigkeit und Gleichheit). Egalitäre Theorien unternehmen den Versuch, Gerechtigkeit und Gleichheit nicht nur bei der Verteilung von Rechten und politischer Mitbestimmung, sondern auch bei der Verteilung von Gütern und Dienstleistungen als etwas an sich Gutes zu begründen. Für die Herbeiführung von Gleichheit wird ein gewisses Maß an Ineffizienz und Beschränkung der Freiheitsrechte Anderer hingenommen. Die vielleicht am besten ausgearbeitete Version ist die „Theorie der Gerechtigkeit" von J. Rawls.[534] Rawls setzt auf die Lehre vom Gesellschaftsvertrag auf.[535] Um den egoistischen Neigungen der Menschen zu begegnen, bedient sich Rawls einer besonderen Methode, die er den „Schleier des Nichtwissens" nennt.[536] Er konstruiert eine fiktive Situation, in der Personen über ihre zukünftige Gesellschaftsordnung zu befinden haben. Die Situation ist dadurch gekennzeichnet, daß die Beteiligten ihre Situation und gesellschaftliche Position, ihre Fähigkeiten und Bedürfnisse in der von ihnen bestimmten künftigen Verteilungsordnung nicht kennen. Sie wissen beispielsweise nicht, ob sie alt oder jung, talentiert oder untalentiert sind, welche Lebens- oder Wertvorstellungen sie haben. Die Annahme einer solchen Entscheidungssituation zwingt dazu, von den eigenen Interessen und Bedürfnissen zu abstrahieren. Diejenigen Grundsätze, über die in dieser hypothetischen Situation unter allen Beteiligten Einigkeit erzielt werden kann, sind nach Ansicht von Rawls gerecht. Rawls geht davon aus, daß die Beteiligten sich in dieser Situation für zwei fundamentale Grundsätze entscheiden:[537] Der erste verlangt, daß „jedermann … gleiches Recht 383

533 Vgl. etwa P. Stemmer, Handeln zugunsten anderer, Berlin 2000, § 7; J. M. Buchanan, Die Grenzen der Freiheit, Tübingen 1984.

534 J. Rawls, Eine Theorie der Gerechtigkeit, Frankfurt/M. 1979; ders., Gerechtigkeit als Fairneß, Frankfurt/M. 2003; zur Diskussion um die Theorie von Rawls siehe D. Horster, Rechtsphilosophie zur Einführung, Hamburg 2002, S. 147 ff.; O. Höffe (Hrsg.), John Rawls – Eine Theorie der Gerechtigkeit, 3. Aufl., Berlin 2013.

535 J. Rawls, Eine Theorie der Gerechtigkeit, Frankfurt/M. 1979, Kap. 1, Nr. 3.

536 J. Rawls, Eine Theorie der Gerechtigkeit, Frankfurt/M. 1979, Kap. 3, Nr. 24; diese Methode wendet auch schon J. C. Harsanyi an, Cardinal Utility in Welfare Economics and in the Theory of Risk-Taking, wiederabgedruckt in ders., Essays on Ethics, Social Behavior, and Scientific Explanation, Dordrecht 1976, S. 3 ff.

537 J. Rawls, Eine Theorie der Gerechtigkeit, Frankfurt/M. 1979, Kap. 2, Nr. 11.

auf das umfangreichste System gleicher Grundfreiheiten haben [soll], das mit dem gleichen System für alle anderen verträglich ist." Im wesentlichen handelt es sich dabei um die traditionellen westlichen Freiheitsgrundrechte. Der zweite lautet: „Soziale und wirtschaftliche Ungleichheiten sind so zu gestalten, daß (a) vernünftigerweise zu erwarten ist, daß sie zu jedermanns Vorteil dienen, und (b) sie mit Positionen und Ämtern verbunden sind, die jedem offen stehen."

384 Innerhalb der Konzeption kommt der Gleichheit bei der Verteilung von Gütern und Dienstleistungen ein Eigenwert zu. Rawls schlägt zur Bewertung von staatlichen Umverteilungsmaßnahmen das sog. Unterschiedsprinzip[538] vor, wonach eine Besserung der Lebenslage von sozial schwächeren Personen und Gruppen ein prima-facie-Vorrang vor einer weiteren Optimierung der Situation von ohnehin schon Gutsituierten zukommt. Zur Begründung des Unterschiedsprinzips verweist Rawls insbesondere auf die natürlichen und gesellschaftlichen Kontingenzen (Zufälligkeiten), welche das Leben jedes Einzelnen mitbestimmen. Nicht jeder Mensch startet unter den gleichen Voraussetzungen ins Leben. Die individuellen Entfaltungsmöglichkeiten hängen erheblich davon ab, in welche Situation und Familie der einzelne hineingeboren wird. Wir wissen auch nicht, welche Krankheiten auf uns zukommen werden und wie lange wir leben. Nach Rawls ist es daher die Aufgabe einer Gesellschaftsordnung, solche Zufälligkeiten, welche für die Lebenschancen des Einzelnen bedeutsam sind, möglichst auszugleichen.[539]

385 Jede Gerechtigkeitstheorie setzt eine objektive Rangordnung in der Bestimmung der Dringlichkeit menschlicher Bedürfnisse voraus.[540] Für die Aufstellung einer solchen Rangordnung wird man auch unter Annahme eines „Schleiers des Nichtwissens" keine Einstimmigkeit verlangen können, sondern allenfalls qualifizierte Mehrheitsverhältnisse. Es ist klar, daß die Aufstellung einer für alle geltenden Rangordnung das Problem der Priorisierung der menschlichen Bedürfnisse und Interessen (Gesundheit und Ernährung, Freiheit, Arbeit, Bildung, Achtung der Person) mit sich bringt. Welche Schwierigkeiten mit einem Nutzenvergleich verbunden sind, wurde bereits ange-

---

538 J. Rawls, Eine Theorie der Gerechtigkeit, Frankfurt/M. 1979, Kap. 2, Nr. 13.

539 Vgl. die Untersuchungen des Wirtschaftsnobelpreisträgers James Heckmann: J. J. Heckman/A. B. Krueger, Inequality in America: What Role for Human Capital Policies?, Cambridge 2005.

540 Das gilt für alle an den Handlungsfolgen orientierten (konsequenzialistischen) Gerechtigkeitstheorien gleichermaßen. Rawls spricht von „Grundgütern": ders., Eine Theorie der Gerechtigkeit, Frankfurt/M. 1979, Kap. 2 Nr. 15.

sprochen (Rn. 365 ff.). Eine Weiterentwicklung an diesem Punkt stellt der sog. capability approach dar, nach dem die Menschen unter Bedingungen leben sollen, in denen sie ihre Fähigkeiten (capabilities) möglichst gut entwickeln können, und der dafür eine Theorie menschlicher Bedürfnisse (Grundgüter) entwickelt hat.[541]

4. Zusammenfassung. Der Überblick über die Gerechtigkeitstheo- 386
rien zeigt, daß man die Werte Freiheit, Gleichheit und Gemeinwohl (Effizienz) nicht absolut setzen kann.[542] Dem Anhänger einer egalitären Gerechtigkeitstheorie ist es durchaus möglich, dem Gesichtspunkt des Nutzens ein eigenes Gewicht beizumessen und die Bedeutung von (ökonomischen) Freiheitsrechten anzuerkennen.[543] Für ihn fordert die Gerechtigkeit, Lebensaussichten und Lebenschancen gleich zu verteilen (sog. capability approach).[544] Das Recht hat dabei Hilfe zur Selbsthilfe zu leisten und grobe Chancenungleichheiten soweit wie möglich zu mildern.[545] Eine so verstandene Gerechtigkeit behindert nicht die Wohlfahrt, sondern kann diese fördern, sie ist also auch instrumentell betrachtet nützlich.[546] Das müßte dazu führen, daß in Staaten, in welchen die Grundelemente der Gerechtigkeit, insbesondere Chancengleichheit, gewährleistet sind, die gesamtwirtschaftliche Entwicklung positiver verläuft als in Staaten, in denen dies nicht der Fall ist. Dies bestätigen etwa die Studien des World Development Report der Weltbank aus dem Jahre 2006.[547]

Der Überblick zeigt auch, daß das Gerechtigkeitsbild der einzelnen 386a
Menschen unvermeidlich zeitbedingt und gesellschaftlich geformt ist. Elternhaus, soziales Milieu, Kirche, Schule, politisches System sind Prägefaktoren, die ihr „Weltbild“ und damit auch ihre Gerechtigkeitsvorstellungen maßgeblich beeinflussen. Gerechtigkeitsvorstellungen sind Teil unserer individuellen Ideologie. Sie gründen not-

541 A. Sen, Ökonomie für den Menschen, 3. Aufl., München 2005, S. 49 ff.; ders., Die Idee der Gerechtigkeit, München 2010, Kap. 11, 12; M. Nussbaum, Gerechtigkeit oder das gute Leben, Frankfurt/M. 1999, S. 24 ff.

542 H. Eidenmüller, Effizienz als Rechtsprinzip, 4. Aufl., Tübingen 2015, Teil IV.

543 Vgl. etwa Th. Nagel, Gleichheit, in: ders., Letzte Fragen, Hamburg 2008, S. 149 (172).

544 So insbesondere A. Sen, Ökonomie für den Menschen, 3. Aufl., München 2005 Kap. 3.

545 J. Rückert, „Frei und sozial“ als Rechtsprinzip, Baden-Baden 2006; H.-W. Sinn, Risiko als Produktionsfaktor, in: Jahrbücher für Nationalökonomie und Statistik 201 (1986), 557 ff.

546 Instrumentelle Gerechtigkeit akzeptiert auch R. A. Posner, Economic Analysis Of Law, 7th Ed., New York 2007, Chap. 16.

547 The World Bank, World Development Report 2006 – Equity and Development, unter www.worldbank.org.

wendig auf geglaubte, nicht ohne weiteres beweisbare Voraussetzungen, Annahmen, Vertrauensvorschüsse und Wertvorstellungen. Auch schichtgebundene Interessenbefangenheiten spielen regelmäßig eine erhebliche, oft unbewußte Rolle.

Die Frage nach der „wahren" Gerechtigkeit bekommt in liberalen Staatsordnungen eine Vielfalt möglicher, konkurrierender Antworten. Jede Parlamentsdebatte über gesellschaftspolitische Grundsatzfragen zeigt das. Der Totalitätsanspruch eines einzigen, uniformen Gerechtigkeitsdogmas birgt, politisch gesehen, das Risiko von Diktatur und Terror im Namen der „wahren Gerechtigkeit".

Das führt zum kollektiven Aspekt des Themas „materialer" Gerechtigkeitsvorstellungen. Alle großen und kleinen Religionen und Weltanschauungsgemeinschaften entwickeln ihre Leitbilder (Offenbarung, Naturrecht, Rechtsidee, Humanismus, Rassengemeinschaft, Klassengemeinschaft u. a.), ihre eigenen, „besseren" Gerechtigkeiten. Ihr Ziel ist es, das große Glück der Menschheit in einer besseren, „gerechteren" Welt zu verwirklichen. Für daraus abgeleitete Monopolansprüche gilt das Eingangszitat von K. R. Popper. Die Gerechtigkeitsbilder von Religionen und Weltanschauungsgemeinschaften sind Mixturen aus Glaubenssätzen, politischen Ideen, historisch und geographisch bedingten kulturellen Erfahrungen, klassenspezifischen Wunschvorstellungen und Heilsgewißheiten. Sie beantworten mit ihren Weltdeutungen im Kern Glaubensfragen in einem zeit- und kulturbedingten Rahmen. Welterfahrung und Weltdeutung sind unvermeidlich auch zeitgeistabhängig. Konkrete Gestaltungsprobleme der Politik im Sinne „gerechter" Lösungen lassen sich aus ihnen nur für die jeweiligen Glaubensgenossen verbindlich ableiten. Im übrigen müssen sie sich dem Wettbewerb freiheitlich-demokratischer Entscheidungsprozesse stellen und unterwerfen.

D. Gerechtigkeit und Rechtsstaat

> Wir hatten Gerechtigkeit erwartet, bekommen haben wir den Rechtsstaat.
>
> B. Bohley

387 Das Grundgesetz hat Staat und Gesellschaft nicht totalitär geordnet und somit die Gerechtigkeit nicht umfassend bestimmt. Es enthält nur Teilaussagen über das, was die Verfassungsväter als konstitutive Grundlage der Rechts- und Staatsordnung gewollt haben. Aus den

vorstehenden Überlegungen ist deutlich geworden, daß es eine enge Verbindung zwischen Grundgesetz und Gerechtigkeit gibt.

I. Gesetzgebung und Gerechtigkeit

Zum Bereich der Verfahrensgerechtigkeit gehören auch die Regeln 388
über das Zustandekommen von Gesetzen in den Art. 76ff. GG. Nach dem Grundgesetz werden Gerechtigkeitskonflikte durch Mehrheitsentscheidungen gelöst und können später auch wieder geändert werden. Mit den Verfahrensvorschriften wird zudem bezweckt, daß die vom geplanten Gesetz betroffenen Interessen berücksichtigt und im Parlament diskutiert werden. Die Bindung der Gesetzgebung an die Grundrechte bedeutet, daß die Art. 76ff. GG nur eine unvollkommene Verfahrensgerechtigkeit garantieren. In einer pluralen Gesellschaft ist die Konkretisierung der Gerechtigkeit einem demokratischen Prozeß unterworfen.[548] Die Grundrechte enthalten materielle Kriterien der Gerechtigkeit. Hauptelemente sind dabei Art. 3 GG sowie der Verhältnismäßigkeitsgrundsatz. Für soziale Gerechtigkeit, insbesondere die Sicherung eines Existenzminimums, sorgt das Prinzip des sozialen Rechtsstaats.[549] Schließlich verlangt die Gesellschaftsvertragstheorie, daß jedem Menschen ein umfassender Katalog von negativen Freiheitsrechten (Art. 2, 4–17 GG) sowie politische Mitwirkungsrechte (Art. 38 GG) zustehen.

Für das Problem möglicher Verletzungen der genannten Grund- 389
sätze durch die Gesetzgebung hat das Grundgesetz eine oberste Definitionsinstanz, ein „oberstes Lehramt" über „Verfassungsgerechtigkeit" eingerichtet. Das Bundesverfassungsgericht soll die in der Verfassung verankerten Gerechtigkeitsmaßstäbe hüten. Das ist, historisch gesehen, die Reaktion der Verfassungsgeber auf die Aushöhlung der Weimarer Reichsverfassung vor und nach 1933. Dasselbe wird mit der „Ewigkeitsklausel" des Art. 79 Abs. 3 GG versucht. Danach ist der „harte Kern" des Grundgesetzes jeder Verfassungsänderung und damit auch jedem Wandel der Anschauungen in der Rechtsgemeinschaft entzogen. Das Bundesverfassungsgericht hat diesen Umstand in seiner ersten Entscheidung zu § 218 StGB besonders hervorgehoben.[550] Art. 79 Abs. 3 GG zeigt, daß auch unsere Verfassung die Grundpositionen einer **Glaubensgemeinschaft** dokumentiert, einer

---

548 Vgl. W. Brugger, Gesetz, Recht, Gerechtigkeit, JZ 1989, 1, 6f.
549 H. D. Jarass, in: H. D. Jarass/B. Pieroth, Grundgesetz, 14. Aufl., München 2016, Art. 20 Rn. 153ff.
550 BVerfGE 39, 1 (67).

sehr toleranten und zurückhaltenden freilich. Es ist die Gemeinschaft derer, die an die parlamentarische Demokratie mit Minderheitenschutz als bestmögliche Staatsorganisation glauben. Dieses Glaubensbekenntnis ist nicht nur toleranter als alle anderen, es ist auch selbstkritischer.

390 Kernaufgabe des Bundesverfassungsgerichts ist es, das Grundgesetz zu wahren, nicht es zu verändern. Seine Entscheidungen sind – über den jeweiligen Streitfall hinaus – Appelle an die Rechtsgemeinschaft, den Glauben an die verfassungsgesetzlichen Grundwerte (= gemeinsame Gerechtigkeitsvorstellungen) aufrechtzuerhalten und fortzuentwickeln. Folgerichtig wird der Gesetzgebung, wenn sie durch Gesetze das Sozialleben gestaltet („iustitia distributiva"), ein weiter Gestaltungs- und Beurteilungsspielraum zugestanden.[551] Das Bundesverfassungsgericht hat sich lange Zeit – methodisch begrüßenswert – insbesondere im Rahmen des Art. 3 GG damit begnügt, dem Gesetzgeber und dem Richter willkürliche Unterscheidungen zu verbieten.[552] Allerdings ist das Gericht später zunehmend dazu übergegangen, dem Gesetzgeber auch rechtspolitische Vorgaben aufzuerlegen und so die Grenzen zwischen Verfassungskontrolle und Gesetzgebung zu verwischen (Rn. 704 ff., 944 ff.). Es ist ein ständiger Ausschuß zur Fortbildung des Grundgesetzes, bisweilen auch zur Änderung entgegen den Vorstellungen der Mütter und Väter der Verfassung geworden.

II. Rechtsprechung und Gerechtigkeit

> In Deutschland kann man, statt einen Prozeß zu führen, ebenso gut würfeln … Unter den in der Bundesrepublik obwaltenden Verhältnissen von den Gerichten Gerechtigkeit zu fordern, ist illusionär.
>
> W. Geiger, ab 1940 Staatsanwalt am „Sondergericht" in Bamberg (mindestens fünf Anträge auf Todesstrafe), ab 1950 Richter, 1953–1961 Senatspräsident am BGH, 1951–1977 Richter am BVerfG[553], in: Deutsche Richterzeitung 1982, 325

551 BVerfGE 50, 290 (332/333). Zu den voluntativen, weltanschaulich geprägten Elementen solcher Kriterien dessen, was als „gleich" bewertet wird siehe G. Radbruch, Rechtsphilosophie (Studienausgabe), 2. Aufl., Heidelberg 2003, S. 37.

552 BVerfGE 1, 14 (52); 33, 367 (385); 37, 121 (129) (st. Rspr.).

553 Zu W. Geier vgl. K.-D. Godau-Schüttke, Der Bundesgerichtshof – Justiz in Deutschland, Berlin 2005, S. 339 ff.

Die Gerechtigkeit verlangt von der Rechtsprechung, sich an den Gesetzen zu orientieren und unparteiliche Urteile zu fällen. Auf Grund der Gesetzesbindung hat der Richter jeden Fall nach einer allgemeinen gesetzlichen Regel zu beurteilen. Wie das zu geschehen hat, ist Gegenstand der juristischen Methodenlehre (vgl. Rn. 640ff.). Um die Gleichbehandlung vor dem Gesetz zu gewährleisten, so daß in den wesentlichen Punkten gleiche Sachverhalte von den Gerichten z. B. in Konstanz und in Mannheim gleich entschieden werden, bedarf es einer Hierarchie der Gerichte. Die obersten Gerichte haben die Funktion, für eine einheitliche Rechtslage in Deutschland bzw. Europa zu sorgen. Dies wird durch den Instanzenzug und Verfahrensregeln[554] zur Vereinheitlichung der Rechtsprechung gesichert (vgl. Rn. 245ff.). Zur Unparteilichkeit gehört das Verbot, Richter in eigener Sache zu sein. Daher sehen die Prozeßordnungen zur Vermeidung von Interessenskonflikten die Möglichkeit von Befangenheitsanträgen vor. 391

Gerechtigkeit verlangt von den Gerichten ferner, daß die Bindung an das Recht durch die Billigkeit ergänzt wird. Weil Gesetze allgemeine Regeln enthalten, können sie nicht jedem Einzelfall gerecht werden. Die Gesetzgebung zum BGB hat dies klar erkannt und deswegen insbesondere die §§ 138, 242, 315 BGB ins Gesetz aufgenommen. Die sog. Generalklauseln erlauben es dem Richter, die Besonderheiten des Einzelfalls in seiner Entscheidung zu berücksichtigen und zu bewerten. Zu deren Konkretisierung können die Grundrechte, die Wertentscheidungen anderer gesetzlicher Vorschriften, aber auch die in der Gesellschaft akzeptierten Maßstäbe korrekten sozialen Verhaltens herangezogen werden.[555] 392

III. Jurisprudenz und Gerechtigkeit

Was kann die Jurisprudenz zum Problem der Gerechtigkeit beitragen? Mit Hilfe der Rechtsvergleichung (1.), der Rechtsgeschichte (2.) und der Methodenlehre (Rn. 640ff.) sucht die Rechtswissenschaft nach praktikablen und ethisch vertretbaren Lösungsmodellen für typische juristische Interessenkonflikte und Steuerungsprobleme. Die beiden erstgenannten Disziplinen schaffen einen Erfahrungshorizont, 393

554 Vgl. etwa § 121 Abs. 2 GVG, § 70 Abs. 2 Nr. 2 FamFG, § 132 Abs. 3 u. 4 GVG, §§ 511 Abs. 4 Nr. 1, 543 Abs. 2 Nr. 2 ZPO.

555 J. Gernhuber, § 242 BGB – Funktionen und Tatbestände, JuS 1983, 764ff.

welcher Probleme gerechter und ungerechter staatlicher Normsetzungen genauer unterscheidbar macht.

394 **1. Rechtsvergleichung.** Die Rechtsvergleichung unternimmt es, die Rechtsinstitute und Problemlösungen der unterschiedlichen nationalen Rechtsordnungen systematisch zu vergleichen. Sie führt die sozialen und rechtlichen Organisationsformen vor, die in unterschiedlichen Rechtsordnungen erprobt werden, und erweitert den Horizont der Juristen über die Grenzen ihrer nationalen Rechtsordnung hinaus. Zugleich wächst dadurch die Einsicht in einen bestimmten Grundbestand rechtlicher Gestaltungsmöglichkeiten, die in einem engen Zusammenhang zu dem Kulturbereich stehen, aus dem sie stammen.

Der „Fluß", den Blaise Pascal als Grenze der Gerechtigkeit beklagt (vgl. Rn. 344), ist nur dann eine harte Grenze, wenn auf der anderen Seite ein Rechtsproblem für meine Begriffe besser gelöst wird. Es kann aber auch umgekehrt der Fluß eine sinnvolle Scheidelinie sein für historisch und national differenzierte Rechtskulturen. Ein uniformes „Weltrecht" wäre hart und inhuman, wenn es ohne Rücksicht auf wesentlich verschiedene, soziokulturell gewachsene Strukturen angewendet würde. Man stelle sich etwa die plötzliche Vereinheitlichung des deutschen mit dem japanischen, iranischen und amerikanischen Familien- und Eherechts vor. Nicht jede Staatsgrenze, die verschiedene Rechtskulturen trennt, stellt also die Gerechtigkeit in Frage. Gerechtigkeitsvorstellungen sind auch Kulturprodukte.

395 **2. Rechtsgeschichte.** Die Rechtsgeschichte („Unrechtsgeschichte"?) lehrt darüber hinaus, daß es zeitlos gültige Entwürfe gerechter Sozial- und Staatsordnungen nicht gibt. Die Elemente der Gerechtigkeit und ihre Gewichtung sind dem sozialen, politischen und weltanschaulichen Wandel unterworfen. Die Jurisprudenz hat so im Laufe der Jahrhunderte einen beachtlichen Erfahrungsschatz in Sachen der Gerechtigkeit oder Ungerechtigkeit von Problemlösungen für regelungsbedürftige zwischenmenschliche Beziehungen angesammelt. Sie ist das Archiv der Gerechtigkeitsdiskussionen in mehreren Jahrtausenden.[556]

556 M. Kriele, Recht als gespeicherte Erfahrungsweisheit, in: Staat, Wirtschaft und Steuern, Festschrift für K. H. Friauf, Heidelberg 1996, S. 185 ff.

In diesem Archiv findet sich ein Kernbestand von Kriterien, die als Maßstäbe für Gerechtigkeit angesehen werden können:[557] Selbstbestimmung als Ausdruck von Menschenwürde, Freiheit und als Kern des Persönlichkeitsrechts, Gleichheit im Sinne von Gleichbehandlung, Sachgemäßheit, Verhältnismäßigkeit und Fairneß. Negativ kann man formulieren, Gerechtigkeit sei die Abwesenheit von Willkür und ungerechtfertigter Ungleichbehandlung. Weiter kann eine Rechtsordnung nur gerecht heißen, wenn sie es erlaubt, die Einzelfälle billig (im Sinne von „das ist nur recht und billig") zu entscheiden. Die Römer bezeichneten das als „aequitas". Zur Gerechtigkeitsprüfung gehört auch die Frage nach den Folgen der Norm oder der Entscheidung („et respice finem"). Deshalb ist die Folgenabwägung bei juristischen Normsetzungen und Entscheidungen[558] Voraussetzung sinnvoller Interessenbewertungen (vgl. Rn. 294 ff., 303 ff., 330). Gerechtigkeit erfordert als zusätzliches formales Element ein Mindestmaß von Rechtsicherheit. Schon Cicero weist darauf hin:[559] Eine Grundlage der Gerechtigkeit ist auch die Verläßlichkeit einer Regelung. Der Normsetzer muß sich an das halten, was er geregelt hat. Gesetzesrecht und Richterrecht müssen also ein Mindestmaß von Beständigkeit aufweisen, ihre Änderung muß vorhersehbar sein (vgl. Rn. 249 ff.).[560] 396

IV. Annäherungen an die Gerechtigkeit

Die Grundeinsicht zur Gerechtigkeit lautet nach allem: In der realen Lebenswelt kann es immer nur tastende Annäherungen an gerechte Problemlösungen im einzelnen und nur unbeirrtes Bemühen um eine gerechte Ordnung des Gemeinwesens im ganzen geben.[561] Wer von der Gesetzgebung, den Gerichten oder der Rechtswissenschaft mehr erwartet, muß enttäuscht werden (zur Mediation sogleich Rn. 399a). Nur Religionen und/oder Pseudoreligionen, also Ideologien mit eschatologischen Aussagen über künftige goldene Zeitalter, bieten „ewige Gerechtigkeit". Hier wird das „jüngste Gericht" entscheiden. Die Gefahren, die von einer solchen Erlösungsmoral und 397

557 Übersicht bei K. Larenz, Richtiges Recht – Grundzüge einer Rechtsethik, München 1979, S. 37–44; M. Kriele, Kriterien der Gerechtigkeit, Berlin 1963, S. 61 ff.; B. Rüthers, Rechtsordnung und Wertordnung, Konstanz 1986, S. 38 ff.
558 Vgl. Th. Wälde, Juristische Folgenorientierung, Königstein/Ts. 1979.
559 Cicero, de officiis, I, 23.
560 Vgl. L. L. Fuller, The Morality of Law, rev. ed., New Haven – London 1969.
561 Vgl. F. A. v. Hayek, Recht, Gesetz und Freiheit, Tübingen 2003, S. 193 ff., 460 ff.

ihrer Umsetzung im Diesseits (nicht im Jenseits) ausgehen, zeigt die Unrechtsgeschichte der jüngsten Vergangenheit.[562]

„Die Vielgestalt der Ungerechtigkeit macht die Vielgestalt der Gerechtigkeit deutlich".[563]

398 Im Hinblick auf Gerechtigkeitsargumente in (Alltags-)Diskussionen ist daher eine dreifache Skepsis nötig:

Skepsis ist geboten, wenn Politik im Namen einer höheren oder größeren Gerechtigkeit gemacht wird, insbesondere wenn damit eine grundlegende Neuausrichtung der Rechtsordnung verknüpft wird. Wir besitzen keine Gerechtigkeitsprämissen, aus denen sich die Regeln eines Rechtssystem logisch ableiten ließen. Wir müssen uns vielmehr damit zufrieden geben, durch Vermutungen über gerechte Lösungen und deren etwaige Widerlegungen uns schrittweise vorwärts zu tasten.

Skepsis ist gleichfalls geboten, wenn der einzelne Bürger das Recht, wie es ihm in der staatlichen Justiz begegnet, am Maßstab seiner Gerechtigkeitsvorstellungen mißt. So werden z. B. im Zivilprozeß die subjektiven Gerechtigkeitserwartungen der streitenden Parteien fast immer enttäuscht. Sie sehen selbst im halben Sieg vor Gericht meistens nur die ganze Niederlage ihrer Erwartungen.[564] Die Gerechtigkeitserwartungen der Bürger an die Justiz und an die Rechtswissenschaft sind oft überspannt. Viele Bürger sehen, von falschen Vorstellungen geleitet, in der Justiz eine Hüterin letzter („wahrer") Gerechtigkeit. Genau diese hat jedoch ein von Menschen gemachtes und von Menschen angewendetes Gesetz selten im Angebot. Der staatliche Justizapparat hat nur vordergründige, „weltliche", kompromißhafte, kleine Gerechtigkeiten zu bieten.

Skepsis ist schließlich geboten, wenn in der Rechtswissenschaft oder in Nachbardisziplinen, etwa in der Philosophie oder in den Sozialwissenschaften, gelegentlich der Anspruch erhoben wird, man habe das Gerechtigkeitsproblem partiell oder insgesamt mit wissenschaftlichen Mitteln im Sinne beweisbarer sachlicher „Richtigkeit" gelöst.[565] Wer als Jurist in Regelungsfragen seinen Lösungsvorschlag als den einzig wahren oder richtigen ausgibt, verdient Mißtrauen!

562 Dazu R. Zimmermann, Moral als Macht, Reinbek bei Hamburg 2008.
563 J. Pieper, Das Viergespann, München 1964, S. 68 unter Berufung auf Aristoteles, Nikomachische Ethik, 1129a, 25 ff.
564 Zum folgenden: B. Rüthers, Das Ungerechte an der Gerechtigkeit, 3. Aufl., Tübingen 2009, S. 171 ff.
565 So M. Kriele, Kriterien der Gerechtigkeit, Berlin 1963.

Gleiches gilt in abgeschwächter Form für juristische Argumentationen, die sich auf eine einseitig ausgeprägte Gerechtigkeitstheorie stützen.

Skepsis kann zum Vorwand für Beliebigkeit und Willkür des politischen Handelns werden. Beliebigkeit und Willkür aber sind absolute Gegensätze zur Gerechtigkeit. Der Jurist stößt hier auf für seine Wissenschaft und seine praktischen Aufgaben grundlegende Tatsachen: Die rationale Skepsis in Fragen der Gerechtigkeit darf nicht als Vorwand zur Beliebigkeit möglicher Lösungen mißverstanden werden.

Das Motto dieses Kapitels (Rn. 343) weist auf die Gefahren hin, **399**
welche mit einer Orientierung von Gerechtigkeitsvorstellungen am „größtmöglichen Glück" verbunden sein können. Dem stellt K. R. Popper eine Auffassung entgegen, die auch als „negativer Utilitarismus" bezeichnet wird. Sie beruht auf einigen Bemerkungen Poppers im Zusammenhang mit seiner Kritik am Modell politischer Utopien, ohne daß er diese Idee zu einer elaborierten Gerechtigkeitstheorie ausgebaut hätte. Eine der Bemerkungen lautet:[566]

> „Kurz gesagt lautet meine These, daß vermeidbares menschliches Leid das dringendste Problem einer rationalen öffentlichen Politik ist, während die Förderung des Glücks kein solches Problem darstellt. Die Suche nach dem Glück sollte unserer privaten Initiative überlassen bleiben."

Übertragen auf unser Gerechtigkeitsthema kann man formulieren: Es ist oft schwierig zu beurteilen, ob die eine oder die andere Lösung gerechter ist. Viel einfacher ist es dagegen zu bestimmen, ob eine Lösung ungerecht ist.[567] Damit ist eine entscheidende Funktion des Gerechtigkeitsbegriffes angesprochen: Er dient dazu, klare und grobe Ungerechtigkeiten als solche erkennbar zu machen und bezeichnen zu können. Er hat also eine Ausgrenzungsfunktion für das Ungerechte. Aber auch diese Ausgrenzung gelingt nur dort, wo ein Konsens darüber erzielt wird, was denn eindeutig ungerecht sei. Immerhin sind die Chancen, hierin überein zu stimmen, meistens größer als die einer Einigung über das „Gerechte".

Die oben genannten Lösungen des Ziegenfalls (Rn. 345) scheinen fast alle vertretbar zu sein. Daher ist es schwierig, sich für eine davon

---

566 K. R. Popper, Vermutungen und Widerlegungen, Tübingen 2000, § 18 (S. 524).

567 In diesem Sinne auch Weinberger, Norm und Institution, Wien 1988, Kap. 8.1.; W. Brugger, Gesetz, Recht, Gerechtigkeit, JZ 1989, 1, 8; F. A. v. Hayek, Recht, Gesetz und Freiheit, Tübingen 2003, S. 189 ff.; Th. Nagel, Gleichheit, in: ders., Letzte Fragen, Hamburg 2008, S. 149 (172 ff.); A. Sen, Ökonomie für den Menschen, 3. Aufl., München 2005, Kap. 11.; ders., The Idea of Justice, Cambridge/Ma. 2009.

zu entscheiden. Der Fall nimmt aber am Ende noch eine überraschende Wendung, deren Beurteilung uns leichter fällt.[568] Da die Brüder sich nicht entscheiden können, wie die Ziegen zu verteilen sind, wendet sich A an den König, zu dem er gute Beziehungen pflegt und gegen den er mehrfach gestundete Forderungen aus kriegswichtigen Lieferungen hat. Der König spricht daraufhin dem A die gesamte Herde mit der Begründung zu, A habe die besseren Stallungen und biete daher die bessere Gewähr für die Produktion von Milch und Fleisch, worauf es der Allgemeinheit ankomme. Außerdem sei A der bessere Steuerzahler. Auch das sei für das Gemeinwohl vorteilhafter. Die Studenten werden gefragt, ob diese Lösung des Ziegenfalles vorzugswürdig ist. Das ist in den Lehrveranstaltungen bislang stets einheitlich vehemment verneint worden. Die mit einer vorgeschobenen Begründung versehene Entscheidung des Königs wird als willkürlich oder zumindest doch als willkürnah eingestuft. Hier zeigt sich: Über das, was ungerecht ist, lässt sich leichter ein Konsens erzielen, als über das, was gerecht ist. Willkürliche Entscheidungen ohne sachlichen Grund werden in unserer heutigen Kultur als ungerecht empfunden.

399a Die Relativität der Gerechtigkeiten lenkt den Blick auf Regelungsinstrumente, mit denen die Individuen frei entscheiden, was für sie gerecht ist, also insbesondere auf den Vertrag. Wer bekommt, was er will, dem geschieht kein Unrecht (s. Rn. 362). Ein Konfliktlösungsinstrument, das in (Gerechtigkeits-)Konflikten zunehmend an Bedeutung gewinnt und zu einer vertraglichen Einigung führen kann, ist die Mediation (s. bereits Rn. 346a). Es handelt sich um ein vertrauliches und strukturiertes Verfahren, bei dem die Parteien mit Hilfe von Mediatoren freiwillig und eigenverantwortlich eine einvernehmliche Beilegung ihres Konflikts anstreben, wobei der Mediator als unabhängige und neutrale Person ohne Entscheidungsbefugnis die Parteien durch die Mediation führt (vgl. § 1 MediationsG). Die Konfliktparteien versuchen, zu einer gemeinsamen Vereinbarung zu gelangen, welchen ihren Bedürfnissen und Interessen entspricht und ihren (Gerechtigkeits-)Konflikt konstruktiv und zukunftsorientiert beilegt.[569]

568 Wiederum nach E. Fechner, Rechtsphilosophie, 2. Aufl., Tübingen 1962, S. 12.

569 Hierzu Ch. Fischer/H. Unberath (Hrsg.), Das neue Mediationsgesetz, München 2013; Ch. Fischer/H. Unberath (Hrsg.), Grundlagen und Methoden der Mediation, München 2014; F. Haft/K. v. Schlieffen (Hrsg.), Handbuch Mediation, 3. Aufl., München 2013; L. Montada/E. Kals, Mediation: Psychologische Grundlagen und Perspektiven, 3. Aufl., Weinheim 2013.

E. Zusammenfassung zu § 9

I. Recht im Sinne von staatlichen Gesetzen und Gerechtigkeit sind nicht unbedingt dasselbe, auch wenn eine enge Beziehung zwischen beidem besteht. Jede Staatsgewalt kann staatliches Unrecht begehen, sei es durch den Erlaß ungerechter Gesetze, sei es durch andere Hoheitsakte. Ein als ungerecht empfundenes Gesetz fordert im Regelfall den Ungehorsam der Rechtsgenossen heraus. 400

II. Im Einzelfall wirft die Beurteilung dessen, was gerecht ist, erhebliche Probleme auf. Das zeigt uns, daß es zwar weithin akzeptierte Gerechtigkeitsprinzipien gibt, deren Anwendung im konkreten Einzelfall aber nicht zu eindeutigen Lösungen führen.

III. Gerechtigkeitsfragen tauchen immer dann auf, wenn die Interessen von zwei oder mehr Personen in Konflikt geraten.

IV. Der Begriff Gerechtigkeit kann im objektiven Sinn und im subjektiven verstanden werden. Objektiv verstanden bezeichnet Gerechtigkeit Handlungen und Regelungen im sozialen Zusammenleben als billigenswert und ethisch gerechtfertigt. Im subjektiven Sinn ist Gerechtigkeit eine Tugend des Einzelnen.

V. Nach einer Einteilung von Aristoteles, die bis heute akzeptiert wird, kann man die austeilende von der ausgleichenden Gerechtigkeit unterscheiden.

1. Die austeilende Gerechtigkeit betrifft Verteilungsfragen. Dafür gibt es verschiedene Maßstäbe: Gleichbehandlungsgrundsatz, Prinzip der erworbenen Rechte, Leistungs- oder Bedürfnisprinzip. Es geht dabei um zwei Fragen: Was ist „gleich" bzw. „ungleich" und wie kann die Anwendung des jeweiligen Verteilungsmaßstabes begründet werden?
2. Im Bereich der ausgleichenden Gerechtigkeit geht es um die Gleichwertigkeit beim freiwilligen oder unfreiwilligen Austausch von Gütern und Dienstleistungen. Die Gewährleistung der Privatautonomie bildet den rechtlichen Rahmen dafür, daß bei Kauf, Tausch, Dienst- oder Werkvertrag sich die Parteien selbst über die Äquivalenz ihrer Leistungen einigen.

VI. Gerechtigkeit und Effizienz stehen in einem Zielkonflikt. Daher ist die Abwägung zwischen beidem in liberalen und pluralen Verfassungsstaaten eine Frage der politischen Gestaltungskompetenz des Gesetzgebers.

VII. Zur Ermittlung und Begründung von Gerechtigkeitsurteilen lassen sich unterschiedliche Ansätze unterscheiden.

1. Deskriptive Gerechtigkeitstheorien ermitteln durch Sprachanalyse oder empirische Sozialforschung die Gerechtigkeitsvorstellungen in der Gesellschaft. Sie stellen lediglich vorhandene Gerechtigkeitsvorstellungen fest.
2. Prozedurale Gerechtigkeitstheorien legen den Schwerpunkt auf das Verfahren zur Ermittlung von verbindlichen Gerechtigkeitsurteilen. Im Regelfall leisten Verfahren dazu einen Beitrag, sind aber allein nicht in der Lage, Gerechtigkeit zu schaffen.
3. Materiale Gerechtigkeitstheorien suchen nach Kriterien, anhand derer Regeln und staatliche Ordnungen als gerecht bezeichnet werden können. Dabei kann man zwischen teleologischen Gerechtigkeitstheorien, Vertragstheorien und egalitären Gerechtigkeitstheorien unterscheiden.

VIII. Sowohl in der Philosophie als auch in der Rechtswissenschaft hat sich ein reiches Erfahrungswissen über mögliche politische, soziale und rechtliche Organisationsformen für die Regelung zwischenmenschlicher Beziehungen angesammelt. Hier liegt die – bescheidene – juristische Fachkompetenz in Sachen Gerechtigkeit. Dieses Erfahrungswissen umfaßt einen Kernbestand von Kriterien, die Maßstäbe für Gerechtigkeitsurteile ergeben:

1. Selbstbestimmung als Ausdruck von Menschenwürde und persönlicher Freiheit,
2. Gleichheit und Sachgemäßheit,
3. Verhältnismäßigkeit und Fairneß,
4. Mindestmaß an Rechtssicherheit,
5. Abwägung der sozialen Folgen staatlichen Handelns.

IX. In einem liberalen Verfassungsstaat mit konkurrierenden, weltanschaulich verschiedenen Gruppen ist Gerechtigkeit zwangsläufig ein kontroverser Begriff. Auch wenn es einen weithin akzeptierten Kern von Gerechtigkeitsprinzipien gibt, sind konkrete Regelungsprobleme unter dem Gesichtspunkt der Gerechtigkeit auf verschiedene Weise lösbar. Es gibt „viele Gerechtigkeiten". Das lehren auch Rechtsgeschichte und Rechtsvergleichung. Absolute Gerechtigkeit kann von der Gesetzgebung und von staatlichen Gerichten nicht erwartet werden. „Die Gerechtigkeit" gibt es in liberalen Verfassungsstaaten also als juristisch gültigen Begriff nur im **Plural** konkurrierender Gerechtigkeitsvorstellungen der verschiedenen politischen und weltanschaulichen Gruppen. Die juristisch verbindliche Gerechtigkeit in Einzelfragen wird vom Parlament, von den letzten Instanzen und im Streitfall vom Bundesverfassungsgericht entschieden. Wer von staatlichen Instanzen darüber hinausgehende „letzte" Gerechtigkeiten erwartet, sei an H. Rosendorfer (vor Rn. 343) und W. Geiger (vor Rn. 391) erinnert.

X. Das Bundesverfassungsgericht hat eine letzte Definitionskompetenz für das, was in der Bundesrepublik Deutschland „verfassungsgerecht" ist. Der in der Verfassung festgeschriebene Grundkonsens umfaßt vor allem den Grundrechtskatalog und die Staatszielbestimmungen. Es ist die Aufgabe des Gerichts, diesen Grundkonsens unter den sich wandelnden historischen Bedingungen zu erhalten und zu sichern. Das ist mit der Kompetenz des Gerichts zur Fortbildung des Grundgesetzes in solchen Problembereichen verbunden, die bei der Schaffung der Verfassung nicht erkennbar waren. Auch dabei ist das Gericht an die Grundwertungen des Kernbereichs, insbesondere an Art. 79 Abs. 3 GG, gebunden. Das Bundesverfassungsgericht darf die Verfassung nicht durch Richterspruch ändern. Das gilt auch dort, wo es unter Berufung auf den Gleichheitssatz eine andere, neue, etwa vom Zeitgeist inspirierte „Gerechtigkeit" für richtiger hält als das Grundgesetz (Rn. 356).

§ 10. Moral, Ethik und Recht

> Eine Gesellschaft kann die moralische Einstellung ebensowenig ignorieren, wie die Frage seiner [des Bürgers] Loyalität, sie gedeiht mit beiden und stirbt ohne sie.
>
> Lord Justice Patrick Devlin,
> The enforcement of morals

Schrifttum: H. Henkel, Einführung in die Rechtsphilosophie, 2. Aufl., 1977, S. 78 ff.; K. Engisch, Auf der Suche nach der Gerechtigkeit, 1971, S. 84 ff.; P. Koller, Theorie des Rechts, 2. Aufl., 1997, S. 255 ff., 277 ff.

A. Begriff und Verbindlichkeitsgrundlagen von Moralsystemen

401 Jede menschliche Gemeinschaft bildet bestimmte Normen und Wertvorstellungen aus, die das Verhalten des Menschen zu seinen Mitmenschen und zu sich selbst regeln sollen. Sie können auf kultureller Erfahrung, auf religiöser Überzeugung, auf philosophischen Thesen oder auf pseudoreligiöser, transzendentaler Geschichtsdeutung beruhen. Man nennt solche Regelsysteme mit schwankendem Sprachgebrauch „Moral" oder oft in gleicher Bedeutung „Ethik" (vgl. Rn. 99 ff.). In der modernen Diskussion bezeichnet „Moral" den Inbegriff der sittlichen Normen, das Regelsystem der Werturteile, während die philosophischen Untersuchungen über die Moral unter dem Begriff „Ethik" zusammengefaßt werden.

Beispiel: Die Brüder A und B erben von ihrem reichen Vater je zwei Millionen. A verarmt infolge eines unverschuldeten Unfalls und langer Krankheit. Schuldet B, der ein sehr gutes Einkommen hat, dem A oder dessen Familie finanzielle Unterstützung?

402 Die Begründung und die Inhalte moralischer Regeln sind in freiheitlichen, also „pluralistischen" Gesellschaften verschieden, stehen im Wettbewerb der politischen und weltanschaulichen Gruppen. Das folgt aus den unterschiedlichen Auffassungen über Herkunft und Zweck der Moralnormen, etwa aus göttlicher Offenbarung, aus der Philosophie der Aufklärung, aus der Autonomie des Individuums, der Philosophie des Utilitarismus oder aus anderen weltan-

schaulichen Überzeugungen. Die jeweilige Moral soll, das ist ihr Ziel, allgemeine Richtlinien für das Handeln der Menschen geben. Sie will bestimmen, welches Tun als gut oder schlecht, als richtig oder falsch gelten soll.

Die Verbindlichkeit und Wirksamkeit („Geltung") dieser Regelsysteme hängen davon ab, in welchem Ausmaß die Menschen der in der jeweils herrschenden Moral ausgedrückten Sittlichkeit innerlich im Grundsatz zustimmen oder wie sehr sie die mit Moralverstößen verbundenen gesellschaftlichen (nicht staatlichen!) Sanktionen scheuen (z. B. Isolation, Ächtung). Über die rationale Begründbarkeit moralischer Normen gibt es eine durch die Jahrtausende gehende lebhafte theologische, philosophische und wissenschaftstheoretische Diskussion, ähnlich wie über die Gerechtigkeit. 403

In einem Staat, der sich als freiheitlich-demokratischer Rechtsstaat versteht, keine „Staatsreligion" kennt und die Pluralität unterschiedlicher religiöser und weltanschaulicher Überzeugungen voraussetzt, kommt der Forderung nach einer rational begründeten Moral als Grundlage der Rechtspolitik eine besondere Bedeutung zu.[570] Als rational begründet wird eine Moral bezeichnet, deren Normen und Normbegründungen so einleuchtend sind, daß sie in „rationaler Weise" von jedem Menschen, unabhängig von seinen weltanschaulichen oder religiösen Vorverständnissen, bejaht werden können. Sie müssen also allgemein annehmbar und zustimmungsfähig sein (sog. Universalisierungsgrundsatz).[571] In der politischen Praxis hat sich diese Chance einer generellen Übereinstimmung aller gutwilligen Teilnehmer am Diskussionsprozeß über die „richtige" Moral oder Gesetzgebung bei vielen Grundsatzfragen als Illusion erwiesen, weil ein allgemeiner Konsens in solchen Fragen, die seltene Ausnahme bildet. Der liberale Verfassungsstaat gewährleistet daher den Wettbewerb unterschiedlicher Moralen in den Grenzen der verfassungsgesetzlich geschützten Grundrechte und Grundwerte. Theorien, die absolute normative Wahrheitsansprüche erheben, sind mit diesem Konzept nur schwer vereinbar (vgl. Rn. 581 ff.).

Als mögliche Grundlage einer rational begründeten Moral hat sich der von Immanuel Kant formulierte Kategorische Imperativ erwiesen: Handle stets so, daß die Maxime deines Handelns jederzeit das

570 Dazu P. Koller, Theorie des Rechts, 2. Aufl. 1997, S. 267 ff.
571 Vgl. K. Bayertz, Warum überhaupt moralisch sein?, 2. Aufl., München 2014.

Prinzip der allgemeinen Gesetzgebung werden könnte.[572] Der kategorische Imperativ ist der goldenen Regel des Neuen Testaments (Math. 7, 12) nachgebildet. Beides kann als formaler Grundsatz einer vernunftbegründeten Moral verstanden werden. Seine inhaltliche Ausfüllung hängt davon ab, nach welchen Prinzipien die Gesetzgebung oder das Verhalten der Menschen untereinander gestaltet werden sollen. Damit wird deutlich, daß die Frage nach dem Inhalt der jeweiligen Moral in einem engen Zusammenhang zum Begriff der Gerechtigkeit steht (Rn. 345 ff.).

B. Zuordnungsverhältnis

I. Moral als Bedingung des Rechts

404 Recht und Moral sind nicht deckungsgleich. So schreibt etwa das Familienrecht für Geschwister keine Unterhaltspflicht vor (lies § 1601 BGB). Gleichwohl werden viele Geschwister in Notfällen entsprechend der herkömmlichen Familienmoral einander helfen (Beispiel Rn. 401). Das wird vom Gesetz indirekt auch anerkannt (vgl. § 814 BGB).

405 Aber: Zwischen Moralnormen und Rechtsnormen bestehen vielfältige Gemeinsamkeiten und Berührungspunkte (vgl. Rn. 99a ff.). Beide sollen menschliches Verhalten steuern. Beide beruhen auf Wertvorstellungen. Jedes Gemeinwesen setzt einen Mindestbestand gemeinsamer materialer Wertüberzeugungen voraus. Diese „Grundwerte" sind nicht logisch beweisbar, sondern weltanschaulich, man kann auch sagen, glaubensmäßig begründet. Staat und Recht sind also letztlich im Metaphysischen verankert.[573]

Rechts- und Moralnormen haben also eine gemeinsame Grundlage in den fundamentalen Wertvorstellungen über das menschliche Zusammenleben, die Grundwerte genannt werden. Oder anders: Eine funktionsfähige Rechtsordnung setzt ein Minimum als verbindlich anerkannter moralischer Normen voraus. Jede Rechtsordnung beruht auf einer moralischen Wertordnung.[574] Darauf wird in gesetzlichen Tatbeständen unmittelbar Bezug genommen (z. B. „Treu und Glau-

---

572 I. Kant, Grundlegung zur Metaphysik der Sitten, Werkausgabe, Bd. 8, 11. Aufl., Frankfurt/M. 1997, S. 51.

573 Vgl. G. Leibholz, Die Auflösung der liberalen Demokratie in Deutschland und das autoritäre Staatsbild, München 1933, S. 9; später neu formuliert von E.-W. Böckenförde, Staat, Gesellschaft, Freiheit, Frankfurt/M. 1976, S. 60.

574 B. Rüthers, Rechtsordnung und Wertordnung, Konstanz 1986.

ben", §§ 157, 242 BGB, „gute Sitten", §§ 138, 826 BGB). In diesem Sinne ist eine als verbindlich anerkannte Sozialmoral eine notwendige, wenn auch keine hinreichende Grundlage und Bedingung des Rechts.

Bestimmte Staatssysteme begnügen sich nicht damit, im Recht ein 406 moralisches „Minimum" für alle Bürger verbindlich festzulegen; sie fordern die „Einheit von Recht und Moral". Das gilt besonders für totalitäre Staaten (NS-Staat, DDR). Das Gebot der Einheit von Recht und Moral folgt daraus, daß diese Staaten eine für alle Bürger verpflichtende, umfassende Staats- und Gemeinschaftsideologie vorschreiben, die auch das Verhalten in privatesten Bereichen (Briefverkehr, Lektüre, Sexualkontakte, Westkontakte, Auslandsreisen) mit staatlichem Rechtszwang reglementieren, ja noch das Gewissen der Bürger binden soll. Die Weltanschauungsmoral wird zur (Pseudo-) Religion stilisiert.

II. Moral als Ziel des Rechts

Die Moral ist nicht nur eine Bedingung, sondern auch ein Ziel des 407 Rechts: Das Recht dient auch der jeweilig herrschenden Moral. Es soll die ihr zugrundeliegenden Wertvorstellungen mit staatlichen Sanktionen verwirklichen oder vor Verletzungen schützen.

Beispiele: Homosexualität wird heute mehrheitlich nicht mehr als moralisch bedenklich bewertet. Das war früher anders. 1994 wurde § 175 StGB abgeschafft, welcher die homosexuelle Betätigung mit männlichen Jugendlichen unter Strafe stellte.

Auf einen Wandel und „Abbau ehemals übertriebener Moralvorstellungen" stützte das Amtsgericht Münster 1992 seine Entscheidung, eine Klage auf das „Kranzgeld" nach § 1300 BGB abzuweisen. Die Vorschrift sei mit Art. 3 Abs. 2 u. 3 GG nicht vereinbar.[575] Das BVerfG nahm die dagegen gerichtete Verfassungsbeschwerde der Klägerin nicht an.[576]

Das Bundessozialgericht sprach 1996 den Hinterbliebenen eines getöteten Ehebrechers eine Opferentschädigung zu.[577] Der Umstand, daß der Getötete durch den Ehebruch die Tat erst provoziert habe, führe zu keinem Ausschluß der Opferentschädigung.

In liberalen Verfassungsstaaten wird allerdings nur ein Kernbereich 408 der sozialethischen Prinzipien vom Recht geschützt. Man spricht insoweit von einem „ethischen Minimum", das mit Rechtszwang

575 AG Münster NJW 1993, 1720.
576 BVerfG, Beschluß vom 5.2.1993, Hinweis NJW 1993, 1720f.
577 BSG NJW 1997, 965ff.

durchsetzbar sein soll. Das betrifft nur Fälle schwerwiegender Eingriffe in höchstrangige „Grundwerte“.

Beispiel: § 218 StGB schützt die grundlegende, in ihrer Reichweite allerdings lebhaft umstrittene Wertvorstellung, daß das ungeborene Leben eines Menschen, also der Embryo im Mutterleib, unantastbar ist. Das Schwanken der Moralvorstellungen zu dieser Frage spiegelt sich sowohl in der rechtspolitischen Debatte um die Neuregelung des § 218 StGB als auch in zwei inhaltlich deutlich verschiedenen Entscheidungen des Bundesverfassungsgerichts von 1975 und 1993 wider.[578] Im ersten Urteil hatte der Erste Senat des Gerichts 1975 den Strafrechtsschutz der Leibesfrucht für verfassungsgesetzlich geboten erklärt und die gesetzlich vorgesehene Fristenregelung als verfassungswidrig verworfen. Er stellte fest: „Auch ein allgemeiner Wandel der hierüber in der Bevölkerung herrschenden Anschauungen – falls er überhaupt feststellbar wäre – würde daran nichts ändern können“.[579] 1993 hatte sich dann nach Ansicht des Zweiten Senats so viel geändert, daß er von dieser Aussage – ohne es zuzugeben – abwich. Das zweite Urteil bestätigt im Ergebnis eine „Fristenlösung mit Beratungspflicht“.[580]

409 Im Zivilrecht und im öffentlichen Recht dient das Recht der Moral besonders dadurch, daß es subjektive Rechte (vgl. Rn. 63 ff.) gewährt.[581] Es verleiht dem Einzelnen, den Gruppen und Institutionen Rechte, damit diese ihr Dasein und ihr Wirken im Rahmen der geltenden Moralvorstellungen freiheitlich und selbstverantwortlich gestalten können. Das Pathos des subjektiven Rechts und seine Rolle weit über das Privatrecht hinaus ist nur aus dieser Bindung an die Grundwerte der gemeinsamen Sozialmoral zu verstehen, die etwa in Art. 14 Abs. 2 GG beispielhaft für alle subjektiven Rechte, also für alle rechtlich garantierte soziale Gestaltungsmacht, ausgedrückt ist:

> „Eigentum verpflichtet. Sein Gebrauch soll zugleich dem Wohl der Allgemeinheit dienen.“

In diesem Sinne gewährleistet das Recht die Möglichkeit der Moral, aber auch der Unmoral.[582] Dieser Dienst des Rechts an der Moral wird im Konflikt der beiden Normarten besonders deutlich. Das gesetzte Recht kann, etwa in totalitären Systemen, in diametralen Gegensatz zu den moralischen Überzeugungen der Rechtsunterworfe-

---

578 BVerfGE 39, 1 ff.; 88, 203 ff.
579 BVerfGE 39, 1 (67).
580 Zur Reformgeschichte Th. Fischer, StGB, 64. Aufl., München 2017, vor § 218–219b Rn. 3 ff.
581 G. Radbruch, Rechtsphilosophie (Studienausgabe), 2. Aufl., Heidelberg 2003, S. 48 f.
582 Ähnlich G. Radbruch, Rechtsphilosophie (Studienausgabe), 2. Aufl., Heidelberg 2003, S. 48 f.

nen geraten. Das ist in der Regel die Stunde eines „Widerstandsrechts“, des „zivilen Ungehorsams“ oder eines „Rechts zur Revolution“.

C. Zusammenfassung zu § 10

I. Als Moral (oder Ethik) bezeichnet man ein auf kultureller Er- 410
fahrung, Religion oder philosophischer Anschauung beruhendes Regelsystem für menschliches Verhalten.

II. Rechtsnormen und Moralnormen beruhen auf gemeinsamen Wertvorstellungen („Grundwerten“).

III. Ein Minimum verbindlicher, grundsätzlich anerkannter Sozialmoral ist eine notwendige Bedingung des Rechts: Das Recht beruht auf den in dieser Sozialmoral ausgedrückten Wertvorstellungen über „sittliches“ (= „gutes“) Handeln. Die Forderung nach der „Einheit von Recht und Moral“ ist ein Kennzeichen totalitärer Systeme.

IV. Das Recht dient auf eine besondere Weise der Erhaltung und Festigung der Moral.

V. Recht und Moral unterscheiden sich in der Art der Verbindlichkeit und Erzwingung ihrer Normen. Rechtsnormen werden durch staatlichen Zwang gewährleistet oder können gewährleistet werden. Moralnormen zielen – trotz möglicher sozialer (nicht-staatlicher) Sanktionen – auf die innere Freiheit („Moralität“) des Handelnden zur Einsicht.

§ 11. Religion und Recht: Das theologische Naturrecht

Schrifttum: F. Böckle/E.-W. Böckenförde (Hrsg.), Naturrecht in der Kritik, 1973, S. 96 ff., 126 ff., 304 ff.; G. Ellscheid, in: W. Hassemer/U. Neumann/F. Saliger, Einführung in die Rechtsphilosophie und Rechtstheorie der Gegenwart, 9. Aufl., 2016, S. 143 ff.; H. Henkel, Einführung in die Rechtsphilosophie, 2. Aufl., 1977, S. 505 ff.; O. Höffe, Pluralismus und Toleranz, in: ders., Den Staat braucht selbst ein Volk von Teufeln, 1988, S. 105 ff.

Durch die gesamte überschaubare Philosophie- und Rechtsge- 411
schichte zieht sich der Gedanke, es müsse fundamentale, vorstaatliche und überzeitliche Rechte geben, die dem Zugriff der staatlichen

Machthaber („Gesetzgebung“) entzogen seien. Man bezeichnet solche Rechtsgrundsätze mit dem Sammelnamen „Naturrecht“ (vgl. Rn. 262 ff.).

Über die Annahme, daß es solche unveräußerlichen Menschenrechte gibt, besteht unter den zivilisierten Völkern weitgehende Einigkeit. Die vielfachen Deklarationen von Menschenrechten und Grundfreiheiten von der Virginia Bill of Rights (1776) und der französischen Revolution (1789) bis zu den Vereinten Nationen (1948), zu Art. 1 Abs. 2 GG (1949) und zur europäischen Menschenrechtskonvention (1950) bezeugen das. Die Begründungen dieser Menschenrechte können verschieden sein. Sie sind auch davon abhängig, wie die Frage nach dem Sinn des menschlichen Daseins beantwortet wird.

A. Recht als Teil der Sinnfrage

412 Die Fragen nach der Herkunft, dem Sinn und der Zukunft des Daseins prägen – bewußt oder unbewußt – die Lebensweise jedes Menschen. Gesicherte, objektiv gültige, eindeutige Antworten auf diese Fragen gibt es nicht. Es geht um Glaubensfragen. Hier liegt der Grund für das Urbedürfnis des Menschen nach Religion oder Religionsersatz. Die Religionen deuten die Lebenswelt des Menschen auf Herkunft (Urknall oder Schöpfung?), Daseinszweck und Zukunft („Ewigkeit?“) hin. Das Selbstverständnis des Menschen und sein Weltbild („Weltanschauung“) wird von seiner Antwort nach dem „Woher“ und „Wohin“ seines Lebens maßgeblich bestimmt. Damit wird die zentrale Bedeutung dieser Fragen und Antworten zu Herkunft und Zukunft für das Verständnis von Recht deutlich. Das „richtige“ oder „gerechte“ Leben und Verhalten des Menschen wird von dem Ziel mitbestimmt, auf das hin der Mensch lebt. Gerechtigkeit ist ein Teil der Sinnfrage menschlicher Existenz. Sie kann also nicht ohne Rücksicht auf Herkunft und Zukunft, ohne Rücksicht auf den Sinn von Leben und Tod des Menschen entschieden werden. Die Antworten der Wissenschaften allein reichen nicht aus. Recht gründet sich insoweit unentrinnbar auf Religion oder „Weltanschauung“.[583]

583 Ähnlich J. Rawls, A brief Inquiry into the Meaning of Sin & Faith, Cambridge/Mass. 2009. Die aus dem Jahr 1942 stammende Studie liegt jetzt auch auf deutsch vor: J. Rawls, Über Sünde, Glaube und Religion, Berlin 2010.

In Gesellschaften mit einheitlichen religiösen Überzeugungen liegt es nahe, das Recht in der Religion verankert zu sehen. Das so verankerte Recht ist auf Gott als den Schöpfer der Weltordnung („Schöpfungsordnung") und der Menschennatur bezogen. Basis einer solchen religiös gebundenen Rechtsvorstellung ist der Offenbarungsglaube. Dieser Geltungsgrund ist aber nur für Gläubige gültig. In einem Gemeinwesen, das sich, wie die Bundesrepublik, weitgehend als religiös und weltanschaulich neutral versteht (Art. 3 Abs. 3, 4 GG) können religiöse Überzeugungen die Rechtsgeltung und den Rechtsgehorsam allenfalls für die gläubigen Teile der Bevölkerung begründen. Wenn die Einheit im Glauben fehlt, besteht noch die Möglichkeit, auf die „vernünftige Natur" des Menschen zurückzugreifen. Zwischen dem religiösen und dem vernunftorientierten Naturrecht bestehen also enge Verbindungen. Beide Arten des Naturrechts versuchen zu einer Begründung von objektiven, unveränderlichen Werten zu kommen (vgl. Rn. 417 ff., 445 ff.). Dabei kann die Berufung auf die Vernunft als Hilfsmittel und Ergänzung der Religion dienen. Sie wurde und wird allerdings oft als Kampfmittel gegen die Religion verwendet. 413

Die religiösen, in unserem Kulturkreis überwiegend christlichen Wurzeln von Rechts- und Gerechtigkeitsideen sind auch heute vielfältig wirksam. Viele juristische Begriffe sind aus der Theologie abgeleitet.[584] Versuche zu einer Enttheologisierung des Rechts[585] haben sich gegenüber der Schwerkraft dieser Fundamente europäischer Rechtsvorstellungen – trotz aller zu verzeichnenden Erosionen durch die Säkularisierung – bisher als nur teilweise wirksam erwiesen. Eine der Fortwirkungen der Religion auf das Recht ist die Naturrechtsdiskussion in der Rechtswissenschaft und die Naturrechtsargumentation in der Gerichtspraxis (Rn. 262 ff.). 414

„Jede echte Staatsform setzt einen festen Bestand von politisch-materialen Werten voraus, durch die die staatliche Gemeinschaft glaubenswürdig legitimiert und inhaltlich zusammengehalten wird. Jede politische Staatsform wird hierdurch zugleich im Metaphysischen begründet."[586]

---

584 Vgl. z. B. für den Begriff der Souveränität C. Schmitt, Politische Theologie, Vier Kapitel zur Lehre von der Souveränität, 5. Aufl., Berlin 1990, S. 49; ders., Politische Theologie II, Die Legende von der Erledigung jeder Politischen Theologie, 2. Aufl., Berlin 1984, S. 15 ff.; ders., Römischer Katholizismus und politische Form, 2. Aufl., München 1925.

585 Vgl. G. Dux, Strukturwandel der Legitimation, Freiburg 1976; ders., Die Logik der Weltbilder, 3. Aufl., Frankfurt/M. 1990.

586 G. Leibholz, Die Auflösung der liberalen Demokratie in Deutschland und das autoritäre Staatsbild, München 1933, S. 9.

Was Leibholz in der Ausnahmelage der Wendung zur nationalsozialistischen Gewaltherrschaft für den Staat analysiert, gilt nicht minder für die Vorstellungen von Recht und Gerechtigkeit. Spannend an diesem Zitat ist, daß C. Schmitt und G. Leibholz, die ansonsten grundverschiedene Auffassungen von Staat und Recht vertreten, in diesem Punkt übereinstimmen. Wenn beide das Problem zutreffend sehen, wenn Staat und Recht jeweils im Metaphysischen verankert sind, also geglaubt werden müssen und geglaubt werden, steht jeder Versuch einer rein rationalen (wissenschaftlichen) Rechtsbegründung vor dem Problem, mit aller geistigen Anstrengung nur Vorletztes bieten zu können. Von ähnlichen Erwägungen her kommt Kelsen zu seiner Annahme einer fiktiven, also geglaubten Grundnorm als Geltungsgrund allen Rechts.[587]

B. Begriff und Funktion des Naturrechts

415 Das Naturrecht ist

> „ein höheres Recht, das auf alle unsere Fragen Antwort weiß, das dem positivistischen Recht den Spiegel vorhält, ein 'richtiges' Recht, in dem sich unser Rechtsbewußtsein, das unmittelbar evidente Gefühl für Recht und Unrecht, erfüllt. Es ist Recht im höchsten Sinne. Es steht über allem positivistischen Recht. Es ist sein Richtmaß und Gewissen, es ist der König der Gesetze, die Norm der Normen“.[588]

Der Begriff „Naturrecht“ ist vieldeutig. Das liegt vor allem an den unterschiedlichen Möglichkeiten, den Begriff „Natur“ zu verstehen. Wer sich Natur als Ursprünglichkeit denkt, für den ist Naturrecht die Urordnung des Zusammenlebens von Menschen. Nach dieser Vorstellung existierte ein vergangenes goldenes Zeitalter, in dem sich die Menschen in Harmonie mit der Natur gewaltfrei und einträchtig verhalten haben. Wer die Natur als Realität erfährt, der wird Naturrecht als Sachgerechtigkeit („Natur der Sache“) verstehen (vgl. Rn. 919 ff.). Wer Natur im Sinne von Vitalität versteht, wird das Naturrecht als ein Recht des Stärksten oder der Macht ansehen. Der Begriff kann aber auch auf die Vernunft oder den Geist bezogen werden. Dann wird Naturrecht zum Vernunftrecht oder zur Rechtsidee. All diese Möglichkeiten wurden im Verlauf der Geschichte schon vertreten (dazu Rn. 417 ff., 445 ff.).

---

587 H. Kelsen, Reine Rechtslehre, 2. Aufl., Wien 1960 (Nachdruck 1992), S. 205.
588 H. Mitteis, Über das Naturrecht, Berlin 1948, S. 7.

Egal in welcher Weise man den Begriff versteht, das Naturrecht als „übergesetzliches“ Recht hat immer zwei mögliche Funktionen: Es kann das geltende Recht einer bestehenden politischen Ordnung rechtfertigen. Dann wirkt es konservativ und systemstabilisierend. Es kann aber auch einer bestehenden Ordnung kritisch und mit der Forderung nach einschneidenden Korrekturen entgegentreten. Dann rechtfertigt es im Extremfall den Widerstand, ja den revolutionären Aufstand gegen die geltende „positive“ Rechtsordnung. Naturrecht ist die einzige Grundlage, von der aus eine Revolution **juristisch** gerechtfertigt werden kann. Darin liegt ein Grund für die Dauerhaftigkeit des Naturrechtsgedankens in der Geschichte. 416

Dabei ist wichtig zu sehen: Wer sich in einem totalitären Unrechtsstaat auf Naturrechte beruft, rechtfertigt damit seinen revolutionären Widerstand. Wer in freiheitlich-demokratischen Systemen auf das Naturrecht rekurriert, der setzt es für den Herrschaftsanspruch seiner Minderheit über den Willen der Mehrheit ein. Das Naturrecht rechtfertigt im Extremfall den Einsatz von Gewalt gegen die bestehende Ordnung mit juristischen Argumenten. Darin liegen die politischen Chancen und Risiken dieser Argumentationsfigur.

C. Geschichtliche Begründungsvarianten des Naturrechtsdenkens

Die etwa 2.500-jährige Geschichte des Naturrechtsgedankens läßt sich in drei Epochen einteilen. Man unterscheidet das antike, überwiegend philosophisch bestimmte, das christlich-theologische und das aufklärerische („vernünftige“) Naturrecht. 417

Eine erste Kette von Begründungsversuchen natürlicher Rechtssätze geht auf die antike Philosophie zurück. Quelle des Naturrechts ist danach die von der menschlichen Vernunft geleistete Erkenntnis der richtigen „natürlichen“ Ordnung der Menschen und Dinge. Bereits in der ionischen Naturphilosophie gilt die kosmische „natürliche“ Ordnung (Physis) als vorrangig gegenüber dem menschlichen Gesetz (Nomos).[589] Die Sophisten (Trasymachos, Kallikles) stellen dagegen auf den Willen des Menschen als Quelle des Rechts ab.[590] 418

589 Platon, Theaitetos, 167 c.

590 Texte: W. Capelle, Die Vorsokratiker, 9. Aufl., Stuttgart 2008, S. 260 ff.; dazu H. Buchheim, Artikel Sophistik, in: J. Ritter/K. Gründer, Historisches Wörterbuch der Philosophie, Bd. IX, Darmstadt 1995.

Trasymachos analysiert die tatsächlich bestehenden Rechtsverhältnisse soziologisch als Instrument der jeweils Mächtigen: Das Gerechte ist nichts anderes als der Vorteil des Stärkeren.[591] Kallikles geht noch einen Schritt weiter. Er vertritt die These, daß es das Recht des Stärkeren als ein Naturrecht gibt.[592]

419 Platons (427–347 v. Chr.) Beitrag zur Naturrechtslehre besteht im Wesentlichen in zwei Gedanken. Nach seiner Ideenlehre gibt es bestimmte objektive Werte, die unabhängig von den tatsächlichen Zuständen in der Welt Gültigkeit besitzen.[593] Die „Platonischen Ideen" sind nicht etwa Ideen im heute üblichen Sinn von subjektiver Vorstellung, sondern vielmehr objektive, unveränderliche, mit dem Auge nicht sichtbare Idealzustände, die allein durch das Denken (der Philosophen) geschaut werden können. So ist etwa das Menschsein eine platonische Idee, während der Mensch „Sokrates" aus Fleisch und Blut nur ein vergängliches Phänomen des Menschseins ist. Die objektiven Werte Platons enthalten Kriterien zur Beurteilung menschlichen Handelns. Zum zweiten entwickelt Platon konkrete eigene Vorstellungen über den Inhalt des Naturrechts.[594] Den Sophisten hält er entgegen, daß es die vernunftbegabte Natur einzelnen Menschen ermöglicht, die objektiven Werte zu erkennen. Diese Erkenntnismöglichkeit besitzt nicht etwa jeder Mensch, sondern nur die wissenden Philosophen. Nicht die Gesetze sollen die Macht haben, sondern der mit Einsicht begabte königliche Mann.[595] Exemplarisch läßt Platon seinen Lehrer Sokrates mit den Sophisten Gorgias, Polos und Kallikles debattieren.[596] Die Grundthese des Sokrates in diesem Dialog besteht in seiner Überzeugung, daß Unrecht tun gerade für den Täter selbst schädlich und schlecht ist, da der Ungerechte sich selbst an seiner Seele schädigt.[597] Als Sokrates gegen die Argumente des Sophisten Kallikles für den dreisten und brutalen Tyrannen nicht mehr ankommt, führt er die göttliche Vergeltung für jede Missetat im Leben nach dem Tod ein, auch für solche eines auf Erden erfolgreichen Bösewichts.[598] Damit ist eine für die Geschichte der Rechtsphilosophie zentrale Frage nach dem Ursprung des Rechts gestellt: Ist es der Wille

591 Platon, Der Staat, 338 cff.
592 Platon, Gorgias, 482 cff.
593 Vgl. das berühmte Höhlengleichnis: Platon, Der Staat, 514 aff.
594 Platon, Gesetze, Buch VI, VII, X, XII.
595 Platon, Politikos, 294b, 296 e.
596 Platon, Gorgias.
597 Platon, Gorgias, 479 bff.
598 Platon, Gorgias, 523 aff.

„voluntas" (Kallikles) oder die Vernunft „ratio" (Platon)? Die Vorstellung von der Möglichkeit zur rationalen Erkenntnis der Natur des Menschen überträgt Platon auf den Staat als Ganzes. Er wird interpretiert als „Großindividuum", dessen Bürger entsprechend den Seelenfunktionen des Einzelmenschen in drei Stände eingeteilt werden: Den erkennenden Herrscherstand, den mutigen Kriegerstand und den begehrlichen Erwerbsstand.[599]

Aristoteles (384–322 v. Chr.) baut die Naturrechtslehre Platons 420
aus.[600] Für ihn ist Naturrecht das, was unabhängig von konventionellen (menschlichen) Gesetzen überall dieselbe notwendige Geltung haben muß, etwa die Gleichheit der Menschen oder die Idee der Gerechtigkeit.[601] Aristoteles dynamisiert das Naturrecht. Der Mensch als „zôon politikón" ist nicht ein für allemal festgelegt, sondern – wie alle Lebewesen – auf Bewegung und Entwicklung angelegt. Entsprechend ist auch die Idee der Gerechtigkeit, die das Zusammenleben ordnet, in Zeit und Volk entwicklungsfähig.[602]

In der Stoa (350–250 v. Chr.) wurde der Begriff der Natur, aus dem 421
das Recht folgen soll, nicht mehr allein auf den Menschen bezogen, wie bei Platon, sondern mit einem vorausgesetzten „Weltgesetz", einer Allvernunft des Seins gleichgesetzt. Die stoische Naturrechtslehre hat dann über Cicero, Seneca, Epiktet und Marc Aurel starken Einfluß auf das römische Staats- und Rechtsdenken gehabt. Nach Cicero liegt ein „wahres Gesetz" nur vor, wenn die rechte Vernunft (recta ratio) mit der Natur übereinstimmt. Ein solches Gesetz duldet weder Einschränkung noch Ausnahme. Nach Ulpian ist Naturrecht (ius naturale) das, was die Natur alle Lebewesen lehrt.

Als Kaiser Konstantin im 4. Jahrhundert das Christentum zur rö- 422
mischen Staatsreligion gemacht hatte, traten neue, jetzt theologische Argumente für das Naturrecht in den Vordergrund. Der Übergang von philosophischen zu theologischen Begründungen – und umgekehrt – war fließend. Das christliche Naturrecht ist theologisch begründetes Recht. Gott hat danach als der liebende und gerechte Schöpfer eine gerechte Ordnung gestiftet. Darüber hinaus hat er dem Menschen Recht und Unrecht offenbart (Altes und Neues Testament). Als Gesetz Gottes (lex aeterna) bezeichnet Augustinus (354–430) die im Geist Gottes vorgebildete, ideale Schöpfungsordnung,

599 Platon, Der Staat, 434 c ff. und 427 d ff.
600 Aristoteles, Nikomachische Ethik, 1134b 18 ff.
601 Aristoteles, Nikomachische Ethik, 1134b 31 ff.
602 Aristoteles, Politik, 1253a 1 ff., 1252a 25 ff.

wie sie in Christus, dem sündelosen Gottessohn, sichtbar wird.[603] Auch Heiden, die an das göttliche Gesetz nicht glauben, können nach Paulus (Röm. 2, 14) „von Natur tun, was das Gesetz enthält". Für diese göttliche Ordnung der Schöpfung gilt nach christlicher Lehre gegenüber allen nachgeordneten menschlichen Gesetzen der Satz der Apostelgeschichte (5, 29):

„Man muß Gott mehr gehorchen als den Menschen".

Diese Stelle ist immer die Basis des christlichen Widerstandes in staatlichen Unrechtssystemen gewesen, von den Märtyrern der Urkirche über Thomas Morus bis zum NS-Staat und SED-Staat.

423 Zwar ist nach Augustinus dem sündigen Menschen ein direkter Einblick in das göttliche Gesetz (lex aeterna) verwehrt. Aber kraft seiner Vernunft und seines Gewissens kann er das „Naturgesetz" (lex naturae) erkennen, in der sich das göttliche Gesetz, wenn auch gebrochen, spiegelt.[604] Dieser natürlichen Schöpfungsordnung sind etwa zu entnehmen die Gleichordnung aller Menschen, ein Vorrecht des Menschen gegenüber Tieren und Pflanzen, die „natürlichen" Ordnungen von Ehe, Familie und Eigentum.[605] Die menschliche (positive) Rechtsordnung hat danach den Zweck, den Frieden zu sichern und der Gerechtigkeit zu dienen. Gerecht ist, was mit der natürlichen Ordnung übereinstimmt. Auch der Staat, der als vernunftgemäße Gemeinschaftsordnung entsteht, ist der lex naturae unterstellt. Staatliches Recht ist nur insoweit verbindlich, als es die Normen des göttlichen Gesetzes (lex aeterna) und der natürlichen Ordnung (lex naturae) „zeitgerecht" verwirklicht. In der dreifachen Aufgliederung der Rechtswelt nach Augustinus (lex aeterna, lex naturae, lex positiva) bildet das Naturrecht (lex naturae) das Bindeglied zwischen dem göttlichen (lex aeterna) und dem menschlichen, staatlichen Gesetz (lex positiva).[606]

424 Aus diesen Ansätzen eines christlichen Naturrechts, die bereits griechisch-römische und judäische Denktraditionen aufgenommen haben, formt Thomas von Aquin (1225–1274) unter Rückgriff auf Gedanken des Aristoteles ein umfassendes Naturrechtssystem.[607] Der Grundgedanke lautet: Alles Sein trägt seine Ordnung in sich

603 Augustinus, De libero arbitrio (Vom freien Willen), 1, 15.
604 Augustinus, De libero arbitrio (Vom freien Willen), 1, 5–7; De diversis quaestionibus, 31, 1; Epistula 157, 15.
605 Augustinus, De libero arbitrio (Vom freien Willen), 1, 15.
606 Augustinus, De libero arbitrio (Vom freien Willen), 1, 5–7, 15.
607 Th. v. Aquin, Summa theologica, Buch II/1, quaestio (Frage) 90ff.

und ist Teil der ganzheitlichen Schöpfungsordnung Gottes.[608] Die Erkenntnis der (natürlichen) Schöpfungsordnung durch den Menschen bedeutet nach Thomas von Aquin die Teilhabe an der göttlichen Vernunft. Der Mensch kann danach trotz des Sündenfalles (Triebnatur) wegen seiner Vernunftbegabung die natürliche Schöpfungsordnung, also das Naturrecht erkennen.[609] Während Augustinus die Frage offen ließ, ob das göttliche Recht (lex aeterna) auf die Vernunft oder auf den Willen Gottes zurückgeht, entscheidet sich Thomas von Aquin klar für die Vernunft.[610] Das thomistische Naturrecht nimmt eine objektive Ordnung an, die in der Natur der Dinge vorgegeben ist und aus dieser mittels der Vernunft abgelesen werden kann. Sein und Sollen fallen also zusammen. Diese Annahme ist – wie wir sehen werden – kennzeichnend für alle Denkformen des Naturrechts, nicht nur für das theologische. Die angenommene Identität von Sein und Sollen hat Folgen. Seither werden von den Anhängern aus der „richtig erkannten" Seinsordnung verbindliche Normen für das Zusammenleben der Menschen, für das sittliche Verhalten und für die „seinsgemäße" Gestaltung der politischen und rechtlichen Ordnungen und Verhältnisse abgeleitet.

608 Th. v. Aquin, Summa theologica, Buch II/1, quaestio (Frage) 90, 2.
609 Th. v. Aquin, Summa theologica, Buch II/1, quaestio (Frage) 91, 2.
610 Th. v. Aquin, Summa theologica, Buch II/1, quaestio (Frage) 90, 1.

Thomas von Aquin (1225–1274), bedeutendster Kirchenlehrer des Hochmittelalters, begründete auf der Grundlage der Lehren des Aristoteles die katholische Naturrechtslehre.

425 Später griffen die Nominalisten (Duns Scotus und Wilhelm von Ockham um 1300) wieder auf Augustinus zurück und sahen entgegen Thomas nicht die Vernunft Gottes, sondern den souveränen Willen Gottes als die Quelle allen Rechts an.[611] Diese Auffassung ermöglichte eine Dynamisierung des Naturrechts. Nicht der göttliche Verstand, der unabänderlich die Dinge erkennt, sondern der göttliche Wille, der frei bestimmen kann, ist die Ursache dafür, daß etwas in der Welt gut oder nicht gut ist.

426 Die von Dominikanern und Jesuiten geprägte spanische Naturrechtsschule des 16. Jahrhunderts von Salamanca[612] bekämpfte diesen

611 J. Duns Scotus, Opus ox. 2, d.1, q.2, n.9; W. v. Ockham, In 1 Sent., d.35, q.5G; In 2 Sent., q.4/5H, q.19OP.

612 Gründer der Schule war der Dominikanermönch Francisco de Vitoria. Die Schule von Salamanca, zu der auch B. de Las Casas, F. Suárez und F. Vásques gehörten, wirkte unmittelbar auf das politische Leben der Zeit ein und beeinflußte die Ver-

ausgeprägten Voluntarismus und lehrte, daß das gerechte Recht sich aus der „Natur der Sachen" und ihrer Stellung in der Schöpfungsordnung ergebe. Das Recht liegt danach in den Dingen selbst, im „Sein", und kann deshalb auch von Gott nicht (mehr) verändert werden. Das Naturrecht ist mit der Schöpfung allen Menschen eingegeben und für alle Menschen gleich. Es enthält aber nur allgemeine Regeln, die durch das menschliche (staatliche) Recht entfaltet, konkretisiert werden müssen.

Die Reformatoren[613] formulierten die Naturrechtslehre neu. Nach 427
Luther (1483–1546) kann der sündige Mensch das göttliche Recht nicht erkennen.[614] Das Naturrecht sei nicht mehr als eine Not- und Erhaltungsordnung (Überlebensordnung) in der von Sünde geprägten sozialen und staatlichen Ordnung. Das so verstandene Naturrecht und das positive Recht liegen danach eng beieinander, denn nur der Gesetzgeber könne das natürliche Recht erkennen, weil die Vernunft nicht in allen Köpfen stecke. Luther geht dabei von der vorausgesetzten Sittlichkeit der weltlichen Obrigkeit aus und betrachtet die von ihr erlassenen Gesetze als gut. Er sieht als Folge der Erbsünde eine unaufhebbare Spannung zwischen der Gottes- und der Menschenwelt. Seine „Zwei-Reiche-Lehre" geht davon aus, daß dem Menschen von der ursprünglichen Gottesordnung durch die zerstörerische Macht der Erbsünde nur ein sehr getrübtes Bild geblieben ist. Er vermag mit seiner durch die Sünde getrübten Vernunft das Naturrecht nicht mehr klar zu erkennen. Das, was er für Naturrecht hält, ist daher nur relativ gültig. Auch das Gottesrecht definiert Luther sehr eng: Nur die zehn Gebote werden von ihm als ein Restbestand des früheren „ius divinum positivum" anerkannt. Mit der Zwei-Reiche-Lehre bereitete Luther eine Enttheologisierung des weltlichen Rechts und eine Entklerikalisierung der Ausübung welt-

---

nunftrechtslehren von H. Grotius, S. v. Pufendorf und Chr. Thomasius und Chr. Wolff (unten Rn. 446ff.). Vgl. D. Deckers, Gerechtigkeit und Recht, 1991; E.-W. Böckenförde, Geschichte der Rechts- und Staatsphilosophie, 2. Aufl., Tübingen 2006, S. 339ff.

613 Dazu B. Rüthers, Das Ungerechte an der Gerechtigkeit, 3. Aufl., Tübingen 2009, S. 33ff.; ders., Reformation und Recht, in: B. Rüthers/K. Stern (Hrsg.), Freiheit und Verantwortung im Verfassungsstaat – Festgabe zum 10jährigen Jubiläum der Gesellschaft für Rechtspolitik, München 1984, S. 357ff.

614 Die Ansichten Martin Luthers zum Recht sind kaum zu einer geschlossenen „Rechtslehre" zu verdichten; vgl. den Versuch von J. Heckel, Lex Caritatis, Eine juristische Untersuchung über das Recht in der Theologie Martin Luthers, 2. Aufl., München 1973; dazu W. Fikentscher, Methoden des Rechts, Bd. IV, Tübingen 1977, S. 456f., 511f.

licher Macht vor, indem er zwischen dem Reich Gottes und dem Reich der Welt unterschied.[615]

428 Calvin (1509–1564) überträgt die Vorstellung von der absoluten Souveränität Gottes auf die Souveränität der christlichen und staatlichen Gemeinde. Er erkennt göttliches Recht nur an, soweit es dem Dekalog oder anderen Weisungen der Offenbarung (Bibel) entnommen werden kann. Natürliches Recht kann der Mensch nach Calvin mit der ihm eigenen Vernunft und der von Gott in die Menschennatur eingepflanzten Anlage zur Gerechtigkeit („zum Rechtsein“) erkennen. Letzter Geltungsgrund allen Rechts ist nach Calvin der Bund Gottes mit den Menschen, der in Christus begründet ist.

Die Reformation spaltete nicht nur die eine Wahrheit im christlichen Glauben. Von nun an gab es auch konfessionell differenzierte Naturrechtslehren. Die Möglichkeit einer einheitlichen, d. h. für alle Bürger des Gemeinwesens gültigen, theologischen und damit vorstaatlichen Rechtsbegründung war dahin.

D. Was bleibt vom theologischen Naturrecht? Oder: Die „ewige Wiederkehr“ des Naturrechts[616]

I. Frage nach dem richtigen Recht

429 Diskussionen um das „Naturrecht“ betreffen die Frage nach dem „richtigen“, „wahren“, „gerechten“ Recht. Ohne diese Frage kann der Mensch in Staat und Gesellschaft nicht menschenwürdig leben. Das gilt auch, ja gerade dann, wenn diese Frage in weltanschaulich neutralen und freiheitlichen Gesellschaften von verschiedenen Gruppen verschieden beantwortet wird. Der Begriff Naturrecht ist zum Sprachsymbol für die Frage nach der Gerechtigkeit von Gesetzen oder Entscheidungen geworden.

II. Wiederkehr nach 1945

430 Nach den Erfahrungen mit totalitären Unrechtsstaaten auf deutschem Boden hat der Gedanke des Naturrechts in Deutschland nach 1945 erneut eine erhebliche wissenschaftliche und rechtsprakti-

---

615 Vgl. J. Heckel, Lex Caritatis, Eine juristische Untersuchung über das Recht in der Theologie Martin Luthers, 2. Aufl., München 1973, S. 52 ff., 68 ff.; dazu W. Fikentscher, Methoden des Rechts, Bd. IV, Tübingen 1977, S. 456 f., 511 ff.

616 H. Rommen, Die ewige Wiederkehr des Naturrechts, 2. Aufl., München 1947.

sche Aktualität erlangt und teilweise, wenn auch unter abgewandelten Namen oder Begriffskonstruktionen, bis heute behalten.

Die totale Perversion des Rechts im Nationalsozialismus wurde zunächst – irrig – allein dem Rechtspositivismus, also dem Gehorsam gegenüber jeglichem staatlichen Recht (Rn. 466 ff.) angelastet. Es schien nahezuliegen, die Gewähr für die Nichtwiederholbarkeit solcher Perversionen im christlich verstandenen Naturrecht zu suchen, weil Teile beider christlichen Kirchen zu den Zentren des Widerstandes gegen den NS-Staat gehört hatten. Diese Überlegung beschreibt die Rolle der Kirchen im Nationalsozialismus allerdings nur unvollständig.

Die Erneuerung des christlichen Naturrechts in der öffentlichen 431
Diskussion hat Gesetzgebung und Rechtsprechung der Bundesrepublik Deutschland in ihren Anfangsjahren maßgeblich beeinflußt. Das ist verständlich. Beachtenswert ist allerdings, daß nicht wenige der Autoren, die gleich nach 1945 christliches Naturrecht verkündeten, noch wenige Jahre zuvor die national-sozialistische „völkische Rechtserneuerung“ und ein Naturrecht aus „Blut und Boden“ propagiert hatten. Die Perversion der gesamten Rechtsordnung im Nationalsozialismus wurde, vor allem in den ersten Jahren, überwiegend nicht mit Mitteln der Gesetzgebung („Gesetzespositivismus“), sondern mit naturrechtlichen Argumenten („Recht ist etwas im Blute Lebendes“, „Naturrecht aus Rasse, Blut und Boden“, rassisch bedingtes Führertum) bewirkt (Rn. 553 ff.). Dieser Zusammenhang wird bei der rechtshistorischen Einordnung der Naturrechtsargumentation vor und nach 1945 häufig und gern übersehen, weil die Rechtstheorie und die Methodenlehre im Nationalsozialismus über Jahrzehnte hin sehr erfolgreich „vergessen“ und verdrängt worden sind.[617] Auch das Grundgesetz der Bundesrepublik Deutschland greift in seinem Grundrechtsteil und – vor allem – in Art. 79 Abs. 3 GG auf die Vorstellung unverletzlicher, dauerhafter Menschenrechte zurück. Das Bundesverfassungsgericht hat die Geltung überpositiver Grundsätze und Leitideen ausdrücklich anerkannt (etwa BVerfGE 2, 381). Auch

617 In maßgeblichen Lehrbüchern der Methodenlehre und Privatrechtsgeschichte (Larenz, Wieacker u. a.) wurde er lange gezielt verschwiegen. Vgl. neuerdings die Monographie von L. Foljanty, Recht oder Gesetz – Juristische Identität und Autorität in den Naturrechtsdebatten der Nachkriegszeit, Beiträge zur Rechtsgeschichte des 20. Jahrhunderts 73, Tübingen 2013; dazu kritisch B. Rüthers, Recht oder Gesetz? – Gründe und Hintergründe der „Naturrechtsrenaissance“, JZ 2013, 822–829. Das Buch von Foljanty wurde 2013 überraschenderweise als eines der „juristischen Bücher des Jahres“ eingestuft.

in Entscheidungen des Bundesgerichtshofes tauchten in den ersten Jahren unmittelbare Rückgriffe auf das Naturrecht und auf das für alle geltende Sittengesetz auf.[618]

III. Abklingen der Naturrechtsrenaissance

432 Die Renaissance des christlichen Naturrechts war in ihren Auswirkungen auf Rechtswissenschaft und Rechtspraxis der Bundesrepublik Deutschland zeitlich und sachlich begrenzt. Theologisch-naturrechtliche Argumente traten etwa ab 1965 ganz in den Hintergrund.

Für die dauerhafte Berufung auf theologische Rechtsbegründungen fehlten in einem weltanschaulich weitgehend neutralen Gemeinwesen die gemeinsamen Glaubensgrundlagen. Außerdem blieb der „Natur"-Begriff, aus dem verbindliche Normen abgeleitet werden sollten, notwendig unklar und umstritten. Ferner war die Kompetenzfrage ungelöst, welche Instanz fähig und berechtigt sein sollte, aus der „Natur" des Menschen, der Sachen oder des Seins objektiv gültige und verbindliche Normen abzuleiten.

433 Geblieben ist aus dieser Diskussion nach 1945 die Frage, wie eine inhaltliche Perversion des staatlichen Gesetzes zum offenkundigen Unrecht mit juristischen Kriterien verhindert werden könne. Gibt es eine inhaltliche „Gerechtigkeitsbindung" des positiven Rechts, die sich juristisch festlegen läßt? Nach 1989/90 griff der BGH in den „Mauerschützenprozessen" erneut auf naturrechtliche Überlegungen zurück: Den nach dem DDR-Recht zur Tatzeit bestehenden Rechtfertigungsgrund des § 27 Abs. 2 DDR-GrenzG ließ er nicht gelten. Zur Begründung verwies er auf die Radbruchsche Formel (Rn. 970), wonach ein Gesetz als „unrichtiges Recht" der Gerechtigkeit zu weichen hat, wenn der Widerspruch zur Gerechtigkeit unerträglich ist.[619] Die fortdauernde Naturrechtsdiskussion kreist um dieses Problem, ohne daß bis heute eine konsensfähige Lösung gelungen wäre. Das Naturrecht kann von seinen Prämissen her nur an die durch den Glauben gestützte und motivierte menschliche Vernunft appellieren. Der Glaube aber ist den Gläubigen vorbehalten.

618 Vgl. etwa BGHZ 6, 270 (275); 9, 83 (89); 11, Anhang A, 2 (23 ff.), Anhang B, 34 (64), Anhang C, 81 (84 f.); 13, 265 (296 f.); 16, 350 (353); BGHSt 4, 375 (376 f.); 6, 46 ff.; 6, 147 ff. Der BGH hat noch 1954 unter Berufung auf das für alle geltende Sittengesetz (Naturrecht) eine Mutter der schweren Kuppelei schuldig gesprochen, weil sie in ihrer Wohnung ihrer verlobten Tochter den Geschlechtsverkehr mit deren Verlobtem gestattet hatte.

619 BGHSt 39, 1; 41, 101.

IV. Wandelbarkeit der verkündeten Naturrechtsinhalte

Die katholische Kirche vertritt seit Thomas von Aquin die Lehre eines von Gott gesetzten, von der Vernunft auch des Ungläubigen erkennbaren, in seinen Grundprinzipien unveränderlichen Naturrechts („lex aeterna"). Dieses von der Kirche definierte und gehütete Naturrecht untersteht in seinen obersten Prinzipien dem kirchlichen Lehramt. Die katholische Naturrechtslehre ist in den letzten Jahrzehnten zunehmend historisch analysiert und – auch innerkirchlich – relativiert und kritisiert worden. Die historische Reihung von Aussagen, die im Namen des Naturrechts gemacht wurden, läßt, entgegen dem noch herrschenden kirchlichen Selbstverständnis, die Relativität und Wandelbarkeit des kirchlichen Naturrechts erkennen. Hierzu einige Beispiele: 434

1. Sklavenproblem. Unter Rückgriff auf 1 Petrus 2, 18–21 („Ihr Sklaven, seid gute Sklaven!") haben führende Spätscholastiker des Mittelalters (Dominikaner und Jesuiten) das koloniale Zwangsarbeits- und Sklavensystem in der „neuen Welt" im wesentlichen anerkannt. Die Sklavenbesitzer waren durch die scholastische Naturrechtslehre nicht behindert, sondern gerechtfertigt.[620] Im Anschluß an diese Grundposition wurde in der Spätscholastik intensiv die Frage diskutiert, wie der „gerechte Preis" für einen Sklaven festzusetzen, ob etwa ein Taschenspiegel bei hinreichender Seltenheit ein ausreichendes Entgelt für einen neuen Sklaven sei.[621] 435

2. Das Kastratentum. Der heiliggesprochene Alfons von Ligouri hat im Jahre 1787 gemeint, die Kastraten nützten dem Gemeinwohl, weil sie die Loblieder in der Liturgie süßer singen könnten.[622] So wurde das Kastratentum sozialethisch und naturrechtlich gerechtfertigt. 436

3. Grund- und Menschenrechte. Ein besonders fesselndes Kapitel der katholischen Naturrechtslehre sind ihre wechselnden Aussagen zu den Grund- und Menschenrechten. Vor allem nach der Französischen Revolution und ihren programmatischen Postulaten „Freiheit" 437

---

620 J. Höffner, Kolonialismus und Evangelium, 2. Aufl., Trier 1969, S. 77 ff.; Überblick bei A. M. Knoll, Katholische Kirche und scholastisches Naturrecht – Zur Frage der Freiheit, Wien 1962, S. 26 ff.

621 J. Höffner, Kolonialismus und Evangelium, 2. Aufl., Trier 1969, S. 77 ff.

622 Vgl. P. Browe SJ, Zur Geschichte der Entmannung – Eine religiös und rechtsgeschichtliche Studie, 1936, zit. bei A. M. Knoll, Katholische Kirche und scholastisches Naturrecht – Zur Frage der Freiheit, Wien 1962, S. 77, Fn. 278.

und „Gleichheit" fühlte sich das Lehramt der Päpste zu scharfen Kritiken in einer Vielfalt von Äußerungen herausgefordert.[623] Das Objekt dieser Kritik waren nicht alle Menschenrechte, sondern die zentralen Forderungen des Liberalismus und der Aufklärung, also vor allem die Religionsfreiheit, die Gewissensfreiheit, die Wissenschaftsfreiheit und die Pressefreiheit.

Papst Pius VI. spricht in seiner Enzyklika „Quod aliquantum" (1791) von einer „absurden Freiheitslüge", die den Ideen der Freiheit und Gleichheit innewohnten. Mit naturrechtlichen und biblischen Argumenten wird das Verdammungsurteil untermauert.[624] Pius VI. eröffnete damit eine ganze Reihe lehramtlicher Verurteilungen liberaler Menschen- und Freiheitsrechte, die von seinen Nachfolgern jeweils unter Berufung auf das Naturrecht, die Vernunft und die göttliche Offenbarung fortgesetzt wurden.[625]

438 **a) Religions- und Gewissensfreiheit.** Besonders heftig und bis zur „kopernikanischen Wende" des kirchlichen Lehramtes im Zweiten Vatikanischen Konzil (Erklärung „Dignitatis humanae", 1965) kritisierten die päpstlichen Lehrschreiben unbeirrt die Religionsfreiheit.[626] Die Forderung der „Freiheit des Gewissens und der Kulte" für alle Menschen wurde 1864 von Papst Pius IX. (Enzyklika „Quanta cura") unter Berufung auf seinen Vorgänger Gregor XVI. als ein „Wahnsinn" und eine „der Kirche und dem Seelenheil höchst verderbliche Meinung" bezeichnet.[627] Das 2. Vatikanum lehrt jetzt das Gegen-

623 Übersicht zu den historischen Zusammenhängen bei J. Isensee, Die katholische Kritik an den Menschenrechten, in: E.-W. Böckenförde/R. Spaemann, Menschenrechte und Menschenwürde, Stuttgart 1987, S. 138 ff.

624 Vgl. A. Utz/B. v. Galen (Hrsg.), Die katholische Sozialdoktrin in ihrer geschichtlichen Entfaltung, Bd. III, Aachen 1976, S. 2662 ff., Rn. 10–13.

625 Vgl. etwa Pius VII., „Post tam dinturnas" (1814), bei A. Utz/B. v. Galen (Hrsg.), Die katholische Sozialdoktrin in ihrer geschichtlichen Entfaltung, Bd. I, Aachen 1976, S. 462 ff., Rn. 57–60; Gregor XVI. „Mirari vos" (1832), bei A. Utz/B. v. Galen (Hrsg.), Die katholische Sozialdoktrin in ihrer geschichtlichen Entfaltung, Bd. I, Aachen 1976, S. 148, Rn. 14; Pius IX., „Quanta cura" (1864), bei A. Utz/B. v. Galen (Hrsg.), Die katholische Sozialdoktrin in ihrer geschichtlichen Entfaltung, Bd. I, Aachen 1976, S. 170 f., Rn. 32; Leo XIII. „Immortale Dei" (1885) und „Libertas praestantissimum" (1888), bei A. Utz/B. v. Galen (Hrsg.), Die katholische Sozialdoktrin in ihrer geschichtlichen Entfaltung, Bd. III, Aachen 1976, S. 2134 ff., Rn. 33–45 und Bd. I, Aachen 1976, S. 192 ff., Rn. 49–64.

626 Vgl. etwa Gregor XVI., „Mirari vos" (1832) bei A. Utz/B. v. Galen (Hrsg.), Die katholische Sozialdoktrin in ihrer geschichtlichen Entfaltung, Bd. I, Aachen 1976, S. 148, Rn. 14; ebenso Leo XIII., „Officio sanctissimo" (1887) und „Immortale Dei" (1885) bei A. Utz/B. v. Galen (Hrsg.), Die katholische Sozialdoktrin in ihrer geschichtlichen Entfaltung, Bd. III, Aachen 1976, S. 2538 f., Rn. 17 und S. 2134 f., Rn. 33.

627 Quelle: H. Schnatz (Hrsg.), Päpstliche Verlautbarungen zu Staat und Gesellschaft, Darmstadt 1973, S. 7.

teil.[628] Das Dekret zur Religionsfreiheit wurde gegen den erbitterten Widerstand einer konservativen Minderheit mit einem Jahr Verspätung als eines der letzten im Dezember 1965 verabschiedet. Es bedeutet einen Bruch mit der Tradition vieler Länder, in denen die katholische Konfession als Staatsreligion verankert war. Pius IX., der das 1. Vatikanische Konzil mit dem Dogma der „Unfehlbarkeit" der Päpste einberief und leitete, wurde von Papst Johannes Paul II. am 3. September 2000 zusammen mit Johannes XXIII., dem Initiator des 2. Vaticanums, selig gesprochen. Pius IX. war der Autor des „Syllabus Errorum", mit dem er die zitierten Grund- und Menschenrechte sowie die Demokratie als Staatsform, ja sogar die Teilnahme an demokratischen Wahlen verdammt und verboten hatte (Rn. 439 u. 440). Eine Stellungnahme aus dem Zentralkomitee der deutschen Katholiken vom 21. Juli 2000 bezeichnet ihn als einen erklärten Antisemiten.

b) Lehr- und Wissenschaftsfreiheit. Der Enzyklika „Quanta 439
cura" von 1864 war noch ein „Verzeichnis der hauptsächlichen Irrtümer der Zeit" („Syllabus") angehängt. Darin werden „verworfen, geächtet und verdammt" u. a. die Freiheit der menschlichen Vernunft (Wissenschaftsfreiheit) und die Gleichberechtigung der Philosophie mit der Theologie, die Unabhängigkeit der Philosophie von der Offenbarung, die Religionsfreiheit, die Forderung nach der Abschaffung der katholischen Religion als Staatsreligion.[629]

c) Volkssouveränität und andere Grundrechte. Papst Leo XIII. 440
verwarf 1885 (Enzyklika „Immortale Dei") die Lehre von der Gedankenfreiheit jedes Menschen und von der Volkssouveränität.

„So ist diese unbedingte Denk- und Pressefreiheit ... keineswegs an und für sich ein Gut, dessen sich die menschliche Gesellschaft mit Recht erfreuen mag, sondern Anlaß und Ursache von vielem Bösen ... es handelt darum die bürgerliche Gesellschaft selbst gegen das Naturgesetz, wenn sie derart allen Meinungen ... die Zügel schießen läßt."[630]

Wiederum wird die Religionsfreiheit des Menschen verworfen.[631] Derselbe Papst kritisiert 1888 in einer scharfen Enzyklika („Libertas praestantissimum") die „Irrtümer" des Liberalismus und Rationalismus unter Berufung auf das Naturgesetz als „Ordnung der Ver-

628 Erklärung über die Religionsfreiheit vom 7.12.1965; vgl. H. Schnatz (Hrsg.), Päpstliche Verlautbarungen zu Staat und Gesellschaft, S. 421 ff.
629 H. Schnatz (Hrsg.), Päpstliche Verlautbarungen zu Staat und Gesellschaft, S. 25, 27, 45.
630 H. Schnatz (Hrsg.), Päpstliche Verlautbarungen zu Staat und Gesellschaft, S. 123.
631 H. Schnatz (Hrsg.), Päpstliche Verlautbarungen zu Staat und Gesellschaft, S. 125.

nunft",[632] insbesondere die Lehre von der Volkssouveränität (die Menge sei „stets zu Unruhen und Aufruhr geneigt"), die Religionsfreiheit, die Rede- und Pressefreiheit, die Lehrfreiheit und die Gewissensfreiheit.[633] Es sei

„keineswegs erlaubt, Gedanken-, Rede-, Lehr- und unterschiedslose Religionsfreiheit zu fordern, zu verteidigen, zu gewähren, als wären all diese Freiheiten von Natur gegebene Rechte."[634]

Alle diese Positionen, verkündet unter Berufung auf das kirchliche Lehramt und auf das Naturgesetz, werden seit dem Zweiten Vatikanum von der Kirche so nicht mehr aufrechterhalten. Vielfach wird das Gegenteil gelehrt und von der Kirche gegenüber Regierungen dort gefordert, wo die Minderheitenposition der Katholiken das nahelegt. Die deutliche Wende der päpstlichen Lehren zu den liberalen Freiheitsrechten muß aus den historischen Zusammenhängen ihrer Entstehung verstanden werden.[635] Das zweite Vatikanum hat – gegen erbitterte Widerstände des päpstlichen Staatssekretariats – dieses Ja der Kirche zur Religionsfreiheit übernommen. Die wenigen Beispiele führen zu der Einsicht: Auch kirchlich verkündetes Naturrecht ist wandelbar.[636]

V. Offenheit des Naturrechtsbegriffs

441 Die Wandelbarkeit der Naturrechtssätze legt die Frage nahe, ob der Begriff Naturrecht wegen seiner Unbestimmtheit und Vieldeutigkeit in Wahrheit eine „Leerformel" ist, die vom jeweiligen Interpreten mit verschiedenen materialen Inhalten gefüllt werden kann.[637] Das gilt

632 H. Schnatz (Hrsg.), Päpstliche Verlautbarungen zu Staat und Gesellschaft, S. 149, 151.

633 H. Schnatz (Hrsg.), Päpstliche Verlautbarungen zu Staat und Gesellschaft, S. 161 ff. Es heißt dort wörtlich: „Da daher der Staat notwendig die Einheit des religiösen Bekenntnisses fordert, so hat er sich zu der allein wahren, zu der katholischen nämlich, zu bekennen."

634 H. Schnatz (Hrsg.), Päpstliche Verlautbarungen zu Staat und Gesellschaft, S. 183, 185.

635 Vgl. dazu J. Isensee, Die katholische Kritik an den Menschenrechten, in: E.-W. Böckenförde/R. Spaemann, Menschenrechte und Menschenwürde, Stuttgart 1987, S. 138–174.

636 Vgl. A. M. Knoll, Katholische Kirche und scholastisches Naturrecht – Zur Frage der Freiheit, Wien 1962, S. 67 ff.; J. David, Naturrecht in Krise und Läuterung – Eine kritische Neubesinnung, 2. Aufl., Köln 1969; F. Böckle/E.-W. Böckenförde (Hrsg.), Naturrecht in der Kritik, Mainz 1973.

637 E. Topitsch, Über Leerformeln – Zur Pragmatik des Sprachgebrauchs in Philosophie und politischer Theorie, in: Festschrift für Victor Kraft, Wien 1960, S. 233 ff.; ders., Das Problem des Naturrechts, in: W. Maihofer (Hrsg.), Naturrecht oder Rechtspositivismus, Darmstadt 1962, S. 159 ff.

nicht nur für die Naturrechtsverkündigungen einer Kirche oder Weltanschauungsgruppe.

Die Ursache für diese Wechselhaftigkeit der Inhalte liegt im Begriff „Natur". Er beschreibt nicht einen beweisbaren Tatbestand in der realen Welt. Er kennzeichnet vielmehr eine normativ gemeinte Deutung von Zusammenhängen. Er sagt, wie der gemeinte Ausschnitt der Lebenswelt sein soll. Dem liegt in vielen Fällen eine universale Welt- und Geschichtsdeutung zugrunde.[638]

VI. Verdienste des theologischen Naturrechts

Die kritische Analyse des Naturrechts und seiner historisch beleg- 442
ten Wandelbarkeit darf die Verdienste des theologisch begründeten Naturrechts nicht leugnen oder verschweigen.

1. Das theologische Naturrecht verweist jede staatliche Rechtsordnung auf die für das praktische Rechtsleben unleugbare und unverzichtbare Verknüpfung von Recht und Gerechtigkeit (Rn. 343 ff.) sowie von Recht und Moral (Rn. 404 ff.). Recht ist wertgebunden.
2. Das theologische Naturrecht hat durch die Jahrhunderte die in der Bibel ausgedrückten Grundwerte des christlichen Sittengesetzes zu Orientierungspunkten staatlicher Rechtssetzung gemacht. Dazu gehört zuerst die gleiche Würde aller Menschen.
3. Selbst unbestreitbare historische Irrtümer der Naturrechtslehren waren geeignet, die staatlichen Gewalthaber zur moralischen Reflexion und Rechtfertigung der von diesen gesetzten Rechtsnormen zu zwingen.
4. Das theologische Naturrecht bot in Ausnahmelagen eine juristische Rechtfertigung für den Widerstand gegen unmenschliche Tyrannei staatlicher Gewalthaber bis hin zu einem Recht auf Revolution. (Apostelgeschichte 5, 28: „Man muß Gott mehr gehorchen als den Menschen").

VII. Theologisches Naturrecht und pluraler Staat

Das theologisch begründete Naturrecht stößt in einem religiös und 443
weltanschaulich neutralen Gemeinwesen auf Einwände, die eine überzeugende Geltungsbegründung von staatlichem Recht mit diesem Argument ausschließen:

638 Vgl. zum Naturrechtsargument bei der Rechtsperversion im Nationalsozialismus B. Rüthers, Die unbegrenzte Auslegung, 8. Aufl., Tübingen 2017, S. 123 ff. m. Nachw.

1. Die Annahme von Naturrecht setzt die Ableitbarkeit eines Sollens aus dem Sein voraus. Diese Prämisse ist wissenschaftlich nicht beweisbar.
2. Theologische Argumente erreichen und überzeugen letztlich nur Glaubensgenossen, da sie auf geglaubten Voraussetzungen (Dogmen) beruhen.
3. Wer die Existenz von verbindlichem Naturrecht behauptet, muß, für den Fall fehlenden Konsenses über dessen Inhalt, zugleich eine Definitionsautorität, ein verbindliches „Lehramt" für Naturrecht, angeben können.
4. Wenn ein oberstes Bundesgericht (etwa der BGH oder das BVerfG) einen Rechtssatz aus einem „übergesetzlichen" Recht, dem „christlichen Sittengesetz" oder anderen naturrechtlichen Argumenten herleitet, dann wird diese Entscheidung rechtskräftig und schafft im Rahmen ihrer rechtlichen und faktischen Reichweite „geltendes Recht" (vgl. Rn. 266, 490 ff.). Damit gilt aber nicht etwa „Naturrecht". Es gilt vielmehr das, was die letzte Gerichtsinstanz für „Naturrecht" hält oder erklärt. Die Entscheidung setzt nur – kraft des geltenden Verfahrensrechts – Richterrecht in Kraft. Aus dem Erkenntnisproblem („Was sagt das Naturrecht?") wird eine Kompetenzfrage („Wer definiert, was Naturrecht ist?"). Die Berufung letzter Gerichtsinstanzen auf Naturrecht ist also nichts anderes als verkleideter Richterpositivismus. Das Naturrecht wird zur Frage der (Definitions-)Macht.
5. Soweit Kirchen oder andere gesellschaftliche Gruppen sich zur Kritik des geltenden Rechts auf Naturrecht berufen, bedeutet dies eine rechtspolitische Forderung. Die Berufung auf das Naturrecht soll dieser Forderung einen besonderen Nachdruck „im Namen der Gerechtigkeit", also die Weihe sachlogischer, moralischer oder historischer Notwendigkeit verleihen.

E. Recht und Toleranz

I. Pluralität und religiöse Toleranz im liberalen Verfassungsstaat

443a Das Toleranzproblem war in Europa bis ins 20. Jahrhundert hinein die Frage nach der Stellung und Behandlung religiöser Minderheiten:

„Toleranz (das heißt ... soviel wie religiöse Duldung) nennt man die stillschweigende Gestattung der Übung einer Religion, die in einem Lande gesetzlich nicht anerkannt ist."[639]

Mit dem Aufkommen konkurrierender totalitärer Weltanschauungen (Marxismus-Leninismus, Faschismus, Nationalsozialismus, Maoismus) und der Entwicklung demokratischer Verfassungsstaaten im „Jahrhundert der Ideologien"[640] bekam die Toleranzfrage neue Dimensionen. Heute kann man definieren: Toleranz ist das bewußte Aushalten abweichender Überzeugungen anderer.

Toleranzfragen sind häufig Grundsatz-, Glaubens- und Gewissensfragen (Euthanasie, Kruzifixurteil, islamisches Kopftuch im öffentlichen Dienst, „Ehrenmord", „Soldaten sind Mörder", Zwangsehe). Es geht um Sinnfragen, nicht selten um Leben und Tod. Die gegebenen Antworten sind je nach weltanschaulichen Vorverständnissen umstritten. Ihre freie Diskussion ist in einem liberalen Verfassungsstaat durch die Religions- und Meinungsfreiheit gewährleistet. Toleranz ist geboten gegenüber Menschen, nicht gegenüber Weltanschauungen und Ideologien. Im Gegenteil: Die Demokratie lebt vom freien, kontroversen Diskurs, von der Meinungs- und Medienfreiheit.

II. Toleranz in der demokratischen Rechtsordnung

Demokratie ist die Staatsform des genuinen weltanschaulichen Plu- 443b
ralismus, des verfassungsmäßig durch Grund- und Menschenrechte verbürgten freien Wettbewerbs der Wertüberzeugungen und der politischen Ziele. Das schließt einen „Relativismus" der prinzipiell gleichberechtigten Auffassungen im Rahmen der verfassungsmäßigen Grundordnung ein. In diesen Grenzen kennt die demokratische Rechtsordnung keine absoluten, ewig gültigen Werte außerhalb der „Ewigkeitsklausel" des Art. 79 Abs. 3 GG. Die Grundsätze der Art. 1 und 20 sollen unabänderlich sein.

Ein Ausdruck dieses durch die Verfassung dauerhaft gewährleisteten Wettbewerbs um die besten normativen „Wahrheiten" ist die besonders ausgestattete und geschützte Stellung der parlamentarischen Opposition.

---

639 Brockhaus, Bilder- und Conversationslexikon für das deutsche Volk, Leipzig 1841, S. 447.

640 K. D. Bracher, Zeit der Ideologien, Stuttgart 1984.

Das gleiche gilt für den durch die Grundrechte für jedermann garantierten Schutz des Einzelnen und der Minderheiten gegen eine totalitäre Unterdrückung durch politische Mehrheiten. Anders als in der Weimarer Republik gilt unter dem Grundgesetz nicht der uneingeschränkte Mehrheitswille. Er wird entscheidend eingeschränkt durch das Prinzip der „Grundrechtsdemokratie".[641]

Toleranz ist eine Funktionsbedingung der Demokratie. Aus der freiwillig geübten Tugend wird in der Demokratie eine verbindliche Rechtspflicht aller Bürger und aller staatlichen wie gesellschaftlichen Machtträger.[642]

443c Der demokratische Rechtsstaat setzt drei allgemein verpflichtende Grundelemente der politischen Toleranz voraus:

- Niemand besitzt in normativen Fragen einen Monopolanspruch auf den Besitz absoluter Wahrheiten.[643]
- Die Minderheit besitzt im Prozeß der politischen Willensbildung sowie bei Entscheidungen staatlicher Instanzen der Exekutive und Judikative gerichtlich durchsetzbare Schutzgarantien.
- Das Gebot der Toleranz gilt zwischen Mehrheit und Minderheit wechselseitig. Toleranz ist keine Einbahnstraße. Die Minderheiten haben verfassungsgemäß zustande gekommene Gesetze und Entscheidungen zu respektieren, auch wenn sie sich im Besitz „höherer Wahrheiten" glauben („Ziviler Ungehorsam", Sitzblockaden, Atommülltransporte).

III. Grenzen der Toleranz des Staates und im Staat

443d Eine unbegrenzt geübte Toleranz gegenüber Feinden der Demokratie kann, wie die Erfahrungen in der Weimarer Republik gezeigt haben, die freiheitliche Verfassung gefährden oder sogar beseitigen. Die Schöpfer des Grundgesetzes haben daraus gefolgert:

- Das Grundgesetz sollte die Grundlage einer „wehrhaften" und „streitbaren" Demokratie diese gegen Angriffe auf den Bestand der freiheitlich-demokratischen Grundordnung sichern (Art. 5 Abs. 2, 9 Abs. 2, 11 Abs. 2, 18, 19, 20 Abs. 4, 21 Abs. 2 GG; bitte lesen!).

---

641 B. Rüthers, Toleranz in einer Gesellschaft im Umbruch, Konstanzer Universitätsreden Heft 218, Konstanz 2005, S. 16ff.

642 Ebenso J. Rawls, A brief Inquiry into the Meaning of Sin & Faith, Cambridge/Mass. 2009 = Über Sünde, Glaube und Religion, Berlin 2010.

643 Vgl. das Xenophanes-Zitat vor Rn. 5.

- Die hinter diesen Bestimmungen stehenden Grundsätze lauten: Keine Toleranz gegen gewaltsame Intoleranz. Keine unbeschränkte Freiheit für die Feinde der Freiheit.
- Unverzichtbare Grundlage einer dauerhaften Sicherung der Freiheit und der Toleranz der Bürger ist die Anerkennung des staatlichen Gewaltmonopols. Das bedeutet den grundsätzlichen Gewaltverzicht der Bürger zur Durchsetzung abweichender Überzeugungen, auch bei „Demonstrationen" (Startbahn West, Mutlangen, Transporte atomarer Abfallbehälter).
- Toleranz kann in einem demokratischen Verfassungsstaat nur durch die Rechtsordnung garantiert und begrenzt werden. Die Rechtsordnung verbietet den Bürgern jede Gewaltanwendung. Sie darf jedoch die friedliche Äußerung der Meinungen nicht einschränken.[644]

IV. Die neuen Herausforderungen

Die Toleranzproblematik hat sich in den letzten Jahrzehnten in der **443e**
Bundesrepublik in mehreren Lebensbereichen einschneidend verändert: Die Bundesrepublik ist seit den sechziger Jahren des vorigen Jahrhunderts, zunächst durch Anwerbekampagnen der deutschen Industrie, später durch Asyl- und Wirtschaftsflüchtlinge aus ärmeren Weltregionen, ein „multikulturelles Einwanderungsland" geworden. Die Zuwanderungs- und Integrationsprobleme sind drängend geworden. Statt weniger großer Religionsgemeinschaften gibt es jetzt ein Nebeneinander vielfältiger Bekenntnisse. Die Zahl der Muslime in Deutschland hat auf geschätzte 3,2 Mio. zugenommen. Das Verhältnis zwischen Staat und Kirchen sowie anderen Religionen ändert sich (vgl. Kruzifix-Urteil des BVerfG, Kopftuchentscheidungen der obersten Bundesgerichte). Eine nicht gelungene Integration von Zuwanderern mit abweichenden Rechts- und Gewissensüberzeugungen kann zum Existenzproblem eines Einwanderungslandes wie der Bundesrepublik werden.[645]

Die zunehmende Säkularisierung in Ost- und Westdeutschland ist mit einem einschneidenden Wandel der Wertüberzeugungen verbunden. Dieser Vorgang führt allerdings nicht zu einer Entschärfung der Toleranzprobleme. Es geht unverändert um Sinn- und Gewissensfragen, die nach wie vor von nachwirkenden religiösen und welt-

644 H. Kelsen, Was ist Gerechtigkeit?, Stuttgart 2000, S. 49 ff.
645 H. Buschkowsky, Neukölln ist überall, Berlin 2012, S. 97 ff., 211 ff., 329 ff.

anschaulichen Grundüberzeugungen dominiert werden. In der so verschärften Toleranzproblematik der Gegenwart kommt der Rechtsordnung die entscheidende freiheitsgarantierende und friedenssichernde Bedeutung zu.

F. Zusammenfassung zu § 11

444 I. Der Naturrechtsgedanke entspricht einem menschlichen Bedürfnis nach überstaatlichen Kontroll- und Korrekturmöglichkeiten staatlicher Rechtsetzungsmacht. Es geht um das „richtige“, „wahre“ und „gerechte“ Recht. Diese Frage wird in jeder Staatsordnung gestellt. In pluralen Systemen wird sie von verschiedenen Gruppen verschieden beantwortet. Der Begriff „Naturrecht“ ist in diesen Debatten ein Sprachsymbol für die Frage nach der Gerechtigkeit von Gesetzen und Entscheidungen. Diese Frage ist ein Teil der Sinnfragen: „Wozu lebt der Mensch“? „Welches ist seine Herkunft und seine Zukunft“?

II. Basis des theologisch begründeten Naturrechts ist ein gemeinsamer religiöser Glaube. Sein Geltungsanspruch ist daher auf Glaubensgemeinschaften begrenzt. Im weltanschaulich neutralen (pluralen) Staat scheidet das Naturrecht als Rechtsquelle aus.

III. Entsprechend der Religionsgeschichte sind verschiedene Begründungsvarianten des christlichen Naturrechts zu unterscheiden (Augustinus, Th. v. Aquin, Duns Scotus, Wilhelm v. Ockham, Luther, Calvin).

IV. Das Naturrechtsargument kann doppelt verwendet werden
- zur Rechtfertigung rechtspolitischer Forderungen bis hin zu Widerstand und Revolution oder
- zur Verteidigung bestehender Rechtsordnungen als „naturgemäß“.

V. Das Naturrechtsargument wird, historisch gesehen, vor allem in Zeiten des Wandels von Wertvorstellungen und politischen Systemen aktuell. Das erklärt die Naturrechtsrenaissance in der Bundesrepublik Deutschland nach 1945.

VI. Das Grundgesetz enthält in den Art. 1 GG (Menschenwürde, unveräußerliche Menschenrechte) und 79 Abs. 3 GG (Änderungsverbot für die Grundsätze der Art. 1 und 20 GG) den

Versuch, die Naturrechtsvorstellungen der Verfassungsgesetzgeber durch eine „Ewigkeitsklausel“ zu positivieren („positiviertes Naturrecht“).

VII. Die Kirchengeschichte zeigt, daß auch kirchlich verkündetes Naturrecht vielfältig wandelbar und Zeitgeistströmungen unterworfen ist.

VIII. Das theologisch begründete Naturrecht verweist auf die unlösbare Verknüpfung von Recht und Moral sowie auf die Verpflichtung staatlicher Gesetzgeber zur Achtung der gleichen Menschenwürde aller Menschen.

IX. Das Naturrechtsargument ist in den Entscheidungen staatlicher Gerichte, insbesondere letzter Instanzen, eine Erscheinungsform des „Richterpositivismus“: „Was Naturrecht ist, bestimmen wir“.

X. Das Nebeneinander und die Konkurrenz vieler Religionsgemeinschaften und Weltanschauungen werfen zahlreiche neue Fragen nach den Bedingungen und Grenzen der Toleranz des Staates und im Staate auf.

- Toleranz ist in einer pluralen Gesellschaft und Demokratie nicht nur eine wünschenswerte Tugend, sondern eine verfassungsgesetzlich gebotene Rechtspflicht für alle Bürger.
- Toleranz wird in einem demokratischen Rechtsstaat durch die Rechtsordnung gewährleistet und begrenzt.
- Zu den Voraussetzungen einer rechtsstaatlichen Demokratie und einer freiheitlichen Gesellschaftsordnung gehören die Anerkennung des staatlichen Gewaltmonopols und der grundsätzliche Gewaltverzicht durch alle Bürger.
- Niemand hat in normativen Fragen einen Anspruch auf den Besitz absoluter Wahrheiten. Sie werden im Parlament durch verfassungsgemäße Mehrheiten und im Streitfall durch staatliche Gerichte entschieden.
- Das Gebot der Toleranz gilt zwischen Mehrheiten und Minderheiten wechselseitig. Die Minderheiten genießen spezielle Schutzgarantien der Rechtsordnung. Sie haben die verfassungsgemäß erlassenen Gesetze und Entscheidungen zu respektieren, auch wenn sie im Besitz „höherer“ Wahrheiten zu sein glauben.
- Die Integration von Zuwanderern in die Wert- und Rechtsordnung des Grundgesetzes kann zu einer Existenzfrage des Gemeinwesens werden.

§ 12. Vernunft und Recht

Das wahre Gesetz ist nämlich die wahre Vernunft, die Übereinstimmung mit der Natur.

Cicero, de re publica, III, 33

Die Geschichte und Funktion des religiös begründeten Naturrechts wurden wegen des Sachzusammenhanges (im Sinne eines vorzeitigen Abstechers) bis in die Gegenwart skizziert. Kehren wir jetzt zum Ende der Reformationszeit zurück.

A. Das Naturrecht der Aufklärung

I. Vom Glauben zum Wissen

445 Nach den Erlebnissen der blutigen Glaubenskriege des 16. Jahrhunderts begann mit der Aufklärung ein neues Zeitalter des Naturrechts. Gerade die Erfahrungen mit konfessionellen Konflikten, die im Elend des Dreißigjährigen Krieges gipfelten, drängten die theologischen Begründungen des Naturrechts für lange Zeit zurück. Die Christenheit hatte sich in konfessionellen Zwisten zerfleischt. Das theologische, jetzt konfessionell aufgespaltene Naturrechtsdenken konnte offenkundig den ersehnten Frieden nicht bewirken. Hinzu kam das wachsende Selbstbewußtsein des von religiösen Bindungen sich ablösenden Menschen am Beginn der Aufklärung. Er vertraute zunehmend auf die Kraft seines ordnenden Verstandes, beflügelt von den Erkenntnissen der aufstrebenden Naturwissenschaften. Das **Wissen** sollte das **Glauben-Müssen** ersetzen.

In den Vordergrund traten daher „vernünftige" Begründungen „natürlicher" Ordnungsvorstellungen. Damit wurde das Naturrechtsdenken aus der Theologie und auch der Philosophie ausgegliedert und von den Juristen selbst betrieben. Es wurde zu einem elementaren Bestandteil der Rechtsphilosophie. Die Rechtsphilosophie der Aufklärung knüpfte an die Wurzeln des Naturrechtsgedankens in der Antike (Rn. 417 ff.) und im Christentum, vor allem bei Thomas von Aquin (Rn. 424) an.

II. Was ist Natur beim Vernunftrecht?

446 Erneut war zu entscheiden, welche „Natur", welches „Wesen" dem Menschen aus der Anschauung des jeweiligen Naturrechtsdenkers zugeschrieben werden sollte. Der Durchbruch zu einem von der „Vernunft" des Menschen erkannten Naturrecht wird eingeleitet durch die Rechtsschule von Salamanca (oben Rn. 426) und die neostoizistische Philosophenschule von Leyden im 16. Jahrhundert. Suárez, Grotius, Althusius und v. Pufendorf führen diese Gedanken in einem von den Wirren und Grausamkeiten des Dreißigjährigen Krieges erschütterten Europa systematisierend fort. Die Entwicklung zu einem vernünftigen Naturrecht wird einer der Hauptimpulse für den Beginn der Aufklärung.

Hugo Grotius (1583–1645) leitet alles Recht aus der Natur des Menschen ab. Menschsein bedeutet für ihn, im Recht gebunden sein. Unrecht ist alles, was die Gemeinschaftsordnung vernünftiger Menschen verletzt. Die Sozialnatur des Menschen, also seine auf Gesellschaft und Ordnung angelegte Natur, begründet natürliche Rechtsgebilde wie Eigentum, Vertrag, Vergehen, Strafe. Die Vernunft ist die Erkenntnisquelle des Naturrechts. Das Naturrecht ist ein „dictatum rectae rationis", also ein „Gebot der wahren Vernunft". Dieses Vernunftrecht gilt daher auch dann, wenn es Gott nicht geben würde. Es ist die Grundlage und das Richtmaß allen menschlichen Rechts, unveränderlich und ewig. 447

Samuel von Pufendorf (1632–1694) führt den Ausbau des Naturrechts zu einem rational begründbaren Lehrsystem fort. Das Naturrecht wird bei ihm zu einem System sozialer Pflichten. Zu deren Durchsetzung bedarf es einer staatlichen Herrschaftsgewalt. Das aufklärerische Naturrecht wurde so auf die Verfassungstheorie der Epoche, also auf den Absolutismus, hingeordnet und diente seiner Legitimation. 448

Christian Thomasius (1655–1728) und Christian Wolff (1679–1754) versuchen, aus obersten Grundsätzen des Naturrechts ein vollständiges, alle Rechtsgebiete umfassendes, absolut gültiges System von Gesetzen abzuleiten. Thomasius kämpft auf dem Boden seiner Naturrechtsvorstellungen entschieden gegen Folter und Hexenverbrennungen. 449

III. Naturrechtsgesetzbücher

Die Naturrechtssysteme der Aufklärung gewannen beherrschenden Einfluß auf die Rechtspraxis und Rechtswissenschaft des 18. Jahrhunderts sowie auf die großen Kodifikationen der Zeit, also auf das Allgemeine Landrecht für die Preußischen Staaten von 1794, 450 auf den Code Napoleon (1804) sowie auf das österreichische Allgemeine Bürgerliche Gesetzbuch (1812). Auch die vorausgegangene Anerkennung von unveräußerlichen und unverletzlichen Grund- und Freiheitsrechten jedes Menschen (Habeas-corpus-Akte 1679, Bill of Rights 1776, Französische Revolution 1789) hatte starke vernunftrechtliche Wurzeln.

Andererseits setzte gerade die Kodifikationsbewegung in Europa, verbunden mit den absolutistischen Staats- und Verfassungstheorien, Gegenkräfte frei, die das Vernunftrecht der Aufklärung seiner rechtstheoretischen Grundlagen beraubten. Andere Rechtsbegründungen traten in den Vordergrund: Recht wurde als Produkt des „Volksgeistes" und der Geschichte (historische Rechtsschule, Rn. 451 ff.) oder ausschließlich als ein Produkt staatlicher Setzung (Gesetzespositivismus, Rn. 466 ff.) verstanden.

B. Geschichte, Volksgeist und Recht: Historische Rechtsschule

I. Geschichte und Volksgeist als Wurzelgrund und Quelle des Rechts

451 Die naturrechtliche Schule der Aufklärung war bestrebt, ein auf der Vernunft und der Natur der Sache beruhendes, von Ort und Zeit unabhängiges, damit zugleich aber auch ungeschichtliches Recht zu begründen. Dagegen wandte sich mit dem Ende des 18. Jahrhunderts die sog. historische Rechtsschule, begründet von Gustav Hugo (1764–1844). Ihr führender Kopf wurde Friedrich Carl von Savigny (1779–1861): Rechtsnormen seien das Ergebnis einer langen national-geschichtlichen und kulturellen Entwicklung. Das Recht sei ein Produkt der Geschichte. Es wachse aus dem „Volksgeist" hervor; es werde durch Sitte, Volksglaube und Gewohnheit erzeugt, also „durch still wirkende Kräfte, nicht durch die Willkür des Gesetzgebers".[646] Wenn man das Recht auf den „Volksgeist", also auf das Bewußtsein und den Kollektivwillen der Rechtsgenossen zurückführt, bindet man das einzelne Mitglied dieses Kollektivs ohne weitere Begründungs- oder Setzungsakte an diese Rechtsnormen.

---

646 F. C. v. Savigny, Vom Beruf unserer Zeit für Gesetzgebung und Rechtswissenschaft (1814), S. 13 f., Neudruck in: Thibaut und v. Savigny; ihre programmatischen Schriften mit einer Einführung von H. Hattenhauer, München 1973, S. 105.

Friedrich Carl von Savigny (1779–1861), Begründer der historischen Rechtsschule und einer juristischen Methodenlehre, die bis heute ausstrahlt.

II. Rechtspolitische Funktion der historischen Rechtsschule

Dem Gedanken einer Kodifikation des Zivilrechts durch den Gesetzgeber erteilte v. Savigny eine klare Absage. Hier zeigt sich: Hinter den „still wirkenden Kräften“ des „Volksgeistes“ war für v. Savigny die Jurisprudenz – also die Rechtswissenschaft – die rechtserzeugende Kraft. Damit liegt die politische, nämlich machtverteilende Funktion der historischen Rechtsschule auf der Hand. Die Absage an den Gesetzgeber bedeutet den Anspruch der Wissenschaft, zu definieren (bestimmen), was rechtens sei. In diesem Sinne hat auch Max Weber die politische Rolle des Begriffs „Gewohnheitsrecht“ (Rn. 232 ff.) aufgedeckt, der bei v. Savigny eine entscheidende Rolle spielt. Ob etwas als („historisches“) Gewohnheitsrecht anzusehen ist, wird von der Rechtswissenschaft und der Gerichtspraxis entschieden. Sie übernehmen die Rolle des verabschiedeten Gesetzgebers (Rn. 232 ff., 238). 452

453 Die politisch-konservative, gesetzgebungsfeindliche Funktion der historischen Rechtsschule ist von Karl Marx polemisch kritisiert worden. In seiner „Kritik der Hegelschen Rechtsphilosophie“[647] geißelt er sie als eine „Schule, welche die Niederträchtigkeit von heute durch die Niederträchtigkeit von gestern legitimiert“. Von ihr werde „der Schrei des Leibeigenen gegen die Knute für rebellisch erklärt, sobald die Knute eine bejahrte, eine angestammte, eine historische Knute“ sei. Für die Rechtsquellenlehre hat Marx daraus gefolgert, daß es Gewohnheitsrechte nur als Antizipation eines neuen gesetzlichen Rechts und nur für die Armen und Unterdrückten gegen die bestehenden Gesetze der privilegierten Stände geben dürfe (Rn. 234).[648]

454 Die Vorstellung der historischen Rechtsschule, daß der Gesetzgeber sich jedes einschneidenden und umgestaltenden Eingriffs in die Rechtsordnung enthalten möge, hat – auf Grund der Erfahrungen mit kurzlebigen politischen Systemen – in Deutschland noch nach 1945 Anhänger gehabt. Die klarste Absage an den Verfassungs- und Gesetzgeber findet sich noch bei Josef Esser:

> „Was soll man also halten von den wiederholten Vorschlägen und Versuchen, nationale Rechtsprinzipien oder auch nur die 'obersten Grundsätze des Rechts' in eine Kodifikation aufzunehmen? Gar nichts! Die elementaren Weisheiten des Richters und seine Kunst entziehen sich glücklicherweise der Druckerschwärze der Gesetzblätter. Die programmatische Aufzählung von 'Grundrechten' einer Nation ist Sache des Demagogen, und der Jurist hat nur die schlecht gedankte Aufgabe, hinter solche Schloßfassaden eine noch eben wohnliche Baracke wirklicher Rechtsnotwendigkeiten unter Dach zu bringen – wetterfest ist auch sie nicht ... Wahrheiten werden nicht durch Gesetzgebung wahr, sondern durch stets nachprüfende Forschung. Kataloge aber von Wahrheitstrümmern sind unwahr“.[649]

Man könnte, wenn man das liest, meinen, die Perversionen von Rechtsordnungen zu totalitären Unrechtssystemen seien ausschließlich oder überwiegend von Gesetzgebern betrieben worden. Das ist jedoch zweifelhaft, für das nationalsozialistische Unrechtssystem schlicht unzutreffend. Damals haben die „elementaren Weisheiten“ und „Künste“ der Richter und Professoren bei der Rechtsanwendung Erstaunliches zur Systemveränderung beigetragen. Die Leistungen

647 K. Marx, Zur Kritik der Hegelschen Rechtsphilosophie, in: Marx/Engels, Werke, Band I, Berlin 1964, S. 378 ff., 380.
648 K. Marx, Verhandlungen des 6. rheinischen Landtages – Debatten über das Holzdiebstahlgesetz, in: Marx/Engels, Werke, Band I, Berlin 1964, S. 109, 115 ff.
649 J. Esser, Grundsatz und Norm in der richterlichen Fortbildung des Privatrechts, 4. Aufl., Tübingen 1990, S. 330.

„stets nachprüfender Forschung" und der „Juristentradition" zur „völkischen Rechtserneuerung" zwischen 1933 und 1945 sollten weder verkannt noch unterschätzt werden.[650] Wenn der Gesetzgeber nicht regelt oder nicht regeln darf, wenn er damit seine Kompetenzen auf die Gerichte und die Juristen überträgt, wer soll dann **diese** kontrollieren?

Die zitierte Auffassung ist angesichts der Regelungsbedürfnisse ei- 455
nes modernen, entwickelten Industriestaates kaum haltbar. Der Sache nach wird hier ein mit dem Demokratieprinzip und der Gewaltenteilung (Art. 20 GG) unvereinbares Richterkönigtum proklamiert. Die Richter werden zu Primärgesetzgebern erhoben. Dahinter steht nicht selten auch ein offen oder verdeckt geäußerter Normsetzungsanspruch der die Justiz anleitenden universitären Wissenschaftler (Rn. 454).

III. Was bedeutet die historische Rechtsschule heute?

Die historische Schule hat zutreffend die wechselseitige Verfloch- 456
tenheit des jeweils geltenden Rechts mit den sozialen, wirtschaftlichen, geistigen, kulturellen und politischen Strömungen seiner Entstehungsgeschichte und seiner Epoche neu in das Bewußtsein gehoben. Jede Rechtsordnung ist ein untrennbarer Bestandteil der Gesamtkultur, zu der sie gehört. Sie ist damit Teil von deren Geschichte.

Aber: Recht ist nicht nur das Produkt „still wirkender Kräfte" und 457
gelehrter Professoren und Richter. Die historische Schule hat die Rechtsentstehung romantisch idealisiert. Recht ist auch, ja in erster Linie, das Produkt eines historischen Macht- und Meinungskampfes um die „richtige" oder „gerechte" Gestaltung des Gemeinwesens. Das ist auch bei der Setzung von „Richterrecht" oder „Juristenrecht" nicht anders. Gruppeninteressen vielfältiger Art ringen miteinander bei diesem Kampf um das Recht.[651] Eine primär auf den „Volksgeist" gerichtete, die politische Gestaltungs- und Steuerungsfunktion (Rn. 78f.) ausklammernde Begründung der Rechtsgeltung vermag nicht zu überzeugen.

650 Vgl. B. Rüthers, Die unbegrenzte Auslegung, 8. Aufl., Tübingen 2017, S. 117ff., 210ff., 322ff.

651 H. Coing, Grundzüge der Rechtsphilosophie, 5. Aufl., Berlin 1993, S. 156ff.

C. Logik und Recht: Die Begriffsjurisprudenz

I. Monopol der Rechtswissenschaft bei der Rechtserzeugung

458 Der nach v. Savigny bedeutendste Vertreter der historischen Rechtsschule war Georg Friedrich Puchta (1798–1846). Wie v. Savigny erkannte er drei Rechtsquellen an: Volksgeist (= Gewohnheitsrecht), Gesetzgebung und Wissenschaft. Er räumte – wie v. Savigny – den Juristen als gedachten Repräsentanten des Volksgeistes eine entscheidende Rolle bei der Feststellung der verbindlichen Rechtsnormen ein. Hier ging Puchta folgerichtig über v. Savigny hinaus: Er vertrat die These eines speziellen „wissenschaftlichen Rechts", das als ein „Produkt einer wissenschaftlichen Deduction" entstehen sollte. Danach waren die Juristen nicht mehr nur der Mund des Volksgeistes, der aussprach, was im Volksbewußtsein als (Gewohnheits-)Recht entstanden war. Puchta führte den Rechtsquellenweg der historischen Schule vom „Volksgeist" zum Juristenmonopol konsequent zu Ende. Zur Rechtserzeugung war nach ihm nur der wissenschaftlich geschulte Jurist als „Organ des Volkes" berufen.[652]

II. Recht als Produkt des „Volksgeistes" und eines „vernünftigen Systems"?

459 Puchta verehrte den im römischen Recht erreichten Stand der Rechtskultur, des Gerechtigkeitswerts und der Wertungskonsistenz in einem, wie er meinte, organischen Rechtszusammenhang. Er fürchtete die Zerschlagung dieser Errungenschaften durch radikale Reformschritte und mißtraute deshalb, wie v. Savigny, der Leistungsfähigkeit des zeitgenössischen Gesetzgebers. Sein erstes grundlegendes Werk schrieb er zum Gewohnheitsrecht (Bd. I, 1828). Recht entstand aus seiner Sicht (in Anlehnung an v. Savigny und die historische Rechtsschule) nicht primär durch die eher schädlichen Zugriffe der Gesetzgebung, sondern aus den Erkenntnissen der Philosophie. Der Rechtsbegriff sei in den von der Philosophie entwickelten vernünftigen Gesamtorganismus einzugliedern.

460 Nach Puchta sollte alles Recht nur gelten, wenn es mit dem „Volksgeist" übereinstimmte. Im Volksgeist sah er zwar selbst eine „dunkle Werkstätte", aber zugleich auch den unmittelbaren Willen

652 F. Wieacker, Privatrechtsgeschichte der Neuzeit, 2. Aufl., Göttingen 1967, S. 399.

der Nation. Damit führte er eine Geltungsbedingung des Rechts ein, die nicht vom Volk selbst bestimmt, sondern in der Praxis von Juristen erkannt, definiert und legitimiert wird. Um dieses Recht zu verstehen, versuchte Puchta, es „vernünftig zu konstruieren". Da er seine Gedanken in einer nicht ganz leicht zu verstehenden Sprache formulierte, waren seine Lehren in der Folgezeit einer ganzen Kette unterschiedlicher Deutungen und Mißverständnissen ausgesetzt, etwa durch R. v. Jhering, B. Windscheid, Ph. Heck, M. Rümelin, aber auch noch K. Larenz, F. Wieacker, W. Wilhelm, H. Westermann, H. Brox, D. Reinicke. Bei diesen Interpretationen geht es im Kern um die Puchtasche Lehre von der „Begriffsjurisprudenz". Die Mehrheit der Rezipienten hat ihn so gelesen, daß er, in seiner Absage an die Gesetzgebung als primärer Rechtsquelle, eine Pyramide philosophisch-logisch konstruierter Begriffe als juristisch unabhängige Rechtsquelle ansah. Recht sei etwas Vernünftiges und unterliege in seiner Entwicklung einer „logischen Notwendigkeit". Er ging danach von einer „Genealogie der Begriffe" aus und begründete so eine Methode der „Begriffsjurisprudenz".[653] Vom obersten Rechtsbegriff bis zu jedem subjektiven Recht und seinen Normen bestehe eine Kette logischer Schlüsse, die abwärts und aufwärts von jedem kundigen Juristen verfolgt werden könnte.[654] Dagegen neigt die neuere Forschung zu einem anderen, positiveren Verständnis der Lehre Puchtas:[655] Er habe im römischen Recht den unverlierbaren, gültigen Kernbestand einer jeden vernünftigen Rechtsordnung gesehen.

Die Einzelheiten der Analyse und Deutung kann den Rechtshisto- 461
rikern vorbehalten bleiben. Puchtas Ansatzpunkt, die Legitimation allen Rechts durch die Übereinstimmung mit dem „Volksgeist" erscheint auf den ersten Blick wie der moderne Vorläufer einer demokratischen Rechtsbegründung in einer vordemokratischen Epoche. Bei näherem Hinsehen erweist sich das allerdings als Irrtum. Das entscheidende Kriterium für seine Lehre ist die Frage: Wer hat die Kompetenz, den „Volksgeist" zu definieren oder zu beschwören? Ist der Wille der Gesetzgebung oder die vermeintlich verläßliche Vernunft der juristischen Dogmatik der maßgebliche Faktor für die Rechtsent-

653 Vgl. dazu und zum folgenden H. P. Haferkamp, Georg Friedrich Puchta und die „Begriffsjurisprudenz", Frankfurt/M. 2004, vgl. die Zusammenfassung S. 463 – 472 u. passim.

654 Nachweise bei F. Wieacker, Privatrechtsgeschichte der Neuzeit, 2. Aufl., Göttingen 1967, S. 400 ff.

655 Dazu H. P. Haferkamp, Georg Friedrich Puchta und die „Begriffsjurisprudenz", Frankfurt/M. 2004.

stehung? Es geht also um die Machtfrage bei der Rechtsetzungskompetenz.

III. Sieg und Niedergang der Begriffsjurisprudenz

462 Puchtas Lehren beherrschten in der Folge nicht nur im Sinne seiner Intentionen, sondern ebenso in den Mißverständnissen seiner Interpreten die Rechtstheorie und Justizpraxis seiner Epoche und weit darüber hinaus. Er gab dem – gesetzlich kaum geregelten – positiven Recht des frühen 19. Jahrhunderts eine willkommene, dogmatisch durchgebildete, wissenschaftliche Gestalt. Der ausgeprägte begriffliche Formalismus des Zivilrechts und der gesamten Rechtswissenschaft in der folgenden Epoche hat hier seine Wurzeln. Folgenreich war dieser Schritt, weil der logische Formalismus der Begriffsjurisprudenz das gesamte Recht von der gesellschaftlichen und politischen Wirklichkeit trennte. Die sozialen Umwälzungen als Folgen der Mechanisierung und der Massenproduktion in der Industrie waren in der Jurisprudenz noch ausgeblendet. Sie wurden erst mit der Wahrnehmung der schichtspezifischen Einflüsse auf die Rechtsentstehung und Rechtsumbildung bewußt (vgl. Rn. 494 ff.).

463 Gegen diese, in seiner Sicht realitätsferne, Begriffs- und Konstruktionsjurisprudenz hat sich mit Schärfe zuerst Rudolf v. Jhering (1818–1892) gewendet. Er war in jungen Jahren ein begeisterter Anhänger der Puchtaschen Gedanken gewesen. Später verspottete er beißend dessen juristischen „Begriffshimmel".[656] R. v. Jhering erkannte, daß Normsetzung und Normanwendung nicht allein Akte eines rationalen Erkenntnisvorganges sind. Die scharfe begriffliche Klassifizierung ist ein notwendiger Teil, aber keine hinreichende Beschreibung der Normsetzung und der Rechtsanwendung. Er vertrat gegen Puchta die These, daß allein „der Zweck der Schöpfer des ganzen Rechts" sei.[657] Zwecke aber sind historisch, sozial und politisch bedingt und wandelbar. Die Begriffsjurisprudenz beruht, wie später vor allem Philipp Heck[658] nachgewiesen hat, auf Illusionen und Zirkelschlüssen

656 R. v. Jhering, Im juristischen Begriffshimmel, in: ders., Scherz und Ernst in der Jurisprudenz – Eine Weihnachtsgabe für das juristische Publikum, 13. Aufl., Leipzig 1924, unveränd. Nachdruck 1964, S. 247 ff., 253.

657 R. v. Jhering, Der Zweck im Recht, Band I, 5. Aufl., Leipzig 1916, Nachdruck 1970; dazu K. Larenz, Methodenlehre der Rechtswissenschaft, 6. Aufl., Berlin 1991, S. 43 ff.

658 Ph. Heck, Gesetzesauslegung und Interessenjurisprudenz, AcP 112 (1914), S. 1 ff.; Nachdruck in: Das Problem der Rechtsgewinnung – Gesetzesauslegung und Interessenjurisprudenz – Begriffsbildung und Interessenjurisprudenz, Hrsg. J. Esser, Bad Homburg 1968, S. 46 ff.

(„Inversionsschlüssen"). Mit den Mitteln der Logik ist aus einem Begriff kein „Sollen" im Sinne einer Rechtsnorm herauszuholen, das nicht zuvor hineingelegt worden wäre. Darum beruht die Ableitung von Normen aus Begriffen immer auf Trugschlüssen und ist abzulehnen.

Bevor man sich wohlfeil an v. Jherings Spott über die Begriffsjuris- 464
prudenz ergötzt, sollte man bedenken, daß durch die Auswirkungen der technischen und der exakten Naturwissenschaften im späten 18. und frühen 19. Jahrhundert gewaltige gesellschaftliche Umwälzungen in Gang gesetzt worden waren. Die Rechtswissenschaft hatte davon keine Kenntnis genommen. Sie wollte, wie etwa v. Savigny und Puchta, im Vertrauen auf eigene Kompetenz, die Gesetzgebung von der notwendigen Anpassung des Rechts an die gewandelten Verhältnisse fernhalten. Sie setzte unbeirrt auf die vermeintlich ewige Gültigkeit der römisch-rechtlichen Fundamente und des daraus entwickelten „Gewohnheitsrechts", das in Wahrheit eine Konstruktion der Jurisprudenz als der maßgeblichen Definitionsinstanz war. Sie hielt sich selbst für „unpolitisch", unabhängig, „vernünftig" und „objektiv". Das war der Hintergrund für die Konstruktion der begriffsjuristischen Methoden. Die Begriffsjurisprudenz legitimierte der Sache nach die Rechtswissenschaft als die primäre Rechtsquelle.

Zutreffend an Puchtas Lehre ist die Forderung, eine dauerhafte Rechtsordnung müsse in sich widerspruchsfrei sein. Wertungswidersprüche innerhalb des Rechts machen die Rechtsordnung unlogisch und begründen Regelungslücken, die ausgefüllt werden müssen (Rn. 822 ff.). Soweit die Begriffsjurisprudenz sich für ihre Lehren auf die unverzichtbare „Vernünftigkeit" des Rechts beruft, verkennt sie, daß dieser Vernunftbegriff von weltanschaulichen Vorverständnissen beeinflußt, oft sogar maßgeblich geprägt ist. Vernunft gibt es in weltanschaulich liberalen Gesellschaften und Rechtsordnungen nur im Plural.

D. Zusammenfassung zu § 12

I. Das Naturrecht der Aufklärung war u. a. die geistesgeschichtli- 465
che Antwort auf das Versagen des theologisch-konfessionell begründeten Naturrechts in den Religionskriegen. Das Wissen sollte den Glauben ersetzen, der die Grausamkeiten des Dreißigjährigen Krieges nicht verhindert hatte.

II. Die „Natur“, aus der das Recht folgen sollte, blieb auch in der Aufklärung ein unbestimmter und umstrittener Begriff, der die fraglichen Inhalte nicht beschrieb, sondern aus außerrechtlichen Vorverständnissen deutete. Der Gedanke des aufgeklärten Naturrechts gewann beherrschenden Einfluß auf die Kodifikationen der Zeit („Naturrechtsgesetzbücher“ in Preußen, Frankreich und Österreich). Dieser Zusammenhang mit der Gesetzgebung absolutistisch regierter Staaten bereitete den Gesetzespositivismus vor.

III. Die historische Rechtsschule brachte die Verflochtenheit des geltenden Rechts mit den historischen und sozio-kulturellen Wirkungsbedingungen seiner Entstehung in das Bewußtsein. Diesem genetischen Prozeß wurde der romantisierende Begriff „Volksgeist“ verliehen. Dadurch trat das Element politischer Gestaltung und Entscheidung, das in jeder Rechtsnorm enthalten ist, in den Hintergrund. Der Gesetzgeber wurde zurückgedrängt. Die Wissenschaft wurde zum „Herrn des Rechts“.

IV. Die Begriffsjurisprudenz war der Versuch, auf der Basis der Errungenschaften des römischen Rechts und des sogenannten Gewohnheitsrechts eine möglichst rein „wissenschaftlich“ und „vernünftig“ begründete Rechtsordnung zu schaffen. Sie betont zu Recht die notwendige innere Wertungseinheit und den dazu dienenden Rang der logischen Widerspruchsfreiheit. Sie leugnete zugleich die primäre Gestaltungsfunktion des gesetzten Rechts nach den weltanschaulich begründeten, nicht immer „logischen“ Regelungszielen der Gesetzgebung und der Normsetzer des Richterrechts. Den gesellschaftlichen Umwälzungen des 19. Jahrhunderts stand sie fremd gegenüber. Der Ent-Staatlichung des Rechts durch die historische Rechtsschule fügte sie in ihrer einseitig „wissenschaftlichen“ Deutung der Rechtsentstehung eine folgenreiche Ent-Wirklichung des Rechts hinzu.

§ 13. Staatsmacht und Recht: Der juristische Positivismus

Wirkliches Recht ist nur ein positives, also das Recht eines bestimmten Staates, und außer dem positiven gibt es keines.

J. F. Kierulff, Theorie des Gemeinen Zivilrechts (1839)

Wer Recht durchzusetzen vermag, beweist damit, daß er Recht zu setzen berufen ist.

G. Radbruch, Rechtsphilosophie (1932)

Es gibt also Rechtsgrundsätze, die stärker sind als jede rechtliche Satzung, so daß ein Gesetz, das ihnen widerspricht, der Geltung bar ist.

G. Radbruch, Fünf Minuten Rechtsphilosophie (1945)

A. Philosophischer Positivismus: Naturwissenschaftliche Empirie als Dogma

Aus demselben Geist wie die Begriffsjurisprudenz, nämlich aus der Philosophie der exakten Naturwissenschaften, entstand eine zweite folgenreiche rechtstheoretische Doktrin: der Positivismus. Die geistesgeschichtliche Entwicklung folgte auch insoweit dem Aufschwung der Naturwissenschaften und der Technik. Zunächst war die Philosophie dem Glanz der Naturwissenschaft erlegen. Als Ideal einer neuen Erkenntnistheorie galt das so erfolgreich betriebene, scheinbar rein experimentelle Ermitteln von Gesetzmäßigkeiten, möglichst formuliert in der präzisen Sprache der Mathematik. 466

Diese Erkenntnis- und Denkmethode sollte uneingeschränkt auch in den Geisteswissenschaften verwirklicht werden. „Wissenschaftlich“ gesichert sollten Aussagen nur noch heißen dürfen, wenn sie nach dieser Methode gewonnen und beweisbar waren. Die Theologie und jede andere Art von „Metaphysik“ sollten aus der Wissenschaft verbannt werden.

Dieser von Auguste Comte (1798–1857) begründete „Positivismus“ war bewußt als Gegenbewegung zur Scholastik des Mittelalters 467 und zur idealistischen deutschen Philosophie von Fichte, Schelling und Hegel begründet worden. Er wurde für mehrere Jahrzehnte zum herrschenden Wissenschaftsideal für alle Disziplinen.[659] Comte wollte mit der „Sozialen Physik", wie er die neue Disziplin ursprünglich nannte, eine Mechanik des gesellschaftlichen Lebens und seiner Zusammenhänge begründen. Es entstand daraus, besonders mit der ebenfalls von ihm 1848 initiierten „Societé Positiviste" ein neues Weltverständnis. Seine soziologische Theorie – Comte gilt als Gründer der Soziologie als Wissenschaft – wandelte sich zu einer sozialen Bewegung im Bereich der Geistes- und Sozialwissenschaften. Comte zielte dabei nicht auf eine Mobilisierung der Massen, sondern auf die Beeinflussung der Eliten in den Nachbardisziplinen, ausgehend von der Rechtsphilosophie. Sein Erfolg war der Siegeszug des „Positivismus", der alle Wissenschaften erfaßte.

468 Der Positivismus beschränkt das Erkennbare auf das „Positive", die „Tatsachen", auf das empirisch Feststellbare und Beschreibbare („Die Welt ist alles, was der Fall ist").[660] Als hauptsächliche Fehlerquelle gelten ihm die menschlichen Sinneswahrnehmungen („Empiriokritizismus"), die das „Gegebene" vermitteln. Fragen nach einem Sinn des Daseins, alle Fragen nach Normbegründungen, Werten und geistigen oder politischen Zwecken werden aus dem Wissenschaftsbereich ausgewiesen. Sie sind empirisch nicht lösbar, also gehören sie zur Metaphysik, nicht zur Wissenschaft („Wovon man nicht sprechen kann, darüber muß man schweigen").[661] Der klassische Positivismus versteht daher unter „Gesetzen" nur Naturgesetze, also die als Regel beobachtete, empirisch gesicherte, konstante Verknüpfung von Tatsachen. Gesetze i. S. d. philosophischen Positivismus beschreiben ein Sein, schreiben niemals ein Sollen vor.

469 Schon im 19. Jahrhundert wurde dagegen eingewendet, daß die Beschränkung des Wirklichen auf das empirisch Feststellbare („Gesicherte"), also der Ausschluß aller „Meta-Physik", alles Nichtmeßbaren oder logisch nicht Erschließbaren eine unbewiesene, metaphysische Prämisse sei. Die Wahrheit über das Sein sei nicht nur durch Empirie erkennbar. Die Eigenständigkeit geisteswissenschaftlicher Erkenntnisse und Erfahrungen werde vernachlässigt.

---

659 Zum Überblick: L. Kolakowski, Die Philosophie des Positivismus, München 1971; hierzu J. Améry, Weiterleben – aber wie?: Essays 1968–1978, Stuttgart 1982, S. 93 ff.
660 L. Wittgenstein, Tractatus logico-philosophicus, Satz 1.
661 L. Wittgenstein, Tractatus logico-philosophicus, Satz 7.

B. Der Glaube an die notwendige Sittlichkeit des Staates: Der Gesetzespositivismus

I. Leitsätze

In der Jurisprudenz traf die Wissenschaftsgläubigkeit auf aufnah- 470
mebereite Geister. Schon in der historischen Rechtsschule (Rn. 451 ff.) und in der Begriffsjurisprudenz (Rn. 458 ff.) sollte das Recht ja ebenfalls vor allem „wissenschaftlich" und von Wissenschaftlern ermittelt werden, entweder als Produkt der Geschichte (v. Savigny) oder in logisch aufgebauten Begriffspyramiden (Puchta). Man spricht von diesem Denken (etwas schief) vom „rechtswissenschaftlichen Positivismus".[662]

Etwa um die Mitte des 19. Jahrhunderts tritt konkurrierend zur historischen Rechtsschule und zur Begriffsjurisprudenz, mit der Forderung nach einer einheitlichen deutschen Zivilrechtskodifikation, der Gesetzespositivismus auf den Plan. Nach der Gründung des ersten deutschen Nationalstaates verdrängt er Volksgeist und Puchtas autonome Begriffe. Die Gesetze werden für die Jurisprudenz, was die „Tatsachen" für die Naturwissenschaften waren.

Der rechtswissenschaftliche Positivismus geht von folgenden The- 471
sen aus:

1. Recht sind nur die vom Staat gesetzten („positiven") Rechtssätze. Der normsetzende Wille des Staates ist die einzige Rechtsquelle.
2. Jedes verfassungsgemäß erlassene Gesetz (im materiellen Sinne) ist bindendes Recht. Es ist einer weiteren Begründung weder fähig noch bedürftig.
3. Der Gesetzgeber ist beim Erlaß von Gesetzen nicht an materiale Rechtsgrundsätze oder moralische Grundwerte oder ethische Prinzipien gebunden. Eine Inhaltskontrolle staatlicher Gesetze auf materiale Gerechtigkeit scheidet aus.

Die Allmacht, die der Gesetzespositivismus dem Gesetzgeber zuschreibt, erinnert an die Lehre von der Allmacht Gottes.[663]

Dieser „Gesetzespositivismus" war in der zweiten Hälfte des 19. Jahrhunderts die in Deutschland herrschende Lehre. Die traditionelle Form des Rechtsstaates war der „Gesetzesstaat". Die Gerichte

---

662 F. Wieacker, Privatrechtsgeschichte der Neuzeit, 2. Aufl., Göttingen 1967, S. 430 ff.
663 Vgl. B. Rüthers, Die unbegrenzte Auslegung, 8. Aufl., Tübingen 2017, S. 90 ff.

waren an die gesetzlichen Regelungen gebunden, auch wenn die Richter sie für grob ungerecht, zweckwidrig oder töricht hielten. Die Erschütterungen des ersten Weltkrieges in allen Lebensbereichen brachten diese bis dahin geltende Überzeugung von der Sittlichkeit staatlichen Handelns ins Wanken. Das erste Fanal eines richterlichen Aufstandes gegen das Gesetz war das „Aufwertungsurteil" des Reichsgerichts vom 28. November 1923 (s. Rn. 945 f.).

472 Um die Jahrhundertwende wird diese gesetzespositivistische Rechtslehre, die von der Rechtsphilosophie ausging,[664] vor allem im Staatsrecht (Paul Laband, Georg Jellinek) herrschend. Ihre methodische Vollendung findet sie im Werk von Hans Kelsen.[665] Sofort auftretende scharfe Kritik (Johann C. Bluntschli, Otto v. Gierke, Leonhard Nelson)[666] hatte den Durchbruch des Gesetzespositivismus zur absolut vorherrschenden Rechtstheorie in Deutschland nicht aufhalten können.[667]

473 Der Gesetzespositivismus ist keine auf Deutschland beschränkte Rechtstheorie. In Skandinavien z. B. hat die „Uppsala-Schule" (begründet von A. Hägerström, 1869–1939, fortgeführt von Alf Ross, Wilhelm Lundstedt, Karl Olivecrona, Theodor Geiger, Per Ekelöf) eine beherrschende Position. Sie richtet ihre Bemühungen analog zu Kelsen darauf, die Rechtswissenschaft von allen „metaphysischen" Elementen zu befreien und ihre Aussagen auf Wahrheit und Falschheit überprüfbar zu machen.[668]

474 Auch die deutsche Justiz ging von der schrankenlosen Souveränität des Gesetzgebers aus:[669]

---

664 Vgl. C. Schmitt, Politische Theologie – Vier Kapitel zur Lehre von der Souveränität, 5. Aufl., Berlin 1990, S. 11 ff., 49 ff.; ders., Politische Theologie II – Die Legende von der Erledigung jeder politischen Theologie, 2. Aufl., Berlin 1984, S. 15 ff.

665 H. Kelsen, Hauptprobleme der Staatsrechtslehre (1911), Neudruck Aalen 1960; ders., Reine Rechtslehre (1934), 2. Aufl., Wien 1960.

666 L. Nelson, Die Rechtswissenschaft ohne Recht, 2. Aufl., Göttingen 1949 (Neudruck Hamburg 1971).

667 Zu den historischen Wurzeln: Th. Ellwein, Das Erbe der Monarchie in der deutschen Staatskrise. Zur Geschichte des Verfassungsstaates in Deutschland, München 1954, S. 208 ff.; zur politischen Rolle: P. v. Oertzen, Die soziale Funktion des staatsrechtlichen Positivismus, Frankfurt/M. 1974.

668 St. Strömholm, Allgemeine Rechtslehre, Göttingen 1976, S. 23 ff.; exemplarisch A. V. Lundstedt, Die Unwissenschaftlichkeit der Rechtswissenschaft, Bd. I, Berlin 1932, Bd. II, 1936; Th. Geiger, Vorstudien zu einer Soziologie des Rechts, 4. Aufl., Berlin 1987; kritisch dazu K.-H. Fezer, Teilhabe und Verantwortung, München 1986, § 6 C.

669 RGZ 118, 325 (327).

„Der Gesetzgeber ist selbstherrlich und an keine anderen Schranken gebunden als diejenigen, die er sich selbst in der Verfassung oder in anderen Gesetzen gezogen hat“.

Auf den Inhalt der Norm kommt es also nicht an. Es gibt keine notwendige Bindung der Norm an irgendeine „Idee“ vom Recht, an Gerechtigkeitsideale oder Grundwerte. Wer die Macht hat, hat sie auch über das Recht.

„Wer Recht durchzusetzen vermag, beweist damit, daß er Recht zu setzen berufen ist“[670].

Auch der gesetzliche Befehl zum Verbrechen ist danach Recht, wenn er formell als Gesetz erlassen wird.[671] Der Gesetzespositivismus zieht sich also auf einen rein formalen, machtorientierten, entmoralisierten Rechtsbegriff zurück.

II. Die Reine Rechtslehre von Hans Kelsen

Der Positivist erkennt also jedes ordnungsgemäß erlassene Gesetz 475
als geltendes Recht an. Aber auch er braucht eine Antwort auf die Frage, warum eine gesetzliche Vorschrift gilt. Worauf soll sich also der Anspruch des Gesetzes auf Geltung (= Gehorsam der Rechtsunterworfenen) stützen? Innerhalb der „positiven“ Rechtsordnung mit ihrem „Stufenbau“ der Rechtsnormen (Rn. 272 ff.) kann man zunächst auf eine jeweils höherrangige Norm, zuletzt auf die Verfassung (z. B. Art. 1 Abs. 3, 20 Abs. 3, 97 Abs. 1 GG) verweisen. Es bleibt aber die Frage: Warum gilt das Grundgesetz?

Bei diesem schwer lösbaren Problem der Begründung von Rechts- 476
geltung setzt die „Reine Rechtslehre“ von Hans Kelsen (1881–1973) an.

Hans Kelsen war einer der großen, weltweit bekannten Rechtsphilosophen, Staats- und Völkerrechtler des 20. Jahrhunderts, beeinflußt von der „Wiener Schule“ (M. Schlick, R. Carnap, O. Neurath, aber auch L. Wittgenstein, V. Kraft). Bemerkenswert ist sein zeittypisch wechselvolles persönliches Schicksal: Geboren in einer jüdischen Familie in Prag, wurde er 1906 in Wien zum Dr. iur. promoviert. Im selben Jahr konvertierte er zur katholischen Kirche, um bei der geplanten akademischen Karriere Integrationsprobleme zu vermeiden. 1911 in Wien für Staatsrecht und Rechtsphilosophie habilitiert, war er

670 Vgl. G. Radbruch, Rechtsphilosophie (Studienausgabe), 2. Aufl., Heidelberg 2003, S. 82; vgl. jedoch auch S. 211 ff.
671 Kritisch schon K. Bergbohm, Jurisprudenz und Rechtsphilosophie, Kritische Abhandlungen, Bd. I, Leipzig 1892, S. 144.

Dreier, JZ 11, 1151, Funke, DSt 18, 267

während seines Kriegsdienstes 1914/18 Rechtsberater des Kriegministers. 1919 als Ordinarius für Staats- und Verwaltungsrecht berufen, wirkte er maßgeblich an der Ausarbeitung der Österreichischen Bundesverfassung mit. Zu seinen Studenten und späteren Kollegen gehörten Adolf Merkl, Alfred Verdross, Felix Kaufmann, Erich Voegelin, Alf Ross, Luis Legaz y Lacambra. Als Berater des Staatskanzlers Karl Renner entwarf er die („unpolitische") österreichische Verfassung von 1920. Von 1921–1930 war er nebenamtlich Mitglied des österreichischen Verfassungsgerichtshofes, wurde 1930 dort aus politischen Gründen entlassen. Ab 1928 wurde er mit Pöbeleien antisemitischer Studenten konfrontiert. So folgte er 1930 einem Ruf an die Universität Köln.[672] Von dort wurde er erneut durch die antisemitische Gesetzgebung des NS-Regimes 1933 vertrieben.[673] Zwischen 1933 und 1938 lehrte er Völkerrecht in Genf und ab 1936 auch in Prag. Antisemitische Demonstrationen von Studenten zwangen ihn 1938 dort erneut zur Aufgabe seiner Lehrtätigkeit. 1940 ging Kelsen dann, inzwischen 60 Jahre alt und mit unzureichenden Englischkenntnissen, in die Vereinigten Staaten. Der größte Teil seiner Familie wurde später von den Nationalsozialisten ermordet. Kelsen hielt ab 1940, auf Vermittlung des berühmten Richters am Supreme Court Oliver Wendell Holmes, völkerrechtliche Vorlesungen an der Harvard Law School. 1942 wechselte er in das Political Science Department der University of California in Berkeley, wo er von 1945 bis 1952 eine volle Professur erhielt. Auch nach seinem Eintritt in den Ruhestand 1952 blieb er weltweit mit Vorträgen, Diskursen und auf Konferenzen, auch in Deutschland, aktiv, bevor er 1973 in Berkeley starb. Elf Ehrendoktorate berühmter Rechtsfakultäten in aller Welt bezeugen seinen Rang.

672 Der Jurist und Literatursoziologe Hans Mayer, zeitweilig Assistent Kelsens in Köln, hat dessen Situation in der deutschen Staatsrechtswissenschaft vor und um 1933 beschrieben, vgl. H. Mayer, Ein Deutscher auf Widerruf, Bd. I, Frankfurt/M. 1982, S. 150.

673 Zu dieser Lebensphase vgl. B. Rüthers, On the Brink of Dictatorship – Hans Kelsen and Carl Schmitt in Cologne 1933, in: D. Diener/M. Stolleis (eds.), Hans Kelsen and Carl Schmitt, A Juxtaposition, Schriftenreihe des Instituts für deutsche Geschichte, Universität Tel Aviv, Nr. 20, Bleicher-Verlag, Gerlingen 1999, S. 115–122.

Hans Kelsen (1881–1973), bedeutender Jurist, Begründer der umstrittenen „Reinen Rechtslehre“, als Jude aus Universitäten vertrieben (Wien 1930 und Köln 1933).

Kelsen will eine reine, d. h. von allen religiösen, naturwissenschaftlichen, ethischen, soziologischen und politischen Elementen befreite („gereinigte“) Rechtslehre. Er lehnt jede Rechtsmetaphysik ab.[674] Dabei geht Kelsen von zwei Grundsätzen aus:

(1) Jeder beliebige Inhalt kann Recht sein. Es gibt kein menschliches Verhalten, das als solches, kraft seines Gehalts, ausgeschlossen wäre, Inhalt einer Rechtsnorm zu sein.[675]

(2) Sein und Sollen sind grundverschiedene Denkweisen und daher streng zu unterscheiden. Es gilt die These einer „vollkommenen Disparität von Sein und Sollen“.[676]

---

674 H. Kelsen, Reine Rechtslehre, 2. Aufl., Wien 1960 (Nachdruck 1992), S. 1 u. Vorwort zur 1. Auflage.

675 H. Kelsen, Reine Rechtslehre, 2. Aufl., Wien 1960 (Nachdruck 1992), S. 201.

676 H. Kelsen, Hauptprobleme der Staatsrechtslehre (1911), Neudruck Aalen 1960, S. 5 ff.

Die Aufgabe der Rechtswissenschaft sieht Kelsen darin – und nur darin! – das jeweilige positive Recht zu erkennen und zu verstehen, nicht aber darin, es zu bewerten.[677]

477 Die Reine Rechtslehre ist auf das jeweilige positive Recht ausgerichtet und beschränkt. Das hat Folgen für das Verstehen und Auslegen von Rechtsnormen. Der wertbezogene Inhalt (Rn. 136ff.) ist für Kelsen und seine Lehre gleichgültig. Wichtig ist allein die logische Struktur der Rechtsnorm, die Frage also: Welche möglichen Deutungen lassen sich einem gegebenen Wortlaut logisch zuordnen? Die Rechtswissenschaft als „Normwissenschaft" hat es mit Normen, also mit einem Sollen zu tun. Die einzelne Rechtsnorm und die Rechtsordnung insgesamt fungieren für Kelsen als ein „Deutungsschema". Das Urteil, ein bestimmtes Verhalten oder ein Zustand seien rechtmäßig, ist das Ergebnis einer solchen Deutung von Rechtsnormen.[678] Jede logisch vom Wortlaut her mögliche Auslegung einer Norm wird von Kelsen als rechtswissenschaftlich gleichwertig angesehen. Die Entscheidung für eine dieser Deutungsmöglichkeiten ist dann ein rechtspolitischer Willensakt des Rechtsanwenders.[679] Diese Normsetzungsakte des Richters liegen aus der Sicht der Reinen Rechtslehre außerhalb der Rechtswissenschaft. Sie sind Rechtspolitik.

478 Auch Kelsen muß sich der Frage stellen, warum Gesetze gelten. Er verweist zunächst auf den Stufenbau der Rechtsordnung (Rn. 272ff.). Die jeweils rangniedrigere Norm kann auf eine höherrangige zurückgeführt werden. Das endet auf nationaler Ebene bei der Verfassung. Aber: Warum gilt die Verfassung?

Hier greift Kelsen zu einer Fiktion. Er führt alle Normen des positiven Rechts auf eine einzige ungeschriebene Grundnorm als den letzten Grund der Geltung des positiven Rechts zurück.[680] Die Grundnorm ist also ein Kunstgriff. Sie bedeutet nach Kelsen die „Einsetzung eines normerzeugenden Tatbestandes", die „Ermächtigung einer normsetzenden Autorität" oder eine Regel, die bestimmt, wie die vielfältigen Einzelnormen der auf dieser Grundnorm beruhenden Rechtsnorm erzeugt werden sollen.[681] Die Grundnorm ist

677 H. Kelsen, Reine Rechtslehre, 2. Aufl., Wien 1960 (Nachdruck 1992), S. 112.
678 H. Kelsen, Reine Rechtslehre, 2. Aufl., Wien 1960 (Nachdruck 1992), S. 3f.
679 H. Kelsen, Reine Rechtslehre, 2. Aufl., Wien 1960 (Nachdruck 1992), S. 346ff., 348; ders., Was ist die Reine Rechtslehre?, in: Festschrift für Z. Giacometti zum 60. Geburtstag, Zürich 1953, S. 143ff., 152; A. Ross, Theorie der Rechtsquellen, Leipzig 1929, S. 331ff., 423ff.
680 H. Kelsen, Reine Rechtslehre, 2. Aufl., Wien 1960 (Nachdruck 1992), S. 204ff.
681 H. Kelsen, Reine Rechtslehre, 2. Aufl., Wien 1960 (Nachdruck 1992), S. 200ff.

also nach Kelsen die fiktive Geltungsgrundlage jeder Verfassung. Sie könnte für liberale Verfassungsstaaten lauten: „Unsere Verfassung gilt!".[682]

Diese Lösung des Geltungsproblems im Recht ist angreifbar. Mit 479
der Fiktion einer imaginären, systemwidrig nicht positivierten Grundnorm wird das Problem der Rechtsgeltung nicht gelöst, sondern verdeckt, allenfalls neu benannt. Diese „Lösung" steht noch dazu in einem offenen Widerspruch zu der Ausgangsforderung, die Reine Rechtslehre sei eine „radikal realistische Rechtstheorie".[683] Sie ist nur eine andere, nicht sonderlich anschauliche Formulierung für die schon zitierte Einsicht, hinter jedem positiven Recht stecke nur die Macht.[684] Eine Theorie, die mit dem Anspruch auftritt, das Geltungsproblem rational zu lösen, sollte nicht auf eine Fiktion gestützt werden.

Nach der Reinen Rechtslehre gilt jede förmlich erlassene Gesetzesordnung vor dem Forum der Rechtstheorie als gleichwertig. Wertmaßstäbe und Gerechtigkeitskriterien liegen außerhalb der Begriffe „Recht" und „Rechtswissenschaft". Damit entfällt zugleich jede Rechtskontrolle für staatliche Machtausübung und staatlich verordnetes Unrecht.

Der Positivismus Kelsens war zunächst ein reiner Gesetzespositivismus. Alle formell erlassenen Gesetzesnormen und ausschließlich sie waren das Recht. Naturrecht und Richterrecht hatten in diesem Rechtsbegriff keinen Platz. Die für ihn gültige Form des Rechtsstaates war der Gesetzesstaat. Das verfassungsgemäß erlassene Gesetz sollte das gesamte staatliche, gesellschaftliche und private Handeln verbindlich bestimmen.

Die Reine Rechtslehre Kelsens war von Anfang an und ist bis 480
heute lebhaft umstritten.[685] Kelsen selbst versteht sie als „die Theorie des Rechtspositivismus".[686] Geht man von den Voraussetzungen des positivistischen Wissenschafts- und Rechtsbegriffs aus (Rn. 467 ff.), so ist Kelsens Theorie folgerichtig und schlüssig. In der Annahme dieser Prämissen liegt daher das entscheidende und umstrittene Pro-

---

682 K. Adomeit/S. Hähnchen, Rechtstheorie für Studenten, 6. Aufl., Heidelberg 2012, S. 43.

683 H. Kelsen, Reine Rechtslehre, 2. Aufl., Wien 1960 (Nachdruck 1992), S. 112.

684 H. Kelsen, VVDStRL, Heft 3 (1927), S. 54.

685 Nachw. bei K. Larenz, Methodenlehre der Rechtswissenschaft, 6. Aufl., Berlin 1991, S. 69 ff.

686 H. Kelsen, Was ist die Reine Rechtslehre? in: Festschrift für Z. Giacometti zum 60. Geburtstag, Zürich 1953, S. 143 ff., 153.

blem. Sein Verdienst ist es, das Geltungsproblem systematisch analysiert und offengelegt zu haben.

480a Die kritische Rezeption der Reinen Rechtslehre Kelsens führte zu neuen rechtstheoretischen Denkansätzen. Einen wichtigen Beitrag zur Fortentwicklung des von Kelsen theoretisch stilisierten Gesetzespositivismus leistete H. L. A. Hart in Oxford.[687] Er konzentrierte sich, wie Kelsen, auf die Probleme des Rechtsbegriffs und der Rechtsgeltung. Zur Definition des Rechts unterscheidet er zwei Arten von Rechtsnormen (Rn. 148b ff.), nämlich

- Pflichtnormen, die bestimmten Menschen Pflichten zuweisen – er nennt sie primäre Rechtsnormen;
- Kompetenz- und Ermächtigungsnormen, also Entscheidungsregeln, die bestimmten Personen oder Institutionen Machtbefugnisse zuweisen – er nennt sie sekundäre Rechtsnormen.

Rechtssysteme bestehen nach Hart aus dem Zusammenspiel dieser beiden Normarten. Die sekundären Rechtsnormen (Ermächtigungsnormen) sind nach Hart Regeln für das Erkennen, das Verändern von und das Entscheiden über den Inhalt von Pflichtnormen. Die primären Normen werden erst durch die sekundären Normen erkennbar, veränderbar, inhaltlich bestimmbar und anwendbar.[688] Mit Kelsen und Merkl (Rn. 272) geht Hart von einer Einheit der Rechtsordnung aus, die in einer Rangordnung der Normen („Stufenbau der Rechtsordnung", „inneres System", Rn. 139 ff., 272 ff., 751 ff.) gegliedert ist.

Die Geltung des Rechts leitet Hart aus einer „letzten Regel" („ultimate rule"). Diese ist anders als die von Kelsen fingierte „Grundnorm" (Rn. 478) keine Fiktion, sondern eine in der jeweiligen Rechtsordnung real existierende, von der Staatsgewalt und den Bürgern anerkannte höchstrangige Rechtsnorm, für die Bundesrepublik Deutschland etwa die Art. 1, 20 und 79 Abs. 3 GG.[689] Die Geltung des Rechts folgert er daraus, daß die primären Rechtsnormen (Pflichtnormen) überwiegend befolgt und die sekundären Rechtsnormen (Ermächtigungsnormen) von den Rechtsorganen angenommen

---

687 Seine Hauptwerke: The Concept of Law, Oxford 1961, deutsch: Der Begriff des Rechts, Frankfurt/M. 1973; Law, Liberty and Morality, London 1963, deutsch: Recht und Moral, hrsg. von Norbert Hoerster, Göttingen 1971; näher zu Hart vgl. P. Koller, Theorie des Rechts, 2. Aufl., Wien 1997, S. 163 ff.

688 H. L. A. Hart, Der Begriff des Rechts, Frankfurt/M. 1973, S. 92.

689 H. L. A. Hart, Der Begriff des Rechts, Frankfurt/M. 1973, S. 128 f., 154 ff.

und praktiziert werden. Rechtsgeltung ist also für Hart im Kern eine empirische Kategorie (vgl. Rn. 148ef.).[690]

Seine im Ansatz positivistische Grundposition modifiziert Hart dort, wo es ihm um moralische Mindestbedingungen geht, die ein soziales Normensystem, also auch eine Rechtsordnung, erfüllen muß, um als eine Rechtsordnung im Unterschied zu einem reinen Gewaltregime anerkannt zu werden. Er tritt für ein staatliches Willkürverbot ein, verlangt Schranken für die Interessendurchsetzung der Rechtsgenossen untereinander, insbesondere auch bei Verfügungsrechten von Individuen und Gruppen über knappe Güter und Sanktionen gegen solche, die den Rechtsnormen nicht freiwillig gehorchen. Hart folgert:

> „Derartige Regeln bilden in der Tat ein gemeinsames Element im Recht und in der konventionellen Moral aller Gesellschaften, die so weit fortgeschritten sind, daß Recht und Moral als verschiedene Formen der sozialen Kontrolle unterschieden werden ... Solche universell anerkannten Verhaltensprinzipien, die durch grundlegende Wahrheiten über die Menschen, ihre natürliche Umwelt und ihre Ziele fundiert sind, können als der Minimalgehalt des Naturrechts betrachtet werden, im Gegensatz zu den zwar anspruchsvolleren, aber auch anfechtbareren Konstruktionen, die oft unter diesem Namen angeboten worden sind."[691]

Auffällig an dieser Argumentation eines subjektiv überzeugten **480b**
„Positivisten" ist die kaum verdeckte Anlehnung an naturrechtliche Grundanschauungen, deren Begründung etwas unbestimmt bleibt. Die Analyse der Zusammenhänge von Recht und Moral wird so zur Eingangspforte für die Wiederkehr eines auf Erfahrung gestützten, historisch ausgebildeten Naturrechts entwickelter Zivilgesellschaften.

In ähnlicher Weise haben andere Rechtstheoretiker moralische Mindesterfordernisse definiert, die vorhanden sein müssen, damit von der „legality" einer Rechtsordnung ausgegangen werden könne. L. L. Fuller (Harvard Law School) zählt dazu etwa die notwendige generelle Geltung von Rechtsnormen, ihre öffentliche Bekanntmachung, das Rückwirkungsverbot belastender Regelungen, die Rechtsklarheit, ihre Widerspruchsfreiheit, ein Mindestmaß von Beständigkeit und den Vertrauensschutz in den Gesetzeswortlaut. Nur wenn

---

690 Zur krit. Würdigung der Lücken und Schwächen vgl. P. Koller, Theorie des Rechts, 2. Auf., Wien 1997, S. 168ff.

691 Hart, Der Begriff des Rechts, Frankfurt/M. 1973, S. 266.

diese Voraussetzungen vorliegen, könne von einer „inneren Moralität“ des Rechts gesprochen werden.[692]

Das Fesselnde an diesen Aussagen ist die Tatsache, daß mitten in einer Epoche der entschiedenen Ablehnung naturrechtlicher Vorstellungen und Argumente (vgl. Rn. 575 ff.) im Diskurs über die Verknüpfungen von Moral und Recht die Notwendigkeit allgemein anerkannter Grundwerte naturrechtlicher Prägung in neuem Gewand wieder auftaucht.

III. Positivismus als Rechtstheorie des Totalitarismus?

481 Der Gesetzespositivismus war von seiner Entstehung her nicht etwa eine Rechtstheorie für totalitäre Verbrecherstaaten. Hegels Lehre, der Staat sei stets die Verkörperung der Sittlichkeit, ist eine der Grundlagen des Gesetzespositivismus. Der Staat gründet danach in einer als notwendig gedachten „Harmonie von Macht und Recht“.[693] Der Siegeszug des Gesetzespositivismus wurde auch dadurch begünstigt, daß der Gesetzgeber seit dem Ende des 19. Jahrhunderts demokratisch legitimiert war.

482 Nach Krieg und Revolution von 1918 wurden Zweifel an diesem Positivismus wach. E. Kaufmann, vormals Vorkämpfer einer entschiedenen Machttheorie des Rechts, lehrte jetzt:

> „Der Gesetzgeber ist nicht Schöpfer des Rechts“.
> „... der Staat schafft nicht Recht, der Staat schafft Gesetze, und Staat und Gesetze stehen unter dem Recht“[694].

Diese Thesen fanden auf der Staatsrechtslehrertagung in Münster 1926 den heftigen Widerspruch der Mehrheit.[695] Kelsen gab der positivistischen Tradition und herrschenden Lehre bildhaften Ausdruck:

> „Die Frage, auf die das Naturrecht zielt, ist die ewige Frage, was hinter dem positiven Recht steckt .... Wer den Schleier hebt und sein Auge nicht schließt, dem starrt das Gorgonenhaupt der Macht entgegen“[696].

---

692 L. L. Fuller, The Morality of Law, 2. Aufl., New Haven 1969, S. 39. Die von Hart und Fuller eröffnete Debatte über die Bedeutung von moralischen Mindeststandards im Recht wurde von Lord Patrick Devlin fortgeführt und zugespitzt, vgl. P. Devlin, The Enforcement of Morals, Oxford 1965.

693 E. Kaufmann, Das Wesen des Völkerrechts und die clausula rebus sic stantibus (1911), Neudruck Aalen 1964, S. 148 ff.

694 E. Kaufmann, Die Gleichheit vor dem Gesetz im Sinne des Art. 109 der Reichsverfassung, in: VVDStRL, Heft 3 (1927), S. 3 f.

695 Vgl. die Diskussion von H. Nawiasky, G. Anschütz, H. Kelsen und R. Thoma in: VVDStRL, Heft 3 (1927), S. 25 ff., 47 ff., 53 ff., 58 ff.

696 H. Kelsen, Diskussionsbeitrag, in: VVDStRL, Heft 3 (1927), S. 54.

Anschütz, führender Kommentator der Weimarer Reichsverfassung, meinte zur Bindung des Staates an übergesetzliche Rechtsgrundsätze, hierbei handele es sich um Fragen, die einem „naturrechtlich gestimmten Zeitalter wichtig und lösbar erscheinen möchten, die aber in der heutigen Staatsrechtswissenschaft durch Übergang zur Tagesordnung zu erledigen sind“[697]. Diese Auffassung wurde nach der Machtübernahme durch die Nationalsozialisten für die Juristen problematisch. Die den Gesetzespositivismus legitimierende These Hegels von der notwendigen Sittlichkeit des Staates wurde vom NS-Staat wie vom Stalinismus ad absurdum geführt.

Nach 1945 ist der Gesetzespositivismus zum Prügelknaben für das **483** Unrechtssystem des NS-Staates und seiner Rechtsprechung gemacht worden. Das kann nur für diejenigen Gesetze zutreffen, die im Dritten Reich zur Durchsetzung des nationalsozialistischen Programms erlassen wurden, z. B. für die Nürnberger Gesetze zur Reinhaltung des deutschen Blutes von 1935. Im übrigen ist diese Schuldzuweisung falsch.[698] Die Rechtsordnung ist im Nationalsozialismus ganz überwiegend nicht durch den Erlaß von Gesetzen pervertiert worden. Zu einer umfassenden NS-Gesetzgebung reichte die Zeitspanne von zwölf Jahren in vielen Bereichen gar nicht aus. Rechtswissenschaft und Gerichte haben sich oft gerade im Gegenteil völlig von den Gesetzen gelöst und den Willen der Gewalthaber im Geist rassenpolitischer Ziele gegen geltende Gesetze verwirklicht. Rechtstechnisch vollzog sich dieser Prozeß der „Umdeutung“ nach der von den Gerichten akzeptierten Vorstellung neuer nationalsozialistischer Rechtsquellen, nämlich des „Führerwillens“, des Parteiprogramms der NSDAP und eines rassisch bestimmten neuen „Naturrechts aus Blut und Boden“.[699]

IV. Gesetzliches Unrecht und Gesetzespositivismus

Das im Namen des Rechts begangene Unrecht der verbrecheri- **484** schen Staatssysteme des vergangenen Jahrhunderts stellt erneut die Frage: Warum soll der Befehl des Rechts überhaupt befolgt werden?

697 G. Anschütz, in: F. v. Holtzendorff/J. Kohler (Hrsg.), Enzyklopädie der Rechtswissenschaft in systematischer und alphabethischer Bearbeitung, Bd. IV, „Deutsches Staatsrecht“, 7. Aufl., Leipzig 1914, S. 26.

698 B. Rüthers, Die unbegrenzte Auslegung, 8. Aufl., Tübingen 2017, S. 9 ff.

699 Vgl. dazu eingehend B. Rüthers, Die unbegrenzte Auslegung, 8. Aufl., Tübingen 2017, S. 277 ff.; ders., Wir denken die Rechtsbegriffe um … – Weltanschauung als Auslegungsprinzip, Zürich 1987, S. 43 ff., 58 ff.

Dazu sind von der Rechtsphilosophie vor allem vier Antworten gegeben worden, die uns schon auf der Suche nach dem richtigen Recht begegnet sind:
- Offenbarung,
- Vernunft,
- Konsens,
- Macht.

485 **1. Geltungsgrundlagen des Rechts.** Das christliche Naturrecht gründet sich auf die Offenbarung (Rn. 422 ff.). Die Vorstellung einer dem Gesetz vorausliegenden („göttlichen“) Rechtsordnung („Schöpfungsordnung“) wirkt zwar bis heute nach, etwa in der Präambel des Grundgesetzes. Sie ist aber für religions- und weltanschauungsneutrale Verfassungsstaaten wenig ergiebig, weil die grundrechtlich gewährleistete Glaubens- und Gewissensfreiheit (Art. 4 Abs. 1 GG) auch den Unglauben schützt. Die jeweils konkrete Rechtsordnung kann in ihren Einzelheiten ohnehin nicht auf göttliche Offenbarung zurückgeführt werden.

486 Die Vernunft als Geltungsgrundlage hat sich im geschichtlichen Rückblick wegen der Vieldeutigkeit und Leerformelhaftigkeit des Vernunftbegriffs ebenfalls als wenig tauglich gezeigt (Rn. 445 ff.).

487 Der Konsens schafft Recht nach der Lehre vom „Gesellschaftsvertrag“. Das Recht soll gelten, weil diejenigen, die eine Gesellschaft, einen Staat gründeten, einig gewesen seien, daß der entstehende Staat besser sei als keiner. Partner dieses auch die Rechtsordnung begründenden Vertrages („Sozialkontraktes“) sind also nicht die jeweils lebenden und betroffenen Individuen, sondern idealtypisch gedachte, vernünftig handelnde Menschen, die ihren „wahren Interessen“ folgen,[700] also fingierte, gemeinwohlgebundene Individuen (Rn. 382). Gebunden sind aber alle Mitglieder der Rechtsgemeinschaft, auch und gerade die, welche das Gemeinwohl und die Vernunft anders sehen als die Konstrukteure des Sozialvertrages und der konkreten Rechtsordnung. Mit anderen Worten: Der Gesellschaftsvertrag ist ein Vertrag, besser: eine Fiktion zu Lasten anders denkender Dritter.

Konsens kann auch im Sinne des Mehrheitsprinzips in der Demokratie gedeutet werden. Eine solche Geltungsannahme auf der Basis des „Konsenses der Mehrheit“ beruht auf dem Axiom: Von der Mehrheit beschlossene Verhaltensregeln verpflichten alle Mitglieder

---

700 G. Radbruch, Rechtsphilosophie (Studienausgabe), 2. Aufl., Heidelberg 2003, S. 136 f.

der Rechtsgemeinschaft. Für die Zweifler an der Vernunft solcher Regeln ist das ein fragwürdiger Konsens. Zweifel und Meinungskampf sind aber gerade notwendige Bausteine einer funktionsfähigen Demokratie. Die Anerkennung der Geltung von Mehrheitsbeschlüssen kann also nicht auf Konsens gegründet werden.

Die Macht ist für den Gesetzespositivismus der Geltungsgrund des **488**
Rechts. Diese Machttheorie des Rechts hat lange Zeit die deutsche Staatsrechtslehre beherrscht und Generationen deutscher Juristen geistig geprägt. Sie bleibt in der staatsrechtlichen Normallage bis heute wirksam (Art. 20 Abs. 3, 97 Abs. 1 GG). Ihre Problematik zeigt sich in der Ausnahmelage. Gelingt es einer Verbrecherbande, die staatliche Gewalt zu erobern, so erhalten die förmlich erlassenen verbrecherischen Gesetze dieser Bande vom Gesetzespositivismus Rechtsqualität und Verbindlichkeit zugesprochen. Soll sich der Richter, soll sich die Rechtsgemeinschaft wirklich verbrecherisch handelnder Staatsgewalt beugen und unsittlichen Gesetzen Gehorsam leisten?

2. Gesetzesgehorsam gegenüber gesetzlichem Unrecht? Sie sol- **489**
len es nicht. Das Problem so zu stellen, heißt aber, es zu verkennen. Die Richter, die Rechtsgemeinschaft werden es nämlich dennoch tun, und zwar auch dann, wenn sie auf rechtstheoretisch einwandfreie Weise (unterstellt, die Rechtstheorie könne eine solche Weise bieten) zu der Einsicht gelangt sein sollten, diese Gesetze seien „eigentlich" nicht verbindlich. Denn zum einen hat ein totalitäres Regime wirksamere Mittel, um Gehorsam zu erzwingen, als ein Verfassungsstaat. Wer mit Degradierung, Ächtung, physischer oder psychischer Vernichtung drohen kann, braucht sich um Gesetzesgehorsam der Rechtsunterworfenen erfahrungsgemäß wenig zu sorgen. Zum anderen gilt auch für Verbrecher eine Grundregel der Politik: Öffentlich zeigen, also z. B. als Gesetz verkünden, kann man in der Regel nur, was nicht den Abscheu der Untertanen erregt.

Der hinhaltende, heimliche Widerstand gegen ein solches Regime erfordert großen persönlichen Mut. Diesen Mut mag es beim Einzelnen stärken, wenn er sich auf ewiges, göttliches Recht berufen kann. Diejenigen, die das Regime tragen und im juristischen Vollzug durchsetzen, werden sich davon nicht beeindrucken lassen. Der richterliche, rechtstheoretisch begründete Widerstand gegen Unrechtsregimes kommt in aller Regel zu spät. Solche Herrschaften kann man mit Aussicht auf Erfolg nur bekämpfen, bevor sie zur Macht gelangt sind, also in der politischen Arena.

Das hat auch Kelsen gesehen. Er hat nur geleugnet, daß man die Machtfrage, also das Problem des staatlichen Machtmißbrauches, mit **rechtswissenschaftlichen** Mitteln lösen könne. Darin ist er bisher von keiner der zahlreichen Erfahrungen mit Unrechtsstaaten widerlegt worden.

C. Die Macht der letzten Instanzen: Der Richterpositivismus

490 In der Rechtsquellenlehre (Rn. 217 ff.) ist die These begründet worden, daß Entscheidungen letzter Instanzen in offenen, gesetzlich nicht geregelten Rechtsfragen über den entschiedenen Streitfall hinauswirken (Rn. 235 ff.). Die starke, rechtspolitische sowie schwer zu kontrollierende und einzugrenzende Macht von Entscheidungen letzter Instanzen ist ein verfassungspolitisches Dauerthema jedes „Rechtswegestaates" (Art. 19 Abs. 4, 20 Abs. 2, 3 GG), der nahezu alle Interessenkonflikte und das gesamte Handeln aller Staatsorgane der gerichtlichen Kontrolle unterstellt.[701] Die obersten Gerichte selbst haben das zunehmend erkannt und bisweilen offen an- oder ausgesprochen.[702] Ein früherer Präsident des Bundesgerichtshofes zog bei der 10-Jahresfeier seines Gerichts bereits 1960 eine ebenso interessante wie treffende Verbindungslinie vom

- rechtswissenschaftlichen Positivismus der Pandektenzeit über den
- Gesetzespositivismus am Beginn des 20. Jahrhunderts zur
- Richterrechtsbildung der Gegenwart.[703]

491 Die Wegmarken sind zutreffend bezeichnet, nur muß es treffender Richterpositivismus anstatt Richterrechtsbildung heißen. Die normerzeugende und gesetzesderogierende Kraft der letztinstanzlichen Entscheidungen begründet ein spezifisches Verhältnis zwischen Gesetzgebung und Rechtsprechung. Die zwei Gewalten werden auf eine neue Weise einander zugeordnet, die dogmatisch mit der gängigen Formel von der Prärogative des Gesetzgebers (vgl. Art. 20 Abs. 3, 97 GG) unzutreffend beschrieben wird.

---

701 B. Rüthers, Die unbegrenzte Auslegung, 8. Aufl., Tübingen 2017, S. 457 ff.
702 B. Rüthers, Die unbegrenzte Auslegung, 8. Aufl., Tübingen 2017, S. 446 ff.
703 R. Fischer, Die Rechtsprechung des Bundesgerichtshofes – Ein Rückblick auf die ersten zehn Jahre, in: ders., Gesammelte Schriften, Berlin 1985, S. 3 ff.

„Nicht das Gesetz, sondern Gesetz und Richteramt schaffen dem Volke sein Recht“[704].

Der letztinstanzliche Richter wird zum Ersatzgesetzgeber. Was er für Recht, etwa auch für „Naturrecht“ (Rn. 238, 266) erklärt, wird geltendes Recht, weil die Regelungsmacht der letzten Instanz es will. Erinnern wir uns nochmals an den Satz von O. W. Holmes, des Richters am Supreme Court der USA, von 1897:

„Recht ist nichts anderes als die richtige Voraussicht dessen, was die letzte Instanz sagen wird“[705].

D. Konstruktion des Rechts aus Regeln und Prinzipien (Ronald Dworkin)

Ronald Dworkin,[706] ein Schüler der Harvard Law School und der 491a Nachfolger von H. L. A. Hart auf dessen Lehrstuhl in Oxford, formulierte aus seinen Erfahrungen in der Praxis ein wichtiges Argument gegen den Rechtspositivismus: Eine Rechtsordnung bestehe nicht nur aus Rechtsnormen („Regeln“). Sie enthalte vielmehr bei realistischer Analyse ihrer Funktionsweisen zusätzliche normative Maßstäbe und Elemente anderer Art. Diese seien für die praktische Rechtsanwendung unverzichtbar. Sie existierten unabhängig von dem vorhandenen Bestand an Rechtsnormen und seien nicht aus diesen oder aus einer obersten Rechtsnorm ableitbar. Diese zusätzlichen Maßstäbe unterteilt er in (primär moralisch begründete) Prinzipien und rechtspolitische Zielsetzungen. Bei der richterlichen Rechtsanwendung komme diesen Prinzipien eine besondere Bedeutung zu (vgl. Rn. 756 ff.).

Dworkin[707] geht davon aus, daß jede Rechtsordnung aus einer end- 491b lichen Zahl von Regeln besteht. Ist ein zu entscheidender Streitfall durch diese Normen nicht oder nicht eindeutig geregelt, so ist die Entscheidung dem pflichtgemäßen Ermessen des Richters zugewiesen. Dieser greift dazu auf Prinzipien zurück. Zwischen Regeln und Prinzipien unterscheidet Dworkin so:

---

704 O. Bülow, Gesetz und Richteramt, Leipzig 1885, Neudruck Aalen 1972, S. 7.
705 O. W. Holmes, The Path of Law, Harvard Law Review, Vol. X (1897), S. 460.
706 Sein Hauptwerk ist das Buch Taking Rights Seriously, Cambridge, Mass. 1977; deutsch: Bürgerrechte ernstgenommen, Frankfurt/M. 1984. Eingehender zur Rechtstheorie Dworkins vgl. P. Koller, Theorie des Rechts, 2. Aufl., Wien 1997, S. 172 ff.
707 R. Dworkin, Bürgerrechte ernstgenommen, Frankfurt/M. 1984, S. 46 ff.

Die Anwendung einer Regel auf einen Einzelfall sei eine Frage des Ja oder Nein, des Alles oder Nichts: Lasse sich der Sachverhalt unter den Tatbestand subsumieren, dann trete die Rechtsfolge ein, wenn nicht, dann nicht. Prinzipien dagegen funktionierten nicht nach dem formalen „Wenn-dann-Schema". Sie seien bei ihrer Anwendung im Einzelfall vielmehr zu gewichten. Sie machten eine Abwägung erforderlich. Wenn zwei Regeln auf denselben Sachverhalt anwendbar seien, dann bestehe zwischen ihnen ein logischer Widerspruch. Eine der beiden Normen müsse weichen. Bei zwei widerstreitenden Prinzipien seien diese hingegen gegeneinander abzuwägen. Dabei bestehe keine logische Notwendigkeit, eines der beiden gänzlich preiszugeben.

Bei einer solchen Abwägung seien die Richter in einem Rechtsstaat aber nicht etwa völlig frei. Sie seien vielmehr verpflichtet, nach Gesetz und Recht zu entscheiden. Zu dieser Verpflichtung gehöre auch die Bindung an die für den Streitfall einschlägigen Prinzipien, obwohl diese Prinzipien gerade nicht in Rechtsnormen fixiert seien. Sie seien bindende Elemente und Maßstäbe des Rechts außerhalb der Rechtsnormen. Also gehörten die Prinzipien entgegen den Lehren des Rechtspositivismus zu den verbindlichen Elementen der Rechtsordnung.

491c Dworkin setzt in seiner Sicht des Zusammenspiels von Regeln und Prinzipien voraus, daß jede real existierende Rechtsordnung eine normative Theorie zur Grundlage hat, aus der sie ihre Geltungsansprüche und ihre Funktionsweisen, aber auch die Reichweite der ihr immanenten Prinzipien legitimiert.[708] Das Recht besteht also nicht nur aus den positiven Rechtsnormen der staatlichen Organe (Gesetzgebung, Gerichtsbarkeit, Exekutive), sondern mindestens ebenso aus den immanenten Rechtsprinzipien, auf denen diese Normen beruhen.

Dworkin ist verkappter Naturrechtler. Er vertritt die zweifelhafte Überzeugung, daß sich richterliche Bewertungen und Abwägungen bei Beachtung der von ihm angenommenen Prinzipien in jedem Falle einer eindeutigen, rationalen und allein „richtigen" Lösung zuführen ließen. Das ist seine „One Right Answer Thesis". Sie soll auch und gerade dann gelten, wenn mehrere der von ihm bejahten Prinzipien miteinander kollidieren. Die These läßt sich auf zweierlei Weise deuten, nämlich einmal diskurstheoretisch und damit rechtsmethodisch im Sinne vermeintlich rein rational begründeter Entscheidungen

708 R. Dworkin, Bürgerrechte ernstgenommen, Frankfurt/M. 1984, S. 122 ff.

(Rn. 586 ff.) oder ontologisch (naturrechtlich) im Sinne vorgegebener absoluter und objektiver Wertmaßstäbe (Rn. 417 ff.). Beide Deutungen dürfen sowohl historisch wie auch rechtstheoretisch als widerlegt gelten. Die Annahme, in Regelungsfragen und bei Abwägungsproblemen gebe es jeweils nur eine „richtige“ Lösung, geht von der erkenntnistheoretisch irrigen Vorstellung aus, Werturteile ließen sich nach den Kriterien „wahr“ oder „falsch“ entscheiden (dazu Rn. 117–119 und 579–595). Die „One Right Answer Thesis“ läßt sich auch nicht als „regulative Idee“ aufrecht erhalten.[709]

Die Rechtsordnung gewinnt bei Dworkin eine spezifische Nähe zu anderen sozial gültigen Normsystemen, insbesondere zur jeweils herrschen Sozialmoral und zur gesamten das Recht prägenden Sozialstruktur (Ökonomie, Kultur, etc.). Die Geltung des Rechts beruht danach einerseits auf der Autorität und Legitimität der die Rechtsnormen erzeugenden Institutionen, andererseits auf den moralischen Prinzipien, welche diesen Rechtsnormen zugrundeliegen.[710]

E. Zusammenfassung zu § 13

I. Der juristische Positivismus entstand aus dem Glauben an die Naturwissenschaften und an den durch sie vermittelten, unaufhaltsamen Fortschritt, der die Jurisprudenz um die Mitte des 19. Jahrhunderts ergriff. Er stammt vom philosophischen Positivismus ab, der den Wissenschaftsbegriff auf das Denken in logisch-mathematischen und naturwissenschaftlich-exakten Denkformen einschränkte. 492

II. Der juristische Positivismus ist zu unterteilen in
- den rechtswissenschaftlichen Positivismus: Rechtswissenschaft schafft Recht,
- den Gesetzespositivismus: Gesetz ist Recht,
- den Richterpositivismus: Recht ist der Spruch der letzten Instanz,
- den Naturrechtspositivismus, der in der Regel als Unterfall des Richterpositivismus auftritt.

III. Der rechtswissenschaftliche Positivismus („Wissenschaft schafft Recht“) ist überholt.

---

709 Hierzu Ch. Fischer, ZfA 2002, 215, 226 f.

710 R. Dworkin, Bürgerrechte ernstgenommen, Frankfurt/M. 1984, S. 122 f, 145 ff., und P. Koller, Theorie des Rechts, 2. Aufl., Wien 1997, S. 177 ff.

IV. Gesetzes- und Richterpositivismus knüpfen den Rechtsbegriff an Setzungsakte des Staates, nämlich an Gesetz und letztinstanzliche Entscheidungen. Recht ist hier das Produkt staatlicher Machtentfaltung im Rahmen verfassungsmäßig geübter Kompetenz.

V. Im anglo-amerikanischen Rechtskreis hat die Reine Rechtslehre Hans Kelsens zu neuen Denkansätzen (H. L. A. Hart, L. L. Fuller, P. Devlin) geführt. Es entstand eine lebhafte Debatte darüber, ob es auch für Rechtspositivisten universell anerkannte Verhaltensprinzipien gebe, die durch grundlegende Wahrheiten über die Menschen, ihre natürliche Umwelt und ihre Ziele fundiert sind und die als ein Minimalgehalt des Naturrechts betrachtet werden können. Eine vom Rechtspositivismus abweichende Theorie des Rechts entwickelte Ronald Dworkin, der das Recht als ein Zusammenspiel von positiven Rechtsnormen und außerpositiven, moralisch fundierten Rechtsprinzipien versteht.

VI. Ansatzpunkte für eine Beurteilung des Gesetzespositivismus sind seine Verdienste und seine Gefahren:

1. Verdienste

a) Der Positivismus schränkt den Rechtsbegriff realistisch auf solche Normen ein, die durch den staatlichen Sanktions- und Vollstreckungsapparat Aussicht auf Durchsetzung, also eine reale Geltungserwartung haben.

b) Die Beschränkung des Rechtsbegriffs auf staatlich gesetzte Normen konzentriert den rechtspolitischen Kampf um den Inhalt des Rechts auf den staatlichen Normsetzungsvorgang.

c) Die Annahme einer Gehorsamspflicht gegenüber allen formgültig erlassenen staatlichen („positiven“) Rechtsnormen
   - schafft Rechtsklarheit über den Auslegungsgegenstand „Recht“,
   - dient dem Rechtsfrieden und verhindert Bürgerkriege.

d) Die Einsicht in die Notwendigkeit rechtlicher Ordnung als Alternative zu Chaos oder Anarchie gebietet Rechtstreue und Toleranz auch dem Bürger, der den Inhalt staatlicher Rechtsnormen subjektiv für ungerecht hält. Zu einem Problem kommt es dann, wenn die Kluft zwischen dem „Rechtsgefühl“ erheblicher Gruppen von Bürgern und dem Inhalt staatlicher Normen zum Widerstand gegen die Rechtsordnung drängt.

e) Der Positivismus erkennt das Recht zutreffend als ein Machtinstrument zur Durchsetzung politischer Gestaltungsziele. Die Auswahl der Ziele überläßt er dem Inhaber der jeweiligen normsetzenden Gewalt.

f) Jede staatliche Rechtsordnung ist heute notwendig „positivistisch". Gesetze und verbindliche Normen des Richterrechts sind von den Rechtsunterworfenen zu befolgen (Art. 20 Abs. 3 GG). Die Kombination von Gesetzes- und Richterpositivismus ist also die Rechtstheorie des staatlichen Normalzustandes. Ausnahmelagen hingegen sind Blütezeiten der ewigen Wiederkehr des Naturrechts. Nach historischer Erfahrung ist ferner zu bedenken: Die staatliche Ausnahmelage ist auch dadurch gekennzeichnet, daß sie sich rechtlicher Normierung weitgehend entzieht. Der Ausnahmezustand ist nur bedingt regelbar. Art. 20 Abs. 4 GG und die Notstandsgesetze stellen den Versuch einer gesetzgeberischen Vorsorge für eine solche Ausnahmelage dar.

2. Nachteile und Gefahren

a) Der Positivismus verneint die Existenz von vor- oder übergesetzlichen Rechtsgrundwerten. Das Grundgesetz versucht dieses Problem durch die „Ewigkeitsklausel" der Art. 1 und 79 Abs. 3 GG zu lösen.

b) Die These von der unbeschränkten Allmacht des Staates als Normsetzer steht mit dem historisch gewachsenen übernationalen Rechtsbewußtsein im Widerspruch. Das zeigen die Grund- und Menschenrechtskataloge der meisten Verfassungen. Auch totalitäre Systeme aller Schattierungen, welche die Menschenrechte mißachten, zollen insoweit durch die nicht eingelöste Verfassungsgarantie von Grundrechtskatalogen diesem Rechtsbewußtsein Tribut (vgl. die Verfassungen der Staaten des realen Sozialismus).

c) Die positivistische Gleichung, nach welcher die Macht über die Normsetzung auch die Verfügungsmacht über beliebige Rechtsinhalte bedeutet, bietet keine rechtlichen Schranken gegen totalitäre Perversionen. Rechtsstaat und Unrechtssystem sind für den Gesetzespositivisten nicht unterscheidbar, wenn das Unrecht „legal" verordnet wird. Es gibt kein juristisch begründbares Widerstandsrecht gegen gesetzliches Unrecht.

d) Jede Rechtsnorm ist wertbezogen. Der Positivismus – insbesondere die Reine Rechtslehre Kelsens – versucht, dieses zentrale Element des Rechts, seine Hinordnung auf Wertverwirklichung, aus dem Rechtsbegriff auszuklammern. Dadurch wird die in der Normsetzung liegende Machtausübung von jeder Bindung an moralische Grundwerte freigesetzt.

§ 14. Klasse und Recht

Was ist aber ein Gesetz?

Es ist der Willensausdruck der Klassen, die gesiegt haben und die Staatsmacht in ihren Händen halten.
W. I. Lenin

493 In diesem Kapitel geht es um zwei Denkschulen, die das Recht aus ganz anderer Richtung betrachten. Sie gehen von Positionen aus, die der Positivismus ausgeklammert hat, nämlich den sozialen Gegebenheiten in der Gesellschaft. Sie stellen die Fragen, die wir im zweiten Abschnitt mit der Funktionenbeschreibung des Rechts skizziert haben (Rn. 72 ff.).

A. Die industrielle Revolution als Ausgangspunkt neuer Rechtstheorien

494 Mit dem 19. Jahrhundert setzten in Europa die großen sozialen Umwälzungen der ersten industriellen Revolution ein. Die Verelendung des „vierten Standes", das Massenheer der besitzlosen Industriearbeiter und ihrer Familien, brachte die überkommenen Strukturen von Gesellschaft und Staat in Unordnung. Wenn das Recht seine soziale und politische Steuerungs- und Gestaltungsfunktion behalten sollte, mußten die Juristen die neuen ökonomischen und sozialen Realitäten in den Blick nehmen. Weder die historische Rechtsschule noch die Begriffsjurisprudenz (vgl. Rn. 451 ff., 458 ff.) hatten die Wirkungen der sozialen Umschichtungen ihrer Epoche auf das Recht erkannt, geschweige denn verarbeitet (Puchta starb 1846, v. Savigny 1861).

Bei zwei gesellschafts- und rechtstheoretischen Autoren, Karl Marx und Lorenz v. Stein, war die neue Klasse der Industriearbeiter der Ausgangspunkt für eine neue Deutung des Zusammenhanges zwischen Gesellschaft und Recht. Die „Klassenstruktur" der Gesellschaft wurde zum Ansatz rechtstheoretischer Aussagen.

B. Klasse und Recht – revolutionär: Marxistisch-leninistische Rechtstheorie

> Dekrete sind Instruktionen, die die Klassen zum praktischen Handeln aufrufen.
>
> W. I. Lenin

I. Kernthesen der marxistischen Rechtslehre

Karl Marx (1818–1883) und Friedrich Engels (1820–1895) und die **495** von ihnen begründeten Lehren des dialektischen und historischen Materialismus haben sich mit Fragen des Rechts und der Rechtstheorie nur am Rande beschäftigt. Ihnen ging es in erster Linie um eine transzendentale Deutung der Menschheitsgeschichte von den Ursprüngen bis zu einer als geschichtsnotwendig angenommenen kommunistischen Endzeit. Trotz der eschatologischen Aussagen zur Zukunft der Welt versteht sich diese „Marxismus" genannte Lehre als eine alle Lebensgebiete umfassende Wissenschaft.

Karl Marx (1818–1883), Begründer des „Marxismus".
Recht ist für ihn das Ergebnis eines permanenten Klassenkampfes in der Gesellschaft.

Marx wurde von den sowjetisch orientierten Marxisten bis 1989 als „Meister der Rechtsphilosophie" höher geschätzt als Hobbes, Locke, Rousseau, Kant und Hegel.[711] Zum Recht macht der Marxismus nur wenige, allgemeine und darum vage und auslegungsfähige Aussagen. Die Vorstellungen von Marx und Engels zum Recht sind demgemäß im Verlauf der historischen Erfahrungen in den marxistisch regierten Ländern beträchtlich variiert worden. Das galt auch und besonders für die Sowjetunion.[712] Die wesentlichen Grundsätze der marxistischen Rechtstheorie lauten:

496 **1. Das Recht hat Klassencharakter.** Die gesamte vorkommunistische Menschheitsgeschichte wird von Marx und Engels als eine Geschichte von Klassenkämpfen gedeutet. Diese Klassenkämpfe würden von der jeweils herrschenden Klasse auch mit den Mitteln des Rechts, also der Gesetzgebung und der Rechtsanwendung, ausgetragen.[713] Recht ist danach ein Produkt und ein Machtinstrument der jeweils herrschenden „Klasse".[714] Marx und Engels formulieren:

> „Der Ausdruck dieses durch ihre gemeinschaftlichen Interessen bedingten Willens ist das Gesetz".[715]

Der Begriff „Klasse" ist unklar und fließend. Er bereitete den Marxisten – auch wegen der „neuen Klassen" in allen „real sozialistischen" marxistischen Staaten – immer wieder große Schwierigkeiten. Eine überzeugende Geschichts- und Rechtstheorie läßt sich auf einem so unklaren Begriff schwerlich aufbauen. Aus dem Klassencharakter des Rechts soll folgen:

497 a) Alles Recht sei parteiliches Recht zugunsten der jeweils herrschenden Klasse. Es sei immer zuerst material, d. h. auf bestimmte politische Zwecke gerichtet. Es gestalte, erziehe, bilde Bewußtsein und schütze die bestehenden Herrschaftsverhältnisse gegen feindliche Angriffe.

498 b) Das „bürgerliche" Recht (gemeint ist die Rechtsordnung „bürgerlicher", also nichtmarxistischer Staaten) schütze das kapitalistische

711 Marxistisch-leninistische allgemeine Theorie des Staates und des Rechts, Bd. IV, Berlin (Ost) 1976, S. 435.

712 Vgl. N. Reich, Sozialismus und Zivilrecht, Frankfurt/M. 1972, bes. S. 191 ff., 251 ff.

713 W. I. Lenin, Über eine Karikatur auf den Marxismus, in: W. I. Lenin, Werke, Bd. XXIII, Berlin 1972, S. 18 ff.

714 K. Marx/F. Engels, Die deutsche Ideologie, in: Marx/Engels, Werke, Bd. III, Berlin 1962, S. 9 ff., 63, 311; F. Engels, Ludwig Feuerbach und der Ausgang der klassischen Deutschen Philosophie, ebenda, Bd. XXI, Berlin 1973, S. 259 ff.

715 K. Marx/F. Engels, Die deutsche Ideologie, in: Marx/Engels, Werke, Bd. II, Berlin 1962, S. 311.

Privateigentum und damit die Möglichkeit der Kapitalisten, die Arbeiterklasse zu unterdrücken und auszubeuten.

c) Das „sozialistische Recht“, also das Recht in der Übergangs- 499
phase vom überwundenen Kapitalismus zum Kommunismus, sei ein Instrument der zur staatlichen Macht gelangten Arbeiterklasse unter der Führung ihrer marxistisch-leninistischen Partei. Die Aufgaben des sozialistischen Rechts seien nicht beliebig, sondern aus den „objektiven Gesetzen“ des Marxismus abzuleiten und in Parteibeschlüssen zu formulieren, die der sozialistisch-kommunistischen Entwicklung und Umgestaltung der Gesellschaft dienten. Es ging vor allem um zwei Aufgaben:

(1) Die sozialistische Gesellschaft und die Alleinherrschaft der marxistisch-leninistischen Partei sind gegen feindliche Anschläge von innen durch Konterrevolutionäre aus der gestürzten Ausbeuterklasse, gelegentlich auch durch „irregeleitete“ sozialistische Arbeiter und Bauern (wie etwa in der DDR 1953, Ungarn 1956, der CSSR 1968 und Polen 1971, 1981) und außen (durch den „Imperialismus“ der kapitalistischen Staaten) zu schützen.

(2) Der Aufbau der kommunistischen Gesellschaft ist mit den Mitteln des Rechts zu leiten. Es reguliert die Produktion, die Verteilung der Produkte und der Arbeit unter die Mitglieder der Gesellschaft.[716] Es hilft mit, diese zu sozialistischen Persönlichkeiten zu formen.[717]

2. Das Recht gehört zu dem ideologischen und institutionellen 500
Überbau einer Gesellschaft. Das Recht beruht nach marxistischer Lehre auf den materialen Strukturen der jeweiligen Gesellschaft, nicht umgekehrt. Marx sagt das so:

> „Die Gesamtheit dieser Produktionsverhältnisse bildet die ökonomische Struktur der Gesellschaft, die reale Basis, worauf sich ein juristischer und politischer Überbau erhebt …“[718].

Staat und Recht sind danach ökonomisch-gesellschaftlich bedingte Erscheinungen der jeweiligen Klassenlage. Der Marxismus lehrt die Einheit von Staat und Recht, also auch die Einheit von Staatstheorie und Rechtstheorie.

---

716 W. I. Lenin, Staat und Revolution, in: Werke, Berlin 1974, Bd. XXV, S. 393 (478 ff.).

717 Überblick bei G. Klaus/M. Buhr, Philosophisches Wörterbuch, 11. Aufl., Leipzig 1975, Bd. II, Stichwort „Recht“, S. 1018 f.

718 K. Marx, Zur Kritik der politischen Ökonomie (Vorwort), in: Marx/Engels, Werke, Bd. III, Berlin 1962, S. 8. (Hervorhebung durch den Verfasser).

501 **3. Sozialistisches Recht geht aus einer proletarischen Revolution hervor.** Das Klassenrecht des bürgerlichen, kapitalistischen Staates konnte nach Marx nicht durch reformierende Gesetzgebung, sondern nur durch eine umfassende soziale proletarische Revolution abgeschafft werden, welche die Basis (Eigentums- und Produktionsverhältnisse) umwälze und die Rechtsordnung als Teil des „Überbaus" mitreiße. Marx sieht das so:

> „Auf einer gewissen Stufe ihrer Entwicklung geraten die materiellen Produktionskräfte in Widerspruch mit den vorhandenen Produktionsverhältnissen .... Es tritt dann eine Epoche sozialer Revolution ein. Mit der Veränderung der ökonomischen Grundlage wälzt sich der ganz ungeheure Überbau langsamer oder rascher um"[719].

Das sei der einzige Weg zur wirklichen Befreiung der Werktätigen.[720]

502 **4. Für das sozialistische Recht gilt die Einheit von Sein und Sollen.** Auch das Recht nach der Revolution folge objektiven Gesetzmäßigkeiten, sei also nur durch die materiellen Lebensbedingungen zu erklären.[721] Marx schreibt zum Gestaltungsspielraum des sozialistischen Gesetzgebers einen Satz, der auch von einem Autor des thomistischen Naturrechts stammen könnte:

> „Die gesetzgebende Gewalt macht das Gesetz nicht, sie entdeckt und formuliert es nur"[722].

Sozialistisches Recht ist nicht beliebig normierbar, sondern inhaltlich eingebunden in das Lehrgebäude des Marxismus, das auch in seinem geschichtsprophetischen Teil als Wissenschaft verstanden werden will. Damit wird die prinzipiell „naturrechtliche" Konstruktion der marxistischen Rechtslehre deutlich: Das rechtliche Sollen geht aus dem ökonomisch-gesellschaftlichen Sein der Produktionsverhältnisse hervor. Das Recht hat sich danach am wissenschaftlich vorausgeschauten Geschichtsverlauf zu orientieren. Die Parteiorgane der marxistisch-leninistischen Partei entscheiden als „Vorhut der Arbeiterklasse" je nach Klassenlage darüber, ob durch Gesetz die Lebens-

---

719 K. Marx, Zur Kritik der politischen Ökonomie (Vorwort), in: Marx/Engels, Werke, Bd. III, Berlin 1962, S. 9.

720 Marxistisch-Leninistische allgemeine Theorie des Staates und des Rechts, Bd. IV, Berlin (Ost) 1976, S. 48.

721 G. Haney, Sozialistisches Recht und Persönlichkeit, Berlin 1967, S. 37 ff.

722 K. Marx, Kritik des Hegelschen Staatsrechts, in: Marx/Engels, Werke, Bd. I, Berlin 1964, S. 203 ff., 260.

mittel rationiert (Polen), ob die Kleinstbetriebe auf privater Basis (Ungarn) erlaubt werden sollten und ob zur Abwehr „konterrevolutionärer Umtriebe“ zeitweilig eine Militärdiktatur an die Stelle der Arbeiter- und Bauernmacht treten mußte (Polen/CSSR).

Es handelt sich beim Marxismus also um eine spezifisch naturrechtliche Erlösungslehre, die auf eine transzendentale Geschichtsdeutung zurückgeht.

5. Für die sozialistische Rechtslehre gilt die These der tendenziellen Einheit von Recht und Moral. Im sozialistischen Recht fließen nach dem Rechtsverständnis der Marxisten die moralische Überzeugung, das ökonomische Interesse und gegebenenfalls die Gewaltanwendung der Arbeiterklasse und ihres Staates zusammen.[723] 503

Die proletarische, kommunistische Moral sei die höchste und historisch letzte Stufe möglicher moralischer Entwicklung, weil der Sozialismus die Ausbeutung des Menschen durch den Menschen aufhebe. Diese Moral gelte in marxistischen Ländern als „das allgemein anerkannte … unumschränkt herrschende System von Verhaltensnormen“.[724] Die mit dem Aufbau des Sozialismus wachsende Rolle der neuen Moral führe dazu, daß die moralischen Grundsätze im sozialistischen Recht immer stärker ausgeprägt würden, so daß „sich die juristischen Normen allmählich den Normen der Moral annähern“[725] würden.

„Das Verschmelzen von Recht und Moral aber wird sich nicht so vollziehen, daß die rechtliche Regelung gelockert wird, sie wird vielmehr gefestigt und vervollkommnet werden, und das wird unter den Bedingungen des reifen Kommunismus … zum Absterben führen“[726].

Mögliche Widersprüche zwischen Staat und Bürger, Bürger und Gesellschaft würden durch den Aufbau des Sozialismus ständig gelöst. Die reale Übereinstimmung der individuellen und kollektiven Interessen der Bürger mit den gesamtgesellschaftlichen Erfordernissen sei die wichtigste Antriebskraft beim Aufbau des Sozialismus.

---

723 G. Haney, Sozialistisches Recht und Persönlichkeit, Berlin 1967, S. 147ff., 157ff., 173ff.; H. Klenner, Studien über Grundrechte, Berlin 1964, S. 93f.

724 Marxistisch-leninistische allgemeine Theorie des Staates und des Rechts, Bd. IV, Berlin (Ost) 1976, S. 136.

725 Marxistisch-leninistische allgemeine Theorie des Staates und des Rechts, Bd. IV, Berlin (Ost) 1976, S. 425.

726 Marxistisch-leninistische allgemeine Theorie des Staates und des Rechts, Bd. IV, Berlin (Ost) 1976, S. 428f.

Die Juristen sollen helfen, Divergenzen zwischen Recht und Moral zu überwinden.[727]

504 **6. Nach dem vollzogenen Übergang vom Sozialismus zum Kommunismus sterben Staat und Recht ab.** Der Kommunismus als Endphase des Sozialismus soll nach der Lehre von Marx, Engels und Lenin eine staaten- und klassenlose Gesellschaft sein, eine Ordnung der vollständigen Gleichheit aller Menschen. Diese Ordnung schaffe einen allgemeinen Überfluß an Konsumgütern, also eine Art Schlaraffenland auf der Basis absolut gleicher Arbeitsbedingungen aller Werktätigen. Arbeit werde dann für alle ein erstes Lebensbedürfnis sein. Das ermögliche es, die Verteilung der Arbeit und der Güter nach dem Prinzip „Jeder nach seinen Fähigkeiten, jedem nach seinen Bedürfnissen" vorzunehmen. Hier deutet sich an, daß in gedachten Überflußgesellschaften Gerechtigkeitsprobleme verschwinden.

Es entfalle dann die Notwendigkeit des Staates als Organisationsform der öffentlichen Angelegenheiten und damit auch die Notwendigkeit von Recht. Engels meinte, wenn der Staat auf dieser Entwicklungsstufe überflüssig werde, trete an die Stelle der Regierung über Personen die Verwaltung von Sachen und die Leitung von Produktionsprozessen.

„Der Staat wird nicht 'abgeschafft', er stirbt ab"[728].

Mit dieser Prophezeiung eines goldenen Zeitalters des allgemeinen Luxus, in dem jeder alles nach Wunsch haben kann, erweist sich der Marxismus als Utopie. Kennzeichnend für ihn und seine Rechtslehre ist das zugrundeliegende, optimistisch-utopische Menschenbild. Im Endzustand des Kommunismus, im „Paradies der Arbeiter und Bauern", werden Staatsgewalt und Rechtsordnung überflüssig. Der „neue Mensch" bedarf keiner Zwangsordnung. Er dient immer und überall dem Gemeinwohl. 200 Jahre vorher hatte Blaise Pascal (1623–1662) bereits festgestellt: „Der Mensch ist weder Engel noch Bestie, und das Unglück will, daß, wer den Engel schaffen will, die Bestie hervorbringt".[729] Die Terrorsysteme der real-sozialistischen „Volksdemokratien" haben ihn grausam bestätigt.

505 Der revolutionäre Praktiker Lenin (1870–1924) erkannte bald, daß es sich beim Absterben des Staates nur um eine Vision für eine sehr

727 G. Haney, Sozialistisches Recht und Persönlichkeit, Berlin 1967, S. 177f.
728 F. Engels, Herrn Eugen Dührings Umwälzung der Wissenschaft, in: Marx/Engels, Werke, Bd. XX, Berlin 1973, S. 5 (262).
729 B. Pascal, Pensées, Nr. 358.

ferne Zukunft handeln konnte. Vorläufig brauchte er Staat und Recht mit ihren Zwangsmitteln noch dringend:

„Wir wissen nicht, wie rasch und in welcher Folge das geschehen wird, aber wir wissen, daß sie [Staat und Recht] absterben werden“[730].

Das Absterben von Staat und Recht hatte nach dem Programm der KPdSU – angelehnt an Lenins Ideen – zwei Voraussetzungen, nämlich nach innen den vollzogenen Aufbau einer entwickelten kommunistischen Gesellschaft und nach außen den Sieg und die Festigung des Sozialismus in der internationalen Ära, also die global gelungene kommunistische Weltrevolution. Diese sah Lenin als einen objektiven Prozeß an, der nicht forciert werden könne.[731]

II. Entwicklung und Ausblicke der marxistischen Rechtstheorie

1. Kontroverse über das Absterben des Rechts – Rechtstheorie als Lebensgefahr. 506 Die marxistische Lehre von Staat und Recht war noch nach dem Tode Lenins kein geschlossenes Lehrgebäude. Erst Stalin (1879–1953) hat sie in seiner Epoche („Stalinismus“) ausgebaut. Sein Generalstaatsanwalt Wyschinski, der Initiator innenpolitischer Schauprozesse zur Liquidation innenpolitischer Gegner, hat sie gefestigt. Zu erheblichen Kontroversen kam es in der Sowjetunion über die Frage, welche Rolle das Recht in einem sozialistischen Staate habe.

Der sowjetische Rechtstheoretiker E. B. Paschukanis (1890– 507 1938),[732] zeitweilig stellvertretender Justizkommissar der Sowjetunion, sah in „Recht, Ethik und Moral“ Formen einer bourgeoisen Gesellschaftsordnung. Sie könnten keinen sozialistischen Inhalt aufnehmen. Denn das Recht als bloßer Reflex der die Geschichte wirklich bewegenden ökonomischen und sozialen Basis müsse mit der Realisierung des Sozialismus absterben. Stalin proklamierte aus der Sicht des Machthabers die entgegengesetzte These:

„Das Absterben des Staates wird nicht durch Abschwächung der Staatsmacht kommen, sondern durch ihre maximale Verstärkung, die notwendig ist, um die Überreste der sterbenden Klassen zu vernichten und die Verteidi-

---

730 W. I. Lenin, Staat und Revolution, in: Werke, Berlin 1974, Bd. XXV, S. 478.
731 W. I. Lenin, Staat und Revolution, in: Werke, Berlin 1959 ff., Bd. XXV, S. 407 ff., 470 ff.
732 E. B. Paschukanis, Allgemeine Rechtslehre und Marxismus, dt. Ausgabe 1929, Nachdruck Frankfurt/M. 1966, S. 34, 112, 142.

gung gegen die kapitalistische Umkreisung zu organisieren, die noch bei weitem nicht vernichtet ist und noch nicht so bald vernichtet sein wird"[733].

Sofort paßte sich die herrschende Lehre (neben Paschukanis vor allem P. J. Stutschka) in der UdSSR der Ansicht des allmächtigen Diktators an. Mehrfach übte Paschukanis schon 1930 und 1931 reumütig „Selbstkritik".[734] Unter dem Druck der totalen Stalinisierung und angesichts des Terrors der Sowjetjustiz in den Schauprozessen schrieb Paschukanis schließlich im März 1936, alles Gerede von einem Verschwinden des Rechts unter dem Sozialismus sei „opportunistischer Unsinn".[735] Seine früheren nicht so weit gehenden Selbstkritiken erklärte er jetzt für „Heuchelei". Die Kehrtwende kam zu spät. Paschukanis wurde von Generalstaatsanwalt Wyschinski, dem nahezu unumschränkten Herrscher über die Rechtsideologie und die Schauprozesse unter Stalin, als „Volksschädling" angeklagt und verurteilt. Er büßte für seine Rechtstheorie mit dem Tode. Die „Prawda" brachte am 20.1.1937 einen offiziellen Bericht über die Abrechnung mit dem „liquidierten" Volksschädling Paschukanis.[736]

Der Vorgang ist exemplarisch. Rechtstheorie in totalitären Staaten ist lebensgefährlich für den Theoretiker wie für den Staat. Paschukanis war in der Sowjetunion bis zu ihrem Ende verfemt.[737] Sein Tod war zugleich der Beginn einer allgemeinen Verfolgungskampagne gegen führende Juristen. In der Terrorwelle der von Stalin und Wyschinski betriebenen „Säuberung" durch kaum verdeckte Massenmorde[738] richtete sich der Bannstrahl gegen fast die gesamte damalige Elite der sowjetischen Rechtswissenschaft. Die „Säuberung" machte sogar vor den Toten nicht halt. So wurde etwa der bereits 1932 verstorbene Stutschka noch posthum verdammt.[739]

508 **2. Steigerung der Staatsmacht.** Stalin und Wyschinski haben die marxistische Rechtstheorie auf die Bedürfnisse eines jeden Herrschers zugeschnitten. Recht ist jetzt ein Instrument der Politik,[740] ein Hebel

733 J. W. Stalin, Fragen des Leninismus, dt. Ausgabe, Berlin 1951, S. 477.
734 Vgl. etwa N. Reich, Sozialismus und Zivilrecht, Frankfurt/M. 1972, S. 228 ff.
735 E. B. Paschukanis, in: Gosudartsvo i pravo pri socialsme (Staat und Recht im Sozialismus), SG 1936, Nr. 3, S. 3.
736 Ausführlich N. Reich, Sozialismus und Zivilrecht, Frankfurt/M. 1972, S. 255 ff.
737 Marxistisch-leninistische allgemeine Theorie des Staates und des Rechts, Bd. IV, Berlin (Ost) 1976, S. 437.
738 Lesenswert dazu: A. Weissberg-Cybulski, Hexensabbat, insb. das Vorwort von A. Koestler, Frankfurt/M. 1977.
739 Vgl. N. Reich, Sozialismus und Zivilrecht, Frankfurt/M. 1972, S. 259 ff.
740 J. W. Stalin, Der Marxismus und die Fragen der Sprachwissenschaft, 6. Aufl., Berlin 1955.

für die Durchsetzung der objektiven Gesetzmäßigkeiten der sozialistischen Gesellschaft und verwirklicht dienend die Ziele der in Gesellschaft und Staat herrschenden Schicht(en). Außergewöhnlich war die Radikalität, mit der in den Ländern des „realen Sozialismus“ der Grundsatz Stalins verwirklicht wurde, daß die Staatsgewalt auf das äußerste gestärkt werden müsse.[741] Dieser Zustand blieb während der gesamten Dauer der real sozialistischen Staaten bestehen. Weder das versprochene Absterben des Staates und des Rechts noch das erwartete Zeitalter des Luxus sind je eingetreten, eher das Gegenteil.

3. Konservierung der Macht der Arbeiterklasse. Zutreffend ging 509
auch der Marxismus davon aus, daß jede Rechtsordnung, gerade die marxistische, bestimmte Gesellschafts- und Herrschaftsverhältnisse stabilisiert und konserviert (Rn. 80ff.). Nebenbei: Kein Recht war je reaktionärer als das kommunistische, denn es schloß nach dem Sieg und der Machtergreifung der Marxisten jeden Machtwechsel aus. Der Machtverlust der marxistisch-leninistischen Partei widersprach der Prophetie des historischen Materialismus, lief also dem marxistischen Sinn und Ziel der Geschichte zuwider. Jede abweichende Auffassung wurde daher konsequent und mit allen denkbaren Zwangsmitteln des Staats- und Rechtssystems unterdrückt. Darin zeigte sich der realistische Kern der Lehre von einer notwendigen Phase der Diktatur des Proletariats, sprich des kommunistischen Staats- und Parteiapparats.

In der nachstalinistischen Zeit hat es auch in der sowjetischen Rechtstheorie differenzierte Arbeiten gegeben, die zu kritischen Positionen führten, etwa bei L. S. Jawitsch, Recht und Sozialismus, Moskau 1982, und S. S. Alexejew, Staats- und Rechtstheorie, Moskau 1985.[742]

4. Die Techniken der Rechtsumdeutung in der DDR. Justiz und 509a
Rechtswissenschaft in der Sowjetzone und in der DDR standen 1945/1949 ähnlich wie in den Westzonen und in der Bundesrepublik vor der Aufgabe, die gesamte Rechtsordnung mit ihren überkommenen Gesetzen auf das neue System umzustellen. Die sowjetische Besatzungsmacht und später die DDR-Regierung propagierten eine umfassende sozialistische Rechtserneuerung. Zunächst wurden die juristischen Funktionseliten des NS-Regimes ausgewechselt. Nahezu

---

741 J. W. Stalin, Fragen des Leninismus, dt. Ausgabe, Berlin 1951, S. 477.
742 Vgl. auch W. E. Butler, Russian legal theory, New York University Press 1996.

sämtliche Richter und Staatsanwälte der NS-Zeit, vor allem die Mitglieder der NSDAP, wurden aus ihren Ämtern entfernt[743]. Zur Entwicklung von Justiz und Rechtswissenschaft in der DDR gibt es eine umfangreiche Literatur[744]. Die Instrumente und Techniken der Umdeutung der überkommenen „bürgerlich-kapitalistischen" und nationalsozialistischen Gesetze entsprechen weitgehend denen, die in Deutschland nach 1933 erprobt worden waren. Bestimmte wiederkehrende Argumentationsmuster sind besonders geeignet, um neue Wirklichkeiten in alte Gesetze einzuschleusen (Rn. 988). Der antifaschistische neue Staat stand unter der alles beherrschenden „Rechtsidee" des Marxismus-Leninismus. Sämtliche Rechtsnormen dienten dieser Staatsphilosophie, die sich als wissenschaftlich erwiesene Wahrheit sah und die Diktatur des Proletariats und ihrer Partei als die endgültigen „Sieger der Geschichte". Die gesamte Rechtsanwendung und, besonders in den Anfangsjahren, die Auslegung von unbestimmten Rechtsbegriffen und Generalklauseln dienten dem Gebot, die einmal errungene Macht der Arbeiterklasse mit allen juristischen Mitteln zu erhalten und zu stärken, und zwar in jedem Teilrechtsgebiet. Bis zur Verabschiedung neuer DDR-spezifischer Kodifikationen (für das Arbeitsrecht 1950, 1961 und 1978) leisteten das Justiz und Rechtswissenschaft der DDR. Entsprechendes galt für das Familien-

743 Freilich gab es auch namhafte „Spitzenjuristen" der DDR, die bereits im Dritten Reich Karriere gemacht hatten, z. B. Ernst Melsheimer (erster Generalstaatsanwalt der DDR), Kurt Schumann (Präsident des OG) und Herbert Kröger (Hochschullehrer).

744 Materialien zum Bericht zur Lage der Nation 1972, Deutscher Bundestag, BT-Drucks. VI/3080; J. Eckert (Hrsg.). Die Babelsberger Konferenz vom 2./3. April 1958, Baden-Baden 1993; B. Rüthers, Arbeitsrecht und politisches System, Frankfurt/M. 1973; W. Thiel, Arbeitsrecht in der DDR – ein Überblick über die Rechtsentwicklung und der Versuch einer Wertung, Opladen 1997; W. Schuller, Geschichte und Struktur des politischen Strafrechts in der DDR bis 1968, Ebelsbach 1980; J. Arnold, Die Normalität des Strafrechts der DDR, Freiburg 1995 (hinsichtlich des Titels ist bemerkenswert, dass der seit 1991 am Max-Planck-Institut für ausländisches und internationales Strafrecht tätige Arnold selbst Richter in der DDR, und wie sich 2013 herausstellte, auch Inoffizieller Mitarbeiter des MfS war); M. Stolleis, Sozialistische Gesetzlichkeit – Staats- und Verwaltungsrechtswissenschaft in der DDR, München 2009; U.-J. Heuer, Die Rechtsordnung der DDR – Anspruch und Wirklichkeit, Baden-Baden 1995; I. Markovits, Die juristische Fakultät im Sozialismus, in: H.-E. Tenorth (Hrsg.), Geschichte der Universität unter den Linden 1810 – 2010, Bd. 6, Berlin 2010, S. 91 ff.; K. A. Mollnau/H. Mohnhaupt, Normdurchsetzung in osteuropäischen Nachkriegsgesellschaften (1944 – 1989), Bd. 5: Deutsche Demokratische Republik (1958 – 1989), Frankfurt/M. 2004; A. Gängel, Guter Abschied nach böser Vergangenheit? – Von einem „Unrechtsstaat" und seinen „Unrechtlern", in: R. Will (Hrsg.), Rechtswissenschaft in der DDR – Was wird von ihr bleiben?, Sinzheim 1995, S. 25 ff.; B. Hohmann, Was bleibt von Forschung und Lehre des Staats- und Verwaltungsrechts der DDR?, in: R. Will (Hrsg.), Rechtswissenschaft in der DDR – Was wird von ihr bleiben?, Sinzheim 1995, S. 39 ff.

recht (Familiengesetzbuch 1965) und das Zivilrecht (ZGB 1976) sowie für das Strafrecht der DDR (Strafgesetzbuch der DDR von 1968/1974). Die DDR-Strafgesetzgebung war, wie in Diktaturen üblich, von sprachlich-ideologischen „Gleitklausen“ durchsetzt, die jederzeit als Kampfklauseln gegen Andersdenkende eingesetzt werden konnten. Strafnormen wie Sabotage, staatsfeindliche Hetze, Rowdytum, asoziales Verhalten und Verleitung zu asozialer Lebensweise ließen große Interpretationsspielräume. Ferner ist zu beachten, daß trotz der verfassungsgesetzlich verankerten „sozialistischen Gesetzlichkeit“ (Art. 86–104) von einer Unabhängigkeit der Gerichte keine Rede sein konnte. Nach der Devise der „Einheit von Staat, Recht und Moral“ wurden gerade im Strafrecht die Ergebnisse von Strafverfahren dem zuständigen Gericht nicht selten vom ZK der SED oder dem Staatsratsvorsitzenden vorgegeben.

Umstritten ist, wie groß die Bedeutung von Generalklauseln und unbestimmten Rechtsbegriffen für die Rechtsumdeutung in der DDR war. Während manche Generalklauseln als *den* Transmissionsriemen totalitärer Rechtsordnungen qualifizieren, sind andere der Ansicht, daß man spätestens seit der Babelsberger Konferenz 1958 kaum noch versucht habe, den Richter über Methodenprogramme an den Staat zu binden und die offen politische Judikatur schon vorher beherrschend gewesen sei[745]. Vieles spricht dafür, daß man nach Zeiträumen und Rechtsgebieten wird differenzieren müssen. Für die bis etwa 1958 dauernde Gründungs- und Aufbauphase der DDR scheint die Alternative „unbegrenzte Auslegung“ oder „politische Tat“ zu schlicht[746]. In einer im zeitgenössischen Schrifttum als absolut bahnbrechend bezeichneten Entscheidung des Obersten Gerichts in Zivilsachen hieß es, daß „ein Gesetz gleichen Wortlauts verschiedenen Inhalt gewinnen kann, je nach der Staatsordnung der es zu dienen hat“[747]. Meist wurde offen politisch bzw. „gesellschaftlich“ argumentiert. Die verschleiernde Nutzung juristischer Methode, welche die Rechtsprechung des Reichsgerichts in Zivilsachen zwischen 1933 und 1945 kennzeichnete, lässt sich in den Begründungen des Obersten Gerichts in Zivilsachen nicht in entsprechendem Ausmaß nach-

745 H.-P. Haferkamp, Zur Methodengeschichte unter dem BGB in fünf Systemen, AcP 214 (2014), 60, 62f. m. Nachw.
746 Hierzu und zum Folgenden einführend Ch. Fischer, Topoi verdeckter Rechtsfortbildungen im Zivilrecht, Tübingen 2007, S. 278–283 m. Nachw.
747 OGZ 1, 72, 77.

weisen[748]. In der DDR war das Recht durchgängig eine der Politik untergeordnete Kategorie. Obwohl den (vorsozialistischen) Gesetzen offiziell zunächst keine starke Bindungswirkung für die als politische Tat verstandene parteiliche Auslegung der Gesetze zukam und die Entscheidungen des Obersten Gerichts in Zivilsachen meist offen „gesellschaftlich" begründet wurden, gab es aber selbst in der Frühphase seiner Rechtsprechung auch verdeckte Fortbildungen des überkommenen Gesetzesrechts[749].

509b **5. Was bleibt von der marxistischen Rechtsphilosophie?** Nach dem Zusammenbruch der „Diktatur der Arbeiterklasse" in der DDR 1989/90 setzte eine der für Systemwechsel typischen „Wendeliteraturen" und Grundsatzdiskussionen ein.[750] Einer der namhaften Rechtsphilosophen der DDR, Hermann Klenner, stellte feierlich die Frage: „Was bleibt von der marxistischen Rechtsphilosophie?"[751] Zu nennen ist hier vor allem die schichtspezifische und gesellschaftlich bedingte Entstehungsweise von Rechtsordnungen, also der „Klassencharakter" des Rechts. Die übrigen Kernthesen der marxistischen Rechtslehren haben sich als Hilfsinstrumente einer totalitären Ideologie erwiesen, die von einer irrigen transzendentalen Geschichtsdeutung ausgeht. Die marxistischen Rechtslehren dienten zur Rechtfertigung der Ewigkeitsherrschaft der herrschenden Monopolpartei. Viele Millionen Menschen sind unter der Herrschaft dieser Ideologie im Namen des „Fortschritts der Menschheit" umgebracht worden. Was geblieben ist, ist eine breite Blutspur vom Beginn der russischen Revolution bis zum Ende der Staaten des realen Sozialismus. Dieser Aspekt wird in den Wendeliteraturen der juristischen Führungskader der diktatorischen „Volksdemokratien" in der Regel verschwiegen oder vernebelt. Entsprechendes gilt für spätere glorifizierende Lob-

748 Vgl. H.-P. Haferkamp, Begründungsverhalten des Reichsgerichts zwischen 1933 und 1945 in Zivilsachen verglichen mit Entscheidungen des Obersten Gerichts der DDR vor 1958, in: R. Schröder (Hrsg.), Zivilrechtskultur der DDR, Band 2, Berlin 2000, S. 15ff.; V. Knauf, Die Zivilentscheidungen des Obersten Gerichts der DDR von 1950–1958, Berlin 2007.

749 Nachw. bei Ch. Fischer, Topoi verdeckter Rechtsfortbildungen im Zivilrecht, Tübingen 2007, S. 281.

750 B. Rüthers, Geschönte Geschichten – Geschonte Biographien, Tübingen 2001.

751 NJ 1992, 442ff. Klenner war Inoffizieller Mitarbeiter des Ministeriums für Staatssicherheit, fertigte honorierte Gutachten für die Stasi über Kollegen an und hat die Todesstraße in der DDR gerechtfertigt. Nach der Wende erhielt er eine zweibändige Festschrift, an der sich auch der ehemalige Innenminister der Bundesrepublik Werner Maihofer beteiligte: G. Haney/W. Maihofer/G. Sprenger (Hrsg.), Recht und Ideologie, Freiburg 1996; Recht und Ideologie in historischer Perspektive, Freiburg 1998.

schriften. Das ist nicht neu. Anschauliche Beispiele dafür bieten zahlreiche Festschriften für führende Juristen beider deutscher Terrorsysteme sowie Lebensbilder und Gratulationsbeiträge aus der Sicht ihrer Schüler.

Für die Mentalitätsgeschichte führender Juristinnen und Juristen der „Diktatur des Proletariats" im SED-Staat auf vielen Rechtsgebieten sind deren „Nachwende"-Publikationen kennzeichnend. Im Gegensatz zu den führenden NS-Juristen, die nach 1945 zur NS-Zeit beharrlich schwiegen und in der Bundesrepublik oft mit naturrechtlichen Bekenntnissen zum liberalen Verfassungsstaat ihre Karrieren fortsetzten, waren die juristischen Funktionseliten der DDR nach 1989 überwiegend überzeugt, mit ihrer Unterstützung der SED-Diktatur einem „werdenden Rechtsstaat" gedient zu haben[752].

C. Klasse und Recht – evolutionär: Lorenz von Stein (1815–1890)

> Denn das geltende Recht ist nicht eine feste ruhende Masse, sondern es ist vielmehr ein stets wechselndes und werdendes Leben.
>
> Lorenz v. Stein

I. Klassenstruktur als Ausgangspunkt

Lorenz v. Stein, Zeitgenosse von Marx und Engels, war ursprüng- 510
lich Jurist. Von grundkonservativer Gesinnung geprägt, hat v. Stein später die Soziologie, Verwaltungslehre und Nationalökonomie in Deutschland als selbständige Teildisziplinen einer umfassend verstandenen „Staatswissenschaft" aufgefaßt. Auf längeren Reisen lernte er die sozialistischen und kommunistischen Bewegungen in Frankreich auch durch Kontakte zu deren Führern (Proudhon, Blanc, Cabet) gründlich kennen.[753]

752 Vgl. außer den Beiträgen von H. Klenner, U.-J. Heuer, Rosemarie Will, V. Schöneburg u. a. die Hinweise bei V. Schöneburg, Wo blieben die Rechtsphilosophen der DDR?, in: das freischüßler, Zeitung des Arbeitskreises kritischer Juristinnen und Juristen an der Humboldt-Universität zu Berlin, Ausgabe 14/2006, 23–25.

753 L. v. Stein, Geschichte der sozialen Bewegung in Frankreich, 3 Bände, Nachdruck Hildesheim 1959.

Lorenz von Stein (1815 – 1890), Begründer der Staatswissenschaft: Alle zentralen Rechtsbegriffe sind historisch wandelbare, gesellschaftliche Begriffe.

511 Lorenz v. Stein beschreibt präzise den Gegensatz zwischen einer kleinen herrschenden Klasse (Kapitalbesitzer) und einer großen beherrschten Klasse (Proletariat) in der industriellen Gesellschaft. Das Spannungsverhältnis zwischen einem ideal gedachten Staat und den in Klassen gespaltenen gesellschaftlichen Kräften sei der Entstehungsgrund für den Staat mit allen seinen Mängeln. Der Kampf der gesellschaftlichen Schichten um und gegen den Staat sei die formende Kraft geschichtlicher Epochenbildung. Die Gesellschaft werde durch die jeweiligen „Besitzformen" begründet. Die Besitzform erzeuge die Gesellschaftsordnungen, die Rechtsordnungen und die Finanzepochen (wer denkt dabei nicht an Marx und seine These von Basis und Überbau).

512 Die reale, sehr unterschiedliche Güter- und Machtverteilung bildet danach in jedem Gemeinwesen soziale Schichtungen und einen wach-

senden Antagonismus dieser „Klassen" aus.[754] Der Kapitalismus erzeuge wegen der Besitzlosigkeit des Industrieproletariats die größten Spannungen zwischen den Gesellschaftsschichten. Der Staat gerate in Gefahr, zum „Klassenstaat" abzusinken, zur Herrschaft der wenigen Kapitalbesitzer über die anderen Schichten, insbesondere über das große Proletariat.

Die beherrschten Klassen forderten, so v. Stein, nach dem Grundsatz der „aufsteigenden Klassenbewegung" Freiheit, Gleichberechtigung und Teilhabe am wachsenden Wohlstand der Herrschenden. Aus der Undurchlässigkeit der sozialen Schichtungen und den von der Rechtsordnung verfestigten Klassenschranken ergäben sich zwangsläufig die Konflikte, die als „soziale Frage" bezeichnet werden.

II. Staatliche Reform statt proletarischer Revolution

Lorenz v. Stein will die soziale Frage, anders als der Marxismus, evolutionär durch staatliche Reformen und den Abbau der Klassengegensätze lösen. Er hat die Vorstellung eines sozialen, d. h. für die Gesellschaftsordnung verantwortlichen Staates.[755] Eine proletarische Revolution lehnt v. Stein ab, weil jede Revolution nur eine neue, umgekehrte und scharf ausgeprägte Klassenstruktur schaffe und so das Problem fortschreibe, nicht aber lösen könne.[756] **513**

> „Die wirklich gelungene soziale Revolution führt daher stets zur Diktatur"[757].

Er tritt also für einen sozialen Kapitalismus ein, in dem die Interessengegensätze von „Arbeit" und „Kapital" staatlich aufgefangen und durch Interessengemeinsamkeiten ausgeglichen werden sollen. Die in Reformen anzustrebende Gesellschaftsordnung müsse von einem Ethos des gemeinsamen Existenz- und Freiheitsinteresses und von der Solidarität der „Höheren" getragen sein, den „Niederen" beim Aufstieg und beim Erwerb von Gütern und Kapital zu helfen.

Der vom Kommunismus geforderten Abschaffung des Privateigentums tritt v. Stein entgegen. Er sieht die Rolle des Eigentums als eine **514**

---

754 L. v. Stein, Geschichte der sozialen Bewegung in Frankreich, Nachdruck Hildesheim 1959, Bd. I, S. 77 ff.

755 L. v. Stein, Geschichte der sozialen Bewegung in Frankreich, Nachdruck Hildesheim 1959, Bd. III, S. 37 ff.

756 L. v. Stein, Geschichte der sozialen Bewegung in Frankreich, Nachdruck Hildesheim 1959, Bd. I, S. 96 ff., 125 ff.

757 L. v. Stein, Geschichte der sozialen Bewegung in Frankreich, Nachdruck Hildesheim 1959, Bd. I, S. 131.

Erscheinungsform materialisierter Freiheit und als Anreiz zur Leistung. Der vom Marxismus geforderten herrschaftslosen „Vergesellschaftung der Arbeit“ hält er entgegen, daß dadurch eine umfassende Arbeitsorganisation erforderlich werde, die neue, erst recht versklavende Herrschaftsverhältnisse bringe. Ein Blick auf die reale Lage der Arbeiter in den zerbrochenen Staaten des realen Sozialismus aus heutiger Sicht beweist v. Steins bewundernswerten Weitblick.

III. Recht als Produkt der Gesellschaft

515 Der Rechtsbegriff wird bei v. Stein bemerkenswert realistisch, dynamisch und kritisch formuliert. Der ständige Wandel des Rechts ist der zentrale Ausgangspunkt seiner rechtstheoretischen Überlegungen:

> „Jede Gesellschaftsordnung hat ihr Rechtsprinzip und bildet durch ihr eigenes inneres Leben dasselbe zu ihrem Rechtssysteme aus“[758].
>
> „Jede Gesellschaftsordnung wird ihren Begriff von Eigentum, Vertrag, Familie, Verfassung und Verwaltung haben“[759].

Danach sind die gesellschaftlichen Kräfte bei der Rechtserzeugung dominant. Die Gesellschaft forme primär das Recht, nicht umgekehrt.

516 Ganz „nebenbei“ hat Lorenz v. Stein die Notwendigkeit eines besonderen „Rechts der gewerblichen Arbeit“ erkannt und die Entwicklung der Disziplin „Arbeitsrecht“ gefordert.[760] Es müsse ein Recht auf Ausbildung („Arbeitsbildung“) umfassen, das Prüfungswesen für Lehrlinge, Gesellen und Meister ordnen und die Spannungen regeln, die zwischen der kapitalbildenden Kraft der Arbeit und den real gezahlten Löhnen bestünden:

> „Der Kampf zwischen dem Lohne der Arbeit und dem Gewinne des Kapitals ist daher ein Kampf der Interessen und nicht der Rechtsbegriffe“[761].

Mit seinen Forderungen, auch die Arbeitsbücher und Zeugnisse, die Ausstände („Streiks“ und „Contraktbrüche“), die Haftung der Arbeiter für Fehler in der Produktion sowie die Haftung der Unter-

---

758 L. v. Stein, Gegenwart und Zukunft der Rechts- und Staatswissenschaft Deutschlands, Neudruck Aalen 1970, S. 135.
759 L. v. Stein, Gegenwart und Zukunft der Rechts- und Staatswissenschaft Deutschlands, Neudruck Aalen 1970, S. 136.
760 L. v. Stein, Gegenwart und Zukunft der Rechts- und Staatswissenschaft Deutschlands, Neudruck Aalen 1970, S. 265 ff.
761 L. v. Stein, Gegenwart und Zukunft der Rechts- und Staatswissenschaft Deutschlands, Neudruck Aalen 1970, S. 270.

nehmen für Arbeitsunfälle müßten geregelt werden, gibt er eine Probe seiner genauen Analysen und Ansichten zu den brennenden sozialen Problemen der Zeit. Man kann ihn daher als den Vater des deutschen Arbeitsrechts bezeichnen.

D. Zusammenfassung zu § 14

I. Die marxistische Rechtstheorie und die gesellschaftlich orientierte Rechtswissenschaft Lorenz v. Steins gehen von derselben Diagnose aus: 517
- Das gegenwärtige Recht sei ein Erzeugnis der in soziale Klassen aufgespaltenen Gesellschaft der frühindustriellen Epoche.
- Die Klassengegensätze seien das bewegende Moment der Menschheitsgeschichte.
- Die jeweiligen gesellschaftlichen Verhältnisse, die soziale Realität müßten in das Zentrum rechtstheoretischer Überlegungen gerückt werden.

Marx und v. Stein begründen damit – ungeachtet aller möglichen und notwendigen Kritik im einzelnen – eine neue Epoche der Rechtswissenschaft, die man als gesellschaftliche Rechtswissenschaft bezeichnen kann.

II. Die beiden Lehren ziehen aber aus der übereinstimmenden Diagnose entgegengesetzte politische Schlüsse. Der Marxismus fordert die proletarische Revolution und will durch sie über die Aufbauphase des Sozialismus zum goldenen Zeitalter des klassen- und staatenlosen Kommunismus gelangen, in dem das Recht absterben kann, weil es als Folge der Überfülle von Gütern und der Güte der Menschen nicht mehr gebraucht wird. Lorenz v. Stein hingegen fordert einen Staat, der durch ständige soziale Reformen die naturhaften gesellschaftlichen Klassengegensätze ausgleicht und in Grenzen hält.

III. Die wesentliche Leistung der beiden Rechtslehren ist es, den rechts- und staatstheoretischen Blick auf die verlorengegangenen ökonomischen, gesellschaftlichen und politischen Grundlagen des Rechts zurückgelenkt zu haben.

a) Die „Ent-Staatlichung“ des Rechtsbegriffs in der Historischen Rechtsschule und seine „Ent-Wirklichung“ in der Begriffsjurisprudenz werden aufgedeckt und beseitigt. Das

Recht wird wieder als unlösbarer Teil eines soziokulturellen, ökonomischen und politischen Zusammenhanges begriffen. Die nachfolgenden Rechtslehren bauen auf diesen Erkenntnissen auf, bleiben aber – was die Wirklichkeitsnähe angeht – eher hinter ihnen zurück.

b) Es ist merkwürdig, ja unverständlich, daß diese Einsichten in die Zusammenhänge von „Klasse" und „Recht" in der deutschen Rechtswissenschaft lange Zeit, teilweise bis heute, nicht erörtert wurden. In den meisten Standardwerken zur Privatrechtsgeschichte und zur Methodenlehre[762] kommt die marxistische Rechtstheorie kaum vor. Erst Fikentscher[763] hat diese Lücke gesehen. In gleicher Weise, eher noch gründlicher, wird Lorenz v. Stein in seiner Bedeutung für die Rechtswissenschaft bis heute verkannt.[764] Dabei hat er – neben der geschilderten evolutionären Gesellschaftstheorie – wie kein zweiter Jurist seiner Zeit die Öffnung zur sozialen Realität selbst vollzogen und auf breiter Front erzwungen. Die Idee von der unerläßlichen Zusammenarbeit der Jurisprudenz mit allen sozialwissenschaftlichen Disziplinen ist im Jahre 1876 zuerst von ihm formuliert worden.[765]

c) Diese „Enthaltsamkeiten" der juristischen Literatur sind kein Zufall. Rechtstheoretische Entwicklungen außerhalb der Gedankenbahnen des „deutschen Idealismus" sind in der Rechtswissenschaft lange übersehen oder übergangen worden. Zusammen mit der unterlassenen gründlichen Auseinandersetzung mit den rechtstheoretischen Positionen der nationalsozialistischen Zeit deutet diese Ausblendung wichtiger historischer Epochen und Erkenntnisse eine – unbewußte? – Verweigerung an, deren Gründe zu untersuchen wären. Das gilt besonders für das juristische Schrifttum nach 1945 zur NS-Zeit und das der (verbliebenen) juristischen Funktionskader der DDR nach 1989. Die Verschönerung der Geschichte schloß die der Biographien ein.

762 Vgl. etwa F. Wieacker, Privatrechtsgeschichte der Neuzeit, 2. Aufl., Göttingen 1967, S. 414; K. Larenz, Methodenlehre der Rechtswissenschaft, 6. Aufl., Berlin 1991.

763 W. Fikentscher, Methoden des Rechts, Bd. III, Tübingen 1976, S. 455.

764 Bei F. Wieacker, Privatrechtsgeschichte der Neuzeit, 2. Aufl., Göttingen 1967, S. 402 und W. Fikentscher, Methoden des Rechts, Bd. III, Tübingen 1976, S. 455 ff. wird er beiläufig erwähnt; in der „Methodenlehre" von K. Larenz kommt er nicht vor.

765 L. v. Stein, Gegenwart und Zukunft der Rechts- und Staatswissenschaft Deutschlands, Neudruck Aalen 1970.

§ 15. Zweck, Interesse und Recht: Interessenjurisprudenz

A. Der Zweck im Recht (Rudolf von Jhering)

I. Umweg zur Realität

Marx und Engels hatten gelehrt, „... das Interesse ... (hält) die Mitglieder der bürgerlichen Gesellschaft zusammen".[766] Lenin hatte empfohlen, die Wurzeln aller gesellschaftlichen Erscheinungen „auf die Interessen bestimmter Klassen zurückzuführen".[767] Lorenz v. Stein erkannte: „Das Interesse... ist daher das Prinzip der Gesellschaft".[768] Die gesellschaftlichen Umwälzungen in der Folge der industriellen Revolution lenkten um die Mitte des 19. Jahrhunderts die Aufmerksamkeit auf die wechselseitigen Zusammenhänge zwischen Wirtschafts-, Gesellschafts- und Rechtsordnung. Die Rechtswissenschaft nahm davon allerdings spät und verhalten Kenntnis. 518

Erst Rudolf v. Jhering (1818–1892), Jahrgangsgenosse von Karl Marx, in jungen Jahren Verehrer und Vollender der Begriffsjurisprudenz (Rn. 458 ff.), setzte den Gedanken der Interessen- und Zweckbedingtheit allen Rechts in der traditionsverhafteten Rechtswissenschaft durch. Im „Geist des römischen Rechts"[769] hatte er zunächst noch den Begriffskonstruktionen Puchtas gehuldigt: 519

„Die Begriffe sind produktiv, sie paaren sich und zeugen neue".

Dieses Werk blieb unvollendet. In einer „kopernikanischen Wende" wandte v. Jhering sich plötzlich einer soziologischen Auffassung vom Recht zu und übergoß die bis dahin verehrte Begriffsjurisprudenz mit Spott.[770] Als Drehscheibe hierfür diente ihm die Neubestimmung des subjektiven Rechts. Das subjektive Recht, traditionell 520

766 K. Marx/F. Engels, Die heilige Familie oder Kritik der kritischen Kritik, in: Marx/Engels, Werke, Bd. II (1844–1846), Berlin 1962, S. 128.
767 W. I. Lenin, Der ökonomische Inhalt der Volkstümlerrichtung, in: Werke, Bd. I, Berlin 1959 ff., S. 527.
768 L. v. Stein, Geschichte der sozialen Bewegung in Frankreich, Nachdruck Hildesheim 1959, Bd. I, S. 40 ff., 43.
769 R. v. Jhering, Geist des römischen Rechts, 3 Teile, Nachdruck Aalen 1968.
770 R. v. Jhering, Vertrauliche Briefe über die heutige Jurisprudenz; ders., Im juristischen Begriffshimmel, in: ders., Scherz und Ernst in der Jurisprudenz – Eine Weihnachtsgabe für das juristische Publikum, 13. Aufl., Leipzig 1924, unveränderter Nachdruck Darmstadt 1964, S. 3 ff., 245 ff.

als „Willensmacht“ verstanden, sei ein rechtlich „geschütztes Interesse“. Damit zieht v. Jhering die Schleier der Romantik, des Idealismus, des Historismus und der begrifflichen Abstraktion, welche die Kernfragen des Rechts lange verhüllt hatten, beiseite. Sein ebenfalls unvollendetes zweites Hauptwerk „Der Zweck im Recht“[771] steht unter dem Leitmotiv:

„Der Zweck ist der Schöpfer des ganzen Rechts“.

In einem noch heute fesselnden Vortrag von 1872 mit dem Titel „Der Kampf um's Recht“ (lesen!), der in mehr als 20 Auflagen erschien, vielfach übersetzt wurde und die gesamte juristische Welt bewegte,[772] kennzeichnet v. Jhering das Recht scharf als ein Mittel der Machtausübung und des Interessenschutzes. Seine Lehren berühren sich vielfach mit denen der Kommunisten, die er offenbar gut kannte. Er verdammt zwar den Marxismus, besonders wegen dessen Absage an das Privateigentum,[773] ist aber sichtlich von dessen Aussagen zu den schichtspezifischen Interessengegensätzen in der Gesellschaft beeinflußt.[774]

II. Rudolf v. Jhering als Theoretiker des Übergangs

521 Die Aussagen über die Subjekte und den Rang der im Recht verwirklichten Zwecke und Interessen bleiben bei v. Jhering noch blaß. Er unterscheidet egoistische, gesellschaftliche und staatliche Zwecke. Die genaue Bestimmung der Begriffe „Zweck“ und „Interesse“ war dem nicht mehr erschienenen 3. Band von „Der Zweck im Recht“ vorbehalten.[775]

522 Rudolf v. Jhering zielt mit seiner Theorie vom „Zweck im Recht“ auf eine philosophisch-anthropologische Begründung des Rechts. Mit seiner Schrift „Der Kampf um's Recht“ machte er, ähnlich wie Karl Marx und Lorenz v. Stein die gesellschaftspolitische Entstehungsweise und Dimension allen Rechts bewußt. Weil ohne das Recht die Gesellschaft nur durch egoistisch-zügellose Aggressionen

771 R. v. Jhering, Der Zweck im Recht, 2 Bände, Nachdruck Hildesheim 1970.

772 R. v. Jhering, Der Kampf um's Recht, 23. Aufl., Wien 1946.

773 R. v. Jhering, Der Kampf um's Recht, 23. Aufl., Wien 1946, S. 36: „Der Communismus gedeiht nur in jenem Sumpfe, in dem die Eigenthumsidee sich völlig verlaufen hat“.

774 Vgl. dazu auch die Ansichten des alternden Jhering über den Sozialismus bei W. Fikentscher, Methoden des Rechts, Bd. III, Tübingen 1976, S. 159ff.

775 Zu Leben und Werk v. Jherings sehr ausführlich W. Fikentscher, Methoden des Rechts, Bd. III, Tübingen 1976, S. 101–282.

der Stärkeren oder durch furchtsame Flucht der Feigen und der Schwächeren[776] bestimmt werde, gelte:

„Der Kampf um's Recht ist eine Pflicht des Berechtigten gegen sich selbst". „Die Behauptung des Rechts ist eine Pflicht gegen das Gemeinwesen"[777].

Mit dem Satz, der Zweck sei der Schöpfer des ganzen Rechts,[778] war ein großes Thema angesprochen, das die Rechtstheorie und die Methodenlehren bis heute beschäftigt. Aber das Thema war nur im Ansatz angedeutet, nicht systematisch durchgearbeitet. Rudolf v. Jhering ist es während seiner „zweckmethodischen Phase" nicht mehr gelungen, die Interessen im Recht in ein überschaubares System einzuordnen. Die Schlußfolgerungen aus seinen zutreffenden Denkansätzen für eine sachgerechte Methode des rechtswissenschaftlichen Arbeitens und der richterlichen Fallentscheidung standen noch aus. 523

B. Interessenjurisprudenz als rechtstheoretische und methodische Neubesinnung (Philipp Heck)

I. Rechtswissenschaft als praktische Wissenschaft

Es ist das Verdienst von Philipp Heck (1858–1943), die Interessentheorie trotz lebenslänglicher Anfeindungen systematisch ausgearbeitet und eine Theorie der Rechtsentstehung, der Gesetzesauslegung und Rechtsfortbildung begründet zu haben. Heck hatte ursprünglich Mathematik und Naturwissenschaften studiert und war dann, wie er selbst berichtet,[779] bei gelegentlichen Vorlesungsbesuchen in einem fremden Fach durch v. Jherings Ausführungen über „Interessenbegriffe" – also von dessen Angriff auf die Begriffsjurisprudenz – zur Rechtswissenschaft gezogen worden. 524

---

776 Vgl. H. Schelsky, Das Jhering-Modell des sozialen Wandels durch Recht, in: Jahrbuch für Rechtssoziologie und Rechtstheorie, Bd. III, Düsseldorf 1972, S. 47 ff.

777 R. v. Jhering, Der Kampf um's Recht, 23. Aufl., Wien 1946, S. 20, 46.

778 Kritisch F. Wieacker, Privatrechtsgeschichte der Neuzeit, 2. Aufl., Göttingen 1967, S. 582 mit Fußnote 59.

779 Ph. Heck, Begriffsbildung und Interessenjurisprudenz, Tübingen 1932, S. 32. Zur herausragenden Bedeutung der Methodenlehre des zu Unrecht fast vergessenen Ph. Heck vgl. H. Schoppmeyer, Juristische Methode als Lebensaufgabe – Leben, Werk und Wirkungsgeschichte Philipp Hecks, Tübingen 2001.

Philipp Heck (1858 – 1943), Begründer der Interessenjurisprudenz und einer ausgefeilten Methode der Gesetzesanwendung. Er versteht die Jurisprudenz als „Lebenswissenschaft“: „Wir arbeiten ..., um dem Leben zu dienen.“

525 Beiden, v. Jhering und Heck, ging es entscheidend um die praktische Rechtswissenschaft, um die „Einwirkungen [der Rechtswissenschaft und der Justiz] auf das Leben“[780]:

„Wir arbeiten nicht, um das Prädikat 'Wissenschaft' zu erhalten, sondern um dem Leben zu dienen“[781].

Im Mittelpunkt der Forschungen Hecks stand „Das Problem der Rechtsgewinnung“[782] bei richterlichen Entscheidungen. Im Anschluß an v. Stein und v. Jhering sah Heck den Ursprung der Rechtsnormen, ihre eigentliche „causa“, in den konkurrierenden materiellen, geistigen und religiösen Wertvorstellungen der gesellschaftlichen Gruppen. Er bezeichnete sie pauschal als „Interessen“ und wurde so zum Be-

780 Ph. Heck, Begriffsbildung und Interessenjurisprudenz, Tübingen 1932, S. 17.
781 Ph. Heck, Begriffsbildung und Interessenjurisprudenz, Tübingen 1932, S. 24.
782 Ph. Heck, Das Problem der Rechtsgewinnung, 2. Aufl., 1932.

gründer der „Interessenjurisprudenz". Er vertrat nach dem Verfassungsgebot der Gewaltenteilung eine strenge Bindung der Rechtsanwender an die Normzwecke der Gesetzgebung. Nach 1933 wurde seine Lehre von den Vertretern der „völkischen Rechtserneuerung" (Forsthoff, Larenz, Schmitt, Siebert) als „liberalistisch" und „unvölkisch" verworfen.

Die nach gängiger Betrachtungsweise noch bis 1918 herrschende 526
Lehre der Begriffsjurisprudenz (vgl. Rn. 458 ff.) soll den Richter auf die logische Zuordnung („Subsumtion")[783] der Sachverhalte unter die passenden Rechtsbegriffe beschränkt haben: Die Rechtsordnung wurde als ein geschlossenes System hierarchisch geordneter Rechtsbegriffe verstanden. Es galt die Lehre von der Kausalität der Rechtsbegriffe für die Rechtsnormen. Die Begriffe selbst enthielten danach Rechtsgebote (Normen). Heck wandte sich in der Nachfolge des späten v. Jhering leidenschaftlich gegen diese Kausalitätsvorstellung. Er formulierte eine neue Kausalitätsthese:

> „Die Gesetze sind die Resultanten der in jeder Rechtsgemeinschaft einander gegenübertretenden und um Anerkennung ringenden Interessen materieller, nationaler, religiöser und ethischer Richtung. In dieser Erkenntnis besteht der Kern der Interessenjurisprudenz"[784].

Die Interessen sind also nach Heck die Ursache der Rechtsgebote 527
(„genetische Interessentheorie").

> „Das Primat der Logik wird deshalb verdrängt durch ein Primat der Lebensforschung und Lebenswertung"[785].

Die Rechtsnormen versteht Heck als normativ verfestigte, verbindlich gewordene Interessenbewertungen regelungsbedürftiger Lebensverhältnisse und Interessenkonflikte durch die Gesetzgebung.[786]

Die Interessenjurisprudenz wirkt weit über die nationalen Grenzen 528
hinaus. Die Uppsala-Schule in Schweden sieht im „gesellschaftlichen Nutzen" eine maßgebliche Zielvorgabe aller richterlichen Tätigkeit. Für das anglo-amerikanische Recht wird die zentrale Bedeutung der kausalen gesellschaftlichen Interessen und der vom Gesetzgeber gewählten Bewertungsmaßstäbe beispielhaft deutlich in der Formulierung von Roscoe Pound, die Rechtswissenschaft müsse sich als „social engineering" (juristische Steuerung des sozialen Prozesses durch

---

783 Lat.: subsumere = unterstellen, unterordnen.
784 Ph. Heck, Gesetzesauslegung und Interessenjurisprudenz, AcP 112 (1914), 1 ff., 17.
785 Ph. Heck, Begriffsbildung und Interessenjurisprudenz, Tübingen 1932, S. 4.
786 Ph. Heck, Begriffsbildung und Interessenjurisprudenz, Tübingen 1932, S. 72 ff.

Normen) verstehen. Damit ist die politische Funktion der Rechtsanwendung, also der Zusammenhang von Rechtswissenschaft, Gerichtspraxis und Politik angesprochen.

II. Der Richter als dienender Partner des Gesetzgebers

529 Entgegen der damals herrschenden Lehre und weit über die Anschauungen v. Jherings hinaus thematisierte Heck als erster Methodiker seiner von der Kodifikationsidee (Rn. 450, 822) geprägten Epoche die Bedeutung des Problems der „Gesetzeslücken“ nach dem Inkrafttreten des BGB.[787] Er versuchte, präzise methodische Regeln für die richterliche Ausfüllung („Ergänzung“) von Lücken im Gesetz zu entwickeln. Heck erkannte, daß der Richter im „Lückengebiet zur wertenden Gebotsbildung“ und, soweit gesetzliche Werturteile völlig fehlen, auch zur richterlichen „Eigenwertung“ berufen und verpflichtet ist.[788] Der Richter wird für ihn zum „Gehilfen des Gesetzgebers“. Er ist an dessen Werturteile gebunden, wird aber im Lückengebiet „als Gesetzgeber“[789] tätig. Heck sah auch bereits die selbständige Qualität von Richterrecht (Rn. 235 ff.). Er bezeichnete es als zulässig und empfehlenswert, von einer „Befugnis des Richters zur Schaffung von Rechtssätzen“ zu reden.[790]

III. Weite und Unschärfe des Interessenbegriffes

530 Der Begriff „Interesse“, von dem die „Interessenjurisprudenz“ ausgeht, wird von Heck in einem umfassenden Sinn verstanden (vgl. Zitat Rn. 526). Heck sah eine Beschränkung nur auf die privaten oder materiellen Interessen als ein schweres Mißverständnis an. Für ihn war es selbstverständlich, daß auch die idealen Interessen bei der Rechtsbildung mit einzubeziehen sind.

531 Diese weite Fassung des Zentralbegriffs der Interessenjurisprudenz hat von Anfang an zu Mißdeutungen geführt und Kritik erregt: Die egoistischen, individuellen und kollektiven, in jeder Gesellschaft miteinander konkurrierenden Interessen (z. B. der Landwirte, Ärzte,

---

787 Ph. Heck, Gesetzesauslegung und Interessenjurisprudenz, AcP 112 (1914), 224 ff.
788 Ph. Heck, Gesetzesauslegung und Interessenjurisprudenz, AcP 112 (1914), 158 ff.
789 Ph. Heck, Gesetzesauslegung und Interessenjurisprudenz, AcP 112 (1914), 228 unter Hinweis auf Art. 1 Abs. 2, 3 schweiz. ZGB: „Kann dem Gesetze keine Vorschrift entnommen werden, so soll der Richter nach Gewohnheitsrecht und, wo auch ein solches fehlt, nach der Regel entscheiden, die er als Gesetzgeber aufstellen würde. Er folgt dabei bewährter Lehre und Überlieferung“.
790 Ph. Heck, Gesetzesauslegung und Interessenjurisprudenz, AcP 112 (1914), 250.

Gewerkschaften, Schriftsteller, Industrie) würden unter denselben Begriff fallen, wie von Gesetz oder Verfassung geschützte Rechtsgüter (z. B. Menschenwürde, Glaubens-, Gewissens- und Meinungsfreiheit, Mutterschutz, Rechts- und Sozialstaatsgrundsatz). Heck unterscheide nicht scharf genug zwischen den real konkurrierenden Interessen und den gesetzlich normierten Werturteilen. Dasselbe gelte für Bewertungsgegenstand und Bewertungsmaßstab in der Denk- und Sprechweise Hecks.

Diese vermeintliche terminologische Unschärfe hat später Wester- 532
mann, Reinicke, Brox u. a. bewogen, die „Interessenjurisprudenz“ umzutaufen und sie zutreffend „Wertungsjurisprudenz“ zu nennen.[791] Die gesetzliche Interessenbewertung tritt dadurch in das Zentrum der Rechtsanwendung. Auf diese Weise sind die methodischen Grundpositionen von Heck nicht nur erhalten, sondern noch verdeutlicht worden. Gerade er hatte die unabdingbare Bindung des Richters an die vorhandenen gesetzlichen Bewertungsmaßstäbe betont.[792]

IV. Der Streit um die Interessenjurisprudenz im Nationalsozialismus

1. Wertgebundene oder wertfreie Methode? Mit der Machtüber- 533
nahme durch die Nationalsozialisten brach ein neuer, ideologisch motivierter juristischer Methodenstreit aus. Der Nationalsozialismus proklamierte, von seiner Rassenideologie ausgehend (Vorherrschaft der arischen Rasse – „Die Juden sind unser Unglück!“), eine umfassende völkische Rechtserneuerung (Rn. 548 ff.). Nach 1933 wetteiferten viele Methodentheoretiker in der Absicht, die bestgeeignete Rechtsmethode zur Durchsetzung dieser rassenpolitisch motivierten Rechtserneuerung anzubieten.[793] Da der nationalsozialistische Gesetzgeber nach dem Umbruch des politischen Systems zunächst auf

---

791 Vgl. statt aller H. Westermann, Wesen und Grenzen der richterlichen Streitentscheidung im Zivilrecht, Münster 1955, S. 14 ff.; ders., Interessenkollisionen und ihre richterliche Wertung bei den Sicherungsrechten an Fahrnis und Forderungen, Karlsruhe 1954, S. 4 ff.; ferner: H. Schoppmeyer, Juristische Methode als Lebensaufgabe, Tübingen 2001; Ch. Fischer, Topoi verdeckter Rechtsfortbildungen im Zivilrecht, Tübingen 2007, S. 112 f. und passim; J. Rückert, Vom „Freirecht“ zur freien „Wertungsjurisprudenz“, ZRG GA 125 (2008), 199 ff.

792 Ph. Heck, Gesetzesauslegung und Interessenjurisprudenz, AcP 112 (1914), 159 f., 224 ff.; vgl. zur Wertungsjurisprudenz K. Larenz, Methodenlehre der Rechtswissenschaft, 6. Aufl., Berlin 1991, S. 119 ff.

793 B. Rüthers, Die unbegrenzte Auslegung, 8. Aufl., Tübingen 2017, S. 117 ff., 136 ff., 175 ff., 293 ff.

vielen Gebieten untätig blieb, mußte das gewünschte neue „braune" Recht durch Auslegung und Umdeutung des „alten" Rechts gewonnen werden. Das führte zu einem lebhaften methodischen Wettbewerb unter den konkurrierenden Methodenschulen und zu heftigen Angriffen auf die weithin, vor allem im Zivilrecht und auch im Strafrecht, herrschende Interessenjurisprudenz.[794]

534 **2. Ist die Rechtsmethode philosophiefrei?** Philipp Heck hielt seine Lehre irrig für „philosophiefrei".[795] Er versuchte, die Unterscheidung zwischen Methodenlehre (Wie wird Recht richtig angewendet?) und Rechtsphilosophie (Welches Recht ist „richtig"?) aufrecht zu erhalten. Das war der Angriffspunkt seiner Kritiker (Binder, Larenz, Schmitt, Siebert, Forsthoff u. a.). Der Interessenjurisprudenz wurde vorgeworfen, ihr fehle das Bekenntnis zu den rassischen Inhalten des völkischen Rechtsdenkens. Sie sei von keiner wirklichen Gesamtschau der „inneren Totalität des völkischen Lebens" getragen, wertneutral, liberal und individualistisch.[796] Das alles waren damals in der neuen völkischen Sicht ebenso üble wie gefährliche Schimpfwörter. Der Angegriffene wurde unter den Bedingungen des totalitären Staates in seiner Existenz bedroht und in das ideologische „Abseits" gestellt. Heck war von dem Angriff überrascht. Als überzeugter Erzkonservativer, Gegner der Weimarer Republik und Mitglied des „Alldeutschen Verbandes", fühlte er sich dem neuen autoritären Führerstaat durchaus verbunden und hielt seine Rechtstheorie für besonders geeignet, dessen rechtspolitische Ziele zu verwirklichen.[797]

535 Die Kritik traf zudem einen heiklen Punkt: Den unlösbaren Zusammenhang von Rechtsmethode und Rechtsphilosophie hatte Heck verkannt. So konnte er zu der irrigen Auffassung kommen, seine Methode sei „philosophiefrei" und politikfrei. Tatsächlich steht jede juristische Methodenlehre – ob sie das weiß und wahrhaben will oder nicht – im Dienste bestimmter (religiös, philosophisch oder ideologisch begründeter) Wertvorstellungen und ihrer politischen Durchsetzung. Die Rechtsmethode ist eine Dienerin der Wertverwirklichung durch Normen.

---

794 Vgl. B. Rüthers, Die unbegrenzte Auslegung, 8. Aufl., Tübingen 2017, S. 143, 270 ff.

795 Ph. Heck, Rechtsphilosophie und Interessenjurisprudenz, AcP 143 (1937), 129 ff.; ders., Begriffsbildung und Interessenjurisprudenz, Tübingen 1932, S. 25 ff., 27.

796 Nachw. bei B. Rüthers, Die unbegrenzte Auslegung, 8. Aufl., Tübingen 2017, S. 270 ff.

797 Vgl. Ph. Heck, Rechtserneuerung und juristische Methodenlehre, Tübingen 1936; ders., Rechtsphilosophie und Interessenjurisprudenz, AcP 143 (1937), 129 ff.

Heck vertrat eine sehr strenge Bindung des Richters an jede erkannte Interessenwertung des Gesetzgebers: 536

„Der Richter steht unter dem Gesetz".
„Dieses Prinzip der Gesetzestreue duldet keine Ausnahme"[798].

Er folgte damit den Lehren des Gesetzespositivismus (Rn. 470 ff.), d. h. einem wertneutralen, formalen Rechtsbegriff. Wer die Macht hat, Gesetze im verfassungsmäßigen Verfahren durchzusetzen, ist unbeschränkter Herr über den Inhalt des Rechts. Das ist zwar auch ein Grundsatz der Methodenlehre, aber zugleich eine grundlegende rechtstheoretische und philosophische Position. Sie bedeutet nämlich, daß die Interessenbewertungen, die durch den Mechanismus der Gesetzgebung gegangen sind, verbindlich sind. Sie wirkt also kurz nach einem Umbruch, wenn noch nicht alles geregelt ist oder wenn der neue Machthaber keinen gesteigerten Wert auf ordnungsgemäß zustandegekommene Gesetze legt, restriktiv, „fortschrittsfeindlich", „konservativ".

Hier lag ein wichtiger Ansatzpunkt für die nach 1933 einsetzenden 537
Angriffe gegen die Interessenjurisprudenz. Für Heck und seine Schule war der dienende und denkende Gesetzesgehorsam der Richter das Grundprinzip seiner Methodenlehre. Genau hier setzten seine Gegner mit heftiger Kritik an dem angeblich überholten „Normativismus" der traditionellen Rechtslehre an. Das herkömmliche Gesetzesdenken wurde für „innerlich bankerott" erklärt:[799]

„Dieser Normativismus, der eine dienende, nebensächliche Rolle im juristischen Denken spielen sollte, hat sich in diesem wissenschaftlichen Gesamtsystem zum alleinigen Herrn des geistig-wissenschaftlichen Denkens und insbesondere des juristischen Denkens aufgeworfen".

„Ganze Generationen hindurch ist dieser abstrakte Normativismus als juristische Wissenschaft in gesunde deutsche Gehirne hineingetrieben worden. Der normativistische Denktypus, der dadurch bei uns entstand, wurde im 19. Jahrhundert dadurch weiter gefördert, daß das Einströmen des jüdischen Gastvolkes die Entwicklung weiter in die Richtung eines normativistischen Gesetzesdenkens trieb".

Wer anders zu denken wagte, war ein „Reaktionär" oder „Typus vergangener Zeit", ein Feind im Kampf für das „konkrete juristische Ordnungsdenken" und das „Rechtsempfinden anständiger Menschen", der den Bannstrahl der völkischen Erneuerer fürchten mußte:

---

798 Das ist von neomarxistischen Kritikern heftig diskutiert und kritisiert worden, vgl. etwa U. Reifner (Hrsg.), Das Recht des Unrechtsstaates, Frankfurt/M. 1981.
799 C. Schmitt, Nationalsozialistisches Rechtsdenken, DR 1934, 225, 226.

„Es ist ein Irrtum, wenn nicht etwas Schlimmeres, heute noch gegenüber einem konkreten Tatbestand des Rechtslebens die Auseinanderreißungen von juristisch und politisch, juristisch und weltanschaulich, juristisch und moralisch vornehmen zu wollen“[800].

Schmitt hatte damit das Leitmotiv für die Methodenkontroverse gegeben, welche die gewünschte „Rechtserneuerung“ im Sinne der neuen Machthaber einleitete und begleitete. Hecks Methode der Interessenjurisprudenz wurde in der Folge als „unvölkisch“ und „liberalistisch“ abqualifiziert. Er selbst geriet mit einer kleinen Schar von Getreuen in die Rolle des Außenseiters, der die Zeichen der Zeit und des neuen Rechtsdenkens aus Blut und Boden, Rasse und konkreten Ordnungen nicht verstanden habe.[801]

538 Heck starb vereinsamt 1943. Seine Kritiker und Gegner, die mit ihren „völkischen“ Methoden das Hitlerregime legitimiert und seine Regelungsziele interpretativ verwirklicht hatten, erhielten, bis auf C. Schmitt, nach der Gründung der Bundesrepublik Deutschland neue akademische Wirkungsfelder.

539 **3. Folgerungen aus dem Methodenstreit.** In der neueren Rechtsgeschichte und in den Lehrbüchern der Methodenlehre ist dieser Methodenstreit im NS-Staat kaum beachtet, teilweise übersehen, teilweise bewußt verdrängt worden. Das ist bemerkenswert, weil er bei genauer Analyse Grundeinsichten in die Funktionsweisen juristischer Methoden für die Stabilisierung oder die Flexibilisierung von juristischen Norminhalten bis hin zur Umkehrung (Perversion) von Rechtsgeboten vermitteln kann. Zudem waren oft dieselben Autoren weiterhin beteiligt.

540 Das gemeinsame Ziel der konkurrierenden Methodenvertreter nach 1933 war es, die weltanschaulichen Grundpositionen des Nationalsozialismus im Recht möglichst schnell, sicher und ohne umfassende gesetzliche Neuregelungen zu verwirklichen. Einig war man sich darüber, daß die juristische Methode, welche auch immer empfohlen wurde, der jetzt herrschenden Weltanschauung in der geltenden Gesetzesordnung zum Durchbruch verhelfen sollte. Die Frage der Methodenwahl lautete also, welche Methode diese Dienstfunk-

800 C. Schmitt, Nationalsozialistisches Rechtsdenken, DR 1934, 225.
801 Vgl. statt vieler K. Larenz, Über Gegenstand und Methode des völkischen Rechtsdenkens, Berlin 1938, S. 37ff.; ders., Rechtswissenschaft und Rechtsphilosophie, AcP 143 (1937), 257, 274; E. Forsthoff, Die Rechtsfindungslehre im 19. Jahrhundert, ZgS 96 (1936), 49, 69f.; ders., Rezension zu „Rechtserneuerung und juristische Methodenlehre“ von Ph. Heck, ZgS 97 (1937), 371.

tion bei der Umsetzung der NS-Weltanschauung in das geltende Recht optimal erfüllen könne.

Juristische Methoden dienen immer der Wertverwirklichung durch 541
Rechtsnormen, haben also Bezüge zu den weltanschaulichen Grundlagen der Rechtsordnung. Die Methodenfrage wird für Juristen besonders wichtig, wenn sich zwischen dem Erlaß der Rechtsnormen und dem Zeitpunkt ihrer Anwendung die herrschenden Wertvorstellungen in Grundfragen gewandelt haben. Methodenfragen werden dann leicht zu Weltanschauungsfragen.

Wer sich, etwa aus prinzipieller Methodentreue, der vermeintlich oder tatsächlich besseren Verwirklichung der totalitären Weltanschauung durch „falsche“ oder „schlechtere“, jedenfalls hemmende Methodenvorschläge in den Weg stellt, kann schnell zum „Feind“ der von den Machthabern gewünschten „Rechtserneuerung“ und zum Anhänger „überlebter Ideologien“ abgestempelt werden. Der scheinbar kollegiale Wettbewerb um sachgerechte Methodenlösungen wird dann zum weltanschaulichen Kampf gegen unbelehrbare Reaktionäre. In neu errichteten Diktaturen ist das eine fast regelmäßige Begleiterscheinung.[802]

Eine weitere Einsicht aus dem Methodenstreit nach 1933 besagt: 542
Methodenfragen sind Machtfragen. Die Entscheidung über die Rechtsanwendungsmethode legt, genau besehen, fest, wem die Definitionskompetenz über die materialen Inhalte der geltenden Rechtsordnung zusteht. Nicht der Gesetzgeber, sondern diejenige Instanz, welche die Inhalte der Rechtsgebote und der Grundbegriffe des Rechts festlegt, hat die tatsächliche Macht über das Recht. Die praktizierte Methode grenzt die Normsetzungsmacht des Gesetzgebers von derjenigen der Rechtsanwender und den von ihm anerkannten Autoritäten ab.

Daraus folgt: Methodenfragen sind Verfassungsfragen (Rn. 649 ff.). 543
Die ständige Zunahme des Richterrechts und das Ende der Epoche großer Kodifikationen zeigt, daß die Richtermacht gegenüber der ursprünglichen Bedeutung der Gesetzgebung ständig zugenommen hat.

4. Die verdrängte Bedeutung des Methodenstreits. Die Lehre 544
Hecks zur Gesetzesauslegung[803] ist ein Meisterwerk systematischer

802 Nachw. für die NS-Zeit bei B. Rüthers, Die unbegrenzte Auslegung, 8. Aufl., Tübingen 2017, S. 177 f., 270 ff.; vgl. zum DDR-Kommunismus J. Eckert (Hrsg.), Die Babelsberger Konferenz vom 2./3. April 1958, Baden-Baden 1993.

803 Ph. Heck, Gesetzesauslegung und Interessenjurisprudenz, AcP 112 (1914), 1–318; ders., Begriffsbildung und Interessenjurisprudenz, Tübingen 1932.

Gründlichkeit und Geschlossenheit. Ihre Auslegungsgrundsätze bilden über die Epochen hinweg den Kern vieler neuerer Interpretationslehren bis heute, vor allem im Zivilrecht.[804] Die sog. objektive Auslegungsmethode, die besonders im öffentlichen Recht und Strafrecht bevorzugt wird, bedeutet eine Abkehr von Heck. Dies hat durchsichtige Gründe, weil die „objektive Methode" die Rechtsanwender von der Bindung an die Normzwecke der Gesetzgebung und im Strafrecht vom verfassungsrechtlichen Analogieverbot (Art. 103 Abs. 2 GG) befreit (vgl. Rn. 823a ff.).[805] Heck[806] vergleicht die scheinbar „objektive" Auslegung mit einem Freiballon, der den Winden des Zeitgeistes folgt. Demgegenüber entspricht die von Heck vertretene strenge Gesetzesbindung der Gerichte[807] der verfassungsgesetzlich vorgegebenen Rolle der Rechtsprechung nach den Grundsätzen der Demokratie, der Gewaltentrennung und der Bindung an Gesetz und Recht (Art. 20, 97 Abs. 1 GG).

Vor diesem Hintergrund ist es überraschend, daß die herausragende Bedeutung Hecks für die deutsche Methodenlehre in allen Teilrechtsgebieten heute weithin vergessen oder verdrängt ist.[808] Noch erstaunlicher ist es, daß die geschilderte Methodenkontroverse im Nationalsozialismus zwischen Heck einerseits und Larenz, Forsthoff, Schmitt andererseits in den Darstellungen zur Methodenlehre und zur Rechtsgeschichte regelmäßig ausgelassen wird, obwohl sie besonders erhellende Einblicke in die Konkurrenzen der Umdeutungsakrobatik nicht nur jener Epoche bietet.[809]

---

804 P. Raisch, Juristische Methoden, Heidelberg 1995, S. 117 ff., 119; L. Enneccerus/H. C. Nipperdey, Allgemeiner Teil des Bürgerlichen Rechts, Erster Halbband, 15. Aufl., Tübingen 1959, S. 323 ff.

805 Vgl. dazu A. Kaufmann, Rechtsphilosophie im Wandel, Frankfurt/M. 1972, S. 273 ff., 276 ff.

806 Ph. Heck, Gesetzesauslegung und Interessenjurisprudenz, AcP 112 (1914), 62.

807 Vgl. Ph. Heck, Gesetzesauslegung und Interessenjurisprudenz, AcP 112 (1914), 51, 196 ff.; eingehend dazu H. Schoppmeyer, Juristische Methode als Lebensaufgabe, Tübingen 2001.

808 Beispielhaft dafür ist das Buch von W. Fikentscher, Methoden des Rechts, Bd. III, Tübingen 1976. Dort ist Heck gerade noch am Rande erwähnt (S. 376). R. Dutschke, einer der Wortführer der Berliner Studentenbewegung von 1968, wird dagegen als „der wichtigste neomarxistische Autor der BRD" auf sieben Seiten dargestellt.

809 Vgl. B. Rüthers, Entartetes Recht, 3. Aufl., München 1994, S. 33–41.

C. Zusammenfassung zu § 15

I. Die epochale Leistung der Interessenjurisprudenz ist die Rückbesinnung auf die sozialen und politischen Realitäten sowie auf die rechtspolitischen Zwecke der Rechtsnormen. 545

II. Heck hat mit seinem Hauptwerk über „Gesetzesauslegung und Interessenjurisprudenz“[810] eine systematisch durchgearbeitete und umfassende Auslegungslehre für die Gerichtspraxis entwickelt, wie sie vorher in dieser Geschlossenheit unbekannt war und in vielem noch heute „Stand der Technik“ ist. Niemand hat Inhalt und Grenzen der Gesetzesbindung der Justiz klarer analysiert und definiert.

III. Die Interessenjurisprudenz war der letzte von sechs großen rechtstheoretischen Denkansätzen, die das 19. Jahrhundert im deutschen Rechtskreis hervorgebracht hat: Historische Rechtsschule, Begriffsjurisprudenz, marxistische Rechtslehre, gesellschaftliche Rechtswissenschaft Lorenz v. Steins, juristischer Positivismus und Interessenjurisprudenz. Vergleichbares hat die Rechtstheorie im 20. Jahrhundert nicht aufzuweisen. Sie hat sich überwiegend darauf beschränkt, die Gedanken der vorausgegangenen Jahrhunderte fortzuführen und zu kombinieren. Die Rückschau gebietet Respekt vor der gedanklichen Fruchtbarkeit und Vielfalt der Rechtstheorie in dem oft zu Unrecht geschmähten 19. Jahrhundert.

---

810 Ph. Heck, Gesetzesauslegung und Interessenjurisprudenz, AcP 112 (1914), 13, 220.

§ 16. Rasse und Recht: Rechtslehren im Nationalsozialismus

Historia vero testis temporum;
Lux veritatis vita memoriae,
Magistra vitae

Cicero, de orat. II 9, 36

Schau öfter zurück, wenn es Dir daran liegt, dich zu bewahren!

Robert Walser

A. Das totalitäre Unrechtssystem

546 Der nationalsozialistische Staat von 1933 bis 1945 war ein totalitäres Unrechtssystem. Der NS-Staat war totalitär, weil er alle Bürger bei ihrem Verhalten in nahezu allen Lebensbereichen auf eine bestimmte – die nationalsozialistische – Weltanschauung verpflichten wollte. Jede Kritik an dieser Weltanschauung war verboten und wurde brutal unterdrückt. Der uneingeschränkte Herrschaftsanspruch ist ein Merkmal aller totalitären Staaten, wie auch die Systeme Stalins und Ulbrichts gezeigt haben.

547 Der NS-Staat war ein Unrechtssystem, weil er die staatlichen Zwangsmittel rigoros und ohne moralische oder rechtliche Bindungen zur Durchsetzung der ideologischen Dogmen (Rassenpolitik, Führerprinzip, notwendiger Angriffskrieg zur Revision von „Versailles") im staatlichen, gesellschaftlichen und privaten Leben einsetzte. Der Mensch wurde zum Mittel staatlicher Zwecke („Du bist nichts, dein Volk ist alles!"). Menschen- und Bürgerrechte des Einzelnen gab es nicht (Konzentrationslager). Der diktatorisch organisierte Staatsapparat unterlag in den ideologisch bedeutsamen Lebensbereichen einer erheblich eingeschränkten Rechtsbindung. Akte der politischen Polizei (Geheime Staatspolizei „Gestapo"), der angeblichen „Staatsnotwehr" am 30. Juni 1934[811] und der Judenverfolgung bis zum Völkermord an den europäischen Juden waren der Justiz entzogen.

811 B. Rüthers, Entartetes Recht, 3. Aufl., München 1994, S. 120f.

B. NS-Rechtsanschauung

Der Nationalsozialismus hatte keine einheitliche Rechtstheorie. Es gab mehrere konkurrierende Rechtslehren mit erheblichen inhaltlichen und methodischen Unterschieden. Für die nationalsozialistischen Gewalthaber hatte das Recht eine ausschließlich dienende Funktion als Kampfinstrument zur Durchsetzung ihrer Weltanschauung. 548

Die Grundsätze der NS-Rechtsanschauung waren überwiegend dem Parteiprogramm der NSDAP[812] entnommen und lassen sich etwa so zusammenfassen: 549

I. Oberster Richtwert des völkischen Lebens und der staatlichen Politik ist die Vorherrschaft der „nordischen" Rasse. Der Todfeind des deutschen Volkes ist „der Jude".

II. Die NS-Weltanschauung fordert die Herrschaft über alle Lebensgebiete.

III. Das Führerprinzip gilt uneingeschränkt im Staat und in allen Teilordnungen des Volkes (Partei, Behörden, Betriebe, „Hausgemeinschaften").

IV. Die Rechtsanschauung ist ein Teil der Weltanschauung, die von einem unbeschränkten Machtwillen der Gewalthaber geprägt ist. Das Recht hat der Weltanschauung zu dienen.

V. Die Äußerungen führender Nationalsozialisten zu Rechtsproblemen lassen in allen Phasen des Regimes eine grundsätzliche Rechtsfeindlichkeit wichtiger Funktions- und Amtsträger erkennen. Hitler zu den von ihm befohlenen Morden am 30. Juni 1934: „In dieser Stunde war ich verantwortlich für das Schicksal der deutschen Nation, und damit des deutschen Volkes oberster Gerichtsherr."; Hermann Göring 1933 als preußischer Innenminister, um Preußen mittels der Polizei „gegnerfrei" zu machen: „Meine Maßnahmen werden nicht angekränkelt sein durch irgendwelche juristischen Bedenken … Hier habe ich keine Gerechtigkeit zu üben, hier habe ich nur zu vernichten und auszurotten, weiter nichts." Zahllose ähnliche Bemerkungen führender NS-Funktionäre sind erwiesen.[813]

---

812 W. Hofer, Der Nationalsozialismus, Dokumente 1933–1945, Frankfurt/M. 1985, S. 28.

813 Nachw. bei B. Rüthers, Die unbegrenzte Auslegung, 8. Aufl., Tübingen 2017, S. 105.

C. Versuche einer NS-Rechtstheorie

550 Diese Rechtsvorstellungen der NS-Weltanschauung waren mit der Weimarer Verfassung und den auf allen Rechtsgebieten überkommenen Gesetzen unvereinbar.

I. Konkurrenz der anpassungsbereiten Autoren

Folgerichtig wurde die Forderung nach einer umfassenden „völkischen Rechtserneuerung" im Sinne der NS-Ideologie erhoben. Die wissenschaftliche Literatur der Zeit nach 1933 liest sich aus heutiger Sicht wie die eines Wettbewerbs, bei dem es darum ging, den zur Macht gelangten Nationalsozialisten für ihre Ziele der „völkischen" Rechtserneuerung die am besten geeignete Rechtstheorie nebst den passenden Umdeutungsinstrumenten anzubieten.[814]

II. Von der Interessenjurisprudenz zum Neuhegelianismus

551 Zunächst formierte sich unter den meist jüngeren von der NS-Bewegung inspirierten Autoren, die zum großen Teil die Nachfolger auf den Lehrstühlen vertriebener jüdischer Kollegen waren, eine scharfe Ablehnung der Interessenjurisprudenz, welche besonders im Zivilrecht herrschend geworden war (vgl. Rn. 524 ff.). Die Interessenjurisprudenz wurde als „individualistisch" und „liberalistisch" angeprangert. Sie sei ungeeignet, die innere Einheit von Sonderinteressen und Gemeinschaftsinteressen zutreffend zu erfassen. Jede Weltanschauung habe ihre eigene, ihr allein zugehörige Methode (Binder, Larenz, Siebert, Forsthoff).[815] In der Folgezeit setzte sich dann ein neuhegelianisches, als „völkisch" bezeichnetes Rechtsdenken durch, das als Einfallstor nationalsozialistischer Reformforderungen in das bestehende, oft völlig unveränderte Gesetzesrecht diente.

III. Vorrang der Umdeutung vor der Gesetzgebung

552 Die Perversion der Rechtsordnung im Nationalsozialismus fand, vor allem in der Anfangsphase, überwiegend durch Richtersprüche

814 Zitate bei B. Rüthers, Die unbegrenzte Auslegung, 8. Aufl., Tübingen 2017, S. 99 ff., 111 ff., 136 ff., 270 ff.
815 Nachw. bei B. Rüthers, Die unbegrenzte Auslegung, 8. Aufl., Tübingen 2017, S. 271 ff.

und die sie anleitende rechtswissenschaftliche Literatur statt. Der junge NS-Staat brachte nur auf Teilgebieten (z. B. Betriebsverfassung, Tarifrecht, Eherecht, Kriegssonderstrafrecht) gesetzgeberische „Reformen" zustande. Weite Bereiche des Rechts wurden durch Auslegung (besser: „Einlegung") im Sinne der neuen herrschenden Ideologie umgestaltet.

IV. Die nationalsozialistische Rechtsidee

Ausgangspunkt der „völkischen Rechtserneuerung" war die Kon- 553
struktion einer neuen, rassisch ausgerichteten Rechtsidee. Diese Rechtsidee wurde von den verschiedenen Autoren, je nach Standpunkt und intellektuellen Fähigkeiten, aus dem rassenpolitischen Programm der NSDAP „abgeleitet". Das ging nicht ohne irrationale Töne ab:

> „Blut muß Geist und Geist muß Blut werden. Weil der Geist verfallen kann, darum muß das Blut den Geist wagen. Der Geist aber wird nur gewinnen, wo er sich aus dem Blute erneuert".[816]
>
> „In jedem Worte, das wir sprechen, denkt das Blut des Volkes, dessen Sprache es entstammt. … Wir reden deutsch vom gesamten Recht, weil wir nur so deutsch denken können!"[817]

Mit der Annahme einer neuen „Rechtsidee" wurden ungeschrie- 554
bene zentrale Gerechtigkeitsvorstellungen und Rechtsgrundwerte in „Unwerte" des NS-Rassenwahns umgewandelt. Die Rasse wurde als „Ursprung und Ziel allen Rechts" angesehen und als höchster Wert in die wissenschaftliche Diskussion eingeführt. Die Rechtsordnung sollte an der „auf Artgleichheit gegründeten Ordnung des Volkes" ausgerichtet werden.[818] Daraus folgte:

> „Der Nationalsozialismus hat in Deutschland eine neue, die spezifisch deutsche Rechtsidee zur Geltung gebracht. Nicht zum mindesten darin liegt seine weltgeschichtliche Bedeutung".

---

816 K. Larenz, Volksgeist und Recht, Zeitschrift für deutsche Kulturphilosophie, Bd. I, 1934/35, S. 40, 42.

817 W. Schönfeld, Der Kampf wider das subjektive Recht, ZAkDR 1937, 107 (110). Weitere Nachw. und Zitate von damals führenden Rechtsgelehrten bei B. Rüthers, Die unbegrenzte Auslegung, 8. Aufl., Tübingen 2017, S. 125 ff.

818 C. Schmitt, Der Weg des deutschen Juristen, DJZ 1934, Sp. 692 (698); vgl. auch G. Küchenhoff, Das staatsrechtliche Wesen des Dritten Reiches, JR 1934, 17 (19). Weitere zahlreiche Nachw. bei B. Rüthers, Die unbegrenzte Auslegung, 8. Aufl., Tübingen 2017, S. 118 ff.

„Die alles durchdringende Einheit des deutschen Rechtsdenkens liefert auch die alles beherrschende Auslegungsregel, von der wir heute ausgehen müssen“.

„Die Vorschriften des BGB bestehen noch, aber sie erhalten durch die 'zentrale Rechtsidee' der siegreichen Bewegung eine neue Zielsetzung“.

Auch diese Zitate stammen sämtlich von angesehenen Wissenschaftlern.[819] Der überwiegende Teil der damaligen Rechtswissenschaftler, soweit sie im Amt verblieben waren, legitimierte und stützte den totalitären Führerstaat. Die „Rechtsidee“ wurde so zum Werkzeug der Umdeutung und Perversion der gesamten Rechtsordnung gemacht.

V. Neue Rechtsquellenlehre

555 Dieselbe Rolle spielte die Konstruktion einer neuen Rechtsquellenlehre. Sie richtete sich polemisch gegen die Bindung der Gerichte an die „alten“, aber nach der Verfassung unverändert geltenden Gesetze aus der Zeit vor der Machtübernahme.[820] Sie erklärte bisher normativ belanglose Faktoren zu verbindlichen Rechtsquellen:

1. Rasse und Volkstum als Rechtsquelle,
2. Führertum als Rechtsquelle,
3. Parteiprogramm als Rechtsquelle.[821]

Die neuen Rechtsquellen dienten dazu, mißliebige Rechtsnormen des „alten“ Rechts für unverbindlich und überholt („obsolet“) zu erklären. Selbst neue gesetzliche Regelungen galten nicht aus sich selbst, sondern wurden als „im Dienst des Parteiprogramms“ stehend angesehen. Das Parteiprogramm war also auch bei neuem Recht noch der Leitstern der Auslegung.[822]

556 Das ungeklärte Rangverhältnis der neuen Rechtsquellen untereinander und zu den alten Gesetzen führte nach 1933 zu großer Rechtsunsicherheit in Fragen der Gesetzesbindung. Dadurch gewann die reichlich produzierte, ideologisch inspirierte Anleitungsliteratur zusätzliche Bedeutung.[823] Im Auftrage des Reichsjustizministers for-

---

819 Nachw. bei B. Rüthers, Die unbegrenzte Auslegung, 8. Aufl., Tübingen 2017, S. 118.

820 Vgl. programmatisch C. Schmitt, Über die drei Arten rechtswissenschaftlichen Denkens, Hamburg 1934.

821 Vgl. näher B. Rüthers, Die unbegrenzte Auslegung, 8. Aufl., Tübingen 2017, S. 121 ff.

822 J. W. Hedemann, in: J. W. Hedemann/H. Lehmann/W. Siebert, Das Volksgesetzbuch der Deutschen, Berlin 1942, S. 38.

823 B. Rüthers, Die unbegrenzte Auslegung, 8. Aufl., Tübingen 2017, S. 121 ff., 133 ff.

mulierten führende Hochschullehrer des Rechts zur Beseitigung der Unsicherheit „Leitsätze über Stellung und Aufgaben des Richters".[824] Der zweite Leitsatz lautete:

„Grundlage der Auslegung aller Rechtsquellen ist die nationalsozialistische Weltanschauung, wie sie insbesondere im Parteiprogramm und in den Äußerungen des Führers ihren Ausdruck findet".

Carl Schmitt (1888 – 1985), einer der bekanntesten und umstrittensten deutschen Staatsrechtslehrer des 20. Jahrhunderts. Mit zahlreichen Beiträgen legitimierte und glorifizierte er das staatliche Unrecht nach 1933.

VI. Neue Begriffslehre

Ein hilfreiches Werkzeug bei der totalen Umwertung der Rechtsordnung, die als „völkische Rechtserneuerung" bezeichnet wurde, 557

824 Abgedruckt in: Deutsche Rechtswissenschaft (DRW), Bd. I (1936), S. 123.

war die Konstruktion einer neuen Begriffslehre. Sie wurde in zwei terminologischen Varianten angeboten:
1. Konkretes Ordnungsdenken (Carl Schmitt),
2. Konkret-allgemeiner Begriff (Karl Larenz).

558 **1. Denken in konkreten Ordnungen.** Das „konkrete Ordnungsdenken" war eine rechtsmethodische „Zauberformel", mit welcher die „völkische Rechtserneuerung" ohne Gesetzgeber und in müheloser Elastizität und scheinrationaler Eleganz der Rechtsanwendung bewirkt werden konnte. Die Hauptmerkmale dieser juristischen Denkform waren diese:

559 a) Die Lebensordnung geht der Rechtsnorm vor. „Die Norm oder Regel schafft nicht die Ordnung; sie hat vielmehr nur auf dem Boden und im Rahmen einer gegebenen Ordnung eine gewisse regulierende Funktion mit einem relativ kleinen Maß in sich selbständigen, von der Lage der Sache unabhängigen Geltens"[825].

560 b) Das konkrete Ordnungsdenken hatte eine rechtsändernde Funktion. „Alle diese Ordnungen (lies: des NS-Staates, B. R.) bringen ihr inneres Recht mit sich. ... Unser Streben aber hat die Richtung des lebendigen Wachstums auf seiner Seite und unsere neue Ordnung kommt aus uns selbst"[826].
„Wir denken die Rechtsbegriffe um. ...Wir sind auf der Seite der kommenden Dinge"[827].
„Gemeinschaften wie Familie und Betrieb haben als Gliederungen der Volksgemeinschaft unmittelbar die Bedeutung rechtlicher Ordnungen. ... Sie haben die Kraft, ihnen entgegenstehende abstrakt-allgemeine Gesetzesnormen für ihren Bereich insoweit zurückzudrängen, als ihre besondere Art und völkische Aufgabe das zwingend erfordert"[828]. Die nationalsozialistisch und rassisch gedeuteten „konkreten Ordnungen" hatten also Vorrang vor dem geltenden Gesetz.

561 c) Das konkrete Ordnungsdenken ist orakelhaft, vieldeutig und dunkel. Lebensverhältnisse, „sofern sie Gemeinschaftscharakter

---

825 C. Schmitt, Über die drei Arten rechtswissenschaftlichen Denkens, Hamburg 1934, S. 13.
826 C. Schmitt, Nationalsozialistisches Rechtsdenken, DR 1934, 225 (228).
827 C. Schmitt, Nationalsozialistisches Rechtsdenken, DR 1934, 225 (229).
828 K. Larenz, Über Gegenstand und Methode des völkischen Rechtsdenkens, Berlin 1938, S. 31.

tragen", seien mehr als „bloße Faktizität", weil Recht nichts anderes sei, als die „wirkliche Lebensordnung des Volkes"[829]. „Die konkrete innere Ordnung, Disziplin und Ehre jeder Institution widersteht, solange die Institution andauert, jedem Versuch restloser Normierung und Regelung"[830].
Es wurde also ein ungewisser Rechtsquellen-Dualismus zwischen der realen („konkreten") Lebensordnung und dem geltenden Gesetz verkündet. Wenn aber ein Widerspruch bejaht wurde, hatte die „konkrete Ordnung" den Vorrang. Das konkrete Ordnungsdenken brachte eine Hochkonjunktur für Argumente aus dem „Wesen" einer Sache oder eines Instituts (Beispiele: „Wesen" der Ehe, der Familie, des Arbeitsverhältnisses, der Betriebsgemeinschaft, der Hausgemeinschaft). Wesensargumente sind Scheinargumente,[831] also rhetorische Tarnanzüge, mit denen handfeste, außergesetzliche, ideologisch begründete Werturteile in die bestehende Rechtsordnung eingeschleust werden. Die „konkreten Ordnungen" des konkreten Ordnungsdenkens waren nur Teilordnungen. Sie bekamen ihren Sinn, ihre „leitende Idee" aus der „völkischen Gesamtordnung", aus der auf „Artgleichheit" gegründeten „arischen Volksgemeinschaft", aus der „umfassenden Weltanschauung des Nationalsozialismus"[832].

d) Zusammenfassung **562**

(1) Das konkrete Ordnungsdenken war ein Instrument zur Abkehr vom geltenden Gesetz (also Anti-"Positivismus", Anti-"Normativismus") und zur Inhaltsänderung der überkommenen Rechtsordnung ohne Gesetzgeber, allein durch Auslegung, die allerdings treffender als Einlegung zu bezeichnen ist.
(2) Das konkrete Ordnungsdenken berief sich auf die „wirklichen Lebensordnungen" und war so Teil der neuen NS-Rechtsquellenlehre. Es stützt sich letztlich auf den „Geist" oder die „Weltanschauung" des Nationalsozialismus als oberste Rechtsquelle.

829 K. Larenz, Über Gegenstand und Methode des völkischen Rechtsdenkens, Berlin 1938, S. 10 f., 28 f.
830 C. Schmitt, Über die drei Arten rechtswissenschaftlichen Denkens, Hamburg 1934, S. 20.
831 W. A. Scheuerle, Das Wesen des Wesens. Studien über das sogenannte Wesensargument im juristischen Begründen, AcP 163 (1964), 429 ff.
832 C. Schmitt, Nationalsozialismus und Rechtsstaat, JW 1934, 713 ff.; ders., Neue Leitsätze für die Rechtspraxis, JW 1933, 2793 f. (= DR 1933, 201 f.).

(3) Das konkrete Ordnungsdenken zeigte mit der Flut von Wesensargumenten in seinem Gefolge die Risiken einer Ableitung von Rechtsfolgen aus der „Natur" oder dem „Wesen" von Sachen oder Einrichtungen.

(4) Das konkrete Ordnungsdenken leugnete den Gegensatz von Sein und Sollen. Die Ordnungen des Seins trugen danach ihr „inneres Recht" in sich. Die Parallele zum ontologisch begründeten Naturrecht liegt auf der Hand (Rn. 417 ff.).[833]

(5) Das konkrete Ordnungsdenken ging zugleich von einer gestaltenden Funktion der Rechtsbegriffe für die innere Einheit von Recht, Lebensordnung und Weltanschauung aus („Wir denken die Rechtsbegriffe um"). Hier liegt der Ansatz zu einer Renaissance der Begriffsjurisprudenz, der in der Lehre vom „konkret-allgemeinen Begriff" noch stärker ausgeprägt wurde.

(6) Das konkrete Ordnungsdenken ging zunächst vom öffentlichen Recht aus. Es war ein Mittel zur Perversion der Rechtsordnung von Weimar in das totalitäre Unrechtssystem des NS-Staates. Seine Kernthesen haben eine starke und suggestive Ausstrahlung auf die Rechtsanwendung in allen Rechtsgebieten gehabt, besonders im Arbeitsrecht, im Mietrecht und im Ehe- und Familienrecht.[834]

563 **2. Lehre vom konkret-allgemeinen Begriff. a) Herkunft aus Hegels Begriffswelt.** Die Konstruktion konkret-allgemeiner Begriffe für die Rechtswissenschaft geht von der Begriffslehre Hegels aus. Hegel nimmt eine rechtserzeugende Funktion der Begriffe an, zum Beispiel des Eigentumsbegriffes.[835] Das Eigentum wird als eine der Rechtsordnung im konkret-allgemeinen Begriff vorgegebene Einrichtung aufgefaßt. Der „Begriff" ist nach Hegel „das wahrhaft Erste", und „die Dinge sind das, was sie sind, durch die Tätigkeit des ihnen innewohnenden und in ihnen sich offenbarenden Begriffes".[836] Der konkret-all-

833 In der Literatur der NS-Zeit dazu: H.-H. Dietze, Naturrecht aus Blut und Boden, ZAkDR 1936, 818; E. Forsthoff, Recht und Sprache, Prolegomena zu einer richterlichen Hermeneutik (1940), Sonderausgabe, Darmstadt 1964, S. 13 ff.; kritisch K. Larenz, Rechts- und Staatsphilosophie der Gegenwart, 2. Aufl., Berlin 1935, S. 150 ff.

834 B. Rüthers, Die unbegrenzte Auslegung, 8. Aufl., Tübingen 2017, S. 237 ff., 255 f., 379 ff., 400 ff.

835 G. W. F. Hegel, Enzyklopädie der philosophischen Wissenschaften, Erster Teil: Die Wissenschaft der Logik, Zusatz zu § 160.

836 G. W. F. Hegel, Enzyklopädie der philosophischen Wissenschaften, Erster Teil: Die Wissenschaft der Logik, Zusatz 2 zu § 163.

gemeine Begriff ist danach gleichsam ein lebendiges und „tätiges" Wesen, das in der Wirklichkeit „wohnt" und sich „offenbart". Er wird nicht von denkenden Menschen gebildet, sondern als etwas Lebendiges und Selbsttätiges vorgefunden.

b) Übertragung auf die Rechtswissenschaft. Larenz hat diese Lehre von den Begriffen, welche die Realität und das Recht erzeugen, auf die Rechtswissenschaft zu übertragen versucht.[837] Der Versuch war von der Absicht geleitet, die „abstrakten Allgemeinbegriffe", wie sie für die systematische Erfassung rechtlicher Erscheinungen etwa im Zivilrecht kennzeichnend sind, durch konkrete und konkret-allgemeine Begriffe zu ersetzen. Begriffe des „Allgemeinen Teils" des BGB (wie etwa Willenserklärung, Rechtsgeschäft, Vertrag, Rechtsfähigkeit) galten als überholt, weil sie den Anforderungen einer völkisch (rassisch) differenzierenden Rechtserneuerung nicht gewachsen seien. Die Merkmale und der Inhalt der neuen Begriffe wurden nebelhaft umschrieben: **564**

„Der konkrete Begriff ist die Totalität seiner Momente".
„Der konkret-allgemeine Begriff ist nicht, wie der abstrakte, inhaltlich ärmer als der von ihm umfaßte 'besondere' Begriff …, sondern ebenso reich oder reicher".[838]

c) Rechtserzeugende und rechtsändernde Funktion. Die Konstruktion konkret-allgemeiner Rechtsbegriffe dient als Überleitung zu der These von der rechtserzeugenden Kraft des „Typus" und der „Typenreihe". Der konkret-allgemeine Begriff und der ihm zugeordnete „Typus-Begriff" sollten die Wirklichkeit nicht beschreiben, sondern gestalten. Der jeweilige spezielle Typus einer rechtlichen Erscheinung, etwa des Eigentums (z. B. Geld, Ware, Wohnhaus, Erbhof), erhalte seine Besonderheit durch die „konkrete Sonderordnung", in die er einbezogen sei. Der Typus-Begriff ist also „dem konkreten Ordnungsdenken" eng verbunden. Letzter Bezugspunkt war auch hier die „Stellung in der völkischen Gesamtordnung".[839] **565**

So wurde aus dem abstrakten Eigentum ein „Sondertyp der volksgenössischen Rechtsstellung", aus der abstrakten Rechtsfähigkeit des **566**

---

837 K. Larenz, Zur Logik des konkreten Begriffs, in: DRW, Bd. V (1940), S. 279 ff.; vgl. auch noch ders., Methodenlehre der Rechtswissenschaft, 1. Aufl., Berlin 1960, S. 356 ff.; dazu B. Rüthers, Die unbegrenzte Auslegung, 8. Aufl., Tübingen 2017, S. 304 ff.

838 K. Larenz, Zur Logik des konkreten Begriffs, in: DRW, Bd. V (1940), S. 279 (285).

839 Näher B. Rüthers, Die unbegrenzte Auslegung, 8. Aufl., Tübingen 2017, S. 307 ff. m. Nachw.

§ 1 BGB eine auf Artgleichheit und Volkszugehörigkeit beruhende „Rechtsstandschaft“:

„Rechtsstandschaft also besitzt, wer artgleich ist, ständisch in die Arbeitsfront des schaffenden Volkes eingegliedert ist und die überlieferten Werte und Güter der Nation achtet“[840].

Wer diese Voraussetzungen nicht erfüllte, dessen Rechtsstandschaft (also sein rechtliches Menschsein!) wurde verneint. Für § 1 BGB wurde eine neue Fassung vorgeschlagen:

„Rechtsgenosse ist nur, wer Volksgenosse ist: Volksgenosse ist, wer deutschen Blutes ist“.

Die Rechtsfähigkeit wurde also konkret-allgemein im völkisch-rassischen Sinne „gegliedert“ und differenziert.

„Jedenfalls ist der abstrakte Begriff 'Mensch' oder 'Rechtsperson' für uns wertlos geworden“[841].

Auch die Ehefähigkeit wurde von der Zugehörigkeit zur „deutschen Artgemeinschaft“ abhängig gemacht.[842] Die Beispiele zeigen die außerordentliche normsetzende „Fruchtbarkeit“ der konkret-allgemeinen Begriffsbildung im Nationalsozialismus. Die rassenpolitischen Ziele hätten so, weitgehend ohne jede gesetzgeberische Aktivität der neuen Machthaber, durch vorauseilenden Gehorsam der neuen Rechtstheorie verwirklicht werden können. Vergleichbare rechtsändernde Begriffskonstruktionen lassen sich für die NS-Zeit bei fast allen Grundbegriffen der überkommenen Rechtsordnung (z. B. Vertrag, Ehe, Arbeitsverhältnis, Pflichten, Treu und Glauben, gute Sitten) nachweisen.

d) Zusammenfassung.

567 (1) Das Denken in konkret-allgemeinen Begriffen beruhte auf der fragwürdigen Vorstellung, die Begriffe seien eine Realität vor der Wirklichkeit, die sie erfassen, ja vor dem Denken des Menschen. Der Mensch könne diese Begriffe nicht bilden, sondern nur nachdenken. Der Begriff solle also nicht die Wirklichkeit im menschli-

840 E. Wolf, Das Rechtsideal des nationalsozialistischen Staates, ARSP 28 (1934/35), S. 348 (360).

841 W. Siebert, Subjektives Recht, konkrete Berechtigung, Pflichtenordnung, DRW Bd. I (1936), S. 23 (28), Anm. 1.

842 Nachw. für die vorstehenden Zitate, B. Rüthers, Die unbegrenzte Auslegung, 8. Aufl., Tübingen 2017, S. 327 ff.

chen Denken abbilden. Vielmehr bilde die Wirklichkeit den ihr „innewohnenden“ Begriff ab.

(2) Konkret-allgemeine Begriffe sind fast unbegrenzt dynamisch, offen und elastisch, um neue Inhalte in sich aufzunehmen. Die Offenheit gilt sowohl für neue Tatsachen und reale Lebensverhältnisse wie für neue politisch-ideologisch begründete Wertvorstellungen.[843]

(3) Der konkret-allgemeine Begriff war ein Instrument der Rechtsänderung durch Begriffsänderung. Das totgeglaubte Erbe der historisch überholten, durch die Interessenjurisprudenz widerlegten Begriffsjurisprudenz zeigte hier neues, blühendes Leben.

(4) Die Normsetzung bedurfte nach der Lehre vom konkret-allgemeinen Begriff keines Gesetzgebers. Es genügte eine „fruchtbare“ Begriffsbildung und ein von den unterstellten Begriffsinhalten überzeugter Interpret, damit neue Normen aus den vorgegebenen Begriffen abgeleitet werden konnten.

(5) Der konkret-allgemeine Begriff sei „nicht abgeschlossen“. Er weise durch „die ihm immanente Bewegung über sich hinaus auf andere Begriffe und auf einen übergeordneten Zusammenhang …“.[844] Das war zwischen 1933 und 1945 die geltende Rechtsanschauung.

3. Methodisch-kritische Analyse der Gemeinsamkeiten von konkretem Ordnungsdenken und konkret-allgemeinem Begriff.

a) Gemeinsam ist beiden Denkfiguren die Offenheit zu **568**
– neuen Faktenlagen und zu
– neuen, den jeweils herrschenden Wertvorstellungen.

b) Beide Denkfiguren erzeugen scheinbar selbsttätig neue Rechts- **569** normen, sind also ein Ersatz für einen untätigen Gesetzgeber.

c) Beide Denkfiguren zeichnen sich durch ein hohes Maß von Irra- **570** tionalität ihrer bestimmenden Merkmale aus. Das bewirkt eine hochgradige Ungewissheit über die konkreten Rechtsinhalte. Sie korrespondiert mit der großen Anpassungsfähigkeit an neue Fakten und Wertvorstellungen.

d) Beide Denkfiguren eignen sich vorzüglich, um beliebige, neu **571** etablierte politische Machtlagen und ideologische Wertvorstellun-

---

843 K. Larenz (Hrsg.), Rechtsperson und subjektives Recht – Zur Wandlung der Rechtsgrundbegriffe, in: Grundfragen der neuen Rechtswissenschaft, 1935, S. 226; ders., Zur Logik des konkreten Begriffs, in: DRW, Bd. V (1940), S. 279 (294).

844 K. Larenz, Zur Logik des konkreten Begriffs, in: DRW, Bd. V (1940), S. 279 (294).

gen auch entgegen dem Wortlaut und dem historischen Zweck geltender Gesetze zu rechtfertigen.

572 e) An der Rechtsprechung in der Zeit von 1933 bis 1945 zeigt sich, daß mit beiden Denkfiguren ganze Rechtsordnungen pervertiert werden können. Gleichwohl wäre es verfehlt, das „konkrete Ordnungsdenken" und die „konkret-allgemeinen Begriffe" als typisch nationalsozialistische Konstruktionen zu bezeichnen. Es sind generell verwendbare, allerdings methodisch zweifelhafte Werkzeuge zur Umwertung oder auch zur Perversion von überkommenen Rechtsordnungen. Das Bewußtsein für die darin liegenden Versuchungen anpassungswilliger Juristen an jeden neuen Machthaber mit neuer Ideologie ist entscheidend:

> „Wer sich auf den 'konkreten Begriff' einläßt, verläßt den Boden einigermaßen als gesichert geltender Denkmethoden, er setzt sich damit nicht geringen Gefahren aus"[845].

Dieser Satz gilt für beide Denkstile. Er spricht für sich und erläutert das Wissenschaftsverständnis des Autors.

573 f) Beide Argumentationsmuster sind Scheinargumente. Sie werden gleichwohl noch heute bisweilen unbefangen und ohne Offenlegung ihrer historisch-dogmatischen „Verdienste" bei der Perversion von Rechtsordnungen vertreten. Sie werden besonders für diejenigen Rechtsprobleme propagiert, bei denen es darum geht, neue, nicht eindeutig gesetzlich geregelte soziale Lebensverhältnisse rechtlich einzuordnen und zu beurteilen. Immer soll die Distanz zwischen gewandelter Realität und überkommener Rechtsordnung überbrückt werden. Beide Begriffe dienen – wie die objektive Auslegung – dazu, die rechtsstaatliche gebotene Gesetzesbindung der Rechtsanwender zu lockern. Sie ermöglicht die „Entfesselung" der Jurisprudenz und Justiz im Dienste der jeweiligen Zeitgeister.[846]

(1) Das konkrete Ordnungsdenken ist von J. H. Kaiser wiederbelebt worden.[847] Kaiser meinte noch 1988, mit dieser Denkfigur habe die „Hinwendung zum Realen" durch Carl Schmitt ein

---

845 K. Larenz, Methodenlehre der Rechtswissenschaft, 1. Aufl., Berlin 1960, S. 355. Dieser erhellende Satz fehlt in späteren Auflagen.

846 Zur Fortwirkung der Denkfiguren in der Gegenwart: B. Rüthers, Entfesselte Jurisprudenz? – Zur Wirkung Carl Schmitts, in: J. Lege (Hrsg.), Greifswald – Spiegel der deutschen Rechtswissenschaft 1815 – 1945, Tübingen 2009, S. 401 ff.

847 J. H. Kaiser, Die Parität der Sozialpartner, Karlsruhe 1973; ders., Konkretes Ordnungsdenken, in: H. Quaritsch (Hrsg.), Complexio Oppositorum, Berlin 1988, S. 319 ff.; ähnlich E.-W. Böckenförde, in: J. Ritter/K. Gründer, Historisches Wörter-

„Motto von größter Breitenwirkung" erhalten. Dabei wird verschwiegen, welche Breitenwirkungen dieses Motto im NS-Staat entfaltet hat.[848]

(2) Der konkret-allgemeine Begriff ist teilweise bis heute eine gängige Vokabel, insbesondere in der Version juristischer Ableitungen aus Typen, Typenreihen und typologischen Argumenten.[849]

(3) Dieselbe instrumentale Funktion wie das konkrete Ordnungsdenken und der konkret-allgemeine Begriff haben oft die Argumente einer „Rechtsfindung" aus dem „Wesen" oder der „Natur" einer Sache oder einer Institution. Bei genauer Analyse handelt es sich um die „Verhexung" unseres juristischen Verstandes mit den Mitteln unserer Sprache, vor der schon L. Wittgenstein (vgl. das Zitat vor Rn. 5) gewarnt hat. Solche Begriffe dienen als Zauberformeln für die scheinbar wissenschaftliche Legitimation beliebiger, nach dem jeweiligen Zeitgeist erwünschter „Auslegungs"-Ergebnisse. Unterschiede können sich daraus ergeben, daß sie bisweilen von kundigen „Hexenmeistern" der Rechtsanwendung, oft aber auch von weniger kundigen „Zauberlehrlingen" propagiert und verwendet werden. Die Weiterführung der beiden Denkfiguren unter alten und neuen Namen geschieht in der Regel, wiederum übereinstimmend, ohne daß ihre instrumentale Rolle bei der Perversion der Rechtsordnung im Nationalsozialismus auch nur andeutungsweise erwähnt wird.

D. Zusammenfassung zu § 16

I. Es ist nicht die Qualität der konkurrierenden „Rechtslehren" im Nationalsozialismus, welche ihre Skizzierung in einem Lernbuch der Rechtstheorie rechtfertigt. Die Darstellung zeigt die 574

buch der Philosophie, Basel/Stuttgart 1971 ff., Stichwort: „Ordnungsdenken, konketes".

848 Vgl. dazu C. Schmitt, Die deutsche Rechtswissenschaft im Kampf gegen den jüdischen Geist, DJZ 1936, Sp. 1193 ff.

849 Für wechselvolle, zeitgeistbezogene Anpassungen der beiden Begriffskonstruktionen vgl. die geschmeidigen Interpretationspraktiken in verschiedenen Verfassungsepochen. Nachweise bei B. Rüthers, Wir denken die Rechtsbegriffe um …, Zürich 1987, S. 58 ff.; K. Larenz/C.-W. Canaris, Methodenlehre der Rechtswissenschaft, Studienausgabe, 3. Aufl., Berlin 1995, S. 290 ff.; krit. L. Kuhlen, Typuskonzeptionen in der Rechtstheorie, Berlin 1977.

Mißbrauchsmöglichkeiten der geschilderten methodischen Argumente.

II. Die Vorgänge in Rechtswissenschaft und Gerichtspraxis während der NS-Zeit und danach sind ein Paradebeispiel für die Umwertungsprobleme einer Rechtsordnung bei einem krassen Wechsel des politischen Systems. Was nach 1933 und nach 1945 an interpretatorischen „Umwertungsstrategien" stattgefunden hat, verdient höchste rechtstheoretische Aufmerksamkeit. Aus der Perversion des Rechts im Nationalsozialismus und im Stalinismus lassen sich historische Lehren dazu ziehen, was Juristen nicht tun sollten.

III. Die Extrembeispiele „totaler" Umwertungen der jeweiligen Rechtsordnungen auf neue politisch vorgegebene Werthierarchien, etwa im NS-Staat und im SED-Staat, sind bisher weitgehend unbedacht geblieben. Die Naivität schlichten „Weitermachens" in gleichbleibender Terminologie und unter Auslassung der historischen Fakten steht der Rechtswissenschaft schlecht an.[850] Die Rechtstheorien, die im NS-Staat, in der Sowjetunion und im SED-Staat entwickelt wurden, haben verbrecherische Unrechtssysteme legitimiert und befestigt. Sie tragen Mitverantwortung für die breiten Blutspuren der Massen- und Völkermorde, der Unterdrückung und Versklavung, die beide Ideologien in der Geschichte hinterlassen haben.

IV. Die Arbeit am Recht und mit dem Recht ist immer ein auch politisch und moralisch zu verantwortendes Tun. Diese Verantwortung wird durch das Verschweigen der Probleme nicht beseitigt.

V. Zu allen Zeiten besteht ein Spannungsverhältnis zwischen der Norm (als abstrakter und historischer Setzung) und der Normsituation (als konkretem und gegenwärtigem Problem der Rechtsanwendung). Sozialer und politischer Tatsachen- und Wertungswandel bleiben keiner Rechtsnorm erspart. Wie ist eine solche Spannungslage rechtstheoretisch und rechtmethodisch vertretbar zu meistern? Das ist die Frage der sach- und methodengerechten Rechtsanwendung und damit Gegenstand des Vierten Kapitels.

850 Vgl. B. Rüthers, Wir denken die Rechtsbegriffe um … – Weltanschauung als Auslegungsprinzip, Zürich 1987; ders., Die Wende-Experten, München 1995; ders., Geschönte Geschichten – Geschonte Biographien, Tübingen 2001, S. 72–86.

§ 17. Wissenschaftstheorie und Recht: Das neue Vernunftrecht

A. Abkehr von Positivismus und Naturrecht

Nach dem Zusammenbruch des NS-Staates wurde zunächst der 575
Gesetzespositivismus für die Rechtsperversion allein verantwortlich gemacht. Dieses verbreitete, von den Funktionseliten des NS-Systems gern aufgenommene Pauschalurteil hat sich als Irrtum erwiesen. Auch das nach 1945 kurzfristig wieder erblühte, theologisch begründete Naturrecht wurde mit der Stabilisierung der neuen Staatsordnung gegen Ende der fünfziger Jahre in der Rechtswissenschaft und der Gerichtspraxis zurückgedrängt (Rn. 430ff.). Andererseits war die Erfahrung totalitärer Unrechtssysteme von „rechts" und „links" zu gegenwärtig, als daß eine Rückkehr zu einem naiven juristischen Positivismus denkbar gewesen wäre. Nachdem die Abkehr von dem primitiven wie grausamen Antisemitismus des „Dritten Reiches"[851] vollzogen war, wurde Kelsen zwar wegen der Brillanz seines Gedankengebäudes, der Konsequenz und Festigkeit seiner Standpunkte sowie wegen seiner moralischen Integrität verehrt und gefeiert, seine „Reine Rechtslehre", das Theoriegebäude des Rechtspositivismus, wurde aber nicht mehr herrschend.

Die philosophischen Bemühungen zur Abkehr vom positivistischen Wissenschaftsbegriff hatten schon zu Beginn des 20. Jahrhunderts zu einer Wiederbelebung der Philosophie des „deutschen Idealismus" in der Rechtstheorie geführt; insbesondere zu einer Rückbesinnung auf die Rechtslehren von Kant im Neu-Kantianismus (R. Stammler, G. Radbruch, W. Sauer, C. A. Emge) und von Hegel im Neu-Hegelianismus (J. Binder, W. Schönfeld, G. Dulckeit, K. Larenz).

851 Lies beispielhaft C. Schmitt, Die deutsche Rechtswissenschaft im Kampf gegen den jüdischen Geist, DJZ 1936, Sp. 1193ff.

B. Die Suche nach einem dritten Weg

I. Phänomenologie

576 In der allgemeinen Philosophie waren mit der Phänomenologie Edmund Husserls und den Ontologien und Wertlehren Max Schelers und Nicolai Hartmanns neue Denkansätze wirksam geworden. Sie gewannen, besonders mit zunehmender Kritik am Neu-Kantianismus und Neu-Hegelianismus im Recht, Einfluß auf die Rechtstheorie. Adolf Reinach[852] trat für eine „Wesensschau" der rechtlichen Gebilde (Anspruch, Eigentum, Vertrag) ein, die sich auf ihr vorpositives, apriorisches Sein richten sollte. Es ging ihm um die „Wesensstruktur" rechtlicher Institute, die in einer „apriorischen Rechtslehre" zusammengefaßt werden sollten.[853] Es war der Versuch, eine neue rationale Ontologie zu begründen, also ein „Sollen" aus der Wesensschau des „Seins" abzuleiten. Hier begegnet uns erneut die alte Faszination des rational begründeten Naturrechts.

577 Auch Gerhardt Husserl, der Sohn Edmund Husserls, ging von einem dem positiven Recht vorgegebenen „Wesenssachverhalt" aus, einem „materialen Apriori" im Recht.[854] G. Husserl folgerte, daß der Gesetzgeber den phänomenologisch zu ergründenden, apriorischen Wesenssachverhalt zwar im positiven Recht abwandeln, ihn aber nicht leugnen könne, ohne daß die Rechtssätze ihren Sinn verlieren. Die Gebilde des positiven Rechts seien immer nur Verwirklichungen „apriorisch vorgezeichneter Möglichkeiten". Diese Aussage aus dem Vorwort zu seinem Buch „Der Rechtsgegenstand"[855] bedeutet nur, genau betrachtet, daß die Zahl der Gestaltungsmöglichkeiten des Gesetzgebers für eine bestimmte rechtspolitische Frage endlich groß sein muß.

578 Das Unheil des Nationalsozialismus hat 1933 alle diese rechtsphilosophischen Bemühungen überrollt. G. Husserl etwa wurde – wie

852 A. Reinach, Zur Phänomenologie des Rechts – die apriorischen Grundlagen des bürgerlichen Rechts, München 1953.

853 Ähnlich H. Welzel, Naturalismus und Wertphilosophie im Strafrecht – Untersuchungen über die ideologischen Grundlagen der Strafrechtswissenschaft, Mannheim 1935, S. 44.

854 G. Husserl, Rechtskraft und Rechtsgeltung – eine rechtsdogmatische Untersuchung, Berlin 1925; ders., Der Rechtsgegenstand – rechtslogische Studien zu einer Theorie des Eigentums, Berlin 1933.

855 G. Husserl, Der Rechtsgegenstand – rechtslogische Studien zu einer Theorie des Eigentums, Berlin 1933, S. IV.

Hans Kelsen und alle anderen jüdischen Juristen – aus Deutschland verjagt und durfte in der NS-Rechtsliteratur nur noch mit dem Zusatz „Jude" zitiert werden.[856] Während der NS-Zeit und auch noch in den ersten Jahren der Bundesrepublik war der Neu-Hegelianismus die vorherrschende rechtstheoretische Doktrin, die besonders in den Kategorien „konkretes Ordnungsdenken" (Rn. 558 ff.) und „konkret-allgemeiner Begriff" (Rn. 563 ff.) ihren Ausdruck fand. Erst danach wurde gegen Ende der fünfziger Jahre eine intensive Diskussion über die Suche nach einem „dritten Weg", also einer Alternative zwischen Rechtspositivismus und Naturrecht geführt.

II. Die Neuauflage des Werturteilsstreites

1. Wahrheit oder Diskutierbarkeit von Rechtssätzen? Im sog. 579
Positivismusstreit der Sozialwissenschaften[857] entspann sich erneut eine leidenschaftlich geführte Debatte über die Reichweite der wissenschaftlichen Vernunft und über die Kompetenz einzelner Wissenschaften bei der Aufstellung und Begründung von Rechtsnormen (vgl. Rn. 290a ff.). Damit war die alte „naturrechtliche" Frage (Rn. 415 f.) neu gestellt, ob man aus dem „vernünftig verstandenen Sein", also einer konkreten Lebenslage, bestimmte Verhaltensgebote (Normen) wissenschaftlich zwingend ableiten und begründen könne.

Der Streit um die Möglichkeit, Sollensnormen wissenschaftlich 580
eindeutig begründen zu können, betrifft offenkundig auch die Frage, ob es „richtiges" Recht gibt. Wenn es nämlich weder in der Ethik noch im Recht absolut „richtige", wissenschaftlich gesicherte Maßstäbe gibt, dann ist die Rechtswissenschaft auf die zutreffende Anwendung von Wertmaßstäben angewiesen, die in ihrem Inhalt nicht wissenschaftlich begründbar sind. Die Frage nach dem richtigen Inhalt von Rechtsnormen ist dann nicht mit Gewißheit beantwortbar, also eine außerwissenschaftliche Frage. Für das traditionelle Wissenschaftsverständnis vieler Juristen ist das eine Horror-Vorstellung:

> „Die Frage nach der Rechtfertigung und damit nach dem Grunde des normativen Geltungsanspruches des Rechts ... wird abgeschnitten, eine jahrtausendelange philosophische Tradition auf den Müllhaufen geworfen".[858]

---

856 Vgl. C. Schmitt, Die deutsche Rechtswissenschaft im Kampf gegen den jüdischen Geist, in: DJZ 1936, Sp. 1193 ff.

857 Th. Adorno (Hrsg.), Der Positivismusstreit in der deutschen Soziologie, 14. Aufl., Darmstadt 1991.

858 K. Larenz, Richtiges Recht – Grundzüge einer Rechtsethik, München 1979, S. 16. Die unbefangen scharfe Sprache des Autors („... auf den Müllhaufen der Geschichte

Die Frage nach der Zuständigkeit der Vernunft und der Wissenschaft für die Begründung verbindlicher Rechtsnormen kann allerdings weder allein aus der Vergangenheit noch mit emotional-beschwörender Terminologie beantwortet werden. Wissenschaftliche, auch wissenschaftstheoretische und rechtsphilosophische Argumente sind so gut und so schlecht wie ihre rationale Beweisbarkeit. Die Kernfrage ist immer noch, ob, wie und in welchen Grenzen sich Rechtssätze „zwingend" wissenschaftlich begründen lassen: Muß der neue Rechtssatz aus Gründen der Vernunft von jedermann als richtig oder wahr anerkannt werden?

581 **2. Kritische Theorie und kritischer Rationalismus.** In dem neu entfachten Werturteilsstreit standen sich die Vertreter des „kritischen Rationalismus" (K. R. Popper, H. Albert) einerseits und der „kritischen Theorie" (Th. Adorno, J. Habermas) andererseits gegenüber. Der Sache nach ging es um die rationale Begründbarkeit von Werturteilen und Normen.[859]

582 Vor allem die „kritische Theorie" der sog. Frankfurter Schule (M. Horkheimer, Th. Adorno, H. Marcuse) nahm für sich in Anspruch, in der Tradition von Marx und Freud universal-gültige wissenschaftliche Aussagen über das jeweils richtige menschliche Handeln, also über Werturteile und Sollensnormen machen zu können. Sie lehnte die Trennung von Wissenschaft (Erkennen) und Politik (Entscheiden und Handeln) ab, wie sie Max Weber und Hans Kelsen im Interesse einer „Wertfreiheit der Wissenschaft" mit der Begründung gefordert hatten, die Wissenschaft dürfe sich der Politik nicht ausliefern. So meinte die kritische Theorie unter Rückgriff auf marxistische Grundlagen wissenschaftlich feststellen zu können, daß alle Unterdrückung und Ausbeutung auf allgemeine Strukturprinzipien der „spätkapitalistischen" Wirtschaftsordnung zurückzuführen seien.

583 Der Anspruch der kritischen Theorie, Werturteile und Normen mit dem Anspruch auf Wissenschaftlichkeit („Wahrheit" oder „Vernunft") beweisen zu können, stieß auf den Widerstand solcher Wissenschaftstheorien, welche eine wissenschaftliche Begründbarkeit von Wertentscheidungen und Verhaltensgeboten von vornherein und schlechthin verneinten. Der „kritische Rationalismus" betrachtet alle

---

geworfen.") überrascht angesichts der Traditionen, die er selbst in seinen Schriften nach 1933 auf diesen Müllhaufen geworfen hat; vgl. die Zitate bei B. Rüthers, Entartetes Recht, 3. Aufl., München 1994, S. 24, 26, 28, 30, 36, 39f., 64ff., 76ff., besonders S. 88ff.

859 Vgl. auch H. Albert/E. Topitsch (Hrsg.), Werturteilsstreit, 3. Aufl., Darmstadt 1990.

wissenschaftlichen Aussagen als Hypo-Thesen (Vor-Urteile), die jeweils einer kritischen Prüfung zu unterwerfen sind. Gesichertes („positives“) Wissen gibt es nach K. R. Popper nicht. Von seinen Gegnern wurde der kritische Rationalismus fälschlicherweise als Neo-Positivismus bezeichnet. Wer aber positives Wissen als prinzipiell unmöglich bezeichnet, kann schwerlich „(Neo-)Positivist“ genannt werden.[860] Der Mensch, auch der Wissenschaftler jeglicher Disziplin, bewegt sich danach immer nur auf dem letzten Stand des möglichen Irrtums.[861]

Bei Normsätzen geht es um die Frage: „Was ist zu tun?“ oder „Welche Regel soll zweckmäßigerweise gelten?“ Daß solche Sätze nicht als schlechthin „wahr“ oder „richtig“ erweisbar sind, wurde bei der Unterscheidung verschiedener Arten von Sätzen schon erörtert (Rn. 117 ff.). Die Wissenschaftsdisziplinen beschäftigen sich jeweils mit bestimmten Satzarten. In der Mathematik, Logik und den empirischen Wissenschaften geht es um Aussagesätze. Ihr Ziel ist es, Wahrheiten zu erkennen. Wenn dagegen, wie in Normen, praktisches Handeln gefordert wird, geht es um wertbezogene Äußerungen. Dieser Art von Aussagen widmen sich die praktische Philosophie, die Volkswirtschaft, Jurisprudenz, Politikwissenschaft und Pädagogik. In der Philosophie ist von alters her die scientia (= Wissenschaft) von der prudentia (= Klugheit) unterschieden worden. Das Wort „Rechtswissenschaft“ hat erst seit der Aufklärung die Jurisprudentia, die „Rechtsklugheit“ verdrängt. In der Beschränkung auf die „prudentia“, die Klugheit, liegt bereits im Namen das Eingeständnis, in den Zentralfragen dieser Disziplinen keine allein „wahren“, „richtigen“ Lösungen anbieten zu können. **584**

Allerdings sind auch die Probleme des praktischen Handelns auf wissenschaftliche Durchdringung angewiesen. Probleme der Wert- und Normsetzung in einer Gesellschaft können durchaus rational, in einem weiteren Sinne „wissenschaftlich“ diskutiert werden. Man kann also sinnvoll fragen und erörtern: Was ist in diesem Fall „ver- **585**

---

860 Überblick: K. R. Popper, Philosophische Selbstinterpretation und Polemik gegen die Dialektiker, in: C. Grossner (Hrsg.), Verfall der Philosophie, Hamburg 1971, S. 278 ff. m. Nachw.

861 Vgl. auch BVerfGE 49, 89 ff. (143) „Kalkar-Beschluss“: „Erfahrungswissen dieser Art, selbst wenn es sich zur Form des naturwissenschaftlichen Gesetzes verdichtet hat, ist, solange menschliche Erfahrung nicht abgeschlossen ist, immer nur Annäherungswissen, das nicht volle Gewissheit vermittelt, sondern durch jede neue Erfahrung korrigierbar ist und sich insofern immer nur auf dem neuesten Stand unwiderlegten möglichen Irrtums befindet.“

nünftigerweise" zu tun? Was ist eine „angemessene", „vertretbare", „sinnvolle" Maßnahme, Regelung oder Entscheidung?

III. Diskurstheorie

586 In der Weiterführung der kritischen Theorie wurde von K.-O. Apel und J. Habermas die Diskurstheorie entwickelt.[862] Die Diskurstheorie erhebt ebenfalls den Anspruch, universal-gültige Aussagen zu ethischen Fragen aufstellen zu können. Sie hat im Bereich der philosophischen Ethik eine noch andauernde Diskussion ausgelöst und vor allem durch die Arbeiten von R. Alexy Eingang in die juristische Methodenlehre gefunden.[863]

587 **1. Ideale Sprechsituation.** Nach der Diskurstheorie lassen sich empirische und moralische Aussagen in grundsätzlich gleicher Weise begründen. Der Wahrheit bei empirischen Aussagen soll die Richtigkeit bei normativen Sätzen entsprechen.[864] Die Diskursethik stellt einen weiteren Versuch der absoluten Begründung der Moral aus der Vernunft dar. Ihre Vertreter sind der Überzeugung, die Forderung nach der Begründung einer Aussage durch Regeln über die Begründungstätigkeit ersetzen zu können. Die Frage nach der „Wahrheit" wird zu einer Verfahrensfrage umgewandelt. Die Richtigkeit der Diskursergebnisse soll sich mit der „Vernunft" begründen lassen, weil die Regeln, welche die ideale Sprechsituation konstituieren, unausweichliche Voraussetzungen („Präsuppositionen") jeglicher Argumentation sind. Würden diese Regeln nicht akzeptiert, so sei das ein „performativer Widerspruch"[865]. Die Diskursregeln werden also zu notwendigen Bedingungen jeglicher sprachlicher Kommunikation erhoben. Apel nennt seinen Ansatz daher transzendentalpragmatisch, Habermas spricht mittlerweile von Universalpragmatik.

588 Beide gehen davon aus, daß sowohl in theoretischen als auch in praktischen Fragen Wahrheit *nur* durch Konsens gefunden werden

862 K.-O. Apel, Transformation der Philosophie, Frankfurt/M. 1973; J. Habermas, Moralbewußtsein und kommunikatives Handeln, 6. Aufl., Frankfurt/M. 1996.

863 R. Alexy, Theorie der juristischen Argumentation, 3. Aufl., Frankfurt/M. 1996, S. 219 ff., 260 ff.

864 J. Habermas, Wahrheitstheorien, in: H. Fahrenbach (Hrsg.), Wirklichkeit und Reflexion, Pfullingen 1973, S. 211 (220, 226 ff.).

865 Der Ausdruck „performativer Widerspruch" wurde in die sprachanalytische Philosophie eingeführt, um eine spezielle Art von Widerspruch zu bezeichnen, der bei Aussagen wie beispielsweise „Es regnet, aber ich glaube es nicht" auftaucht. K.-O. Apel und J. Habermas sind der Ansicht, es gebe ähnliche Widersprüche in pragmatischen Äußerungen.

kann. Dem Einwand, daß Übereinstimmung noch lange keine Wahrheit garantiert, begegnet Habermas damit, daß nicht irgendein Konsens ausreiche, sondern nur ein qualifizierter. Ein Konsens lasse sich dann als qualifiziert bezeichnen, wenn er in einer idealen Sprechsituation zustande komme, die herrschaftsfreie Kommunikation erlaube. Diese Situation wird durch eine Reihe von Grundregeln definiert. Nur wenn diese eingehalten werden, könne von einem echten Diskurs gesprochen werden. Es ist nicht ganz einfach, die Bedingungen des echten Diskurses zu benennen, weil Habermas im Laufe der Diskussion seine Position gewechselt hat.[866] Drei Bedingungen gehören zum Kernbestand seiner Auffassung: Im Diskurs müssen erstens alle Teilnehmer die gleichen Chancen besitzen, sich am Gespräch zu beteiligen. Jeder müsse die gleiche Chance haben, die Diskussion zu eröffnen und zeitlich unbegrenzt fortzuführen sowie auf alle Vormeinungen zu erstrecken. Die Teilnehmer müssen zweitens die gleiche Chance zur Kritik haben und drittens die gleiche Chance, ihre „Einstellungen, Gefühle und Intentionen zum Ausdruck zu bringen“.

Eine ursprünglich postulierte vierte Bedingung hat Habermas in **589**
der Zwischenzeit wohl aufgegeben. Sie lautete, daß zum Diskurs nur solche Sprecher zugelassen sind, die „als Handelnde die gleiche Chance haben ... zu befehlen und sich zu widersetzen, zu erlauben und zu verbieten“ etc. Ein moralisches Gespräch zwischen Herr und Sklave würde sich also verbieten. Ein Diskurs sei nur dann ein echter, wenn er unter gleichgestellten Personen und egalitären Bedingungen stattfindet. Die Personen müßten nicht nur im Diskurs, sondern auch im tatsächlichen Leben gleichgestellt sein. Das bedeutet aber, daß die Diskurstheorie bestimmte moralische Regeln, nämlich egalitäre und verallgemeinerbare, bereits voraussetzt. Es entsteht damit der Verdacht eines Zirkelschlusses. Läßt man diese vierte Bedingung weg, sind die drei anderen Regeln kaum in der Lage, moralische Normen begründen zu können.

2. Praktische Einwände gegen die Diskurstheorie. Der „herr- **590**
schaftsfreie Diskurs“ ist danach eine Veranstaltung ausschließlich guter Menschen ohne Zeitdruck. Die „ideale Sprechsituation“ ist erkennbar utopisch. Endlos diskutieren zu können, mag ein akademischer Traum sein, eine praktische Möglichkeit ist es nicht.

866 Zuerst J. Habermas, Wahrheitstheorien, in: H. Fahrenbach (Hrsg.), Wirklichkeit und Reflexion, Pfullingen 1973, S. 211 (255 f.); später dagegen ders., „Diskursethik – Notizen zu einem Begründungsprogramm“, in: ders., Moralbewußtsein und kommunikatives Handeln, 5. Aufl., Frankfurt/M. 1992, S. 53 (101 f.).

Für die Rechtswissenschaft, die Justiz und die Rechtspolitik gilt dagegen: Entweder führt die notwendig zeitlich begrenzte rechtspolitische Diskussion zur allgemeinen Verständigung; dann wird das Regelungs- oder Entscheidungsproblem durch Konsens gelöst. Oder aber die Verständigung scheitert in der gegebenen Zeit. Jede der Diskursparteien hält die eigene Position für die „vernünftige". Dann muß gehandelt oder entschieden werden.

591 In einer auf die praktischen Aufgaben ausgerichteten Rechtswissenschaft und Gerichtspraxis bereiten rechtspolitische Diskussionen die Entscheidung von Kontroversen und Konflikten (Rn. 259ff.) vor. Die Entscheidungen müssen dann in geregelten Verfahrensformen und das heißt in endlichen, oft kurzen Zeiträumen fallen. Wahrheitsverheißungen im zeitlich Unendlichen sind dabei wenig hilfreich, selbst wenn sie theoretisch denkbar wären. Die Vertreter der Diskurstheorie verteidigen sich damit, es fehle dann die ideale Sprechsituation des herrschaftsfreien Dialogs. Der Diskurs leistet realiter auch nach Habermas nicht mehr als die hergebrachte Debatte. Er kann die sachlich bedeutsamen Gesichtspunkte aufbereiten und ihr Gewicht für die zu entscheidende Streitfrage ermitteln, mehr nicht.

592 Mit der Diskurstheorie kehrt also in neuer wissenschaftstheoretischer Einkleidung die alte Vorstellung der Wissenschaft als unmittelbarer Normsetzungsinstanz („Rechtsquelle") wieder. Sie ist, weil sie keine „wahren" Normen produzieren kann, im demokratischen Gemeinwesen genauso systemwidrig wie die historische Rechtsschule und die Begriffsjurisprudenz (Rn. 451ff., 458ff.).

592a Die Versuche der unterschiedlichen Diskurstheorien, mittels rationaler Diskurse juristische Normen für jedermann verbindlich zu begründen, hat Armin Engländer einer differenzierten kritischen Analyse unterzogen.[867] Er unterscheidet die Begründbarkeit des Rechtsmoralismus („Notwendiger Zusammenhang von Recht und Moral"), des Systems der Rechte, des Rechtsetzungsdiskurses und des Rechtsprechungsdiskurses. In allen genannten Bereichen kommt er zu negativen Ergebnissen, soweit es um die „Richtigkeit" der gefundenen Diskursergebnisse geht. Eine wissenschaftlich überzeugende Rechtfertigungslehre für moralische und rechtliche Normen sei nicht gelungen. Als Ausgangspunkt für eine angemessene Be-

867 A. Engländer, Diskurs als Rechtsquelle?, Tübingen 2002.

schreibung und Erklärung des sozialen Phänomens Recht bleibe nur „ein konsequent rechtspositivistischer Standpunkt“.[868]

Engländer schlägt zur Vermeidung eines strikten Relativismus in der juristischen Wertordnung ein „interessenbasiertes Rechtfertigungsmodell“ nachweisbar gemeinsamer Interessen aller Beteiligten vor. Wo solche nachweisbar seien, könne man von der allgemeinen Akzeptanz darauf gegründeter Normen ausgehen. Diese interessenbasierte Rechtsbegründung versteht er als „Alternative zum moralphilosophischen und juristischen Kognitivismus der Diskurstheorie“, den er für gescheitert hält.[869] Unter Berufung auf Immanuel Kant vertritt er die Auffassung,

> „daß eine Rechtsordnung nicht nur notwendig ist, um die prinzipiell konfliktsträchtige Verfolgung individueller Interessen miteinander kompatibel zu machen, sondern daß sie auch ihrerseits aus dem Eigeninteresse der Menschen heraus begründet werden kann. Es bedarf keiner objektivistischen Begründungsstrategie, um den Konsequenzen eines strikten Relativismus zu entgehen.“

Normen können danach zwar nicht absolut begründet werden, aber doch relativ zu den grundlegenden gemeinsamen Interessen der allermeisten Menschen. Sie sind deshalb für diese, wenn sie sie redlich betrachten und bewerten, auch akzeptabel.

3. Verdienste der Diskurstheorie. Die verschiedenen Varianten der 593
Diskurstheorie beruhen auf dem von Sokrates übernommenen Grundgedanken, daß in Fragen des praktischen Handelns durch den freien Diskurs, durch Argument und Gegenargument, Konsens erzielbar sei, wenn jeder Diskursteilnehmer sich sachlich, aufrichtig, intelligent und gutwillig (= nur mit dem Ziel, das richtige Ergebnis zu finden) am Gespräche beteilige. Es geht um eine spezifische „Ethik der Kommunikation“.[870]

Die Tragfähigkeit des diskurstheoretischen Ansatzes zur wissen- 594
schaftlichen Begründung vermeintlich „wahrer“ Normen ist zweifelhaft. Er zeigt aber, daß in der rationalen Diskussion die tatsächliche

868 A. Engländer, Diskurs als Rechtsquelle?, Tübingen 2002, S. 88ff., 151ff.
869 A. Engländer, Diskurs als Rechtsquelle?, Tübingen 2002, S. 158f. m. Nachw.
870 Vgl. J. Habermas, Bemerkungen zu einer Theorie der kommunikativen Kompetenz, in: J. Habermas/N. Luhmann, Theorie der Gesellschaft oder Sozialtechnologie – Was leistet die Systemforschung?, 10. Aufl., Frankfurt/M. 1990, S. 101ff.; ders., Theorie und Praxis – Sozialphilosophische Studien, 2. Aufl., Neuwied d. Rh. 1967, S. 23–26; M. Kriele, Recht und praktische Vernunft, Göttingen 1979, S. 30ff.; zur Kritik der verabsolutierten Diskursethik: O. Marquard, Das Über-Wir, Bemerkungen zur Diskursethik, in: ders., Individuum und Gewaltenteilung, Stuttgart 2004, S. 39ff.

Situation und die Interessen anderer ermittelt und erwogen werden können. Die Diskurstheorie weist auf die Notwendigkeit und die Chancen eines kritischen Verfahrens hin, um eigene Fehler zu erkennen und die Perspektive anderer kennenzulernen. In diesem Sinne ist gerade die Rechtswissenschaft auf einen dauerhaften und kritischen Dialog angewiesen. Er vermittelt die kritische Überprüfung ihrer „dogmatischen" Grundlagen. Er ist ein notwendiger Motor ihres Erkenntnisfortschritts im Wandel der Faktenstrukturen und Wertvorstellungen.

595 In der gegenwärtigen Philosophie und einigen Nachbardisziplinen gibt es mehrere unterschiedliche Schulen, welche die gemeinsame These vertreten:

> „Praktische Urteile (= Werturteile und Handlungsgebote) sind rational diskutierbar und begründbar"[871].

Das kann Verschiedenes bedeuten. Innerhalb der Diskurstheorien ist deshalb zu unterscheiden: Die meisten Diskurstheoretiker sagen nur, daß über die Frage, „Was ist zu tun?" oder „Welche Regel soll gelten?" durch rationale Argumentation in einem freien Diskurs eine Verständigung erzielt werden kann. Anders ausgedrückt: Werturteile und Normen sind rational diskutierbar. Dieser These ist zuzustimmen. Sinnvoll reden kann und muß man über vieles, gerade über Wertungsprobleme. Die Rechtsgeschichte (oder Unrechtsgeschichte) ist, so verstanden, nur das Protokoll eines solchen Dauerdiskurses. Insoweit sind sich die „kritische Theorie"[872], die „konstruktivistische Wissenschaftstheorie"[873] und die Vertreter einer „Rehabilitierung der praktischen Vernunft" im Recht[874] grundsätzlich einig. Die „Wahrheiten" der so erzielten Werturteile und Normen werden von diesen Theorien nicht bewiesen. Sie beruhen letztlich auf geglaubten Prämissen und Überzeugungen.

---

871 Übersicht bei W. Oelmüller (Hrsg.), Normenbegründung – Normendurchsetzung, Paderborn 1978; M. Kriele, Recht und praktische Vernunft, Göttingen 1979, S. 17 (19).

872 Vgl. etwa J. Habermas, Einige Bemerkungen zum Problem der Begründung von Werturteilen, in: L. Landgrebe (Hrsg.), Philosophie und Wissenschaft, 9. Deutscher Kongreß für Philosophie (Düsseldorf 1969), Meisenheim 1972, S. 89ff.

873 P. Lorenzen, W. Kamlah, F. Kambartel, J. Mittelstraß, vgl. etwa P. Lorenzen/O. Schwemmer, Konstruktive Logik, Ethik und Wissenschaftstheorie, 2. Aufl., Mannheim 1975; P. Lorenzen, Scientismus versus Dialektik, in: R. Bubner/K. Cramer/R. Wiehl (Hrsg.), Hermeneutik und Dialektik, Festschrift für H. G. Gadamer, Tübingen 1970.

874 M. Kriele, Recht und praktische Vernunft, Göttingen 1979, S. 17ff.; R. Alexy, Theorie der juristischen Argumentation, 3. Aufl., Frankfurt/M. 1996, S. 33.

C. Das Vernunftargument in der Normenbegründung

I. Das Problem

Das Nachdenken über die Diskurstheorien führt zu den Fragen: Welche Bedeutung hat das Vernunftargument in der Rechtswissenschaft? Was ist „Vernunft" und welche Thesen sind „vernünftig"? Nach welchen Maßstäben ist die „Vernünftigkeit" von Argumenten feststellbar? 596

1. Vernunft als Bezugnahme auf einen übergreifenden Wertungszusammenhang. Als Vernunft wird die geistige Fähigkeit des Menschen bezeichnet, seine Umwelt, Dinge und Geschehnisse in ihrem inneren und äußeren Zusammenhang zu begreifen. Seit Descartes und Kant sucht die neuzeitliche Philosophie, aus dieser Vernunft als Fähigkeit kritischen Erkennens eine Sicherung des jeweiligen Wissens- und Erkenntnisstandes zu gewinnen („Erkenntnistheorie"). Dabei zielt die sog. theoretische („reine") Vernunft auf eine gesicherte Einheit des Wissens, die sog. praktische Vernunft auf das gesichert richtige Wollen und Handeln. 597

Die mit der Vernunft argumentierende Rechtsbegründung, also das „Vernunftrecht", stützt sich auf die praktische Vernunft. Diese soll die eindeutige wissenschaftliche Begründung von Handlungsgeboten, Normen und Regeln ermöglichen. Seit Kant ist die praktische Vernunft inhaltlich nicht sehr weit über die sog. goldene Regel hinausgelangt.[875] Die erste Formel von Kants kategorischem Imperativ lautet:[876] Handele so, daß die Maxime deines Willens jederzeit das Prinzip der allgemeinen Gesetzgebung werden könne. Das ist, wie alles logisch (vielleicht) Gesicherte, nur eine formale Regel. Was Prinzip der Gesetzgebung sein soll, muß als Zweck zunächst begründet und gesetzt werden. 598

Ein Teil der Vernunftrechtler versteht die Vernunft als ein Instrument zur Erfassung einer objektiven – meist als vorhanden vorausgesetzten – Wert- und Rangordnung für den Menschen und die Dinge. Aus einer angenommenen vernünftigen Ordnung des Kosmos 599

---

875 Vgl. schon in der Bibel, Math. 7, 12; Luk. 6, 31; Tob. 4, 5; dazu J. Hruschka, Die Konkurrenz von Goldener Regel und Prinzip der Verallgemeinerung in der juristischen Diskussion des 17./18. Jahrhunderts als geschichtliche Wurzel von Kants kategorischem Imperativ, JZ 1987, 941 ff.

876 Kant, Grundlegung zur Metaphysik der Sitten, S. 421.

(„Weltgesetz“) oder des menschlichen Zusammenlebens leiten sie dann die Regeln für die einzelnen Sachverhalte ab. Diese Denkweise drängt sich besonders für solche weltanschaulichen Gruppen auf, die über ein transzendentales Welt- und Geschichtsbild verfügen, also zu wissen glauben, welchen Weg die Entwicklung der Welt und des Menschen nehmen „muß“.

600 **2. Verschiedene mögliche Bezugsrahmen des Vernunftargumentes.** Der Bezugsrahmen, von dem aus die Einzelvernunft, also das Urteilsvermögen des Einzelnen zu „vernünftigen“ Orientierungen und Bewertungen kommt, kann verschieden sein:

- Als vernünftig erscheint zunächst dasjenige Urteil, welches der Einzelne nach seinen Vorverständnissen und nach sachgerechter Prüfung als einleuchtend, überzeugend ansieht (Einzelvernunft).
- Das Urteil, etwas sei vernünftig, kann sich, statt auf die eigene Einzelvernunft, auf anerkannte Autoritäten stützen (große Gelehrte, oberste Gerichte, charismatische „Führer“, Lehrämter, Zentralkomitees etc.).
- Als „vernünftig“ kann es gelten, dem zu folgen, was die Mehrheit oder gar alle für sachgerecht oder richtig halten („vox populi, vox dei“).

II. Zur Vernünftigkeit von Staatsformen

601 Diese verschiedenen Bezugsrahmen des Vernunftbegriffs lassen sich bestimmten Staatsformen zuordnen.[877] Das führt zu folgenden Grundtypen:

602 1. Wenn das vernünftig ist, was ein bestimmter einzelner Mensch als vernünftig beurteilt, so ist es sachgerecht, ihn allein den Inhalt der Gesetze bestimmen zu lassen. Das führt zu zwei möglichen Staatstypen: Alleinherrschaft (einer ist der Vernünftige) oder Anarchie (jeder ist der Vernünftige). Sehr viele vernunftrechtliche Systeme beruhen auf dem Prinzip, daß eine bestimmte Person durch charismatische „Berufung“ oder wissenschaftliche Befähigung zur Herrschaft berufen sei (Beispiele: Monarchie, Philosoph als König, Papsttum, autoritärer Führerstaat).

603 2. Das Eliteprinzip kennzeichnet die Aristokratien. Es herrschen ausgewählte Minderheiten, z. B. Adelsgruppen, Priesterkasten, Zentralkomitees von Parteien, Technokraten, intellektuelle Zirkel, philosophische Schulen, weise letzte Instanzen.

---

877 So schon Aristoteles, Politik, 1279a 22ff.

Nahezu alle realen Staatssysteme enthalten aristokratische Elemente. In liberalen Verfassungsstaaten mit Gewaltentrennung und umfassender Gerichtsbarkeit („Justizstaaten") ist der Einfluß oberster Gerichte ein bemerkenswertes Beispiel für ein aristokratisches Element der Machtausübung in einem sich als Demokratie verstehenden Gemeinwesen. Typisch dafür sind etwa die gelegentlichen Konflikte zwischen dem Bundesverfassungsgericht und der jeweiligen Parlamentsmehrheit oder Bundesregierung.

3. Der vorausgesetzte Zusammmenhang zwischen Vernunft und Mehrheit ist die Leitidee der Demokratie. Was ist damit gemeint? Nicht alles, was die Mehrheit will, ist notwendig vernünftig, weil es die Mehrheit will. Es kann ein verhängnisvoller Irrweg sein. 604

Beispiel: 1935 bekam Hitler bei einer Volksabstimmung unter dem Motto „Ein Volk – ein Reich – ein Führer!" eine überwältigende Mehrheit.

Die Demokratie geht von einer Evidenzerwartung aus: Was vernünftig ist, dem muß und wird sich bei freiem Austausch der Argumente (Art. 5 GG) die Mehrheit anschließen. Vernunft kann demnach als etwas bezeichnet werden, was allen Menschen potentiell zukommt, was – umgekehrt – als Argument alle anerkennen müssen, also das allen Menschen Gemeinsame, das spezifisch Menschliche.
Ist diese Annahme zutreffend („vernünftig")? Sind alle Menschen gleich vernünftig? Oder gibt es Abstufungen der Urteilsfähigkeit, etwa

- nach den ererbten Anlagen?
- nach den (oft sozial bedingten) Ausbildungsqualifikationen?
- nach der Rassenzugehörigkeit?
- nach dem Informationsstand der Beurteiler?
- nach Charisma?
- nach Klassen- und Interessenbindung?

Was bedeuten diese Fragen für die „Vernünftigkeit" der Demokratie als Staatsform? Schon Aristoteles hat in seiner „Politik" gemeint, es gebe Menschen, die mit besonderer Vernunft ausgestattet seien, und daraus Argumente für die Monarchie abgeleitet.[878] Er hat ferner

878 Aristoteles, Politik, 1286b 8 ff.

die hinreichend gleichmäßige Verteilung von Bildung und Besitz als Funktionsbedingung der Demokratie angesehen.[879] Trotz der Unterschiede des Urteilsvermögens der Stimmberechtigten in einer Demokratie erscheint uns diese Staatsform „vernünftig". Sie fordert und gewährleistet den freien Wettbewerb der Meinungen und Argumente. Sie verneint ein Monopol der Wahrheit oder der Erkenntnis für eine gesellschaftliche oder politische Gruppe. Sie garantiert die Abwählbarkeit der Machthaber und damit zugleich ein bestimmtes Maß an Freiheit, Partizipation und Entfaltungsmöglichkeit für alle.

III. Zur Kritik des Vernunftarguments

605 **1. Polemische Funktion.** Wer von seiner Position in einem Wertungsdisput behauptet, sie sei „vernünftig", also rational begründet, der bezichtigt die abweichenden Standpunkte (offen oder verdeckt) als weniger vernünftig oder unvernünftig. In dieser Funktion wird das Vernunftargument zur „Wortkeule" gegen den Diskurspartner.

606 **2. Weltanschauliche Grundlage.** Handlungen, Gebote und Regeln, also auch Rechtsnormen, verfolgen Zwecke (Rn. 136 ff.).

Beispiel: § 823 BGB soll dem Geschädigten Ersatz verschaffen und potentielle Schädiger von unerlaubten Handlungen abhalten.

Rechtsnormen sind dann gut, wenn sie den „richtigen" Zwecken mit den zweckmäßigen Mitteln (etwa geeigneten Sanktionen, z. B. §§ 38 ff. StGB) dienen. Die Zwecke von Handlungsgeboten und Rechtsnormen sind aber immer wertbezogen. Die Juristen reden von „Rechtsgütern". Welche Rechtsgüter oder Werte schutzwürdig sind, das ist, wie uns auch Geschichte und Gegenwart lehren, keine Frage der Logik, sondern der sozio-kulturellen Rahmenbedingungen, der tagespolitischen Ziele, letztlich der „Weltanschauung", also einer Wert- und Ideenlehre. Auch darüber läßt sich rational diskutieren, aber nur bei einer hinreichenden Übereinstimmung von gemeinsamen Grundüberzeugungen. Vernunft im Sinne der Vernunftrechtler ist also – und das ist entscheidend – keine primär logische, sondern sehr viel stärker „teleologische" (zweckorientierte) und „ideologische" (weltanschauliche) Kategorie.[880] Werden Rechtsfolgen aus der „Vernunft" und aus „vernünftiger" Auslegung abgeleitet, so kommt

879 Aristoteles, Politik, 1318a 4 ff.
880 Vgl. B. Rüthers, Rechtsordnung und Wertordnung, Konstanz 1986; ders., Die Wende-Experten, München 1995, S. 32 ff.

in der Regel als Ergebnis das heraus, was der Rechtsanwender zuvor an teleologischen und weltanschaulichen Wert- und Zweckprämissen (Vorverständnissen) hineingelegt hat.

Anders ausgedrückt: Juristische Wertungsdifferenzen, die auf unterschiedlichen weltanschaulichen (Glaubens-)Prämissen und Wertüberzeugungen beruhen, lassen sich durch das Vernunftargument nicht ausräumen oder überbrücken. Es sind lediglich Kompromisse denkbar, die sich aus dem „vernünftigen" Rückgriff auf gemeinsame Grundwerte rechtfertigen lassen. 607

Beispiel: Im Arbeitskampfrecht der Bundesrepublik Deutschland wird über die Zulässigkeit von wilden Streiks, von organisierten Streiks vor dem Scheitern von Tarifverhandlungen oder um den Umfang zulässiger Abwehraussperrungen lebhaft gestritten. Die diskursive Verständigung über solche, gesetzlich nicht geregelte Streitfragen hängt maßgeblich von den Vorwertungen der Diskussionsteilnehmer ab. Das erklärt auch die nicht seltenen Schwankungen in der Judikatur oberster Bundesgerichte und des Bundesverfassungsgerichts bei geänderter Besetzung der Spruchkörper.

IV. Gemeinsame Wertungsgrundlagen als Grenze vernünftiger Verständigung

Die Möglichkeit, sich über kontroverse Rechtsfragen zu verständigen, wird mithin durch die Gemeinsamkeiten oder Unterschiede in den Vorverständnissen zu den für die Einzelfrage wichtigen Wertorientierungen bestimmt. Wertorientierungen sind, wie gezeigt wurde, weltanschaulich beeinflußt. 608

Ein rechtstheoretischer, rechtsdogmatischer oder rechtspolitischer Meinungsstreit kann also „vernünftig" ausgetragen werden, wenn die Streitbeteiligten eine gemeinsame Wertbasis haben, wenn sie in den die Streitfrage betreffenden Grundwertungen übereinstimmen. Andererseits ist offenkundig, daß im rechtspolitischen Streit über Ehescheidung, Wettbewerb, Abtreibung, Steuerquoten, Investitionslenkung, Mitbestimmung oder Hausbesetzungen die Gegensätze oft unüberbrückbar aufeinanderprallen.

Bei der Lösung solcher Regelungsprobleme sind Kompromisse erforderlich, wenn ein demokratischer und liberaler Verfassungsstaat als Rechtsstaat überleben soll. Solche Kompromisse sind aber keine Produkte wissenschaftlicher Vernunft, sondern gesellschaftlicher Übereinkunft, Toleranz oder kluger Taktik.

D. Zusammenfassung zu § 17

609 I. Nach der Abkehr vom strikten Positivismus und vom theologischen Naturrecht gewann zeitweilig die Phänomenologie Einfluß auf die Rechtstheorie. Auch sie glaubte, durch die Annahme einer dem positiven Recht vorgegebenen „Wesensstruktur" zu einer apriorischen Begründung von Rechtsregeln gelangen zu können. Es handelt sich um einen weiteren Versuch, Sollensvorschriften aus dem „Wesen der Dinge" abzuleiten. Die Definition des jeweiligen Wesens beruht auf weltanschaulich begründeten Vorverständnissen.

II. Der Rückgriff auf die Vernunft und den Werturteilsstreit führte zur Diskurstheorie, dem Versuch einer Normbegründung durch praktische Vernunft. Sie nimmt zutreffend an, daß auch Fragen der Werterkenntnis, der Wertrangfolge und der Normsetzung rationaler Diskussion zugänglich sind. Die Wertediskussion kann auch bei Normsetzungskontroversen Verständigung (Konsens) ergeben.

III. Auf der anderen Seite lehrt die Erfahrung, daß die Produkte solcher Verständigungen durchaus nicht „Wahrheiten" sein müssen. Ein Konsens ist immer temporär und zeitgeistbezogen. Er stellt oft einen Kompromiß dar, der bei abweichenden Wertungsgrundlagen jederzeit neu in Frage gestellt werden kann. Praktische Vernunft ist also notwendig, aber nicht hinreichend zur wissenschaftlichen, d. h. eindeutigen und dauerhaften Lösung von Problemen der Wertung und der Regelbildung.

IV. Ein Nachweis wissenschaftlicher Lösbarkeit von Wertungs- und Normsetzungskontroversen ist bisher auch von den Vertretern der Diskurstheorie nicht erbracht worden. Dialog und Verständigung ermöglichen politische und juristische Praxis, sie garantieren keine Wahrheiten.

V. Die praktische Vernunft führt mithin zu der Einsicht, daß es für systembedeutsame Regelungsprobleme und Interessenkonflikte geltende Rechtsnormen geben muß, wenn ein politisches und soziales System lebensfähig sein soll. Solche Normen müssen, wenn eine Verständigung ausbleibt, durch voluntative, nicht unbedingt kognitive Regelungsentscheidungen festgelegt werden.

VI. Für den Zusammenhang von „Vernunft und Recht" läßt sich feststellen:

1. Jede Rechtsnorm ist auf ein Mindestmaß vernünftiger Evidenz gegenüber den Normadressaten angewiesen. Unsinniges, widersprüchliches oder offenkundig „ungerechtes" Recht wird nur befolgt, wenn totalitärer staatlicher Zwang dahintersteht.
2. Recht wird inhaltlich in allen politischen Systemen auch dadurch geprägt, welche Regelungsvorstellungen die Mehrheit der Rechtsgenossen für „gerecht" und „vernünftig" hält.
3. Wer ein anderes Recht will als das geltende, muß zweckmäßig vom bestehenden System ausgehen und überzeugende, sog. vernünftige Argumente zu seiner Änderung vorbringen. Er trägt die „Beweislast" für die Notwendigkeit oder Zweckmäßigkeit der Reform. Jede Reform sollte zwei Aspekte beachten:
   a) Jeder bestehende Zustand, auch jede geltende Rechtsnorm, hat Entstehungsgründe. Sie speichert in der Regel die Erfahrungen früherer Generationen.
   b) Rechtspolitisch geforderte Reformexperimente mit und auf Kosten ganzer Gesellschaftsordnungen und Völker sind teuer. Die Reformer sollten bereit sein, unter den von ihnen propagierten Regeln in abgegrenzten und von ihnen zu verantwortenden Experimentierfeldern selbst zu leben, bevor die Risiken auf die Gesamtgesellschaft ausgedehnt werden. Hegel sagte:[881] „Was vernünftig ist, das ist wirklich; und was wirklich ist, das ist vernünftig". Der Satz enthält eine optimistische „Richtigkeitsvermutung" für das Bestehende.
4. Der Inhalt des Vernunftbegriffes ist nach allem nicht feststehend. Der Begriff bezeichnet umfassende kritische Überlegungen auf der Basis des jeweiligen Standes
   - des vermeintlich gesicherten Wissens,
   - der vorausgesetzten geglaubten Wertungs- und Weltanschauungsgrundlagen.
5. Im Begriff Vernunft fließen also gerade bei Normbegründungen oft Wissen und Glauben ineinander. Vernunft ist dann eine weltanschaulich geprägte („ideologische") Kategorie.

881 G. W. F. Hegel, Enzyklopädie der philosophischen Wissenschaften im Grundriss, Erster Teil: Die Wissenschaft der Logik, § 6.

§ 18. Freirecht und Topik

A. Freirechtsschule

610 Die Freirechtsbewegung hat zu Beginn des 20. Jahrhunderts rechtstheoretisch Furore gemacht. Sie entstand als Abwehrreaktion gegen den damals herrschenden Gesetzespositivismus.

Aus der richtigen Beobachtung von Oskar Bülow,[882] daß ein Gesetz erst mit dem Richterspruch durchgesetzt wird, folgerten Eugen Ehrlich,[883] Hermann Kantorowicz,[884] Ernst Fuchs[885] und Hermann Isay[886] eine königliche Freiheit des Richters: Er stehe über dem Gesetz. Die These geht zu weit. Sie verkennt die rechtstheoretische, die verfassungsrechtliche und verfassungspolitische Bedeutung der Gewaltentrennung und der Gesetzesbindung des Richters (Art. 20 Abs. 3, 97 Abs. 1 GG). Denn nicht einmal dort, wo das Gesetz schweigt („Lückenproblem", Rn. 822 ff.) ist der Richter „königlich" frei. Er ist an die gesetzlichen Wertmaßstäbe der gesamten Rechtsordnung gebunden. Er hat auch bei der Ausfüllung von „Gesetzeslücken" das geltende Recht als verbindliche Grenze seiner Rechtsfortbildung zu beachten (Rn. 878 ff.). Er ist nach der Verfassung der dienende Partner des Gesetzgebers und hat die gesetzlich ihm vorgegebenen Wertungen in denkendem Gehorsam zu verwirklichen. Die Freirechtsschule darf – unbeschadet der Verdienste ihres an der Wirklichkeit orientierten Denkansatzes im Hinblick auf die Fortwirkung ihrer Irrtümer in manchen modernen Auffassungen – als überholt gelten.

610a Neuerdings wird von einigen Autoren eine „postmoderne" Neuauflage der Freirechtsschule vertreten. Sie machen mit verschiedenen Begründungen geltend, die im Grundgesetz verankerte Bindung der Gerichte an Gesetz und Recht sei eine unmöglich zu erfüllende For-

882 O. Bülow, Gesetz und Richteramt, Leipzig 1885, Neudruck Aalen 1972.

883 E. Ehrlich, Freie Rechtsfindung und Freie Rechtswissenschaft (1903), Neudruck Aalen 1987.

884 Veröffentlicht unter dem Pseudonym Gnaeus Flavius, Der Kampf um die Rechtswissenschaft, Heidelberg 1906; zu Kantorowicz vgl. M. Auer, Der Kampf um die Wissenschaftlichkeit der Rechtswissenschaft, ZEuP 2015, 773 ff. Sie verkennt (S. 785 ff.) die fließenden Grenzen zwischen der Auslegung praeter und contra legem.

885 E. Fuchs, Schreibjustiz und Richterkönigtum – ein Mahnruf zur Schul- und Justizreform, Leipzig 1907; ders., Was will die Freirechtsschule?, Rudolstadt/Thür. 1929; vgl. hierzu auch die Besprechung von Plum, JW 1929, 1729 f.

886 H. Isay, Rechtsnorm und Entscheidung (1929), Neudruck Goldbach 1995.

derung.[887] Die vorgebrachten Argumente heben auf die seit langem bekannte Tatsache ab, daß jede Gesetzesanwendung im Regelfall unvermeidbar Eigenwertungen der Anwender einschließt. Das ergibt sich aus dem Wandel der Verhältnisse zwischen dem Erlaß und der Anwendung des Gesetzes (Rn. 861 ff., 952 ff.), aus der Fülle der wertbezogenen und auslegungsbedürftigen Gesetzesbegriffe (Rn. 164 ff.), aus Lücken und Redaktionsversehen der Gesetzgebung (Rn. 822 ff.) und weiteren Gründen. Daraus jedoch den Schluß zu ziehen, die Gesetzbindung der Gerichte sei generell „unmöglich", ein „unerfüllbarer Traum" oder obsolet, ist ein Irrweg. Er führt dahin, daß die Justiz zum „Obergesetzgeber" erhoben würde. Sie wäre nicht mehr Dienerin der Gesetze, sondern Herrin der Rechtsordnung (Rn. 810 ff.). Der Vorrang der Gesetzgebung (Demokratieprinzip) und die rechtsstaatliche Gewaltenteilung nach Art. 20 Abs. 2 S. 2 i. V. m. Abs. 3 GG würden ausgehebelt. Dieser Effekt wird oft hinter einer gelehrt klingenden, nebelhaften Terminologie verborgen.[888]

B. Juristische Topik

Schrifttum: O. Ballweg/T. Seibert, Rhetorische Rechtstheorie, 1982; Ch. Fischer, Topoi verdeckter Rechtsfortbildungen im Zivilrecht, 2007, S. 14 ff.; W. Gast, Juristische Rhetorik, 5. Aufl. 2015; ders., Juristische Rhetorik und Rechtserkenntnis, Rhetorik 15 (1996), S. 145 ff.; W. Grasnick, Der Strafprozeß als mentaler Diskurs und Sprachspiel, JZ 1991, 285 ff.; ders., Über Rechtsrhetorik heute, Rhetorik 7 (1988), S. 1 ff.; F. Haft, Juristische Rhetorik, 8. Aufl. 2009; Th. Viehweg, Topik und Jurisprudenz, 5. Aufl. 1974.

I. Was bedeutet juristische Topik?

Ihr neuzeitlicher Verfechter Theodor Viehweg (1907–1988) war bei **611**
der Wiederbelebung der „topischen Jurisprudenz"[889] erkennbar angeregt durch den lockeren Umgang der Freirechtsbewegung mit dem Gesetz. Er meinte, das Ziel der Rechtswissenschaft bestehe darin, zu

887 Vgl. W. Hassemer, Gesetzesbindung und Methodenlehre, ZRP 2007, 213 ff.; zum Teil wortgleich ders., Juristische Methodenlehre und richterliche Pragmatik, Rechtstheorie 39 (2008), 1 ff.; ders., Erscheinungsformen des modernen Rechts, Frankfurt/M. 2007, S. 119 ff.; D. Simon, Vom Rechtsstaat in den Richterstaat?, Vortrag 2008 abrufbar unter www.rechtswirklichkeit.de; Th. Vesting, Rechtstheorie, 2. Aufl., München 2015, Rn. 227, 234 f.; kritisch B. Rüthers, Methodenfragen als Verfassungsfragen, Rechtstheorie 40 (2009), 253 ff.

888 Vgl. etwa Th. Vesting, Rechtstheorie, 2. Auf., München 2015, Rn. 227.

889 Th. Viehweg, Topik und Jurisprudenz, 5. Aufl., München 1974.

erforschen, was hier und jetzt gerecht sei.[890] Dieses Ziel könne nicht „deduktiv-systematisch", sondern nur „topisch" erreicht werden. Unter „Topik" versteht Viehweg in Anlehnung an klassische Vorbilder, besonders von Aristoteles und Cicero, ein bestimmtes, rhetorisches Verfahren der Problemerörterung. „Topoi" sind alle vielseitig verwendbaren Sachgesichtspunkte und rhetorischen Argumente, welche geeignet sind, eine Diskussion über aktuelle Regelungs- oder Entscheidungsfragen voranzutreiben, also Anleitungen zur Erörterung des Für und Wider einzelner Problemlösungen zu geben. Viehweg hat das Selbstverständnis der Rechtswissenschaft mit der Frage konfrontiert, ob sie nicht, genau besehen, nur praktische Rhetorik sei, gesunder Menschenverstand angewandt auf die Frage: Welche Regel soll gerechter- und zweckmäßigerweise in dieser oder jener Problematik menschlichen Verhaltens allgemein und verbindlich gelten? Seine Anhänger und Nachfolger haben diese Theorie zutreffend „rhetorische Jurisprudenz" genannt.

612 Topoi der Rechtswissenschaft sind nach Viehweg Argumente, die zur Entscheidung von Rechtsfragen beitragen können. Sie sind durchschlagend, wenn und soweit sie auf allgemeine Zustimmung in der Rechtswissenschaft stoßen. Zwei Aspekte sind hervorzuheben. Die Parallele zur vernunftrechtlichen Diskurstheorie (Rn. 586 ff.) liegt auf der Hand. Das rhetorisch-diskursive Element beherrscht auch bei Viehweg die Rechtsgewinnung ebenso wie die Rechtsgeltung. Der „topisch" erzielte Konsens über das „Sachgerechte" entscheidet über die Verbindlichkeit sowohl der Einzelfallentscheidung als auch der generell gültigen Norm.

II. Chancen dialogischer Jurisprudenz

613 Juristische Probleme werden gelöst, indem man das Für und Wider der einschlägigen Wertungspunkte und der erwartbaren Regelungsfolgen abwägt. Das sieht die Topik richtig. In diesem Sinne ist juristische Erkenntnis ein dialogischer Prozeß, in den mit dem Wandel von Tatsachen und Wertungsgesichtspunkten ständig neue Argumente eingebracht werden können. Deshalb ist der von Viehweg neu belebte Gedanke einer rhetorischen Jurisprudenz ein wichtiger Beitrag zum Verständnis der Frage, wie Rechtswissenschaft und Gerichtspraxis wirklich arbeiten.

890 Th. Viehweg, Topik und Jurisprudenz, 5. Aufl., München 1974, S. 96.

III. Grenzen der Topik

Problematisch wird die „topische Jurisprudenz“ dort, wo sie die normativen Grenzen der juristischen Hermeneutik außer Acht läßt. Die Bindung der Rechtsanwendung an „Gesetz und Recht“ (Art. 20 Abs. 3, 97 Abs. 1 GG) gerät bei der topischen Arbeitsweise leicht unter die Räder. Sie wird beseitigt, wenn der Rechtsanwender glaubt, er könne mit den verbindlichen gesetzlichen Wertmaßstäben in einen freien Dialog eintreten. Ein solches Verständnis juristischer Topik oder rhetorischer Jurisprudenz läßt außer Acht, daß der Rechtsanwender den von der Rechtsgemeinschaft gesetzten verbindlichen Regeln zu denkendem Gehorsam verpflichtet ist. 614

Das Problem beginnt mit der Zieldefinition der Rechtswissenschaft bei Viehweg. Nach ihm fragt die Rechtswissenschaft, was „hier und jetzt jeweils gerecht“ sei. Wer aber weiß, was gerecht ist? Die Zielvorgabe ist unzutreffend. Rechtswissenschaft hat es in der Normallage mit der Frage zu tun, was hier und jetzt geltendes Recht, nicht was in den Augen des jeweiligen Interpreten „gerecht“ ist. Auch für Topiker gilt die Gewaltenteilung nach dem Grundgesetz. Erst in der Ausnahmelage des Rechts zum Widerstand (Art. 20 Abs. 4 GG) oder zur Revolution kann der Jurist (wie jeder Bürger) die „Gerechtigkeit“ gegen das geltende Recht ausspielen. 615
Die Topik würde außerhalb solcher Ausnahmelagen dazu führen, den Rechtsanwender vom Diener des Gesetzes zum Herrn der Rechtsordnung zu machen. Das Gesetz wäre für ihn allenfalls ein im Zweifel unterlegener Diskussionspartner. Das mag manchem gefallen, ist aber verfassungswidrig.

C. Zusammenfassung zu § 18

I. Die „freie Topik“ ist mit dem geltenden Verfassungsrecht nur dort vereinbar, wo anwendbare verbindliche gesetzliche Wertmaßstäbe zur Entscheidung einer Rechtsfrage fehlen. Die Verwandtschaft mit der Freirechtsschule ist unübersehbar. 616

II. Beide wurzeln in der Erfahrung, daß in Zeiten ökonomischer, sozialer und politischer Umwälzungen die strenge Gesetzesbindung von Rechtswissenschaft und Justiz als lästig empfunden wird, weil sie „gerechte“ Entscheidungen erschwert. Die geltenden Gesetze sind unter anderen Rahmenbedingungen geschaffen worden. Daraus ziehen beide Rechtslehren den Schluß, die veränderten Umstände und Wertvorstellungen verlangen nach einer weniger gesetzlich fixierten, richterlich formulierten „Gerechtigkeit".

III. Die Herrschaft des Freirechts oder der Topik widerspricht der Kompetenzregelung einer parlamentarischen Demokratie und dem rechtsstaatlichen Grundsatz der Gewaltentrennung. Die Gerichte und die Rechtswissenschaft würden zu souveränen Mächten gegenüber den verfassungsmäßigen Gesetzen. Das Parlament wäre nur noch unterlegener „Dialogpartner" der Justiz und der Jurisprudenz.

§ 19. Die notwendige Standortwahl des Juristen

A. Die Qual der Wahl

617 Die im dritten Kapitel versuchte Übersicht über die wichtigsten historischen Argumentationsmuster zur Geltungsbegründung des Rechts zeigt eine verwirrende Vielfalt. Das Verständnis der wechselvollen Geschichte der Rechtsbegründung wird erleichtert durch die folgenden Aspekte:

618 1. In der historischen Abfolge der verschiedenen Lehren zur Rechtsbegründung kehren zentrale Argumente immer wieder, die je nach geistigen, sozialen und politischen Bedingungen der jeweiligen Epoche variieren.

619 2. Die skizzierten Lehren erheben in der Regel jeweils einen (monokausal gedachten) Gestaltungsfaktor des Rechts zum dominanten Geltungsgrund. Das Recht erscheint als Erzeugnis entweder von Idealfaktoren (§§ 9–12) oder von Realfaktoren (§§ 13–18).

620 Was soll der Jurist mit der Vielfalt möglicher Rechtsbegründungen anfangen? Braucht er, um seine Aufgabe erfüllen zu können, eine eigene Überzeugung darüber, weshalb Recht gilt? Welche der angebotenen Geltungsbegründungen verdient den Vorzug?

Das Recht besteht aus Sollensnormen. Der Jurist wirkt, wo immer er tätig sein mag, an der Entstehung oder Durchsetzung von Rechtsnormen mit. Will er kein bewußtseinsloser bloßer Rechtstechniker sein, so muß er zu dem „Warum" des Sollens, zum Geltungsgrund des Rechts, einen eigenen Standpunkt haben. Fehlt ein solch eigener

Standpunkt, so wird der Jurist, wie die Geschichte zeigt, leicht zum Werkzeug beliebiger Machthaber und beliebiger, auch verbrecherischer rechtspolitischer Ziele.

B. Unbegründete Geltungsanerkennung

Eine Minimallösung wäre denkbar nach der folgenden Erwägung: 621
Recht ist notwendig, damit das Zusammenleben der Menschen nicht von rechtloser Gewalt und von anarchistischem Chaos beherrscht wird. Deshalb muß Recht gelten. Diese Position läßt den materialen Inhalt des Rechts völlig beiseite. Sie läuft auf die positivistische These hinaus: Jedes Recht gilt, weil es Chaos und rechtlose Gewalt verhindert. Rechtsqualität erhält eine staatliche Norm bereits dadurch, daß sie erlassen und durchgesetzt wird. Diese oben als Arbeitshypothese zum Rechtsbegriff angenommene Ansicht (Rn. 53 ff.) bedarf nach den historischen Ausführungen zur Geltungsfrage der Ergänzung.

Wer sich mit einer solchen, rein formalen Definition des Rechts, 622
wie sie dem Gesetzespositivismus und der „reinen Rechtslehre" Kelsens entspricht (Rn. 470 ff.), nicht zufrieden gibt, der muß werthafte und damit im logischen Sinne nicht beweisbare Elemente in den Begriff und den Geltungsgrund mit aufnehmen. Recht hat als Summe wertbezogener Sollensnormen notwendig selbst eine weltanschauliche Grundlage. Eine wertfreie Geltungsbegründung ist nicht denkbar, wenn das Recht nicht seines materialen Gehaltes beraubt werden soll. Wertfreies Recht würde notwendig wertlos.

C. Historische Abwandlung zentraler Argumente für die Rechtsgeltung am Beispiel des Naturrechts

Der Überblick über die Argumente zur Rechtsbegründung zeigt 623
historische Variationen identischer Grundthemen. „Gott", „Natur", „Vernunft", „Macht" und „Gesellschaft" tauchen in immer neuen Abwandlungen auf.

Das sei am Beispiel des Naturrechtsgedankens nochmals kurz belegt. Die Variationsfähigkeit des Naturrechtsschemas der Rechtsbegründung ist erstaunlich. Der Kern des Naturrechtsdenkens besteht in der Annahme: Das in einem übergreifenden Zusammenhang stehende, darauf hingeordnete „Sein" trägt die Grundsätze des „Sollens" in sich. Die wichtigsten Grundsätze des Rechts können danach aus der („richtig verstandenen") Lebenswirklichkeit unmittelbar abgelesen werden. Wichtige Elemente dieses Naturrechtsschemas finden sich in den unterschiedlichen Rechtslehren der verschiedenen Epochen wieder:

1. Für die ausdrücklich so bezeichneten Naturrechtslehren, also die theologischen und die rationalen Naturrechtstheorien und -systeme versteht sich das von selbst.
2. Auch die marxistische Rechtslehre weist naturrechtliche Bestandteile auf. Für sie ist das Recht Teil des „Überbaus", der aus der materialen Basis, nämlich aus den jeweiligen Produktionsverhältnissen notwendig hervorgeht (Rn. 502). Folgerichtig ist für die überzeugten Marxisten das jeweils „richtige" Recht Gegenstand eines wissenschaftlichen Erkenntnisprozesses der objektiven historischen Bedingungen und Notwendigkeiten. Sie hatten in den realsozialistischen Staaten ein (unfehlbares?) Lehramt in der Gestalt des Zentralkomitees der herrschenden Partei, die sich als „Vorhut der Arbeiterklasse" verstand.
3. Naturrechtliche Elemente sind auch der Kern der neu-hegelianischen Denkfiguren der „konkreten Ordnungen" und der – insoweit verwandten – „konkret-allgemeinen Begriffe" (Rn. 557ff.). Dem entsprach es, daß in der NS-Zeit ein „neues Naturrecht aus Blut und Boden" im Sinne einer natürlichen Dominanz der nordischen Rasse und des deutschen Volkes gefeiert wurde (Rn. 553f.).
4. Die Wesensschau apriorischer Rechtsgebilde in der juristischen Phänomenologie hat erkennbar naturrechtliche Denkformen übernommen (Rn. 576ff.).
5. Bis heute werden bei fehlenden gesetzlichen Regelungen im „Lückenbereich" neue Wertmaßstäbe unter Berufung auf das „Wesen" von Rechtsgebilden und auf die „Natur der Sachen" vorgeschlagen. Auch das sind Argumente in unmittelbarer Tradition des Naturrechtsdenkens (vgl. Rn. 919ff.).

D. Der richtige Kern der verschiedenen Rechtslehren

624 Die verschiedenen Lehren zur Rechtsbegründung haben in der Regel jeweils einen zutreffenden Ansatzpunkt. Dieser wird dann allerdings bis hin zur monokausalen Rechtsbegründung verabsolutiert. Das führt zu Einseitigkeiten oder Verzerrungen in den einzelnen Begründungstheorien.

1. Das jeweils geltende Recht beruht auch noch in der säkularisierten Welt von heute zu erheblichen Teilen auf ursprünglich religiös begründeten und religiös tradierten Wertvorstellungen, wie sie im theologisch begründeten Naturrecht bis heute vertreten werden (Rn. 411 ff.). Die „Grundwerte“ etwa entsprechen nicht zufällig parallelen Vorstellungen in verschiedenen Naturrechtssystemen. **625**
2. Die Vorstellung einer dem Gesetzgeber vorgegebenen Schöpfungs-, Welt-, oder Natur-Ordnung prägt seit jeher die Grund- und Menschenrechtskataloge der Verfassungen in den unterschiedlichsten politischen Systemen („Rationales Naturrecht“). Zu beachten ist aber, daß wortreiche und glanzvolle Grundrechtskataloge in manchen Staatsverfassungen auch als Tarnnetze für dauerhafte und systematische Grundrechtsverletzungen dienen können. Insgesamt betont das Naturrechtsdenken einen für jede Rechtsordnung wichtigen Gesichtspunkt: Recht setzt immer einen übergreifenden, letztlich weltanschaulich begründeten Ordnungs- und Ideenzusammenhang voraus, ein „Ordnungsbild“, ein soziales und politisches „Modell“, auf welches letztlich alle rechtlichen Regelungen zielen, dem mindestens keine Norm zuwiderlaufen darf. **626**
3. Die Erfahrungen der Rechtsgeschichte wirken dabei ebenso auf das positive Recht ein wie die Vorstellungen über Freiheit und Gleichheit aller Menschen. Die nationale Geschichte mit allen sie prägenden realen und geistigen Elementen ist also ein wichtiger rechtsgestaltender Faktor („historische Rechtsschule“, Rn. 451 ff.). **627**
4. Recht ist unabdingbar auf eine klare Begrifflichkeit angewiesen, wenn es seine Funktionen erfüllen, insbesondere Rechtssicherheit und Widerspruchsfreiheit der Problemlösungen bieten soll. Recht setzt also ein ganzheitlich konzipiertes, auf Widerspruchsfreiheit angelegtes System von Begriffen und Grundsätzen voraus. Die angeblich logische Ableitung von Normen aus vorgesetzlichen Begriffen („Begriffsjurisprudenz“, Rn. 458 ff.) läuft andererseits auf scheinlogische Inversionsschlüsse hinaus. **628**
5. Soziale, ökonomische, auch schichtspezifische Gegebenheiten (Tatsachenlagen, Gruppeninteressen, Wertorientierungen) prägen das Recht maßgeblich („marxistische“ und „gesellschaftliche“ Rechtslehre). Recht ist ein Instrument zur Durchsetzung und Eingrenzung von rechtspolitischen Zwecken und Interessen („Interessenjurisprudenz“, Rn. 524 ff.). **629**

630 6. Das Recht wird von der Rechtswissenschaft schon im Normsetzungsprozeß mit vorbereitet, nach der Setzung analysiert, erläutert und fortentwickelt. Das Recht wird angewendet auf der Basis von Erkenntnissen, die als „dogmatisch“ (vgl. Rn. 309ff.) begründet und gesichert gelten, also nach dem letzten Stand des möglichen Irrtums. Rechtswissenschaft produziert juristische Problemlösungsvorschläge.

631 7. Der Positivismus verdeutlicht, daß der Kampf um den Inhalt des Rechts im Rahmen des staatlichen Normsetzungsverfahrens zu erfolgen hat (Rn. 466ff.). Er versteht das Recht zutreffend als Machtinstrument zur Durchsetzung politischer Gestaltungsziele. Recht gilt, soweit es mittels staatlicher Macht durchgesetzt werden kann.

632 8. Ethische, klimatische, geographische (Binnenland, Meeranstoß, Insellage) oder kulturelle Gegebenheiten können das Recht nachhaltig – positiv und negativ – beeinflussen, bis hin zur Rechtsperversion („NS-Rechtslehren“).

633 9. Das Recht ist einem ständigen Wandel von Fakten und Wertvorstellungen ausgesetzt, auf denen es beruht. Auch in „geschriebenen“ Rechtsordnungen gibt es kein statisches Recht. Das drängt oder verführt die Juristen zu Begriffskonstruktionen, die diesen dynamischen Wandel der Rechtsgrundlagen elastisch aufnehmen und ersetzen können. Im Extremfall führt das zu einem totalen Austausch der mate-rialen Wertgehalte einer Rechtsordnung. Die „Geltung“ zwingenden Rechts wird nach Belieben variiert („konkret-allgemeine Begriffe“, „konkretes Ordnungsdenken“, Rn. 557ff.).

634 10. Rechtswissenschaft hat das Für und Wider von Regelungen und Entscheidungen abzuwägen. Das ist ein dialogischer Vorgang. Der frei geführte Dialog fördert in der Regel die Einsicht in die Voraussetzungen, Zusammenhänge und Folgen von Regelungen und Entscheidungen. Er kann zu sachgerechten neuen Gesichtspunkten und Maßstäben und zum Konsens über tragfähige Problemlösungen führen. Recht ist gerade in einer freiheitlich-pluralen Staats- und Gesellschaftsordnung auf ein Mindestmaß an Konsens über Rechtsgrundwerte und an Evidenz „vernünftiger“ Maßstäbe und Ergebnisse angewiesen. Deshalb ist der freie Diskurs über Rechtsfragen ein wichtiger Faktor für die Rechtsentstehung, Rechtsbegründung und Rechtsanwendung („Vernunftrecht“ und „Topik“, Rn. 575ff., 610ff.).

E. Das Recht als Spiegel der historischen Gesamtsituation

Der Überblick über die verschiedenen Denkansätze zur Rechtsbegründung vermittelt zugleich einen Einblick in die vielfältigen Verflechtungen des Rechts mit anderen Gegebenheiten und Strömungen in der Gesellschaft und im Staat. Recht ist kein isoliertes und unabhängiges, aus sich selbst bestimmtes Gebilde. Es ist vielmehr bei all seiner Wirkungsmacht ein Produkt und Spiegelbild der jeweiligen historischen Gesamtsituation. Alle bedeutsamen sozialen, kulturellen und politischen Fakten, Wertvorstellungen und Entwicklungstendenzen wirken auf das Recht ein, verändern es und werden ihrerseits durch das Recht geprägt und verändert. Es besteht also ein System der Wechselwirkungen. Die wirkenden Faktoren sind zahlreich: Philosophie und Ökonomie, Kunst und soziale Machtgruppen, Wissenschaft und Technologie, Staat, Medien, Religionen und Ideologien. Sie alle gestalten mit weiteren Faktoren die Inhalte des Rechts und die Vorstellungen über das „Warum" seiner Geltung mit.[891] **635**

Daraus folgt, daß monokausale Rechtsbegründungen zu kurz greifen und keine zutreffende Erklärung der Rechtsgeltung bieten können. Sie sind unrealistisch und stehen notwendig im Dienste einseitiger, meist weltanschaulich bedingter Verzerrungen. Monokausale Theorien zu Entstehung und Geltung des Rechts sind daher abzulehnen. Das Recht wird von vielen, in ihrer Wirkungsmacht wandelbaren, realen, idealen und ideologischen Gestaltungsfaktoren geprägt.[892] **636**

F. Das Menschenbild des Grundgesetzes

Die Art. 1 und 2 GG stellen die „Würde des Menschen" und das „Recht auf die freie Entfaltung seiner Persönlichkeit" an die Spitze der von der Verfassung geschützten Grundwerte. Das Menschenbild des Grundgesetzes ist nicht das eines isolierten, souveränen Individuums. Die Verfassung hat vielmehr die Spannung Individuum – Gemeinschaft im Sinne der Gemeinschaftsbezogenheit und Gemein- **636a**

891 K. Adomeit/S. Hähnchen, Rechtstheorie für Studenten, 6. Aufl., Heidelberg 2012, S. 7f., beschränken Adomeits Modell der Wechselwirkung auf die vier Faktoren Gesetzgebung, Rechtsprechung, Rechtsdogmatik und öffentliche Meinung. Wir halten diese Einschränkung für zu eng.

892 Vgl. E. Fechner, Rechtsphilosophie, 2. Aufl., Tübingen 1962, S. 53ff., 87ff.

schaftsgebundenheit der Person entschieden, ohne dabei deren Eigenwert anzutasten. Das ergibt sich nach dem BVerfG insbesondere aus einer Gesamtsicht der Art. 1, 2, 12, 19 und 20 GG: Der Einzelne muß sich diejenigen Schranken seiner Handlungsfreiheit gefallen lassen, die der Gesetzgeber zur Pflege und Förderung des sozialen Zusammenlebens in den Grenzen des bei dem gegebenen Sachverhalt allgemein Zumutbaren zieht, vorausgesetzt, daß dabei die Eigenständigkeit der Person gewahrt bleibt[893].

Dieses Menschenbild ist für den Inhalt und die Anwendung der gesamten Rechtsordnung maßgebend. Alle Bürgerinnen und Bürger haben hiernach die gleiche Würde, Freiheit, Selbstbestimmung und Verantwortung. Darauf beruhen viele Rechtsinstitute in allen Rechtsgebieten, etwa die **Privatautonomie** und die **Vertragsfreiheit**, die Wahrnehmung der Grundrechte, aber auch die deliktische wie strafrechtliche **Verantwortung** für rechtswidriges Handeln. Die Verfassung geht also davon aus, daß der Mensch in den Grenzen der vorgegebenen gesellschaftlichen und rechtlichen Ordnung sein Handeln frei und eigenverantwortlich bestimmen kann. Wie „frei" ist er aber bei der Bildung seines Willens und bei der Bestimmung seines Handelns? Es geht um die für verantwortliche Selbstbestimmung erforderliche Willensfreiheit[894].

Das schon in der Antike umstrittene Problem der Willensfreiheit hat durch Ergebnisse der modernen Neurowissenschaften eine neue Zuspitzung erfahren, etwa durch die These von Wolfgang Prinz[895]: „Für mich ist unverständlich, dass jemand, der empirische Wissenschaft betreibt, glauben kann, dass freies, also nicht determiniertes Handeln denkbar ist". Rechtsordnung, Rechtswissenschaft und Justiz setzen in Theorie und Praxis – anders als diese umstrittene kausalwissenschaftliche Analyse – die Verantwortung des erwachsenen und gesunden Menschen für sein Handeln voraus. Das geltende Recht schreibt ihm – nicht nur im Strafrecht und im Zivilrecht – die Sanktionsfolgen für seine Handlungen und Willenserklärungen zu. Aus Sicht der empirischen Wissenschaften ist Willensfreiheit keine Natur-

893 BVerfGE 4, 7 (15 f.).

894 Vgl. zum Überblick E. Dreher, Die Willensfreiheit, München 1987; G. Keil, Willensfreiheit und Determinismus, Stuttgart 2009; V. Ramachandran, Eine kurze Reise durch Geist und Gehirn, 2. Aufl., Reinbek bei Hamburg 2006; S. Mitchell, Komplexitäten – Warum wir erst anfangen, die Welt zu verstehen, Frankfurt/M. 2008; M. Urchs, Maschine, Körper, Geist. Eine Einführung in die Kognitionswissenschaft, Frankfurt/M. 2002.

895 W. Prinz, Der Mensch ist nicht frei, Interview, in: Das Magazin 2/2003, S. 18, 19.

tatsache, sondern eine gesellschaftliche Konstruktion oder gar Illusion. Die dazu entstandene interdisziplinäre (Philosophie, Biologie, Neurologie, Psychologie, Ethik, Theologie, Rechtswissenschaft u. a.) Kontroverse[896] ist fast uferlos und kann hier dahinstehen. Jurisprudenz und Justiz setzen eine im Grundsatz vorhandene Willensfreiheit des gesunden Menschen voraus als ein Axiom ihrer Funktionsfähigkeit. Willensfreiheit und Selbstbestimmung gehören zu den von der Verfassung (Würde und Freiheit des Menschen, Art. 1 und 2 GG) als gegeben angenommenen, geglaubten Grundwerten, welche die Verfassung garantieren will. Ohne Willensfreiheit und Selbstbestimmung wären unverletzliche und unveräußerliche Menschenrechte (Art. 1 Abs. 2 GG) sowie die Sanktionen wegen ihrer Verletzung nicht begründbar. Für das Grundverständnis des Rechts ist die Kenntnis und Akzeptanz dieser axiomatischen, wissenschaftlich nicht ableitbaren Grundlage der gesamten Rechtsordnung unverzichtbar.

G. Verfassungsbedingte Offenheit der individuellen Standortwahl

Die Ansichten darüber, wie die Anteile der einzelnen rechtsgestal- **637**
tenden Faktoren (Rn. 624 ff., 635 f.) zu gewichten sind, können individuell und auch je nach geschichtlichen und verfassungspolitischen Epochen erheblich auseinander gehen. Auch in einem Juristenleben können die Auffassungen darüber wechseln. Überzeugungswandlungen solcher Art lassen sich bei nahezu allen bedeutenden rechtstheoretischen Autoren, die vorstehend zur Sprache kamen, nachweisen. In diesem Jahrhundert ist es in Deutschland ein Massenschicksal, Jurist in mehreren, weltanschaulich gegensätzlichen politischen Systemen gewesen zu sein. Wichtig ist für den tätigen Juristen, daß er überhaupt eine eigenverantwortliche Standortwahl zu der Frage „Warum gilt Recht?" trifft.

In einem weltanschaulich weitgehend neutralen, liberalen Verfas- **638**
sungsstaat haben verschiedene, konkurrierende Geltungsbegründungen des Rechts nebeneinander Platz. Unverzichtbar ist jedoch der prinzipielle Gehorsam aller gegenüber den verfassungsgemäß erlassenen und gegebenenfalls vom Bundesverfassungsgericht geprüften Ge-

896 Hinweise etwa bei A. Laufs, Der aktuelle Streit um das alte Problem der Willensfreiheit, MedR 2011, 1 ff.; R. Werth, Die Natur des Bewusstseins – Wie Wahrnehmung und freier Wille im Gehirn entstehen, München 2010, S. 153 ff.

setzen. Demokratie bedeutet in erster Linie Herrschaft der verfassungsgemäßen Gesetze.

Wo die Geltung demokratischer Gesetze aktiv, d. h. durch kalkuliertes Zuwiderhandeln in Frage gestellt wird, besteht im Keim ein revolutionärer Zustand. Objektiv wird dadurch – abseits aller Lippenbekenntnisse und aller verkündeten edlen Ziele – die demokratische Verfassung punktuell durchbrochen oder strategisch bewußt demontiert. Voraussetzung für ein funktionsfähiges demokratisches Gemeinwesen ist daher ein hinreichender Konsens über die in der Verfassung verankerten Grundwerte.

639 Dieser erforderliche breite Konsens über die Grundwerte ist eine notwendige, keine hinreichende Funktionsbedingung der Demokratie. Gerade diese Staatsform muß daneben verteidigungsfähig und -bereit sein, wenn sie in ihrer Substanz angegriffen wird. Sie braucht also ein Mindestmaß an Akzeptanz, Wachsamkeit und Verteidigungsbereitschaft aller Bürger, besonders auch der Juristen, gegen antidemokratische Umtriebe, gegen Gewalt und offenen Rechtsbruch. So wie die Minderheit im demokratischen Rechtsstaat einen Katalog durchsetzbarer Grundrechte benötigt, um sich gegen eine Unterdrückung durch die Mehrheit wehren zu können, so benötigt dieser Rechtsstaat im Ernstfall die gesetzlichen Mittel staatlicher Gewaltausübung (Polizei, Bundeskriminalamt, Verfassungsschutz, auch Tränengas und Wasserwerfer), um gewaltbereite Minderheiten daran hindern zu können, die Mehrheit zu tyrannisieren.

Mit den Grundprinzipien des liberalen Verfassungsstaates ist es unvereinbar, wenn eine einzelne Entstehungsbegründung und Geltungsbegründung für Rechtssätze als generell verbindliche Begründungsideologie ausgerufen wird. Das gilt für theologisch abgeleitete Naturrechtssätze, für hegelianische Begriffskonstruktionen wie für vernunftrechtliche und diskurstheoretische Thesen. Monokausale Rechtsbegründungen drücken den Konsens von Glaubensgemeinschaften aus. Sie deuten jeweils einen beachtenswerten Teilaspekt an. Sie sind aber weder die ganze Wahrheit noch eine verbindliche wissenschaftliche Erkenntnis.

4. Kapitel. Rechtsanwendung

> Scire leges non hoc est verba earum tenere, sed vim ac potestatem.
> (Gesetze auszulegen, heißt nicht, ihren Buchstaben zu gehorchen, sondern ihren Sinn und Zweck zu verwirklichen.)
>
> Celsus, Dig. 1,3,17

Schrifttum: M. Würdinger, Das Ziel der Gesetzesauslegung, JuS 2016, 1 ff.; G. Bitter/T. Rauhut, Grundzüge zivilrechtlicher Methodik, JuS 2009, 289 ff.; E. A. Kramer, Juristische Methodenlehre, 4. Aufl. 2013; K. Riesenhuber (Hrsg.) Europäische Methodenlehre, 3. Aufl. 2015; J. Rückert/R. Seinecke, Methodik des Zivilrechts – von Savigny bis Teubner, 3. Aufl., Baden-Baden 2017; R. Zippelius, Juristische Methodenlehre, 11. Aufl. 2012.

§ 20. Rechtsgewinnung als methodisches Problem

A. Bedeutung der Methodenlehre

I. Methodenkrise der deutschen Juristen

Das Methodenproblem ist eine der vernachlässigten Grundsatzfra- 640
gen der deutschen Gerichtspraxis und Rechtswissenschaft. Die Literatur dazu füllt zwar inzwischen ganze Bibliotheken. Anerkannte einheitliche Lösungen sind aber nicht absehbar.

Juristische Methodenfragen waren in Deutschland lange Zeit auch bei namhaften Wissenschaftlern und Praktikern unbeliebt. Im Rechtsunterricht kamen sie bis in die 60er Jahre des 20. Jahrhunderts kaum vor. Mehr noch: Die Beschäftigung mit Problemen der Methodenlehre galt, nicht nur bei Außenseitern, als ein Krankheitssymptom. So heißt es etwa bei G. Radbruch in der 1929 erschienenen letzten Auflage seiner „Einführung in die Rechtswissenschaft“:[897]

„Wie Menschen, die sich durch Selbstbeobachtung quälen, meist kranke Menschen sind, so pflegen aber Wissenschaften, die sich mit ihrer eigenen Methodenlehre zu beschäftigen Anlaß haben, kranke Wissenschaften zu sein; der

897 G. Radbruch, Einführung in die Rechtswissenschaft, 12. Aufl., Stuttgart 1969, S. 242.

gesunde Mensch und die gesunde Wissenschaft pflegen nicht viel von sich selbst zu wissen.“

Wenige Jahre später, nach 1933, zeigte sich, daß die rechtzeitige Beschäftigung mit der juristischen Methodenlehre hätte hilfreich sein können. Vielleicht wäre die interpretative Perversion der ganzen Rechtsordnung im Nationalsozialismus von den dabei Mitwirkenden mit etwas weniger Begeisterung betrieben worden. Die methodische Analyse ihres Tuns hätte ihnen bewußt machen können, daß ihre „völkische Rechtserneuerung“ nichts anderes war als die Einlegung einer neuen Weltanschauung in die geltende Gesetzesordnung (vgl. Rn. 546ff.).

641 **1. Verfassungswechsel als Methodenkraftakte der Juristen.** Bereits am Anfang dieser Überlegungen zur Rechtstheorie (Rn. 29ff.) wurde die besondere Lage angedeutet, in der sich die Jurisprudenz und Rechtspraxis in Deutschland nach dem Erlebnis häufiger Systemwechsel und zweier totalitärer Diktaturen innerhalb weniger Jahrzehnte befinden. Wissenschaften, die sich mit dem Leben der Menschen befassen („Humanwissenschaften“) sind in besonders enger Weise in die Strömungen der wechselnden Zeitgeister eingebunden. Das gilt in zugespitzter Weise für das wissenschaftliche Nachdenken über Rechtsanwendungs- und Auslegungsfragen.

642 Die jeweils „neuen“ Inhaber der Staatsgewalt und ihre beamteten Diener mußten ganz überwiegend mit „alten“ Gesetzen aus den vergangenen Verfassungsepochen auskommen. Diese Gesetze waren in der Regel von ganz anderen Tatsachenlagen sowie erst recht von unterschiedlichen, oft gegensätzlichen politischen und sozialen Wertvorstellungen geprägt. Die großen Gesetzbücher (z. B. BGB, HGB, GewO, StGB) stammen überwiegend aus dem 19. Jahrhundert. Sie wurden jedoch mindestens zeitweilig in den verschiedenen folgenden Verfassungsepochen im Text nahezu unverändert, aber mit unterschiedlichsten Ergebnissen angewendet.[898]

Die Erfahrungen politischer Umwälzungen und ihrer Folgen für das Recht und die Juristen sind nicht auf Deutschland beschränkt. Strukturell ähnliche Ergebnisse gab es (ebenfalls jeweils mehrfach) z.B. in Österreich, Italien, Spanien, Portugal, Frankreich, Ungarn,

898 Ein Beispiel ist das Ehegesetz von 1938, das als Kontrollratsgesetz von 1946 in den Anfangsjahren der Bundesrepublik und der DDR fortgalt. Vgl. dazu B. Rüthers, Wir denken die Rechtsbegriffe um… – Weltanschauung als Auslegungsprinzip, Zürich 1987; ders., Die Wende-Experten, München 1995.

Tschechien, Rumänien, aber auch in Japan. Rechtsgeschichte und Rechtsvergleichung bieten also reiches, zu erheblichen Teilen noch ungenutztes Anschauungsmaterial für die Funktionsweisen von Rechtsanwendungsmethoden, die immer auch Rechtsbildungsmethoden sein können.

2. Das neue Problembewußtsein. Das systematische Nachdenken 643
über die Methodenprobleme der Rechtsanwendung in einem justizstaatlich organisierten Rechtsstaat mit extensiv ausgebauten Rechtsweggarantien ist noch recht jung. Die schnelle Abfolge der verschiedenen Verfassungssysteme in Deutschland hat die praktische und politische Bedeutung der jeweils verwendeten Rechtsanwendungsmethoden über die juristischen Stabsstellen hinaus für weite Bevölkerungskreise erkennbar und bewußt gemacht. Das öffentliche Bewußtsein ist gegenüber den Ergebnissen der Rechtsanwendung kritisch, ja mißtrauisch geworden. Zudem erzwingt die Europäisierung der nationalen Rechtsordnungen in der Europäischen Union erneut grundsätzliche rechtsmethodische Überlegungen.

3. Geschichtliche Lehren. Die Literatur zur Rechtstheorie und zur 644
Methodenlehre gibt sich allerdings überwiegend betont ungeschichtlich und unpolitisch.[899] Die Methodenkontroversen zu den Verfassungswechseln nach 1919, 1933, 1945 und 1989 werden – besonders aus der Lehrbuchliteratur – weitgehend ausgeblendet.[900] Schon die Bezeichnung „Methodenlehre der Rechts*wissenschaft*“[901] verschweigt die Praxisbedeutung der Disziplin und ihre Verschränkung in die historisch-politischen Zusammenhänge – zu Unrecht.

Die Geschichte der Methodenlehren und Methodenpraktiken in den beiden deutschen Diktaturen zeigt die Mißbrauchsmöglichkeiten der damals wie heute gängigen Rechtsanwendungsinstrumente. Eine verantwortlich betriebene „Rechtswissenschaft als Beruf“[902] setzt die

---

899 Zur Kritik vgl. B. Rüthers, Anleitung zum fortgesetzten methodischen Blindflug?, NJW 1996, 1249 ff.

900 Vgl. etwa K. Larenz, Methodenlehre der Rechtswissenschaft, 6. Aufl., Berlin 1991; R. Zippelius, Juristische Methodenlehre, 11. Aufl., München 2012; H.-M. Pawlowski, Methodenlehre für Juristen, 3. Aufl., Heidelberg 1999; Th. Würtenberger, Zeitgeist und Recht, 2. Aufl., Tübingen 1991; M. Kriele, Theorie der Rechtsgewinnung, 2. Aufl., Berlin 1976. Für die österreichische Literatur vgl. die auf das deutsche Schrifttum beschränkten Hinweise bei F. Bydlinski, Juristische Methodenlehre und Rechtsbegriff, 2. Aufl., Wien 1991, S. 102 ff., 211, 283, 291, 295, sowie die Auslassung des Problems bei P. Koller, Theorie des Rechts, 2. Aufl., Wien 1997.

901 So der Titel der Methodenlehre von K. Larenz/C.-W. Canaris (Hervorhebung durch uns).

902 Vgl. den wegweisenden Vortrag des Juristen und Soziologen Max Weber „Wissenschaft als Beruf“ vom November 1919, Stuttgart 1995.

Kenntnis dieses Teils der juristischen Methodengeschichte für alle juristischen Berufe unverzichtbar voraus. Aus einer Geschichte der Rechtsperversionen, die man nicht kennt, kann man nichts lernen.

645 **a) Illusion der geschichtslosen Rechtsanwendung.** Die Fülle der Erfahrungen sollte es ausschließen, daß heute noch der Versuch gemacht wird, juristische Methodenlehre ungeschichtlich (geschichtslos) und als scheinbar „unpolitisch" darzustellen, zu lehren und zu praktizieren. Geschichtslose Jurisprudenz ist gefährlich.

646 Das jeweilige Einschwenken der Gerichtspraxis und der Jurisprudenz auf ein neues politisches System, das Eingehen auf gewandelte Fakten und politische oder gesellschaftliche Wertvorstellungen ist kein außergewöhnlicher Vorgang. Er läßt sich historisch vielfach belegen. Die Geltung des römischen Rechts durch viele Epochen bis ins 19. Jahrhundert hinein ist nur ein Beispiel für das Überleben und die Elastizität eines historischen Normengebäudes in den Händen kunstfertiger Interpreten. Es ist daher falsch, aus den abschreckenden Beispielen, etwa aus der Rechtsprechung im Nationalsozialismus[903] und im SED-Staat generell abwertende Folgerungen über den Wandel von Auslegungsergebnissen unter gewandelten politischen und sozialen Verhältnissen herzuleiten.

Die Anpassung überkommener Rechtsvorschriften an neue Tatsachenlagen, Regelungsprobleme und gewandelte Wertvorstellungen erscheint in historischer Sicht als eine Daueraufgabe der Juristen in Theorie und Praxis.[904] Das zeigt zugleich die praktische und rechtspolitische Bedeutung der juristischen Methodenfragen.

647 **b) Illusion der unpolitischen Rechtsanwendung.** Die methodischen Argumentationsmuster, welche die Juristen mehrfach zu Zauberern der Einlegung anstatt zu Dienern einer gesetzes- und rechtstreuen Auslegung werden ließen, erscheinen in den Lehr- und Handbüchern immer noch wie verläßliche Instrumente scheinbar objektiver rechtsstaatlicher Rechtsanwendung. Das gilt etwa für die „objektive" Auslegung, das „konkrete Ordnungsdenken", die „konkret-allgemeinen" Begriffe, die „typologische" Rechtsfindung für Ableitungen von Rechtsfolgen aus der „Rechtsidee", der „Natur" von Sachen, dem „Wesen" von Einrichtungen oder Rechtsfiguren,

903 Vgl. B. Rüthers, Die unbegrenzte Auslegung, 8. Aufl., Tübingen 2017, S. 183 ff.; ders., Geschönte Geschichten – Geschonte Biographien, Tübingen 2001, S. 72 ff., 147 ff.

904 Vgl. B. Rüthers, Methodenrealismus in Jurisprudenz und Justiz, JZ 2006, 53.

gar dem „objektiven Geist" der Rechtsordnung und ähnlichen Beschwörungen imaginärer Wesenheiten. Sie sollen in aller Regel die subjektiven Wertvorstellungen des Interpreten als wissenschaftlich ermittelten objektiven Gesetzesinhalt erscheinen lassen. Diese in Wissenschaft und Praxis eingewurzelten Argumentationsmuster werden selten kritisch analysiert. So ist es zu verstehen, daß erhebliche Teile der Rechtswissenschaft, aber auch der Rechtsprechung oberster Bundesgerichte, sich auf einem bemerkenswert bescheidenen Stand rechtsmethodischen Bewußtseins bewegen.

Gegen die Bemühungen der juristischen Methodenlehre um eine **648** kritische Analyse der realen rechtspolitischen Funktionen jeder Norminterpretation wird neuerdings eingewendet, die Rechtswissenschaft und die Justiz seien bei genauem Hinsehen nichts anderes als eine spezielle Rhetorik, also eine auf juristische Fragen hin entwickelte Technik wirkungsvoller Redekunst.[905] Es gebe daher zu viele Bücher über juristische Methodenlehre und zu wenige über die Rhetorik in der Jurisprudenz. Richtig daran ist, daß die Bedeutung der Sprache lange in der Rechtswissenschaft und -praxis unterschätzt wurde. Unrichtig allerdings ist der in der juristischen Topik und der „rhetorischen Jurisprudenz" eingeschlossene Trend, die Gewaltentrennung als Verfassungsgebot und die Gesetzesbindung der Rechtsanwender gering zu achten. Die Verfassung und die Gesetze als „Gesprächspartner" ihrer Interpreten, wie die „Rhetoriker" das sehen möchten, ist unter rechtsstaatlichen und demokratietheoretischen Aspekten eine Fehlvorstellung.

II. Die Notwendigkeit einer europäischen Methodenlehre

Die zunehmende Überlagerung der nationalen Rechtsordnungen **648a** der Mitgliedstaaten durch das Recht der Europäischen Gemeinschaften wirft zahlreiche neue und alte methodische Probleme auf. Zu nennen sind etwa die Auslegung des Unionsrechts und dessen verdeckte Fortbildung, die sog. Auslegungsmethoden des EuGH, der Anwendungsvorrang des Unionsrechts als Unterfall der Normverwerfung, das Verhältnis der Unionsrechtsordnung zu den Rechtsordnungen der Mitgliedstaaten, die unionsrechtskonforme und die richtlinienkonforme Auslegung und Rechtsfortbildung des nationalen

905 Vgl. W. Gast, Juristische Rhetorik und Rechtserkenntnis, in: Rhetorik, Bd. XV, Juristische Rhetorik, hrsg. von J. Dyck/W. Jens/G. Ueding, Tübingen 1996, S. 145 ff. (155).

Rechts oder die Kompetenzverteilung zwischen den nationalen Gerichten und dem EuGH.

Diese Probleme wurden lange vom methodischen Schrifttum ignoriert. Wissenschaftlich fundierte Lösungsvorschläge gibt es (noch) wenige.[906] Die Notwendigkeit einer europäischen Methodenlehre ist aber angesichts der „Methodenwillkür" des EuGH[907] offenkundig. Die ausufernde Rechtsprechungspraxis aus Luxemburg greift zunehmend in die Kompetenzen der Mitgliedstaaten ein. Anerkannte Regeln der Gesetzesauslegung und -anwendung bleiben dabei nicht selten auf der Strecke.[908] Die bisweilen heftige Kritik an der Rechtsprechung des EuGH betrifft meist nur Einzelfallentscheidungen. Sie setzt oft nicht an der Ursache an, sondern bekämpft nur die Symptome. So wird etwa (zu Recht) kritisiert, der EuGH erfinde allgemeine Rechtsgrundsätze und verstecke dies hinter Scheinbegründungen wie den „gemeinsamen Verfassungstraditionen der Mitgliedstaaten".[909] Die Ursache liegt jedoch tiefer: Das Unionsrecht ist von einer kohärenten und in sich wertungsmäßig folgerichtigen Ordnung weit entfernt und muß dies aufgrund der Prinzipien der begrenzten Einzelermächtigung und der Subsidiarität de lege lata auch bleiben. Während die politische Entscheidung über den Weg der EU hin zu einem Bundesstaat oder einem Staatenbund weiter ausbleibt, erzeugt der EuGH fleißig Richterrecht und schafft auf diesem Wege Tatsachen, die durch eine politische Entscheidung der Mitgliedstaaten nur schwer wieder revidiert werden können. Dies geschieht in der Regel verdeckt und wird von der Politik, den nationalen Gerichten und der politischen und juristischen Wissenschaft oftmals kritiklos hingenommen. Einen Aufschrei gibt es meistens nur in krassen Ausnahmefällen wie der „Mangold"-Rechtsprechung und auch dann nur in demjenigen Mitgliedstaat, in dem der vom EuGH entschiedene Rechtsstreit sich ereignet hat.

---

906 Vgl. etwa C. Herresthal, Rechtsfortbildung im europarechtlichen Bezugsrahmen, München 2006; Ch. Herrmann, Richtlinienumsetzung durch die Rechtsprechung, Berlin 2003; C. Höpfner, Die systemkonforme Auslegung, Tübingen 2008; K. Langenbucher, Europarechtliche Methodenlehre, in: dies., Europarechtliche Bezüge des Privatrechts, 2. Auflage, Baden-Baden 2008, S. 1 ff.; K. Riesenhuber (Hrsg.), Europäische Methodenlehre, 3. Aufl., Berlin 2015.

907 J. Jahn, Europarichter überziehen ihre Kompetenzen, NJW 2008, 1788 f.

908 Vgl. nur EuGH vom 22.11.2005, Slg. 2005, I-9981 „Mangold".

909 So EuGH vom 22.11.2005, Slg. 2005, I-9981, Rn. 74 „Mangold"; kritisch hierzu B. Rüthers, NJW 2006, 1640 ff.; K. Hailbronner, NZA 2006, 811 ff.; J.-H. Bauer/Ch. Arnold, NJW 2006, 6 ff.

Ein weiteres Beispiel für die Notwendigkeit einer Neujustierung der nationalen Methodenlehren im Hinblick auf die europäische Rechtsentwicklung bieten die unionsrechtskonforme und die richtlinienkonforme Auslegung des nationalen Rechts (vgl. Rn. 766ff.).

III. Funktionen der juristischen Methodenlehre

1. Verfassungsrelevanz der juristischen Methodenlehre – Gesetzesbindung und Beitrag zur Gewaltenteilung. Bei Methodenfragen geht es um Fragen der Normsetzungsmacht und der Gewaltenteilung, also um das Demokratieprinzip und die rechtsstaatliche Gewaltentrennung nach Art. 20 Abs. 3 GG (dazu ausführlich Rn. 704ff.). Das ist von der unhistorisch und unpolitisch konzipierten Literatur nach den mehrfachen deutschen Verfassungsumbrüchen lange verkannt und verleugnet worden. Wer in einer parlamentarischen Demokratie die Gesetzesbindung der Gerichte im Sinne einer neuen Freirechtsschule für einen „unerfüllbaren Traum" erklärt, stellt den Vorrang des Parlaments als demokratischer Gesetzgeber in Frage. Die Justiz als *dritte* Gewalt wird mit der *ersten* Gewalt für gleichrangig erklärt, die rechtsstaatliche Gewaltenteilung wird außer Kraft gesetzt. Inzwischen wird auch im öffentlichen Recht zunehmend erkannt, daß der direkte Verfassungsbezug der Auslegungsmethoden zu einer „Konstitutionalisierung der juristischen Methodenlehre" geführt hat.[910] Verbreitet wird allerdings die Usurpation normsetzender Funktionen durch die Justiz im Tarnmantel der „Auslegung" präsentiert. Dieses Vokabular der h. L. in Rechtswissenschaft und Justiz läuft darauf hinaus, eine verdeckte „Hexerei mit Worten" im Sinne der Kritik Ludwig Wittgensteins (vgl. das Zitat vor Rn. 5) zu treiben (Beispiele in Rn. 557ff.). 649

2. Gleichbehandlung und Rechtssicherheit. Das verfassungsrechtliche Gebot des Art. 3 Abs. 1 GG verlangt von der Justiz die Gleichbehandlung gleicher Sachverhalte. Das kann nur dann geprüft und gewährleistet werden, wenn der Rechtsanwender die von ihm zur Begründung herangezogenen und herausgearbeiteten Regeln ausdrücklich nennt. Die Methodenlehre verpflichtet ihn zunächst zur 650

910 R. P. Schenke, Grundgesetz und Methodenlehre, in: H. Dreier (Hrsg.), Macht und Ohnmacht des Grundgesetzes, Berlin 2009, S. 51ff.; E. Levits, Gesetzesbindung und Richterrecht in der Praxis des EuGH, Soziales Recht 2015, 121ff.; vgl. auch B. Rüthers, Die heimliche Revolution vom Rechtsstaat zum Richterstaat, 2. Aufl., Tübingen 2016, S. 194ff.

Angabe der generellen (gesetzlichen) Norm, mit welcher der Sachverhalt gewertet werden soll. Fehlt eine gesetzliche Norm, so ist der Richter im Wege der Rechtsfortbildung dazu verpflichtet, selbst eine Regelung zu entwickeln. Diese Regel darf nicht nur für den zu behandelnden Fall gelten. Sie muß vielmehr allgemein und generell formuliert werden. Taucht ein vergleichbarer Fall auf, sind die Gerichte dann grundsätzlich zur Anwendung der früher entwickelten Regel verpflichtet. Die Methodenlehre verlangt weiter, daß der Richter die Schritte seiner Rechtsanwendung aufdeckt (dazu Rn. 657 ff.). Das ist deswegen notwendig, weil sonst im Dunkeln bliebe, warum er die jeweilige Regel auf den Sachverhalt angewendet hat. Erst dadurch wird es möglich zu prüfen, ob der Richter gleiche Fälle auch tatsächlich gleich entscheidet. Zu diesem Zweck verlangt die Methodenlehre schließlich, daß eine nachprüfbare Ableitungsbeziehung zwischen den zur Entscheidung herangezogenen Prämissen (Gesetzen und Regeln) und den Folgerungen des Richters besteht.

651 Wegen der Forderung nach einer Ableitungsbeziehung zwischen Gesetz und richterlicher Entscheidung muß der Richter sich um möglichst präzise Formulierung seiner Auslegung der gesetzlichen Vorschriften bemühen. Er muß klar sagen, welche Bedingungen ihn zum Ausspruch der Rechtsfolge geführt haben. Die Methodenlehre verstärkt damit zugleich die richterliche Selbstkontrolle und die Rechtssicherheit.

652 **3. Begründung und Kritik.** Die Methodenlehre leistet einen Beitrag zur kritischen Diskussion von gerichtlichen Entscheidungen. Sie ermöglicht die Fortsetzung der parlamentarischen Diskussion über die zutreffende Regelung des zu entscheidenden sozialen Sachverhalts auf anderer Ebene. „Eine Entscheidungsbegründung, die ein Potpourri von Gesichtspunkten darstellt, ist der Kritik kaum zugänglich."[911] Der Richter kann dann immer darauf ausweichen, daß es auf den kritisierten Gesichtspunkt nicht entscheidend ankäme. Die Verpflichtung zur Offenlegung der Gründe und Argumente für die Entscheidung ermöglicht die Prüfung der Stichhaltigkeit der verwendeten Prämissen und der daraus gezogenen Schlüsse. Rechts- und Urteilskritik auf breiter Front sind ein selbstverständliches Element des demokratischen Meinungskampfes. Nur in Diktaturen sind staatliche Maßnahmen und Entscheidungen der öffentlichen Kritik entzogen. „Heimtücke" oder „staatsfeindliche Hetze" pflegen die totalitä-

911 H.-J. Koch/H. Rüßmann, Juristische Begründungslehre, München 1982, S. 115.

ren Machthaber der verschiedenen ideologischen Spielarten das zu nennen.

4. Methode als Selbsterkenntnis. Die Funktion der juristischen Methodenlehre, insbesondere ihre Rolle bei der Umdeutung überkommener Gesetze nach Systemwechseln, ist umstritten. Ist sie ein geeignetes Mittel, die Rechtsanwender durch methodische Regeln an die gesetzlich festgelegten Wertungen zu binden? Oder gibt sie den zeitgeistergebenen Eigenwertungen der Rechtsanwender beliebig Raum? Bildet sie eine Schranke gegen die von neuen Machthabern gewünschten, richterlich betriebenen „Rechtserneuerungen" ohne Gesetzgeber? Oder kommt es nur auf „Geist und Ziel der Rechtsanwendung" an, während Methodenfragen „keine entscheidende Rolle" spielen, die Methode also nur Magd der jeweils gewünschten rechtspolitischen Strömungen ist?[912] 653

Methodenehrlichkeit und Methodentreue haben für die Arbeit der Juristen die Funktion der Selbstkontrolle. Sie können als Warninstrumente dienen, wenn „Geist und Ziel der Rechtsanwendung"[913] sich unkontrolliert verselbständigen, wobei der Weg in die Irrationalität schon dort beginnt, wo man der „Rechtsanwendung" einen eigenen Geist (wer ist das?) zuschreibt. Es erscheint und wirkt wohl immer nur der Geist des konkreten Rechtsanwenders. Deshalb ist eine methodische Selbstkontrolle des Rechtsanwenders geboten, wenn nicht seine rechtspolitischen Wünsche und Ziele an die Stelle der Gesetzgebung treten sollen. Diese Erkenntnisfunktion und die Warnfunktion eines geschulten Methodenbewußtseins für die Praxis der Rechtsanwendung wurden lange verkannt oder gescheut.

Im Gegensatz dazu verlangt der Umgang mit den geschichtlichen Erfahrungen von den deutschen Juristen eine besondere kritische Wachsamkeit gegenüber jenen methodischen Denkmustern, die sich als willfährige Instrumente der Anpassung des Rechts an beliebige Reformwünsche jeweiliger Machthaber erwiesen haben. Methodische Naivität ist vor dem Hintergrund der deutschen Rechtsgeschichte keine vertretbare rechtstheoretische Position.

5. Rechtsstaatlichkeit. Die Methodenlehre ist die unverzichtbare Voraussetzung für die „innere Moralität des Rechts". Der Begriff 654

912 So W. Graf Vitzthum, Eher Rechtsstaat als Demokratie, in: Festschrift für K. Stern, München 1997, S. 97, 103 Fn. 28.

913 So W. Graf Vitzthum, Eher Rechtsstaat als Demokratie, in: Festschrift für K. Stern, München 1997, S. 97ff.

stammt von dem amerikanischen Juristen Lon Fuller, der damit die Bedeutung des Regelcharakters des Rechts hervorhebt (vgl. Rn. 386 ff.). In der Terminologie des deutschen Verfassungsrechts handelt es sich um Elemente des Rechtsstaatsgrundsatzes. Dazu zählen u. a. folgende Erfordernisse von Rechtsvorschriften:

- Rechtsnormen sind allgemein formulierte Regeln und nicht einzelfallbezogen (Rn. 219).
- Jeder wird von staatlichen Stellen nach diesen Regeln gleich behandelt.
- Die Regeln sind öffentlich bekannt.
- Die Regeln sind zeitlich stabil.
- Das Regelwerk ist der Idee nach als in sich konsistent gewollt.
- Jeder kann sich mit zumutbarer Anstrengung regelgerecht verhalten.

Die innere Moralität des Rechts hat einen Eigenwert. Ohne verläßliche Grundregeln der Methodenlehre wäre dieser Eigenwert nicht zu gewährleisten.

Die „Rechtsstaatsgarantie" (Art. 20 GG) ist primär darauf gerichtet, die „Herrschaft von Menschen über Menschen" durch die „Herrschaft der verfassungsgemäß erlassenen Gesetze" zu ersetzen. Die Gesetzesbindung der Justiz und aller Staatsorgane soll genau das erreichen. Ein notwendiges Mittel zu diesem Ziel ist eine an diesem Verfassungsgrundsatz ausgerichtete Methode der Rechtsanwendung und die strikte Methodenehrlichkeit. Das muss zugleich ein zentraler Gegenstand der Juristenausbildung sein. Die Freiheit der Methodenwahl führt zur Willkür der richterlichen Auslegungs-, besser: Einlegungsergebnisse, zum oligarchischen Richterstaat.[914]

B. Methodische Grundfragen

I. Ziel der Rechtsanwendung

655 Die Rechtsanwender sollen das geltende Recht auf die ihnen vorgelegten Fragen oder Streitfälle anwenden. Was jeweils geltendes Recht ist, das wird von der Verfassung (Art. 20 Abs. 3, 97 Abs. 1 GG) und der Rechtsquellenlehre (Rn. 217 ff.) bestimmt.

914 B. Rüthers, Demokratischer Rechtsstaat oder oligarchischer Richterstaat?, JZ 2002, 365 ff.

Bei der Rechtsanwendung geht es also darum, das in generell-abstrakten „Rechtssätzen“ gefaßte, durch die Rechtsquellenlehre definierte, geltende Recht zu finden und sachgerecht auf das jeweilige Problem zu konkretisieren.

Daraus folgt die enge Verknüpfung zwischen der Rechtsquellenlehre und der Rechtsanwendungsmethode. Die Methode hat die strenge Bindung der Rechtsanwender an vorhandene verbindliche Rechtssätze zu beachten. Sie hat die Aufgabe, die Gerichte und die übrigen Rechtsanwender bei der Rechtsgewinnung aus dem geltenden Recht anzuleiten.[915] Es geht dabei um die verfassungsgemäße, rational kontrollierte und kontrollierbare Umsetzung der generell-abstrakt formulierten Rechtsnormen auf konkrete Streitfälle oder Problemlagen. Besondere Probleme treten auf, wenn ein zu entscheidender Streitfall gesetzlich nicht geregelt ist, weil es an einer einschlägigen gesetzgeberischen Interessenbewertung fehlt. Es geht dann um das Problem der sog. Gesetzes- oder Rechtslücken. Diese sind gesondert zu behandeln (siehe Rn. 850ff., 855ff.). Die Rechtsfortbildung wird bei den folgenden einführenden Betrachtungen zur Rechtsanwendung zunächst vernachlässigt (s. aber Rn. 730aff.). **656**

II. Arbeitsschritte bei der Rechtsanwendung

Bei der Rechtsanwendung geht es um die Herleitung und Begründung eines Einzelfall-Urteils aus der Rechtsordnung. Der Rechtsanwender muß eine Entscheidung treffen. Ebenso wie jeder andere Regelanwender muß er begründen, warum die Regelanwendung im Einzelfall ein konkretes, „dieses“ Ergebnis erbringt. Man hat diese Tätigkeit auch „Juristische Rhetorik“[916], „Juristische Argumentation“[917] oder „Juristische Begründungslehre“[918] genannt. **657**

1. Hin- und Herwandern des Blicks (K. Engisch). Das Recht besteht aus einer Vielzahl von Rechtssätzen (zu den Arten von Sätzen vgl. Rn. 101ff.). Die auf die jeweiligen Fragen oder Streitfälle „passenden“ Rechtssätze müssen aus dieser Fülle ausgesucht und angewendet, d. h. „ausgelegt“ werden. **658**

Bereits der Suchvorgang nach den „passenden“ Rechtsnormen ist von Vorverständnissen des Rechtsanwenders beeinflußt. Er ordnet, **659**

915 K. F. Röhl/H. C. Röhl, Allgemeine Rechtslehre, 3. Aufl., Köln 2008, § 77 I.
916 W. Gast, Juristische Rhetorik, 5. Aufl., Heidelberg 2015.
917 R. Alexy, Theorie der juristischen Argumentation, 3. Aufl., Frankfurt/M. 1996.
918 H.-J. Koch/H. Rüßmann, Juristische Begründungslehre, München 1982.

bevor er zu suchen beginnt, die Streitfrage oder den Sachverhalt versuchsweise bereits einem bestimmten Rechtsgebiet (Zivil-, Öffentliches oder Strafrecht), nicht selten bereits einer Teildisziplin (Schuldrecht, Öffentliches Baurecht, Ehrenschutz, Umweltrecht etc.) zu. Die Rechtsanwendung beginnt also damit, daß ein juristisch relevanter Lebenssachverhalt zu einem Normenkomplex („Sein" zu „Sollen") in Bezug gesetzt wird. Der Rechtsanwender prüft, ob und wie sein „Problem" in einem Teilgebiet der Rechtsordnung geregelt ist. Sein Blick wandert zwischen dem Sachverhalt und den relevanten Teilen der Rechtsordnung hin und her.

660 Dieses „Hin- und Herwandern" des Blicks zwischen Lebenssachverhalt und Rechtsnormen ist das generell kennzeichnende Merkmal der Rechtsanwendung. Es bestimmt zunächst die Auswahl der auf den Sachverhalt möglicherweise „passenden" Rechtsnorm(en). Es ermöglicht sodann die Aussonderung derer, die sich (aus unterschiedlichen Gründen) als nicht anwendbar erweisen. Schließlich ist der wägende Blick zwischen Lebenssachverhalt und Normtatbestand das entscheidende Mittel bei der Zuordnung des Streitfalles zu den einschlägigen Normen. Mit anderen Worten: Die Rechtsanwendung besteht aus einer vergleichenden Betrachtung und Beurteilung der Lebenswirklichkeit am Maßstab normativer Kriterien. Die vergleichende Zuordnung von Wirklichkeit und Normen vollzieht sich in mehreren Schritten und Stufen. Sie prägt alle Einzelakte der Rechtsanwendung.

661 **2. Einzelschritte der Rechtsanwendung.** Die rechtliche Beurteilung konkreter Lebensvorgänge (Streitfälle) läßt sich in folgende Teilschritte aufgliedern:

Der zu beurteilende Lebensvorgang muß erfaßt (ermittelt und „festgestellt") werden. Zu diesem Zweck wird er in eine für die Rechtsanwendung geeignete sprachliche Form gebracht, die wir „Sachverhalt" nennen.

662 Die für die Beurteilung des Sachverhaltes maßgeblichen („einschlägigen") Rechtsnormen sind aufzusuchen.

663 Es ist zu prüfen, ob der festgestellte Sachverhalt den Tatbestand (Rn. 122) der einschlägigen Normen erfüllt. Diese Prüfung nennt man „Subsumtion"[919]. Der Rechtsanwender prüft dabei nicht eine Einzelnorm. Er sucht die Antwort der gesamten Rechtsordnung auf seinen Streitfall.

---

919 Lateinisch: subsumere = unterziehen, unterstellen.

Erfüllt der Lebensvorgang („Sachverhalt") den Tatbestand der einschlägigen Normen, so ist die angeordnete Rechtsfolge auszusprechen, falls nicht andere Normen der Gesamtrechtsordnung (z. B. Verfassungsnormen) dem entgegenstehen. Eine etwaige Fortbildung des Gesetzesrechts bleibt hier – wie bereits gesagt – zunächst außer Betracht. 664

Die Rechtsanwendung kann danach unterteilt werden in vier Schritte: 665

- Sachverhaltsfeststellung
- Aufsuchen der maßgeblichen Rechtsnorm(en)
- Subsumtion am rechtlichen Maßstab
- Ausspruch der Rechtsfolge(n).

Allerdings handelt es sich dabei nicht um jeweils selbständige, streng getrennte Einzelakte. Die genannten Arbeitsschritte gehen mit fließenden Grenzen ineinander über. Bereits die Frage nach dem Sachverhalt (Welcher konkrete Lebensvorgang ist zu beurteilen?) hängt notwendig mit dem Tatbestand der einschlägigen Rechtsnormen zusammen. Erst der Blick auf die einschlägigen Normtatbestände sagt dem Rechtsanwender, auf welche Elemente des tatsächlichen Lebensvorganges es ankommt und auf welche nicht. Bereits die Formulierung des Sachverhalts, ja die Ermittlung des Sachverhaltes, wird in der Regel im Hinblick auf die Tatbestände der relevanten Rechtsvorschriften vorgenommen. 666

Die Rechtsanwendung steuert folglich auch die Tatsachenfeststellung, weil einmal (formell) die Tatsachenfeststellung selbst nach Rechtsvorschriften erfolgt, zum anderen (materiell) die anzuwendenden Rechtsvorschriften die Tatsachenfeststellung voraussetzen und inhaltlich steuern. Bei einem Unfall, an dem ein Kraftfahrzeug beteiligt ist, wird der Jurist sofort an die Gefährdungshaftung des § 7 StVG denken und deren Voraussetzungen bereits bei der Erfassung des Lebensvorganges (Hat sich der Unfall beim „Betrieb" des Kfz ereignet?) bedenken. Bei einer Kollision zwischen Radfahrer und Fußgänger in einer Fußgängerzone wird er bei der Ermittlung des Geschehens die Tatbestände des § 823 Abs. 1 und 2 BGB im Blick haben.

Die „Subsumtion" ist ebenfalls kein isolierter Vorgang, der etwa aus rein kognitiven Zuordnungen von Sachverhaltselementen zu Tatbestandsmerkmalen bestünde, also keine Abfolge logischer Schlüsse. Das scheidet schon wegen der Zweck- und Wertungsbezogenheit 667 (fast) aller Tatbestandsmerkmale aus, etwa wenn es in § 823 Abs. 1 BGB um die Begriffe „vorsätzlich", „widerrechtlich" oder „sonstiges Recht" geht oder um die Frage, ob nach § 7 StVG ein Mensch „bei dem Betrieb" eines Kfz verletzt wurde.

668 Schließlich wird auch die Rechtsfolge, die von einer Vorschrift angeordnet wird, in vielen Fällen vom Rechtsanwender selbst bei äußerer Erfüllung des Tatbestandes erst dann ausgesprochen, wenn diese dem „Normzweck" des Gesetzes entspricht, wenn etwa die in der Subsumtion scheinbar „passende" Norm nicht durch eine Spezialvorschrift ersetzt wird (etwa § 119 Abs. 2 durch §§ 434 ff. BGB – bitte lesen!) oder wenn die angeordnete Rechtsfolge – im Hinblick auf allgemeine Rechtsgrundsätze – völlig unverhältnismäßig erscheint. So ist beispielsweise der Ausspruch der lebenslangen Freiheitsstrafe bei Mord gemäß § 211 StGB zwingend. Gleichwohl wird diese Rechtsfolge mit dem Argument des verfassungsrechtlichen Übermaßverbots bei außergewöhnlichen Umständen durchbrochen. In diesen Fällen ist danach eine Milderung und somit eine Strafreduzierung möglich.[920] Der Rechtsanwender will ja, wie schon gesagt, nicht den Buchstaben einer Einzelnorm, sondern den Antworten der Gesamtrechtsordnung Geltung für seinen Problemfall verschaffen. Wer die Einzelvorschrift eines Gesetzes anwendet, wendet in Wirklichkeit das ganze Gesetzbuch, ja die Gesamtrechtsordnung an.[921]

III. Sachverhaltsfeststellung als verfahrensrechtliches Problem

Schrifttum: R. Bender/S. Röder/A. Nack, Tatsachenfeststellung vor Gericht, Bd. I, 2. Aufl. 1995, Bd. II (praxisbezogen); H.-E. Henke, Rechtsfrage oder Tatfrage, eine Frage ohne Antwort, ZZP 81 (1968), 196 ff.; M. Herberger/D. Simon, Wissenschaftstheorie für Juristen, 1980, S. 342–369; H.-J. Koch/H. Rüßmann, Juristische Begründungslehre, 1982, S. 271–345; K. Larenz, Methodenlehre der Rechtswissenschaft, 6. Aufl. 1991, S. 278–311 (besonders S. 304–311).

669 Eine zutreffende juristische Entscheidung, wie sie vom Rechtsanwender gefordert wird, setzt eine genaue Kenntnis des zu beurteilenden tatsächlichen Geschehens voraus. Er muß also seinen „Fall" und dessen Bezüge im jeweiligen sozialen Umfeld genau kennen und verstehen. Nur dann kann er die dafür „passenden" Rechtsnormen finden und sachgerecht anwenden.

920 BGHSt 30, 105 (119); Th. Fischer, StGB, 64. Aufl., München 2017, § 211 Rn. 46.
921 So schon R. Stammler, Theorie der Rechtswissenschaft, Halle 1923, S. 15.

In der juristischen Universitätsausbildung gilt der auf dem Papier (in einer Klausur oder Hausarbeit) wiedergegebene Sachverhalt jeweils als vollständig und zutreffend. Nur er ist zu beurteilen. In der Praxis ist dies völlig anders. Es gilt die Regel, daß auf „einen Zentner" Tatsachenfragen nur ein Lot (= 16 gr) Rechtsfragen kommt.[922] Das wird von Studierenden oft verkannt, ist aber in der Praxis ein Hauptproblem.

Aus der Geschichtsforschung und den dazu entwickelten Theorien 670
ist bekannt, wie schwierig es ist, einen historischen Vorgang in seinem konkreten Ablauf „wahrheitsgetreu" zu erfassen und zu rekonstruieren. Oft gibt es nicht die Geschichte, sondern so viele „Geschichten", wie es dazu Schilderungen von Historikern gibt. Der Rechtsanwender steht vor dem gleichen Problem, wenn es darum geht, den „Sachverhalt", der juristisch beurteilt werden soll, anhand unterschiedlicher, widersprüchlicher Tatsachenbehauptungen oder fehlender Beweismittel zutreffend zu ermitteln.

Beispiel: A kündigt seiner Arbeitnehmerin B das Arbeitsverhältnis, weil er sie des Diebstahls bezichtigt (vgl. BAG AP Nr. 14 zu § 626 BGB – Verdacht strafbarer Handlung). B, die in der Bäckerei des A Verkäuferin ist, war für den Verkauf von Süß-Backwaren zuständig. Hier kam es an mehreren Tagen zu Fehlbeständen. B verteidigt sich, sie habe keine Ware weggenommen. Die Fehlbestände könnten auch durch Kolleginnen oder Kunden verursacht sein!

Stützt A seine Kündigung auf einen behaupteten Diebstahl, so müßte – den gesamten Vorgang in einzelne Denkschritte zerlegt – gelten:

1. Es muß einen „Rechtssatz" geben, der die Kündigung eines Arbeitsverhältnisses bei Diebstahl rechtfertigt, etwa des Inhalts: „Wenn ein Arbeitnehmer seinen Arbeitgeber bestiehlt, kann der Arbeitgeber das Arbeitsverhältnis kündigen." Einen solchen Rechtssatz gibt es im Gesetzesrecht der Bundesrepublik so ausdrücklich nirgends. Er gilt allerdings dennoch wegen seiner richterrechtlichen Ausprägung durch die Rechtsprechung des BAG (vgl. zum Richterrecht Rn. 235 ff.).[923]
2. A muß feststellen können, daß B seine Ware „gestohlen" hat. Er könnte dies entweder tun, indem er B selbst „erwischt" oder ein

922 O. Jauernig/B. Hess, Zivilprozessrecht, 30. Aufl., München 2011, § 23 I.

923 Zur arbeitsrechtlichen Beurteilung der sozialen Rechtfertigung einer Kündigung vgl. BAG AP Nr. 14 und 80 zu § 626 BGB (Verdacht strafbarer Handlung); dazu K. Dörner, Die Verdachtskündigung im Spiegel der Methoden zur Auslegung von Gesetzen, NZA 1992, 865 ff.

Dritter B beobachtet (unmittelbarer Beweis) oder indem er nachweist, daß als einzige Möglichkeit verbleibt, daß B die Ware genommen hat, weil sie ein genau fixiertes Kontingent an Waren erhalten hat, der besagte Gegenstand nicht verkauft wurde und auch nicht von einem Dritten entfernt wurde (mittelbarer oder Indizienbeweis).

Schon dieser einfache Fall zeigt, welche Probleme die Tatsachenfeststellung mit sich bringen kann.

671 Der Richter kann bei der Tatsachenfeststellung nicht nach seinem Gutdünken vorgehen. Er ist an die jeweiligen Verfahrensregeln gebunden. Der Gesetzgeber kann die Verantwortung für die tatsächlichen Entscheidungsgrundlagen dem Gericht, den Parteien oder beiden gemeinsam zuweisen[924]. Man unterscheidet zwei Grundformen. Nach dem Untersuchungsgrundsatz, auch Inquisitions- oder Amtsmaxime genannt, hat das Gericht von Amts wegen den Sachverhalt aufzuklären und die Wahrheit zu erforschen, muß also von sich aus die Tatsachen ermitteln und alle Beweismittel heranziehen (vgl. etwa für Strafverfahren §§ 244 Abs. 2, 155 Abs. 2 StPO). Nach dem Verhandlungsgrundsatz, auch Beibringungsgrundsatz oder Parteimaxime genannt, tragen die Parteien die Verantwortung für den Entscheidungssachverhalt. Nur sie können Tatsachen und Beweismittel in den Prozess einführen. Die tatsächlichen Vorgaben der Parteien binden das Gericht. So ist es etwa grundsätzlich im Zivilverfahren[925].

Von oft prozessentscheidender Bedeutung ist die Verteilung der Darlegungs- und Beweislast in den jeweiligen Verfahrensordnungen. Im Zivilprozeß z. B. gilt die allgemeine Regel: Jede Partei muß die Tatsachen darlegen und ggfs. auch beweisen, aus denen sie ihre Rechte herleitet.[926] Dazu gibt es aber zahlreiche gesetzliche (z. B. § 179 Abs. 1 BGB) und richterrechtliche Ausnahmen[927]. Kann das Geschehen nicht endgültig festgestellt werden, so muß eine der Parteien dieses Risiko tragen. Das nennt man Beweislast. Der Richter kann die einschlägige Norm dann nicht anwenden.

924 Dazu O. Jauernig/B. Hess, Zivilprozessrecht, 30. Aufl., München 2011, § 25 II., III.
925 Vgl. O. Jauernig/B.Hess, Zivilprozessrecht, 30. Aufl., München 2011, § 25 IV.
926 BGH NJW 1986, 2426 (st. Rspr.); interessant: BGHZ 53, 245 (250 ff.) „Fall Anastasia".
927 Vgl. O. Jauernig/B. Hess, Zivilprozessrecht, 30. Aufl., München 2011, § 50 V., VII.

Im Strafrecht hingegen gilt der Grundsatz „Im Zweifel zugunsten des Angeklagten“.[928] Ein Ausspruch von Strafsanktionen kommt nur in Betracht, wenn das Gericht die volle Überzeugung gewonnen hat, der Angeklagte habe den Tatbestand der Strafnorm erfüllt. Bei Zweifeln scheidet eine Bestrafung aus. Das Gericht ist bei unaufklärbarem Sachverhalt verpflichtet, die dem Angeklagten günstigste mögliche Tatsachenlage zu unterstellen.

IV. Methode oder Methoden der Rechtsanwendung?

Zu einer spezifischen Theorie der Verfassungsinterpretation: P. Badura, Staatsrecht, 6. Aufl., 2015, A 14f.; E.-W. Böckenförde, Die Methode der Verfassungsinterpretation, NJW 1976, 2089ff.; R. Dreier, Zur Problematik und Situation der Verfassungsinterpretation, in: ders., Recht – Moral – Ideologie, 1981, S. 106ff.

Zur Auslegungspraxis im Arbeitsrecht: P. Hanau, Methoden der Auslegung des Betriebsverfassungsgesetzes, in: Festschrift für A. Zeuner, 1994, S. 53ff.; D. Reuter, Gibt es eine arbeitsrechtliche Methode?, in: Festschrift für M.-L. Hilger und H. Stumpf, 1983, S. 573ff.; B. Rüthers, Methoden im Arbeitsrecht 2010 – Rückblick auf ein halbes Jahrhundert, NZA-Beilage 2011, 100ff.; M. Schlachter, Auslegungsmethoden im Arbeitsrecht, 1987; R. Wank, Auslegung und Rechtsfortbildung im Arbeitsrecht, 2013.

Zum Gesamtproblem: R. Wank, Die Auslegung von Gesetzen, 6. Auflage 2015, der das Zivilrecht, das Strafrecht und das Verfassungsrecht methodisch getrennt behandelt.

Die verschiedenen Regeln für die Feststellung der Lebensvorgänge **672**
in den einzelnen Verfahrensordnungen deuten unterschiedliche Aufgaben und Funktionsweisen des Rechts in seinen verschiedenen Teildisziplinen an. Im Strafrecht wird das besonders deutlich. Neben dem Gebot „in dubio pro reo“ gibt es den zweiten, für die Rechtsanwendung maßgeblichen Grundsatz „nulla poena sine lege“, der in Art. 103 Abs. 2 GG und in § 1 StGB normiert ist. Dieser Satz schließt eine analoge Anwendung von Strafvorschriften auf ähnlich gelagerte Sachverhalte zum Nachteil von Angeklagten aus (vgl. Rn. 823a ff.). In anderen Rechtsgebieten ist das Arbeiten ohne Analogieschlüsse undenkbar. Das spärlich geregelte Arbeitsrecht etwa lebt von Analogien und richterrechtlichen Rechtsfortbildungen („Ersatzgesetzgebungen“) der Gerichte.

---

928 „In dubio pro reo“. Vgl. Nachw. bei Th. Fischer, StGB, 64. Aufl., München 2017, § 1 Rn. 34ff.; der BGH rechnet den Satz zum materiellen Strafrecht, nicht zum Prozeßrecht: BGH LM Nr. 19 zu § 261 StPO.

673 Die verfügbaren Rechtsanwendungsfiguren und -instrumente sind also nicht in allen Rechtsgebieten die gleichen. Das Strafrechtsbeispiel unterstreicht die Bedeutung der Frage, ob sich daraus unterschiedliche Methoden der Rechtsanwendung ergeben (vgl. näher Rn. 823a ff.). Erfordern die unterschiedlichen Zwecke verschiedener Normenkomplexe (z. B. Strafrecht einerseits, Arbeitsrecht andererseits) unterschiedliche Methoden der Rechtsanwendung? Es geht dabei um die Frage einer spezifischen Zwecklogik des jeweiligen Normenkomplexes und damit um die methodisch kontrollierte Zweck- und Wertverwirklichung durch Normen.

674 Die Rechtsnormen regeln sehr unterschiedliche Lebensbereiche in Gesellschaft und Staat. Das Grundbuchrecht ist vom Tarifrecht, das Bauplanungsrecht vom Hypothekenrecht, das Wirtschaftsstrafrecht vom Wahlrecht, das Verfassungsrecht vom Erbrecht nach rechtspolitischer Zielsetzung und rechtspraktischer Funktionsweise verschieden. Überlegungen zu den Rechtsanwendungsmethoden müssen daher von der Möglichkeit oder sogar der Vermutung ausgehen, daß die Gesetzgebungsdichte, die Normzwecke und die Normfunktionen in den einzelnen Rechtsgebieten jeweils eigene Methoden bedingen können. Eine völlig einheitliche Methode der Rechtsanwendung für die gesamte Rechtsordnung könnte die Verschiedenheit der normativen Gestaltungsweisen des Gesetzgebers für die einzelnen Lebens- und Rechtsgebiete vernachlässigen. Sie würde dann den zentralen Zweck aller methodischen Bemühungen zur Rechtsanwendung gefährden. Es geht darum, den im Gesetz ausgedrückten verbindlichen Gemeinwillen zu verwirklichen. Das ist nur mit Methoden zu erreichen, welche die Eigenart des jeweiligen Rechtsgebietes wie auch die Besonderheiten der durch die Normen zu gestaltenden Lebensbereiche berücksichtigen.

Die damit angedeutete mögliche Mehrheit von Rechtsanwendungsmethoden bedeutet keine Beliebigkeit der Methodenwahl. Das Analogieverbot ist für das Strafrecht zwingend (vgl. Rn. 823a ff.). Für viele andere Rechtsgebiete würde die Übernahme des Analogieverbotes auf eine (verfassungswidrige) Rechtsverweigerung durch die Justiz hinauslaufen. Besonderheiten können sich insbesondere bei der Anwendung des Völkerrechts ergeben. Aber auch in anderen Rechtsgebieten bedingen spezielle Grundprinzipien, wie der durchgängig zu beachtende, aber disziplinspezifisch variable Vertrauensschutzgedanke, unterschiedliche methodische Strategien. Die Methode ist also an die verfassungsgesetzlich vorgegebenen Aufgaben der Rechtsanwendung im jeweiligen Rechtsgebiet gebunden. Freilich muß sie dabei stets die verfassungsrechtlichen Vorgaben (Demokratieprinzip, Gewaltenteilung, Gesetzesbindung der Gerichte) beachten.

V. Methodenlehre der Rechtswissenschaft oder Methoden der Gerichtspraxis?

Die Frage nach den juristischen Methoden betrifft nicht allein, nicht einmal primär die „Rechtswissenschaft". Die Hauptadressaten des Methodenproblems sind in einem gewaltenteilenden Rechtsstaat die Gerichte. Es geht in erster Linie darum, wie sie die Rechtsnormen praktisch anwenden und anwenden sollen. 675

Die Rechtswissenschaft hat neben ihrer Ausbildungsfunktion die Aufgabe, den Gesetzgeber bei der Gesetzgebung und die Gerichte bei der Rechtsanwendung einschließlich der Bildung von Richterrecht („Ersatzgesetzgebung") zu unterstützen (Rn. 235 ff.). Das gilt auch für die Entwicklung methodischer Regeln und für die Kritik ihrer Anwendung. In diesem Sinne sind die real praktizierten Rechtsanwendungsmethoden der Justiz und der Verwaltung ein wichtiger Gegenstand von Lehre, Forschung und Kritik der Rechtswissenschaft.

Vom Primärzweck methodischer Überlegungen aus gesehen geht es nicht um eine „Methodenlehre der Rechts*wissenschaft*",[929] sondern um die real konkurrierenden Methoden der Rechtspraxis. Die bunte Vielfalt der im Justizalltag verwendeten Methoden bildet das Hauptproblem für die Juristen wie für die Bürger als Betroffene der juristischen Rechtsanwendungen.

C. Zusammenfassung zu § 20

I. Methodenfragen sind Machtfragen und Verfassungsfragen. Das Demokratieprinzip und die Gewaltentrennung und die Gesetzesbindung der Gerichte bilden verbindliche Grundregeln für die Rechtsanwendung. Das hat zu der Einsicht einer „Konstitutionalisierung der juristischen Methodenlehre" geführt. Die Gerichte können also ihre Methode nicht frei wählen. Die Erfahrungen der deutschen Juristen mit ihrer Rolle in und nach 676

929 Vgl. Rn. 644; B. Rüthers, Methodenrealismus in Jurisprudenz und Justiz, JZ 2006, 53.

Systemwechseln drängen zu einer methodischen Selbstbesinnung in Rechtswissenschaft und Rechtspraxis. Ganze Normenkomplexe und methodische Instrumentarien haben ihre Eignung für vielfältige inhaltliche weltanschauliche Anpassungen im Sinne unbegrenzter Ein- und Auslegungen erwiesen. Diese Erfahrungen schließen die Möglichkeit einer unhistorischen und unpolitischen Methodenlehre aus.

II. Die Notwendigkeit einer europäischen Methodenlehre wird angesichts der ausufernden Rechtsprechung des EuGH immer deutlicher. Die Rechtswissenschaft steht vor der Aufgabe, die nationalen Methodeninstrumente im Hinblick auf die sich aufgrund der europäischen Rechtsentwicklung ergebenden Probleme neu zu justieren.

III. Die Methodenlehre hat folgende Funktionen:
1. Präzisierung der Gewaltenteilung
2. Gleichbehandlung und Rechtssicherheit
3. Begründung von Entscheidungen und Möglichkeit zum kritischen Diskurs
4. Selbsterkenntnis und Selbstkontrolle der Juristen
5. Sicherung der inneren Moralität des Rechts

IV. Die Rechtsanwendung setzt Antworten auf methodische Grundfragen voraus:
1. Welches Ziel hat die Rechtsanwendung?
2. Welche Arbeitsschritte sind zu bewältigen?
3. Wie wird der zu beurteilende Sachverhalt festgestellt?
4. Gibt es eine „Einheitsmethode“ der Rechtsanwendung oder ist sie nach Normkomplexen (z. B. Verfassungsrecht, Strafrecht, BGB, Arbeitsrecht) zu differenzieren?
5. Geht es um eine Methodentheorie der Wissenschaft oder um die real geübten Methoden der Gerichtspraxis?

§ 21. Juristischer Syllogismus (Obersatz, Untersatz, Schlußsatz)

Schrifttum: G. Bitter/T. Rauhut, Grundzüge zivilrechtlicher Methodik, JuS 2009, 289ff.; F. Bydlinski, Grundzüge der juristischen Methodenlehre, 2005, 2. Aufl. 2012 (bearbeitet von P. Bydlinski); ders., Juristische Methodenlehre und Rechtsbegriff, 2. Aufl. 1991, S. 393–402; K. Engisch, Logische Studien zur Gesetzesanwendung, 2. Aufl. 1960, S. 26ff.; H. Hirte, Der Zugang zu Rechtsquellen und Rechtsliteratur, 1991; K. Larenz, Methodenlehre der Rechtswissenschaft, 6. Aufl. 1991, S. 271–277.

A. Funktion und Technik der Subsumtion

Der Begriff „Norm" kommt vom lateinischen „norma" und bezeichnet dort ursprünglich das Richtmaß des Handwerkers (Rn. 94). Die Rechtsnorm soll menschliches Handeln regulieren. Sie wird bei der Anwendung wie ein Maßstab an konkrete Lebenssachverhalte angelegt. Die Denkvorgänge, die das Beziehungsverhältnis zwischen Lebenssachverhalt und Rechtsnorm festlegen, nennt man Subsumtion. Der Sachverhalt wird der Rechtsnorm unterstellt, d. h. darauf geprüft, ob er deren Tatbestand erfüllt und deshalb die in der Norm angeordnete Rechtsfolge auslöst. Dieser Vorgang setzt sich aus vielen und oft komplizierten Denkschritten zusammen. **677**

I. Das Beispiel Körperverletzung

Beispiel: „Der beschuhte Fuß" (nach BGHSt 30, 375):

A und B streiten sich. Nach wechselseitigen verbalen Attacken tritt A dem B mit seinen stahlkappenverstärkten Arbeitsschuhen in die Magengrube. B erleidet einen – vollständig wieder ausheilenden – Riß in der Magenwand. Staatsanwalt S will A nach §§ 223, 224 Abs. 1 Nr. 2 StGB anklagen. **678**

Lesen Sie zunächst – Wort für Wort – beide Vorschriften nach!

Dieses Tatsachengeschehen ist festgestellt und im gerichtlichen Verfahren auch durch Zeugen und andere Beweismittel nachweisbar.

Bevor wir den Subsumtionsvorgang näher betrachten, ist zunächst noch auf etwas anderes hinzuweisen, nämlich auf den Arbeitsschritt, den Staatsanwalt S gedanklich vorweggenommen hat und der jeder Rechtsanwendung vorausgeht: die Zuordnung des Geschehens zu bestimmten Rechtsnormen, hier zu den §§ 223, 224 Abs. 1 Nr. 2 StGB. **679**

Das Wissen um die Existenz bestimmter Vorschriften und ihren Inhalt – jedenfalls in Umrissen – wird den Studierenden der Rechtswissenschaften in ihrer Ausbildung vermittelt. In grober Form läßt sich die Rechtsordnung in die drei großen Bereiche des Privat-, Straf- und Öffentlichen Rechts einteilen. Innerhalb dieser Großbereiche existieren zum einen die „klassischen“ Gesetze, im Strafrecht etwa das StGB, im Privatrecht das BGB und im öffentlichen Recht das GG oder das VwVfG, zum anderen jeweils zahlreiche Spezialgesetze. Dieser Zusammenhang ist jedem Richter stets gegenwärtig, weil die Regelungstechnik des Gesetzgebers häufig darauf aufbaut. Die Regeln der Allgemeinen Teile von BGB und StGB gelten übergreifend etwa auch für Rechtsgeschäfte des Handelsrechts oder Straftaten des Steuerrechts (lesen Sie §§ 343 ff. HGB und §§ 369 ff. AO).

680 Regelmäßig ist es so, daß ein „Fall“ nicht nur einer rechtlichen Beurteilung aus der Sicht des Strafrechts, des Privatrechts oder des Öffentlichen Rechts zugänglich wäre, im Gegenteil! Der jeweilige Fall gibt vielmehr meist Grund zu einer Prüfung von Normen mehrerer Rechtsbereiche. Im obigen Beispiel müßte ein von B beauftragter Rechtsanwalt R etwa neben der strafrechtlichen (§§ 223, 224 StGB) auch eine privatrechtliche Beurteilung (§ 823 Abs. 1 BGB, § 823 Abs. 2 BGB i. V. m. §§ 223, 224 Abs. 1 Nr. 2 StGB) vornehmen und seinen Mandanten entsprechend beraten.

Merke: Die Kenntnis und Anwendung methodischer Grundsätze bei der Subsumtion erfordert die Kenntnis der Existenz, mindestens die systematische Fähigkeit zum Aufsuchen der einschlägigen, zu prüfenden Normen. Die Methodenlehre ist also (nur) ein – freilich unentbehrliches – Hilfsmittel bei der Bearbeitung juristischer Fälle.

Das typische Problem jeder Rechtsanwendung zeigt sich in der Frage: Wie kommt S nun zu einer Verbindung zwischen einer abstrakt-generellen Norm (§§ 223, 224 Abs. 1 Nr. 2 StGB) und dem konkret-individuellen Geschehnis (Tritt des A mit dem Fuß, Riß in der Magenwand bei B) im Sinne der Subsumtion?

II. Probleme und Reichweite des Syllogismus

681 **1. Begriff des Syllogismus.** Häufig taucht in Werken zur Methodenlehre an dieser Stelle der Hinweis auf die Syllogistik des Aristoteles (383–322 v. Chr.) auf:[930] Die Rechtsanwendung lasse sich im

930 Aristoteles, Erste Analytik.

Grundprinzip als ein „Syllogismus“ verstehen, wobei als Syllogismus der Schluß aus zwei Prämissen auf einen Schlußsatz verstanden wird.

Beispiel: Alle Griechen sind weise.
(1. Prämisse oder Obersatz oder praemissa maior)
Aristoteles ist ein Grieche.
(2. Prämisse oder Untersatz oder praemissa minor)
Aristoteles ist weise (muß weise sein).
(Schlußsatz oder conclusio)

Auf unser Beispiel übertragen würde der Syllogismus lauten:

Alle Körperverletzer werden bestraft.
Wer einen Riß in der Magenwand zufügt, ist ein Körperverletzer.
Wer einen Riß in der Magenwand zufügt, wird bestraft.

Es ist sicherlich zutreffend, auf eine Parallelität von Syllogismus und Rechtsanwendung hinzuweisen; der Komplexität des Rechtsanwendungsvorganges wird dieser Vergleich indes nicht gerecht. Er legt den irrigen Eindruck nahe, daß der Richter lediglich – einem Rechner ähnlich – logische Schlußfolgerungen zu ziehen hätte. Seine Hauptarbeit liegt jedoch darin, daß er auf der Grundlage genereller, gesetzlich normierter Wertmaßstäbe einen konkreten Sachverhalt wertend beurteilt. Seine Hauptaufgabe liegt nicht auf dem Gebiet der Logik, sondern der Zweckverwirklichung, der Teleologie. **682**

2. Subsumtion. Auf das Beispiel – „Der beschuhte Fuß“ – bezogen, bedeutet das für die Rechtsanwendung durch Subsumtion folgendes: Bei der Rechtsanwendung stellt der Richter eine Beziehung zwischen Rechtssatz und Tatsachengeschehnis her. Präziser gesagt: schrittweise zwischen einem bestimmten Tatbestandsmerkmal und einem bestimmten Ausschnitt aus dem Tatsachengeschehen. Hat er Obersatz und Untersatz ermittelt, dann bleibt zu fragen, wie die Beziehung zwischen Tatbestandsmerkmal und Tatsachengeschehnis hergestellt wird. **683**

Für § 223 Abs. 1 StGB ergibt sich für S die folgende Situation: **684**

Obersatz: „… körperlich mißhandelt oder an der Gesundheit schädigt …“ (Normtext)
Untersatz: „Riß in der Magenwand“ (festgestelltes Tatsachengeschehen)

Kann S den Untersatz als eine Verwirklichung des Obersatzes ansehen, dann gelangt er zu der dem Obersatz vom Gesetz zugeordneten Rechtsfolge „… wird … bestraft“. Daß und wie ihm dies gelingt, stellt die Hauptarbeit der juristischen Normanwendung dar. Sie besteht darin, den Obersatz im Hinblick auf den konkret zur Entscheidung stehenden Sachverhalt (Untersatz) hin zu präzisieren. Das geschieht, indem die einzelnen Tatbestandsmerkmale der Norm konkretisiert werden. Diese Konkretisierung nennt man Auslegung (Rn. 786 ff.).

685 Am Ende der Auslegungsoperation steht eine auf den Einzelfall hin konkretisierte Vorschrift. Sie entsteht dadurch, daß der generell-abstrakt formulierte Tatbestand in seine Elemente zerlegt wird:

„... körperlich mißhandelt oder an der Gesundheit schädigt ..."

Definition a): Körperlich mißhandelt bedeutet, daß eine Verletzung der äußeren körperlichen Integrität vorliegt.

Definition b): An der Gesundheit schädigt bedeutet, daß eine Störung der inneren körperlichen Funktion vorliegt.

Die Definition a) wird weiter aufgegliedert in:

(1) Verletzung bedeutet jede nachteilige Einwirkung,

(2) körperliche Integrität bedeutet den naturgemäßen Zustand des Körpers.

Diese Kette von Begriffsbestimmungen ließe sich fortführen, allerdings von einem bestimmten Punkt an ohne weiteren Konkretisierungsgewinn. Das gilt jedenfalls dann, wenn „nur" eine weitere begriffliche Umschreibung vorgenommen wird und nicht eine beispielhafte Aufzählung neuer Anwendungsfälle erfolgt.

686 Bei einer ausschließlich inhaltlichen Definition kann am Ende der Begriffsbestimmung (auf den Fall bezogen) der Satz stehen:

Demnach ist auch ein Riß in der Magenwand eine nachteilige Einwirkung auf den naturgemäßen Zustand des Körpers.

Das kann auch bei einer beispielhaften Definition der Fall sein:

Also insbesondere ein Riß in der Magenwand.

Für beide Arten der Normkonkretisierung gilt, daß der Rechtsanwender am Ende seiner Bemühungen zur Normkonkretisierung eine „Evidenzbehauptung" aufstellt: Er folgert aus seiner Argumentationskette, daß der zu prüfende Tatsachenumstand ein Element des Normtatbestandes ausfüllt.

In der sprachlichen Darstellung werden hierfür in der Regel Begriffe verwendet wie „also, demzufolge, deshalb, demnach, daher, folglich, somit, sonach usw.", sog. Folgerungsbegriffe.

687 Ausgehend von der genannten Definition a) (2) des Gesetzesbegriffs „körperlich mißhandelt" ist der gedankliche Prozeß der Subsumtion in den folgenden Schritten festzusetzen:

Der naturgemäße Zustand der Magenwand eines Menschen besteht in der ununterbrochenen Oberfläche des Organs.

Hier ist der konkretisierte Untersatz einzufügen:

X hat einen Riß in der Magenwand erlitten. Die Oberfläche des Organs ist entgegen ihrer natürlichen Beschaffenheit unterbrochen.

Jetzt folgt der erste Subsumtionsschritt unter Definition a):

Dadurch ist die äußere körperliche Integrität beeinträchtigt.

Das führt zu dem Schlußsatz:

X ist körperlich mißhandelt worden.

Die Rechtfertigung der Rechtsanwendung im Einzelfall betrifft die 688
Frage, ob der Rechtsanwender zwischen der Vorschrift und dem Tatsachengeschehnis eine argumentativ überzeugende („zwingende") Verbindung hergestellt hat. Es kommt darauf an, ob die gebildeten Ober- und Untersätze (wie im Beispiel des weisen Griechen) den aufgestellten Schlußsatz rechtfertigen, ob sich das Urteil aus dem zur Begründung aufgeführten Ober- und Untersatz mithin „zwingend" ergibt.

Es mag dem Anfänger – wegen der Klarheit des Beispiels – erstaunlich erscheinen, daß bei Subsumtionen so vielfältige Probleme auftreten können. Das hat mehrere Ursachen:

(1) Die Normsetzer bauen bisweilen bewußt unbestimmte (also „offene", auslegungsbedürftige) Begriffe in die Normtatbestände ein. Sie delegieren damit diesen „offenen Teil" der Norm zur Ausfüllung an die Rechtsanwender. Man kann insoweit von offengelassenen Stellen der Gesetzgebung sprechen. Die Normsetzung wird insoweit an die Rechtsanwender, vor allem die letzten Instanzen der Justiz delegiert. Unbestimmte Rechtsbegriffe in Gesetzen sind insoweit „Delegationsbegriffe" (dazu Rn. 185). 689

(2) Schwierigkeiten bei der Subsumtion ergeben sich oft daraus, daß zwischen dem Erlaßzeitpunkt und dem Anwendungszeitpunkt des Gesetzes Veränderungen der geregelten Lebenssachverhalte (Faktenlage) oder/und der allgemeinen Wertvorstellungen eingetreten sind. Tiefgreifende Änderungen in diesen Bereichen führen zu den Fragen, ob der Gesetzgeber 690
   - mit dieser Norm auch die veränderte Faktenlage regeln wollte;
   - angesichts des Wertewandels dieselbe Regelung auch heute (im Anwendungszeitpunkt) verbindlich anordnen würde (dazu Rn. 171 ff.).

691 (3) Gesetzliche Tatbestände können ungenau, mehrdeutig oder auch fehlerhaft formuliert sein (dazu Rn. 164 ff.). Dazu ein Beispiel:[931] Auf einem Schild am Eingang einer Universität ist zu lesen: „Rauchen und Mitführen von Hunden verboten". Wie ist diese Vorschrift zu verstehen, wenn der Student X rauchend das Gebäude betritt? Von einem Hausmeister wird er auf den Anschlag hingewiesen. X antwortet, er habe seinen Hund heute bewußt nicht dabei, um im Gebäude rauchen zu können. Je nachdem, ob man die Vorschrift, genauer den Begriff „und", kumulativ oder alternativ versteht, können X oder der Hausmeister im Recht sein. Davon hängt in der Folge ab, ob der Schluß des Hausmeisters (Verbot des Rauchens für X) zwingend, sein Einschreiten also gerechtfertigt ist. Zutreffend hätte das „und" durch ein „oder" ersetzt werden müssen, könnte man meinen. Aber wie wäre es dann, wenn X rauchend mit seinem Hund die Universität betritt? Jetzt könnte X sich darauf hinausreden, verboten sei doch nur das eine **oder** das andere. Daran zeigt sich, daß Normtexte immer interpretationsbedürftig sind und auf ihren **Zweck** hin ausgelegt werden müssen (Rn. 136 ff., 717 ff.).

692 **Merke:** Das relativ einfache, ausführlich dargestellte Beispiel zu §§ 223, 224 Abs. 1 Nr. 2 StGB zeigt den Subsumtionsvorgang detailliert auf. Der sog. juristische Syllogismus kann die Rechtsanwendung nur in ihrer (einfachsten) Grundstruktur abbilden. Er ist kein verläßliches Modell einer berechenbaren („logischen") Entscheidungsfindung. Subsumtion heißt, daß der Rechtsanwender eine Beziehung zwischen dem durch Begriffserläuterungen konkretisierten Rechtssatz und dem konkreten Tatsachenumstand herstellt. Wenn die Begründung dieser Beziehung überzeugend gelingt, nennt man dies „innere Rechtfertigung". Es geht um die Herstellung einer korrekten Ableitungsbeziehung zwischen Rechtssatz und Sachverhalt. Die Aufgabe bei der „äußeren (externen) Rechtfertigung" besteht dagegen darin, die benutzten Prämissen zu begründen. Das kann durch Regeln des positiven Rechts oder durch empirische Aussagen geschehen.

B. Logik und Teleologie bei der Rechtsanwendung

Schrifttum: K. Adomeit, Normlogik – Methodenlehre – Rechtspolitologie, 1986, S. 47 f., 183 ff.; R. Alexy, Theorie der juristischen Argumentation, 3. Aufl. 1996, S. 273–348; W. Gast, Juristische Rhetorik, 3. Aufl. 1997, Rz. 24–55, 496–514, 4. Aufl. 2006, Rz. 57–254, 909–1069; M. Herberger/D. Si-

931 Vgl. W. Scheuerle, Formalismusargumente, AcP 172 (1972), 396, 446.

mon, Wissenschaftstheorie für Juristen, 1980, S. 17–20; M. Herberger/H.-J. Koch, Juristische Methodenlehre und Sprachphilosophie, JuS 1978, 810–817; E. Hilgendorf, Argumentation in der Jurisprudenz, 1991; H. J. Koch/H. Rüßmann, Juristische Begründungslehre, 1982, S. 31–118.

Die Wissenschaftstheorie der Sozialwissenschaften versucht seit langem, den an einfachen Beispielen (Rn. 681 ff.) dargestellten Prozeß der Subsumtion, also der Anwendung einer abstrakten Norm auf einen konkreten Lebenssachverhalt, mit Hilfe der Logik (insbesondere der sog. Aussagen- und Prädikatenlogik, vgl. Rn. 186 ff.) genau zu erfassen und darzustellen. Es geht dabei um die Herstellung eines zwingenden Zusammenhanges zwischen den abstrakten Regeln und den konkreten Ereignissen. Diese Bemühungen sind in der Rechtswissenschaft früh aufgenommen und fortgeführt worden.[932] **693**

Für die Rechtswissenschaft wird gelegentlich die Übersetzung von Ober- und Untersatz in eine Symbolsprache angestrebt. Der „Schlußsatz" einer jeden Subsumtion soll daraufhin überprüfbar werden, ob er sich zwingend aus Ober- und Untersatz ableiten läßt. Daß auf diese Weise die Entscheidungsfindung theoretisch kontrollierbar werden könnte, ist nicht zu leugnen. Dieser Weg zu einer juristischen Entscheidung hat jedoch in der Praxis eine sehr begrenzte Zielgenauigkeit.

Die Bedeutung der formalen Logik für die Jurisprudenz steht außer Frage, soweit es um das Gebot der Widerspruchsfreiheit bei der Normsetzung und der Normanwendung geht (vgl. Rn. 186 ff.). Logische Widersprüche (Verstöße gegen die Denkgesetze) sind auch in der Arbeit der Juristen Fehler. Sie bilden deshalb z. B. einen Revisionsgrund, wenn eine Entscheidung darauf beruht (§ 545 Abs. 1 ZPO). Andererseits geht es in Rechtswissenschaft und Rechtspraxis primär nicht um Logik, sondern um Teleologie, um eine Zweckverwirklichung durch Normen. Die mit den jeweiligen Normen verfolgten Regelungszwecke sind der Kern des Rechts, wie schon Rudolf v. Jhering zutreffend festgestellt hat (vgl. Rn. 518 ff.). **694**

932 U. Klug, Juristische Logik, 4. Aufl., Berlin 1982; M. Herberger/D. Simon, Wissenschaftstheorie für Juristen, Frankfurt/M. 1980; H.-J. Koch/H. Rüßmann, Juristische Begründungslehre, München 1982.

C. Zusammenfassung zu § 21

695 I. Die Anwendung von Rechtsnormen ist im Anschluß an ein Denkschema („Syllogistik“) des griechischen Philosophen Aristoteles lange Zeit als ein primär logisch-kognitives Verfahren aufgefaßt, besser wohl: mißverstanden worden.

II. Der Vorgang der Subsumtion (Zuordnung eines Lebenssachverhaltes zu einer Rechtsnorm mit entsprechender Rechtsfolgenanordnung) enthält immer wertende Elemente.

III. Ursachen dafür sind bewußt offengelassene Stellen in den Tatbeständen („unbestimmte“ Rechtsbegriffe als Delegation der Definition an die Rechtsanwender), der Tatsachen- und Wertewandel seit dem Erlaß der Normen sowie ungenaue, mehrdeutige und fehlerhafte Formulierungen in den Tatbeständen der Rechtsnormen.

IV. Grammatik, Logik und Teleologie können bei der Anwendung von Rechtsnormen in ein Spannungsverhältnis geraten. Im Zweifelsfall hat der nachweisbare wirkliche Normzweck den Vorrang. Normen sind primär auf die Verwirklichung gesetzgeberisch vorgegebener Zwecke gerichtet. Die Normsetzung und Normanwendung hat frei von logischen und Wertungswidersprüchen zu geschehen. Die Logik dient bei der Rechtsanwendung der Teleologie der Normen. Dabei ist unter Logik die Lehre vom korrekten Schließen, unter Teleologie die Lehre von korrekter Zweckverwirklichung zu verstehen.

§ 22. Auslegung der Rechtsnorm

> Hermeneutik ist die Kunst, aus einem Text herauszukriegen, was nicht drinsteht: wozu – wenn man doch den Text hat – brauchte man sie sonst?
>
> Odo Marquard, Abschied vom Prinzipiellen

> Sind schriftlich verfaßte Gesetze kurz, so entsteht aus der Zweideutigkeit eines oder weniger Worte dennoch oft eine Dunkelheit, welche, wenn sie länger sind, aus demselben Grund vermehrt wird. Ein schriftliches Gesetz mag also kürzer oder weitläufiger abgefaßt sein, die Erklärung muß immer aus dem Endzweck hergeleitet werden, der dem Gesetzgeber allein bekannt ist.
>
> Thomas Hobbes, Leviathan, Kap. 26

Schrifttum: K. Engisch, Einführung in das juristische Denken, 11. Aufl. 2010; E. A. Kramer, Juristische Methodenlehre, 4. Aufl. 2013; K. Langenbucher, Europarechtliche Methodenlehre, in: dies., Europarechtliche Bezüge des Privatrechts, 2. Aufl. 2008, S. 1–40; K. Larenz, Methodenlehre der Rechtswissenschaft, 6. Aufl. 1991, S. 312–365; P. Raisch, Vom Nutzen der überkommenen Auslegungskanones für die praktische Rechtsanwendung, 1988; B. Rüthers, Methodenrealismus in Jurisprudenz und Justiz, JZ 2006, 53 ff.; W. Seiler, Höchstrichterliche Entscheidungsbegründungen und Methode im Zivilrecht, 1992; R. Wank, Die Auslegung von Gesetzen, 6. Aufl. 2015; R. Zippelius, Juristische Methodenlehre, 11. Aufl. 2012, S. 35–52.

A. Rang der Methodenwahl

Die Überzeugungskraft gerichtlicher Entscheidungen hängt von 696
der rationalen Überprüfbarkeit ihrer Ergebnisse ab. Das Problem einer rationalen Kontrolle der Rechtsanwendung, also die Entwicklung methodischer Regeln, beschäftigt die Juristen seit es Recht und Richtermacht gibt. Sind juristische Entscheidungen wissenschaftlich, d. h. nach objektivierbaren Kriterien begründet oder sind sie, wie O. W. Holmes meint,[933] weit stärker durch den jeweiligen Zeitgeist und die

933 Vgl. das Zitat vor Rn. 1, O. W. Holmes, The Common Law, Melbourne 1968 (Neudruck), S. 1.

C. Kirchhof, DVBl 11, 1068

„Vorverständnisse“[934] der Richter und der Wissenschaftler bestimmt? Es geht im Kern um die Frage der Machtverteilung unter den konkurrierenden Gewalten, vor allem zwischen Legislative und Judikative.

Die Entwicklung der juristischen Methoden kann als eine wechselvolle Langzeitdiskussion über die Beurteilungsspielräume der Rechtsanwender verstanden werden. Die Freiheiten der Interpreten sollten einmal eingeschränkt, einmal erweitert werden, je nach den rechtspolitischen Absichten und dem rechtspolitischen Zeitgeist im Anwendungszeitpunkt. Juristische Auslegungslehren haben immer eine rechtspolitische Funktion: Sie begrenzen oder erweitern die interpretative Regelungsmacht, die mit jeder Rechtsanwendung verbunden ist. Das hat schon Aristoteles als ein zentrales Problem der Gewaltenteilung zwischen Legislative und Judikative erkannt und zugleich auf die Grenzen und Risiken des Richterrechts hingewiesen:[935]

> „Am zweckmäßigsten ist es also, daß richtig erlassene Gesetze, soweit es angeht, alles selbst genau festlegen und möglichst wenig denen überlassen, die das Urteil fällen …; zweitens geht die Gesetzgebung aus langwährenden Beratungen hervor, die Urteilssprüche dagegen aus dem Augenblick heraus, so daß es schwer für die Urteilenden ist, Recht und Nutzen richtig zu gewähren. Das wichtigste von allem aber ist, daß das Urteil des Gesetzgebers nicht auf den Einzelfall, sondern auf das Künftige und Allgemeine zielt, während … der Richter bereits über Gegenwärtiges und Spezielles urteilt: bei ihnen kommen auch oft schon Liebe, Haß und der eigene Vorteil unterstützend hinzu, so daß sie nicht mehr in der Lage sind, das Wahre hinreichend zu sehen, sondern eigene Annehmlichkeit oder Unannehmlichkeit das Urteil verdunkelt.“

697 Das Wort „Rechtsanwendung“ ist ein Oberbegriff für unterschiedliche Tätigkeiten je nachdem, welche Art von „Recht“ konkret angewendet werden soll und kann, nämlich:
- staatlich erlassene Rechtsvorschriften („Gesetzesauslegung“),
- richterrechtlich fortgebildetes oder richterrechtlich neugeschaffenes Recht einschließlich des „Gewohnheitsrechts“ (Rn. 232 ff., 235 ff.).

In traditionell überwiegend kodifizierten Rechtsordnungen, zu denen die Bundesrepublik (im Sinne des „kontinentaleuropäischen Kodifikationsmodells“) – im Hinblick auf die Massen des Richterrechts

---

934 Vgl. J. Esser, Vorverständnis und Methodenwahl in der Rechtsfindung, 2. Aufl., Frankfurt/M. 1972.
935 Aristoteles, Rhetorik, 1, 7.

in allen Rechtsgebieten vielleicht zu Unrecht – immer noch zählt, gilt die „Gesetzesauslegung“, also die Anwendung von Normtexten auf relevante Sachverhalte, als der Normalfall der Rechtsanwendung. Diese „Normalität“ ist, wie viele Teildisziplinen des Rechts zeigen, im Schwinden. Der Anteil des „Richterrechts“ an der Gesamtrechtsordnung nimmt ständig zu. Gleichwohl bestimmt die Kodifikationsidee als Regeltyp nach wie vor das Denken der meisten deutschen Juristen in Methodenfragen.

Damit wird sowohl in der Praxis als auch in der Juristenausbildung ein falsches Leitbild fortgeführt. Bei der deutschen Rechtsordnung handelt es sich nicht mehr um einen „Gesetzesstaat“, sondern um einen „Richterstaat“. Dieser Wandel prägt inzwischen alle juristischen Berufe.

I. Der Beitrag Friedrich Carl von Savignys

Rechtsanwendung ist im gewaltenteilenden Rechtsstaat zunächst 698
die Auslegung der zur jeweiligen Streitfrage vorhandenen Gesetze. Das erste Ziel der Auslegung ist es, wie Friedrich Carl von Savigny, das Haupt der historischen Rechtsschule und zeitweilig preußischer Justizminister (vgl. Rn. 451 ff.), gesagt hat, sich „in Gedanken auf den Standpunkt des Gesetzgebers zu versetzen und dessen Tätigkeit in sich künstlich (zu) wiederholen“. Es gehe darum, „den in dem toten Buchstaben niedergelegten lebendigen Gedanken vor unserer Betrachtung wieder erstehen zu lassen“.[936] Es geht also um die Erfassung des Gedankens, wie er von dem Autor des (Gesetzes-)Textes gedacht worden ist.

Savigny hat 1840 für die deutsche Rechtswissenschaft den damali- 699
gen Stand der juristischen Methodendiskussion zusammengefaßt und vier „Elemente“ der Auslegung hervorgehoben, die schon im römischen Recht und im italienischen Recht des Mittelalters als Kriterien sachgerechter Interpretation eine Rolle gespielt hatten.[937] Er nannte sie

(1) das grammatische,
(2) das logische,

---

936 F. C. v. Savigny, System des heutigen römischen Rechts, Berlin 1840, Bd. I, S. 213, Bd. III, S. 244; vgl. auch B. Windscheid, Lehrbuch des Pandektenrechts, 9. Aufl., Frankfurt/M. 1906, S. 99.

937 Vgl. M. Kaser/R. Knütel/S. Lohsse, Römisches Privatrecht, 21. Aufl., München 2017, § 3 V; H. Hattenhauer, Europäische Rechtsgeschichte, 4. Aufl., Heidelberg 2004, Kap. V „Unruhe und Aufbruch – Ius utrumque“.

G. Kirchhof, DVBl 11, 1068

(3) das historische und
(4) das systematische Element der Auslegung.[938]

700 Er erläuterte diese Elemente, die seither als ein gültiger „Kanon“ der Gesetzesauslegung vielfach zitiert und bis heute als gültig angesehen werden,[939] in folgender Weise: Das grammatische Element sieht er in der „Darlegung der von dem Gesetzgeber angewendeten Sprachgesetze“. Das logische Element ziele auf die „Gliederung des Gedankens, also auf das logische Verhältnis, in welchem die einzelnen Teile desselben zueinander stehen“. Das historische Element meint „die Bezogenheit des Gesetzes auf den Rechtszustand, wie er zurzeit des Erlasses des Gesetzes hinsichtlich der konkreten Materie, die durch das Gesetz geregelt wird, besteht“. Das systematische Element bezieht sich auf „den inneren Zusammenhang, welcher alle Rechtsinstitute und Rechtsregeln zu einer großen Einheit verknüpft“. Savigny geht also bereits von einer später so genannten Einheit der Rechtsordnung[940] aus.

701 Savigny hat auch zur Reihen- und Rangfolge seiner vier Elemente Stellung genommen:

> „Es sind also nicht vier Arten der Auslegung, unter denen man nach Geschmack und Belieben wählen könnte, sondern es sind verschiedene Tätigkeiten, die vereinigt wirken müssen, wenn die Auslegung gelingen soll. Nur wird freilich bald die eine, bald die andere wichtiger sein und sichtbarer hervortreten, so daß nur die stete Richtung der Aufmerksamkeit nach allen diesen Seiten unerläßlich ist“[941].

Savignys Methodenkonzeption wird heute überwiegend verkürzt gelesen, dargestellt und mißverstanden.[942] Seine vier „Elemente“ der Auslegung sind für ihn die geeigneten Hilfsmittel nur, wenn der auszulegende Gesetzestext einen „gesunden Zustand“ aufweist, also den Regelungsgegenstand und das Regelungsziel, den Normzweck, klar

---

938 F. C. v. Savigny, System des heutigen römischen Rechts, Berlin 1840, Bd. I, S. 213, Bd. III, S. 244.

939 F. Bydlinski, Juristische Methodenlehre und Rechtsbegriff, 2. Aufl., Wien 1991, S. 428 ff.; R. Zippelius, Juristische Methodenlehre, 11. Aufl., München 2012, S. 35 ff.; K. Larenz/C.-W. Canaris, Methodenlehre der Rechtswissenschaft, Studienausgabe, 3. Aufl., Berlin 1995, S. 141 ff.; für die Auslegung von Rechtsgeschäften vgl. W. Flume, Allgemeiner Teil des Bürgerlichen Rechts, Bd. II, Das Rechtsgeschäft, 4. Aufl., Berlin 1992, § 16 Nr. 1 c.

940 Vgl. K. Engisch, Die Einheit der Rechtsordnung, Heidelberg 1935, Nachdruck Goldbach 1995.

941 F. C. v. Savigny, System des heutigen römischen Rechts, Berlin 1840, Bd. I, S. 215.

942 Vgl. die Hinweise von J. Rückert, Methode und Zivilrecht beim Klassiker Savigny, in: J. Rückert/R. Seinecke (Hrsg.), Methodik des Zivilrechts – von Savigny bis Teubner, 3. Aufl., Baden-Baden 2017, S. 53 ff., 60 ff.

zum Ausdruck bringt (Savigny, System I, S. 222). Anders behandelt Savigny die Auslegung eines Gesetzestextes in „mangelhaftem Zustand". Darunter versteht er einen „unbestimmten Ausdruck" des Gesetzes, der keinen vollendeten Regelungsgedanken erkennen läßt, oder einen „unrichtigen Ausdruck". In diesen Fällen bilden seine vier canones gerade nicht die ausreichenden Hilfsmittel der Auslegung. Hier verweist er auf drei andere Aspekte, nämlich

- den inneren Zusammenhang der Gesetzgebung,
- den Zusammenhang des Gesetzes mit seinem Grund und
- den inneren Wert des Gesetzesinhalts, der aus der Auslegung hervorgeht (System I, S. 222 ff.). In heutiger Sprache kann man diese drei Gesichtpunkte als
- den systematischen Gesamtzusammenhang,
- den Normzweck oder das Regelungsziel der Gesetzgebung und
- den inneren Wert des Auslegungsergebnisses nach einer Folgenabwägung bezeichnen.

Für die Auslegung mangelhafter Gesetzestexte empfiehlt Savigny im Gegensatz zu den „gesunden" auch eine *Stufenfolge* der Hilfsmittel (Savigny, System I, S. 225, 228).[943]

Insgesamt hat Savigny bereits ein ausgeprägtes verfassungsnormatives und verfassungspolitisches Bewußtsein in Methodenfragen entwickelt. Methodenfragen sind für ihn Fragen des öffentlichen Rechts, in heutiger Sprache Verfassungsfragen (System I, S. 313, 316). Er betont die Bindung der Richter und Juristen an das geltende Recht und schränkt ihre Auslegungsfreiheit ein. Die Umbildung des geltenden Rechts im Wege der Auslegung ist danach dem Richter verwehrt.

Savigny behandelt die Gesetzesauslegung in seinem „System des heutigen römischen Rechts" auf insgesamt 124 Seiten. Davon werden heute in der Regel nur zwei Seiten in irreführender Auswahl zitiert und rezipiert. Für ihn ist das Hauptziel die möglichste Sicherheit, Gewißheit und Bestimmtheit der Auslegungsergebnisse (System I, S. 212, 216, 238, 241).

Er erkennt auch bereits, daß die Grenzen zwischen Auslegung und Fortbildung des Rechts oft zweifelhaft und fließend sind (System I, S. 329 f.).[944] Er fordert daher eine institutionelle Gewährleistung der

943 J. Rückert, Methode und Zivilrecht beim Klassiker Savigny, in: J. Rückert/R. Seinecke (Hrsg.), Methodik des Zivilrechts – von Savigny bis Teubner, 3. Aufl., Baden-Baden 2017, S. 53, 73 f.

944 Zum Begriff der Fortbildung des Rechts bei v. Savigny Ch. Fischer, Topoi verdeckter Rechtsfortbildungen im Zivilrecht, Tübingen 2007, S. 68 ff.

Rechtssicherheit und Rechtseinheit durch eine höchste Instanz, die Zweifelsfälle verbindlich entscheidet (System I, S. 330).

Erst die vollständige Rezeption seiner Behandlung der Auslegungsfragen, die auch sein spezielles Verständnis des Gesetzesbegriffs einbezieht, zeigt die Größe und Klassizität dieses Autors für die Theorie und die Methoden des Rechts.[945]

702 Nach dem Kanon von F. C. v. Savigny richten sich heute im Grundsatz, mit bisweilen abweichenden Benennungen, fast alle Rechtsanwender, obwohl er nirgendwo gesetzlich oder sonst verbindlich festgelegt wäre. In abweichenden Formulierungen wird von der Auslegung nach

- dem Wortlaut,
- der Systematik,
- der Entstehungsgeschichte und
- dem Zweck (der Teleologie)

gesprochen.

Das logische Element der Auslegung bei Savigny tritt hier nicht mehr eigenständig auf. Teilweise ist es in der Systematik aufgegangen. Im übrigen gilt: Die Rechtswissenschaft ist als Wissenschaft insgesamt, also auch im Bereich der Gesetzesauslegung, in elementarer Weise auf die Logik, also auf die Lehre von den Formen und Gesetzen des richtigen Denkens angewiesen und ausgerichtet (vgl. Rn. 186ff.). Verstöße gegen die Denkgesetze in den Entscheidungsgründen eines Gerichts machen nach allen Verfahrensgesetzen die Entscheidung revisibel. Die Kernprobleme der Jurisprudenz sind aber neben der zutreffenden Feststellung der relevanten Lebenssachverhalte vor allem solche der Teleologie. In Rechtswissenschaft und Rechtspraxis geht es primär nicht um Logik, sondern um Zweckverwirklichung durch Normen.

703 Die spezifischen „Methoden" der Juristen zur Ermittlung der Bedeutung von Gesetzesbegriffen sind beschränkt. Gegenstand ihrer Tätigkeit sind die in Sprache gefaßten Rechtsnormen. Juristen sind anwendende Sprachwissenschaftler (Rn. 308). Wenn ein Grundkonsens über die „Methoden" der Auslegung bestünde, würde dies die „Nachprüfbarkeit" und Kontrolle und damit den Diskurs über Rechtsanwendungsergebnisse erheblich erleichtern. Ein solcher Kon-

945 Zutreffend J. Rückert, Methode und Zivilrecht beim Klassiker Savigny, in: J. Rückert/R. Seinecke (Hrsg.), Methodik des Zivilrechts – von Savigny bis Teubner, 3. Aufl., Baden-Baden 2017, S. 53, 59ff., dem wir den Hinweis auf die Schwächen der Savigny-Rezeption in der 1. Auflage dieses Buches verdanken.

sens besteht allerdings nur in Teilbereichen. Die Methodendiskussion seit F. C. v. Savigny füllt ganze Bibliotheken.[946] Ihr Erkenntnisfortschritt ist wegen ihrer fehlerhaften Rezeption (vgl. Rn. 701) eher gering. Der Hauptgrund dafür liegt darin, daß die Methodenliteratur den essentiellen Zusammenhang zwischen der jeweiligen Methodenlehre, den gesellschaftlich-politischen Machtverhältnissen und der rechtspolitischen Funktion der Methodenwahl ganz überwiegend ausblendet, ja verdrängt hat.

II. Methodenwahl – ein Verfassungsproblem?

1. Fehlendes Methodengesetz. Die Rechtsordnung der Bundesre- 704
publik kennt kein spezielles Gesetz, das den Rechtsanwendern eine bestimmte Methode der Gesetzesauslegung oder Rechtsanwendung verbindlich vorschreibt. Auch das Problem der richterlichen Rechtsfortbildung im Bereich der Gesetzes- und Rechtslücken ist in Deutschland, anders als etwa im schweizerischen Zivilgesetzbuch (Art. 1 Abs. 2 und 3 ZGB), nicht gesetzlich geregelt. Das ist auf den ersten Blick erstaunlich, weil die Anwendung der geltenden Rechtsnormen vom Grundgesetz, der Gerichtsverfassung und den Verfahrensordnungen der verschiedenen Gerichtsbarkeiten zwingend und in detaillierten Regelungen vorgeschrieben ist. Aus dem Fehlen eines förmlichen Methodengesetzes könnte der falsche Schluß gezogen werden, das deutsche Recht überlasse die Wahl der Anwendungsmethoden dem freien Ermessen der Anwender. Das ist ein verbreiteter Irrtum, gelegentlich auch unter Vertretern oberster Bundesgerichte. Auf die Frage nach den von seinem Gericht anerkannten methodischen Grundsätzen antwortete der damalige Präsident des Bundesverfassungsgerichts Wolfgang Zeidler lakonisch:

> „Ach wissen Sie, bei uns hat jeder Fall seine eigene Methode."

Manche Autoren erheben diese methodische Grundsatzlosigkeit, die in der Justizpraxis verbreitet ist, zum theoretischen Prinzip:

> „Methodisch ist der Richter in der Wahl der Interpretationsregeln frei"[947].

---

946 Vgl. zur Vertiefung etwa B. Maasch, Auslegung von Normen – ein spezifisches Problem im Kartellrecht?, ZHR 150 (1986), 354 ff.; F. Bydlinski, Juristische Methodenlehre und Rechtsbegriff, 2. Aufl., Wien 1991, S. 436 ff.; W. Seiler, Höchstrichterliche Entscheidungsbegründungen und Methode im Zivilrecht, Baden-Baden 1992.

947 W. Hassemer, zeitweise Vizepräsident des BVerfG, in: W. Hassemer/U. Neumann/F. Saliger, Einführung in die Rechtsphilosophie und Rechtstheorie der Gegenwart, 9. Aufl., Heidelberg 2016, S. 264.

„Die Auslegung ist also das Ergebnis – ihres Ergebnisses, das Auslegungsmittel wird erst gewählt, nachdem das Ergebnis schon feststeht, die sogenannten Auslegungsmittel dienen in Wahrheit nur dazu, nachträglich aus dem Text zu begründen, was in schöpferischer Ergänzung des Textes bereits gefunden war ...“[948].

„In der Tat, bei jeder Auslegung wird etwas 'untergelegt': die 'Natur der Sache'“[949].

Der unreflektierte Verweis auf die vermeintliche „Natur der Sache“ erscheint nach den Erfahrungen in den mehrfachen Rechtsperversionen des 20. Jahrhunderts als eine befremdliche Lernverweigerung und Selbsttäuschung (vgl. dazu Rn. 919ff.).

Die freie Methodenwahl der Richter aller Stufen würde bedeuten, daß die Gerichte sich die von ihnen gewünschte Rechtsordnung für ihren Streitfall entgegen den bestehenden gesetzlichen Regelungen selbst auswählen könnten. Schon 1916 hat A. Merkl erkannt, daß es letztlich so viele Rechtsordnungen wie juristische Methodenlehren gibt. Das bedeutet: Die Grundregeln der juristischen Methodenlehre werden in ihren Grundsätzen von der Verfassung vorgegeben, wenn die Gesetzesbindung und das Demokratieprinzip nicht aufgegeben werden sollen[950] (vgl. bereits oben Rn. 649 u. 676).

Andererseits erscheint es wenig aussichtsreich, die Normsetzungsmacht der letzten Instanzen durch ein detailliertes Methodengesetz einschränken zu können. Die maßgeblichen Schranken des Richterrechts sind das Demokratieprinzip (Vorrang der Gesetzgebung) und die rechtsstaatliche Gewaltentrennung sowie die Gesetzesbindung. Sie bestimmen auch die Grundregeln der verfassungsgemäßen Methode der Rechtsanwendung. Ein spezielles Methodengesetz, welches diese methodischen Grundregeln deklarieren würde, wäre vor dem Hintergrund der geschilderten Irrtümer in Lehre und Praxis möglicherweise eine nützliche Warnung vor den Risiken einer freien richterlichen Methodenwahl. Wichtige methodische Grundregeln erge-

948 G. Radbruch, Einführung in die Rechtswissenschaft, 12. Aufl., Stuttgart 1969, S. 169; vgl. auch A. Kaufmann, Rechtsphilosophie im Wandel, Frankfurt/M. 1972, S. 165 m. Nachw.

949 A. Kaufmann, Rechtsphilosophie im Wandel, Frankfurt/M. 1972, S. 165.

950 A. Merkl, Zum Interpretationsproblem, in: D. Mayer-Maly u. a. (Hrsg.), A. J. Merkl, Gesammelte Schriften, Bd. I/1, Berlin 1993, S. 63, 76; ebenso R. P. Schenke, Grundgesetz und Methodenlehre, in: H. Dreier (Hrsg.), Macht und Ohnmacht des Grundgesetzes, Berlin 2009, S. 51, 73f.

ben sich freilich – was leider oft und gerne übersehen wird – bereits aus der Gesetzesbindung der Rechtsanwender.[951]

2. Methodenaussagen des Grundgesetzes? Nach Art. 20 Abs. 3 705
GG sind die vollziehende Gewalt und die Rechtsprechung an „Gesetz und Recht" gebunden. Nach Art. 97 Abs. 1 GG sind die Richter „unabhängig und nur dem Gesetz unterworfen". Das Bundesverfassungsgericht folgert daraus, daß die Fachgerichte verpflichtet sind, unter Anwendung von Savignys Auslegungsmitteln den „objektivierten Willen des Gesetzgebers zu ermitteln".[952]

a) Methodenfragen und Gewaltentrennung. Die beiden im 706
Wortlaut nicht deckungsgleichen Aussagen der Verfassung betreffen unmittelbar die Rechtsanwendung. Nicht nur die Richter, alle Rechtsanwender sind an das Gesetz gebunden. Diese Vorschriften sind der Ausgangspunkt für alle Überlegungen zur Methode der Rechtsanwendung. Die Frage lautet: Wie müssen die Rechtsanwendungsmethoden beschaffen sein, damit sie diesem obersten Gebot richterlicher Tätigkeit – der Bindung an das Gesetz – gerecht werden? Daraus folgt: Das Grundgesetz ist nicht methodenneutral. Rechtsanwendungsmethoden sind nicht verfassungsneutral. Der Merksatz für jeden Rechtsanwender lautet: Methodenfragen sind Verfassungsfragen. Sie betreffen die Gewaltentrennung zwischen Legislative und Judikative.

In der Literatur wird neuerdings die Auffassung vertreten, die Ge- 707
setzesbindung der Justiz sei eine reine Chimäre, ein unerfüllbarer Traum[953]. Begründet wird diese These von der Unverbindlichkeit ei-

---

951 Hierzu Ch. Fischer, Topoi verdeckter Rechtsfortbildungen im Zivilrecht, Tübingen 2007, S. 487 ff.

952 Vgl. etwa BVerfGE 11, 126 (130) m. w. Nachw.

953 W. Hassemer, Gesetzesbindung und Methodenlehre, ZRP 2007, 213 ff.; ders., zum Teil wortgleich, Juristische Methodenlehre und richterliche Pragmatik, Rechtstheorie 39 (2008), 1 ff.; R. Ogorek, Gefährliche Nähe? Richterliche Rechtsfortbildung und Nationalsozialismus, in: FS Hassemer, Heidelberg 2010, S. 159 ff., 168; D. Simon, Vom Rechtsstaat in den Richterstaat?, Vortrag 2008, abrufbar unter http://www.rechtswirklichkeit.de; ferner U. Neumann, Sprache und juristische Argumentation, in: C. Bäcker/M. Klatt/S. Zucca-Soest (Hrsg.), Sprache – Recht – Gesellschaft, Tübingen 2012, S. 129–140; ähnlich auch J. Braun, Deduktion und Invention, Tübingen 2016, S. 284 ff., der meint, bei der Gesetzesanwendung gehe es „nicht um die weisungsgebundene Ausführung" eines Gebotes in denkendem Gehorsam, sondern darum, die in dem „Gesetz gespeicherte Rechtserkenntnis zu erhalten und im Detail fruchtbar zu machen." Er vertritt die „Hinwendung zur objektiven Auslegung". Zur Kritik an der objektiven Auslegung s. Rn. 806 ff.; zum Ganzen: B. Rüthers, Methodenfragen als Verfassungsfragen, Rechtstheorie 40 (2009), 253 ff.; ders., Rechtswissenschaft ohne Recht?, NJW 2011, 434 ff.

nes zentralen, doppelt im Grundgesetz verankerten Verfassungsgrundsatzes (Art. 20 Abs. 3 und Art. 97 Abs. 1) auch mit sprachtheoretischen Erwägungen. Damit wird nach 100 Jahren (vgl. Rn. 610) eine neue „Freirechtsschule" ungebundener, von der Verfassung unabhängiger „Richterkönige" ausgerufen. Hassemer vertritt die These, der Richter sei in der Wahl der Methoden frei. Da unterschiedliche Methoden regelmäßig zu unterschiedlichen Ergebnissen führen, gelte diese Freiheit auch für die Wahl der Ergebnisse. Wörtlich: „Mit der Wahl einer bestimmten Auslegungsmethode ist deshalb typischerweise auch ein bestimmtes Ergebnis gewählt, ein anderes abgewiesen; und wer ein Fach kennt, kann dies vorhersehen und strategisch einsetzen"[954]. Diese Thesen sind mit dem Grundgesetz nicht vereinbar. Sie verletzen den Vorrang der Gesetzgebung, das Demokratieprinzip und die rechtsstaatlich gebotene Gewaltenteilung (Art. 20 Abs. 3, 97 Abs. 1 GG). Die verfassungsgesetzliche Einbindung der Rechtsanwendung in die Grundprinzipien der Staatsorganisation wird oft übersehen.[955] Im Gegensatz zu vielen praktizierten methodischen Beliebigkeiten gilt: Die Methoden der Rechtsanwendung können im Geltungsbereich des Grundgesetzes vom Interpreten **nicht** frei gewählt werden.

708 **b) Methodenfragen und Demokratieprinzip.** Noch unter einem anderen Aspekt ist die Methodenwahl verfassungsrechtlich eingeschränkt. Die vorrangige Zuständigkeit für die Setzung von Rechtsnormen liegt bei der Gesetzgebung. Sie wird von demokratisch legitimierten Gesetzgebungsorganen (Bundestag, Bundesrat) wahrgenommen. Die vom Parlament verfassungsgemäß verabschiedeten Gesetze sind der demokratisch gebildete Gemeinwille, die konkrete, normativ verbindliche Entscheidung des Souveräns. Die Bindung der Gerichte an die Gesetze bedeutet ihre Bindung an demokratisch zustandegekommene Willensentscheidungen. Demokratie ist unter diesem Blickpunkt in erster Linie „Herrschaft der Gesetze".

Deshalb ist die strenge Gesetzesbindung des Richters ein elementarer Bestandteil des Demokratieprinzips (Art. 20 Abs. 2, 3 GG). Das gilt besonders in liberalen Verfassungsstaaten mit ausgebauter Rechtsweg- und Rechtswegegarantie. Richter sind unabhängig (Art. 97 Abs. 1 GG, § 1 GVG). Sie können es sein, weil und solange

954 W. Hassemer, Rechtstheorie 39 (2008), 1, 12.
955 Klar und eindeutig in diesem Sinne aber H.-J. Koch/H. Rüßmann, Juristische Begründungslehre, München 1982, S. 176 ff., 254 ff.

sie dem Gesetz unterworfen sind. Der Richter ist also der (denkend) gehorsame Diener des demokratisch erlassenen Gesetzes, nicht sein Herr.

Das bedeutet: Jede Lockerung der Gesetzesbindung der Gerichte 709
bedeutet einen Abbau des Demokratieprinzips. Sie führt dazu, daß der im Gesetz verbindlich geäußerte Gemeinwille durch den Subjektivismus der jeweils entscheidenden Richter verdrängt wird.

3. Schwieriger Gebotsinhalt der Gesetzesbindung. Entscheidend 710
für die Festlegung des Rahmens zulässiger Rechtsanwendungsmethoden ist die Frage, was das Grundgesetz meint, wenn es die Gerichte an „Gesetz und Recht“ (Art. 20 Abs. 3 GG) und an das „Gesetz“ (Art. 97 Abs. 1 GG) bindet. Beide Aussagen stimmen im Wortlaut nicht überein. Wie ist diese Aussagendifferenz zu verstehen? Enthält die Verfassung hier widersprüchliche Bestimmungen? Welche hat dann Vorrang?

Die Antworten auf diese Fragen setzen eine zutreffende Auslegung der fraglichen Verfassungsbestimmungen voraus. Nur dadurch lassen sich die unterschiedlichen Formulierungen in Art. 20 Abs. 3 und 97 Abs. 1 GG zum selben Problem (Gesetzesbindung der Richter) harmonisieren. Dabei wird mit dem Wort „harmonisieren“ vorausgesetzt, daß die Verfassung eine Wertungseinheit darstellt, also dasselbe Problem (hier: die Gesetzesbindung der Gerichte) nicht zweimal widersprüchlich regelt. Die dazu erforderliche Methode der Verfassungsauslegung muß aber ihrerseits dem Gebotsinhalt der erst noch auszulegenden (zu harmonisierenden) Verfassungsbestimmungen entsprechen.[956] Der Rechtsanwender gerät hier in eine methodische Aporie (Ausweglosigkeit). Er muß die Art. 20, 97 GG methodisch zutreffend verstehen, obwohl er in ihnen gerade die von der Verfassung verbindlich vorgeschriebenen methodischen Kriterien erst noch finden will. Er ist also gezwungen, eine Methode anzuwenden, deren verfassungsgesetzliche Kerngehalte er noch sucht.

Der Wortlaut von Art. 20 Abs. 3 GG bereitet zusätzliche Pro- 711
bleme.[957] Die dort verwendete Formel „Gesetz und Recht“ wird zu-

956 Zum Unterschied von Interpretation und Konkretisierung der Verfassung vgl. E. Stein, in: Kommentar zum Grundgesetz für die Bundesrepublik Deutschland, Bd. I, 2. Aufl., Neuwied 1989, Einl. II, Rn. 93–100.

957 Dazu R. Dreier, Der Rechtsstaat im Spannungsverhältnis zwischen Recht und Gesetz, JZ 1985, 353 ff.; Ch. Fischer, Topoi verdeckter Rechtsfortbildungen im Zivilrecht, Tübingen 2007, S. 144 m. Nachw.; Ch. Hillgruber, „Neue Methodik“ – Ein Beitrag zur Geschichte der richterlichen Rechtsfortbildung in Deutschland, JZ 2008, 745 ff.

treffend als „sibyllinisch“ bezeichnet. Sie ist in der Tat orakelhaft dunkel, soweit es um die Inhaltsbestimmung von „Recht“ neben dem Gesetz geht. Die Verfassung deutet hier eine außergesetzliche verbindliche Rechtsquelle an (zur Rechtsquellenlehre vgl. Rn. 217ff.). Dabei kommen etwa Gewohnheitsrecht (Rn. 232ff.), Richterrecht (Rn. 235ff.), Naturrecht (Rn. 262ff.) oder andere außerpositive Rechtsgrundsätze in Betracht. Je nach der gewählten Deutung sind auch Konkurrenzen und Rangstreitigkeiten zwischen den verfassungsgemäß verabschiedeten Gesetzen und dem ungeschriebenen, außer- oder überpositiven Recht möglich.

Hier zeichnet sich der methodentheoretische und der verfassungsrechtliche Rang dieser Frage ab. Es geht um die Grenze der Geltung des Demokratieprinzips oder – anders formuliert – darum: Wer schafft Recht? Wie weit reicht der Rechtsetzungsvorrang des parlamentarischen Gesetzgebers gegenüber der Überflutung durch den „Ersatzgesetzgeber“ Justiz? Die bei der Verfassungs- und Gesetzesauslegung verwendeten Grundbegriffe und Methoden haben weitreichenden Einfluß auf den Inhalt der ausgelegten Normen. Die jeweils gewählte Methode der Rechtsanwendung kann die Gebotsinhalte der angewendeten Normen maßgeblich prägen. Alternative Methoden können alternative Rechtsinhalte und Entscheidungen produzieren, bewirken also potentiell verschiedene Rechtsordnungen. Es geht bei den gewählten Rechtsanwendungsmethoden zuletzt um nichts anderes als um die verfassungsgemäße Rolle der Gerichtsbarkeit. Sind die Richter Diener oder Herren der Gesetze und der Rechtsinhalte?

712 Wie immer man die Wortlautdifferenz zwischen Art. 20 Abs. 3 und Art. 97 Abs. 1 GG deuten will: Die strenge Gesetzesbindung der Gerichte ist ein zentrales Bauelement für einen demokratisch verfaßten Rechtsstaat mit verfassungsgesetzlich verankerter Gewaltentrennung und der Normsetzungsprärogative der gesetzgebenden Organe. Verfassungsrechtlich ist diejenige Auslegungsmethode zu befolgen, die dem Demokratieprinzip und der Gewaltentrennung entspricht, also ein möglichst hohes Maß von richterlicher Gesetzesbindung verwirklicht.[958]

958 Zu Inhalten der Gesetzesbindung mit konkreten Folgerungen für die Rechtsanwendung eingehend Ch. Fischer, Topoi verdeckter Rechtsfortbildungen im Zivilrecht, Tübingen 2007, S. 463ff., 481ff., 487ff., 532f.

Die Merksätze lauten: 713
1. Methodenfragen sind Verfassungsfragen. Sie betreffen die reale Verteilung der Normsetzungsmacht im Staat.
2. Die Antworten darauf entscheiden auch darüber, ob die Bundesrepublik eine Demokratie bleiben oder ein aristokratisch-oligarchischer Richterstaat ist oder werden wird.[959]
3. Die Leugnung der Gesetzesbindung der Gerichte bedeutet die Aufforderung zu Verfassungsverstößen.

III. Unterschiede und Gemeinsamkeiten der Auslegung von Gesetzen und Rechtsgeschäften

Die Frage nach dem Sinn normativer Regelungen kann sowohl bei der Auslegung von Gesetzesvorschriften wie von rechtsgeschäftlichen Regelungen auftreten. Für Willenserklärungen und Verträge sieht das BGB in den §§ 133, 157 BGB allgemeine Regeln vor (lesen!). Für die Gesetzesauslegung fehlen vergleichbare Vorschriften. 714

Der Hauptunterschied zwischen Gesetzen und Rechtsgeschäften besteht im Adressatenkreis, an den sich die getroffene Regelung richtet. Dieser Aspekt führt zu unterschiedlichen Grundsätzen und Maßstäben der Auslegung. Bei der Auslegung von Rechtsgeschäften ist zunächst zu unterscheiden: Handelt es sich um eine nicht empfangsbedürftige Willenserklärung, wie z. B. das Testament, ist allein der Wille des Erklärenden maßgeblich. Die Erklärung selbst ist nur ein Hilfsmittel zur Ermittlung des tatsächlichen Willens. Der Aspekt des Vertrauensschutzes spielt keine oder nur eine untergeordnete Rolle. Ganz anders verhält es sich bei empfangsbedürftigen Willenserklärungen, insbesondere im Rahmen von Verträgen. Hier ist der sog. Empfängerhorizont das maßgebliche Kriterium. Es stellt sich die Frage, wie ein verständiger, sorgfältig wahrnehmender Adressat (also etwa der verständige Vertragspartner) die an ihn gerichtete Erklärung verstehen durfte.[960] Der individuelle Geschäftspartner wird in dem ihm bekannten Kontext der konkreten rechtsgeschäftlichen Erklärung geschützt. Demgegenüber gelten gesetzliche Vorschriften nicht nur für die an einem Rechtsgeschäft Beteiligten, sondern für die ge- 715

959 Vgl. W. Knies, Auf dem Weg in den „verfassungsgerichtlichen Jurisdiktionsstaat"?, in: Festschrift für K. Stern, München 1997, S. 1155 ff.; B. Rüthers, Demokratischer Rechtsstaat oder oligarchischer Richterstaat?, in: E. Picker/B. Rüthers (Hrsg.), Recht und Freiheit, München 2003, S. 111 ff.

960 So schon RGZ 67, 431 ff.; A. Stadler, Allgemeiner Teil des BGB, 19. Aufl., München 2017, § 18 Rn. 12 ff.

samte Rechtsgemeinschaft. Der Inhalt einer Gesetzesvorschrift muß für alle Rechtsunterworfenen gleich und nicht nach den verschiedenen Verständnishorizonten tatsächlich oder potentiell Betroffener bestimmt werden. Eine Orientierung an den unterschiedlichen Empfängerhorizonten der Vielzahl von Gesetzesadressaten würde statt zu der von der Gesetzgebung gewollten einheitlichen, allgemeingültigen Ordnung in ein Rechtschaos führen.

716 Bei der Auslegung von zustandegekommenem Rechtsgeschäft und Gesetz gibt es aber auch Gemeinsamkeiten. Das Ziel ist in beiden Fällen die Ermittlung dessen, was wirklich gewollt ist. Bei der Gesetzesauslegung geht es um den realen Regelungswillen und Regelungszweck des Gesetzgebers. Die Auslegung des Rechtsgeschäfts fragt nach dem tatsächlichen Willen der Geschäftsbeteiligten. Aus dem gemeinsamen Ziel ergeben sich Gemeinsamkeiten bei der Auslegung. Es sind zunächst immer die historischen Fakten und Umstände der „Textentstehung" von Gesetz und Rechtsgeschäft zu ermitteln. Was wollten die Textverantwortlichen sagen und erreichen? Ferner kann das reale Regelungsziel in beiden Auslegungsbereichen auch dann ein maßgeblicher Faktor sein, wenn es im Text des Rechtsgeschäfts oder der Gesetzesnorm einen ungenügenden, falschen oder gar keinen Ausdruck gefunden hat.[961] Folgerichtig werden der für die Willenserklärungen normierte § 133 BGB und die rechtsgeschäftliche Auslegungsregel „falsa demonstratio non nocet" von der Rechtsprechung sinngemäß auf die Gesetzesauslegung angewendet.[962] Es gilt der von Celsus formulierte Grundsatz, daß es bei der Gesetzesanwendung nicht auf den Buchstabengehorsam, sondern auf das wirklich Gewollte und Gesollte („vim ac potestatem") ankommt.[963] Schließlich können Gesetze fehler- oder lückenhaft formuliert sein. Dann hat der Rechtsanwender die Aufgabe, diese Mängel durch seine Auslegung zu berichtigen. Insoweit gilt § 157 BGB für die Gesetzesauslegung entsprechend (zur Lückenausfüllung vgl. Rn. 878 ff.).

961 Vgl. A. Lüderitz, Auslegung von Rechtsgeschäften, Karlsruhe 1966, S. 20 ff.; RGSt 40, 191.
962 BGHZ 2, 176 (184); 12, 28 (30); MünchKomm-Säcker, Bd. 1, 7. Aufl., München 2015, Einl. Rn. 155.
963 Celsus Dig. 3, 17.

B. Normzweck als Auslegungsziel

I. Am Anfang steht der Normzweck

Gesetz und Recht, an die der Rechtsanwender nach der Verfassung 717
gebunden ist (Art. 20 Abs. 3 GG), bestehen aus Rechtssätzen. Recht, Gesetzesrecht wie Richterrecht, existiert nur in Sprache (vgl. Rn. 150 ff.). Die Rechtsanwender haben es also mit Normtexten zu tun, die sie auslegen müssen. Auslegen heißt herausarbeiten, was ein Text bedeutet.[964]

Normtexte sind Sätze besonderer Art. Sie unterscheiden sich von 718
literarischen, historischen, philosophischen Texten dadurch, daß sie etwas anordnen, das gelten soll. Rechtsnormen sind also Gebote (Rn. 120, 201 ff.). Hinter jeder Rechtsnorm steht ein rechtspolitischer Gestaltungswille der Normgeber, der auf bestimmte Zwecke und Ziele gerichtet ist (Rn. 136 ff.). Mit der gültigen (verfassungsgemäßen) Normsetzung werden die in der Norm festgelegten Normzwecke verbindlich. Die Normen und Gesetze haben keinen eigenen „Willen", sie drücken den Gestaltungswillen der normsetzenden Instanz aus. Um seiner Gestaltungsziele willen wird ein Gesetz erlassen. Es ist daher irreführend und mystifizierend, jedenfalls eine Selbsttäuschung oder Täuschung, von einem „Willen des Gesetzes" zu sprechen.

Bei der Rechtsanwendung können zwei Regelungswillen verwirk- 719
licht werden, entweder derjenige der normsetzenden Instanz (des „Gesetzgebers") oder derjenige des Rechtsanwenders, insbesondere der Richter. Einen anderen („dritten") Willen gibt es nicht. Bei der Rechtsanwendung ist primär der Regelungszweck der Gesetzgebung herauszufinden und „in denkendem Gehorsam" (Ph. Heck) zu verwirklichen. Darum gilt der generell gültige Auslegungsgrundsatz: Einen Rechtssatz zutreffend zu verstehen heißt zu allererst, die regelungsbedürftige Sachlage zu verstehen, auf die der Rechtssatz eine Antwort geben sollte.

1. Der Wille der Gesetzgebung. Die erste Frage jeder sinnvollen 720
juristischen Auslegung muß lauten: Was wollten die Normsetzer mit der Rechtsnorm bewirken? Welchen typischen Lebenssachverhalt

964 Staudinger-Coing, Einl. zum BGB, 13. Aufl., Berlin 1995, Rn. 120; in der Neubearbeitung von H. Honsell findet sich diese Formulierung nicht mehr.

wollten sie wie und mit welchem Gestaltungsziel regeln? Es geht also zunächst um die Frage nach dem historischen Normzweck zum Zeitpunkt des Erlasses der Norm. Aufgrund der Gesetzesbindung ist der Rechtsanwender verpflichtet, die gesetzgeberische Interessenbewertung zur Kenntnis zu nehmen.[965] Ein wichtiges Hilfsmittel können die Gesetzesmaterialien sein.[966]

721 Nach dem Inkrafttreten unterliegt jede Rechtsnorm einem Alterungsprozeß. Zwischen ihrem Erlaß und ihrer Anwendung können viele Jahrzehnte liegen, wie etwa bei großen Teilen des BGB, des HGB, des StGB und der Verfahrensgesetze. Inzwischen können sich soziale, ökonomische und technologische Fakten und Strukturen einerseits, gesellschaftliche Wertvorstellungen oder fernwirkende Wertmaßstäbe der Gesetzgebung in anderen Bereichen der Rechtsordnung andererseits, grundlegend verändert haben. Eine solche Fernwirkung entsteht z. B. durch die sog. Drittwirkung von Grundrechten. Zu Fernwirkungen kommt es deswegen, weil der Rechtsanwender nicht die Antwort einer Einzelnorm, sondern die Antwort der Gesamtrechtsordnung auf den von ihm zu entscheidenden Lebenssachverhalt sucht. Die zweite wichtige Frage bei jeder Rechtsanwendung, besonders bei älteren Rechtsvorschriften, lautet daher: Was bedeutet die anzuwendende Norm heute, im Anwendungszeitpunkt, besonders im Hinblick auf mögliche Veränderungen in den genannten Bereichen?

722 In der juristischen Literatur wird von den Vertretern einer sog. objektiven Auslegung (Rn. 796 ff.) die These vertreten, das Gesetz könne klüger sein als sein Gesetzgeber.[967] Damit wird dem Gesetz nicht nur eigener Wille, sondern auch ein höherer Verstand unterstellt. Bei realistischer Analyse ist es aber nicht das Gesetz, also der Normtext, der klüger sein kann oder sogar muß als der historische Gesetzgeber, sondern der Richter. Gesetze enthalten nicht mehr als die (klar oder unklar formulierte) Botschaft, wie die Gesetzgeber die von ihnen als regelungsbedürftig eingeschätzte Sachlage geregelt haben wollten. Ausgelegt kann nur werden, was als Wertentscheidung der Gesetzgebung in den Normtext eingegangen („eingelegt" worden) ist. Es muß also ein wertender Willensakt, ein Regelungswille der normsetzenden Instanz vorliegen. Ziel der Auslegung ist es, diese

965 Ch. Fischer, Topoi verdeckter Rechtsfortbildungen im Zivilrecht, Tübingen 2007, S. 489, 492 f.

966 Dazu T. Frieling, Gesetzesmaterialien und Wille des Gesetzgebers, Tübingen 2017.

967 J. Kohler, GrünhutsZ 13 (1886), S. 40 ff.; J. Esser, Vorverständnis und Methodenwahl, 2. Aufl., Frankfurt/M. 1972, S. 131 ff.

im Gesetz enthaltene Wertentscheidung der Normsetzer zu ermitteln. Die primäre Bindung des Richters an die Wertentscheidungen der Gesetzgebung will auch die Verfassung. Auch richterliche Entscheidungen müssen nach Art. 20 Abs. 2 GG demokratisch legitimiert sein. Die Normsetzungsprärogative liegt deshalb beim Parlament als Volksvertretung (Art. 20 Abs. 3 GG).

2. Der Wille des Rechtsanwenders. Die Rechtsanwender müssen 723
alle ihnen im Rahmen ihrer Zuständigkeit vorgelegten Streitfälle entscheiden, auch solche, die von den historischen Normsetzern nicht gesehen (übersehen) wurden oder die sie noch gar nicht kennen konnten. Die Gerichte gehen dann von einer „Lücke" in der Gesetzesordnung aus. Ist das der Fall, so existiert keine gesetzliche Regelung, also auch keine Interessenbewertung des Gesetzgebers. Der Richter muß anstelle des Gesetzgebers eine Wertung treffen. Wo gesetzliche Wertungen fehlen, gibt es nichts auszulegen. Der Richter schafft dann dort Richterrecht. Deutlicher noch wird die konkurrierende Normsetzung der Gerichte dort, wo sie erkannte Wertungen des Gesetzgebers durch eigene Wertentscheidungen beiseite schieben.

Das hindert die Rechtsprechung – auch und gerade die obersten 724
Bundesgerichte – nicht, sich in Fragen der Lückenausfüllung oder der „gesetzesübersteigenden" Richterrechtsbildung auf außergesetzliche Begründungsargumente zu berufen. Solche sind etwa die „Rechtsidee", die „Gerechtigkeit", ein wie immer definiertes Naturrecht, die angebliche „Natur der Sache", sog. „sachlogische Strukturen" oder „Typenreihen", die „objektive Vernunft", der „Wille des Gesetzes" und ähnliches.[968] Es handelt sich bei diesen Argumenten um Selbstrechtfertigungen eigenwilliger richterlicher Normsetzungen. Die Rechtsanwender wollen subjektiv ein bestimmtes Ergebnis, eine richterrechtliche Entscheidungsnorm, sie bringen dafür Gründe vor, deren „Geltung" nicht objektiv begründbar ist, sondern auf ihren subjektiven Vorverständnissen und Methodenpräferenzen beruht. Die Vorherrschaft der subjektiven Willensakte der Interpreten wird hinter scheinobjektiven Begriffskategorien versteckt. Die vom eigenen Regelungswillen der Richter beherrschte richterliche Normsetzung wird durch die Berufung auf scheinbar objektiv vorgegebene außergesetzliche Normen oder angeblich normativ wirkende Sachstrukturen mystifiziert (Rn. 913 ff.). Die präzise Abgrenzung zwi-

968 Vgl. Ch. Fischer, Topoi verdeckter Rechtsfortbildungen im Zivilrecht, Tübingen 2007, S. 546 ff.

schen Gesetzesrecht und Richterrecht wird durch die Verwendung des genannten wissenschaftlich klingenden Vokabulars verschleiert.

Demgegenüber ist es zumindest ein Gebot wissenschaftlicher wie richterlicher Methodenehrlichkeit und geistiger Hygiene, ein Schweigen des Gesetzes als Lücke und die Abweichung vom Gesetz als rechtspolitisch begründete richterliche Gesetzeskorrektur offen zu legen.[969] Primärorientierung am gesetzgeberischen Normzweck und Methodenehrlichkeit sind daher Hauptgebote der Rechtsanwendung.

II. Unterscheidung von Auslegungsziel und Auslegungsmitteln

725 Entgegen der traditionellen juristischen Auslegungslehre, die meistens auf die vier Kriterien Savignys zurückgreift, ist der Normzweck das zentrale Ziel jeder Gesetzesauslegung. Jede Auslegung hat der Verwirklichung der mit dem Gebotsinhalt verfolgten Normzwecke zu dienen. Die übrigen Gesetzesauslegungskriterien sind diesem Ziel untergeordnet; sie sind die Hilfsmittel, mit denen der Interpret versuchen muß, den Normzweck zu erkennen.[970] Daraus ergibt sich die wichtige Unterscheidung des Zieles von den Mitteln der Gesetzesauslegung:

726 (1) Ziel der Auslegung ist die Ermittlung und Verwirklichung des Normzwecks.

727 (2) Mittel der Auslegung sind:
1. der Wortlaut,
2. die systematische Auslegung und
3. die historische Auslegung.

728 Diese Unterscheidung legt zugleich eine Rangfolge fest, welche die Bedeutung der Auslegungsmittel dem Auslegungsziel unterordnet. Wenn und soweit eine Spannung zwischen dem Auslegungsziel (Normzweck, „Telos“) und dem Normtext besteht, hat der erkennbare Normzweck in aller Regel Vorrang. Etwas anderes kann sich, etwa im Strafrecht oder im öffentlichen Recht, aus dem gebotenen Vertrauensschutz der Normadressaten (z. B. Art. 103 GG) ergeben. Überspitzt hat diesen Vorrang Hugo Preuß schon im Jahr 1900 for-

969 Vgl. dazu E. Bucher, Was ist „Begriffsjurisprudenz“?, ZBernJV 102 (1966), 274 ff.; J. Esser, Grundsatz und Norm in der richterlichen Fortbildung des Privatrechts, 4. Aufl., Tübingen 1990, S. 201 ff., 235 ff.; M. Weber, Wirtschaft und Gesellschaft, 5. Aufl., Tübingen 1980, S. 507 f.; sanktionierte Rechtspflichten, Rechtsfortbildungen offen zu legen, begründet Ch. Fischer, Topoi verdeckter Rechtsfortbildungen im Zivilrecht, Tübingen 2007, S. 495 ff.

970 Ähnlich E. Stein/G. Frank, Staatsrecht, 21. Aufl., Tübingen 2010, S. 37.

muliert: „Die Frage nach dem Zweck löst jeden juristischen Begriff wie flüssiges Wachs auf."[971]

Für die Gesetzesauslegung gilt: Der Normtext soll den Normzweck vermitteln. Die sprachliche Fassung der Rechtsnormen ist das Transportmittel, mit dem die Normurheber den von ihnen verfolgten Normzweck verlautbaren. Um Textauslegung handelt es sich auch dann, wenn durch systematische Auslegung der Blick von der Einzelnorm auf den Kontext des Gesetzes und die Rechtsordnung insgesamt gelenkt wird. Freilich muss hierbei stets die Grenze zwischen der Auslegung und der Fortbildung des Gesetzes erkannt und offengelegt werden. Häufig wird unter dem Etikett einer „systematischen bzw. systematisch-teleologischen Auslegung" die gesetzgeberische Interessenbewertung der interpretierten Einzelnorm verdeckt „weggelegt", statt ihrer die eigene richterlich gewünschte Regelung „eingelegt". Weiterhin gilt: Der Normtext dient der Zweckverwirklichung. Diese dienende Funktion gilt auch für die Gesetzesauslegung. Für sie ist der Wortlaut das erste Hilfsmittel. Aber Normtexte weisen Fehler und Ungenauigkeiten auf. Die Auslegung hat die Schwächen aller Textformulierungen zu bedenken, wenn sie ihr Ziel nicht verfehlen will. Auch die historische Auslegung ist darauf zu richten, die Zweckvorstellungen des jeweiligen Normurhebers zu ergründen. 729

Zentral ist die Feststellung, daß die drei Hilfsmittel der Auslegung zunächst auf den jeweils ursprünglichen, historischen Normzweck auszurichten sind. Das ist der erste Schritt der Gesetzesauslegung, aber nicht der letzte Schritt der Rechtsanwendung. Zu beachten ist, daß sich seit dem Erlaß der Norm die von der Gesetzgebung geregelten Faktenstrukturen und auch die Wertvorstellungen geändert haben können. Einer ursprünglich sinnvollen Rechtsnorm kann auch der damit erstrebte Normzweck „wegsterben". Es ist also in einem zweiten Schritt der Rechtsanwendung zu prüfen, ob der historische Normzweck weiterhin maßgebend ist, wenn sich die Faktenstrukturen der geregelten Materie oder die Bewertungsmaßstäbe der Gesamtrechtsordnung verändert haben. Dann kann eine Fortbildung des Gesetzesrechts geboten sein. 730

971 H. Preuß, Zur Methode juristischer Begriffskonstruktion, in: Schmollers Jahrbuch 24 (1900), Bd. I, 359ff., 369.

III. Auslegung von Gesetzen und Begriffen

730a Die vorstehende grundlegende Trennung von Auslegungsziel und Auslegungsmitteln ist durch eine weitere Differenzierung zu ergänzen.[972] Bei der Rechtsanwendung ist zwischen der Auslegung eines Tatbestandsmerkmals und der Ermittlung des Normzwecks zu unterscheiden. Die Meinungsverschiedenheiten und Mißverständnisse über die Rolle des Normzwecks im Rahmen der Auslegung („Auslegungsziel oder Auslegungsmittel?") beruhen auch darauf, daß diese notwendige Differenzierung oft nicht vorgenommen wird. Man spricht verbreitet von der sog. Gesetzesauslegung, obwohl Juristen bei der Rechtsfindung regelmäßig nicht die (ganzen) Gesetze, sondern einzelne in ihnen enthaltene („problematische") Begriffe näher interpretieren. Die Auslegung der Gesetze erfolgt notwendig durch die fallbezogene Auslegung und Konkretisierung ihrer einzelnen Tatbestandsmerkmale.

Fragt man abstrakt nach dem Sinn und Zweck einer gesetzlichen Vorschrift, dann kann der Normzweck nicht Auslegungsmittel sein („Zirkelschluss"), sondern nur Auslegungsziel. Der Zweck eines Gesetzes, also die jeweilige, das konkrete rechtspolitisch-historische Regelungsziel verwirklichende gesetzgeberische Interessenbewertung, ist anhand des Wortlauts der Norm, der Systematik und insbesondere der Entstehungsgeschichte zu ermitteln. Im Prozess der Entscheidungsfindung, in dem geprüft wird, ob Sachverhaltsausschnitte bestimmten Tatbestandsmerkmalen zugeordnet werden können, ist der Normzweck demgegenüber eines der Auslegungsmittel. Die Rechtsfindung erfolgt durch konkretisierende Begriffserläuterung. Der Sinn eines Begriffes wird ermittelt, indem der Wortlaut (der Entstehungszeit), die Systematik des Gesetzes, die Entstehungsgeschichte und der Zweck der Norm, in welcher der Begriff enthalten ist, untersucht werden. Bei der Auslegung eines Tatbestandsmerkmals kommt dem Normzweck, also der jeweiligen gesetzgeberischen Interessenbewertung, ausschlaggebendes Gewicht zu. Ihm widersprechende entstehungszeitliche Begriffsverständnisse können ohne weiteres korrigiert werden.

---

972 Vgl. Ch. Fischer, Topoi verdeckter Rechtsfortbildungen im Zivilrecht, Tübingen 2007, S. 558f.

C. Stufenmodelle der Rechtsanwendung

Schrifttum: Ch. Fischer, Richterliche Rechtsfindung zwischen „Gesetzesgehorsam“ und „ökonomischer Vernunft“, ZfA 2002, 215, 222 f., 231 ff.; ders., Topoi verdeckter Rechtsfortbildungen im Zivilrecht, 2007, S. 559 f.; C. Höpfner, Die systemkonforme Auslegung, 2008, S. 141 ff.; B. Rüthers/C. Höpfner, Analogieverbot und subjektive Auslegungsmethode, JZ 2005, 21, 24 f.; C. Höpfner/B. Rüthers, Grundlagen einer europäischen Methodenlehre, AcP 209 (2009), 1 ff.

I. Die Notwendigkeit einer Aufspaltung des Rechtsanwendungsvorgangs

Der Prozeß der Rechtsanwendung läßt sich in mehrere Stufen einteilen, die voneinander zu trennen sind und unterschiedlichen Regeln unterliegen (vgl. bereits Rn. 730). Die erste Stufe umfaßt das Auffinden der einschlägigen Vorschriften und deren Auslegung. Das Ziel dieses Vorgangs ist die Ermittlung des im Erlaßzeitpunkt mit der Norm verfolgten Zwecks. Gelingt das nicht oder bestehen Zweifel an der Gültigkeit der gesetzgeberischen Interessenbewertung, dann ist in einem zweiten Schritt zu prüfen, ob der historische Normzweck im Anwendungszeitpunkt noch Gültigkeit besitzt oder das Gesetzesrecht fortzubilden ist. Manche wollen sich mit einem solchen Zwei-Stufen-Modell begnügen.[973] Andere fordern zusätzlich eine dritte Stufe, auf der geprüft werden soll, ob einer Norm trotz eines im Anwendungszeitpunkt noch gültigen Normzwecks ausnahmsweise Anwendungshindernisse entgegenstehen,[974] etwa ein besonderer Vertrauenstatbestand gemäß Art. 103 Abs. 2 GG (vgl. Rn. 823a ff.). 730b

Die Aufspaltung des Rechtsanwendungsvorgangs in mehrere zu trennende Stufen dient der Rationalität der Rechtsanwendung im Sinne einer „maximalen Diskutierbarkeit“. Sie ist in Anbetracht der Verschiedenheit der einzelnen Vorgänge unverzichtbar, um eine Gemengelage unterschiedlichster Argumente zu vermeiden.

---

973 Ch. Fischer, Richterliche Rechtsfindung zwischen „Gesetzesgehorsam“ und „ökonomischer Vernunft“, ZfA 2002, 215, 221 f., 231 ff.; ders., Topoi verdeckter Rechtsfortbildungen im Zivilrecht, Tübingen 2007, S. 559 f.

974 B. Rüthers/C. Höpfner, Analogieverbot und subjektive Auslegungsmethode, JZ 2005, 21, 24 f.; C. Höpfner, Die systemkonforme Auslegung, Tübingen 2008, S. 141 ff.

II. Erste Stufe: Die Auslegung im eigentlichen Sinne

730c Auf der ersten Stufe hat der Rechtsanwender den ursprünglichen, von der Gesetzgebung verfolgten Normzweck zu erforschen. Als Hilfsmittel zur Ermittlung der gesetzgeberischen Interessenbewertung stehen der Wortlaut des Gesetzes, die Systematik sowie vor allem die Entstehungsgeschichte zur Verfügung. Dabei handelt es sich um den ersten, unverzichtbaren Schritt jeder Gesetzesanwendung. Die Gerichte sind verfassungsrechtlich zur historischen Normzweckforschung verpflichtet. Denn die Grundsätze der Gewaltenteilung und der Gesetzesbindung sowie das Demokratieprinzip gebieten, den Norminhalt so weit wie möglich zu erfassen und bei der Gesetzesanwendung zu berücksichtigen. Dazu muß der Rechtsanwender das von der Gesetzgebung Vorentschiedene zunächst zur Kenntnis nehmen. Die Kenntnisnahme ist unverzichtbare Voraussetzung der inhaltlichen Gesetzesbindung.[975]

III. Zweite Stufe: Fortgeltung des Normzwecks im Anwendungszeitpunkt oder Rechtsfortbildung

730d Der Rechtsanwender darf dabei jedoch nicht immer stehenbleiben. Zwischen dem Entstehungs- und dem Anwendungszeitpunkt liegt oftmals eine beträchtliche Zeitspanne, in der vielfältige technische, ökonomische, gesellschaftliche und rechtliche Veränderungen erfolgen. In einem zweiten Schritt ist daher – auch unter Anwendung der subjektiven Auslegungsmethode[976] – zu prüfen, ob der historische Normzweck im Anwendungszeitpunkt noch fortgilt. Davon ist bei geltenden Gesetzen grundsätzlich auszugehen, da die Gesetzesbindung nicht auf den Entstehungszeitpunkt beschränkt ist, und sie die Gerichte grundsätzlich inhaltlich an die in der jeweiligen Norm getroffenen Wertentscheidungen bindet.[977] Wichtige Ausnahmen bestehen aber, wenn das mit der Norm verfolgte Ziel unerreichbar oder gegenstandslos geworden ist, wenn die technische, ökonomische oder gesellschaftliche Entwicklung den Regelungsbereich einer Norm seit ihrem Erlaß einschneidend verändert hat oder wenn die der Norm zugrundeliegenden Wertvorstellungen sich seit ihrem Erlaß grundlegend geändert haben. Liegt einer dieser Fälle vor, so ist

975 Ch. Fischer, Topoi verdeckter Rechtsfortbildungen im Zivilrecht, Tübingen 2007, S. 489.
976 Dies verkennt G. Hirsch, Auf dem Weg zum Richterstaat?, JZ 2007, 853, 855.
977 Vgl. Ch. Fischer, Topoi verdeckter Rechtsfortbildungen im Zivilrecht, 2007, S. 487 f.

zu prüfen, ob eine richterliche Rechtsfortbildung nach den gültigen methodischen Regeln in Betracht kommt.[978]

Erst die historische Normzweckforschung legt die Unterschiede beider Arbeitsschritte offen. Der Grundsatz der Gesetzesbindung, der auf der ersten Stufe die Kenntnisnahme der Regelungsabsichten der Gesetzgebung verlangt, wird auf der zweiten Stufe durch das Gebot der Methodenehrlichkeit ergänzt. Dieses verpflichtet den Richter, offen zu legen, ob und in wieweit er die gesetzgeberische Interessenbewertung im Anwendungszeitpunkt noch für maßgebend hält. Unzulässig ist es dagegen, zu fragen, ob das obsolete Gesetz im Hinblick auf die heutigen Verhältnisse einen anderen, „vernünftigen" Zweck zu erfüllen vermag.[979] Will ein Gericht vom historischen Normzweck abweichen, so hat es diesen Schritt methodenehrlich offen zu legen und als das zu bezeichnen, was er ist: richterliche Rechtsetzung praeter oder contra legem. Wird das Gesetz statt dessen verdeckt im Wege seiner scheinbaren Auslegung fortgebildet, kommt sogar ein absoluter Revisionsgrund wegen Verstoßes gegen die Begründungspflicht in Betracht.[980]

Die Rechtsfortbildung hat besondere, nach Bereichen verschiedene Voraussetzungen.[981] Auch deshalb muß die Auslegung von rechtsfortbildenden Elementen möglichst freigehalten werden.

D. Auslegung nach dem Wortlaut

> Es kommen oft auch Ungerechtigkeiten durch eine gewisse Rechtsverdrehung und eine allzu ausgeklügelte, aber böswillige Auslegung der Gesetze vor.
> (Cicero, de officiis, I, 33)

Schrifttum: A. Beater, Auslegung massenmedialer Äußerungen, JZ 2006, 432; H. Brox, Der Bundesgerichtshof und die Andeutungstheorie, JA 1984, 549ff.; F. Bydlinsky, Juristische Methodenlehre und Rechtsbegriff, 2. Aufl. 1991, S. 436ff.; O. Depenheuer, Der Wortlaut als Grenze, 1988; Th. Kuntz, Die Grenze zwischen Auslegung und Rechtsfortbildung aus sprachphiloso-

978 B. Rüthers/C. Höpfner, Analogieverbot und subjektive Auslegungsmethode, JZ 2005, 21, 25.

979 B. Rüthers/C. Höpfner, Analogieverbot und subjektive Auslegungsmethode, JZ 2005, 21, 25; C. Höpfner, Die systemkonforme Auslegung, 2008, S. 149; a. A. K. Larenz, Methodenlehre der Rechtswissenschaft, 6. Aufl., Berlin 1991, S. 351.

980 Vgl. Ch. Fischer, Topoi verdeckter Rechtsfortbildungen im Zivilrecht, Tübingen 2007, S. 522ff.

981 Vgl. Rn. 822ff.; Ch. Fischer, Richterliche Rechtsfindung zwischen „Gesetzesgehorsam" und „ökonomischer Vernunft", ZfA 2002, 215, 233ff.

a. Kirchhof, DVBl 11, 1068, Götz/Schneider, DVBl 12, 1145, Rüthers, RTh 20, 301 (315)

phischer Perspektive, AcP 215 (2015), 387ff.; K. Larenz, Methodenlehre der Rechtswissenschaft, 6. Aufl. 1991, S. 320–324; MünchKomm-Säcker, Bd. 1, 7. Aufl. 2015, Einl. Rn. 115ff., 137f.; G. u. D. Reinicke, Die Bedeutung des Wortlauts bei der Auslegung von Gesetzen nach der Rechtsprechung des Bundesgerichtshofes, NJW 1952, 1033ff.; Staudinger-Coing, Einl. zum BGB, 13. Aufl. 1995, Rn. 114ff.

I. Wortlaut als Ausgangspunkt

731 **1. Jeder Rechtssatz ist auslegungsbedürftig.** Der maßgebliche von den Normsetzern gewollte Regelungszweck ist zuerst in dem Wortlaut der Normen zu suchen. F. C. v. Savigny nannte das (verkürzt) die „grammatikalische" Auslegung. Eine gemeinsame und gesicherte Erkenntnis aller Textwissenschaften besagt: Texte jeglicher Art müssen, wenn sie verstanden werden sollen, immer zuvor ausgelegt werden (vgl. Rn. 156ff.). Für die juristische Arbeit bedeutet das: Jedes Gesetz, jede einzelne Rechtsvorschrift und jede vertragliche Vereinbarung bedarf der Auslegung, bevor sie sachgerecht angewendet oder vollzogen werden kann.

732 **a) Eindeutigkeitsregel.** Das Gegenteil vertritt die aus dem römischen Recht überkommene sog. Eindeutigkeitsregel (auch „Sens-Clair-Doktrin" oder „Plain-Meaning-Rule" genannt). Danach soll eine klar und eindeutig formulierte Gesetzesvorschrift keiner Auslegung zugänglich sein.[982] Diese Auffassung ist nach heute ganz überwiegender Ansicht unhaltbar. Das hat mehrere Gründe (Rn. 156ff.). Zunächst sind sprachliche Formulierungen niemals dauerhaft „eindeutig", weil sie ihren Aussagegehalt mit dem Wandel des Umfeldes, in dem sie formuliert und später rezipiert werden, verändern können (Rn. 171ff.). Zum anderen steht keine Rechtsvorschrift für sich allein. Ihr scheinbar eindeutiger Wortlaut kann mit anderen Vorschriften desselben Gesetzes im Widerspruch stehen oder den Gebotsgehalten später erlassener oder höherrangiger Rechtsvorschriften widersprechen. Schließlich können auch in „eindeutig" formulierten Gesetzesvorschriften Redaktionsversehen oder Wertungswidersprüche der normsetzenden Instanz enthalten sein, die bei der Anwendung der Vorschriften zu berücksichtigen, evtl. zu korrigieren sind.

---

982 Sie wurde seit altersher vielfach vertreten, vgl. etwa BVerfGE 4, 331 (351); BGH NJW 1956, 1553; Th. Ramm, Auslegung und gesetzesändernde Rechtsfortbildung, ArbuR 1962, 353, 356; O. Bachof, Auslegung gegen den Wortlaut und Verordnungsgebung contra legem, JZ 1963, 697ff. und geht auf das römische Recht zurück.

Beispiele: § 90 BGB sagt: „Sachen im Sinne des Gesetzes sind nur körperliche Gegenstände." Diese „klar und eindeutig" erscheinende verbindliche gesetzliche Definition der „Sachen" hält das Gesetz selbst nicht durch. In § 119 Abs. 2 BGB ist von „Eigenschaften der Sache" die Rede. Gleichwohl ist die Definition des § 90 BGB nicht anwendbar. Sachen im Sinne dieser Vorschrift sind auch unkörperliche Gegenstände.[983] Der Gesetzgeber hat sich hier offenbar – bei eindeutigem Wortlaut – „versprochen".

Beim Teilstreik (vgl. zuerst RGZ 106, 272) sind nach dem „klaren Wortlaut" sowohl der Tatbestand des § 326 BGB (unverschuldete Unmöglichkeit) als auch der des § 615 BGB (Annahmeverzug des Arbeitgebers) erfüllt. Die Vorschriften führen zu gegensätzlichen Ergebnissen, können also, trotz des klaren Wortlauts, nicht schlicht angewendet, sondern müssen „ausgelegt" werden. Daraus ist die vom BAG vielfach modifizierte Lehre vom „Betriebsrisiko" und „Arbeitskampfrisiko" entstanden.[984]

Die Beispiele zeigen: Gesetze werden von Menschen gemacht. 733
Auch Gesetzgeber machen Fehler, indem sie offenkundig Widersprüchliches regeln oder sich falsch ausdrücken, und zwar trotz „klaren Wortlauts". Selbst bei Legaldefinitionen (vgl. § 90 BGB und § 119 Abs. 2 BGB mit unterschiedlicher Bedeutung des Begriffs „Sache") sind „Versprecher" der Gesetzgebung nicht ausgeschlossen.

Die „Eindeutigkeitsregel" führt deshalb in die Irre. Jede Rechtsnorm bedarf der Auslegung. Die Feststellung, ihr Regelungsinhalt sei „klar" oder „eindeutig", ist immer das **Ergebnis einer Auslegung,** die sich gerade nicht auf den Wortlaut beschränken darf. Das Argument der „Eindeutigkeit" einer Norm kann daher nur besagen, über die fragliche Interpretation bestehe zur Zeit kein Streit.[985] Sobald die Meinungen auseinander gehen, ist die Berufung auf die Eindeutigkeitsregel eine Scheinbegründung.

b) Andeutungstheorie. Unzweifelhaft ist der Gesetzeswortlaut ein 734
wichtiges Erkenntnismittel, um den Willen der Normsetzer zu ergründen, aber eben nur eines unter mehreren. Deshalb gehen alle auslegungstheoretischen Ansätze in die Irre, die dem Wortlaut einen absoluten Vorrang vor allen anderen Auslegungsargumenten einräumen. Dazu gehört auch die sog. Andeutungstheorie. Sie besagt, daß bei unklarem und mehrdeutigem Wortlaut einer Norm nur solche Auslegungsergebnisse zulässig seien, die im Wortlaut einen – wenn auch

983 H. M. seit RGZ 149, 235 (238); BGH LM Nr. 2 zu § 119 BGB.
984 Vgl. H. Brox/B. Rüthers/M. Henssler, Arbeitsrecht, 19. Aufl., Stuttgart 2016, Rn. 387 ff.
985 Th. Viehweg, Rechtsphilosophie als Grundlagenforschung, ARSP 47 (1961), 523 ff.

unvollkommenen – Ausdruck gefunden hätten, also „angedeutet" scicn.[986]

735 Diese Position, die auf einen strikten Buchstabengehorsam des Rechtsanwenders hinausläuft, wird widerlegt durch die Notwendigkeit, Redaktionsversehen und Wertungswidersprüche der Gesetzgebung im Wege der Auslegung zu berichtigen oder auszuräumen.[987] Ein Musterbeispiel bietet § 400 BGB, der die Abtretung unpfändbarer Forderungen ausnahmslos verbietet. Die Rechtsprechung hat den gesetzgeberischen Normzweck zutreffend gegen den Wortlaut und den Bedeutungszusammenhang verwirklicht: Abtretungen sind wirksam, wenn der Abtretende gleichwertige Gegenleistungen erhält.[988] Der Rechtsanwender schuldet dem Gesetz, wie zuerst Ph. Heck überzeugend dargelegt hat, nicht Buchstabengehorsam, sondern denkenden Gehorsam.[989] Anders kann das im Strafrecht sein, wenn die Auslegung zu Lasten des Angeklagten gehen würde. Die Andeutungstheorie wird daher heute in der Rechtsprechung und Methodenlehre kaum noch vertreten.[990]

736 Soweit die Andeutungstheorie heute noch in modifizierter Form aufrechterhalten wird,[991] geht es um Formulierungsfragen, also um Konstruktionskontroversen ohne Einfluß auf das Ergebnis. Die Vertreter der modifizierten Andeutungstheorien halten den Rechtsanwender (ebenfalls) für befugt, das Gesetz unabhängig von den „Andeutungen" im Wortlaut nach dem wirklichen Willen des Normgebers korrigierend anzuwenden. Die Wortlautgrenze wird also auch von ihnen nicht als zwingend angesehen. Im Wege der Rechtsfortbildung kommen sie zum gleichen Ergebnis, nämlich zur

986 So die ältere Rspr. u. Lehre: RGZ 52, 334 (342); 169, 122 (124); vgl. aber RGZ 142, 36 (40); auch noch BGHZ 4, 369 (375); BFH JZ 1965, 459 f. entgegen BFH JZ 1963, 261; W. Siebert, Die Methode der Gesetzesauslegung, Heidelberg 1958, S. 39; E. Forsthoff, Rechtsstaat im Wandel, Stuttgart 1964, S. 152.

987 Vgl. etwa RGSt 40, 191.

988 BGHZ 4, 153; 13, 360; 59, 115 (st. Rspr.).

989 Ph. Heck, Gesetzesauslegung und Interessenjurisprudenz, AcP 112 (1914), 20, 51 ff.; B. Rüthers, Methodenrealismus in Jurisprudenz und Justiz, JZ 2006, 53; a. A. G. Hirsch, Zwischenruf – Der Richter wird's schon richten, ZRP 2006, 161.

990 BGHZ (GS) 4, 153 (157) entgegen 4, 369 (375); BVerfGE 34, 269 (287); 54, 277 (297 f.); BSGE 14, 246; G. u. D. Reinicke, Die Bedeutung des Wortlauts bei der Auslegung von Gesetzen nach der Rechtsprechung des Bundesgerichtshofs, NJW 1952, 1033 ff.; dies., Die Auslegungsgrundsätze des Bundesarbeitsgerichts, NJW 1955, 1383 ff.; M. Kriele, Theorie der Rechtsgewinnung, 2. Aufl., Berlin 1976, S. 221 ff.

991 K. Larenz, Methodenlehre der Rechtswissenschaft, 6. Aufl., Berlin 1991, S. 324 ff.; C.-W. Canaris, Die Feststellung von Lücken im Gesetz, 2. Aufl., Berlin 1983, S. 19 ff.; F. Müller/R. Christensen, Juristische Methodik, Band I, 10. Aufl., Berlin 2009, Rn. 322 ff.

Ermittlung des wirklichen Willens der Gesetzgebung auch gegen den Wortlaut oder über ihn hinaus. Das Bundesverfassungsgericht sagt dazu: „Der Richter ist nach dem Grundgesetz nicht darauf verwiesen, gesetzgeberische Weisungen in den Grenzen des möglichen Wortsinns auf den Einzelfall anzuwenden“[992].

Hinter der fortgeführten Kontroverse verbirgt sich ein Streit darüber, ob sich der Bereich der Gesetzesauslegung von dem der (richterlichen) Rechtsfortbildung nach rational einsichtigen Merkmalen abgrenzen läßt oder ob jede Gesetzesanwendung mindestens potentiell auch bei klarem Wortlaut rechtsfortbildende Elemente enthält („der Richter als ständiger Ersatzgesetzgeber“). In dieser Abgrenzung darf das Anliegen der modifizierten Andeutungstheorie gesehen werden. Dies ist berechtigt. Die Übergewichtung des Wortlauts ist jedoch ein ungeeignetes Mittel dazu. „Auslegung“ bezeichnet den Versuch, mit rationalen Mitteln die Wertentscheidungen zu ermitteln, die der Gesetzgeber in der Rechtsordnung als Summe von Gebotsnormen niedergelegt hat. Das ist ihr Ziel, aber auch ihre Grenze. Ausgelegt werden darf nur, was der Gesetzgeber eingelegt hat. Dazu sind alle Erkenntnismittel zu nutzen, also der Wortlaut, die Logik, die Entstehungsgeschichte und die Systematik. 737

2. Zutreffendes Wortverständnis. a) Möglichkeiten. Die Ermittlung des Wortsinnes einer gesetzlichen Regel erscheint auf den ersten Blick einfach. Tatsächlich kann sie aber erhebliche Schwierigkeiten bereiten. Für das Verständnis eines Wortes oder sprachlichen Zeichens kommen nur zwei Alternativen in Betracht: Die Bedeutung kann zunächst durch den Sprechenden festgesetzt werden. Er definiert dann das Wort. Im täglichen Umgang verbringen wir unsere Zeit aber in der Regel nicht damit, dem jeweiligen Gesprächspartner jedes Wort erst zu erklären. Wir verwenden die Wörter nach einem eingespielten Sprachgebrauch, nach sprachlichen Konventionen. So macht es auch der Gesetzgeber. Nur in seltenen Fällen definiert er die im Gesetz verwendeten Begriffe. Wenn die von der Verfassung geforderte Gesetzesbindung überhaupt einen Sinn haben soll, dann besteht die vorrangige Aufgabe des Richters bei der Wortauslegung in der Feststellung des Sprachgebrauchs des Gesetzgebers. Es geht um die Ermittlung von Wortbedeutungen. Die Bedeutung eines Wortes ist dadurch bestimmt, wie es in der Sprachgemeinschaft verstanden wird. Insoweit ist zu berücksichtigen, daß es sich bei Gesetzen 738

992 BVerfGE 34, 269 (287).

(auch) um fachsprachliche Texte handelt. Juristen verwenden neben wenigen sprachlichen Neuschöpfungen vor allem Begriffe der Umgangssprache, die sie dann aber für ihre jeweiligen Zwecke kontextgebunden definieren.

Wesentlich ist auch, wie die Mitteilung von den anderen aufgefaßt wird. Der objektive Empfängerhorizont ist zu berücksichtigen (§§ 133, 157 BGB). Dieser Gedanke gilt im Grundsatz auch für Gesetze. Das würde eigentlich bedeuten, daß der Rechtsanwender den in der Gesellschaft eingespielten Sprachgebrauch zuerst (empirisch) ermitteln muß. Das ist dem praktisch tätigen Juristen selbst für neuere Gesetzesbegriffe in der Regel nicht zumutbar. Zur Ermittlung des eingespielten Sprachgebrauchs muß es für den Richter als ein Hilfsmittel daher auch möglich sein, auf ein Wörterbuch der deutschen Sprache zurückzugreifen. Reicht auch das nicht aus, bleibt ihm nichts anderes übrig, als unter ausdrücklicher Berufung auf die eigene Sprachkompetenz den Inhalt des Gesetzesbegriffs zu bestimmen.

739 Der Sprachgebrauch und damit die Begriffsinhalte von Wörtern sind mit gesellschaftlichen und politischen Veränderungsprozessen wandelbar (vgl. Rn. 171 ff.). Dieselben Wörter können zu verschiedenen Zeiten in der Umgangssprache, aber auch in Gesetzen unterschiedliche Bedeutungen gewinnen (vgl. zum Wort Nachtzeit Rn. 169). Wörter und Begriffe haben ihre eigene Geschichte. Daraus entsteht die Frage, welcher Begriffsinhalt für den Rechtsanwender verbindlich ist, der Wortsinn, der zum Entstehungszeitpunkt maßgeblich war und von der Gesetzgebung zugrundegelegt wurde, oder die gewandelte umgangssprachliche Wortbedeutung im Zeitpunkt der Gesetzesanwendung. Das ist gerade bei älteren Gesetzen problematisch.

740 Eine zweite Entscheidung ist notwendig. Viele Wörter der Alltagssprache haben in der Fachsprache der Juristen eine spezielle Bedeutung angenommen oder auch vom Gesetz (vgl. § 90 BGB „Sache“) zugeschrieben bekommen (z. B. die Begriffe „Willenserklärung“, „Anspruch“, „Forderung“, „Unmöglichkeit“, „Anfechtung“, „Kündigung“). Es stellt sich auch hier die Frage, ob der Richter solche Begriffe im umgangs- oder im fachsprachlichen Sinn zu verstehen hat.

741 **b) Gesetzesbindung.** Entscheidend für die Lösung der aufgeworfenen Fragen ist die Tatsache, daß jede Rechtsnorm einen Gebotsinhalt hat, der an den Normanwender adressiert ist. Die sachgerechte Rechtsanwendung besteht darin, den Gebotsinhalt zutreffend zu er-

mitteln und umzusetzen. Die Gesetzgebung kann bei der Formulierung des Rechtssatzes nur von dem zur Entstehungszeit gültigen Bedeutungsinhalt der verwendeten Begriffe – seien es fachsprachliche oder umgangssprachliche – ausgegangen sein. Deshalb hat der Rechtsanwender in jedem Fall zunächst den „entstehungszeitlichen" Wortsinn zu ergründen. Er ist der – wenn immer möglich – zu ermittelnde Ausgangspunkt jeder Auslegung, weil er die ursprüngliche Zweckrichtung der Norm wiedergeben kann. Dieser Gedanke gilt auch für die Frage, ob die umgangs- oder fachsprachliche Konvention den Vorrang hat. Wegen der richterlichen Gesetzesbindung ist bei der Gesetzesauslegung im Zweifel von der fachspezifischen Bedeutung auszugehen.

Manche Autoren meinen, die nicht fachspezifischen Ausdrücke der 742
Normtexte seien „grundsätzlich nach dem heutigen Sprachgebrauch zu interpretieren".[993] Das ist zu pauschal, weil den aus der Umgangssprache entnommenen Ausdrücken allein nicht entnommen werden kann, welche konkreten rechtspolitischen Normzwecke die Gesetzgebung damit erreichen wollte. Der Wortlaut der Normen ist wegen seiner Offenheit für viele Deutungsmöglichkeiten zwar der unerläßliche Ausgangspunkt jeder Gesetzesauslegung. Aber die methodengerechte Auslegung kann die vom Wortlaut angedeuteten Sinngehalte der Rechtssätze ebenso einschränken wie erweitern. Die Auffassungen, die der „heutige Leser" mit dem Textsinn einer Norm verbindet, sind dabei nicht der maßgebende Aspekt.[994]

Es geht hier im Kern um die Frage, ob es neben dem maßgeblichen normativen Willen der Gesetzgebung konkurrierende, rechtspolitisch wirksame Willenspotentiale geben soll. Dafür kommt nur der Wille des Rechtsanwenders in Betracht, der dann entscheidet, was im Anwendungszeitpunkt eines gealterten Gesetzes ein „objektiv" sinnvoller oder vernünftiger Regelungsinhalt sein soll. Die Zulässigkeit solcher Interpretationen ist bei der Frage nach dem Rang der systematischen und der historischen Auslegungsargumente zu beantworten.

993 E. A. Kramer, Juristische Methodenlehre, 4. Aufl., München 2013, S. 88; K. Larenz, Methodenlehre der Rechtswissenschaft, 6. Aufl., Berlin 1991, S. 324.

994 Anders offenbar E. A. Kramer, Juristische Methodenlehre, 4. Aufl., München 2013, S. 88; K. Larenz, Methodenlehre der Rechtswissenschaft, 6. Aufl., Berlin 1991, S. 324.

II. Zusammenfassung zu D

743 1. Jede Rechtsnorm bedarf der Auslegung. Jede Auslegung geht vom Normtext aus. Der Wortlaut ist der erste Ansatzpunkt jeder Auslegung. Die sorgfältige Wahrnehmung und Analyse des Gesetzeswortlauts ist die Voraussetzung für eine sachgerechte Auslegung.
2. Aus der Formulierung des Gesetzeswortlauts lassen sich Schlüsse auf die Regelungsabsicht des Gesetzgebers und den Zweck der Einzelnorm herleiten.
3. Die Sprache ist ein mehrdeutiges, unsicheres und wandelbares Transportmittel für den von der Gesetzgebung gewollten Gebotsinhalt (Normzweck). Trotz der großen Bedeutung des Wortlauts wäre ein übertriebener Buchstabengehorsam (Wortlautfetischismus) ein Irrweg. Beispiele dafür sind sowohl die Eindeutigkeitstheorie („Sens-Clair-Doktrin") wie die Andeutungstheorie. Der Wortlaut allein sagt auch nichts darüber aus, ob eine Norm eng oder weit auszulegen ist. Diese Frage ist vom Normzweck, also von der Regelungsabsicht der Gesetzgebung her zu entscheiden. Diese kann, muß aber nicht im Wortlaut erkennbar sein. Deshalb sind stets weitere Auslegungsaspekte heranzuziehen, um die immer vorläufige Wortlautinterpretation zu überprüfen, nämlich die systematische und die historische (entstehungsgeschichtliche) Interpretation.
4. Für das Verständnis der Gesetzesbegriffe kann zum einen auf ihre Bedeutung zum Entstehungs- oder zum Anwendungszeitpunkt, zum anderen auf die Umgangs- oder Fachsprache abgestellt werden. Wegen der verfassungsrechtlich geforderten Gesetzesbindung ist das Ziel der hier behandelten Wortauslegung die Ermittlung der entstehungszeitlichen und fachsprachlichen Bedeutung des fraglichen Gesetzesbegriffs.

E. Systematische Auslegung

I. Grundlagen

744 **1. Allgemeine Grundsätze.** Texte gewinnen ihren Sinn (= den Inhalt ihrer „Botschaft") häufig erst aus den Kontexten, in denen sie einerseits formuliert und andererseits rezipiert, also verstanden werden. Das gilt auch für Rechtsnormen. Deshalb haben die Methodenforschungen der textgebundenen Nachbarwissenschaften (Theologie,

Philosophie, Literaturwissenschaft, Geschichte u. a.) für die Rechtswissenschaft und die Justiz größere Bedeutung als ihnen bisher zugemessen wurde (Rn. 156 ff., 308). Für die Auslegung von Gesetzestexten ist das Wissen um die gesetzliche Systematik unerläßlich (Rn. 139).

Der Begriff „System" steht für ein aus Teilen zusammengesetztes geordnetes Ganzes (Rn. 139 ff., 750 f.). Rechtsnormen und Gesetze sind Systeme in diesem Sinne. Die weitergehende Vorstellung von einem einheitlichen System der Rechtsordnung[995] beruht auf dem Gedanken, daß die Rechtsordnung ein geordnetes Normengefüge widerspruchsfreier normativer Wertmaßstäbe sein soll. In der Realität ist sie das nicht (vgl. Rn. 145, 278). Eine in sich widersprüchliche Rechtsordnung würde aber die Forderung nach einheitlichen Rechtsmaßstäben für alle Rechtsunterworfenen und damit der Rechtsgleichheit, ein Grundprinzip der Gerechtigkeit, verletzen.[996] Deshalb bedarf es bei Wertungswidersprüchen einer harmonisierenden Interpretation.

Das zutreffende Verstehen des Gebotsinhalts einer Norm ergibt 745
sich oft erst aus ihrer Stellung im Zusammenhang einer Normengruppe, einer Kodifikation, eines Teilgebietes (Arbeitsrecht, Sozialrecht, Steuerrecht) oder der Gesamtrechtsordnung. Es gilt der Grundsatz: Keine Rechtsnorm steht für sich allein. Sie muß als Teilelement der Gesamtrechtsordnung verstanden werden.

Die Idee eines widerspruchsfreien Gesamtsystems der Rechtsord- 746
nung schließt noch eine andere Folgerung ein: Bei der Lösung juristischer Fragen, etwa der Entscheidung konkreter Streitstände sind häufig zivilrechtliche, strafrechtliche und verfassungsrechtliche Normen und Grundsätze kombiniert anzuwenden. So ist z. B. bei vielen einfachgesetzlichen Regelungen die sog. Drittwirkung von Grundrechten zu beachten. Die Vorschriften sind dann im Sinne der jeweils einschlägigen Grundrechte auszulegen und gegebenenfalls fortzubilden. Hier zeigt sich bereits, daß es sich bei den mit „systematische Auslegung" etikettierten Vorgängen auch um Fortbildungen der gesetzgeberischen Interessenbewertungen und damit um Rechtsfortbildungen

995 K. Engisch, Die Einheit der Rechtsordnung, Heidelberg 1935; Ph. Heck, Begriffsbildung und Interessenjurisprudenz, Tübingen 1932, S. 139 ff. mit Hinw. auf die ältere Literatur; C.-W. Canaris, Systemdenken und Systembegriff in der Jurisprudenz, 2. Aufl., Berlin 1983; C. Höpfner, Die systemkonforme Auslegung, Tübingen 2008, S. 3 ff.

996 H. Coing, Juristische Methodenlehre, Berlin 1972, S. 29.

handeln kann. Unproblematisch ist die systematische Auslegung nur dort, wo der interpretierten Norm und der zu ihrer sog. Interpretation herangezogenen weiteren Norm übereinstimmende gesetzgeberische Interessenbewertungen und damit ein einheitliches Wertungskonzept zugrunde liegen.

2. Die Ebenen der systematischen Auslegung. Die systematische Auslegung gründet auf der Vermutung, daß die in einer Norm enthaltenen Begriffe auf einem einheitlichen Normzweck und die jeweilige Einzelnorm auf einem einheitlichen Regelungsplan des gesamten Normenkomplexes (Schuldrecht, Sachenrecht) beruhen. Ferner soll in der Regel von einer in sich widerspruchsfreien Wertungseinheit des anzuwendenden Gesetzes (BGB, StGB, HGB etc.) auszugehen sein.

747 Ein weitgehend einheitliches („systematisches") Wertungskonzept war beim Erlaß des BGB maßgebend. Deshalb setzt die zutreffende Anwendung des BGB die Einsicht in seine Systematik voraus. So ist etwa der „Allgemeine Teil" des BGB in einem systematischen Zusammenhang mit den vier folgenden Büchern zu sehen. Dasselbe gilt für die Zusammengehörigkeit des allgemeinen mit dem besonderen Schuldrecht (vgl. etwa §§ 249 ff. mit §§ 842 ff. BGB).

Beispiele: In § 273 BGB ist ein generelles Zurückbehaltungsrecht geregelt, § 320 BGB enthält als Spezialnorm für gegenseitige Verträge zusätzlich die Einrede des nichterfüllten Vertrages.

Wer einen Kaufvertrag wegen Irrtums nach § 119 BGB anfechten will, muß erkennen, daß die Vorschriften der §§ 434 ff. BGB über die Haftung des Verkäufers wegen mangelhafter Kaufsachen eine Spezialregelung darstellen und deshalb jedenfalls nach Gefahrübergang eine Anfechtung durch den Käufer nach § 119 Abs. 2 BGB (nicht eine solche nach § 123 BGB) ausschließen.

748 Die systematische Auslegung ist auch dort erforderlich, wo mehrere in verschiedenen Gesetzen, oft in unterschiedlichen Teildisziplinen des Rechts geregelte Normenkomplexe kombiniert angewendet werden müssen. So ist etwa der gesetzliche Kündigungsschutz (§§ 1 ff. KSchG) eng verwoben mit der Mitwirkung des Betriebsrats nach § 102 BetrVG, aber auch mit Normen des Sozialrechts. Das Gesellschaftsrecht weist zahlreiche Verknüpfungen mit dem Steuerrecht, bei den Kapitalgesellschaften entsprechender Größe und Beschäftigungszahl auch mit den Mitbestimmungsgesetzen (MitbestG 1976; DrittelbG) auf.

749 Systematische Auslegung ist schließlich dort geboten, wo fernwirkende Wertungen von Rechtsnormen aus anderen Rechtsgebieten auf

die Auslegung von Gesetzen einwirken können. Das geschieht vor allem durch die sog. Drittwirkung der Grundrechte. Freilich muß man bei derartigen Fernwirkungen die Grenzen der systematischen Auslegung stets im Blick behalten. Unter dem Etikett einer systematischen Auslegung dürfen nicht verdeckt die konkreten gesetzgeberischen Interessenbewertungen fortgebildet werden. Ist wegen einer Fernwirkung der Zweck einer interpretierten Norm zu modifizieren, so hat das durch eine als solche offen gelegte Rechtsfortbildung zu geschehen.

II. Verschiedene Systembegriffe

Das lenkt das Augenmerk auf die Frage: Welches System ist gemeint, wenn von „systematischer" Auslegung gesprochen wird? Der Begriff wird mit verschiedenen Bedeutungen verwendet (vgl. Rn. 139ff.), nämlich einmal für die formale Einteilung des Rechtsstoffes (z. B. Zivilrecht, Öffentliches Recht, Strafrecht mit den jeweiligen Teildisziplinen). Man spricht dann von äußeren, formalen Ordnungssystemen. **750**

Das Gegenstück bildet die innere Ordnung der Rechtsnormen im Sinne eines erstrebten, widerspruchsfreien Wertgefüges. Man nennt es seit Ph. Heck[997] das „innere System". Gemeint ist damit die materiale Rangordnung, das Wertsystem, das gedanklich vorausgesetzt wird, wenn man die Gesamtrechtsordnung als eine in sich widerspruchsfreie Einheit, als ein „Sinnganzes" zu verstehen und zu deuten versucht. **751**

Nach Heck besteht das innere System aus den gesetzgeberischen „Konfliktsentscheidungen" und den „Fernwirkungen der Werturteile".[998] Vielen genügt das heute nicht mehr. Sie konstruieren Prinzipien und Höchstwerte, die dann als inneres materiales Wertungssystem der Rechtsordnung „erkannt" und anschließend zur verdeckten Umdeutung der Gesetze im Gewand ihrer prinzipiendeterminierten „Auslegung" verwendet werden können.[999] – Ungeklärt ist die Bedeutung von Präjudizien für ein inneres System.

Die juristische Diskussion über den Systembegriff wird zunehmend durch die soziologische Systemtheorie Niklas Luhmanns be- **751a**

---

997 Begriffsbildung und Interessenjurisprudenz, Tübingen 1932, S. 139ff.

998 Ph. Heck, Begriffsbildung und Interessenjurisprudenz, Tübingen 1932, S. 149ff.; vgl. dazu auch H. Schoppmeyer, Juristische Methode als Lebensaufgabe, Tübingen 2001, S. 140f.

999 Gegen eine derartige „Prinzipienjurisprudenz" Ch. Fischer, Topoi verdeckter Rechtsfortbildungen im Zivilrecht, Tübingen 2007, S. 548.

einflußt,[1000] der auch unter Juristen zahlreiche Anhänger hat. Luhmanns „Systemtheorie“ versteht Gesellschaft als operativ geschlossenen Prozeß der Kommunikation. Die Relevanz dieser Theorie für die Rechtsanwendung ist unklar. Dies geben auch der Systemtheorie zuneigende Autoren zu erkennen.[1001] Als Rechtsanwendungsmodell wäre die Systemtheorie mit der richterlichen Gesetzesbindung und weiteren verfassungsrechtlichen Vorgaben unvereinbar.[1002]

III. Rechtsordnung als Wertordnung

752 Die Rechtsordnung ist real uneinheitlich und oft widersprüchlich (Rn. 145, 278). Die Rechtsanwendung ist bemüht, sie als ein konsistentes und widerspruchsfreies Gefüge von gesetzlichen und richterrechtlichen Wertentscheidungen zu verstehen. Man spricht von einem „inneren System“ (Rn. 142 ff.), das durch die interpretative Harmonisierung real vorhandener Widersprüche in Gesetzgebung und Rechtsprechung genauer und differenzierter ist als das „äußere System“ (Rn. 140 f.). Es bietet dadurch die Anleitung für das Lösen juristischer Entscheidungsprobleme.[1003] Dieser Gedanke ist 1951 vom BVerfG für die Deutung des Grundgesetzes als einer objektiven Wertordnung aufgenommen worden.[1004] Alle Verfassungsbestimmungen sind danach so auszulegen, daß sie mit der „Wertordnung des Grundgesetzes“ vereinbar sind.[1005] Die vom Grundgesetz errichteten Elemente einer „objektiven Ordnung“ gelten als „verfassungsrechtliche Grundentscheidung für alle Bereiche des Rechts“.[1006] Die Gesamtrechtsord-

---

1000 Luhmanns Hauptschriften: Soziale Systeme, 1984; Die Wirtschaft der Gesellschaft, 1988; Die Wissenschaft der Gesellschaft, 1990; Das Recht der Gesellschaft, 1993; Die Kunst der Gesellschaft, 1995; Die Realität der Massenmedien, 1996; Die Gesellschaft der Gesellschaft, 1997; Die Politik der Gesellschaft, 2000; Die Religion der Gesellschaft, 2000; Das Erziehungssystem der Gesellschaft, 2002; Soziologische Aufklärung, 6 Bände, 2005; vgl. hierzu C. Höpfner, Die systemkonforme Auslegung, Tübingen 2008, S. 5 f.; K. Schmidt, in: Vielfalt des Rechts – Einheit der Rechtsordnung, Berlin 1994, S. 9 ff., 28; W. Hoffmann-Riem, JZ 2007, 645, 649; O. Lepsius, Steuerungsdiskussion, Systemtheorie und Parlamentarismuskritik, Tübingen 1999, S. 8.

1001 Vgl. Th. Vesting, Rechtstheorie, 2. Aufl., München 2015, S. 5: „Gerade Luhmanns Systemtheorie läuft nicht auf ein rechtswissenschaftliches Forschungsprogramm hinaus. Sie legt – jedenfalls von ihrem Selbstverständnis her – keine unmittelbar praxisrelevanten (normbildende) Folgerungen nahe.“

1002 Vgl. etwa O. Lepsius, Steuerungsdiskussion, Systemtheorie und Parlamentarismuskritik, Tübingen 1999, S. 72.

1003 Skeptisch gegenüber „inneren Systemen“ Ch. Fischer, Topoi verdeckter Rechtsforderungen im Zivilrecht, Tübingen 2007, S. 548.

1004 BVerfGE 1, 14 (32 f.); 7, 198 (204, 206 f.).

1005 BVerfGE 19, 206 (220); 30, 1 (19); 30, 173 (193); 35, 79 (112); 39, 1 (36).

1006 BVerfGE 73, 261 (269).

nung wird vom BVerfG seit der „Lüth“-Entscheidung[1007] als ein inneres System abgestufter Wertentscheidungen, als eine Hierarchie vielfältig verschränkter gesetzlicher Wertmaßstäbe verstanden.

Die wertgebundene Deutung der Rechtsordnung und speziell der Verfassung hat vielfachen und teils heftigen Widerspruch gefunden.[1008] Die Begründungen sind unterschiedlich und angesichts des ebenso evidenten wie unlösbaren Zusammenhanges jeder Rechtsordnung mit den gesetzgeberischen Wertungen (Rn. 136ff.) nicht überzeugend. Soweit die Kritik aus den Traditionen der C. Schmitt/E. Forsthoff-Schule kommt und ihre Argumente gegen die „Tyrannei der Werte“ von C. Schmitt herleitet, erhält der Diskurs eine besondere Pikanterie. Sie beruht auf der Tatsache, daß hier spezielle, auch persönliche Erfahrungen aus der Epoche einer extremen Tyrannei und einer methodisch erfolgreich betriebenen, totalen Umwertung der ganzen Rechtsordnung im Spiel sind. Die juristische Literatur der Jahre 1933 bis 1939 bietet eine gute Übersicht über die methodischen Instrumente und Erfolge wertbezogener Umdeutungen und Einlegungen namhafter juristischer Fachleute. Leider werden diese Strategien gekonnter methodischer Rechtsperversionen in den einschlägigen Lehrbüchern kaum erwähnt. 753

Das BVerfG hat an seiner Deutung des Grundgesetzes und besonders der Grundrechte im Sinne einer Wertordnung bzw. eines „Wertsystems“[1009] festgehalten. Es bevorzugt dafür bei der Reichweite der Grundrechte die Bezeichnung „Elemente einer objektiven Ordnung, die für alle Bereiche des Rechts Geltung haben“.[1010] Diese Wirkung der Grundrechte als Wertentscheidungen und Grundsatznormen schränkt die Regelungsbefugnis des einfachen Gesetzgebers ein.

1007 BVerfGE 7, 198 (207).

1008 Vgl. nur E. Forsthoff, Die Umbildung des Verfassungsgesetzes, in: ders., Rechtsstaat im Wandel, 2. Aufl., München 1976, S. 130ff.; C. Schmitt, Die Tyrannei der Werte, in: R. Schnur (Hrsg.), Säkularisation und Utopie – Festschrift für Ernst Forsthoff zum 65. Geburtstag, Stuttgart 1967, S. 37ff.; E.-W. Böckenförde, Kritik an der Wertbegründung des Rechts, in: R. Löw (Hrsg.), Festschrift für Spaemann, Weinheim 1987, S. 1ff.; aber auch E. Denninger, in: Kommentar zum Grundgesetz für die Bundesrepublik Deutschland, Bd. I, 2. Aufl., Neuwied 1989, Einl. I; ferner R. Dreier/F. Schwegmann (Hrsg.), Probleme der Verfassungsinterpretation, Baden-Baden 1976; H.-M. Pawlowski, Methodenlehre für Juristen, 3. Aufl., Heidelberg 1999, Rn. 846ff.

1009 BVerfGE 30, 173 (193); 49, 24 (56).

1010 BVerfGE 73, 261 (269).

IV. Rechtsanwendung als Wertverwirklichung

754 Jede Rechtsanwendung ist immer ein Akt der Wertverwirklichung.[1011] Diese Einsicht ist für das Verständnis und die methodengerechte Anwendung des gesamten Rechts von grundlegender Bedeutung. Das gilt für das Grundgesetz als die höchstrangige nationale Kodifikation in besonderer Weise, weil das Verfassungsgesetz die „Grundwerte" der gesamten Rechtsordnung definiert und festlegt. Damit werden zugleich ihre Geltung für und die Intensität ihrer Ausstrahlung auf alle Gebiete der Rechtsordnung normiert.[1012] Aber auch alle übrigen Gesetzes- und Einzelnormen enthalten gesetzlich festgelegte Wertmaßstäbe, die in ihrer Summe nach dem Stufenbau der Rechtsordnung ein „Wertsystem" bilden. Es ist die Aufgabe der Rechtsanwendung, dieses innere Wertsystem der Gesamtrechtsordnung zu ergründen und zu verwirklichen.

755 Das kann bei widerstreitenden gesetzlichen Wertmaßstäben gleicher Rangstufe zu erheblichen Abwägungsproblemen führen. Für die Verfassung geht das BVerfG von der Voraussetzung aus,

> „daß die verfassungsmäßige Ordnung ein Sinnganzes bildet, ein Widerstreit zwischen verfassungsrechtlich geschützten Belangen mithin nach Maßgabe der grundgesetzlichen Wertordnung und unter Berücksichtigung der Einheit dieses grundlegenden Wertsystems zu lösen ist"[1013].

Diese Aussage bestätigt, was das Gericht an anderer Stelle so formuliert:

> „Vornehmstes Interpretationsprinzip ist die Einheit der Verfassung als eines logisch-teleologischen Sinngebildes, weil das Wesen der Verfassung darin besteht, eine einheitliche Ordnung des politischen und gesellschaftlichen Lebens der staatlichen Gemeinschaft zu sein"[1014].

Die „Einheit der Verfassung" ist allerdings nicht objektiv vorgegeben. Sie wird in allen Zweifelsfragen erst durch das Interpretationsmonopol des Bundesverfassungsgerichts hergestellt (Rn. 774ff.).

V. Grundprobleme der „systematischen Auslegung"

755a **1. Die Unterscheidung von systematischer Auslegung (Gesetzesanwendung) und Rechtsfortbildung.** Problematisch ist die „sys-

1011 B. Rüthers, Rechtsordnung und Wertordnung, Konstanz 1986, S. 19ff.
1012 BVerfGE 73, 262 (Leitsatz; 269).
1013 BVerfGE 49, 24, (56) „KontaktsperreG".
1014 BVerfGE 19, 206 (220).

tematische Auslegung“ immer dort, wo sie nicht mehr dazu dient, den ursprünglichen Zweck einer Norm zu ermitteln, wenn es also nicht mehr um die Auslegung im eigentlichen Sinne (Rn. 730c) als erste Stufe der Rechtsanwendung geht. Wird die „systematische Auslegung“ eingesetzt, um gesetzgeberische Interessenbewertungen zu modifizieren oder „wegzulegen“, dann ist die zweite Stufe der Rechtsanwendung (Rn. 730d), die Rechtsfortbildung, betroffen. Derartige Fortbildungen des Gesetzesrechts sind nicht etwa per se unzulässig. Sie müssen aber als solche offen gelegt und daraufhin überprüft werden, ob die für Rechtsfortbildungen geltenden Zulässigkeitsvoraussetzungen erfüllt sind (Rn. 822 ff., 865 ff.). Der schlichte Hinweis auf die Systematik und deren traditionelle Anerkennung im Auslegungskanon genügt insoweit nicht.

Der Unterschied zwischen „echter“ systematischer Auslegung einerseits und Rechtsfortbildung andererseits ist wegen der Darlegungspflicht und der Selbstkontrolle des Rechtsanwenders bei der interpretativen Schaffung neuer Rechtsnormen methodisch von entscheidender Bedeutung. Er wird sowohl in der Rechtsprechung als auch in der juristischen Literatur oft verkannt oder vernebelt.[1015] Von Auslegung kann nur die Rede sein, wenn der damit gewonnene Normzweck dem Regelungsziel der Gesetzgebung zugerechnet werden kann, sich die maßgebende Interessenbewertung also aus der auszulegenden Norm ergibt. Was die Gesetzgebung nicht regeln konnte, etwa weil der zu regelnde Lebenssachverhalt bzw. die ihm zugrunde liegende Interessenlage noch gar nicht existierte, muß wegen des Rechtsverweigerungsverbots vom zuständigen Gericht entschieden werden. Das geht aber nur im Wege richterlicher *Rechtsfortbildung*, nicht unter dem Etikett „Auslegung“. Das BVerfG verwendet demgegenüber gern den vieldeutigen Begriff „schöpferische Rechtsfindung“[1016]. Damit wird verdeckt, daß der Richter dieses Recht nicht „findet“ – das gibt es bis dahin nicht –, sondern selbst setzt. **755b**

Die möglichst klare Trennung von Auslegung und Rechtsfortbildung ist – auch unter dem verfassungsrechtlichen Aspekt der Gewaltentrennung (Art. 20 Abs. 2 GG) – der zentrale methodische Ansatz dieses Buches. Es geht – entgegen der herrschenden Lehre und Justizpraxis – um die Methodenehrlichkeit der Juristen, um die Offenle-

1015 Ch. Fischer, Topoi verdeckter Rechtsfortbildungen im Zivilrecht, Tübingen 2007.
1016 BVerfGE 3, 225 (243).

gung richterlicher und interpretativer Normsetzungen mit einer diesbezüglichen Begründungspflicht.

Das Problem entsteht gerade bei sog. systemkonformen Auslegungen (verfassungs-, europarechts- und völkerrechtskonforme „Auslegungen"; Rn. 763f., 766ff.) besonders häufig. Kollisionen einfachen Gesetzesrechts mit national oder international höherrangigen Rechtsnormen lassen sich oft nicht im Wege der „Auslegung", sondern nur durch richterliche Rechtsfortbildungen auflösen. In diesen Fällen verdeckt der Begriff *Auslegung* in der Regel Akte richterlicher *Normsetzung*.

756 **2. Die Rolle von Generalklauseln und Rechtsprinzipien.** Ein „klassisches" Anwendungsfeld der systematischen Auslegung soll die Beachtung allgemeiner Rechtsgrundsätze und Prinzipien sein. Der Begriff des Rechtsprinzips oder Rechtsgrundsatzes wird unterschiedlich verwendet. Nicht jeder Autor versteht darunter dasselbe. Diskutiert wird vor allem die Frage, in welcher Weise Prinzipien sich von den normalen Vorschriften des Gesetzestextes, den „Regeln", unterscheiden.

756a Eine Möglichkeit besteht darin, aus verschiedenen Vorschriften des Gesetzes die Gemeinsamkeiten abzuleiten. Im Wege einer systematischen Auslegung werden die gemeinsamen Grundgedanken einer Reihe von Vorschriften hervorgehoben. Es geht um die Ermittlung des Aufbaus eines Gesetzes. In metaphorischer Form wird von der „Tiefenstruktur" des Rechts gesprochen.[1017] So wurde beispielsweise aus den §§ 554a, 626 BGB a. F. gesetzesrechtsfortbildend gefolgert, daß alle „unzumutbaren" Dauerrechtsverhältnisse fristlos beendet werden können. Dieser richterrechtliche Rechtsgrundsatz ist im Rahmen der Schuldrechtsreform ausdrücklich in § 314 BGB in das Gesetz aufgenommen worden. Es herrscht Einigkeit darüber, daß der Grundsatz auch außerhalb des BGB, etwa im Verwaltungsrecht, gültig ist. Weitere Beispiele sind ähnliche Grundsätze des Sachenrechts oder Verfahrensgrundsätze des Zivilprozesses.

756b Prinzipien können von anderen Vorschriften auch danach unterschieden werden, ob die Norm im Wege eines staatlichen Verfahrens gesetzt worden ist oder ob sie gewohnheitsmäßig gewachsen ist. Das ist die Perspektive der Rechtsquellenlehre (vgl. Rn. 217ff.). Diese Unterscheidung findet sich häufig im anglo-amerikanischen Rechtsbe-

1017 K. F. Röhl/H. C. Röhl, Allgemeine Rechtslehre, 3. Aufl., Köln 2008, § 33 I.

reich, wo sie durch die Trennung von statute law und common law schon angelegt ist.

Eine häufig vertretene Auffassung sieht inhaltliche Kriterien als entscheidend an. Die Verbindung einer Vorschrift zu einem obersten Rechtsgrundsatz, zur Rechtsidee oder zu einem moralischen Wertungsgehalt qualifiziere sie als Rechtsprinzip.[1018] Einige dieser sog. rechtsethischen Prinzipien lassen sich auf Verfassungsgrundsätze zurückführen, etwa das Gebot der rechtlichen Gleichbehandlung gleichliegender Sachverhalte, der Verhältnismäßigkeitsgrundsatz oder der Vertrauensschutz. Andere stellen reine Scheinbegründungen dar, die der Vernebelung bewußter Abkehr vom Gesetz dienen (vgl. Rn. 144a). Werden rechtsethische Prinzipien zur Begründung einer bestimmten Entscheidung angeführt, ist daher stets kritisch zu prüfen, ob es sich dabei tatsächlich um gesetzlich verbindliche Wertungen oder nicht vielmehr um eine rechtspolitische Wertung desjenigen handelt, der sich auf das Prinzip beruft. **756c**

Vertreter der analytischen Rechtstheorie schließlich versuchen, Unterschiede zwischen Regeln und Prinzipien in der Normstruktur der Rechtssätze zu finden (vgl. Rn. 491a ff.).[1019] Prinzipien werden als Argumentationsregeln, prima-facie-Normen oder als Gründe für anwendbare Regeln bezeichnet. All diesen Umschreibungen liegt der Gedanke zugrunde, daß es in der Rechtsordnung Vorschriften gibt, unter die der Richter nicht einfach subsumiert, sondern die erst mit Hilfe eines bestimmten Verfahrens in subsumierbare Regeln umgewandelt werden müssen. Prinzipien sind danach Rechtfertigungsgründe, aus denen sich nur im Zusammenspiel mit anderen Prinzipien anwendbare Normen entwickeln lassen. Diese Auffassung versucht eine Erklärung für die zu beobachtende Tatsache zu finden, daß die Gerichte bei der Rechtsanwendung nicht immer allein den Sachverhalt unter vorhandene Vorschriften subsumieren, sondern bei bestimmten Normen eine Abwägung vornehmen. In unserem Rechtssystem kommt es zu solchen Abwägungsvorgängen etwa im Rahmen der Verfassungsbeschwerde über die Verletzung von Grundrechten durch das Bundesverfassungsgericht. Aber auch für die Fachgerichte stellt sich immer wieder diese Frage, insbesondere bei der Anwendung der Generalklauseln in §§ 138, 242 BGB, die gerade des- **756d**

1018 K. Larenz, Methodenlehre der Rechtswissenschaft, 6. Aufl., Berlin 1991, S. 302 ff.
1019 R. Dworkin, Bürgerrechte ernstgenommen, Frankfurt/M. 1984, S. 54 ff.; R. Alexy, Theorie der Grundrechte, 3. Aufl., Frankfurt/M. 1996, S. 71 ff.

halb nach h. M. die „Einfallstore" der Grundrechte ins Privatrecht sind.

757 Die genannten Grundsätze und Prinzipien werden zum „inneren System" der Rechtsordnung gerechnet (Rn. 142 ff., 751).[1020] Die Funktionen der Prinzipienlehren bestehen in dreierlei: Erstens geht es in der Auseinandersetzung mit einem (angeblich) entgegenstehenden Rechtspositivismus darum, daß auch jenseits der Gesetzesbindung eine Rechtsfindung für die Gerichte zulässig ist, die überprüfbaren, (scheinbar) vorgegebenen Kriterien folgt und nicht in das freie Ermessen des Richters gestellt ist. Die Prinzipientheorien haben zweitens Auswirkungen auf die Gewaltenteilung zwischen Parlament und Rechtsprechung sowie auf die Kompetenzgrenzen des Bundesverfassungsgerichts. Wer Rechtsfindung jenseits der Gesetzesbindung zuläßt, verschiebt automatisch die Grenzen zwischen den beiden staatlichen Gewalten. Schließlich geht es drittens um die Entwicklung eines rationalen Rechtssystems, das den Rechtsanwender bzw. Richter bei der Auslegung und Rechtsfortbildung an „die Leitlinien der Rechtsordnung" bindet.

757a In der Praxis dienen Prinzipien oft dazu, vom Rechtsanwender als ungenügend empfundene gesetzliche Wertmaßstäbe mit der Berufung auf übergeordnete Rechtsprinzipien zu korrigieren, den Geltungsbereich bestimmter Einzelnormen einzuschränken oder auszudehnen (teleologische Reduktion oder Extension, siehe Rn. 902 ff.) oder die Feststellung wie auch die anschließende Ausfüllung von Lücken im Gesetz zu ermöglichen (vgl. Rn. 865 ff., 878 ff.). In diesen Möglichkeiten liegen die Chancen und Gefahren jeder Prinzipientheorie. Es kommt daher entscheidend darauf an, das Anwendungsverfahren für Prinzipien möglichst präzise zu strukturieren und festzulegen. Die Überzeugungskraft einer jeden Prinzipientheorie hängt nicht zuletzt davon ab, inwieweit es gelingt, rationale Strukturen für deren Anwendung zu entwickeln. Prototyp einer Prinzipientheorie ist das Modell von R. Alexy, das auf Arbeiten von R. Dworkin basiert (vgl. Rn. 491 a ff.).

758 In seiner Prinzipientheorie nimmt Alexy das maßgebliche Strukturmodell gleich in sein Abgrenzungskriterium zwischen Regeln

1020 K. Larenz/C.-W. Canaris, Methodenlehre der Rechtswissenschaft, Studienausgabe, 3. Aufl., Berlin 1995, S. 302.

und Prinzipien auf: Prinzipien sind für ihn Optimierungsgebote.[1021] Als Prinzipien gelten danach alle Normen, die „gebieten, daß etwas in einem relativ auf die rechtlichen und tatsächlichen Möglichkeiten möglichst hohem Maße realisiert wird“. Aus diesem Axiom folgert Alexy drei weitere Grundsätze seiner Prinzipienlehre: das Kollisionsgesetz, das Abwägungsgesetz und den prima-facie-Vorrang der grundrechtlichen Freiheitsrechte.

Das Kollisionsgesetz besagt, daß bei Abwägung zweier Prinzipien im konkreten Fall eine Vorrangregelung zu begründen ist. Die Bedingungen, unter denen diese gilt, ergeben den Tatbestand der Regel, die im konkreten Fall gilt. Die Rechtsfolge wird dem Prinzip entnommen, das im konkreten Fall den Vorrang erhalten soll. Nach dem Abwägungsgesetz soll eine Korrelation zwischen Beeinträchtigung eines Prinzips und Wichtigkeit der Erfüllung des kollidierenden Prinzips bestehen. Dieser Grundsatz entspricht dem Verhältnismäßigkeitsgrundsatz. Der prima-facie-Vorrang der Freiheitsrechte schließlich soll eine Beweis- und Argumentationsregel aufstellen: Wer prima-facie-vorrangige Prinzipien einschränkt, hat die Verhältnismäßigkeit der Einschränkung zu beweisen.[1022] Gelingt dies nicht oder nicht in überzeugender Weise, geht die grundrechtlich verbürgte Freiheit vor.

Diese „Gesetze“ sehen lediglich ein Verfahren vor, das nicht etwa **758a**
zu eindeutigen Ergebnissen führt. Es bleibt ein nicht weiter zu strukturierender Entscheidungsspielraum für die Gerichte bestehen. Das Verfahren muß also durch eine Theorie der rationalen juristischen und praktischen Argumentation ergänzt werden.[1023] Allerdings reicht auch dieses Erklärungsmuster noch nicht aus. In seinen neueren Arbeiten ergänzt Alexy seine Theorie daher mit einer „Spielraumtheorie“ für die Fälle, in denen ein Abwägungspatt vorliegt.[1024]

Alexy wendet seine Prinzipientheorie im Bereich der Grundrechte **758b**
des Grundgesetzes an. Das ist weitgehend unproblematisch, da es sich bei den Grundrechten wohl ausnahmslos um Prinzipien im Sinne Alexys handelt. Dabei gerät aber eine Frage etwas aus dem

---

1021 R. Alexy, Theorie der Grundrechte, 3. Aufl., Frankfurt/M. 1996, S. 75 ff.; J.-R. Sieckmann, Regelmodelle und Prinzipienmodelle des Rechtssystems, Baden-Baden 1990.

1022 R. Alexy, Rechtssystem und praktische Vernunft, Rechtstheorie 18 (1987), 405, 415.

1023 R. Alexy, Theorie der Grundrechte, 3. Aufl., Frankfurt/M. 1996, S. 145 ff.; R. Alexy, Theorie der juristischen Argumentation, 3. Aufl., Frankfurt/M. 1996.

1024 R. Alexy, Verfassungsrecht und einfaches Recht – Verfassungsgerichtsbarkeit und Fachgerichtsbarkeit, VVDStRL 61 (2002), 7 ff.

Blickfeld, die von nicht geringer Bedeutung ist: Woran kann der Rechtsanwender erkennen, daß es sich um eine Prinzipiennorm oder um eine Regel handelt? Stellen wir uns vor, ein Wesen von einem fremden Stern hat die Aufgabe bekommen, Prinzipien der deutschen Rechtsordnung auszumachen. Als Hilfsmittel hierfür ist der „Schönfelder" zugelassen. Wird die Suche Erfolg haben?

Das hängt davon ab, ob es ein Erkenntniskriterium für die Ermittlung von Rechtsprinzipien gibt oder nicht. Das Wesen müßte etwa an Hand von Besonderheiten des bloßen Gesetzestextes und der Gesetzesbegriffe Prinzipien erkennen können. Gibt es dagegen kein Erkenntniskriterium, sondern lassen sich Prinzipien nur auf Grund der jeweiligen sozialen und moralischen Kompetenz, dem „Sinn für Angemessenheit",[1025] von einfachen Regeln abgrenzen, stehen die Chancen für unser extraterrestrisches Wesen schlecht.

758c Ein Erkenntniskriterium könnte nur aus der sprachlichen Form einer Prinzipiennorm oder aus ihrer Normstruktur abgeleitet werden. Prinzipien werden vom Gesetzgeber nicht als solche gekennzeichnet. Auch die Allgemeinheit der Begriffe taugt nicht als Abgrenzungskriterium. Denn auch das BGB verwendet in § 138 die konturenlose Formulierung „gute Sitten". Dennoch handelt es sich dabei nach allgemeiner Meinung nicht um ein konkret bestimmtes Rechtsprinzip, sondern allenfalls um ein Einfallstor für solche. Es ist also nicht möglich, Prinzipien schon allein auf Grund ihrer sprachlichen Formulierung oder der Verwendung bestimmter sprachlicher Ausdrücke zu identifizieren.

758d Dworkin liegt also mit seiner Ansicht, die Quelle für Prinzipien sei in unserem „Sinn für Angemessenheit" zu finden, nicht falsch. Für das Wesen vom anderen Stern dürfte die gestellte Aufgabe unlösbar sein, weil ihm der moralische, geschichtliche, soziale und kulturelle Hintergrund fehlt, der es uns ermöglicht, eine Entscheidung zu treffen. Dieses Wissen um die Unverzichtbarkeit der Grundwerte (vgl. Rn. 998 ff.) ist letztlich auch die Voraussetzung für eine Unterscheidung von Regeln und Prinzipien. Erkennt man dies an, führt dies automatisch zu einem Stufen-Modell der Rechtsordnung.[1026] J. Rawls unterscheidet vier Stufen: (1) Gerechtigkeitsgrundsätze, (2) Verfassungsgebung, (3) Gesetze und politische Programme, (4) Rechtsan-

---

1025 R. Dworkin, Bürgerrechte ernstgenommen, Frankfurt/M. 1984, S. 82.
1026 J. Rawls, Eine Theorie der Gerechtigkeit, Frankfurt/M. 1979, S. 223 ff.; ähnlich H. Kelsen, Reine Rechtslehre, 2. Aufl., Wien 1960 (Nachdruck 1992), S. 228 ff.

wendung durch Gerichte und Verwaltung. Andere Autoren gelangen zu einem (ähnlichen) Stufen-Modell:[1027] (1) Gerechtigkeitsgrundsätze (praktische Argumentation), (2) Prinzipien (Verfassung) und (3) Gesetze und politische Programme (Regeln).

3. Einwirkung der Verfassung auf alle Rechtsgebiete. Mit der 759
Anerkennung von Rechtsprinzipien ist die Frage verbunden, auf welche Weise und inwieweit das Verfassungsrecht auf die übrigen Bereiche der Rechtsordnung, insbesondere auf das Privatrecht, einwirkt.[1028] Soweit spezielle gesetzliche Regelungen fehlen, ist dies eine Frage des (systematischen) Bedeutungs- und Geltungszusammenhangs von Verfassung und Privatrecht, also der systematischen Auslegung und – bei entgegenstehenden einfachgesetzlichen Interessenbewertungen – einer verfassungsorientierten Rechtsfortbildung. Das Problem der Einwirkung der Verfassung auf andere, einfachgesetzlich geregelte Rechtsgebiete ist in Deutschland vornehmlich von der Rechtsprechung der obersten Bundesgerichte behandelt worden. Dabei hat sich herausgestellt, daß nicht die in der Literatur entwickelten allgemeinen Lehren, sondern die Judikate der obersten Bundesgerichte zu konkreten Fallgruppen den Gang der Entwicklung bestimmt haben. Grundlegend war das Lüth-Urteil des Bundesverfassungsgerichts.[1029] Damit wurde die maßgebliche Ausstrahlungs- und Gestaltungswirkung der grundlegenden Wertentscheidungen der Verfassung, vor allem der Staatszielbestimmungen und der Grundrechte für die gesamte Rechtsordnung festgelegt.

Seither geht es in der Diskussion im wesentlichen nur noch um 760
eine Konstruktionskontroverse, also um Formulierungsfragen:[1030] Nicht das Ob, sondern das Wie der Einwirkung verfassungsgesetzlicher Wertmaßstäbe auf andere Rechtsgebiete, die Methode und die Intensität dieser Ausstrahlung ist in der Diskussion. Durchgesetzt hat sich in Deutschland die Lehre von der sog. mittelbaren Drittwirkung der Grundrechte. Sie besagt, daß die Geltung und Einwirkung der verfassungsgesetzlichen Wertmaßstäbe sich über die entsprechende Interpretation der Generalklauseln und der unbestimmten

1027 R. Alexy, Rechtssystem und praktische Vernunft, Rechtstheorie 18 (1987), 405 ff.; R. Dreier, Konstitutionalismus und Legalismus, in: A. Kaufmann u. a. (Hrsg.), Festschrift für Werner Maihofer, Frankfurt/M. 1988, S. 87 ff.

1028 Dazu C.-W. Canaris, Grundrechtswirkungen und Verhältnismäßigkeitsprinzip in der richterlichen Anwendung und Fortbildung des Privatrechts, JuS 1989, 161 ff.

1029 BVerfGE 7, 198 (205 ff.).

1030 W. Flume, Allgemeiner Teil des Bürgerlichen Rechts, Bd. II, Das Rechtsgeschäft, 4. Aufl., Berlin 1992, § 110b m. Fn. 25 a.

Rechtsbegriffe vollziehe. Besonders für das deutsche Privatrecht ist diese Lehre heute vorherrschend. Für das Verhältnis der jetzt im Vertrag über die Arbeitsweise der Europäischen Union (AEUV) normierten Grundfreiheiten zum nationalen Privatrecht steht eine Lösung noch aus. Die Rechtsprechung des EuGH ist uneinheitlich. So soll die Arbeitnehmerfreizügigkeit unmittelbar, die Warenverkehrsfreiheit nur mittelbar zwischen Privaten gelten.[1031]

761 Unstreitig ist, daß wichtige Rechtsgebiete maßgeblich über die Konkretisierung von verfassungsgesetzlichen Wertmaßstäben, vor allem von Grundrechtsbestimmungen, im Sinne der „Wertordnung des Grundgesetzes" umgestaltet worden sind. Das gilt etwa für Fragen der Gleichberechtigung von Männern und Frauen im Familien- und im Arbeitsrecht, für das Verhältnis zwischen Meinungs-, Medien- und Kunstfreiheit einerseits sowie dem Persönlichkeitsschutz andererseits, für den Eigentumsschutz, den besonderen Schutz von Ehe und Familie, die Ausgestaltung des Arbeitnehmerschutzes nach dem Sozialstaatsprinzip, für die richterlichen Normsetzungen zum Arbeitskampfrecht nach Art. 9 Abs. 3 GG sowie für das Sonderarbeitsrecht der Kirchen nach Art. 140 GG i. V. m. Art. 137 Abs. 3 WRV. Eines der spektakulärsten Beispiele für die intensive Ausstrahlung der grundgesetzlichen Wertordnung im Sinne eines die gesamte Rechtsordnung durchdringenden Wertsystems ist die Rechtsprechung des Bundesgerichtshofes[1032] und des Bundesverfassungsgerichts[1033] zum Allgemeinen Persönlichkeitsrecht. Im Gegensatz zur früheren Rechtsprechung wird bei schwerwiegenden Verletzungen der Persönlichkeitsrechte eine Geldentschädigung gewährt. Gestützt wurde die bis dahin nicht anerkannte Rechtsfigur eines Allgemeinen Persönlichkeitsrechts auf die Wertentscheidungen des Grundgesetzes, besonders auf Art. 1 Abs. 1 und Art. 2 Abs. 1 GG.[1034] Dabei ist zu beachten, daß die Rechtsprechung hier unmittelbar gegen § 253 BGB a. F. entschieden hat, also insoweit eine geltende einschlägige Gesetzesvorschrift unter Berufung auf das höherrangige Verfassungsrecht (das allgemeine Persönlichkeitsrecht aus Art. 2 Abs. 1 i. V. m. Art. 1 Abs. 1 GG) außer Kraft setzte.

1031 EuGH vom 6.6.2000, Slg. 2000, I-4139 Rn. 36 „Angonese"; EuGH vom 9.12.1997, Slg. 1997, I-6959 Rn. 60 (Kommission/Frankreich).

1032 BGHZ 26, 349 „Herrenreiter"; BGH NJW 1965, 685 „Soraya"; BGHZ 39, 124 „Fernsehansagerin" (st. Rspr.).

1033 BVerfGE 30, 173 „Mephisto"; 34, 269 „Soraya".

1034 Schon BGHZ 13, 334; 26, 349; 39, 124 (st. Rspr.); BVerfGE 30, 173; 34, 269.

Die Beispiele zeigen, in welchem Ausmaß nicht die Gesetzgebung, sondern die Rechtsprechung die Einwirkungsintensität der Verfassung auf die übrigen Rechtsgebiete bestimmt hat. Maßgeblich ist dabei die Vorstellung, daß alle normsetzenden Instanzen, also auch die obersten Bundesgerichte, wenn sie Regelungen für grundrechtsrelevante Bereiche aufstellen, an das Wertsystem der Grundrechte ebenso gebunden sind, wie dies für die Gesetzgebung in Art. 1 Abs. 3 GG festgelegt ist. Entsprechend dem Stufenbau der Rechtsordnung setzen sich die Verfassungsnormen gegen die einfachgesetzliche Regelung des BGB durch. Die Rechtsprechung folgt dem Grundsatz: „Lex superior derogat legi inferiori". Die ranghöhere Norm schließt die niederrangigen von der Anwendung aus. Aus dieser Sicht hat die Rechtsprechung in den geschilderten Fällen nicht gegen die Bindung der Richter an das geltende Gesetz (Art. 20 Abs. 3 und 97 Abs. 1 GG) verstoßen. 762

4. Die Unterscheidung von systematischer Auslegung und systemkonformer Rechtsanwendung. Die systematische Auslegung versucht, aus dem Gesamttext eines Gesetzes oder der Gesetze den jeweiligen Normzweck (das Regelungsziel) der Gesetzgebung zu ermitteln. Die systemkonforme Rechtsanwendung ist darauf gerichtet, die Vereinbarkeit der auszulegenden Norm mit höherrangigen Rechtsnormen zu prüfen und bei Kollisionen eine sachgerechte Lösung zu finden. Beides sind zu unterscheidende Schritte der Rechtsanwendung. Das Problem ist häufig aktuell bei der Frage, ob nationale einfache Gesetze mit der Verfassung, mit dem Europarecht oder mit dem Völkerrecht vereinbar sind. 762a

Diese Vereinbarkeitsprüfung wurde lange in den Auslegungsvorgang verlegt[1035]. Das ist nicht unproblematisch. Die systemkonforme Rechtsanwendung dient – anders als die „normale" systematische Auslegung – nicht primär der Erforschung des historischen Normzwecks. Sie prüft vielmehr, ob und bei welcher Interpretation die fragliche Norm mit ranghöherem Recht (Verfassungsrecht, Europarecht, Völkerrecht) unter dem Gesichtspunkt der „Einheit der Rechtsordnung" zu vereinbaren ist[1036]. Es geht also darum, mögliche Widersprüche festzustellen und aufzulösen. Bei vorhandenen möglichen Wertungswidersprüchen und mehreren möglichen Interpretationsvarianten ist derjenigen Interpretation des niederrangigen Rechts

1035 K. A. Bettermann, Die verfassungskonforme Auslegung, Heidelberg 1986, S. 21.
1036 C. Höpfner, Die systemkonforme Auslegung, Tübingen 2008, S. 157ff.

der Vorzug zu geben, welche die auszulegende Norm als „systemkonform" (= verfassungskonform, europarechtskonform, völkerrechtskonform) erscheinen läßt. Besteht bei festgestellten Wertungswidersprüchen zwischen dem niederrangigen und höherrangigen Recht eine solche systemkonforme Auslegungsmöglichkeit aufgrund einer entgegenstehenden gesetzgeberischen Entscheidung nicht, so darf die Norm grundsätzlich nicht angewendet werden[1037].

Die systemkonforme Rechtsanwendung dient, anders als die systematische Auslegung, der Feststellung und Ausfüllung von Kollisionslücken zwischen zwei unterschiedlichen Normebenen. Die Ausfüllung von Lücken ist keine „Auslegung" im hier vertretenen engeren Sinne, sondern Rechtsfortbildung. Bei der systemkonformen Rechtsanwendung ist sie ein Instrument der Normverwerfung oder „Normkassation"[1038]. Deshalb ist ihre schlichte Zuordnung als ein Unterfall der „systematischen *Auslegung*" geeignet, diese normsetzende, rechtspolitische Funktion zu verdecken.

Die Unterscheidung der „klassischen", auf die Erforschung des Normzwecks zielenden „systematischen Auslegung" von der „systemkonformen Rechtsanwendung", welche die Vereinbarkeit rangverschiedener Normebenen prüft, verspricht einen Rationalitätsgewinn. Zu beachten ist, daß beide Instrumente eingesetzt werden können, um das bestehende Gesetzesrecht verdeckt fortzubilden[1039].

763 **5. Verfassungskonforme Auslegung.** Die Verfassung als Normensystem ist – wie alle Kodifikationen – im herkömmlichen Sinne systematisch auszulegen. Das gilt etwa für offene oder verdeckte Wertungswidersprüche, Lücken aller Art, Grundrechtskonkurrenzen (Lehre von der „praktischen Konkordanz der Grundrechte", bei der durch richterliche Abwägung der widerstreitenden Grundrechte deren Grenzen festgelegt werden)[1040]. Die Verfassungsauslegung geht von der „Einheit der Verfassung" (dazu Rn. 774 ff.) und von einem „Stufenbau der Rechtsordnung" (Rn. 272 f.) aus.

Das gilt auch im Bereich der verfassungskonformen Auslegung. Aus der Stufenbaulehre folgt, daß Normen niederer Rangstufe so auszulegen sind, daß sie solchen höherer Rangstufen nicht widerspre-

---

1037 Anders aber bei Verletzung einer bloßen Umsetzungspflicht.

1038 M. Dawin, Ungereimtheiten bei der verfassungskonformen Auslegung, in: D. Assmann (Hrsg.), Die Einwirkung der verfassungsgerichtlichen Rechtsprechung auf die Gesetzesauslegung, Potsdam 2003, S. 9, 14.

1039 Vgl. Ch. Fischer, Topoi verdeckter Rechtsfortbildungen im Zivilrecht, Tübingen 2007, S. 548.

1040 H. Maurer, Staatsrecht, 6. Aufl., München 2010, § 1 Rn. 62, § 9 Rn. 60 mit Nachw.

chen.[1041] Da die Widerspruchsfreiheit jedoch ebenso durch die vollständige Verwerfung der rangniederen Norm hergestellt wird, bedarf die verfassungskonforme Auslegung einer zusätzlichen Legitimation: dem Grundsatz der Normerhaltung.[1042] Die verfassungskonforme Auslegung beschränkt die richterliche Normsetzungsmacht, indem sie die einfachgesetzliche Norm in einer bestimmten, verfassungskonformen Auslegung aufrechterhält. Damit stärkt sie zugleich den Grundsatz der Gewaltentrennung sowie den Schutz des Rechtsverkehrs und die Rechtssicherheit.

Die verfassungskonforme Auslegung setzt eine Mehrdeutigkeit der fraglichen Norm voraus. Sind mehrere Bedeutungen einer Vorschrift möglich, ist diejenige zu wählen, die den Wertmaßstäben der Verfassung am besten entspricht.[1043] Ihr Zweck ist es, die Regelungsabsicht der Gesetzgebung so weitgehend aufrechtzuerhalten, wie das nach dem Maßstab der Verfassung möglich ist.[1044] Dadurch kann in vielen Fällen, wenn Bundes- oder Landesrecht auf seine Verfassungsmäßigkeit zu prüfen sind, die Feststellung der Nichtigkeit vermieden werden.

Andererseits darf die verfassungskonforme Auslegung nicht dazu **764**
benutzt werden, verfassungswidrige Vorschriften umzubiegen. Sie scheidet nach dem BVerfG immer dort aus, „wo sie mit dem Wortlaut und dem klar erkennbaren Willen der Gesetzgebung in Widerspruch treten würde“.[1045] In solchen Fällen sind die fraglichen Rechtsnormen verfassungswidrig und nichtig. Ihre Umdeutung nach den Maßstäben des Grundgesetzes wäre contra legem und ein unzulässiger Eingriff in die Kompetenz der Gesetzgebung. Geht es um die Verfassungsmäßigkeit der gesetzlichen Regel, haben die Fachgerichte Art. 100 GG zu beachten. Bei nachkonstitutionellem Recht hat das Gericht, wenn es eine Vorschrift für verfassungswidrig hält, die Frage dem Bundesverfassungsgericht vorzulegen. Das richterliche Prüfungsrecht wird durch das Verwerfungsmonopol des BVerfG ersetzt.[1046] Dieses ist auch bei der verfassungskonformen Auslegung zu beachten. Fachge-

1041 F. Bydlinski, Juristische Methodenlehre und Rechtsbegriff, 2. Aufl., Wien 1991, S. 456.
1042 K. A. Bettermann, Die verfassungskonforme Auslegung, Heidelberg 1986, S. 25 f.; C.-W. Canaris, Die verfassungskonforme Auslegung und Rechtsfortbildung, in: FS Kramer, Basel u. a. 2004, S. 141, 148.
1043 BVerfGE 8, 210 (221).
1044 BVerfGE 9, 194 (200).
1045 BVerfGE 18, 97 (111); 35, 263 (280) (st. Rspr.).
1046 BVerfGE 2, 124; 32, 296 (st. Rspr.).

richte, die im Wege der verfassungskonformen Auslegung ein Auslegungsergebnis wählen, das sie ohne diese nicht gewählt hätten, verstoßen gegen das Normverwerfungsmonopol des BVerfG. Umgekehrt ist das Verfassungsgericht bei der verfassungskonformen Auslegung an die Auslegung des einfachen Rechts durch die obersten Fachgerichte gebunden.[1047]

765 Gelegentlich wird der Begriff „verfassungskonforme Auslegung" eingesetzt, um das Gesetzesrecht verdeckt fortzubilden[1048]. Die hier behandelten Probleme treten überall dort auf, wo unmittelbar wirkende Normen unterschiedlicher Rangstufe miteinander konkurrieren, also etwa im Verhältnis von primärem Unionsrecht oder EU-Verordnungen zu nationalen Rechtsvorschriften, von Gesetzesrecht zu Verordnungs- und Satzungsrecht oder bei der gesetzeskonformen Auslegung von Tarifverträgen und Betriebsvereinbarungen.

766 **6. Europarechtskonforme Auslegung.** Art. 4 Abs. 3 EUV verpflichtet die Mitgliedstaaten der Europäischen Union zur effektiven Durchsetzung des Unionsrechts (vgl. Rn. 222). Dazu zählt auch die sog. europarechtskonforme Auslegung. Man kann zwischen der unionsrechtskonformen – bislang gemeinschaftsrechtskonformen – Auslegung einerseits und der richtlinienkonformen Auslegung andererseits unterscheiden.[1049]

767 Die unionsrechtskonforme Auslegung entspricht im wesentlichen der verfassungskonformen Auslegung im nationalen Recht. Sie hat zwei Ausprägungen. Erstens ist das Sekundärrecht der Union (also Verordnungen und Richtlinien) in Einklang mit den Normen und Wertungen des Primärrechts auszulegen.[1050] Zweitens sind die Gerichte aufgrund des Anwendungsvorrangs des Unionsrechts verpflichtet, das nationale Recht im Zweifel in Übereinstimmung mit dem primären Unionsrecht und den unmittelbar wirkenden EU-Verordnungen auszulegen.[1051]

1047 C. Höpfner, Die systemkonforme Auslegung, Tübingen 2008, S. 197 ff.

1048 Ch. Fischer, Topoi verdeckter Rechtsfortbildungen im Zivilrecht, Tübingen 2007, S. 548.

1049 Vgl. C. Höpfner, Die systemkonforme Auslegung, Tübingen 2008, S. 216 ff., 249 ff. Die dort (S. 321 ff.) zusätzlich genannte Kategorie der rahmenbeschlußkonformen Auslegung kann vernachlässigt werden, da es das Instrument der EU-Rahmenbeschlüsse nach der Reform der EU durch den Lissabon-Vertrag nicht mehr gibt.

1050 Vgl. EuGH vom 1.4.2004, Slg. 2004, I-3219 „Borgmann"; S. Leible/R. Domröse, Die primärrechtskonforme Auslegung, in: K. Riesenhuber (Hrsg.), Europäische Methodenlehre, 3. Aufl., Berlin 2015, § 8 Rn. 7 ff.

1051 Grundlegend EuGH vom 4.2.1988, Slg. 1988, 673 „Murphy".

Die unionsrechtskonforme Auslegung ist vom Anwendungsvorrang des Unionsrechts streng zu unterscheiden. Beide schließen sich nicht etwa gegenseitig aus.[1052] Die Pflicht zu unionsrechtskonformer Auslegung tritt vielmehr ergänzend neben die unmittelbare Anwendbarkeit. Beide Institute dienen der Angleichung der nationalen Rechtsordnungen an die verbindlichen Vorgaben des Unionsrechts. Da die Unanwendbarkeit die Souveränität der Mitgliedstaaten in besonderem Maße einschränkt, sind die deutschen Behörden und Gerichte zunächst zu unionsrechtskonformer Auslegung verpflichtet, bevor sie das Unionsrecht unmittelbar anwenden dürfen.[1053] **767a**

Die Feststellung der Unanwendbarkeit des nationalen Rechts wegen Verstoßes gegen unmittelbar anwendbares Unionsrecht ist allein Aufgabe der nationalen Gerichte, und zwar in Deutschland der Fachgerichtsbarkeit. Es besteht weder die Möglichkeit einer Vorlage an den EuGH, da dieser nicht über die Vereinbarkeit von nationalem Recht mit Unionsrecht zu entscheiden hat, noch die Möglichkeit einer Vorlage an das BVerfG gemäß Art. 100 GG, da es nicht um die Vereinbarkeit mit dem Grundgesetz geht. Die Folge ist, daß jedes Amtsgericht in Deutschland die Vereinbarkeit einer Norm mit Unionsrecht selbständig zu prüfen und im Falle eines Verstoßes das deutsche Recht zu derogieren hat. Dies schränkt die richterliche Gesetzesbindung ein und führt zu einer zunehmenden Rechtsunsicherheit. Es besteht also politischer Handlungsbedarf, für eine Rechtsvereinheitlichung zu sorgen. Dies könnte etwa durch eine Vorlagepflicht an das BVerfG durch eine Ausweitung des Art. 100 GG geschehen.

Noch nicht abschließend geklärt ist die Frage, wie eine etwaige Normenkonkurrenz im Konfliktfall aufzulösen ist. Nach der Rechtsprechung des EuGH hat allein dieser über die Gültigkeit und Auslegung der Rechtsnormen der EU zu entscheiden. Eine andere Auffassung vertritt das BVerfG (vgl. Rn. 222). **767b**

Von der unionsrechtskonformen Auslegung ist die Sonderform der richtlinienkonformen Auslegung zu unterscheiden. Richtlinien gelten grundsätzlich nicht unmittelbar. Sie müssen von den Gesetzgebern der Mitgliedstaaten in nationales Recht umgesetzt werden. Die nationalen Gerichte dürfen sie bei ihren Entscheidungen daher nicht un- **768**

1052 EuGH vom 10.4.1984, Slg. 1984, 1891 Rn. 27f. „von Colson und Kamann"; a. A. C.-W. Canaris, Die richtlinienkonforme Auslegung und Rechtsfortbildung, in: FS Bydlinski, Wien 2002, S. 47, 55.

1053 EuGH vom 4.2.1988, Slg. 1988, 673 Rn. 11 „Murphy"; W. Brechmann, Die richtlinienkonforme Auslegung, München 1994, S. 65.

mittelbar berücksichtigen. Das gilt grundsätzlich auch dann, wenn das nationale Recht gegen Richtlinien verstößt. Nach neuerer Rechtsprechung des EuGH soll eine Richtlinie jedoch ausnahmsweise dann unmittelbare Wirkung auch gegenüber Privaten im nationalen Recht entfalten und zur Unanwendbarkeit entgegenstehenden, eine richtlinienkonforme Auslegung nicht zulassenden nationalen Rechts führen, wenn sie einen allgemeinen Grundsatz des Unionsrechts wie das Altersdiskriminierungsverbot konkretisiert.[1054] Die Pflicht zu richtlinienkonformer Auslegung des nationalen Rechts beruht auf der Umsetzungspflicht der Mitgliedstaaten gemäß Art. 288 AEUV, die auch auf die nationalen Gerichte durchgreift. Eines Rückgriffs auf Art. 4 Abs. 3 EUV oder den Grundsatz der Normerhaltung bedarf es nicht.

769 Voraussetzung der richtlinienkonformen Auslegung ist wiederum die Mehrdeutigkeit der auszulegenden nationalen Vorschrift.[1055] Die Pflicht zu richtlinienkonformer Auslegung rechtfertigt kein contra-legem-Judizieren. Es ist unzulässig, eindeutig unionsrechtswidriges Recht richtlinienkonform umzudeuten, wenn kein Auslegungsspielraum besteht (s. Rn. 912d f.).

769a Richtlinien entfalten ihre Rechtswirkungen in zeitlich abgestufter Intensität, wobei die erste Stufe mit dem Inkrafttreten der Richtlinie, die zweite mit Ablauf der Umsetzungsfrist beginnt.[1056] Gemäß Art. 288 Abs. 3 AEUV sind Richtlinien hinsichtlich ihrer Ziele bereits ab Inkrafttreten verbindlich. Wesentliche Rechtswirkungen von Richtlinien, etwa die Möglichkeit eines Vertragsverletzungsverfahrens oder der Staatshaftung wegen nicht ordnungsgemäßer Umsetzung und die ausnahmsweise unmittelbare Anwendbarkeit, treten demgegenüber erst mit Ablauf der Umsetzungsfrist ein.

Vor diesem Hintergrund war der zeitliche Beginn der Pflicht zu richtlinienkonformer Auslegung in der Literatur umstritten. Der EuGH hat entschieden, daß die Pflicht zu richtlinienkonformer Auslegung erst mit Ablauf der Umsetzungsfrist entsteht.[1057] Vor diesem

---

1054 EuGH vom 22.11.2005, Slg. 2005, I-9981 Rn. 55 ff. „Mangold“ (sogar vor Ablauf der Umsetzungsfrist); EuGH vom 19.1.2010, Slg. 2010, I-365 „Kücükdeveci“; EuGH vom 19.4.2016, NZA 2016, 537 ff.; vgl. auch BVerfG NJW 2010, 3422 ff. „Honeywell“.

1055 C. Höpfner, Die systemkonforme Auslegung, Tübingen 2008, S. 272; Ph. Reimer, Richtlinienkonforme Rechtsanwendung, JZ 2015, 910 ff.

1056 Ch. Hofmann, Die zeitliche Dimension der richtlinienkonformen Auslegung, ZIP 2006, 2113 ff.

1057 EuGH vom 4.7.2006, Slg. 2006, I-6057 Rn. 115 „Adeneler“.

Zeitpunkt besteht nur ein sog. Frustrationsverbot, welches den Mitgliedstaaten verbietet, Vorschriften zu erlassen, die geeignet sind, die Ziele der Richtlinie ernsthaft zu gefährden.

Gegenstand der richtlinienkonformen Auslegung ist das gesamte 769b nationale Recht, unabhängig vom Zeitpunkt seines Inkrafttretens. Die Pflicht zur Konformauslegung beschränkt sich nicht auf Vorschriften, welche gerade zur Umsetzung einer Richtlinie erlassen worden sind.[1058]

Im Bereich der überschießenden Umsetzung von Richtlinien be- 769c steht weder eine Pflicht zu richtlinienkonformer Auslegung noch eine Vorrangregel zugunsten des richtlinienkonformen Ergebnisses. Statt dessen spricht eine widerlegbare Vermutung für eine einheitliche Auslegung der nationalen Vorschriften.[1059]

Die Auslegung und Anwendung des nationalen Rechts obliegt aus- 769d schließlich den nationalen Gerichten. Dies gilt auch für die richtlinienkonforme Auslegung. Jedoch befindet der EuGH verbindlich über den Inhalt des Unionsrechts. Die richtlinienkonforme Auslegung erfordert daher stets ein Kooperationsverhältnis zwischen den nationalen Gerichten und dem EuGH.[1060]

VI. Die Klärung von Gesetzeskonkurrenzen

Die systematische Auslegung kann dazu führen, daß Normkon- 770 kurrenzen entdeckt werden. Die Lösung von Gesetzeskonkurrenzen kann als Frage der Auslegung wie auch der Rechtsfortbildung definiert werden. Das wird besonders an den sog. Kollisionslücken im Zivilrecht deutlich (vgl. Rn. 274, 845), die im Wege der Rechtsfortbildung ausgefüllt werden müssen. Es sind zwei Arten von Normkollisionen zu unterscheiden.

Im einen Fall läßt sich der zu entscheidende Sachverhalt unter zwei Normen subsumieren, die aber unterschiedliche Rechtsfolgen anordnen.

Beispiel: § 326 Abs. 2 BGB und § 615 BGB beim Teilstreik. Daraus hat die Rechtsprechung die „Betriebsrisikolehre" entwickelt, nach der wegen der im Arbeitskampf erforderlichen Kampfparität keine der beiden Vorschriften uneingeschränkt anwendbar ist, sondern eine spezielle Verteilung des Entgeltrisi-

1058 EuGH vom 4.7.2006, Slg. 2006, I-6057 Rn. 108 „Adeneler".
1059 Vgl. C. Höpfner, Die systemkonforme Auslegung, Tübingen 2008, S. 299ff.
1060 Vgl. Ch. Herrmann, Richtlinienumsetzung durch die Rechtsprechung, Berlin 2003, S. 99.

kos stattfindet. Das Ergebnis folgt aus einer richterlichen Rechtsfortbildung für eine Fallgruppe, die die Gesetzgebung nicht gesehen und bewertet hatte.[1061]

Im „Normalfall" der Gesetzeskonkurrenz verdrängt dagegen eine der kollidierenden Normen die andere. Bei Evidenz sind die Konkurrenzprobleme Fragen der (systematischen) Gesetzesauslegung. Ansonsten geht es um (Gesetzes-)Rechtsfortbildung. Kollidieren gleichrangige Normen, gibt es unter dem Stichwort der „verdrängenden Gesetzeskonkurrenz" drei Möglichkeiten der Auflösung von Normkollisionen: Spezialität, Subsidiarität und Konsumtion (1.).[1062] Des weiteren kann die Zeitkollisionsregel zu einer Auflösung der Normkollision führen (2.). Schließlich wird die Konkurrenz von Normen oft durch das Rangprinzip gelöst (3.).

771 **1. Verdrängende Gesetzeskonkurrenz.** Die erste Kollisionsregel betrifft das Verhältnis zwischen allgemeinen und speziellen gesetzlichen Normen. Die *Spezialität* einer Norm gegenüber einer anderen war schon im römischen Recht bekannt: „lex specialis derogat legi generali". Das Problem haben wir bereits bei der Frage nach dem Verhältnis von § 119 Abs. 2 BGB zu §§ 434ff. BGB kennengelernt (Rn. 747). Die gleiche Problematik tritt überall dort auf, wo Spezialvorschriften des BGB von den Regelungen des Allgemeinen Teils abweichen (vgl. etwa §§ 119ff. BGB zu § 2078 BGB; §§ 293ff. BGB zu § 615 BGB). Für diese Fälle gilt die Regel, daß Spezialvorschriften die Anwendbarkeit der allgemeinen Regelungen ausschließen („lex specialis derogat legi generali"). Die Feststellung, ob und in welchem Umfang eine Vorschrift als Spezialvorschrift anzusehen ist, kann schwierig sein. Sie muß nach den üblichen Maßstäben der Auslegung (Wortlaut, Entstehungsgeschichte, Systematik des Gesetzes) geprüft werden. Dabei kommt es entscheidend auf den Vergleich der Normzwecke der konkurrierenden Vorschriften an.

771a Die *Subsidiarität* einer Norm bedeutet, daß sie nur hilfsweise angewendet werden soll, wenn nicht eine andere Vorschrift eingreift. Die subsidiäre Norm bildet also einen Auffangtatbestand.

771b Bei der im Strafrecht entwickelten *Konsumtion* geht es um das Problem, daß ein bestimmter gesetzlicher Tatbestand den einer anderen Norm im Normalfall der Verwirklichung („typischerweise") mit um-

1061 H. Brox/B. Rüthers/M. Henssler, Arbeitsrecht, 19. Aufl., Stuttgart 2016, Rn. 387ff.
1062 Übersicht bei Ch. Fischer, Die tarifwidrigen Betriebsvereinbarungen, München 1998, S. 238ff.

faßt. Dann muß auf Grund wertender Erwägungen im Wege der Auslegung entschieden werden, welche Norm als die nach ihrem Normzweck umfassendere die andere verdrängt („konsumiert"). Im Kern geht es jeweils um eine teleologische Reduktion (Rn. 902 f.) der verdrängten Norm. Diese Normkonkurrenz läßt sich also als Kollisionslücke deuten. Die Schließung einer solchen Lücke ist nicht mehr Gesetzesauslegung, sondern Rechtsfortbildung.

2. Jüngere gegen ältere Gesetze. Die zweite Kollisionsregel be- 772
stimmt, daß später erlassene Rechtsnormen ihnen widersprechenden früheren vorgehen („lex posterior derogat legi priori"). Der Lex-posterior-Satz ist kein Naturgesetz. Vielmehr setzte sich in fast allen alten Rechtsordnungen die ältere Norm gegen die jüngere durch.[1063] Selbst der Begründer der Lehre vom Stufenbau der Rechtsordnung, Adolf Merkl, wollte den Satz von der lex posterior gerade entgegengesetzt anwenden. Danach sollte die lex prior Vorrang vor der lex posterior haben, wenn nicht eine besondere Rechtsnorm die Abänderung gestatte.[1064] Der Lex-posterior-Satz läßt sich aber regelmäßig aus dem Willen der Normsetzer begründen: Dem gesetzgeberischen Willen, daß eine bestimmte Interessenbewertung „gelten" soll, läßt sich zugleich der Wille entnehmen, daß entgegengesetzte frühere Anordnungen „nicht gelten" und damit derogiert werden sollen.[1065] Im Regelfall wird diese Entscheidung in Gesetzen eindeutig getroffen. Fehlt eine solche Aufhebungsklausel jedoch, dann greift die genannte Regel ein.

3. Höher- gegen niederrangige Normen. Die dritte Kollisionsre- 773
gel bestimmt, daß eine höherrangige Norm eine niederrangige im Kollisionsfall verdrängt: „Lex superior derogat legi inferiori" (Rn. 272 f.). Die „lex superior"-Regel geht den beiden anderen genannten Kollisionsregeln vor.[1066] Sie kann auch nach dem Umbruch eines politischen Systems Bedeutung gewinnen. Dann kommt es häufig zu Widersprüchen zwischen den Vorschriften der aus dem alten System überkommenen Gesetzesordnung mit dem „Geist der neuen Gesetzgebung".[1067] In der juristischen Methodenliteratur finden sich

---

1063 F. Bydlinski, Juristische Methodenlehre und Rechtsbegriff, 2. Aufl., Wien 1991, S. 573.
1064 A. Merkl, Die Lehre von der Rechtskraft, Leipzig, Wien 1923, S. 228 ff.
1065 C. Höpfner, Zur Praxis der Gesetzesauslegung in der Justiz, DÖV 2006, 820, 823.
1066 Vgl. C. Höpfner, Zur Praxis der Gesetzesauslegung in der Justiz, DÖV 2006, 820, 823.
1067 W. Wengler, Die Nichtanwendung nationalsozialistischen Rechts im Lichte der Rechtsvergleichung und der allgemeinen Rechtslehre, JR 1949, 67, 70.

dazu außer bei Karl Engisch[1068] nur spärliche Hinweise, obwohl es sich methodentheoretisch um ebenso dramatische wie exemplarische Vorgänge handelt.[1069] Die schamhafte Verschwiegenheit der Methodenliteratur zu den Erfahrungen mit Systemwechseln ist nicht auf Deutschland beschränkt.[1070] In solchen Situationen werden oft eigentümliche rechtsmethodische Konzepte entwickelt, um das überkommene Gesetzesrecht zu verdrängen.[1071]

VII. Was bedeutet „Einheit der Rechtsordnung"? Die methodische Reichweite des Einheitsarguments

774 Schon bei der Erörterung der Rechtsquellenlehre hat sich gezeigt, daß die Verfassung, die einzelnen Gesetze und die Rechtsordnung insgesamt in der Realität keine widerspruchsfreien Regelungseinheiten sind. Das Argument der Einheit der Rechtsordnung stellt sich als ein Suchbild, nicht als vorgegebener „objektiver" Orientierungspunkt der Rechtsanwendung dar (vgl. Rn. 145 ff., 276 ff.).

775 Andererseits spielt das Argument von der „Einheit" einer Kodifikation (z. B. „Einheit der Verfassung"[1072] oder auch der gesamten Rechtsordnung)[1073] in der Praxis und Literatur zur juristischen Methode eine große Rolle (Rn. 270 ff.). So meint das BVerfG sogar, die Einheit der Verfassung im Sinne eines logisch-teleologischen Sinngebildes sei das „vornehmste" Interpretationsprinzip.[1074] Das kann verschiedenes bedeuten. Gemeint ist wohl das Ideal der Widerspruchsfreiheit von Gesetzen, der Verfassung und der Rechtsordnung

1068 K. Engisch, Einführung in das juristische Denken, 11. Aufl., Stuttgart 2010, S. 272 f., 281 ff. mit Anm.

1069 Vgl. B. Rüthers, Die unbegrenzte Auslegung, 8. Aufl., Tübingen 2017, S. 111 ff., 175 ff., 270 ff.; ders., Die Wende-Experten. Zur Ideologieanfälligkeit geistiger Berufe am Beispiel der Juristen, München 1995, S. 162 ff., 185.

1070 Symptomatisch etwa die Lücken zur Perversion des Rechts im Nationalsozialismus in der österreichischen Literatur, z. B. bei F. Bydlinski, Juristische Methodenlehre und Rechtsbegriff, 2. Aufl., Wien 1991 sowie P. Koller, Theorie des Rechts, 2. Aufl., Wien 1997. Ist die Disziplingeschichte irrelevant oder gilt der Satz „Ohne Herkunft keine Zukunft"?

1071 Vgl. B. Rüthers, Die unbegrenzte Auslegung, 8. Aufl., Tübingen 2017, S. 117 ff., 175; W. Wengler, Die Nichtanwendung nationalsozialistischen Rechts im Lichte der Rechtsvergleichung und der allgemeinen Rechtslehre, JR 1949, 67 ff.

1072 F. Müller, Die Einheit der Verfassung, 2. Aufl., Berlin 2007; K. Stern, Das Staatsrecht der Bundesrepublik Deutschland, Bd. I, 2. Aufl., Berlin 1984, S. 11.

1073 Vgl. K. Engisch, Die Einheit der Rechtsordnung, Heidelberg 1935, Nachdruck Goldbach 1995; M. Baldus, Die Einheit der Rechtsordnung, Berlin 1995; D. Felix, Einheit der Rechtsordnung, Tübingen 1998.

1074 BVerfGE 19, 206 (220).

insgesamt.[1075] Normwidersprüche gefährden die Sicherheit und die Glaubwürdigkeit des Rechts. Die Rechtsordnung soll und darf nicht für denselben Sachverhalt gegensätzliche Rechtsfolgen anordnen. Andererseits sind Gesetze selten widerspruchsfrei. Dem Gesetzgeber unterlaufen immer wieder Regelungsfehler, die zu Normwidersprüchen führen. Erst recht enthält die Gesamtrechtsordnung zahlreiche Ungereimtheiten, schon weil ihre einzelnen Normenkomplexe aus unterschiedlichen Epochen stammen und in aller Regel nicht aufeinander abgestimmt sind. In der Konsequenz bilden also die einzelnen Gesetze, erst recht die gesamte Rechtsordnung, keine widerspruchsfreien Einheiten. Wenn aber die Einheit nicht existiert, kann sie nur vom Rechtsanwender im Sinne einer harmonisierenden, die Normwidersprüche auflösenden Interpretation hergestellt werden.

Die „Einheit" der Verfassung, die einzelner Gesetze oder der 776 Rechtsordnung insgesamt sind also nicht reale Gegebenheiten, sondern Interpretationsprodukte. Die Rechtsanwender, die Gerichte, entscheiden, was sie als Einheit verstehen. Die „Einheit" etwa der Verfassung als „vornehmstes Interpretationsprinzip" bedeutet, daß das zuständige Gericht entscheidet, wie bei vorhandenen Spannungen und Widersprüchen diese Kollisionen aufgelöst oder überbrückt werden sollen. Der Sache nach handelt es sich bei der Berufung auf die Einheit der Verfassung etc. um die Inanspruchnahme der richterlichen Kompetenz, den Inhalt einer widersprüchlichen gesetzlichen Regelung verbindlich festzulegen. Nicht das widersprüchliche Gesetz selbst bildet eine objektive Einheit, sondern sein Gebotsinhalt im Verständnishorizont des Gerichts wird von diesem als „richterliche Einheitsdefinition" verbindlich festgelegt. Gerade bei solchen Normkollisionen haben die Gerichte unter dem argumentativen Mantel der „Einheit des Gesetzes" einen beträchtlichen Beurteilungs- und Normsetzungsspielraum. Dasselbe gilt für die bei Grundrechtskonkurrenzen und -kollisionen vielberufene „praktische Konkordanz".[1076] Aus dem Gesagten folgt, daß die Argumentation mit der „Einheit" einer gesetzlichen Regelung häufig keinen objektiv vorhandenen Wertmaßstab angibt, sondern auf die in Anspruch genommene Kompetenz des Gerichtes hinweist, vorhandene Widersprüche und

1075 Dazu H. Sendler, Grundrecht auf Widerspruchsfreiheit der Rechtsordnung? – Eine Reise nach Absurdistan?, NJW 1998, 2875 ff.

1076 H. D. Jarass, in: H. D. Jarass/B. Pieroth, Grundgesetz, 14. Aufl., München 2016, Einl. Rn. 18.

Kollisionslücken nach dem eigenen richterlichen Verständnis- und Vorverständnishorizont auszuräumen.

VIII. Zusammenfassung zu E

777 1. Jede einzelne Rechtsnorm ist nur aus ihrer Stellung und Funktion im System der Gesamtrechtsordnung zutreffend auszulegen und anzuwenden.
2. Die systematische Auslegung einer Norm hat drei Ebenen zu beachten: Die Einzelnorm steht zunächst im Kontext des jeweiligen Gesetzes. Darüber hinaus sind auch die weiteren Gesetze der Rechtsordnung zu berücksichtigen. Schließlich spielen fernwirkende Wertungen, vor allem der Verfassung, eine erhebliche Rolle.
3. Die Auslegung nach dem inneren System der Rechtsordnung setzt den Einblick des Rechtsanwenders in den Wertungszusammenhang derjenigen Teile der Gesamtrechtsordnung voraus, die für die Lösung der anstehenden Steuerungs- und Entscheidungsprobleme einschlägig sind. Das innere System der Rechtsordnung wird gebildet aus gesetzlichen und richterrechtlichen Wertungen und von Rechtsgrundsätzen, die den einfachen Gesetzen entnommen werden können, sowie den Prinzipien der Verfassung.
4. Die wichtigsten Sonderformen der systemkonformen Auslegung sind die verfassungs-, die unionsrechts- und die richtlinienkonforme Auslegung. Letztere gewinnen vor dem Hintergrund der europäischen Rechtsangleichung zunehmend an Bedeutung.
5. Die Einheit der Rechtsordnung ist nicht etwa tatsächlich gegeben, sondern nur ein Ideal. Die Gesetzes- und Richterrechtsordnung ist keineswegs durchgängig widerspruchsfrei. Schon wegen der Herkunft der Rechtsordnung aus unterschiedlichen historischen Epochen und politischen Systemen sind Gesetzeskonkurrenzen und Normwidersprüche unvermeidbar. Es ist Aufgabe der Gerichte, die real nicht vorhandene Wertungseinheit der Rechtsordnung durch eine systematische Erfassung aller vorhandenen geltenden Wertmaßstäbe und eine harmonisierende Interpretation erst herzustellen. Leitlinie dafür ist der vermutbare Regelungswille der Gesetzgebung, nicht das rechtspolitische Regelungsideal der Rechtsanwender.

F. Historische Auslegung

I. Textsinn von Normen zwischen Erlaß und Anwendung

Für Rechtsnormen – Einzelnormen wie für ganze Kodifikationen oder für die Gesamtrechtsordnung – ist der Umstand kennzeichnend, daß bei der Anwendung zwei verschiedene Zeitpunkte zu berücksichtigen sind, nämlich 778

- der Zeitpunkt der Normentstehung, also der Verabschiedung der Rechtsnormen. Nennen wir ihn t^1.
- der Zeitpunkt der Normanwendung, im Gerichtsverfahren also die Verkündung der Entscheidung. Nennen wir ihn t^2.

Zwischen t^1 und t^2 können lange Zeiträume, oft viele Jahrzehnte, liegen, in denen sich vieles grundlegend verändert haben kann, nämlich 779

- die technisch-ökonomischen Verhältnisse,
- die Sozialstruktur,
- die gesellschaftlichen, politischen und religiös-weltanschaulichen Wertvorstellungen,
- das gesamte politische System und die Verfassung.

Das führt zu der Frage, wie „alte" Rechtsnormen und Gesetze auf neue Sachverhalte unter gewandelten Wertvorstellungen angewendet werden sollen. Es geht um den Rang der sog. historischen Auslegung bei der Gesetzesanwendung. Dabei kann sich ein Blick auf die allgemeine Auslegungslehre (Rezeptionstheorie oder Hermeneutik) der Textwissenschaften als Erweiterung des methodischen Horizonts auch für Juristen als sinnvoll erweisen (vgl. Rn. 156 ff.).

II. Was heißt historische Auslegung?

Die historische Auslegung sucht den Gebotsgehalt und den Normzweck gesetzlicher Vorschriften aus dem Kontext ihrer Entstehungsgeschichte zu ermitteln. Dabei geht es um mehrere Schichten von Umständen und Einflüssen, die bei der Normentstehung mitwirken: 780

- Der historisch-gesellschaftliche Kontext: Damit sind die gesellschaftlichen Interessen, Konfliktsituationen und Zielvorstellungen 781 gemeint, die zu der Normsetzung geführt haben. Ph. Heck hat das die Erforschung der kausalen Interessenfaktoren genannt.[1077]

782 – Der geistes- und dogmengeschichtliche Kontext: Zu beachten ist die begriffs- und dogmengeschichtliche Ausgangslage, in welcher die Normsetzung beraten und formuliert wurde. Dieselben Begriffe können im Entstehungszeitpunkt eine völlig andere Bedeutung gehabt haben. Wer die Sprache der Norm verstehen will, muß die Sprache der Normsetzer kennen. Nur sie vermittelt den ursprünglichen Gebotsinhalt der Norm.

783 – Der Regelungswille der Gesetzgebung: Es geht um die Ermittlung der rechtspolitischen Absichten und Steuerungsziele derer, die auf die Formulierung und die rechtspolitische Durchsetzung des Normsetzungsvorgangs maßgeblichen Einfluß hatten. Das ist das Kernziel der historischen Auslegung.

Die Erforschung dieser drei Aspekte verschafft, soweit sie Erfolg hat, dem Rechtsanwender den Zugang zu dem ursprünglichen Sinn und Bedeutungszusammenhang der anzuwendenden Norm.

III. Bedeutung der historischen Auslegung

784 **1. Methodenstreit.** Über den Rang der historischen Auslegung im Verhältnis zu den übrigen Auslegungsargumenten (Wortlaut, Systematik) wird unter Juristen in einer über Generationen hin geführten und andauernden Methodenkontroverse lebhaft gestritten (vgl. Rn. 796 ff.). Oft wird die Ausgangsfrage dieses Streits in unangemessener Vereinfachung so formuliert:

> Ist das Gesetz „entstehungszeitlich" („ex tunc") oder „geltungszeitlich" („ex nunc") zu interpretieren?[1078]

Gemeint ist damit: Soll es bei der Gesetzesauslegung auf den damaligen „subjektiven" Willen des historischen Gesetzgebers ankommen oder ruht der verbindliche Gesetzesinhalt in dessen Wortlaut und Systematik, die einen „objektiven Willen des Gesetzes" enthalten?

785 Im Anschluß an diese verkürzte Frage- und Problemstellung werden in der Regel zwei alternative Auslegungsmethoden, nämlich die

---

1077 Vgl. Ph. Heck, Gesetzesauslegung und Interessenjurisprudenz, AcP 112 (1914), 1 ff., 59 ff.

1078 E. A. Kramer, Juristische Methodenlehre, 4. Aufl., München 2013, S. 121, der K. Engisch, Einführung in das juristische Denken, 11. Aufl., Stuttgart 2010, S. 160, zitiert; vgl.ausführlich Th. Wischmeyer, Der „Wille des Gesetzgebers", JZ 2015, 957 ff.

sog. objektive („geltungszeitliche") Auslegung und die sog. subjektive („entstehungszeitliche") Auslegung vorgestellt und gegeneinander abgewogen. Diese Alternative mit den daraus folgenden gegensätzlichen Methodentheorien ist irreführend. Eine Analyse der tatsächlichen Vorgänge bei der Rechtsanwendung führt zu einer anderen, differenzierteren Sicht des Methodenproblems.

2. Was heißt Auslegung? Wenn Normtexte „ausgelegt" werden 786
sollen, ist zuerst zu fragen, um welche Art von Sätzen es sich handelt (vgl. Rn. 101 ff.). Rechtsnormen sollen aus der zeit- und raumgebundenen Sicht der Normsetzer nach deren Wertungen bestimmte Lebenssachverhalte regeln. Die zu diesem Zweck formulierten Rechtssätze können im buchstäblichen Sinne des Wortes „Auslegung" keine andere Botschaft (keinen anderen Gebotsinhalt) hergeben, als das, was die Normsetzer hineinlegen konnten und wollten.

Gesetzesauslegung im strengen Sinne des Begriffs „Auslegung" kann daher „nur solche Wertentscheidungen aus einer Rechtsnorm ... entnehmen, die der Normautor durch die Norm entschieden hat".[1079] Dieser enge und strenge Begriff der Auslegung orientiert sich allein daran, welche Tatbestände (Fallgruppen) und Folgenanordnungen von den Normsetzern in die gesetzgeberische Wertentscheidung aufgenommen worden sind. Es handelt sich danach nicht mehr um „Auslegung", wenn bei der Rechtsanwendung die tatbestandlich festgelegten Wertmaßstäbe der Gesetzgebung erweitert oder verengt werden.[1080]

Diese Sicht des Auslegungsproblems wird bestätigt durch einen 787
Vergleich mit den Ergebnissen der Auslegungslehre (Hermeneutik, dazu Rn. 156 ff.) in den übrigen Textwissenschaften. Dort gilt ein fundamentaler Grundsatz, der in der Methodendiskussion der Juristen bisher kaum beachtet wird:

> Einen Text verstehen, das setzt voraus, die Frage oder die Lage zu verstehen, auf die der Text eine Antwort war.[1081]

Wer einen Text zutreffend verstehen will, muß danach immer zuerst versuchen, sein Entstehen zu verstehen, also zu ermitteln, was

---

1079 R. Schreiber, Die Geltung von Rechtsnormen, Berlin 1966, S. 164 ff., 257.

1080 K. Engisch, Die Einheit der Rechtsordnung, Heidelberg 1935, S. 88 ff.; vgl. auch B. Rüthers, Die unbegrenzte Auslegung, 8. Aufl., Tübingen 2017, S. 182.

1081 Vgl. R. G. Collingwood, Denken. Eine Autobiographie, Stuttgart 1955, S. 30 ff.; H. G. Gadamer, Wahrheit und Methode, 6. Aufl., Tübingen 1990, S. 368 ff., 375 ff.; O. Marquard, Hermeneutik, in: ders., Abschied vom Prinzipiellen, Stuttgart 1981, S. 117 ff. m. Nachw.

den Textautor veranlaßt hat, seine Botschaft zu formulieren. Jede Auslegung ist danach zuerst eine historische Forschungsaufgabe. Der Auslegende muß versuchen, eine fremde Textbotschaft zu verstehen. Er weiß dabei, daß er dies aus seinem Blickwinkel und aus seinem Vorverständnis heraus tut.[1082]

788 Die historische Auslegung ist darauf gerichtet, den vom Autor mit dem Normtext verbundenen Sinn und Zweck zu rekonstruieren. Das kann oft nicht mit der erstrebten Genauigkeit gelingen. Wegen der vielfältigen Materialien, die mit Normsetzungsverfahren regelmäßig verbunden sind, sind aber in den meisten Fällen wichtige und verläßliche Informationen über den verfolgten Normzweck zu erlangen. Dabei ist diese Ermittlung des historischen Normzwecks nicht der Endpunkt, sondern nur der erste, allerdings aufgrund der Gesetzesbindung unverzichtbare Schritt jeder Rechtsanwendung (vgl. Rn. 730, 730b ff.). Danach ist zu prüfen, ob dieser historische Normzweck auch im Anwendungszeitpunkt noch verbindlich ist.[1083] Veränderte Rahmenbedingungen können eine Abweichung des Rechtsanwenders erforderlich machen. Diese darf dann aber nur im Wege der Rechtsfortbildung nach den gültigen methodischen Regeln erfolgen. Erst die historische Normzweckforschung garantiert die Unterscheidung von Auslegung und Rechtsfortbildung (Rn. 730d).

789 Nach diesen Grundeinsichten der Auslegungslehre ist die Frage nach der Entstehungsgeschichte kein von Fall zu Fall unterschiedlich einzusetzendes, mal nützliches, mal verzichtbares Element der Normanwendung. Sie ist vielmehr immer ein zwingendes Gebot, ebenso wie die Auslegung nach dem Wortlaut und nach der Systematik. Nur dadurch wird in Zweifelsfällen die erreichbare Sicherheit gewährleistet, die Motive, Wertmaßstäbe und Normzwecke festzustellen, die für den Erlaß der Norm maßgebend waren und den ursprünglich verbindlichen Gebotsinhalt festlegen. Dieser ursprüngliche Sollgehalt ist aber das einzige, was der Norm durch Auslegung entnommen werden kann. Davon abweichende Interpretationsergebnisse sind nicht Produkte der Auslegung, sondern von außen in die Norm implementierte Elemente der Einlegung.

1082 Vgl. J. Esser, Vorverständnis und Methodenwahl in der Rechtsfindung, 2. Aufl., Frankfurt/M. 1972, S. 136 ff.

1083 K. F. Röhl/H. C. Röhl, Allgemeine Rechtslehre, 3. Aufl., Köln 2008, § 13 II; vgl. auch schon M. T. Cicero, Pro Caecina, 28, 81.

3. Einwände gegen die historische Auslegung. Gegen diese Gewichtung der historischen Auslegung wird eingewendet, die Vorstellung von einem einheitlichen Willen eines einzigen Gesetzgebers stamme aus der absolutistischen Denktradition. Sie sei irreal. Es gebe keinen entsprechenden Willen, weil es in demokratischen Systemen keinen individualisierbaren Gesetzgeber gebe. Selbstverständlich gibt es „den“ Gesetzgeber nicht im Mißverständnis einer singulären Person oder einer kleinen Personengruppe, wie das den traditionellen monarchischen Vorstellungen des 19. Jahrhunderts entsprach.[1084] Aber auch in der interessendurchsetzten modernen Parteien- und Koalitionsdemokratie stehen hinter jeder Normsetzung konkrete Regelungszwecke und Ziele. Die historische Auslegung hat die Aufgabe, diese zu ermitteln und für die Auslegung als „Sinn und Zweck der Norm“ fruchtbar zu machen. Ziel der historischen Auslegung ist nicht der tatsächliche Wille der an der Gesetzgebung beteiligten Personen, sondern der aus dem Kontext der Entstehungsgeschichte erkennbare historische Regelungszweck. Das hat die Interessenjurisprudenz, vor allem Ph. Heck, herausgearbeitet.[1085] Maßgebend für die Feststellung des Regelungszwecks sind die hinter der Normsetzung stehenden Motive, die sich im Verfahren der Gesetzgebung durchgesetzt haben. Zu diesem Zweck sind alle Anhaltspunkte heranzuziehen, die maßgeblichen Einfluß auf die Normsetzung gehabt haben. Dazu gehört der gesamte gesellschaftlich-politische Kontext, also die Interessenbezogenheit der Regelungsmaterie und ihre historisch-gesellschaftliche Verwurzelung („Interessenforschung“; „occasio legis“) sowie die Materialien des Gesetzgebungsverfahrens (Regierungsentwurf, Kommissionsberatungen, Gegenentwürfe, BT- und BR-Protokolle, amtl. Begründungen etc.).[1086] 790

Ein zweiter Einwand gegen das Gebot der historischen Normzweckforschung geht dahin, oft lasse sich die Entstehungsgeschichte und damit auch der historische Normzweck nicht mit hinreichender Genauigkeit ermitteln. Schon deshalb könne der historischen Auslegung kein besonderer Rang, etwa wie dem Wortlaut oder der Syste- 791

1084 F. C. v. Savigny, System des heutigen römischen Rechts, Bd. I, Berlin 1840, S. 213; B. Windscheid, Lehrbuch des Pandektenrechts, Bd. I, 9. Aufl., Frankfurt/M. 1906, S. 99.

1085 Ph. Heck, Gesetzesauslegung und Interessenjurisprudenz, AcP 112 (1914), 8 ff., 62 ff., 111 ff.; ders., Begriffsbildung und Interessenjurisprudenz, Tübingen 1932, S. 106 ff.

1086 Zum Erkenntniswert der Materialien heute T. Frieling, Gesetzesmaterialien und Wille des Gesetzgebers, Tübingen 2017.

matik der Norm, zukommen. Auch dieses Argument überzeugt nicht. Richtig ist, daß es nicht wenige Normen gibt, bei denen der Regelungszweck insgesamt oder in einzelnen Aspekten unklar oder mehrdeutig bleibt, auch wenn alle verfügbaren Anhaltspunkte der Entstehungsgeschichte erschöpfend erforscht werden. Das ist aber kein Grund, deshalb die Indikatoren des historischen Normzwecks dort unerforscht zu lassen, wo sie erfaßt werden können. Der Einwand verliert zusätzlich dadurch an Gewicht, daß die moderne nationale wie internationale Gesetzgebung, vor allem der Europäischen Union, die Motive der Normsetzung regelmäßig offenlegt und dem Normtext voranstellt.

792 **4. Aussagekraft der Entstehungsgeschichte.** Die besondere Bedeutung der Ermittlung des historischen Normzwecks hat drei Gründe: Oft gibt die Entstehungsgeschichte über den genauen Regelungszweck einer Norm die verläßlichere Auskunft als der Wortlaut oder die systematische Stellung. Der Verzicht auf die mögliche Klärung der Entstehungsgeschichte kann dazu führen, daß der feststellbare Normzweck dem Interpreten unbekannt bleibt und seine Interpretation deshalb von einem falschen Normzweck ausgeht.

793 Der zweite Grund liegt in der Funktion der historischen Auslegung als Abgrenzungsinstrument von Auslegung und Rechtsfortbildung. Durch Auslegung kann kein anderer Gebotsgehalt einer Norm ermittelt werden als der, den die Gesetzgebung hineingelegt hat.[1087] Der präzise aufgeklärte historische Normzweck ist also der zentrale Gegenstand und die rationale Grenze des Vorgangs, der zutreffend als „Auslegung" einer Norm, eines Gesetzes bezeichnet werden kann. Jenseits der Erforschung des historischen Normzwecks durch Auslegung beginnen Eigenwertungsprozesse der Interpreten, die zwar zur Rechtsanwendung gehören, aber nicht unter den Begriff Auslegung gefaßt werden können. Es geht insoweit bei der Unterbewertung und der Zurückdrängung der historischen Auslegung in der juristischen Methodenpraxis hauptsächlich darum, die Beurteilungsspielräume der Rechtsanwender zu erweitern. Die damit gewonnenen Bereiche richterlicher Eigenwertung werden dann als „Auslegung" i. S. der Anwendung vorgegebener gesetzlicher Maßstäbe ausgegeben. In Wirklichkeit handelt es sich um richterliche Normsetzungen, die nicht offengelegt und nicht als solche begründet werden. Da Gerichte möglichst weite Spielräume richterlicher Beurteilung und Eigenwer-

---

1087 MünchKomm-Säcker, Bd. 1, 7. Aufl., München 2015, Einl. Rn. 98.

tung schätzen, mag das ein Grund dafür sein, daß die Erforschung des historischen Normzwecks in der richterlichen Methodenpraxis überwiegend nicht als zwingend gebotener erster Schritt der Gesetzesanwendung angesehen, sondern eher als Ermessensfrage der Gerichte behandelt wird.

Die historische Auslegung erweist sich schließlich als ein entschei- 794
dendes Kriterium der Methodenehrlichkeit. Nur die versuchte Aufklärung der Entstehungsgeschichte und des historischen Normzwecks schafft die mögliche Klarheit über einen objektiv vorgegebenen Gebotsinhalt. Die historische Auslegung stellt den Rechtsanwender vor die Frage, ob er die Wertung der Gesetzgebung nachvollziehen will oder ob er eine Abweichung für geboten hält. Sie führt dem Rechtsanwender vor Augen, ob er noch den Willen des Gesetzgebers verwirklicht oder seinen eigenen Willen an dessen Stelle setzt. Die Gerichte sind daher entgegen der herrschenden Lehre verfassungsrechtlich zur historischen Normzweckforschung verpflichtet (vgl. Rn. 730a). Aufgrund ihrer Gesetzesbindung müssen sie das vom historischen Gesetzgeber Vorentschiedene mindestens zur Kenntnis nehmen.[1088]

IV. Zusammenfassung zu F

1. Wer einen Text verstehen will, muß die Situation kennen, auf die 795
der Text eine Antwort war. Für Normtexte bedeutet dies, daß der Rechtsanwender versuchen muß, die gesellschaftliche und geistige Ausgangslage sowie die Entstehungsgeschichte der Norm zu erforschen, um den ursprünglichen Regelungswillen und Normzweck erkennen zu können.
2. Die Erforschung der Entstehungsgeschichte („historische“ Auslegung) ist der unverzichtbare erste Schritt jeder Rechtsanwendung, dem auch die Auslegung nach dem Wortlaut dient. Um die ursprünglichen Regelungszwecke zu erkennen, muß der Rechtsanwender auch die Sprache der Normautoren, also die Sprache der Entstehungszeit zu verstehen suchen.
3. Die häufig gestellte Frage, ob eine Rechtsnorm entstehungszeitlich („ex tunc“) oder anwendungszeitlich („ex nunc“) auszulegen sei, ist für eine sach- und methodengerechte Rechtsanwendung falsch gestellt. Zunächst ist, soweit erforschbar, der ursprüngliche, von

1088 Ch. Fischer, Topoi verdeckter Rechtsfortbildungen im Zivilrecht, Tübingen 2007, S. 489, 492.

der Gesetzgebung beim Erlaß der Norm verfolgte Normzweck zu ermitteln. Danach steht der Rechtsanwender vor der Frage, ob sich seit dem Erlaß der Norm die geregelte Materie oder die Wertvorstellungen der Rechtsgemeinschaft so geändert haben, daß die vorgesehenen Rechtsfolgen modifiziert werden müssen oder die Norm insgesamt unanwendbar geworden ist.

G. Die schwierige Unterscheidung zwischen Gesetzesauslegung und Rechtsfortbildung: Der Methodenstreit als Definitionsfrage

I. Subjektive und objektive Auslegungstheorie

796 Die Auslegung strebt danach, „den Gesetzesfahrzeugen die Lenkbarkeit zu sichern" (Ph. Heck). Wie das zu geschehen hat, darüber ist über Generationen hin eine Art „juristischer Kulturkampf"[1089] geführt worden, bei dem sich hauptsächlich zwei Auslegungstheorien unter erstaunlich falsch gewählten und irreführenden Bezeichnungen gegenüberstehen, die „subjektive" und die „objektive" Theorie. Die subjektive Theorie legt das entscheidende Gewicht auf den Regelungswillen des Gesetzgebers. Die richtige Methode der Gesetzesauslegung sei daher zuerst die historische Gebots- und Normzweckforschung. Ihre Hauptvertreter sind in historischer Reihung v. Savigny, Windscheid, Enneccerus, Heck, Nawiasky, H. Westermann, Brox, G. u. D. Reinicke.[1090]

797 Die objektive Theorie geht dagegen von der Vorstellung aus, das Gesetz reiße sich mit der Publikation vom Gesetzgeber los und sei fortan selbständig, so daß der Wille der Normsetzer gleichgültig werde. Das Gesetz habe einen eigenen Willen und sei oft klüger als diejenigen, die es schufen. Begründer und Hauptvertreter der objektiven Theorie waren Thibaut, Binding und Kohler.[1091] Die „objektive" Auslegung sucht nicht danach, den historisch realen Willen der

1089 Vgl. E. Fuchs, Juristischer Kulturkampf, Karlsruhe 1912.

1090 Nachw. bei K. Engisch, Einführung in das juristische Denken, 11. Aufl., Stuttgart 2010, S. 160f.; B. Rüthers, Methodenrealismus in Jurisprudenz und Justiz, JZ 2006, 53; gegen die Zurechnung von Savigny zur subjektiv-historischen Auslegung Ch. Baldus, in: K. Riesenhuber (Hrsg.), Europäische Methodenlehre, 3. Aufl., Berlin 2015, § 3 Rn. 55; S. Meder, Grundprobleme und Geschichte der juristischen Hermeneutik, in: ARSP Beiheft 117, Stuttgart 2009, 19, 36.

1091 A. F. J. Thibaut, Theorie der logischen Auslegung des römischen Rechts, Altona 1799, § 9; Nachw. bei K. Engisch, Einführung in das juristische Denken, 11. Aufl., Stuttgart 2010, S. 161f.

Normsetzer zu ermitteln. Ihr Ziel besteht darin, den „Willen des Gesetzes“ zu ergründen. Einen solchen selbständigen „Willen“ eines Gebotstextes kann es nicht geben (vgl. Rn. 719). Die angeblich „objektive“ Auslegung sucht nach etwas nicht Vorhandenem, nach einem Phantom. Kein Gebotstext hat einen eigenen Willen. Der Anwender kann nur das aus ihm herausholen, was entweder der Autor (die Gesetzgebung) oder der Rezipient, also das Gericht oder der Rechtswissenschaftler in ihn hineinlegt. Die Berufung auf den angeblichen „objektiven Willen des Gesetzes“ nach der „objektiven Methode“ bedeutet also: „Den objektiven Willen des Gesetzes bestimmen wir, die jeweiligen Interpreten!“[1092] Die sog. objektive Auslegung verwirklicht, wenn sie vom ursprünglichen Normzweck der Gesetzgebung abweicht, den subjektiven Regelungswillen der Rechtsanwender. Nicht das Gesetz ist klüger als der Gesetzgeber; es hat keine eigene Intelligenz. Wohl aber will oder muß der Richter bisweilen klüger als der Gesetzgeber sein, so z. B. dann, wenn seit Erlaß des Gesetzes dessen Regelungsbereich sich grundlegend gewandelt hat. Seine Abweichung vom Gesetz darf der Richter dann freilich nicht als (objektive) Auslegung tarnen. Vielmehr muß er die Fortbildung des Gesetzesrechts offen legen, damit über die „Klugheit“ der konkreten Rechtsfortbildung und über ihre Sachgründe diskutiert werden kann.

II. Heute herrschende Meinung

Die herrschende Lehre in Rechtsprechung und Literatur bekennt **798**
sich überwiegend zur sog. objektiven Auslegungstheorie.

1. Methodentheorie des Bundesverfassungsgerichts. Bemerkens- **799**
wert ist der geringe Stellenwert, den das BVerfG über lange Zeit der historischen Auslegung in seinen methodentheoretischen Grundsatzaussagen zugemessen hat:

„Nicht entscheidend ist dagegen die subjektive Vorstellung der am Gesetzgebungsverfahren beteiligten Organe oder einzelner ihrer Mitglieder über die Bedeutung der Bestimmung. Der Entstehungsgeschichte kommt für deren Auslegung nur insofern Bedeutung zu, als sie die Richtigkeit einer nach den angegebenen Grundsätzen ermittelten Auslegung[1093] bestätigt oder Zweifel be-

1092 B. Rüthers, Die heimliche Revolution vom Rechtsstaat zum Richterstaat, 2. Aufl., Tübingen 2016, S. 186 ff.
1093 Wortlaut und Sinnzusammenhang der Vorschrift, die Verf.

hebt, die auf dem angegebenen Weg allein nicht ausgeräumt werden können."[1094]

Zusätzlich mindert das BVerfG die Bedeutung der historischen Auslegung dadurch, daß es ihren Einfluß auf das Auslegungsergebnis vom Wortlaut der anzuwendenden Vorschrift abhängig macht. Es meint, der Wille des historischen Gesetzgebers könne

> „nur insoweit berücksichtigt werden, als er im Gesetz selbst einen hinreichend bestimmten Ausdruck gefunden hat."[1095]

Das ist in der Undifferenziertheit der Aussage eine Anleihe bei der methodisch überholten „Andeutungstheorie" (vgl. Rn. 734ff.). Das BVerfG stützte seine Aussage zur Auslegungsmethode zusätzlich auf die zweifelhafte These, daß die Verfassung keine bestimmte Methode der Gesetzesauslegung vorschreibe.[1096] Eine mögliche Trendwende des BVerfG in der Frage der vermeintlich „freien Methodenwahl" deutete sich erstmals in einem Sondervotum dreier Mitglieder des 2. Senats (Di Fabio, Osterloh, Voßkuhle) an.[1097] Es ging um die verfassungsrechtlichen Grenzen richterlicher Rechtsfortbildung, die fälschlich „Rechtsfindung" und „Auslegung" genannt wird, obwohl es sich um gesetzesabweichende richterliche Normsetzung handelte. Die Senatsminderheit bezeichnete die rechtsfortbildende Entscheidung des Senats, die dem eindeutig erklärten Willen der Gesetzgebung zuwiderlief, als verfassungswidrig, weil sie gegen das Demokratieprinzip und gegen die Gewaltenteilung, damit also gegen die Grenzen richterlicher Rechtsfindung verstoße. Nunmehr hat der 1. Senat des BVerfG in einem Beschluss vom 25. Januar 2011 folgende Grundsätze aufgestellt[1098]:

> Die Gewaltenteilung schließt es aus, daß die Gerichte Befugnisse beanspruchen, die von der Verfassung dem Gesetzgeber übertragen worden sind, indem sie sich aus der Rolle des Normanwenders in die einer normsetzenden Instanz begeben und damit der Bindung an Recht und Gesetz entziehen. Richterliche Rechtsfortbildung darf nicht dazu führen, daß der Richter seine eigenen materiellen Gerechtigkeitsvorstellungen an die Stelle derjenigen des Gesetzgebers setzt. Der Befugnis zur Rechtsfortbildung sind mit Rücksicht

---

1094 BVerfGE 1, 299 (312); 10, 234 (244); 11, 126 (130) (st. Rspr.).
1095 BVerfGE 11, 126 (130).
1096 BVerfGE 88, 145 (167).
1097 BVerfG NJW 2009, 1469, 1476; dazu B. Rüthers, Trendwende im BVerfG? – Über die Grenzen des Richterstaats, NJW 2009, 1461ff.; Ch. Möllers, Nachvollzug ohne Maßstabbildung, JZ 2009, 668ff.
1098 BVerfG, NJW 2011, 836ff.

auf den Grundsatz der Gesetzesbindung der Rechtsprechung Grenzen gesetzt. Der Richter darf sich nicht dem vom Gesetzgeber festgelegten Sinn und Zweck des Gesetzes entziehen. Er muß die gesetzgeberische Grundentscheidung respektieren und den Willen des Gesetzgebers unter gewandelten Bedingungen möglichst zuverlässig zur Geltung bringen.

Damit hat sich die Vorstellung, die Gesetzesbindung sei eine „reine Chimäre" oder ein „unerfüllbarer Traum" (so die moderne „Freirechtsschule", vgl. Rn 707) jedenfalls für die deutsche Gerichtspraxis ebenso erledigt wie die These, der Richter könne seine Auslegungsmethode frei wählen oder ähnlich wie ein künstlerisch tätiger Pianist „überpositives Recht" anwenden, wenn er ein Gesetz für ungerecht halte.[1099] Auch das frühere Bekenntnis des BVerfG zur angeblich „objektiven" Auslegung wird damit eingeschränkt.

Die Auslegungspraxis des BVerfG widersprach allerdings seiner (bisherigen) Auslegungstheorie schon seit längerem in einer kaum überschaubaren Fülle von Entscheidungen. Bei einer auch nur oberflächlichen Durchsicht der Registerbände der amtlichen Sammlung fällt auf, daß überall dort, wo das Gericht sich zu Auslegungsfragen äußert, die Entstehungsgeschichte das weitaus am meisten verwendete Argument darstellt.[1100] Rechtstatsächlich betrachtet gibt das BVerfG dem historischen Argument bei der Gesetzesauslegung in aller Regel ein besonderes, oft das entscheidende Gewicht. Insoweit ist seine theoretische Proklamation zur sog. objektiven Methode ein bloßes Lippenbekenntnis (gewesen). Dieses Lippenbekenntnis hat allerdings eine handfeste richterrechtspolitische Funktion. Die sog. objektive Methode gibt den Gerichten in den zahlreichen Fällen mehrdeutiger und inhaltlich wandlungsfähiger Wortlaute von Rechtsvorschriften einen weiten Spielraum zur Durchsetzung richterlicher Eigenwertungen, ohne daß die rechtspolitische, normsetzende Tätigkeit offengelegt wird. 800

1099 So G. Hirsch, Zwischenruf – Der Richter wird's schon richten, ZRP 2006, 161; vgl. auch W. Hassemer, Juristische Methodenlehre und richterliche Pragmatik, Rechtstheorie 39 (2008), 1, 3; dagegen B. Rüthers, Zwischenruf aus der methodischen Wüste: „Der Richter wird's schon richten", JZ 2006, 958 ff.; ders., Methodenfragen als Verfassungsfragen, Rechtstheorie 40 (2009), 253 ff.

1100 Vgl. beispielhaft nur den Band BVerfGE 80, 396 (Register zur „Auslegung") sowie die Beispiele bei K. F. Röhl/H. C. Röhl, Allgemeine Rechtslehre, 3. Aufl., Köln 2008, § 79 II und M. Sachs, Die Entstehungsgeschichte des Grundgesetzes als Mittel der Verfassungsauslegung in der Rechtsprechung des Bundesverfassungsgerichts, DVBl. 1984, 73 ff., 76 ff.

801 **2. Die objektiv-teleologischen Kriterien von Larenz/Canaris.** In der Literatur wird die „objektive" Theorie heute maßgeblich von Larenz/Canaris vertreten und begründet. Sie haben neben die Auslegungselemente Savignys noch sog. objektiv-teleologische Kriterien gestellt.[1101] Diese sollen zwei Gruppen von Merkmalen umfassen, nämlich

- „objektive Zwecke des Rechts, wie Friedenssicherung und gerechte Streitentscheidung, 'Ausgewogenheit' einer Regelung im Sinne optimaler Berücksichtigung der im Spiele befindlichen Interessen."
- das jedem Gesetz zu unterstellende Streben nach einer „Regelung die 'sachgemäß' ist. Nur wenn man dem Gesetzgeber diese Absicht unterstellt, wird man im Wege der Auslegung zu Resultaten gelangen, die eine 'angemessene' Lösung auch im Einzelfall ermöglichen."[1102]

Es geht danach zum einen um die dem Gesetzgeber vorgegebenen „Strukturen des geregelten Sachbereichs", um „tatsächliche Gegebenheiten", die „vernünftigerweise" zu berücksichtigen sind. Zum anderen sind damit „rechtsethische Prinzipien" gemeint, die „hinter einer Regelung stehen, in denen der Sinnbezug ... auf die Rechtsidee faßbar, aussprechbar wird".[1103]

1101 K. Larenz/C.-W. Canaris, Methodenlehre der Rechtswissenschaft, Studienausgabe, 3. Aufl., Berlin 1995, S. 153 ff.; K. Larenz, Methodenlehre der Rechtswissenschaft, 6. Aufl., Berlin 1991, S. 333 ff.

1102 K. Larenz/C.-W. Canaris, Methodenlehre der Rechtswissenschaft, Studienausgabe, 3. Aufl., Berlin 1995, S. 153.

1103 K. Larenz/C.-W. Canaris, Methodenlehre der Rechtswissenschaft, Studienausgabe, 3. Aufl., Berlin 1995, S. 153.

Rüthers, JZ 11, 597, Canaris, JZ 11, 879

Karl Larenz (1903 – 1993), Zivilrechtler, Rechtsphilosoph und Methodenlehrer im Nationalsozialsozialismus und in der Bundesrepublik mit grundlegenden Beiträgen zur „NS-Rechtserneuerung" und zur Methodenlehre nach 1945.

Soweit es um die Auslegung von Gesetzen im klassischen Sinne des **802** Nachvollziehens einer vorgegebenen „fremden" Wertung, nämlich der des Gesetzgebers geht, hat es diese angeblich objektiv-teleologischen Kriterien in der traditionellen juristischen Methodenlehre von Savigny bis Coing nicht gegeben. Anders stellt sich die methodische Frage, wenn der Rechtsanwender nicht **auslegen,** sondern von vorhandenen gesetzlichen Wertungen **abweichen,** diese modifizieren, fortbilden, umdeuten oder gänzlich ablehnen will. „Objektiv-teleologisch" heißen diese Kriterien bei Larenz/Canaris bezeichnender Weise „deshalb, weil es bei ihnen nicht darauf ankommt, daß sich der Gesetzgeber ihrer Bedeutung für die von ihm geschaffene Regelung immer bewußt gewesen ist".[1104]

1104 K. Larenz/C.-W. Canaris, Methodenlehre der Rechtswissenschaft, Studienausgabe, 3. Aufl., Berlin 1995, S. 154.

803 **3. Wille des Volkes als Auslegungsargument.** Auf andere Weise nach Objektivität sucht Ekkehart Stein. Die objektive Theorie in ihrer klassischen Ausprägung sieht er zutreffend als ein Produkt der scheinlogischen und überholten Begriffsjurisprudenz des 19. Jahrhunderts (Rn. 458 ff.) an und lehnt sie ab. Dann formuliert er:

> „Das Recht ist in einem ganz anderen Sinne objektiv. Es ist ein Element der sozialen Wirklichkeit. Deshalb ist für seine Auslegung nicht der Wille der Menschen, die einzelne Rechtsnormen geschaffen haben, maßgebend, sondern entscheidend sind die Notwendigkeiten der es tragenden sozialen Gemeinschaft. Daher kommt es weder auf den Willen des Gesetzgebers noch auf den (in Wirklichkeit nur fiktiven) Willen des Gesetzes an, sondern ausschließlich auf den Willen der Rechtsgemeinschaft, d. h. in der Demokratie auf den Willen des Volkes."[1105]

804 Das führt zu zwei Fragen: Soll es auf den Regelungswillen des Parlaments, der in der Regel vielfältig belegt ist, wirklich nicht ankommen, sondern statt dessen auf „die Notwendigkeiten der sozialen Gemeinschaft"? Wer hat die Kompetenz, diese Notwendigkeiten der Gemeinschaft zu definieren und damit den Inhalt der Einzelnormen und der ganzen Rechtsordnung zu bestimmen?

Wer sagt den Gerichten, was jeweils der „Wille des Volkes" ist? Es bleiben nur zwei Möglichkeiten: Soll das eine Preisgabe der Rechtsinhaltsdefinition an die demoskopische Umfrageforschung bedeuten? Oder werden die Richter zu Sehern des „Volkeswillens" erhoben?

805 Die Position Steins stimmt mit dem Grundgesetz (Art. 20 GG) nicht überein. Sie zeigt aber mit wünschenswerter Klarheit, daß die Methodenfragen der Rechtsanwendung Verfassungsfragen sind (Rn. 704 ff.). Steins Definition des Rechts als einer „objektiven Ordnung" läuft, wie die von ihm selbst abgelehnte objektive Auslegung, auf eine Mystifizierung der Rolle der Gerichte hinaus. Sie erhalten die Kompetenz, unter Berufung auf den Willen der Rechtsgemeinschaft oder des Volkes vorhandene gesetzliche Regelungen „nach den Notwendigkeiten der sozialen Gemeinschaft" zu korrigieren oder ganz abzulehnen.

1105 E. Stein/G. Frank, Staatsrecht, 20. Aufl., Tübingen 2007, S. 37; die abschließende Erläuterung ist in der aktuellen Auflage entfallen, vgl. E. Stein/G. Frank, Staatsrecht, 21. Aufl., Tübingen 2010, S. 36.

III. Kritik an der objektiven Theorie

1. Vermeintliche Objektivität. Die Vertreter der objektiven Methode vermitteln den Eindruck, ihre Form der Gesetzesauslegung führe zur Richtigkeit, zur „Objektivität" oder gar zur Wahrheit der Ergebnisse.[1106] Das wiederum führt zu der Frage: Ist die juristische Methodenlehre überhaupt in der Lage, „richtige" Ergebnisse der Rechtsanwendung zu produzieren? 806

Eine solche These ist nach den Erkenntnissen der modernen Hermeneutik unhaltbar. Danach gibt es keine Objektivität hermeneutisch gewonnener Aussagen.[1107] Das bedeutet, daß es unmöglich ist, wissenschaftlich gesicherte, „gültige", „objektiv richtige" Aussagen über den Inhalt von Normtexten zu machen. Texte sind wie Partituren von Werken der Musik, die, wenn sie von der Botschaft der Textautoren abgelöst werden, die Aussageabsichten der Interpreten annehmen und verkünden. Bestätigt wird das, aus einer anderen Sicht, von Hans Kelsen, der ebenfalls die Möglichkeit einer „objektiven" Gesetzesauslegung mit „richtigen" Aussagen über Norminhalte verneint: 807

> „In der Anwendung des Rechts ... verbindet sich die erkenntnismäßige Interpretation des anzuwendenden Rechts mit dem Willensakt, in dem das rechtsanwendende Organ eine Wahl trifft zwischen den durch die erkenntnismäßige Interpretation aufgezeigten Möglichkeiten."[1108]

In welchem Umfang gerade die objektive Theorie dem Willensakt des Rechtsanwenders Spielraum verschafft und damit der Verläßlichkeit der Rechtsanwendung entgegenwirkt, zeigen die geschichtlichen Erfahrungen. Eine zentrale Rolle spielen dabei immer wieder bestimmte Schlüsselbegriffe wie z. B. die „Rechtsidee", die „Gerechtigkeit" und „ethische Prinzipien". Sie sollen „letztlich den höchsten Rang" genießen.[1109] Die Begriffe wurden in diesem Jahrhundert in Deutschland wie in vielen Nachbarstaaten häufig als weltanschauliche Gleitklauseln benutzt, mit denen überkommene Gesetze auf neue, 808

1106 Dahinter steht die wissenschaftstheoretisch fragwürdige Vorstellung vom „richtigen Recht", vgl. K. Larenz, Richtiges Recht, Grundzüge einer Rechtsethik, München 1979; dazu ferner K. Engisch, Wahrheit und Richtigkeit im juristischen Denken, München 1963.

1107 H. Schelsky, Einsamkeit und Freiheit, Reinbek 1963, S. 282; W. Iser, Der Lesevorgang, in: R. Warning, Rezeptionsästhetik, München 1975, S. 253 ff.; R. Dreier, Probleme der Rechtsquellenlehre, in: Festschrift für H.-J. Wolff, München 1973, S. 3, 19 ff.; H. Albert, Traktat über kritische Vernunft, 5. Aufl., Tübingen 1991, S. 35 ff.

1108 H. Kelsen, Reine Rechtslehre, 2. Aufl., Wien 1960 (Nachdruck 1992), S. 351.

1109 K. Larenz/C.-W. Canaris, Methodenlehre der Rechtswissenschaft, Studienausgabe, 3. Aufl., Berlin 1995, S. 166.

politisch etablierte Wertsysteme umgedeutet wurden. Sie haben sich als Einfallstore vielfältiger Zeitgeister in die Rechtsordnung erwiesen. Unter denselben offenen Begriffen wurde der jeweils neue, rechtspolitisch gewünschte Wein in die alten Schläuche der überkommenen Gesetze gegossen.[1110] Die sog. objektiv-teleologischen Kriterien verankern also das Recht nicht etwa in einer verläßlichen, gültigen, „objektiven" Wertordnung. Sie sind im Gegenteil Instrumente zur Anpassung der Gesetze an den jeweiligen Zeitgeist. Für dieses nach politischen Systemwechseln besonders starke Bedürfnis hat Karl Engisch ein treffendes Bild geprägt. Er spricht von der „magischen Kraft des Zauberbesens 'Rechtsidee'".[1111] Damit ist die korrektive, rechts- und richterpolitische Funktion dieser Kriterien deutlich gekennzeichnet.

809 Von „objektiv-teleologischen" Kriterien im Sinne methodischer Erwägungen, die Zuverlässigkeit und Vorhersehbarkeit der Rechtsanwendung vermitteln, kann daher nur sprechen, wer die Geschichte und die Erfahrungen der Methodenpraxis in den Systemwechseln des letzten Jahrhunderts (bewußt?) ausblendet. Genau das geschieht in vielen Lehr- und Handbüchern zur juristischen Methodenlehre, die gegenwärtig gängig sind.[1112]

810 **2. Unzulässige Lockerung der Gesetzesbindung.** Die objektive Methode dient mit ihren Kriterien nicht der Auslegung eines Gesetzes, sondern der vom Rechtsanwender gewollten Gesetzesabweichung oder -korrektur. Der angebliche „objektive Wille des Gesetzes" wird notfalls „frei beweglich und entwicklungsfähig", wenn die

1110 Vgl. B. Rüthers, Die unbegrenzte Auslegung, 8. Aufl., Tübingen 2017, S. 117ff., 178ff., 322ff.; ders., Die Wende-Experten, München 1995, S. 127ff.; ders., Das Ungerechte an der Gerechtigkeit, 3. Aufl., Tübingen 2009, S. 85ff.; ders., Rechtsordnung und Wertordnung, Konstanz 1986. Erstaunlich ist die Tatsache, daß die von Larenz und anderen vertretene, falsch etikettierte „objektiv-teleologische" Methode trotz ihrer Rolle bei der Perversion der Rechtsordnung im Nationalsozialismus in der Bundesrepublik erneut unreflektiert und lange fast unbestritten zur herrschenden Lehre in Theorie und Praxis der obersten Bundesgerichte werden konnte. Zur Kritik B. Rüthers, Die heimliche Revolution vom Rechtsstaat zum Richterstaat, 2. Aufl., Tübingen 2016, S. 86ff.

1111 K. Engisch, Einführung in das juristische Denken, 11. Aufl., Stuttgart 2010, S. 295.

1112 Beispielhaft K. Larenz/C.-W. Canaris, Methodenlehre der Rechtswissenschaft, Studienausgabe, 3. Aufl., Berlin 1995, wo jeder historische Bezug auf die jüngere Methodengeschichte fehlt; ähnlich H.-M. Pawlowski, Methodenlehre für Juristen, 3. Aufl., Heidelberg 1999; F. Bydlinski, Juristische Methodenlehre und Rechtsbegriff, 2. Aufl., Wien 1991; die Eignung der juristischen Methoden für die Durchsetzung vielfach verschiedener staatlich etablierter Weltanschauungen wird nicht behandelt, kritisch dazu B. Rüthers, Anleitung zum fortgesetzten methodischen Blindflug, NJW 1996, 1249ff.

gewandelten Verhältnisse das erfordern.[1113] Da die Verhältnisse selbst diese Forderung nicht artikulieren können, liegt es beim Rechtsanwender, wann er dies für gegeben hält. Zwar sollen nach Larenz/Canaris die objektiv-teleologischen Kriterien nur „überall da den Ausschlag geben", wo die übrigen Kriterien „noch keine zweifellose Antwort zu geben vermögen".[1114] Über das Bestehen eines Zweifels an Wortlaut, Systematik und Entstehungsgeschichte entscheidet jeweils der Interpret. Behauptet er einen solchen, so nehmen die objektiv-teleologischen Kriterien „den höchsten Rang" ein.[1115]

Die damit verbundene Erweiterung der Richtermacht gegenüber dem Gesetz wird vorsichtig angedeutet, wenn Larenz/Canaris ausführen: „Daß nicht mit letzter Genauigkeit gesagt werden kann, wann etwa ein aus der Entstehungsgeschichte gewonnenes Argument hinter die objektiv-teleologischen Kriterien zurückzutreten hat oder in welchem Augenblick eine ursprünglich berechtigte Auslegung einer an den gegenwärtigen Maßstäben orientierten zu weichen hat, sollte nicht verwundern".[1116] Das ist nach dieser Methode in der Tat keine verwunderliche, sondern eine programmierte Unsicherheit. Für die Zuverlässigkeit einer Auslegungsmethode, welche diesen Namen verdient, müßte allerdings angegeben werden, wer denn die Kompetenz haben soll, die „gegenwärtigen Maßstäbe" zu bestimmen. 811

Wer die Klärung des gesetzgeberischen Normzwecks vermeidet oder wer ohne Begründung vom gesetzgeberischen Normzweck abweicht, macht sich von der Gesetzesbindung frei, wird vom Diener zum Herrn des Gesetzes. Wenn das BVerfG sehr pauschal sagt, daß die Verfassung keine bestimmte Auslegungsmethode vorschreibe,[1117] so ist das unzutreffend. Die Verfassungsgrundsätze der Demokratie, der Gewaltenteilung und der richterlichen Gesetzesbindung verlangen von den Gerichten, daß sie vorhandene gesetzliche Wertungen beachten. Das bedeutet zunächst die Pflicht, das Vorhandensein solcher Wertmaßstäbe mit den verfügbaren methodischen Mitteln zu 812

1113 Vgl. dazu K. Engisch, Einführung in das juristische Denken, 11. Aufl., Stuttgart 2010, S. 160; B. Rüthers, Methodenrealismus in Jurisprudenz und Justiz, JZ 2006, 53.

1114 K. Larenz/C.-W. Canaris, Methodenlehre der Rechtswissenschaft, Studienausgabe, 3. Aufl., Berlin 1995, S. 153 f.

1115 K. Larenz/C.-W. Canaris, Methodenlehre der Rechtswissenschaft, Studienausgabe, 3. Aufl., Berlin 1995, S. 166.

1116 K. Larenz/C.-W. Canaris, Methodenlehre der Rechtswissenschaft, Studienausgabe, 3. Aufl., Berlin 1995, S. 166.

1117 BVerfGE 88, 145 (167); krit. B. Rüthers, Methodenrealismus in Jurisprudenz und Justiz, JZ 2006, 53.

prüfen. Deshalb ist die Erforschung der Entstehungsgeschichte, soweit sie möglich ist, von der Verfassung geboten. Wer das ausläßt, nimmt Verstöße gegen die genannten Verfassungsgrundsätze in Kauf. Wer angeblich objektiv auslegt, will nicht wissen, was die Gesetzgebung mit der Norm regeln wollte. Er betrügt sich selbst oder andere um den ursprünglichen Normzweck. Die historische Auslegung ist also der gebotene unverzichtbare **erste** (nicht der **letzte**!) Schritt jeder verfassungsgemäßen Rechtsanwendung.

813 **3. Fehlende Methodenehrlichkeit.** Die klare Unterscheidung von Auslegung und Rechtsfortbildung wird von den „Objektivisten" vermieden oder für unmöglich erklärt.[1118] Das wird deutlich, wenn die Leitlinie der Interpretation so formuliert wird:

> „Wer das Gesetz jetzt auslegt, sucht in ihm eine Antwort auf die Fragen seiner Zeit."[1119]

Das mag wohl zutreffen. Die Suche wird allerdings gerade bei älteren Gesetzen dann vergeblich sein, wenn die Gesetzgebung diese Fragen noch gar nicht kannte. Aus der Suche und dem Wunsch des Interpreten nach den zeitgemäßen Antworten folgt nicht, daß die Erfüllung der Erwartungen gesichert wäre. Wo diese Antwort im Gesetz fehlt, kann auch die objektive Methode sie nicht herbeizaubern. Das heißt, die Auslegung ist dann am Ende. Was folgt ist die Antwort der Interpreten, ihre mehr oder weniger „schöpferische Geistestätigkeit"[1120] im Sinne interpretativer Normsetzung, die eben mit Auslegung nichts mehr im Sinn hat. Mit erfrischender Offenheit sagt deshalb E. A. Kramer in seiner „Juristischen Methodenlehre"[1121] über die sog. objektive Theorie zutreffend:

> „Als gewichtigstes Argument für die objektiv(-teleologische) Interpretation erscheint das 'Rechtsfortbildungsargument'... Nur die objektiv-teleologische Interpretation und Rechtsfortbildung erlaubt, so scheint es, die kontinuierliche Anpassung der Gesetze an aktuelle Erfordernisse, an neue 'Normsituationen'."

1118 K. Larenz/C.-W. Canaris, Methodenlehre der Rechtswissenschaft, Studienausgabe, 3. Aufl., Berlin 1995, S. 187ff.

1119 K. Larenz/C.-W. Canaris, Methodenlehre der Rechtswissenschaft, Studienausgabe, 3. Aufl., Berlin 1995, S. 139.

1120 K. Larenz/C.-W. Canaris, Methodenlehre der Rechtswissenschaft, Studienausgabe, 3. Aufl., Berlin 1995, S. 166.

1121 4. Aufl., München 2013, S. 135f.; im Ergebnis ähnlich auch J. Braun, Deduktion und Invention, Tübingen 2016, S. 284, der eine „Hinwendung zur objektiven Auslegung" empfiehlt, ohne zu erwähnen, daß damit die subjektiven Einlegungen der Interpreten fälschlich als „objektiver Gesetzesinhalt" ausgegeben werden (vgl. Rn. 814).

Die richterliche Rechtsfortbildung, die oft zur Gesetzesumdeutung 814
führt, erhält durch die objektive Theorie mit dem Begriff „Auslegung“ den Anschein einer kognitiven, rational zwingenden Operation. Die reale richterliche Normsetzung wird durch beide Begriffe, nämlich „objektiv“ und „Auslegung“, vernebelt und mit der Aura einer scheinbar rein wissenschaftlichen Prozedur irreführend etikettiert. Deshalb kann die Einordnung dieser Tätigkeit unter den Begriff der Gesetzesauslegung zu Täuschungen und Selbsttäuschungen führen.

„Verdeckte Rechtsfortbildungen“ verstoßen gegen die Gesetzesbindung und verletzen die verfahrensrechtlichen Begründungsvorschriften.[1122] Gerichtsentscheidungen, die unter Verwendung solcher leerformelhaften Scheinbegründungen ergangen sind, verstoßen auf der Grundlage der obergerichtlichen Rechtsprechung gegen § 547 Nr. 6 ZPO, so daß das Urteil in der Revisionsinstanz aufzuheben und die Sache gemäß § 563 Abs. 1 S. 1 ZPO zur neuen Verhandlung und Entscheidung an das Berufungsgericht zurückzuverweisen wäre; demgegenüber ist es nach neuerdings vertretener Auffassung geboten, die Problematik leerformelhafter verdeckter Rechtsfortbildungen als Verstoß gegen die §§ 313 Abs. 3, 540 ZPO zu behandeln, so daß das Revisionsgericht grundsätzlich selbst in der Sache zu entscheiden hat.[1123]

4. Fehlende Kontrollierbarkeit der Entscheidungen. Eine 815
wichtige Funktion der Methodenlehre ist es, die rationale Kontrollierbarkeit und Kritisierbarkeit gerichtlicher Entscheidungen zu ermöglichen (vgl. Rn. 652). Das ist nur möglich, wenn die Entscheidungsfindung nach möglichst klaren und nachprüfbaren Regeln erfolgt. Darauf verzichtet die „objektive Gesetzesauslegung“ bewußt:

> „Methodisch ist er [der Richter] in der Wahl der Interpretationsregeln frei.“[1124]

W. Hassemer, von 2002–2008 Vizepräsident des BVerfG, bezweifelt grundsätzlich die Verbindlichkeit und die Leistungskraft juristischer Methoden: Die Vorstellung einer regelgeleiteten juristischen

1122 Ch. Fischer, Topoi verdeckter Rechtsfortbildungen im Zivilrecht, Tübingen 2007, S. 510ff.

1123 Ch. Fischer, Topoi verdeckter Rechtsfortbildungen im Zivilrecht, Tübingen 2007, S. 526ff., 531.

1124 W. Hassemer, in: W. Hassemer/U. Neumann/F. Saliger, Einführung in die Rechtsphilosophie und Rechtstheorie der Gegenwart, 9. Aufl., Heidelberg 2016, S. 237.

Methode der Gesetzesanwendung sei ein Traum.[1125] Eine solche „Methode“ entzieht sich rationaler Diskutierbarkeit. Jeder Fall hat dann seine eigene, vom Rechtsanwender freigewählte Methode. Er kann sie sich nach dem von ihm gewünschten Ergebnis aussuchen. Die angeblich „objektiv-teleologischen“ Kriterien erhalten ihre Gewichtung aus dem subjektiven Vorverständnis derer, die das Gesetz anwenden. Für sie gilt der Satz:

> „Das jeweilige Gewicht der verschiedenen Kriterien hängt nicht zuletzt davon ab, was sie im Einzelfall hergeben.“[1126]

Das bedeutet im Ergebnis eine Annäherung an methodische Beliebigkeit. Denn was die Kriterien hergeben, entscheidet weitgehend der Interpret. Jeder Fall kann eine neue Gewichtung der Kriterien nach den Vorstellungen des Rechtsanwenders auslösen. Das Ergebnis läßt sich als methodische Methodenphobie oder mit Arthur Meier-Hayoz als „grundsätzliche Grundsatzlosigkeit“[1127] bezeichnen. Die Weite der Interpretationsmöglichkeiten, welche die Hereinnahme der „objektiv-teleologischen“ Kriterien in den Begriff der „Auslegung“ ermöglicht, erinnert an eine Bemerkung Ph. Hecks von 1914:[1128]

> Das Gesetz in objektiver Auslegung sei „mit einem Freiballon zu vergleichen, der aufgelassen, jedem Bestimmungswunsch entrückt, dem Winde (lies: des Zeitgeistes) folgt.“

Wissenschaft im modernen Sinne wird nicht durch den Forschungsbereich, sondern durch die rationale Nachprüfbarkeit der verwendeten Methoden konstituiert. In diesem Sinne ist die „objektive Gesetzesauslegung“ keine wissenschaftliche Methode.

815a **5. Der Trend zu einem neuen Richterbild.** Durch die Verspätung und die teilweise bewußte Untätigkeit der Gesetzgebung bei neuen regelungsbedürftigen Interessenkonflikten wächst das Richterrecht (vgl. Rn. 235 ff.) in Deutschland wie in der Europäischen Union sowohl in seiner Quantität wie in seiner Bedeutung als Rechtsquelle ständig an. Was die Gesetzgebung nicht regelt, müssen die zuständigen letzten Instanzen an ihrer Stelle tun („Ersatzgesetzgebung“). Das

---

1125 W. Hassemer, Juristische Methodenlehre und richterliche Pragmatik, Rechtstheorie 39 (2008), 1 ff., 3; ähnlich D. Simon, Vom Rechtsstaat in den Richterstaat?, Vortrag 2008, abrufbar unter: http://www.rechtswirklichkeit.de; dazu B. Rüthers, Methodenfragen als Verfassungsfragen, Rechtstheorie 40 (2009), 253 ff.

1126 K. Larenz/C.-W. Canaris, Methodenlehre der Rechtswissenschaft, Studienausgabe, 3. Aufl., Berlin 1995, S. 166.

1127 Schweiz. JZ 52 (1956), 173 ff.

1128 Ph. Heck, Gesetzesauslegung und Interessenjurisprudenz, AcP 112 (1914), 1 ff., 62 mit Fn. 87.

führt zu einer zunehmenden Regelungsmacht der nationalen obersten Gerichte sowie des Europäischen Gerichtshofes (EuGH) und des Europäischen Gerichtshofs für Menschenrechte (EGMR). Die dauerhafte Erfahrung gesteigerter Machtfülle bei diesen Gerichten ist geeignet, das Selbstverständnis der Entscheider von ihren Aufgaben und ihr Richterbild zu verändern. Wurden die unvermeidlichen normsetzenden Funktionen der letzten Instanzen im Bereich der gesetzlichen Regelungslücken anfangs noch als Last empfunden, so ist die Chance der rechtspolitischen „Ersatzgesetzgebung" auch dort, wo keine Lücken bestehen, für manche Gerichte und deren Mitglieder (bisweilen bis hin zu ihren Präsidenten) eine berufsspezifische und gern gesuchte „Lust" geworden. Wo die Gerichte mit geltenden Gesetzen unzufrieden sind, begeben sie sich nicht selten auf eine „Lückensuche" und werden dabei in der Regel schnell fündig. Wo keine Lücken zu finden sind, werden sie gelegentlich erfunden. Gestaltungsfreude zeigt sich etwa, wenn neu gewählte Verfassungsrichter ihre Freude darüber äußern, in ihrem Amt „politisch und wirtschaftlich etwas bewegen zu können". Das ist zwar objektiv unbestreitbar, sollte aber kaum das wichtigste Ziel bei der Übernahme dieses Amtes sein. Etwas deutlicher hat sich eine frühere Präsidentin des Bundesverfassungsgerichts geäußert, als sie das Gericht als einen „Motor der gesellschaftlichen Entwicklung" bezeichnete und während ihrer Amtszeit dafür eintrat, die Grundbegriffe „Ehe und Familie" in Art. 6 Abs. 1 des Grundgesetzes im Sinne moderner gesellschaftlicher Anschauungen neu zu deuten. Für ein Gericht, das zur Wahrung der Verfassung geschaffen wurde, ist das eine ungewöhnliche Aufgabendefinition. Die vom Bundesverfassungsgericht als maßgeblich deklarierte, von den übrigen Bundesgerichten befolgte, irreführend als „objektiv" bezeichnete Auslegung eröffnet solchen Tendenzen weite Entfaltungsspielräume. Das von einem ehemaligen Präsidenten des BGH verkündete Leitbild vom „Richter als einem mehr oder weniger virtuosen Pianisten" bei der Rechtsanwendung fügt sich dieser Vorstellung des Richters als des Herren der interpretativen Rechts(um)gestaltung problemlos ein.[1129] Das bisher für Richter anerkannte Gebot der Gesetzesbindung im Sinne des denkenden Gehorsams eines „Dieners der Gesetze" wird als unzeitgemäß abgelehnt.

1129 G. Hirsch, ZRP 2006, 161. Dazu B. Rüthers, Die heimliche Revolution vom Rechtsstaat zum Richterstaat, 2. Aufl., Tübingen 2016, S. 74f.

IV. Erfordernis richterlicher Rechtspolitik

816 Die Summe der vorhandenen gesetzlichen Regelungen ist, wie die Erfahrung in allen überschaubaren Verfassungsepochen gezeigt hat, immer unvollständig. Gesetzeslücken und weithin fast völlig ungeregelte Problemfelder, sog. Gebietslücken, sind für die Gerichte häufige Erfahrungen. Manche meinen, die sog. Lücke sei in der Praxis der Justiz eher die Regel als die Ausnahme.[1130]

Zu solchen Lücken kann es auch nachträglich kommen: Jede Rechtsnorm ist nichts anderes als die legislative Antwort auf eine bestimmte, von den Normsetzern als regelungsbedürftig bewertete Situation. Diese Situation kann eine tatsächliche oder auch eine nur vorgestellte, erwartete gewesen sein. Regeln wollte und konnte die Gesetzgebung nur diese „angeschaute" Situation. Wandelt sich diese Situation, manche nennen das unklar und mehrdeutig „Normbereich",[1131] so ist zu prüfen, ob die gesetzliche Regelung nach ihrem Normzweck auf die veränderte Lage noch anwendbar ist. Durch den Wandel der Faktenlage oder der Wertungsgrundlagen kann eine Rechtsnorm unanwendbar werden. Das wußten schon die Autoren des römischen Rechts: „Cessante ratione legis cessat lex ipsa" (Mit dem Wegfall des verfolgten Normzwecks fällt die Rechtsnorm selbst dahin).

817 Die Gerichte müssen im Rahmen ihrer Zuständigkeit auch diese gesetzlich nicht oder nicht mehr zutreffend geregelten Streitfälle und Interessenlagen entscheiden. Das ist aber eine anders geartete und anders einzuordnende Tätigkeit als die der Gesetzesauslegung. Der richterliche Entscheidungsakt im Lückenbereich ist eine eigene Rechtssetzung. Es geht dabei nicht um die Anwendung fremder, sondern um die Setzung eigener Maßstäbe, also primär um Dezision, nicht um einen kognitiven Akt. Es ist ein beträchtlicher Unterschied für die Funktionsweise von Justiz und Recht, ob ein Gericht sagt, diese meine Entscheidung folgt „objektiv" aus dem Gesetz, oder ob es eingesteht: Das Gesetz regelt diese Frage nicht. Aus unserer Sicht besteht eine Lücke. Sie ist nach Ansicht des Gerichts rechtspolitisch im Sinne der getroffenen Entscheidung zu schließen.

818 Das bedeutet zunächst den Verzicht auf einen scheinwissenschaftlichen Objektivitätsanspruch für die getroffene Entscheidung. Das in

1130 M. Kriele, Theorie der Rechtsgewinnung, 2. Aufl., Berlin 1976, S. 63.

1131 F. Müller/R. Christensen, Juristische Methodik, Band I, 10. Aufl., Berlin 2009, Rn. 235 ff.

ihr enthaltene Werturteil zur Entscheidungsfrage kann „sinnvoll", „vernünftig", „zweckmäßig", „plausibel", „systemgerecht" sein. Ein Wahrheits- oder Richtigkeitsmonopol kommt ihm nicht zu. Es gewinnt seine Autorität und Geltung aus den Argumenten seiner Begründung und aus der Tatsache, daß es von der zuständigen Instanz erlassen wurde. Wo das Gesetz schweigt oder der Richter es korrigiert, kann er sich nicht auf eine „objektive Auslegung" stützen. Er muß seine subjektive richterliche (Fall-)Normsetzung begründen. Die Richterrechtsnorm ist dann von der Qualität ihrer Begründung abhängig.

Gegenüber den lange Zeit gepflegten Praktiken der „objektiven 819
Auslegung" aus „sachlogischen Strukturen", der „Natur der Sache", dem „objektivierten Willen des Gesetzes" und ähnlichen Scheinargumenten ist daher eine kritische Theorie der Rechtsanwendung zu fordern. Die genannten überkommenen Begrifflichkeiten sind zu entmythologisieren. Rechtsanwendung ist als „Schule des Zweifels" zu betreiben mit dem Ziel, die Illusion wissenschaftlich gesicherter juristischer Erkenntnisse zu ersetzen durch die Einsicht in die begrenzte Tragfähigkeit subjektiver richterlicher Bekenntnisse und Entscheidungsbegründungen. Das ist eine wichtige Aufgabe der Juristenausbildung.[1132]

V. Zusammenfassung zu G

1. Die „subjektive" Auslegung sucht objektive Tatsachen zu erfor- 820
schen, nämlich den ursprünglichen Normzweck. Die angeblich „objektive Auslegung" ist statt dessen subjektive richterliche Normsetzung, Einlegung statt Auslegung. Die subjektive Auslegung ist also objektiv; die objektive Auslegung ist subjektiv.[1133]
2. Weicht der Rechtsanwender vom ursprünglichen Normzweck ab, so legt er das Gesetz nicht mehr aus, sondern er ersetzt die Wertung der Gesetzgebung durch eine Eigenwertung.
3. Die Rechtsprechung, lange auch das Bundesverfassungsgericht, und die herrschende Lehre vertreten die „objektive Theorie". Diese methodische Position verwischt die notwendige Abgrenzung zwischen Gesetzesauslegung und richterlicher Normsetzung. Sie ermöglicht den Gerichten, vorhandene gesetzliche Wertungen

1132 Ähnlich MünchKomm-Säcker, Bd. 1, 7. Aufl., München 2015, Einl. Rn. 128 m. Nachw.; hierzu auch Ch. Fischer, Topoi verdeckter Rechtsfortbildungen im Zivilrecht, Tübingen 2007, S. 402 ff.

1133 K. F. Röhl/H. C. Röhl, Allgemeine Rechtslehre, 3. Aufl., Köln 2008, § 79 II.

ohne Begründungszwang unbeachtet zu lassen und durch richterliche Eigenwertungen zu verdrängen. Der rechtspolitische Akt (Richter als Gesetzgeber) bleibt unerörtert, weil er nicht als richterliche Normsetzung (Gesetzesvereitelung), sondern als „Auslegung" unter der Flagge der „Objektivität" deklariert wird. Dazu dient die Bezugnahme auf offene, außergesetzliche Kategorien wie Rechtsidee, Gerechtigkeit, Natur der Sache, Wesensargumente und rechtsethische Prinzipien.

4. Diese Einwände gelten für jede Form der objektiven Theorie. Der fiktive „Wille des Volkes" kann nicht gegen den feststellbaren Willen des Parlaments ausgespielt werden. Die Rechtsprechung ist an das parlamentarische Gesetz, nicht an einen fiktiven, vom Richter seherisch „erschauten" Volkswillen gebunden. Daran können auch gesicherte demoskopische Ergebnisse nichts ändern. Volksmeinungen sind manipulierbaren und starken Schwankungen ausgesetzt.
5. Das juristische Methodenproblem läßt sich nicht auf die Alternative entstehungszeitliche oder geltungszeitliche Gesetzesanwendung reduzieren. Die „subjektive" wie die „objektive" Auslegungstheorie erfassen zutreffende Teilaspekte. Keine der beiden Theorien ist schlechthin „richtig" oder „falsch". Beide behandeln notwendige Schritte bei der Gesetzesauslegung und bei der Rechtsanwendung unter irreführenden Etiketten.

H. Auslegung des Unionsrechts

820a Die auch[1134] verfassungsrechtlich vorgegebene Gesetzesbindung (Artt. 20 Abs. 3, 97 Abs. 1 GG, vgl. Rn. 704 ff.) gibt grundsätzliche Methodenregeln für Gerichte und Rechtsanwender in Deutschland vor. Die gerichtliche Auslegung nationalen Rechts obliegt ausschließlich den nationalen Gerichten (vgl. bereits Rn. 769d). Das gilt auch bei den beiden Arten der europarechtskonformen Auslegung (vgl. Rn. 766 ff.). Über den Inhalt des Unionsrechts befindet jedoch verbindlich der EuGH (vgl. Art. 267, 344 AEUV). Die zunehmende Bedeutung des Unionsrechts lenkt die Aufmerksamkeit daher auch auf die Auslegungsgrundsätze des EuGH. Dieser äußert sich relativ häufig zu den Methoden der Auslegung von Unionsrecht. Ein theoretisch vertieftes und klar konturiertes Methodenkonzept ist freilich

1134 Hierzu Ch. Fischer, Topoi verdeckter Rechtsfortbildungen im Zivilrecht, Tübingen 2007, S. 487 ff.

nicht erkennbar. Eine überschaubare Zahl wechelnder Interpretationsmethoden und leerformelhaft verwendeter Schlagworte findet in den Entscheidungen Anwendung, oder auch nicht. Selbst überkommene Topoi, die in nationalen Methodendiskussionen als nicht mehr vertretbar gelten (z. B. „Ausnahmevorschriften immer eng"), werden verwendet. Die vom EuGH praktizierte Auslegung des Unionsrechts wirkt in methodischer Hinsicht beliebig. Versuche konkreter wissenschaftlicher Hilfestellungen gibt es nur in Ansätzen. Meist beschränkt man sich darauf, die Auslegungspraxis des EuGH zu beschreiben, ihr ein System „unterzulegen" oder theoretische Alternativentwürfe ohne „echte" Praxisrelevanz vorzulegen.

Methodenfragen sind immer Verfassungsfragen. Die Auslegung des **820b** Unionsrechts durch den EuGH muss sich daher zunächst nach dem Verfassungsrecht der Europäischen Union richten.[1135] Der Grundsatz der begrenzten Einzelermächtigung (Art. 5 Abs. 2 EUV) begrenzt die ohnehin nur innerhalb der Subsidiarität (Art. 5 Abs. 3 EUV) bestehende Zuständigkeit. Bei seiner Auslegung muss sich der EuGH in den Kompetenzgrenzen der Europäischen Union halten. Er darf das Unionsrecht daher nur so auslegen, wie es der europäische Gesetzgeber hätte erlassen können.

Was nun die praktizierten Auslegungsregeln des EuGH betrifft, so **820c** sollen diese nach der durch Äußerungen früherer Richter des EuGH gestützten gängigen Bewertung grundsätzlich den aus den nationalen Rechtsordnungen der Mitgliedstaaten vertrauten Methoden entsprechen, aber durch eine besondere, den „Eigentümlichkeiten des Unionsrechts" geschuldete Gewichtung der Interpretationsmittel gekennzeichnet sein.[1136] Verkürzt dargestellt: Es gelte der Primat der (objektiv) teleologischen Auslegung (mit „effet utile"); grammatische Auslegung sei wegen unterschiedlicher Wortfassungen weniger bedeutsam; Relevanz der Systematik wird unterschiedlich beurteilt, überwiegend eher gering, historische Auslegung meist als weitgehend bedeutungslos klassifiziert; Unklarheiten bestehen auch über den allgemeinen Stellenwert der (wertenden) Rechtsvergleichung, die vom EuGH für den Grundrechtsbereich bekanntlich exemplarisch entfaltet worden ist.

1135 Vgl. O. Muthorst, Grundlagen der Rechtswissenschaft, München 2011, § 7 Rn. 36.

1136 F. Mayer, in: E. Grabitz/M. Hilf/M. Nettesheim (Hrsg.), Das Recht der Europäischen Union, Stand Juli 2017, München, Art. 19 EUV Rn. 53; B. Wegener, in: C. Calliess/M. Ruffert (Hrsg.), EUV/AEUV, 5.Aufl., München 2016, Art. 19 EUV Rn. 13 ff.

820d Schon weil tatsächlich nur wenige (und sehr allgemeine) in allen Mitgliedstaaten anerkannte Methodenregeln existieren, lohnt es sich, genauer hinzuschauen.[1137] Faktische Besonderheiten wie die „personelle Heterogenität" der Richter, das Offenlassen strittiger Punkte in Rechtsakten des Europäischen Parlaments usw. sind zu berücksichtigen.[1138] Der EuGH kennt die Auslegungselemente Wortlaut, Systematik, Entstehungsgeschichte und (objektiven) Telos, handhabt sie im einzelnen freilich sehr unterschiedlich. Zudem werden diese Auslegungselemente von „unionsrechtstypischen Auslegungsregeln"[1139] wie der autonomen und einheitlichen Auslegung des Unionsrechts, der primärrechtskonformen Auslegung von Sekundärrecht sowie einer völkerrechtskonformen und einer in ihrer Bedeutung unklaren rechtsvergleichenden Auslegung überlagert. Zudem sind in der Rechtsprechung des EuGH durchaus Veränderungen feststellbar. Die nach gängiger Bewertung lange Zeit faktisch ausgeblendete historische Auslegung soll in jüngerer Zeit eine deutliche Aufwertung erfahren haben.[1140] Eine vertiefende kritische Auseinandersetzung mit der Rechtsprechung des EuGH zum Unionsrecht, insbesondere mit dem Primat der teleologischen Auslegung und weiteren leerformelhaften Ansätzen, ist dringend angezeigt. Irreführende Methodenverständnisse sind nicht deshalb zu akzeptieren, weil sie vom EuGH verwendet werden. Methodenfragen sind stets wichtige Kompetenzfragen und als solche fundamentale Verfassungsfragen. Das gilt auch und gerade bei der Auslegung des Unionsrechts, insbesondere durch den EuGH.

1137 Einführend R. Stolz, Die Rechtsprechung des EuGH, in: K. Riesenhuber (Hrsg.), Europäische Methodenlehre, 3. Aufl., Berlin 2015, § 22 Rn. 11 ff.; Th. Möllers, Juristische Methodenlehre, München 2017, § 2 Rn. 71 ff., § 4 Rn. 27 ff., Rn. 85, 136 ff., 172 ff., § 5 Rn. 4 ff.

1138 R. Stolz, Die Rechtsprechung des EuGH, in: K. Riesenhuber (Hrsg.), Europäische Methodenlehre, 3. Aufl., Berlin 2015, § 22 Rn. 2 ff.

1139 R. Stolz, Die Rechtsprechung des EuGH, in: K. Riesenhuber (Hrsg.), Europäische Methodenlehre, 3. Aufl., Berlin 2015, § 22 Rn. 18 ff.

1140 R. Stolz, Die Rechtsprechung des EuGH, in: K. Riesenhuber (Hrsg.), Europäische Methodenlehre, 3. Aufl., Berlin 2015, § 22 Rn. 13; Th. Möllers, Juristische Methodenlehre, München 2017, § 4 Rn. 27, 172 ff.

I. Zusammenfassung zu § 22

I. Juristische Methodenfragen sind Verfassungsfragen. 821

II. Die Gerichte sind in der Methodenwahl nicht frei. Sie haben diejenige Methode der Rechtsanwendung zu wählen, die ihrer verfassungsgesetzlich festgelegten Rolle am besten entspricht.

III. Ziel jeder Gesetzesauslegung ist die Verwirklichung der Normzwecke der Gesetzgebung. Diese sind mit den verfügbaren Hilfsmitteln der Auslegung, nämlich aus dem Wortlaut, der Systematik und der Entstehungsgeschichte zu erforschen. Keines dieser Mittel darf vom Richter ausgelassen oder in seinem möglichen Erkenntniswert vernachlässigt werden.

IV. Die Gerichte haben Gesetzesauslegung und richterliche Normsetzung zu unterscheiden. Das gilt besonders dort, wo sie vom ursprünglichen Normzweck abweichen wollen. Solche Abweichungen sind offenzulegen und unterliegen einer besonderen Begründungspflicht.

V. Wer vorgibt, „objektiv" auszulegen, betrügt sich selbst und andere, weil er nicht auslegt, sondern das einlegt, was seinen subjektiven Regelungsvorstellungen entspricht.

VI. Der angebliche „Wille des Volkes" oder vermeintlich „objektiv-teleologische Kriterien" sind keine zulässigen richterlichen Auslegungsinstrumente. Abweichungen von erkannten gesetzlich festgelegten Normzwecken können damit nicht gerechtfertigt werden.

§ 23. Rechtsanwendung im Lückenbereich

Schrifttum: M. Auer, Materialisierung, Flexibilisierung, Richterfreiheit – Generalklauseln im Spiegel der Antinomien, 2005; F. Bydlinski, Hauptpositionen zum Richterrecht, JZ 1985, 149ff.; U. Diederichsen, Zur Begriffstechnik richterlicher Rechtsfortbildung im Zivilrecht, in: Festschrift für F. Wieacker, 1978, S. 325ff.; Ch. Fischer, Topoi verdeckter Rechtsfortbildungen im Zivilrecht, 2007; C. Herresthal, Rechtsfortbildung im europarechtlichen Bezugsrahmen, 2006; Ch. Herrmann, Richtlinienumsetzung durch die Rechtsprechung, 2003; W. Hummer/W. Obwexer, Vom „Gesetzesstaat zum Richterstaat" und wieder retour?, EuZW 1997, 295ff.; J. Ipsen, Richterrecht und Verfassung, 1975; U. Klug, Rechtslücke und Rechtsgeltung, in: Festschrift für H. C. Nipperdey, Bd. I, 1965, S. 71ff.; K. Langenbucher, Europarechtliche

Methodenlehre, in: dies., Europarechtliche Bezüge des Privatrechts, 2. Aufl., 2008, S. 1–40; B. Rüthers/C. Höpfner, Analogieverbot und subjektive Auslegungsmethode, JZ 2005, 21 ff.; R. Wank, Grenzen richterlicher Rechtsfortbildung, 1978.

A. Das Phänomen der Lücke

822 Die „Gesetzeslücke" bezeichnet die in der Gerichtspraxis häufige Lage, daß eine gerichtlich entscheidungsbedürftige Situation gesetzlich nicht geregelt ist. Die Monarchen der Epoche des Absolutismus wollten mit ihren umfangreichen Zivilrechtsgesetzbüchern in Preußen, Frankreich, Österreich und Bayern alles selbst regeln. Ihre Gesetzbücher enthielten daher ursprünglich ausdrückliche Interpretationsverbote für die Gerichte. In der Rechtswissenschaft wurde für dieses gesetzespositivistische Konzept dem Zeitgeist folgend die „Kodifikationsidee" entwickelt.[1141] Recht war nur das, was gesetzlich geregelt war. Sie darf heute, angesichts des ständigen und rasanten Wandels der technisch-ökonomischen, sozialen und politischen Strukturen, als überholt gelten. Eugen Huber, der Schöpfer des Entwurfs zum ZGB der Schweiz von 1912 hatte bereits die normsetzende („gesetzgebende") Rolle der Gerichte erkannt und begrenzt. In Art. 1 Abs. 2 u. 3 ZGB wird der Richter aufgefordert, bei Gesetzeslücken selbst wie ein Gesetzgeber zu entscheiden: „Kann dem Gesetz keine Vorschrift entnommen werden, so soll das Gericht nach Gewohnheitsrecht und, wo auch ein solches fehlt, nach der Regel entscheiden, die es als Gesetzgeber aufstellen würde. Es folgt dabei bewährter Lehre und Überlieferung."

Der Begriff Gesetzeslücke suggerierte in Deutschland lange Zeit die Vorstellung der Kodifikationsidee. Danach war die als „vollständig" gedachte Kodifikation des allweisen monarchischen Gesetzgebers die Regel, die „Lücke" dagegen die seltene Ausnahme. Heute ist in fast allen Rechtsgebieten, besonders aber dort, wo die Gesetzgebung aus unterschiedlichen Gründen sich als regelungsscheu oder über Jahrzehnte hin als regelungsunfähig erweist (Beispiel Arbeitskampfrecht), das Verhältnis umgekehrt. Nimmt man die zahlreichen Generalklauseln und unbestimmten Rechtsbegriffe in der modernen Gesetzgebung (als bewußt „offengelassene Stellen der Gesetzgebung"

1141 Dazu K. Schmidt, Die Zukunft der Kodifikationsidee, Heidelberg 1985; F. Wieacker, Aufstieg, Blüte und Krise der Kodifikationsidee, Festschrift für G. Boehmer, Bonn 1954, S. 35 ff.

Otto, RGZ 18, 199

und damit als „Delegationsnormen" für die Normsetzung an die Gerichte) hinzu, so erweisen sich die „Lücken" als ein Normalfall der Rechtsanwendung. Das gilt nicht zuletzt auch für das Verfassungsgesetz und seine Gerichtsbarkeit. Der Lückenbegriff bezeichnet zugleich einen Machtübergang: Die Annahme einer Gesetzeslücke liegt im Beurteilungsspielraum der Richter. In der von ihnen selbst „festgestellten" Gesetzeslücke werden die Richter dann zu „Ersatzgesetzgebern". Diese rechtspolitische Daueraufgabe der Justiz wird von Richtern gern verdrängt und mit Scheinargumenten als „Auslegung" kaschiert.[1142]

Gesetze können die Rechtsprechung nur dort binden, wo gesetzliche Wertungen vorhanden sind. Die Erfahrung lehrt: Jede Gesetzesordnung ist lückenhaft. Eine lückenlose Ordnung durch Gesetz ist aus vielen Gründen unmöglich. An dieser Tatsache zerbrach das im 19. Jahrhundert herrschende Ideal der Kodifikationsidee. H. Kantorowicz vertrat bereits 1906 unter dem Pseudonym Gnaeus Flavius die Auffassung, daß es in den Gesetzen mehr Lücken als Wörter gebe. Seit langem ist es eine unbestrittene Tatsache, daß die sich mit großer Geschwindigkeit ändernde Gesellschaft ständig neue entscheidungsbedürftige Rechtsfragen hervorbringt, von denen viele nicht gesetzlich geregelt sind.[1143]

Der umfangreiche Bereich ungeregelter Rechtsfragen stellt die Rechtsanwender vor große, methodisch schwierige Aufgaben. Die Tatsache dieses Lückenbereichs macht zunächst deutlich, daß die Rechtsanwendung hier außerhalb von unmittelbaren gesetzlichen Bindungen stattfinden muß, weil direkt anwendbare gesetzliche Wertungen fehlen. Die Gerichte, vor allem die letzten Instanzen, schaffen hier Recht, das treffend „Richterrecht" genannt wird (dazu Rn. 235 ff.). Die Setzung von Rechtsnormen ist also in Deutschland nicht auf die Gesetzgebung beschränkt. Im Lückenbereich sind die Gerichte, vor allem die letzten Instanzen, von der Verfassung zur Normsetzung berufen. Sie werden Ersatzgesetzgeber.[1144]

Das Richterrecht ist inzwischen für die Justiz und die Verwaltung längst zur dominanten Rechtsquelle geworden. Die Rechtswissen-

1142 Hierzu Ch. Fischer, Topoi verdeckter Rechtsfortbildungen im Zivilrecht, Tübingen 2007.

1143 H. Kantorowicz, Der Kampf um die Rechtswissenschaft, Heidelberg 1906, S. 16 f. Ähnlich später Ph. Heck, Das Problem der Rechtsgewinnung, Tübingen 1912; ders., Gesetzesauslegung und Interessenjurisprudenz, AcP 112 (1914), 1, 174.

1144 A. Meier-Hayoz, Der Richter als Gesetzgeber, Zürich 1951; ders., in: Berner Kommentar zum ZGB, Bd. I, Bern 1966, Art. 1 Rn. 312.

schaft hat noch Mühe, dieses Faktum in ihre Lehre von der Rechtstheorie, den Rechtsquellen und der Rechtsanwendung zutreffend einzuordnen.

I. Richterliche Normsetzung im Lückenbereich

823 **1. Rechtsverweigerungsverbot.** Die Normsetzungsfunktion der Gerichte im Lückenbereich ist allgemein anerkannt. Sie wird vor allem mit dem „Rechtsverweigerungsverbot" (auch: „Justizverweigerungsverbot") begründet.[1145] Die Gerichte sind danach verpflichtet, die ihnen im Rahmen ihrer Zuständigkeit vorgelegten Rechtsfälle auch dann zu entscheiden, wenn eine einschlägige, den Sachverhalt regelnde Gesetzesnorm nicht vorhanden ist. Das entspricht einer langen europäischen Rechtstradition.[1146]

823a **2. Analogieverbot des Art. 103 Abs. 2 GG.** Im Strafrecht gilt demgegenüber Art. 103 Abs. 2 GG. Danach kann eine Tat nur bestraft werden, wenn die Strafbarkeit gesetzlich bestimmt war, bevor die Tat begangen wurde („nulla poena sine lege"). Den Gerichten ist es im materiellen Strafrecht also verboten, festgestellte Lücken zu ungunsten des Angeklagten (etwa durch Analogie) auszufüllen. Dies würde die Strafbarkeit zu Lasten des Angeklagten erweitern. Der Grundsatz „nulla poena sine lege" hat bei der Frage der strafrechtlichen Verfolgbarkeit von Verbrechen in totalitären Systemen nach 1945 (Nürnberger Prozesse) und nach 1989 (Regierungskriminalität der SED-Eliten, Mauerschützenprozesse) eine wichtige Rolle gespielt.

823b Das aus dem Bestimmtheitsgrundsatz folgende[1147] Analogieverbot zu Lasten des Angeklagten führt im Strafrecht zu speziellen Auslegungsfragen. Der Bürger soll in seinem Vertrauen auf das geltende Strafgesetz geschützt werden. Die Handhabung des Analogieverbotes stellt sich im Vergleich der „subjektiven" (Rn. 778 ff.) mit der „objektiven" (Rn. 796 ff.) Auslegungsmethode jeweils verschieden dar.[1148] Nach der im Strafrecht herrschenden objektiven Auslegungsmethode soll der (äußerste) mögliche Wortsinn die Grenze zulässiger Ausle-

---

1145 Vgl. E. Schumann, Das Rechtsverweigerungsverbot, ZZP 81 (1968), 79 ff.

1146 Vgl. Art. 4 des französ. Code Civil von 1804: „Le juge qui refusera de juger, soux prétexte du silence, de l'obscurité ou de l'insuffisance de la loi, pourra être poursuivi comme coupable de déni de justice."

1147 BVerfGE 92, 1 (12).

1148 Hierzu mit Fallbeispielen B. Rüthers/C. Höpfner, Analogieverbot und subjektive Auslegungsmethode, JZ 2005, 21 ff.

gung bilden. Eine Anwendung strafrechtlicher Normen zu Lasten des Täters über den Wortlaut hinaus ist also schon deshalb unzulässig. Freilich ist die Wortsinngrenze ebenso unscharf wie facettenreich.[1149] Eine klare Trennlinie zur Rechtsfortbildung liefert sie nicht. In der strafrechtlichen Praxis wird sie gelegentlich ausgesprochen „flexibel" gehandhabt. Nach der subjektiven Methode ist die Grenze der Auslegung demgegenüber der historisch zu ermittelnde Normzweck der Gesetzgebung. Die Auslegung kann von diesem Ansatz aus auch im Strafrecht grundsätzlich zugunsten wie zu Lasten des Angeklagten über eine etwaige Wortlautgrenze hinausgehen. Allerdings muß das nach der subjektiven Methode aufgrund der gesetzgeberischen Interessenbewertung gewonnene Auslegungsergebnis im Strafrecht u. U. wegen Art. 103 Abs. 2 GG modifiziert werden. Art. 103 Abs. 2 GG enthält nicht nur ein Analogieverbot, sondern auch ein Anwendungsverbot für unklar formulierte Strafnormen.[1150]

3. Die Soraya-Entscheidung. Das BVerfG hat die Befugnis der **824**
Gerichte zur Rechtsfortbildung vor allem in der Soraya-Entscheidung begründet.[1151] Voraussetzung für eine Rechtsfortbildung ist danach, daß das geschriebene Gesetz seine Funktion, das zu entscheidende Rechtsproblem zu lösen, nicht erfüllt, sondern eine primäre oder sekundäre Regelungslücke (Rn. 859 ff.) enthält. Diese Lücke soll dann „nach den Maßstäben der praktischen Vernunft und den fundierten allgemeinen Gerechtigkeitsvorstellungen der Gemeinschaft" durch die richterliche Entscheidung ausgefüllt werden.[1152] Die Aufgabe und Befugnis der Gerichte zu „schöpferischer Rechtsfindung" gilt dem BVerfG als ein notwendiger Bestandteil der verfassungsgemäßen Justizfunktion.[1153] Das wird bestätigt durch die verfahrensgesetzlich geregelte Rechtsfortbildungsfunktion der Großen Senate der obersten Bundesgerichte (vgl. Rn. 245 ff.). Der Begriff der „schöpferischen Rechtsfindung" vereint allerdings Gegensätzliches. Wo der Richter auf eine Gesetzeslücke stößt, kann er das Recht nicht „finden". Er muß es selbst setzen. In der Lücke fehlt dem Richter

1149 Vgl. etwa Ch. Fischer, Topoi verdeckter Rechtsfortbildungen im Zivilrecht, Tübingen 2007, S. 39 f. m. Nachw.

1150 B. Rüthers/C. Höpfner, Analogieverbot und subjektive Auslegungsmethode, JZ 2005, 21, 24.

1151 BVerfGE 34, 269 (287 ff.); vgl. dazu Ch. Fischer, Topoi verdeckter Rechtsfortbildungen im Zivilrecht, Tübingen 2007, S. 214 ff.

1152 So BVerfGE 34, 269 (287), unter Berufung auf BVerfGE 9, 338 (349).

1153 BVerfGE 34, 269 (286 ff.) (st. Rspr.); vgl. BVerfGE 65, 182; 69, 188; 75, 223 (243 f.); vgl. ferner BGHZ 11, 35; 17, 275; BSG 2, 164 (168); 6, 204 (211); F. Ossenbühl, Richterrecht im demokratischen Rechtsstaat, Bonn 1988, S. 17.

eben der gesetzliche Maßstab und damit die Möglichkeit, eine „fremde“ Wertung nachzuvollziehen. Er hat selbst eine Dezision zu treffen, die (in letzter Instanz) eine Normwirkung für künftige Fälle dieser Art entfaltet. Darum ist die Bezeichnung Richterrecht zutreffend (Rn. 235 ff.).

825 Die Gerichte sprechen oft dort von Rechts**findung,** wo nichts zu finden ist, sondern wo sie selbst das Recht **schaffen.** Die eigene Normsetzung wird von den Gerichten ungern eingestanden. In Wissenschaft und Justiz besteht eine verbreitete Neigung, den Dezisions- und Normsetzungscharakter der richterlichen Entscheidung im Lückenbereich begrifflich zu leugnen oder zu verdrängen, indem etwa von „objektiver Auslegung“ oder von Zwischenstufen zwischen reiner Gesetzesanwendung (Rechtserkenntnis, Kognition) und reiner Rechtsschöpfung (Dezision) geredet wird.[1154] Das bedeutet die Verkennung einer zwingenden Alternative. Wo gesetzliche Wertungen fehlen, ist die richterliche Wertung unvermeidbar. Gesetzesanwendung und richterliche Normsetzung müssen aber gerade im Interesse der rationalen Diskutierbarkeit der Entscheidungsergebnisse und ihrer Begründungen auseinandergehalten werden. Wer eine Lücke annimmt, muß offen legen, nach welchen Maßstäben er sie feststellt und ausfüllt.[1155]

II. Unterschied zwischen dem Lückenproblem und richterlichen Gesetzesberichtigungen

826 Der Lückenbereich ist ein wichtiges Anwendungsgebiet für richterliche Normsetzungen, aber nicht das einzige. Nicht selten findet der Rechtsanwender für den zu entscheidenden Sachverhalt Rechtsnormen, unter die sich subsumieren läßt und die nach den vorstehend geschilderten Kriterien der Gesetzesauslegung anzuwenden sind (zur Subsumtionstechnik Rn. 677 ff.). Aber die danach auszusprechenden Rechtsfolgen erscheinen ihm aus schwerwiegenden Gründen als unvertretbar. Er glaubt, das in der Norm enthaltene Gebot nicht befolgen zu dürfen. Folgt er seinem Zweifel, so verläßt er seine Rolle als gesetzesgebundener Richter. Es geht dann nicht mehr um „schlichte“ Rechtsfortbildung, sondern um Rechtsumbildung durch Gesetzesablehnung. Das wirft zahlreiche und schwierige Probleme auf, die sich

1154 K. Larenz, Richterliche Rechtsfortbildung als methodisches Problem, NJW 1965, 3 ff.; W. Zöllner, Recht und Politik. Zur politischen Dimension der Rechtsanwendung, in: Festschrift für die Tübinger Juristenfakultät, Tübingen 1977, S. 131, 148 ff.
1155 MünchKomm-Säcker, Bd. 1, 7. Aufl., München 2015, Einl. Rn. 106.

in der Frage bündeln: Wann darf ein Gericht von einer vorhandenen gesetzlichen Regelung abweichen? Welche Voraussetzungen sind dafür erforderlich?

Es geht in solchen Fällen nicht mehr um „Lücken“, sondern – in 827
der Sicht des Richters – um „Fehler“ des Gesetzes.[1156] Der Richter wird in diesen Fällen vom gehorsamen Diener des Gesetzes zum kritischen Korrektor. Auch diese Rolle ist ihm in seiner verfassungsgesetzlichen Aufgabenzuweisung vorgezeichnet. Er ist nicht an die Buchstaben einer einzelnen Gesetzesvorschrift, sondern an „Gesetz und Recht“ (Art. 20 Abs. 3 GG) gebunden. Allerdings ist die Berichtigung gesetzlicher Gebote an besonders strenge Voraussetzungen gebunden, wenn die verfassungsgesetzliche Gewaltentrennung und der Normsetzungsvorrang der Gesetzgebung vor der Justiz erhalten bleiben sollen. Deshalb sind die Gerichte nach Art. 100 Abs. 1 GG verpflichtet, ein nachkonstitutionelles Gesetz dem Bundesverfassungsgericht vorzulegen, wenn sie es für verfassungswidrig halten.

Nach dem Vorstehenden sind drei Funktionsbereiche der Recht- 828
sprechung zu unterscheiden:

- Der erste besteht in der Auslegung und Anwendung vorhandener einschlägiger Gesetzesvorschriften auf die anstehenden Rechtsfälle. Die Gerichte handeln hier in „denkendem Gehorsam“.[1157]
- Der zweite betrifft die richterliche Annahme von Gesetzeslücken, die Begründung dieser „Lückenfeststellung“ und die richterliche Ausfüllung der Lücken mit rational nachprüfbaren Argumenten.[1158] Soweit der Richter für die Lückenausfüllung Anhaltspunkte im positiven Recht findet, geht es dabei um Rechtsfortbildung. Fehlen solche Anhaltspunkte, so ist er zur Rechtsneubildung aufgerufen. Man spricht auch von Rechtsfortbildung „praeter legem“.
- Der dritte, besonders problematische Bereich betrifft richterliche „Gehorsamsverweigerung“ gegenüber bestehenden Gesetzesvorschriften. Die Gerichte verdrängen und ersetzen gesetzliche Wertungen durch richterliche Eigenwertungen. Man spricht von Richterrecht „contra legem“.

1156 K. Engisch, Einführung in das juristische Denken, 11. Aufl., Stuttgart 2010, S. 235 ff., 289 ff.
1157 Ph. Heck, Gesetzesauslegung und Interessenjurisprudenz, AcP 112 (1914), 19 ff.
1158 F. E. Schnapp, Logik für Juristen, 7. Aufl., München 2016, §§ 34–36.

829 Die vorstehende Einteilung in ein „3-Bereiche-Modell“[1159] wirkt auf den ersten Blick einleuchtend und klar. Daraus darf nicht geschlossen werden, die Grenzen dieser drei Bereiche seien immer genau abgesteckt. Das Gegenteil trifft zu: Gesetzesanwendung und richterliche Normsetzung gehen nicht selten fließend ineinander über. Das trifft etwa bei der Gesetzesauslegung im eigentlichen Sinne (Rn. 725 ff.) überall dort zu, wo die Richter wertausfüllungsbedürftige, unbestimmte Rechtsbegriffe anzuwenden haben, z. B. wichtiger Grund, billiges Ermessen, Treu und Glauben, Zumutbarkeit.

830 Die richterliche Lückenfeststellung kann ein treffliches Mittel sein, eine vorhandene gesetzliche Wertung durch „Lückensuche“[1160] des Richters auszuhebeln. Wo Lücken „fehlen“, können sie auch erfunden werden. Richterliche Lückenfeststellung und richterliche Gesetzeskorrektur werden in der Praxis nicht selten als methodische „Geschwisterinstrumente“ zum gleichen Zweck verwendet. Gleichwohl kommt der Unterscheidung der drei Bereiche, wenn sie methodenehrlich durchgehalten wird, mehr als nur „darstellerisch-strukturierende“[1161] Bedeutung zu. Sie ist geeignet, die selbstkritische Distanz der Rechtsanwender zum eigenen Tun zu fördern. Je weiter sich der Rechtsanwender vom Gesetz entfernt, umso mehr ist er verpflichtet, seine Abweichung zu begründen.

III. Verschwiegene Normsetzung der objektiven Auslegung

831 Manche Autoren verzichten darauf, die Rechtsanwendungsschritte in die herkömmlichen Bereiche der Gesetzesauslegung, der Gesetzesergänzung (Rechtsfortbildung) und der Gesetzesberichtigung streng zu unterscheiden. So sagen Larenz/Canaris[1162] etwa, Gesetzesauslegung und Rechtsfortbildung seien nicht wesensverschieden, sondern nur verschiedene Stufen desselben gedanklichen Verfahrens. Auch bei

---

1159 Vgl. E. A. Kramer, Juristische Methodenlehre, 2. Aufl., München 2005, S. 158, der mittlerweile von einem 3-Phasen-Modell spricht, siehe 3. Aufl., München 2010, S. 176, 4. Aufl., München 2013, S. 187; Ch. Fischer, Richterliche Rechtsfindung zwischen „Gesetzesgehorsam“ und „ökonomischer Vernunft“, ZfA 2002, 215, 228 ff.; ders., Topoi verdeckter Rechtsfortbildungen im Zivilrecht, Tübingen 2007, S. 87 ff.

1160 Vgl. BVerfG JZ 1990, 811. Die verfassungsrechtliche Zulässigkeit der Lückensuche und -schließung findet ihre Rechtfertigung unter anderem darin, daß Gesetze einem Alterungsprozeß unterworfen sind. Sie stehen in einem Umfeld sozialer Verhältnisse und gesellschaftspolitischer Anschauungen, mit deren Wandel sich auch der Norminhalt ändern kann; vgl. BVerfGE 34, 269 (288).

1161 So E. A. Kramer, Juristische Methodenlehre, 4. Aufl., München 2013, S. 187.

1162 K. Larenz/C.-W. Canaris, Methodenlehre der Rechtswissenschaft, Studienausgabe, 3. Aufl., Berlin 1995, S. 187.

der richterlichen Rechtsfortbildung gehe es „nicht nur um die Ausfüllung von Gesetzeslücken i. e. S., sondern um die Aufnahme und weitere Ausbildung neuer Rechtsgedanken, die im Gesetz selbst allenfalls eine Andeutung erfahren haben, deren Realisierung durch die Rechtsprechung daher über den ursprünglichen Plan des Gesetzes hinausgeht, ihn mehr oder weniger modifiziert". In der „Fortsetzung der Auslegung" ersetzt also der Plan des Richters den Plan der Gesetzgebung.[1163] Den Gerichten wird ein gewisser „Blindflug" über die Grenzen zwischen Gesetzesauslegung und richterlicher Normsetzung zugeschrieben:

„Das will sagen, daß schon die einfache Auslegung des Gesetzes durch ein Gericht eine wenn auch dem Gericht selbst vielfach noch nicht bewußte Rechtsfortbildung darstellen kann, wie andererseits, daß richterliche Rechtsfortbildung über die Grenzen der Auslegung hinaus sich immer noch im weiteren Sinne interpretativer Methoden bedient."[1164]

„Auf diese Weise kann sich die Auslegung gleichsam bruchlos in der offenen Rechtsfortbildung fortsetzen."[1165]

Damit wird die angebliche Gesetzesauslegung zur programmierten Rechtspolitik. Eine juristische Methodenlehre, welche die Gesetzesbindung ernst nimmt, hat demgegenüber eine Hauptaufgabe darin, den Rechtsanwendern bewußt zu machen, wann sie Gesetze anwenden, wann sie Gesetze fortbilden und wann sie Gesetze korrigieren. Dazu sind Gesetzesauslegung, Lückenausfüllung und richterliche Gesetzesberichtigung so genau wie möglich zu trennen. Das sollte nach der Methodengeschichte in zwei deutschen Diktaturen ein selbstverständlicher Grundsatz sein.

B. Begriff und Arten von Lücken im Gesetz

I. Unsicherer Lückenbegriff

1. Lücke als „planwidrige Unvollständigkeit" des Gesetzes. Der 832
Begriff der Lücke wird in Literatur und Rechtsprechung unterschied-

1163 Anders dagegen K. Engisch, Einführung in das juristische Denken, 11. Aufl., Stuttgart 2010, S. 235 ff., der die Lückenergänzung von der Berichtigung klar unterscheidet.

1164 K. Larenz/C.-W. Canaris, Methodenlehre der Rechtswissenschaft, Studienausgabe, 3. Aufl., Berlin 1995, S. 187.

1165 K. Larenz, Methodenlehre der Rechtswissenschaft, 6. Aufl., Berlin 1991, S. 367; K. Larenz/C.-W. Canaris, Methodenlehre der Rechtswissenschaft, Studienausgabe, 3. Aufl., Berlin 1995, S. 188.

Rüthers, JZ 14, 73*

lich verwendet. Seine Kriterien und Grenzen sind oft unklar. Die gängige Definition lautet: Die Gesetzeslücke ist eine „planwidrige Unvollständigkeit" der Gesetzesordnung, gemessen am Maßstab der gesamten geltenden Rechtsordnung.[1166]

833 An dieser ganz überwiegend verwendeten Umschreibung verdienen zwei Punkte besondere Aufmerksamkeit. Eine „planwidrige" Unvollständigkeit kann nur erkennen, wer den Wertungsplan des Gesetzes erkannt hat oder erkannt zu haben glaubt. Die Feststellung einer Lücke setzt also den Vergleich von zwei Regelungskonzepten voraus: Die vorhandene Gesetzeslage wird mit einer ideal gedachten Konzeption verglichen.

834 Die Frage lautet dann: Wessen Plan ist es, an dem die Planwidrigkeit festgestellt wird? Ist es der Plan, welcher sich aus den ursprünglichen Normzwecken ergibt, also der Plan der Gesetzgebung beim Erlaß der fraglichen Vorschriften, oder derjenige des Rechtsanwenders? Da setzt das zweite Kriterium ein: Maßstab soll die „geltende Gesamtrechtsordnung" sein. Diese Gesamtrechtsordnung ist aber, wie wir bei der Erörterung des Systembegriffs (Rn. 750 f.) und der systematischen Auslegung (Rn. 747 ff.) gesehen haben, gerade kein vorgegebener objektiver, unmittelbar anwendbarer Maßstab, sondern in aller Regel ein Produkt der harmonisierenden Interpretation von Norm- und Wertungswidersprüchen. Daraus folgt: Die sog. Lückenfeststellung ist nach allgemeiner Auffassung kein kognitiver, sondern ein Bewertungsakt des Interpreten.[1167] In dieses Werturteil fließen unvermeidbar rechtspolitische Willenselemente der handelnden Personen ein.

835 **2. Lücke als geplante Unvollständigkeit. a) Delegation an Wissenschaft und Rechtsprechung.** Der Lückenbegriff der herrschenden Meinung bedarf einer weiteren Präzisierung. Nicht alle Lücken im Gesetz sind „planwidrig". Im Gegenteil: Oft will der Gesetzgeber erkannte regelungsbedürftige Interessenlagen und Fallgruppen nicht (manchmal **noch** nicht) selbst regeln. Er überläßt sie bewußt der richterrechtlichen Normsetzung, weil er aus ganz unterschiedlichen Gründen eine gesetzliche Regelung für problematisch hält. Die Gesetzgebung stellt, wie es etwa in den Motiven zum StGB von 1871

1166 C.-W. Canaris, Die Feststellung von Lücken im Gesetz, 2. Aufl., Berlin 1983, S. 39.
1167 Ph. Heck, Gesetzesauslegung und Interessenjurisprudenz, AcP 112 (1914), 1, 161 ff.; K. Engisch, Einführung in das juristische Denken, 11. Aufl., Stuttgart 2010, S. 241 ff.; C.-W. Canaris, Die Feststellung von Lücken im Gesetz, 2. Aufl., Berlin 1983, S. 17.

(für den untauglichen Versuch einer Straftat) heißt, die Entscheidung der Wissenschaft und Praxis anheim. Es gibt also, jedenfalls aus der Sicht der Gesetzgebung, „planvolle" Gesetzeslücken oder ganze ungeregelte Sachgebiete (z. B. das Arbeitskampfrecht).

b) Generalklauseln als Lücken. Ein Unterfall gesetzgeberisch ge- 836
planter Lücken sind weitgefaßte unbestimmte Rechtsbegriffe und Generalklauseln, z. B. billiges Ermessen (§ 315 BGB), Treu und Glauben (§ 242 BGB), gute Sitten (§§ 138, 826 BGB), wichtiger Grund (§ 314 BGB). Generalklauseln und „unbestimmte Rechtsbegriffe" (Rn. 185) werden in der Gesetzgebung vielfach verwendet, weil es unmöglich ist, die unendliche Vielfalt der regelungsbedürftigen Lebensvorgänge sämtlich einzeln gesetzlich zu erfassen. Das erzwingt generell-abstrakt formulierte gesetzliche Tatbestände und die Verwendung allgemeiner Begriffe, die einen weiten Anwendungsspielraum ermöglichen. Dabei handelt es sich um „Leerformeln", die lediglich dem äußeren Anschein nach etwas präzise aussagen. Sie sind aber bei genauerer Prüfung äußerst unbestimmt und vieldeutig. Die Interpretationsgeschichte dieser Klauseln in den verschiedenen Verfassungsepochen der jüngeren deutschen Geschichte zeigt, welchen unterschiedlichen rechtspolitischen Zwecken sie richterrechtlich dienstbar gemacht werden können.[1168] J. W. Hedemann hat solche Klauseln zutreffend als „ein Stück offengelassener Gesetzgebung",[1169] also als gewollte Gesetzeslücke bezeichnet. Methodisch genauer definiert Ph. Heck solche Vorschriften als „Delegationsnormen".[1170] Sie weisen dem Richter normsetzende Aufgaben zu. Der Gesetzgeber will für bestimmte Fallgruppen eine elastische richterliche Normsetzung entsprechend der jeweiligen technisch-ökonomischen, gesellschaftlichen und politischen Entwicklung ermöglichen. Auch diese Klauseln sind also gewollte und keine planwidrigen Gesetzeslücken.

Die Ausfüllung der Generalklauseln im Wechsel der Wertvorstel- 836a
lungen und der „Zeitgeister" wird in Justiz und Jurisprudenz heute immer noch oft als „Auslegung" eingestuft. Die normsetzende Funktion der Justiz in diesem Bereich wird gern geleugnet oder verdrängt. Als „Haltepunkt" in der Vielfalt und Wandelbarkeit der Deutungen von Generalklauseln wird neuerdings, in Anlehnung an die System-

---

1168 Vgl. B. Rüthers, Die unbegrenzte Auslegung, 8. Aufl., Tübingen 2017, S. 210 ff.; ders., Wir denken die Rechtsbegriffe um … – Weltanschauung als Auslegungsprinzip, Zürich 1987, S. 45 ff.; ders., Rechtsordnung und Wertordnung, Konstanz 1986.
1169 J. W. Hedemann, Die Flucht in die Generalklauseln, Tübingen 1933, S. 58.
1170 Ph. Heck, Grundriss des Schuldrechts, Tübingen 1929, § 4, 1.

theorie, ein angebliches „gemeinsames" Wissen, ein „dynamischer Pool unterstellbarer gemeinsamer Wissensbestände" angeboten. Er soll sich (vermeintlich im Sinne Wittgensteins) aus den „sich laufend verändernden Netzwerken der Kommunikation" ergeben. Er sei „ein in der Kommunikation mitlaufendes, mittransportierendes und immer nur aktuell abrufbares Wissen." Darauf nehme die Rechtsordnung vielfältig und in besonderer Klarheit in den Generalklauseln Bezug.[1171] Was hier als „gemeinsames, nur aktuell abrufbares Wissen" bezeichnet wird, ist nichts anderes als die Beschwörung des jeweiligen Zeitgeistes. Das Reden vom angeblichen „gemeinsamen Wissen" ist eine (Selbst-)Täuschung. Was die entscheidende Instanz dafür ausgibt, ist immer die eigene rechtspolitische Zielvorstellung. Es geht nicht um „Wissen", sondern um das rechtspolitische „Wollen" oder „Meinen" der Gerichte. Solche Vertauschungen der Begriffe hat L. Wittgenstein aus der Sicht der Sprachphilosophie treffend kommentiert: „Die Philosophie ist ein Kampf gegen die Verhexung unseres Verstandes durch die Mittel unserer Sprache."[1172]

837 Gegen die Einordnung der Generalklauseln und unbestimmten Rechtsbegriffe als Lücken im Gesetz wird eingewendet, es handele sich um eine „planmäßige Auflockerung" der Gesetzesbindung der Gerichte. Außerdem seien der Entscheidungsgewalt der Richter „durch das Gesetz immer noch gewisse Richtlinien und Grenzen vorgezeichnet".[1173] Die Einwände überzeugen nicht. Die Rechtsprechungsgeschichte belegt eine ungeahnte Normsetzungsphantasie und Produktivität der Gerichte, die sich gerade auf diese Klauseln beruft. Eine Vielzahl neuer Rechtsfiguren geht auf diese offengelassenen Stellen der Gesetzgebung zurück (bei § 242 BGB z. B. Aufklärungs- und Auskunftspflichten, Rechtsmißbrauch, Verwirkung, Lehre vom Wegfall der Geschäftsgrundlage).[1174] Diese Klauseln dienen, betrachtet man ihre Verwendung methodengeschichtlich, den Rechtsanwendern oft als „Wünschelruten". Sie boten dem, der neuen ideologischen Wein in die alten Schläuche überkommener Gesetze gießen wollte, mehrmals die erwünschten Einfüllstutzen. So hat etwa H. Lange gleich 1933 darauf hingewiesen, daß die Generalklauseln als „Ku-

---

1171 Th. Vesting, Rechtstheorie, 2. Aufl., München 2015, Rn. 234 f.

1172 L. Wittgenstein, Philosophische Untersuchungen, Frankfurt/M. 2001, Nr. 109.

1173 K. Engisch, Einführung in das juristische Denken, 11. Aufl., Stuttgart 2010, S. 240 f.; ähnlich J. Esser, Grundsatz und Norm in der richterlichen Fortbildung des Privatrechts, 4. Aufl., Tübingen 1990, S. 51 f.

1174 Vgl. etwa MünchKomm-Roth, Bd. 2, 7. Aufl., München 2016, § 242 Rn. 1 ff., § 313 Rn. 1 ff.

ckuckseier im liberalistischen Rechtssystem" betrachtet werden könnten.[1175] Das zeigt, wie zutreffend Heck und Hedemann diese Klauseln als Basis richterlicher Normsetzungen in einem weiten Umfang erkannt haben. Sie sind selbst Lücken und dienen zugleich als Maßstab zur Feststellung von Lücken.

c) **Beredtes Schweigen des Gesetzes.** Nicht jedes Schweigen des 838
Gesetzes ist als Lücke einzustufen. Es gibt zahlreiche Lebenssachverhalte, welche bewußt von der Gesetzgebung nicht geregelt werden. Als Beispiel kann etwa die fehlende gesetzliche Unterhaltspflicht unter Geschwistern im deutschen Familienrecht genannt werden. Daß ein solcher Unterhaltsanspruch fehlt, ist keine „planwidrige" Unvollständigkeit, sondern eine gewollte Nichtregelung. Es handelt sich im gängigen Sprachgebrauch um ein „beredtes Schweigen" des Gesetzes. Ein Gericht, das hier eine Lücke annehmen und ausfüllen würde, beginge einen Gesetzesverstoß.

3. Lückenbegriff als Eingangstor zur richterlichen Gesetzge- 839
bung. Damit wird zugleich deutlich: Der Lückenbegriff ändert seinen Inhalt und seine Funktion mit der Frage, **wessen** Wertungsplan gemeint ist, wenn die Planwidrigkeit einer gesetzlichen Regelung festgestellt wird. Ist der Plan der Gesetzgebung maßgebend, dann zielt die Lückenfeststellung und Ausfüllung auf eine Gesetzesergänzung. Je mehr die Definitionskompetenz über die Planwidrigkeit dem Richter zugesprochen wird, umso größer wird dessen Möglichkeit, über den Lückenbegriff das Gesetz zu korrigieren statt zu ergänzen. Die Lückenfeststellung bezeichnet dann den Funktionswandel der Gerichte von der Rechtsanwendung zur richterlichen Gesetzgebung. Die Richter wandeln sich in solchen Fällen von Gehilfen der Gesetzgebung[1176] zu Herren der Rechtsordnung durch eigene Normsetzungen.

Die rechtspolitischen Möglichkeiten und Versuchungen für die Ge- 840
richte, die der Lückenbegriff bereithält, sind im Kodifikationszeitalter früh erkannt worden. Der französische Revolutionsrat erließ am 24. August 1790 ein Gesetz, das die Gerichte verpflichtete, generell bei Zweifeln über die Auslegung von Gesetzen, erst recht bei der Annahme von Gesetzeslücken, Anfragen an den Gesetzgeber zu rich-

---

1175 Hein. Lange, Liberalismus, Nationalsozialismus und bürgerliches Recht, Tübingen 1933, S. 5; vgl. ders., Generalklauseln und neues Recht, JW 1933, 2858f.
1176 Ph. Heck, Gesetzesauslegung und Interessenjurisprudenz, AcP 112 (1914), 228.

ten.[1177] Nur der Gesetzgeber sollte das Recht haben, Recht zu setzen. Allein die Legislative war dazu durch die Mitwirkung der Bürger an der Gesetzgebung legitimiert. In den absolutistischen Staaten Preußen, Bayern und Österreich galten zur Wahrung der Rechte des absoluten Herrschers für die Gerichte strikte Interpretationsverbote. So mußte der Richter in Preußen, wenn er den Sinn eines Gesetzes zweifelhaft fand, die Frage der königlichen Gesetzeskommission zur Beurteilung vorlegen. Er hatte sich bei der Auslegung streng an den Wortlaut und den Zusammenhang des Gesetzes zu halten.[1178] In Bayern untersagte das Publikationspatent vom 19. Oktober 1813 „allen Staatsdienern und Privatgelehrten", einen „Kommentar über das Strafgesetzbuch in Druck zu geben". Die absoluten Monarchen waren voller Mißtrauen gegenüber Richtern und Juristen. Aber die Interpretationsverbote, welche die Verselbständigung der Justiz gegenüber den Monarchen verhindern sollten, erwiesen sich bald als nicht praktikabel. In Preußen wurden die Richter bereits 1798, also vier Jahre nach dem Inkrafttreten des ALR, von der Pflicht zur Anzeige an die Gesetzeskommission befreit, in Österreich geschah das 1811, in Frankreich durch Art. 4 der Einleitung zum Code Civil 1804.[1179]

II. Arten von Lücken

841 Der in den Konturen verschwommene Lückenbegriff kann durch die Unterscheidung verschiedener Lückenarten für die Praxis präziser umschrieben und leichter handhabbar gemacht werden.

Die möglichen Unterscheidungskriterien, d. h. die Maßstäbe, die zur Annahme einer Lücke führen können, sind vielfältig. In der Literatur findet man etwa „offene" und „verdeckte" Lücken (Rn. 847), ferner „Ausnahmelücken" (Rn. 848). Daneben werden „Gebots-" und „Wertungslücken",[1180] „echte" und „unechte" Lücken,[1181] „materielle" und „formelle" Lücken,[1182] „rechtspolitische", „kritische" und „Richtigkeitslücken"[1183] sowie Lücken „intra", „praeter" und

1177 Vgl. dazu E. Schumann, Das Rechtsverweigerungsverbot, ZZP 81 (1968), 79ff., 81ff.

1178 PreußALR von 1794, Einleitung §§ 46–48; ähnlich §§ 24–27 des österreichischen ABGB von 1786 (sog. Josephinisches Gesetzbuch).

1179 Näheres bei H. Conrad, Richter und Gesetz im Übergang vom Absolutismus zum Verfassungsstaat, Graz 1971, S. 12ff.; ferner E. Schumann, Das Rechtsverweigerungsverbot, ZZP 81 (1968), 79ff.

1180 Ph. Heck, Gesetzesauslegung und Interessenjurisprudenz, AcP 112 (1914), 168f.

1181 E. Zitelmann, Lücken im Recht, Leipzig 1903, S. 27ff.

1182 R. v. Laun, Eine Theorie vom natürlichen Recht, AöR 30 (1913), 369ff.

1183 F. Somlo, GrünhutsZ 38 (1911), S. 65.

„contra" legem[1184] unterschieden. Die verwirrende Fülle verschiedener Definitionsversuche verweist auf die Vielschichtigkeit der zu behandelnden Fallgruppen.

1. Maßstab der Unvollständigkeit – Die möglichen Bezugskriterien. Als Lücke bezeichnet man die unbefriedigende Unvollständigkeit eines Ganzen. Das gedachte „Ganze" ist also der Maßstab, der die Unvollständigkeit anzeigt. Wenden wir diesen Maßstab auf die Lücke im Recht an, so kommen als Maßstab des „Ganzen" in Betracht: 842

- Normlücken: Eine Einzelnorm ist unvollständig. 843
- Gesetzeslücken: Es fehlt in einem Gesetz eine, vom Wertungsplan der Gesetzgebung aus betrachtet, erforderliche Regelung. 844
- Kollisionslücken: Widersprechen sich zwei Vorschriften in der Weise, daß derselbe Sachverhalt unter beide subsumiert werden kann und dadurch gegensätzliche Rechtsfolgen ausgelöst werden, so liegt eine „Kollisionslücke" vor. 845
- Rechts- oder Gebietslücken: Fehlt eine gesetzliche Regelung für ein ganzes Lebensgebiet, das nach den Erfordernissen des Rechtsverkehrs und den Erwartungen der Rechtsgemeinschaft rechtlich geordnet sein (oder werden) sollte, so spricht man von einer „Rechtslücke" oder „Gebietslücke".[1185] 846

2. Normlücken. Eine Normlücke besteht, wenn die Normstruktur (Rn. 120ff.) der gesetzlichen Regelung unvollständig ist, d. h. wenn ein notwendiger Bestandteil fehlt. Man spricht dann häufig von einer „offenen" Lücke. Als Beispiel für eine Normlücke sei § 904 S. 2 BGB genannt. Die Vorschrift begründet beim Angriffsnotstand einen Ersatzanspruch des Eigentümers, benennt aber nicht den Ersatzverpflichteten. Nach h. M. ist das, „wenn der Einwirkende nicht der Begünstigte ist, der Einwirkende".[1186] 847

Eine in der Praxis häufige Normlücke besteht immer dann, wenn die Gesetzgebung bei der Formulierung einer Vorschrift Sachverhalte unberücksichtigt gelassen hat, die nach dem verfolgten Normzweck eine Ausnahmeklausel erfordert hätten. Man bezeichnet das Fehlen solcher Ausnahmeregelungen auch als „Ausnahmelücken" oder „te- 848

1184 Vgl. A. O. Germann, Methodische Grundfragen, Basel 1946, S. 105, 111, 117, 135f.; E. A. Kramer, Juristische Methodenlehre, 4. Aufl., München 2013, S. 193ff.

1185 K. Engisch, Einführung in das juristische Denken, 11. Aufl., Stuttgart 2010, S. 236ff.

1186 BGHZ 6, 105ff.; Palandt-Herrler, BGB, 77. Aufl., München 2018, § 904 Rn. 5.

leologische Lücken".[1187] Die fragliche Norm erfaßt nach ihrem „klaren Wortsinn" Fallgruppen, die nach dem ebenfalls klaren Normzweck nicht erfaßt werden sollen. Der Wortsinn regelt also in einem Teilbereich das Gegenteil dessen, was mit der Norm bezweckt wird.

849 Ein Beispiel bietet § 400 BGB, der die Abtretung unpfändbarer Forderungen generell untersagt. Jede solche Abtretung wäre danach nichtig. Gegen den „klaren Wortsinn" haben die Gerichte solche Abtretungen für wirksam erklärt, wenn der Abtretende dadurch mindestens gleichwertige Gegenleistungen erhält.[1188] Der Grund: § 400 BGB soll den Inhaber unpfändbarer Forderungen schützen. Dieser Schutz wird in sein Gegenteil verkehrt, wenn gerade die Abtretung ihm den Forderungswert zukommen läßt. Solche Ausnahmelücken werden also im Wege der sog. teleologischen Reduktion (siehe Rn. 902 f.) geschlossen.

850 **3. Gesetzeslücken.** Gesetze sind oft schon lückenhaft, wenn sie erlassen werden. Wegen des rasanten gesellschaftlichen Wandels nimmt die Zahl dieser Lücken ständig zu. Gesetzeslücken sind daher außerordentlich zahlreich. Zu unterscheiden sind bewußte und unbewußte Lücken:

851 **Bewußte** Lücken entstehen, wenn die Gesetzgebung die Regelung der Rechtsprechung überlassen wollte.

Beispiel: Wenn ein zum Schadensersatz verpflichtendes Ereignis dem Geschädigten auch Vorteile bringt, ergibt sich im Rahmen des § 249 BGB die Frage, ob der Geschädigte sich diese Vorteile auf seine Schadensersatzforderung anrechnen lassen muß („Vorteilsausgleichung"). Sie ist nur vereinzelt geregelt (z. B. § 642 Abs. 2 BGB, anders § 843 Abs. 4 BGB). Die Lösung des generellen Problems sollte der Rechtsprechung vorbehalten bleiben (Motive II, 19). Sie hat dazu differenzierte Regelungen entwickelt.[1189]

852 **Unbewußte** Lücken liegen vor, wenn die Gesetzgebung vorhandene, nach den Normzwecken regelungsbedürftige Rechtsfragen übersehen hat.

Beispiel: Die praktisch wichtigen Leistungsstörungen der „positiven Forderungsverletzung" und das „Verschulden beim Vertragsschluß" (c. i. c.) waren bis 2002 gesetzlich nicht geregelt. Die Gesetzgebung glaubte irrig, mit Unmöglichkeit und Verzug alle denkbaren Störungsarten erfaßt zu haben. Die

1187 E. A. Kramer, Juristische Methodenlehre, 4. Aufl., München 2013, S. 200.
1188 BGHZ 4, 153; 59, 115 (st. Rspr.); BAG NJW 1980, 1652; BSG ZIP 1985, 173; 1992, 943.
1189 Vgl. etwa BGHZ 8, 329; 10, 108; 49, 61; 81, 275; 91, 210.

Rechtsprechung hat diese Lücken aus dem Wertungsplan des BGB für ähnliche Interessenlagen durch Analogie (siehe Rn. 889 ff.) ausgefüllt. Das Schuldrechtsmodernisierungsgesetz hat diese Lücken des BGB durch die Kodifizierung der positiven Forderungsverletzung in dem neuen, einheitlichen Grundtatbestand der Pflichtverletzung (§ 280 BGB) und durch die Regelung der culpa in contrahendo in § 311 Abs. 2, 3 BGB geschlossen.

Bewußte und unbewußte Lücken gibt es nicht nur als Gesetzeslücken. Sie können auch als Normlücken (Rn. 847) oder sogar als Rechts- oder Gebietslücken (Rn. 855 ff.) auftreten. **852a**

Die Rechtsprechung hat im Rahmen des BGB eine Reihe weiterer, im Gesetz nicht geregelter Rechtsfiguren ausgebildet.[1190] Beispiele dafür sind etwa die Grundsätze über die Duldungs- und Anscheinsvollmacht,[1191] der Vertrag mit Schutzwirkung für Dritte,[1192] der normative Schadensbegriff[1193] sowie die Einschränkung der Nichtigkeit bei vollzogenen Gesellschafts- und Arbeitsverträgen. Die zulässige Anfechtung wirkt hier in der Regel nur ex nunc.[1194] Im Arbeitsrecht ist etwa noch die „betriebliche Übung"[1195] zu nennen. Sie soll, wie die Lehre von der Duldungs- und Anscheinsvollmacht, auf dem Vertrauensprinzip beruhen, das dem gesamten deutschen Privatrecht zugrundeliege.[1196] **853**

Die vorstehenden Beispiele zeigen die Schwierigkeit, den Begriff der Gesetzeslücke von dem einer richterlichen Normsetzung praeter legem (Rechtsneubildung) genau abzugrenzen. Die Abgrenzung läuft auf eine ergebnisneutrale „Konstruktionskontroverse" (Ph. Heck) oder einen unfruchtbaren Streit um Begriffe hinaus. Die Befugnis der Gerichte, Richterrecht zu setzen, ist nicht auf die Ausfüllung von Gesetzeslücken begrenzt. So gehört es zu ihren Aufgaben, das Gesetzesrecht im Rahmen der erkennbaren Regelungszwecke und der Wertordnung des Grundgesetzes auszudifferenzieren und fortzubilden, wenn die gewandelten Faktenstrukturen und Wertvorstellungen sowie die Bedürfnisse des Rechtsverkehrs eine solche Fortbildung erfordern.[1197] Eine ganz andere Frage ist es, ob und unter **854**

1190 Vgl. im Einzelnen Ch. Fischer, Topoi verdeckter Rechtsfortbildungen im Zivilrecht, Tübingen 2007, S. 152 bis 178.
1191 BGH NJW 1956, 1674; 1962, 1003.
1192 BGHZ 49, 353.
1193 BGHZ 43, 381; BGHZ (GS) 50, 305; 54, 47.
1194 RGZ 165, 193; BGHZ 3, 285; BAGE 5, 65; 14, 186 (st. Rspr.).
1195 BAG DB 1986, 1627 und 2189; BAG NZA 1996, 758.
1196 Vgl. C.-W. Canaris, Die Vertrauenshaftung im deutschen Privatrecht, München 1971.
1197 BVerfGE 34, 269 (286 ff.); 49, 304 (318 ff.).

welchen Voraussetzungen sich die richterliche Normsetzung auch zu erkennbaren Entscheidungen der Gesetzgebung in Widerspruch setzen darf (dazu Rn. 936 ff.).

855 **4. Rechts- oder Gebietslücken.** Die Rechtslücken (Gebietslücken) werden von manchen Autoren nicht zum Lückenbereich, sondern zu einer „gesetzesübersteigenden Rechtsfortbildung“ gezählt.[1198] Es fehle hier – anders als bei der Gesetzeslücke – ein erkennbarer Wertungsplan, aus dem sich die planwidrige Unvollständigkeit ergebe. Ein „Gesamtplan“ der Rechtsordnung existiere in Wahrheit nicht. Der Streit geht um Worte, nicht um die Tatsache, daß auch solche Rechtslücken von den Gerichten geschlossen werden müssen.

856 Es gibt dafür ein noch heute eindrucksvolles Beispiel. Nach Art. 117 Abs. 1 GG trat das Ehe- und Familienrecht, das dem Grundsatz der Gleichberechtigung von Männern und Frauen (Art. 3 Abs. 2 GG) widersprach, am 31. März 1953 außer Kraft. Die Gesetzgebung hatte bis zu diesem Zeitpunkt keine Neuregelung verabschiedet. Erst das Gleichberechtigungsrecht vom 18. Juni 1957 paßte das frühere Recht dem Art. 3 Abs. 2 GG an. Da dieses frühere Recht die Vorrangstellung des Mannes in Ehe und Familie als Leitprinzip verwirklicht hatte (vgl. §§ 1354 und 1627 BGB alter Fassung), waren plötzlich zentrale Teile des gesetzlichen Ehepersonenrechts, des Ehegüterrechts und des Rechts der ehelichen Kinder entfallen. Eine weite Lücke tat sich sowohl im Ehegesetz des Kontrollrats von 1946 als auch im BGB auf. Die Richter hatten als „Wertungsplan“ für diese Lücke nur den Satz: „Männer und Frauen sind gleichberechtigt“. Es folgte nach dem 31. März 1953 nicht etwa ein Stillstand der Rechtspflege in Ehe- und Familiensachen. Die zuständigen Gerichte formten, begleitet von heftigen Kontroversen in der Literatur, sehr schnell ein an Art. 3 Abs. 2 GG ausgerichtetes Richterrecht, das geschlechtsspezifische Differenzierungen fast völlig beseitigte. Die „Vorarbeit“ der Justiz war so überzeugend, daß das Gleichberechtigungsgesetz von 1957 die Ergebnisse der Rechtsprechung weitestgehend in die gesetzliche Regelung übernahm.[1199]

857 Ähnlich hat sich das Arbeitskampfrecht der Bundesrepublik nahezu vollständig als ein Regelungsprodukt des Großen und des 1. Se-

---

1198 K. Larenz/C.-W. Canaris, Methodenlehre der Rechtswissenschaft, Studienausgabe, 3. Aufl., Berlin 1995, S. 188 f., 232 ff.

1199 Vgl. zum Überblick J. Gernhuber, Neues Familienrecht, Tübingen 1977; F. W. Bosch, Entwicklungslinien des Familienrechts in den Jahren 1947 bis 1987, NJW 1987, 2617 ff.

nats beim BAG entwickelt.[1200] Der Streit, ob die Gerichte hier in einer Rechtslücke (Gebietslücke) oder in anderer Weise als Ersatzgesetzgeber aufgetreten sind, kann dahinstehen. Unstreitig ist, daß es sich in allen Fällen um Richterrecht handelt. Es wurde erforderlich, weil gesetzliche Wertungen fehlten.

Der Begriff „Rechtslücke“ für solche Entstehungsbedingungen 858
von Richterrecht macht deutlich, daß die Gerichte hier nicht vorhandene gesetzliche Wertungen verdrängt und durch eigene ersetzt haben. Es geht nicht um eine Korrektur, sondern um eine Ersatzvornahme für den untätigen Gesetzgeber. Die Gerichte müssen „regeln“, weil gesetzliche Wertungen fehlen. Zum Teil wird dafür die unklare Bezeichnung „gesetzesübersteigende Rechtsfortbildung“ verwendet.[1201] Sie soll sowohl das richterliche Ausfüllen von Rechtslücken wie auch das Judizieren contra legem umfassen.[1202] Die notwendige richterliche Normsetzung im Lückenbereich und die richterliche Gehorsamsverweigerung gegenüber vorhandenen gesetzlichen Wertungen werden dadurch begrifflich vermengt und nicht mit der gebotenen Klarheit unterschieden. Auch bei der Ausfüllung von Rechtslücken sind die Gerichte nicht völlig frei. Die richterliche Ausfüllung von Gebietslücken muss sich in die bestehende Rechtsordnung einfügen und darf vorhandene gesetzgeberische Wertentscheidungen nicht „übersteigen“.

5. Anfängliche (primäre) und nachträgliche (sekundäre) Lücken. 859
Gesetzliche Regelungen sind die Antwort der Gesetzgebung auf das Entstehen regelungsbedürftiger Lebenssachverhalte und Interessenkonflikte. Die Normsetzer können nur regeln, was sie als regelungsbedürftig erkannt haben. Nicht erkannte, gleichwohl regelungsbedürftige Lebenssachverhalte sind von den Normsetzern nicht bewertet worden. Die Nichtregelung solcher Sachverhalte kann verschiedene Ursachen haben.

Die Normgeber können zunächst die nach ihrem Regelungsplan in 860
den Regelungsbereich fallende Sachfrage übersehen haben. Die Nichtregelung beruht dann darauf, daß das Problem vorhanden war, aber von den Normgebern nicht erkannt wurde. Eine andere Mög-

1200 Vgl. H. Brox/B. Rüthers/M. Henssler, Arbeitsrecht, 19. Aufl., Stuttgart 2016, Rn. 735 ff.

1201 K. Larenz/C.-W. Canaris, Methodenlehre der Rechtswissenschaft, Studienausgabe, 3. Aufl., Berlin 1995, S. 232 ff.

1202 K. Larenz/C.-W. Canaris, Methodenlehre der Rechtswissenschaft, Studienausgabe, 3. Aufl., Berlin 1995, S. 245 ff.

lichkeit besteht darin, daß ein den Normgebern bekanntes Problemfeld aus unterschiedlichen Gründen (bewußt) nicht geregelt wurde. Es fehlte der Gesetzgebung etwa ein ausgereiftes Regelungskonzept und man wollte deshalb die Regelung der Entwicklung von Rechtsprechung und Wissenschaft überlassen. Schließlich ist es möglich, daß die Gesetzgebung regelungsunfähig oder unwillig ist, weil eine Einigung innerhalb der widerstrebenden politischen Kräfte (etwa einer Regierungskoalition) nicht zustande kam (Beispiele: Arbeitsgesetzbuch/Arbeitskampfrecht). Oft werden solche Dissense in verbalen Leerformeln („dilatorischen Formelkompromissen") verborgen. Bei beiden Nichtregelungen handelt es sich im Ergebnis um die bewußte Delegation der Normsetzungsbefugnisse an die Gerichte letzter Instanz, also um „bewußte Delegationslücken". Das Gemeinsame der genannten Lückenarten ist, daß sie bereits bei Erlaß der gesetzlichen Regelung, also von Anfang an bestehen. Man bezeichnet sie daher als **„anfängliche"** oder **„primäre"** Gesetzeslücken.

861 Das Gegenstück dazu sind die **„nachträglichen"** oder **„sekundären"** Gesetzeslücken. Sie entstehen dadurch, daß sich die gesetzlich geregelte Tatsachenlage, etwa technisch oder ökonomisch geprägte Lebenssachverhalte, durch neue Entwicklungen zwischen dem Erlaß und dem Anwendungszeitpunkt des Gesetzes mehr oder weniger einschneidend geändert hat. Trifft das zu, so liegt eine gesetzliche Regelung für die neuen Sachverhalte nicht vor. Sie sind von der Gesetzgebung nicht gesehen und bewertet worden. Es besteht also eine (mehr oder weniger große) Lücke, die eine Normlücke, Gesetzes- oder Gebietslücke sein kann.

Beispiel: Art. 5 Abs. 1 S. 2 GG gewährleistet u. a. „die Freiheit der Berichterstattung durch Rundfunk und Film". Der Verfassungsgeber 1949 konnte mit „Rundfunk" nur die Medienarten und deren Wirkungsfelder beurteilen, die damals existierten. Das waren Hörfunk und Fernsehen. Der Medienbereich hat sich in den letzten Jahrzehnten durch das Hinzutreten völlig neuer Technologien grundlegend verändert.

Nicht selten trifft man auf Versuche von Medienrechtlern und Gerichten, die Lösung der Rechtsprobleme dieser neuen Medien aus dem traditionellen „Rundfunkbegriff der Verfassung" herzuleiten. Der „Rundfunkbegriff der Verfassung" hat jedoch keinerlei Zaubermittel, von sich aus die Lösung damals unbekannter Fragen der neuen Medien zu beantworten. In Wahrheit liegt hier eine Lücke im Grundgesetz vor, die von den Gerichten, nicht zuletzt vom BVerfG, geschlossen wird. Der „traditionelle Rundfunkbegriff" ist der Deckmantel für eine nicht offen deklarierte richterliche Lückenausfüllung. Der Sache nach handelt es sich dabei um verkannte Regelungslücken. Wenn alte Begriffe unbesehen auf veränderte Sachverhalte und Materien angewendet werden, besteht die Gefahr begriffsjuristischer Verirrungen, weil die sekundäre Lücke nicht erkannt wird.

Eine nachträgliche Lücke kann sich auch daraus ergeben, daß durch **862**
neue gesetzliche Regelungen in anderen Rechtsbereichen Wertvorstellungen der Gesetzgebung gültig werden, die zu bestehenden Gesetzesvorschriften in ein Spannungsverhältnis, bisweilen in einen offenen Widerspruch geraten. Durch den Widerspruch entsteht eine „Kollisionslücke" (Ph. Heck), die ebenfalls nach den Regeln der Gesetzesauslegung richterlich geschlossen werden muß. Augenfälliges Beispiel ist die Rechtsprechung zum „Schmerzensgeld" bei schweren Persönlichkeitsverletzungen (§ 847 a. F. BGB entgegen § 253 BGB), die vom BGH[1203] in ständiger Rechtsprechung und mit Billigung des BVerfG[1204] aus Art. 1 Abs. 1 und Art. 2 Abs. 1 GG entwickelt worden ist. Auch der von der Gesetzgebung hinzugefügte § 253 Abs. 2 BGB hat die Fortgeltung dieses Richterrechts nach dem Willen der Gesetzgebung nicht berührt (Rn. 761, 943). Kollisionen zum geltenden Gesetzeszustand können sich schließlich auch aus nachträglichen einschneidenden Änderungen der Wertvorstellungen in der Rechtsgemeinschaft ergeben. Sie werden nicht selten von den Gerichten zum Anlaß genommen, das unverändert fortgeltende Gesetz neu zu interpretieren. Solche Neuinterpretationen bedeuten in der Sache, daß die Gerichte verschleierte Gesetzeslücken feststellen und schließen.

Beispiele dazu bietet die Rechtsprechung des BVerfG zur Abtrei- **863**
bung[1205] und zum Gewaltbegriff in § 240 StGB.[1206] Da sich die gesetzlich geregelten Materien nach dem Erlaß der einschlägigen Normen unter dem Einfluß vielfältiger sozialer, technischer, ökonomischer, kultureller und politischer Faktoren oft einschneidend verändern, spielen die nachträglichen („sekundären") Lücken für die Gerichtspraxis eine wichtige Rolle. Der Alterungsprozeß von Gesetzen mit langer Geltungsdauer gegenüber dem sich wandelnden Regelungsstoff zeigt das besonders deutlich. Da die Gesetzesbegriffe oft scheinbar problemlos auf völlig veränderte Regelungsmaterien zutreffen, wird das Fehlen einer gesetzlichen Regelung, das Vorliegen einer sekundären Lücke, häufig verkannt oder verdrängt, bisweilen auch nur behauptet.

1203 Seit BGHZ 26, 349.
1204 BVerfGE 34, 269; 128, 15; BGH NJW 1996, 984.
1205 BVerfGE 39, 1; 88, 203.
1206 BVerfGE 73, 206; 92, 1.

III. Zusammenfassung zu B

864 1. Das Lückenproblem ist für das Selbstverständnis und die Selbstkritik richterlicher Tätigkeit eines der wichtigsten, auch berufsethischen Probleme, weil der Lückenbegriff das „Legitimationsvehikel" rechtspolitischer Normsetzung durch die Gerichte ist.[1207] Die historische Erfahrung lehrt, daß man dieses Vehikel mit unterschiedlichem, zeitgeistbedingtem weltanschaulichen Brennstoff in sehr verschiedene Richtungen steuern kann. Juristische Methodenlehre ist hier auch ein Spiegel des „Zeitalters der Ideologien" (K. D. Bracher).
2. Nach dem Maßstab (Bezugsrahmen) des Wertungsplans sind demnach im Lückenbereich zu unterscheiden:
   - Normlücken,
   - Gesetzeslücken,
   - Rechts- oder Gebietslücken.
3. In allen drei Lückenarten kann die Lücke eine anfängliche (= primäre) oder nachträgliche (= sekundäre) sein. In jedem Fall gilt für die Gerichte das Rechtsverweigerungsverbot. Sie müssen Entscheidungen treffen. Ihre Entscheidungsergebnisse haben – zumal bei letztinstanzlichen Judikaten – normsetzende Wirkung.

C. Richterliche Lückenfeststellung – Suche und Erfindung von Lücken im Gesetz

865 Die große Zahl der Lückenbegriffe und ihrer Kriterien, aber auch die Vielfalt ihrer Verwendungsmöglichkeiten in der Hand normsetzungsfreudiger Gerichte zeigen, welche methodische und rechtspolitische Bedeutung der Lückenfeststellung zukommt. Es wurde bereits angedeutet, daß die Gerichte, wenn sie „Lücken" feststellen, nicht rein kognitiv im Sinne formal-rationaler Schlüsse handeln, sondern daß sie dabei vorhandene oder fehlende gesetzliche Regelungen kritisch bewerten.

I. Offenkundige Normlücken

866 Vergleichsweise einfach festzustellen und rational zu kontrollieren sind die Fälle, in denen die Unvollständigkeit einer Norm offen zu-

1207 C.-W. Canaris, Die Feststellung von Lücken im Gesetz, 2. Aufl., Berlin 1983, S. 17, 21, 27.

tage liegt. Der Richter muß hier nur feststellen, daß die Gesetzgebung in der Formulierung der Norm einen für die Anwendung notwendigen Bestandteil ausgelassen hat (Rn. 847). Das Auffinden offenkundiger Normlücken ist insofern ein Anwendungsfall der subjektiven Methode. Wenn die Gesetzgebung im Fall des § 904 BGB dem geschädigten Eigentümer einen Ersatzanspruch zuspricht, so muß der Richter diesen im Wege der Auslegung herauszufinden versuchen. Hier gebietet das Rechtsverweigerungsverbot dem Richter, die Normlücke zu schließen. In der Literatur werden solche Unvollständigkeiten vieldeutig „echte“[1208] oder „offene“ Lücken genannt. Sie sind selten. Ihre Feststellung durch die Gerichte ist wenig problematisch. Nur über das „Wie“ der Lückenergänzung kann gestritten werden.

II. Teleologische Lücken

Schwieriger ist die Feststellung bei teleologischen Lücken **867**
(Rn. 848). Hier kommt es bisweilen zu Unsicherheiten, weil nicht klar ist, wie weit der Normzweck einer Vorschrift reicht, was also die Gesetzgebung „eigentlich“, „wirklich“ gewollt hat. Als Beispiel kennen wir bereits das zu pauschal formulierte generelle Abtretungsverbot in § 400 BGB (Rn. 849). Es geht dabei um die unsichere Reichweite des Normzwecks. Die Feststellung solcher Lücken ist, anders als bei den „offenen“ Lücken, nicht ein primär erkennender, sondern ein bewertender Akt. Der Richter korrigiert mit seiner am Willen der Gesetzgebung ausgerichteten Auslegung nicht die gesetzliche *Wertung,* sondern nur die fehlerhafte *Formulierung* der Vorschrift des § 400 BGB. Er stellt fest, daß die Gesetzgebung einen Ausnahmetatbestand übersehen hat. Diese teleologische Reduktion der Reichweite des § 400 durch den Richter ist also kein „Aufstand gegen das Gesetz“, sondern „denkender Gehorsam“ gegenüber der Gesetzgebung (zur teleologischen Reduktion Rn. 902 ff.).

III. Entstehungszeitpunkt und Anwendungszeitpunkt des Gesetzes als Maßstab der Lückenfeststellung

Teleologische Überlegungen spielen also bereits bei der Feststel- **868**
lung von Lücken im Gesetz eine maßgebliche Rolle. Sobald aber die Teleologie ins Spiel kommt, kann der Streit der Auslegungstheorien

1208 E. Zitelmann, Lücken im Recht, Leipzig 1903, S. 27.

wirksam werden: Nach welchem Zeitpunkt soll sich das Urteil über das Vorliegen einer „planwidrigen Unvollständigkeit“ eines Gesetzes richten? Ist die Sichtweise des historischen Gesetzgebers oder die des Richters im Anwendungszeitpunkt maßgebend? Die Antwort muß die Unterschiede der Lückenarten berücksichtigen.

869 Von der Gesetzgebung geplante, also von Anfang an bestehende Lücken (bewußte Lücken und Delegationsnormen, Rn. 835 ff.) sollen die Gerichte im Bewertungshorizont des Anwendungszeitpunktes ausfüllen.

870 Bei der Feststellung von unbewußten primären Gesetzeslücken ist, wie bei der Gesetzesauslegung generell, zunächst vom ursprünglichen Regelungswillen der Gesetzgebung auszugehen (vgl. Beispiele Rn. 849, 869). Da in diesen Fällen eine Bewertung des „historischen Gesetzgebers“ fehlt, weil es das Problem noch nicht gab, muß die richterliche Bewertung aus der Sicht der im Anwendungszeitpunkt gültigen Rechtsordnung erfolgen. Der Rechtsanwender hat dazu alle einschlägigen, auch fernwirkenden gesetzlichen Wertmaßstäbe ähnlicher Problembereiche zu berücksichtigen. Maßgeblich sind auch hier die Grundsätze des geltenden Gesetzes- und Richterrechts, nicht die rechtspolitischen Vorverständnisse und Reformvorstellungen des entscheidenden Gerichts.

871 Bei den nachträglichen Gesetzeslücken (Rn. 859) und den Rechtslücken (Gebietslücken) ist zu bedenken, daß es sich um Regelungsprobleme handelt, welche die Gesetzgebung nicht beurteilen konnte, weil sie beim Erlaß der fraglichen Gesetze noch nicht existierten, nicht als regelungsbedürftig erkannt waren oder irrig als geregelt angesehen wurden. Sie werden treffend als „Anschauungslücken“[1209] bezeichnet. Es fehlt eine anwendbare Bewertung des Problems durch die Gesetzgebung. Die Frage, ob eine Lücke besteht, kann in diesen Fällen nur aus der vergleichenden Betrachtung des veränderten Sachverhalts zwischen dem Entstehungszeitpunkt und dem Anwendungszeitpunkt der Regelung beantwortet werden. Dabei sind die Gerichte, anders als der Gesetzgeber, nicht völlig frei im Sinne einer schöpferischen Eigenwertung. Maßgebend für die Lückenfeststellung ist immer der Wertungsrahmen der geltenden Rechtsordnung, nicht das subjektive rechtspolitische Vorverständnis der zuständigen Richter. Die Maßstäbe für die Feststellung wie für die Ausfüllung von Ge-

1209 Ph. Heck, Gesetzesauslegung und Interessenjurisprudenz, AcP 112 (1914), 173.

setzeslücken sind in erster Linie dem Gesetz selbst und danach der Gesamtrechtsordnung zu entnehmen.

Nachträgliche Lücken ergeben sich oft aus neuen technischen Erfindungen, deren Auswirkungen auf den Rechtsverkehr in den vorhandenen gesetzlichen Regelungen gar nicht oder nicht hinreichend erfaßt sind. Ein prägnantes historisches[1210] Beispiel für eine solche Lücke bietet das „Tonband"-Urteil des BGH.[1211] Nachdem das Gericht zunächst geklärt hatte, daß Tonbandaufnahmen eine Vervielfältigung im Sinne der damals geltenden §§ 11, 15 Abs. 1 LitUrhG sind, ging es um die Frage, ob die Ausnahmeregelung des § 15 Abs. 2 LitUrhG auch für Tonbandaufnahmen gelten solle. Diese Regelung sah vor, daß Vervielfältigungen ohne Erlaubnis des Urhebers zulässig sind, wenn sie zum persönlichen Gebrauch erfolgen und nicht den Zweck haben, aus dem Werk eine Einnahme zu erzielen. Nach seinem Wortlaut traf § 15 Abs. 2 LitUrhG uneingeschränkt auch auf die mittels Tonbandaufnahme getätigte Vervielfältigung urheberrechtlich geschützter Werke zu. Fraglich war aber, ob die gesetzlich geregelte Interessenbewertung auch auf die neue Technik Anwendung finden soll. Die Gesetzgebung hatte die Entwicklung des Tonbandgerätes nicht vorhersehen, also auch nicht bewerten können. Das Gericht nahm eine nachträgliche „verdeckte" Gesetzeslücke an.[1212] Sie wurde durch eine teleologische Reduktion geschlossen. Der BGH kam zu dem Ergebnis, daß die Ausnahmeregelung des § 15 Abs. 2 LitUrhG für Tonbandaufnahmen nicht gilt. Eine ähnliche Begründung enthält das „Fotokopier"-Urteil des BGH.[1213] Zu beachten ist die methodische Arbeitsweise des BGH.[1214] Er geht vom ursprünglichen Sinn und Zweck des Gesetzes nach den Regelungsabsichten der Gesetzgebung aus. Von daher kommt er zur Feststellung einer Lücke in § 15 Abs. 2 LitUrhG. Ausdrücklich räumt das Gericht dem Normzweck der Vorschrift den Vorrang vor dem „sprachlich eindeutigen Wortlaut" ein. Grundlage der Entscheidung ist die aus dem Kirchenrecht stammende Regel „cessante ratione legis cessat lex ipsa" (Wenn 872

1210 Die Rechtsfrage ist durch § 53 des UrhG von 1965 neu geregelt worden.
1211 BGHZ 17, 266.
1212 Dazu C.-W. Canaris, Die Feststellung von Lücken im Gesetz, 2. Aufl., Berlin 1983, S. 190 ff.; K. Engisch, Einführung in das juristische Denken, 11. Aufl., Stuttgart 2010, S. 149 Fn. 49 u. S. 304.
1213 BGHZ 18, 44.
1214 Vgl. BGHZ 17, 275 ff.

der Zweck eines Gesetzes wegfällt, entfällt auch das Gesetz selbst).[1215] Damit wird deutlich, daß zur Feststellung nachträglicher Gesetzeslücken oft gerade bei einem scheinbar „sprachlich eindeutigen Wortlaut" nur die Erforschung des ursprünglichen Normzwecks den Nachweis einer nachträglichen Lücke ermöglichen kann.

IV. Rechtspolitische Funktion der Lückenfeststellung

873 Nach den bisherigen Darlegungen ist die Feststellung einer Norm-, Gesetzes- oder Rechtslücke ein wichtiger methodischer und „rechtspolitischer" Akt der Gerichte, weil er den Weg zur richterlichen Normsetzung in der Lücke freimacht. Oft ergibt sich schon aus der Lückenfeststellung die Antwort auf die Frage, wie sie zu schließen ist. Der Akt der Feststellung teleologischer Lücken ist für die Justiz der Eingang, der aus der Enge der Gesetzesbindung in das Reich der Freiheit richterlicher Normsetzungskompetenz führt. Dieser Freiheitsrahmen wird umso größer, je mehr die Gerichte die Chance sehen, den Normzweck losgelöst vom Wortlaut und von der Entstehungsgeschichte der anzuwendenden Vorschriften selbst zu bestimmen.

874 Ein eindrucksvolles historisches Beispiel bietet die Rechtsprechung des 1. Senats beim BAG zu der damals eben erlassenen Vorschrift des § 5 Abs. 3 Nr. 3 BetrVG 1972 a. F. Der Gesetzgeber wollte damit die Definition der „leitenden Angestellten", die nicht unter das Gesetz fallen, lediglich objektivieren, nicht aber die Größe der Gruppe verändern.[1216] In seiner ersten Entscheidung zu dieser Neuregelung von 1972, also nicht etwa zu einem „veralteten" Gesetz, verweigerte das BAG 1974 deren Anwendung, indem es behauptete, daß die gesetzlichen Merkmale „keine justitiable Abgrenzung ermöglichen".[1217] Der gesamte Normtext sei in Wahrheit nichtssagend und stelle deshalb eine „verdeckte Regelungslücke" dar. Sobald die Lücke auf diese Weise „festgestellt" war, ging der Senat daran, über einen imaginären, dem Gesetz unterstellten „Oberbegriff" des leitenden Angestellten, seine eigenen Regelungsvorstellungen im Wege der Lückenausfüllung unterzuschieben.[1218] Die richterliche Gesetzesvereitelung endete mit

---

1215 Vgl. dazu H. Krause, Cessante causa cessat lex, SavZRG Kan. Abt. 77 (1960), S. 81 ff.

1216 Vgl. amtl. Begründung zum RegEntwurf, BT-Drucks. VI/1786, S. 36 und Bericht des BT-Ausschusses für Arbeit und Sozialordnung zu BT-Drucks. VI/2729, S. 11 f.

1217 BAGE 26, 36 (47 ff., 50).

1218 Zur Kritik vgl. B. Rüthers, Gesetzesanwendung oder Rechtspolitik, JZ 1974, 625 ff.; ders., Festschrift 25 Jahre BAG, München 1979, S. 455 ff.

negativen Ergebnissen. 1980 mußte derselbe Senat einräumen, daß die von ihm behauptete verdeckte Regelungslücke nicht bestand, sondern § 5 Abs. 3 Nr. 3 BetrVG a. F. die Frage abschließend regelte.[1219] Der von ihm unterstellte „Oberbegriff" der leitenden Angestellten erwies sich als Phantom.[1220] Die Ausbreitung des Richterrechts in der nicht vorhandenen Regelungslücke hatte einige tausend arbeitsgerichtliche Abgrenzungsstreitigkeiten ausgelöst. Da das BAG trotz mehrfacher Anläufe nicht in der Lage war, auch nur ein Minimum von Vorhersehbarkeit seiner Entscheidungen zu gewährleisten, wichen die Streitparteien (meist Arbeitgeber und Betriebsräte) ganz überwiegend in außergerichtliche Vergleiche aus. So wurde aus der Rechtsfrage der Abgrenzung im Ergebnis eine Regelungsfrage, die mittels der dafür nicht vorgesehenen paritätischen Mitbestimmung beantwortet werden mußte. Die Verunsicherung des Rechtsverkehrs durch diese Rechtsprechung war ein Anlaß für die Gesetzgebung, bereits 1988 den § 5 Abs. 3 BetrVG neu zu fassen und die vom BAG vorgenommene Einschränkung der Gruppe durch Auslegungsregeln in Absatz 4 teilweise zu korrigieren.

In der von BAG-Richtern beeinflußten Literatur[1221] wird die verfehlte Usurpation einer Normsetzungsbefugnis in einer vermeintlichen Gesetzeslücke ebenso verschwiegen wie die dadurch veranlaßte Korrektur dieser Rechtsprechung durch die Gesetzgebung in der Neufassung des Abs. 3 und der Anfügung des Abs. 4 von § 5 BetrVG.

Wie sehr das Lückenargument geeignet ist, die richterliche Geset- **875**
zesbindung zu lockern und Eigenwertungen der Gerichte an die Stelle vorhandener gesetzlicher Wertmaßstäbe zu setzen, zeigt auch eine Entscheidung des Bundesverfassungsgerichts, die sowohl vom Sachverhalt wie von der methodischen Begründung her besondere Beachtung verdient.[1222] Es ging um die Auslegung des § 569a BGB a. F. (jetzt § 563 Abs. 1, 2 BGB), der für Ehegatten und Familienangehörige des gemeinsamen Hausstandes zu deren Schutz eine außerhalb des Erbrechts stehende Sondernachfolge in den Mietvertrag des Erblassers vorsieht, also für den Vermieter einen Zwangsmietvertrag mit diesen Personen begründet. Das BVerfG schützte mit seinem Be-

---

1219 BAGE 32, 381 (387).

1220 Ebenso MünchArbR-Richardi, Band 1, 2. Aufl., München 2000, § 26 Rn. 17f. (in der Neuauflage teilweise gestrichen, s. Band 1, 3. Aufl. 2009, § 19 Rn. 17).

1221 U. Koch, in: G. Schaub, Arbeitsrechtshandbuch, 17. Aufl., München 2017, § 212 Rn. 15ff.; K. Fitting, Betriebsverfassungsgesetz, 28. Aufl., München 2016, § 5 Rn. 347ff.

1222 BVerfGE 82, 6.

schluß des 1. Senats den Fortbestand eines Mietvertrages, den eine verstorbene Mieterin mit einer gemeinnützigen Wohnbaugenossenschaft vor Jahrzehnten abgeschlossen hatte. Als 58jährige Witwe hatte sie einen damals 28jährigen Studenten als Untermieter aufgenommen. Als sie mit 76 Jahren verstarb, wollte die Genossenschaft die Wohnung an einen seit langem auf der Warteliste stehenden Genossen vermieten. Der inzwischen ergraute, nun 46jährige Untermieter berief sich jedoch auf § 569a BGB a. F., schilderte die Harmonie ihrer nichtehelichen Lebensgemeinschaft und begehrte die Fortsetzung des Mietverhältnisses als „Familienangehöriger". Das zuständige Landgericht gab seiner Klage statt. Die dagegen gerichtete Verfassungsbeschwerde der Wohnbaugenossenschaft wurde vom 1. Senat zurückgewiesen.[1223] Das Landgericht hatte, um eine Pflicht der Genossenschaft zur Fortsetzung des Mietvertrages bejahen zu können, eine Lücke in § 569a BGB a. F. angenommen. Es meinte, die von ihm anerkannte nichteheliche Lebensgemeinschaft zwischen dem Untermieter und der verstorbenen Witwe (sie war offenbar von Beginn an völlig altersunabhängig!) sei im Sinne des § 569a BGB a. F. einer Ehe oder Familie gleichzustellen. Die auch im Mietrecht ganz singuläre Rechtsfigur eines Zwangsmietvertrages, die § 569a BGB a. F. anordnete, ist inzwischen durch § 563 Abs. 2 Satz 4 n. F. auf alle Personen ausgedehnt worden, die mit dem Mieter einen auf Dauer angelegten gemeinsamen Haushalt führen. Das Landgericht dehnte schon damals das Eintrittsrecht auf nichteheliche Lebensgemeinschaften aus. Das BVerfG hat die dagegen gerichtete Verfassungsbeschwerde verworfen mit der Begründung, die richterliche Rechtsfortbildung des Landgerichts verstoße nicht gegen Art. 6 Abs. 1, 14 Abs. 1 S. 1 i. V. m. Art. 20 Abs. 3 GG. Dabei formuliert der Senat erfreulich offenherzig: „Die verfassungsrechtliche Zulässigkeit der Lückensuche (!) und -schließung findet ihre Rechtfertigung unter anderem darin, daß Gesetze einem Alterungsprozeß unterworfen sind." Die Wortwahl von der „Lückensuche" ist vielsagend. Sie kann von regelungsfreudigen Gerichten als Ermunterung verstanden werden, bei rechtspolitisch motivierter Unzufriedenheit mit gesetzlichen Regelungen auf die Suche nach Lücken zu gehen. Für normsetzungswillige Richter gilt dann nach aller Erfahrung das biblische Verspre-

1223 Vgl. B. Rüthers, Verhandlungen des 60. DJT, Bd. II, 1994, J 5ff., 19. Es war ein Senatsbeschluß, nicht wie auf dem 60. DJT vorgetragen, eine Kammerentscheidung. Das macht die Steuerungswirkung dieser Entscheidung noch problematischer.

chen: „Suchet, so werdet ihr finden.“ (Matt. 7, 7). Die Entscheidung beruht nicht auf einer vorhandenen, sondern auf einer von den Richtern gewollten und deshalb erfundenen Gesetzeslücke. Damit konnten sie ihre von der Gesetzgebung abweichenden rechtspolitischen Normsetzungsabsichten verwirklichen.[1224] Das BVerfG hat übersehen, daß die Entscheidung des Landgerichts in mehrfacher Hinsicht das Grundgesetz verletzt: Die richterliche Lückenfindung führte zur Aufhebung der Gesetzesbindung und zu einer unzulässigen Gesetzesvereitelung (Art. 20 Abs. 3 GG). Der vom Landgericht verordnete Zwangsmietvertrag mit dem Untermieter der Verstorbenen verletzt die Vertragsfreiheit (Art. 2 Abs. 1 GG) und das Eigentum (Art. 14 Abs. 1 S. 1 GG) der gemeinnützigen Wohnbaugenossenschaft. Eingeschränkt wurde schließlich auch die verfassungsgesetzliche Wertung, daß nur Ehe und Familie unter dem besonderen Schutz der staatlichen Ordnung stehen (Art. 6 Abs. 1 GG) und einen Abschlußzwang für den Vermieter rechtfertigen.

Die vorstehenden Beispiele zeigen, welche richterlichen Normset- 876
zungsmöglichkeiten und Mißbräuche die „Feststellungen“ von Lücken im Gesetz umfassen. Die historischen Erfahrungen mit dieser Argumentation sollten vor richterlicher Naivität beim Umgang mit diesem Begriff hinreichend warnen. Gegen bewußte und gewollte richterliche Gesetzesverdrängungen und Eigenwertungen bleiben methodische Einwände wirkungslos. Sie können nur den Nachweis erbringen, daß ein Gesetz gegen seinen Normzweck richterlich umgedeutet wurde.

Insgesamt zeigt sich, daß der Lückenbegriff zur Vereitelung von 877
Gesetzen durch die Gerichte mißbraucht werden kann. Das hat die deutsche Gerichtspraxis in mehreren „Wendezeiten“, vor allem nach 1933 und nach 1949, nicht zuletzt auch in der DDR,[1225] gezeigt.[1226] Erstaunlich ist der Umstand, daß die methodengeschichtlich dramatische Rolle des Lückenbegriffs, und zwar bei der Feststellung wie bei der Ausfüllung von Lücken als Instrument der Gesetzeskorrektur, im einschlägigen Schrifttum kaum behandelt, in der Lehrbuchliteratur

---

1224 G. Roellecke, JZ 1990, 813 f.

1225 Vgl. OGZ 1, 72 ff. (76); 2, 140; 3, 83 (85); 5, 107 – jeweils zum „Wesen der Ehe“ nach §§ 43 und 48 EheG 1946; vgl. näher B. Rüthers, Wir denken die Rechtsbegriffe um … – Weltanschauung als Auslegungsprinzip, Zürich 1987, S. 45 ff., 54 ff.

1226 Vgl. B. Rüthers, Die unbegrenzte Auslegung, 8. Aufl., Tübingen 2017, S. 191 ff., 214 ff., 262.

überwiegend nicht einmal erwähnt wird.[1227] Dabei ist das reichlich vorhandene judikative und literarische Anschauungsmaterial aus mehreren Systemwechseln geeignet, die „schöpferischen Leistungen“[1228] vieler methodischer Operationen und deren rechtspolitische Funktion bei der Rechtsanwendung erkennbar zu machen. Das Ausblenden der Methodengeschichte verführt gerade im Lückenbereich zu der wirklichkeitsfremden Vorstellung, das methodische Instrumentarium gewährleiste wissenschaftlich gesicherte, eindeutige Ergebnisse bei der Rechtsanwendung.

D. Lückenausfüllung

I. Richterliche Kompetenz zur Rechtsfortbildung

878 **1. Fehlen einer gesetzlichen Regelung.** Die deutsche Rechtsordnung gibt den Gerichten durch Kompetenznormen der Gerichtsverfassung und der Verfahrensgesetze die Befugnis zur Fortbildung des Rechts und damit auch zur Lückenausfüllung.[1229] Sie regelt aber nicht die Frage, wie die Gerichte im Lückenbereich vorgehen sollen.

879 Das Schweizerische Zivilgesetzbuch von 1907 enthält dafür in Art. 1 Abs. 2 und 3 eine ausdrückliche Lückenregelung:

> „Kann dem Gesetze keine Vorschrift entnommen werden, so soll der Richter nach Gewohnheitsrecht und, wo auch ein solches fehlt, nach der Regel entscheiden, die er als Gesetzgeber aufstellen würde.
> Er folgt dabei bewährter Lehre und Überlieferung.“

Durch diese Vorschrift ist in der Schweiz ein umfangreiches und weit über die nationale Rechtsordnung hinaus bedeutsames Schrifttum zur richterlichen Normsetzung im Lückenbereich ausgelöst worden.[1230] Es verdient hinsichtlich der gewonnenen Ergebnisse internationale Beachtung.

1227 Z. B. K. Larenz/C.-W. Canaris, Methodenlehre der Rechtswissenschaft, Studienausgabe, 3. Aufl., Berlin 1995, S. 220f.; E. A. Kramer, Juristische Methodenlehre, 4. Aufl., München 2013, S. 191 f.

1228 K. Larenz/C.-W. Canaris, Methodenlehre der Rechtswissenschaft, Studienausgabe, 3. Aufl., Berlin 1995, S. 221.

1229 Vgl. nur §§ 511 Abs. 4, 543 Abs. 2 ZPO, § 70 Abs. 2 FamFG, § 132 Abs. 4 GVG, § 11 Abs. 4 VwGO, § 45 Abs. 4 ArbGG, § 41 Abs. 4 SGG; zum Gesetzesbegriff „Fortbildung des Rechts“ Ch. Fischer, Topoi verdeckter Rechtsfortbildungen im Zivilrecht, Tübingen 2007, S. 62ff.; zum schillernden Rechtsfortbildungsbegriff dort S. 34ff.

1230 Vgl. nur M. Gmür, Die Anwendung des Rechts nach Art. 1 des schweizerischen ZGB, Bern 1908; A. Meier-Hayoz, Der Richter als Gesetzgeber, Zürich 1951; ders., in: Berner Kommentar, Bd. I, Bern 1962 (Neudruck 1966), Rn. 15ff. zu

Art. 1 ZGB macht deutlich, daß der Richter im Lückenbereich 880 auch bei der Entscheidung von Einzelfällen in einer Weise tätig wird, die einer richterlichen „Normsetzung" nahe- oder gar gleichkommt. Die Lückenfüllung wird in Art. 1 ZGB mit der Tätigkeit eines Gesetzgebers in Beziehung gesetzt. Der Richter soll den Fall nach einer „Regel" entscheiden, die er als Gesetzgeber aufstellen würde. Damit wird ausgedrückt, daß richterliche Lückenausfüllungen von den Gerichten nicht isoliert, als jeweilige Einzelfälle betrachtet werden sollen. Es soll nicht „jeder Fall seine eigene Methode" haben. Die Gerichte sollen ihre Entscheidung vielmehr auf abgrenzbare Fallgruppen ausrichten, für die dann allgemeine richterliche Regeln zu bilden sind.[1231] Das Gericht schafft also für die Fallgruppe, zu der die Entscheidung zählt, neue, fallgruppenbezogene, generell gültige Rechtsnormen.

Diese formale Anforderung wird durch eine inhaltliche Vorgabe 881 ergänzt. Bei der Rechtsneubildung setzt Abs. 3 des Art. 1 ZGB der richterlichen „Gesetzgebung" eine Grenze, einen Normsetzungsrahmen, indem er die Gerichte an „bewährte Lehre und Überlieferung" bindet. Die Richter der Schweiz sollen also in der Lücke die Rechts- und Gesellschaftsordnung nicht reformieren oder modernisieren, nicht neue Regelungsziele verfolgen. Sie sollen die bestehende, bewährte Rechtsordnung nur auf die ungeregelten Interessenlagen und Fallgruppen „hochrechnen".

Der Hinweis auf die schweizerische Regelung bedeutet mehr als 882 eine Erweiterung des Horizonts für die Suche nach einer methodisch sauberen Lösung des Lückenproblems. Art. 1 ZGB zieht bei genauer Betrachtung die Folgerungen aus dem Spannungsverhältnis zweier Pole,

- die verfassungsgesetzlich vorgegebene Bindung der Gerichte an „Gesetz und Recht" und
- der aus dem Rechtsverweigerungsverbot folgende Auftrag der Gerichte zur richterlichen Normsetzung im Lückenbereich.

Eine vergleichbare gesetzliche Aufgabendefinition für die Gerichte 883 im Lückenbereich gibt es im deutschen Recht – leider – nicht. Das zwingt zu der Überlegung, welche Folgerungen sich bei uns aus der

---

Art. 1; A. O. Germann, Probleme und Methoden der Rechtsfindung, 2. Aufl., Bern 1967.

1231 Vgl. ebenso K. Larenz, Kennzeichen geglückter richterlicher Rechtsfortbildungen, Karlsruhe 1965, S. 13.

verfassungsmäßigen Rolle der Rechtsprechung für ihre Aufgabe im Lückenbereich herleiten lassen. Immerhin macht die schweizerische Regelung bewußt, daß diese Rolle bei der Lückenausfüllung nicht als „schöpferische Rechtsfindung" bezeichnet werden kann. Diese Beschreibung ist in doppelter Hinsicht irreführend.

- In der Lücke geht es nicht um Rechts**findung,** sondern um Rechtssetzung, denn wo definitionsgemäß die rechtliche Regelung fehlt, kann sie nicht „gefunden" werden.
- Das Wort „schöpferisch" suggeriert ein freies Schaffen neuen Rechts. Genau das ist **nicht** die Aufgabe der Gerichte. Es geht vielmehr um eine an Gesetz und Recht gebundene richterliche Normsetzung im Sinne der Fortbildung, nicht der rechtspolitischen Umgestaltung der gesetzlichen Wertungen. Zutreffend spricht E. A. Kramer von „gebundenem" Richterrecht.[1232] Der „schöpferischen Erkenntnis" der Gerichte bei der Lückenergänzung[1233] sind daher enge Grenzen gesetzt. Sie haben primär auch in der Lücke den Normzweck des Gesetzes oder der Rechtsordnung zu erforschen und zu verwirklichen. Die von der h. L. dazu beschworenen Vorstellungen geisteswissenschaftlicher Hermeneutik[1234] sind dabei eher ein Mittel der Verschleierung als der rationalen Analyse und Beschreibung der Aufgaben im Lückenbereich.[1235]

884 **2. Unterscheidung nach Lückenarten.** Es ist dargelegt worden, daß es sich sowohl bei der Lückenfeststellung wie bei der Lückenausfüllung nicht um *kognitive,* sondern um richterliche *Bewertungsakte* handelt. Die Weite des richterlichen Beurteilungsspielraums richtet sich dabei nach der Größe der festgestellten Lücke.

885 Bei offenen Normlücken (Rn. 847) hat der Richter nur die vom Gesetz nicht geregelte Frage zu beantworten. Er muß z. B. bei § 904 S. 2 BGB den zum Schadensersatz Verpflichteten benennen und dadurch die Lücke schließen.

886 Bei „teleologischen" Lücken, wenn also die Gesetzgebung eine spezielle Interessenlage „übersehen" oder „vergessen" hat, hat er auf der Linie des festgestellten Normzwecks die fehlende Sonderregelung

1232 E. A. Kramer, Juristische Methodenlehre, 4. Aufl., München 2013, S. 183.
1233 K. Larenz/C.-W. Canaris, Methodenlehre der Rechtswissenschaft, Studienausgabe, 3. Aufl., Berlin 1995, S. 221.
1234 K. Larenz/C.-W. Canaris, Methodenlehre der Rechtswissenschaft, Studienausgabe, 3. Aufl., Berlin 1995, S. 222 f. und S. 27 ff.
1235 Vgl. zur Kritik die Hinweise bei MünchKomm-Säcker, Bd. 1, 7. Aufl., München 2015, Einl. Rn. 96 ff.; K. F. Röhl, Das Dilemma der Rechtstatsachenforschung, Tübingen 1974, S. 109 ff.

durch eine Analogie (Rn. 889f.) oder durch eine teleologische Reduktion (Beispiel § 400 BGB, Rn. 849, 902ff.) als Gehilfe des Gesetzgebers in „denkendem Gehorsam“[1236] ersatzweise vorzunehmen.

Umfangreicher kann der Normsetzungsspielraum der Gerichte im Bereich der Rechtslücken (Rn. 855ff.) sein. Wenn ein ganzer Lebensbereich von der Gesetzgebung, aus welchen Gründen auch immer, gesetzlich nicht geregelt ist, wird den Gerichten ein weiter Gestaltungsspielraum bei der ersatzweisen richterlichen Normsetzung eingeräumt (Beispiel Arbeitskampfrecht). Aber auch hier sind die Gerichte weniger frei als der Gesetzgeber. Sie haben die bestehende Gesetzesordnung, auch die fernwirkenden gesetzlichen Wertungen anderer Rechtsgebiete, strikt zu beachten. Anders als der Gesetzgeber sind sie zu einer Abänderung einfachgesetzlicher einschlägiger Wertungen nicht befugt. Das ist hervorzuheben, weil regelungsfreudige, rechtspolitisch ambitionierte Richter letzter Instanz geneigt sein können, ihre Kompetenz zur Lückenfeststellung und -ausfüllung nicht als Last, sondern als Lust und rechtspolitische Macht zur Änderung („Reform“, „Modernisierung“) der Rechtsordnung zu empfinden. Dann sind mögliche Konflikte mit der rechtsstaatlich vorgeschriebenen Normsetzungsprärogative der parlamentarischen Gesetzgebung vorgezeichnet. 887

II. Instrumente der Lückenausfüllung

Die wichtigsten Instrumente der Lückenfüllung in der Praxis sind: 888
- Analogie,
- Umkehrschluß,
- teleologische Reduktion und Extension,
- „Natur der Sache“/“Wesen“ einer Rechtsfigur oder Einrichtung,
- freie („schöpferische“) richterliche Normsetzung.

1. Analogieschluß und Gleichbehandlungsgrundsatz. a) Elemente des Analogieschlusses. Die Gerichte verwenden bei der Ausfüllung von Gesetzeslücken, die sie festgestellt haben, häufig einen Analogieschluß. Weil dem Gericht eine Rechtsnorm fehlt, welche die zu entscheidende Rechtsfrage regelt, schaut es sich nach Vorschriften um, die ähnliche Rechtsfragen regeln. Analogie nennt man die Anwendung einer Rechtsnorm mit anderen Tatbestandsvoraussetzungen auf einen ähnlichen, ungeregelten Sachverhalt. Der Rechtsanwender 889

1236 Ph. Heck, Gesetzesauslegung und Interessenjurisprudenz, AcP 112 (1914), 19f.

geht dabei von der Annahme aus, die zu entscheidende Interessenlage sei der gesetzlich geregelten so ähnlich, daß die Gesetzgebung die getroffene Regelung auch für den ungeregelten Sachverhalt vorsehen würde.

Die Analogie folgt also dem Grundgedanken des juristischen Syllogismus (Rn. 681 ff.) und des Gleichbehandlungsgrundsatzes (Art. 3 Abs. 1 GG): Gleichgelagerte Interessenkonstellationen sollen nach denselben Rechtsgrundsätzen beurteilt und entschieden werden. Auch wenn die Gesetzgebung nur den Sachverhalt a) geregelt hat, für den ganz ähnlichen Sachverhalt b) aber eine gesetzliche Regelung fehlt, soll dieser nach denselben gesetzlichen Wertungen entschieden werden. Der Analogieschluß ist ein *wertender* Akt des Rechtsanwenders, nicht eine lediglich logisch-kognitive Feststellung. Er setzt voraus, daß der „Rechtsgedanke" der analog anzuwendenden Vorschrift nach deren Sinn und Zweck auch auf den ungeregelten Sachverhalt so weitgehend zutrifft, daß die Gesetzgebung diesen ebenso geregelt haben würde.

Die Ableitung von Rechtsfolgen aus einem „Rechtsgedanken" deutet in aller Regel an, daß der Autor, der so argumentiert, eine geltende gesetzliche Regelung oder einen allgemein anerkannten Rechtsgrundsatz auf einen ungeregelten Lebenssachverhalt ausdehnen und anwenden will. Dasselbe gilt für die Argumentation aus der (vermeintlichen) „Natur der Sache" oder dem „Wesen" von Einrichtungen (vgl. näher Rn. 919 ff.). Bei allen genannten Argumenten geht es darum, gesetzlich nicht geregelte Fragen durch Vergleiche mit ähnlichen, geregelten Lebenssachverhalten wertend in Beziehung zu setzen und einer vertretbaren juristischen Lösung näher zu bringen.

890 Als Beispiel sei § 164 Abs. 1 BGB genannt. Die Vorschrift bestimmt, daß Erklärungen, die jemand innerhalb der ihm zustehenden Vertretungsmacht im Namen eines anderen abgibt, für und gegen den Vertretenen wirken. Wie ist es, wenn jemand unter einem fremden Namen Erklärungen abgibt, also als eine andere Person auftritt? Das ist in § 164 Abs. 1 BGB nicht geregelt. Wer beim Handeln unter fremdem Namen Geschäftspartei geworden ist, ist durch Auslegung zu ermitteln. Entscheidend ist, ob bei dem konkreten Geschäft für den Erklärungsempfänger der Name oder die handelnde Person im Vordergrund steht. Will der unter fremdem Namen Handelnde das Geschäft für sich abschließen und ist dem Erklärungsempfänger der Name des Handelnden gleichgültig, dann liegt eine bloße Namenstäuschung und ein Eigengeschäft des unter fremdem Namen Auftretenden vor. Anders ist das, wenn es dem Erklärungsempfänger entscheidend darauf ankommt, mit dem wirklichen Namensträger abzuschließen. Bei einer Identitätstäuschung verlangt das Schutzinteresse des Geschäftsgegners, ein solches Geschäft als im Namen des Namensträger abgeschlossen zu behandeln und die §§ 164 ff., 177, 179 BGB wegen der Gleichheit der Interessenlage analog auf diesen ungeregelten Fall anzuwenden.[1237]

b) Gesetzes- und Rechtsanalogie. Nach dem gesetzlichen Bezugsrahmen, aus dem die Gleichbehandlung der ungeregelten Lebens- 891
sachverhalte mit vorhandenen Regelungen hergeleitet wird, unterscheidet man die Gesetzesanalogie von der Rechtsanalogie. Um eine Gesetzesanalogie handelt es sich bei dem eben genannten Beispiel.

Bei der Rechtsanalogie wird, im Gegensatz zur Gesetzesanalogie, 892
nicht eine einzelne Gesetzesvorschrift für einen ungeregelten Lebenssachverhalt herangezogen. Die rechtliche Beurteilung wird vielmehr aus einem Komplex von Rechtsnormen hergeleitet. Deren Grundgedanken werden auf die ungeregelte Interessenlage entsprechend angewendet.

Beispiele: Die positive Forderungsverletzung wurde als Rechtsfigur ursprünglich richterrechtlich entwickelt, weil die Gesetzgebung des BGB einen praktisch besonders bedeutsamen Typ von Leistungsstörungen übersehen hatte. Das Reichsgericht hatte hier die Verpflichtung zum Schadensersatz unmittelbar aus § 276 BGB entnommen.[1238] Der BGH hingegen begründete sie zunächst aus einer Analogie zu den Grundgedanken der §§ 280, 286, 325, 326 a. F. BGB.[1239] Die herrschende Lehre faßte das später als eine gewohnheitsrechtlich anerkannte Rechtsfortbildung auf,[1240] die durch § 11 Nr. 7 ABGB a. F. gesetzlich bestätigt wurde. Durch das Schuldrechtsmodernisierungsgesetz ist die positive Forderungsverletzung 2002 durch den allgemeinen Tatbestand der „Pflichtverletzung" des § 280 Abs. 1 in das BGB aufgenommen worden.

Eine ähnliche Entwicklung der Begründung gab es bei der Anerkennung der gesetzlich nicht geregelten „culpa in contrahendo". Sie wurde zunächst analog aus den §§ 307, 309, 663, 694 BGB begründet. Eine andere Analogie wurde aus den §§ 122, 179 Abs. 2 BGB gezogen. Auch die c. i. c. wurde schließlich von der h. L. als eine auf dem Rechtsgedanken der Vertrauenshaftung beruhende „gewohnheitsrechtlich anerkannte" richterliche Rechtsfortbildung eingestuft, bis sie mit der Schuldrechtsreform 2002 durch § 311 Abs. 2 in

---

1237 BGHZ 45, 193 (195 f.); Palandt-Ellenberger, BGB, 77. Aufl., München 2018, § 164 Rn. 10 ff.
1238 RGZ 52, 18 (19); 106, 22 (25) (st. Rspr.).
1239 BGHZ 11, 80 (83).
1240 BGH NJW 1978, 260.

das BGB übernommen wurde. Beide Beispiele (pos. Forderungsverletzung und c. i. c.) zeigen anschaulich die modernisierende Funktion des Richterrechts, das nach einer Bewährungsphase häufig durch die Gesetzgebung übernommen wird.

Lückenhaft erschien der Rechtsprechung ebenfalls schon früh der Unternehmensschutz im BGB. Dieser ist in den §§ 985 ff., 1004, 824, 826 BGB, aber auch in §§ 3 ff. UWG und durch § 15 MarkenG geregelt.[1241] Die Annahme eines Rechts am eingerichteten und ausgeübten Gewerbebetrieb als „sonstiges Recht" in § 823 Abs. 1 BGB schuf hier den fehlenden „Auffangtatbestand"[1242] mit lückenfüllender Funktion. Im Wege einer Rechtsanalogie wird der Schutzbereich des § 823 Abs. 1 BGB über den Eigentumsschutz und die übrigen genannten Vorschriften hinaus auf eine störungsfreie gewerbliche Betätigung erstreckt. Damit wird ein erweiterter Vermögensschutz der Unternehmen bewirkt.[1243]

893 **c) Zur Struktur und Verläßlichkeit von Analogieschlüssen.** Über die rationale Struktur des Analogieschlusses in der Rechtswissenschaft gibt es ein umfangreiches Schrifttum, das in wissenschaftstheoretische und rechtsphilosophische Dimensionen hineinreicht.[1244] Der gedankliche Aufwand, die oft schwer durchschaubare Terminologie, die Vermischung des Analogieproblems mit so vieldeutigen Argumenten wie dem der „Natur der Sache" und die in dieser Literatur bisweilen verwendete Zeichensprache der formalen Logik erwecken beim unbefangenen Leser den Eindruck, Analogieschlüsse könnten wissenschaftlich besonders gesicherte, quasi berechenbare und genaue Ergebnisse der Rechtsanwendung gewährleisten. Dieser Eindruck trügt. Der Analogieschluß ist kein logisches Verfahren im Sinn einer formalen („mathematischen") Denkoperation.[1245] Es geht um ein auf Normzwecke gegründetes Werturteil. Die Logik hat nur insoweit Bedeutung, als sie die formale Struktur des Analogieschlusses analysiert hat.

894 Bei der Analogie geht es darum, daß die Übertragung eines gesetzlichen Wertmaßstabes auf eine ungeregelte Rechtsfrage aus der Rechtsordnung selbst überzeugend begründet werden muß. Der

---

1241 Vgl. dazu ursprünglich RGZ 58, 29.

1242 BGHZ 36, 252 (256 f.); MünchKomm-Wagner, Bd. 6, 7. Aufl., München 2017, § 823 Rn. 316 ff.

1243 BGHZ 69, 128 (139).

1244 K. Engisch, Einführung in das juristische Denken, 11. Aufl., Stuttgart 2010, S. 248 ff.; U. Klug, Juristische Logik, 4. Aufl., Berlin 1982, S. 116 ff.; M. Herberger/D. Simon, Wissenschaftstheorie für Juristen, Frankfurt/M. 1980, S. 170 ff.; A. Kaufmann, Analogie und „Natur der Sache", 2. Aufl., Heidelberg 1982, S. 1 ff.; F. E. Schnapp, Logik für Juristen, 7. Aufl., München 2016, § 34.

1245 H. Tetens, Philosophisches Argumentieren, 3. Aufl., München 2010, S. 171.

Rechtsanwender schließt von einem erkennbaren Wertmaßstab der Gesetzgebung, welche die Norm N für den Sachverhalt S1 bereithält, auf eine im Sinne der Gleichbehandlung gebotene gleiche Bewertung für den strukturell gleichen Sachverhalt S2. Die Rechtsanwendung im Wege der Analogie will (und soll) nicht an der Stelle der Gesetzgebung neues Recht schaffen. Sie versucht, aus dem vorhandenen Gesetzesrecht die verdeckt vorhandene, aber nicht klar ausgesprochene Bewertung zu finden.[1246] Analogie bedeutet also, daß der Rechtsanwender zwei verschiedene Sachverhalte, einen gesetzlich geregelten und einen ungeregelten, vergleichen muß.

Dabei hat der Richter sich die Frage zu stellen, wie die Gesetzge- **895**
bung den zweiten Sachverhalt nach ihrem erkennbaren Wertungsplan (Einzelnorm, Gesetz, Rechtsordnung) bewerten würde. Der Maßstab des Vergleichs ist also das „innere System" (Rn. 751) der einschlägigen gesetzlichen Regelungen, nicht eine freie Eigenwertung des Rechtsanwenders. Daß gerade die Fragen der rechtlichen Gleich- oder Ungleichbehandlung von Sachverhalten schwierige Wertungsprobleme aufwerfen, zeigt die äußerst komplexe Rechtsprechung des Bundesverfassungsgerichts zu Art. 3 GG.[1247]

Die mögliche Streuweite von Analogieschlüssen, die auf zweifel- **896**
haften oder abwegigen Gleichheitskriterien beruhen, spielen auch in anderen Wissensdisziplinen eine Rolle. So hat etwa Dieter E. Zimmer in seinem Buch „Tiefenschwindel" die Rolle der Analogien für bestimmte Deutungsmuster in der Psychoanalyse kritisch untersucht.[1248] Die Aussagekraft und Verläßlichkeit von Analogieschlüssen steht und fällt mit der Festlegung der Merkmale, nach denen die Gleichheit oder Ähnlichkeit eines Sachverhalts bestimmt wird. Die „logische Struktur" und die Ergebnisoffenheit solcher Schlüsse in der Jurisprudenz sei abschließend mit einem Zitat von G. Radbruch gekennzeichnet:[1249]

> „Gleichheit ist nicht eine Gegebenheit, die Dinge und Menschen sind so ungleich wie ein Ei dem anderen. Gleichheit ist immer nur eine Abstraktion von gegebener Ungleichheit unter einem bestimmten Gesichtspunkt."

Damit sind die wertenden, subjektiven und voluntativen Elemente des Analogieschlusses treffend angedeutet.

1246 H. Nawiasky, Allgemeine Rechtslehre, Einsiedeln 1948, S. 146 f.
1247 BVerfGE 1, 14 (52); 72, 141 (150); 78, 249 (287); 84, 133 (158); vgl. auch BGHZ 112, 163 (173).
1248 D. E. Zimmer, Tiefenschwindel, Reinbek bei Hamburg 1986.
1249 G. Radbruch, Rechtsphilosophie (Studienausgabe), 2. Aufl., Heidelberg 2003, S. 37.

897 **2. „Erst recht"-Schluß (argumentum a fortiori).** Als Untergruppe oder Spezialfall des Analogieschlusses läßt sich der „Erst recht"-Schluß („argumentum a fortiori") einordnen. Er tritt in zwei strukturell gleichen Erscheinungsformen auf, nämlich

- als Schluß vom Größeren auf das Kleinere („a maiore ad minus") und
- als Schluß vom Kleineren auf das Größere („a minore ad maius").

898 Der „Erst recht"-Schluß stützt sich auf die Erwägung, die analoge Anwendung sei immer dann gerechtfertigt, wenn die rechtspolitischen Gründe (Normzwecke) einer Vorschrift bei einem nicht geregelten Lebenssachverhalt noch stärker gegeben sind als bei dem geregelten Normtatbestand.

Beispiele für „a minore ad maius": Wenn eine Prüfungsordnung bereits das Mitführen von unerlaubten Hilfsmitteln als Grund für den Ausschluß vom Prüfungsverfahren mit dem Ergebnis „nicht bestanden" vorsieht, so gilt diese Folge erst recht für den Gebrauch solcher Hilfsmittel.[1250]

Art. 14 Abs. 3 GG gewährt bei rechtmäßigen Enteignungen („zum Wohle der Allgemeinheit") zwingend einen Entschädigungsanspruch des Enteigneten. Ein solcher Anspruch muß „erst recht" bei einer rechtswidrigen Enteignung bestehen.[1251]

Wenn § 904 BGB beim Angriffsnotstand dem geschädigten Eigentümer einen Ersatzanspruch gewährt, so muß ein solcher Anspruch „erst recht" bestehen, wenn in einer Notstandslage nicht nur das Eigentum, sondern der Körper oder die Gesundheit eines Dritten verletzt wird.[1252]

Beispiele für „a maiore ad minus": Wer nach § 626 BGB berechtigt ist, ein Arbeitsverhältnis wegen eines wichtigen Grundes fristlos zu kündigen, der ist in der Regel „erst recht" zur fristgemäßen Kündigung befugt.[1253]

Wenn eine wirksam vereinbarte betriebliche Bußenordnung für bestimmte schwere Disziplinarverstöße den Wegfall von Sondervergütungen (Weihnachts- oder Urlaubsgeld) vorsieht, kann der Disziplinarausschuß „erst recht" die Kürzungen solcher Leistungen aussprechen.

899 **3. Umkehrschluß (argumentum e contrario, argumentum e silentio).** Der Umkehrschluß ist das Gegenstück zum Analogieschluß. Aus der Nichtregelung eines Lebenssachverhalts wird geschlossen, daß die Gesetzgebung bewußt dazu schweigt, weil sie ihn nicht geregelt sehen will. Es handelt sich dann um ein „beredtes" oder „qualifiziertes" Schweigen der Gesetzgebung.

1250 Vgl. G. Beaucamp/L. Treder, Methoden und Technik der Rechtsanwendung, 3. Aufl., Heidelberg 2015, Rn. 304f.

1251 BGHZ 6, 270.

1252 Vgl. MünchKomm-Brückner, Bd. 7, 7. Aufl., München 2017, § 904 Rn. 24.

1253 BAG AP Nr. 31 zu § 626 BGB.

Beispiel: § 1601 BGB begründet eine Unterhaltspflicht (nur!) für „Verwandte“ in gerader Linie. Da die Normgeber wußten, daß es auch andere Verwandte, z. B. Geschwister gibt, ist dem BGB eine Unterhaltspflicht der Geschwister untereinander nicht zu entnehmen.

Der hier gebotene „Umkehrschluß“ (das Schweigen des Gesetzes 900
bedeutet die Ablehnung weiterer Unterhaltsansprüche) setzt, wie jede sachgerechte Auslegung, voraus, daß der Rechtsanwender den gesetzgeberischen Normzweck erforscht. Die historische und systematische Auslegung muß ergeben, daß die angeordnete Rechtsfolge nur eintreten soll, wenn der Normtatbestand („Verwandte in gerader Linie“) erfüllt ist. Bemerkenswert ist, daß auch die Vertreter der objektiven Auslegung beim Umkehrschluß vom ursprünglichen Willen der Normgeber ausgehen und zusätzlich logische Argumente anführen.[1254] Das Problem liegt jedoch nicht in der Logik, sondern in der Teleologie des § 1601 BGB. Eine Unterhaltspflicht der Geschwister würde dem Normzweck der Vorschrift widersprechen. Der Umkehrschluß besagt, daß keine Gesetzeslücke besteht und deshalb eine richterliche Lückenfüllung ausscheidet.

Auch hier gilt der Grundsatz: Bei der Lückenfeststellung und Lü- 901
ckenausfüllung sind die Gerichte generell an die Wertungen und Regelungsziele der Gesetzgebung gebunden. Sie werden als dienende Gehilfen, nicht als Herren der Gesetzgebung oder der Rechtsordnung tätig.

4. Teleologische Reduktion. Die Auslegung nach dem Wortlaut 902
führt zunächst dazu, daß der Anwender den weitest möglichen Anwendungsbereich der Norm in den Blick bekommt. Am Beispiel des § 400 BGB haben wir aber gesehen, daß eine Norm nach ihrem Text auch solche Lebenssachverhalte erfassen kann, die nach dem Willen der Gesetzgebung (Normzweck) nicht erfaßt werden sollen. Die buchstabengetreue Anwendung der Norm nach dem Textsinn kann in solchen Fällen dazu führen, daß der vom Gesetz verfolgte Zweck in sein Gegenteil verkehrt würde.

Der Textsinn muß dann nach dem erkennbaren Normzweck einge- 903
schränkt werden, weil die Gesetzgebung bei der Formulierung des Textes eine nach dem Zweck erforderliche Einschränkung oder „Ausnahmeklausel“ übersehen hat. Man spricht deshalb auch von

---

1254 K. Larenz/C.-W. Canaris, Methodenlehre der Rechtswissenschaft, Studienausgabe, 3. Aufl., Berlin 1995, S. 209 f. unter Berufung auf U. Klug, Juristische Logik, 4. Aufl., Berlin 1982, S. 145 f.

„Ausnahmelücken“ (vgl. Rn. 848). Die im Gesetz fehlende Einschränkung des Anwendungsbereiches wird im Wege einer richterrechtlich vorgenommenen „teleologischen Reduktion“ erwirkt.[1255] Sie erfolgt „entgegen dem an sich eindeutigen Wortlaut“.[1256] Hier zeigt sich der Vorrang des Normzwecks gegenüber dem Wortlaut einer Vorschrift besonders augenfällig (Rn. 717 ff.).

Wichtig ist die Einsicht, daß es sich hier nicht um eine Berichtigung des Normzwecks, sondern um seine Verwirklichung durch die Berichtigung des Wortlauts handelt. Der Sache nach geht es um die Ermittlung, also Auslegung des wirklichen Willens der Gesetzgebung entgegen dem mißglückten Wortlaut. Der Richter erfüllt den Gebotssinn der Gesetzgebung in „denkendem Gehorsam“.

Beispiele: Bereits behandelt wurde § 400 BGB[1257] (Rn. 849).

§ 181 BGB wird nicht angewendet auf solche Geschäfte des Vertreters, die dem Vertretenen lediglich einen rechtlichen Vorteil bringen, bei denen also eine Interessenkollision ausgeschlossen ist.[1258]

Bei Rechtsgeschäften für denjenigen, den es angeht, wird entgegen § 164 BGB auf das Offenkundigkeitsprinzip bei der Vertretung („im Namen des Vertretenen“) verzichtet, wenn ein schutzwürdiges Interesse des Vertragspartners nicht besteht.[1259]

Die rückwirkende Nichtigkeit einer Anfechtung (§ 142 Abs. 1 BGB) wird bei vollzogenen Arbeitsverhältnissen gegen den Wortlaut zweckgerecht auf eine ex-nunc-Wirkung reduziert, weil die Rückwirkung ex-tunc zu unbilligen Ergebnissen für den Arbeitnehmer führen würde.[1260] Das Gleiche gilt für die sog. fehlerhaften Gesellschaften.[1261]

903a Über den Fall der reinen Wortlautberichtigung hinaus wird eine teleologische Reduktion von Larenz auch für solche Fälle gefordert, in denen nicht der Sinn und Zweck der einzuschränkenden Norm selbst, sondern der Zweck einer anderen Norm, die „Natur der Sache“ oder ein „rechtsethisches Prinzip“ angeblich eine Einschränkung der Norm gebieten.[1262] In diesen Fällen geht es nicht um die

---

1255 BVerfGE 88, 145 (167).

1256 BGHZ 4, 153 (157).

1257 BGHZ 4, 153 (157); 13, 360; 59, 109 (115), (st. Rspr.).

1258 BGHZ 52, 316 (318); 59, 236; 65, 96 ff. (st. Rspr.); A. Stadler, Allgemeiner Teil des BGB, 19. Aufl., München 2017, § 30 Rn. 57 ff.

1259 A. Stadler, Allgemeiner Teil des BGB, 19. Aufl., München 2017, § 30 Rn. 5 ff.; BGHZ 114, 74 (80).

1260 H. Brox/B. Rüthers/M. Henssler, Arbeitsrecht, 19. Aufl., Stuttgart 2016, Rn. 171 ff.; BAG NJW 1958, 516; BAG DB 1984, 2707.

1261 F. Kübler/H.-D. Assmann, Gesellschaftsrecht, 6. Aufl., Heidelberg 2006, § 26; BGHZ 3, 285 (291 f.); BGH NJW 1971, 375, 377.

1262 K. Larenz, Methodenlehre der Rechtswissenschaft, 1. Aufl., Berlin 1960, S. 296, 299; leicht modifiziert: 6. Aufl, Berlin 1991, S. 392.

bloße Korrektur des zu weit geratenen Wortlauts einer Norm. Es wird vielmehr zugleich die gesetzgeberische Interessenbewertung selbst modifiziert und so der Normzweck (partiell) außer Kraft gesetzt.[1263] In Wahrheit handelt es sich also bei diesen Fällen nicht um die Feststellung und Ausfüllung von Ausnahmelücken, sondern um eine Gesetzesablehnung, eine Korrektur der gesetzgeberischen Konfliktsentscheidung. Diese ist nur unter besonders engen Voraussetzungen zulässig (vgl. Rn. 949 ff.).

5. Teleologische Extension als Spezialfall der Analogie. In den 904
Fällen der teleologischen Reduktion ist der Tatbestand einer Norm im Wortlaut zu weit gefaßt. Auch umgekehrte Fälle sind zu beachten: Der Normtatbestand kann zu eng formuliert sein, so daß Lebenssachverhalte nicht darunter subsumiert werden können, die nach dem Normzweck erfaßt werden müßten. Ansatzpunkt der teleologischen Extension ist ebenfalls das Spannungsverhältnis zwischen dem Wortlaut der Norm und ihrem Zweck. Die Formulierung des Wortlauts greift zu kurz, weil das verfolgte Regelungsziel bei buchstabengetreuer Anwendung nicht erreicht wird. Geht man davon aus, daß jede über den Wortlaut hinausreichende „Auslegung" der Sache nach eine Lückenfeststellung voraussetzt, dann wird die angenommene Gesetzeslücke aus dem weiterreichenden Normzweck einer bestehenden Rechtsnorm begründet und mit einem Analogieschluß ausgefüllt. Teleologische Extensionen sind also eine Untergruppe der Gesetzesanalogien und gehören in den Bereich der („subjektiven") Gesetzesauslegung.

Beispiele: Trotz §§ 54 BGB, 50 Abs. 2 ZPO a. F. wurde Gewerkschaften die aktive Parteifähigkeit zugesprochen.[1264]

Eine Einwilligung nach § 107 BGB ist auch dann nicht erforderlich, wenn es sich um ein indifferentes, sog. neutrales Geschäft handelt. Das ist der Fall, wenn es dem Minderjährigen weder einen rechtlichen Vorteil noch einen Nachteil bringt.[1265]

Die teleologische Extension hat eine alte römisch-rechtliche Tradi- 905
tion. Nach dem Zwölftafelgesetz (450 v. Chr.) haftete der Eigentümer eines Vierfüßlers („quadrupes") für Schäden, die das Tier durch seine

---

1263 Ch. Fischer, Topoi verdeckter Rechtsfortbildungen im Zivilrecht, Tübingen 2007, S. 50 ff., 57.
1264 BGHZ 50, 325.
1265 Palandt-Ellenberger, BGB, 77. Aufl., München 2018, § 107 Rn. 7. – Freilich kann man das sog. neutrale Geschäft auch als Reduktion des grundsätzlichen Einwilligungserfordernisses betrachten.

Wildheit verursachte (vgl. Digesten, IX. Buch Titel 1).[1266] Nach den punischen Kriegen hielt – so heißt es – der große Vogel Strauß in Italien Einzug und verursachte Schäden. Der römische Praetor habe einen Analogieschluß gezogen, die Haftung auf den großen Zweifüßler erstreckt und eine „actio utilis" gewährt.[1267] Die teleologische Extension wurde schon im römischen Recht mit einer Analogie zu einer bestehenden Regelung geschlossen: „haec actio utilis competit et si non quadrupes, sed aliud animal panperieur fecit" (Paulus, Dig. 9, 1, 4).

III. Die Ausfüllung von Rechtslücken (Gebietslücken)

906 Wie bei der Beschreibung der Lückenarten dargelegt, sehen sich die Gerichte durch die Untätigkeit oder Verzögerung der Gesetzgebung bisweilen vor umfangreiche gesetzesleere Räume gestellt (Rn. 855 ff.). Das geschieht etwa, wenn neue technische oder ökonomische Entwicklungen regelungsbedürftige Problemfelder entstehen lassen, die von der Gesetzgebung nicht schnell genug geordnet werden (z. B. Rechtsprobleme der neuen Medien), wenn überkommene Gesetzesordnungen durch höherrangiges Recht außer Kraft treten, ohne daß gesetzliche Neuregelungen vorliegen (z. B. das Ehe- und Familienrecht 1953 wegen Art. 3 GG, vgl. Rn. 856), oder wenn die Gesetzgebung eine regelungsbedürftige Materie aus anderen Gründen ungeregelt läßt (z. B. das Arbeitskampfrecht, Teile des Arbeitsvertragsrechts).

907 Die letzten Instanzen gewinnen bei Rechts- oder Gebietslücken eine große, rechts- und verfassungspolitisch erhebliche richterliche Normsetzungsmacht. Da die Zahl der Gebietslücken durch die Dynamik der Veränderungen in der entwickelten Industriegesellschaft ständig zunimmt, bedeutet das eine beachtenswerte Verschiebung der Gewichte im Spannungsverhältnis zwischen Gesetzgebung und Rechtsprechung. Nimmt man hinzu, daß die parlamentarische Gesetzgebung sich unter koalitionspolitischen und anderen Aspekten nicht selten als regelungsunfähig erweist, so wächst die Richtermacht zu Lasten der Gesetzgebung. Das derzeit praktizierte Aufgaben- und Rollenverständnis der Mehrheiten in den Senaten des Bundesverfas-

1266 L. Enneccerus, Lehrbuch des Bürgerlichen Rechts, Bd. I., 12. Aufl., Marburg 1928, § 53 II 1 a.

1267 Das anschauliche Lehrbeispiel vom Vogel Strauß dürfte tatsächlich aus dem Jahre 1951 stammen, vgl. H. Bartholomeyczik, Die Kunst der Gesetzesauslegung, Frankfurt a. M. 1951, S. 84 ff.; hierzu Ch. Fischer, Der Schein der reinen Auslegung, in: O. Depenheuer (Hrsg.), Reinheit des Rechts, Wiesbaden 2010, S. 101, 109.

Rüthers, JZ 14, 238

sungsgerichts und mancher oberster Bundesgerichte trägt zusätzlich dazu bei, die Normsetzungsbefugnisse der Gesetzgebung zugunsten der Gerichte zurückzudrängen. Die gestiegene Richtermacht in den letzten Instanzen der Bundesrepublik spiegelt sich auch in den Verfahren der Besetzung hoher Richterämter. Sie werden von den Parteizentralen der jeweiligen Mehrheiten oft als Parteienbeute betrachtet. Damit wächst das Risiko, daß hohe Richterämter mehr nach der parteipolitisch-weltanschaulichen Zuverlässigkeit der Kandidaten als nach deren fachlicher Kompetenz vergeben werden. Dieser Trend besteht bei allen obersten Bundesgerichten und nicht nur dort.

Die bisher behandelten Lückenfüllungsinstrumente (Analogie, 908
Umkehrschluß etc.) sind zur Ausfüllung von Gebietslücken ungeeignet. Für Analogien fehlt es an ähnlichen und deshalb übertragbaren gesetzlichen Regelungen. Umkehrschlüsse scheiden aus, weil das Schweigen der Gesetzgebung in diesen Fällen gerade nicht bedeutet, daß eine rechtliche Gestaltung des ungeregelten Lebensbereiches unterbleiben soll.

Die Gerichte stehen hier vor einer weiträumigen Bewertungsauf- 909
gabe, für die ihnen unmittelbar anwendbare gesetzliche Wertmaßstäbe fehlen. Sie müssen dabei von der Tatsache ausgehen, daß ihre Entscheidungen, besonders die der letzten Instanzen, für den einschlägig betroffenen Rechtsverkehr im Ergebnis eine normative, gesetzesähnliche Wirkung entfalten, die weit über den jeweils entschiedenen Rechtsstreit hinauswirkt. Die Annahme von Rechts- oder Gebietslücken versetzt die Gerichte in eine Lage, in der sie bei äußerlicher Betrachtung ungebunden wie ein Gesetzgeber entscheiden. Ihre Judikate betreffen nicht nur den konkreten Einzelfall zwischen den prozeßbeteiligten Parteien. Sie verkünden vielmehr generell beachtete Wertmaßstäbe. Das wird sichtbar an den meist generell-abstrakt formulierten Leitsätzen solcher Entscheidungen. Diese formulieren allgemeine Beurteilungsgrundsätze für die entschiedenen Rechtsfragen, also für ganze Fallgruppen.[1268] Im Arbeitsrecht werden den Leitsätzen seit einigen Jahren sogar noch „Orientierungssätze der Richterinnen und Richter des BAG" vorangestellt.[1269]

Die richterliche Ausfüllung von Gebietslücken hat, anders als bei Norm- und Gesetzeslücken (Analogie, Umkehrschluß etc.) oft

1268 K. Larenz, Kennzeichen geglückter richterlicher Rechtsfortbildungen, Karlsruhe 1965, S. 13.

1269 Hierzu Ch. Fischer, Topoi verdeckter Rechtsfortbildungen im Zivilrecht, Tübingen 2007, S. 207 m. Nachw.

kaum Bezugsmaßstäbe oder auch nur Anhaltspunkte im Gesetz. Sie erfordert weitgehend richterliche Eigenwertungen (Rn. 146, 857). Wenn solches Richterrecht, wie vielfach beim Arbeitskampfrecht des BAG, unter Verstoß gegen zwingende Verfahrensvorschriften (§ 45 Abs. 2 ArbGG) und zusätzlich durch die Verweigerung des gesetzlichen Richters (Art. 101 Abs. 1 S. 2 GG) zustande kommt (Verweigerung der Mußvorlage an den Großen Senat), so entsteht richterliches Gewohnheits*un*recht.[1270]

910 Auch bei der Ausfüllung von Rechts- oder Gebietslücken sind die Gerichte also nicht so frei wie der Gesetzgeber. Sie unterliegen verfassungsgesetzlichen und verfahrensgesetzlichen Bindungen, die für die parlamentarische Gesetzgebung nicht bestehen. Die Gerichte sind auch hier an „Gesetz und Recht" (Art. 20 Abs. 3 und 97 Abs. 1 GG) gebunden. Das gilt für alle einzelnen Schritte der Rechtsanwendung im Lückenbereich, also für die richterliche Lückendefinition, die Lückenfeststellung und die Lückenausfüllung. Die Bindung besteht dabei an die Verfassung, an die fernwirkenden Wertungen einschlägiger Rechtsnormen, an die allgemeinen Rechtsgrundsätze und an das „innere System" (Rn. 751) der Gesamtrechtsordnung. Sie sind auch hier dienende Gehilfen der Gesetzgebung, nicht Herren der Rechtsordnung. Sie dürfen die Rechtsordnung nicht verändern, sondern sie nur dort, wo sie unvollständig ist, ergänzen. Den Gerichten ist es nach ihrer verfassungsgesetzlichen Aufgabendefinition versagt, mit ihren Judikaten rechtspolitisch motivierte Reformstrategien im Sinne von Änderungen der Rechts- und Sozialordnung zu verfolgen. Ihre Aufgabe ist es, die Rechtsordnung zu wahren, nicht zu verändern. Daher können die Gerichte Rechtslücken schließen, wenn es um den Ausgleich von Privatinteressen geht. Unzulässig sind aber Strategien zur Durchsetzung eigener rechtspolitischer Gestaltungsziele unter Verstoß gegen gesetzlich vorgegebene Wertmaßstäbe. Das gilt auch für das Bundesverfassungsgericht. Es hat die Verfassung auch bei deren Fortbildung zu bewahren, nicht zu verändern oder zu „reformieren".

911 Wenn gesetzliche Regelungen für neu entstandene rechtliche Problemfelder fehlen, liegt es auf der Hand, daß die Gerichte bei den Entscheidungen, die zugleich Normsetzungen bedeuten, von den gesetzgeberischen Wertmaßstäben im Zeitpunkt der Entscheidung aus-

1270 Dazu näher B. Rüthers, Methoden im Arbeitsrecht 2010 – Rückblick auf ein halbes Jahrhundert, NZA-Beilage 2011, 100–107.

zugehen haben. Die maßgeblichen Wertmaßstäbe müssen also die einer zur Entscheidungszeit mutmaßlichen Gesetzgebung sein. Das ist der richtige und allgemein gültige Grundgedanke des Art. 1 Abs. 2 schweiz. ZGB: Der Richter soll die Regel suchen, die er als Gesetzgeber aufstellen würde.

Als Grundsatz ist festzuhalten: Das für die Funktionsfähigkeit einer Rechtsordnung unvermeidliche und unverzichtbare Richterrecht ist immer gebundenes Richterrecht. Die Gerichte sind an das geltende „Gesetz und Recht" gebunden, das Bundesverfassungsgericht an das Grundgesetz. Es ist daher mißverständlich und irreführend, wenn gelegentlich „gebundenes Richterrecht" und „gesetzesübersteigendes Richterrecht" unterschieden werden.[1271] Gebietslücken zwingen die Gerichte zwar immer häufiger, die vorhandene Rechtsordnung über den Plan vorhandener gesetzlicher Regelungen hinaus fortzubilden.[1272] Das bedeutet jedoch nicht, daß bei der notwendigen Ausfüllung von Gesetzes- und Rechtslücken vorhandene gesetzliche Wertmaßstäbe „überstiegen" werden dürften. Das Bild vom „gesetzesübersteigenden Richterrecht" suggeriert eine Befugnis der Gerichte, sich über vorhandene gesetzliche Wertmaßstäbe hinwegzusetzen. Das ist auch bei Gebietslücken nicht zulässig. Die Gerichte haben hier eine nicht gesetzlich geregelte Lebenssituation zu beurteilen. Deshalb können und dürfen sie vorhandene Gesetzesvorschriften gleichwohl nicht „übersteigen". Beim Wort genommen, würde das richterliche „Übersteigen" von Gesetzen den Aufstand der Richter gegen das Gesetz bedeuten. Die richterliche Gehorsamsverweigerung gegenüber gesetzlichen Regelungen ist von der Lückenausfüllung zu unterscheiden und gesondert zu beurteilen (Rn. 936 ff.). 912

E. Unionsrechtskonforme Rechtsfortbildung

Die Defizite der gängigen Definition der Lücke als „planwidrige Unvollständigkeit" der Gesetzesordnung wurden schon aufgezeigt (Rn. 832 ff.). Neuerdings wird zusätzlich die Relevanz des Kriteriums der „Planwidrigkeit" bestritten, nämlich für das Verhältnis von Ge- 912a

1271 Vgl. etwa E. A. Kramer, Juristische Methodenlehre, 4. Aufl., München 2013, S. 183 ff., 239 ff.

1272 K. Larenz/C.-W. Canaris, Methodenlehre der Rechtswissenschaft, Studienausgabe, 3. Aufl., Berlin 1995, S. 232 ff.

meinschaftsrecht (jetzt Unionsrecht) und nationalem Recht.[1273] Es wird behauptet, aufgrund der Pluralität der Normgeber sowie der heterogenen Normstruktur der Rechtsordnung müsse der Begriff des gesetzgeberischen Regelungsplans präzisiert werden. Der Fortbildungsbedarf des nationalen Rechts folge weniger aus dem gesellschaftlichen und technisch-ökonomischen Wandel, sondern vor allem aus den „Rechts(setzungs)pflichten" und „unmittelbar anwendbaren Vorgaben" des Unionsrechts.

Daraus wird gefolgert, die bislang anerkannte Regelungsprägorative der Gesetzgebung müsse neu bestimmt werden. Die „legitime richterliche Rechtsfortbildung" müsse gegen den Willen der nationalen Gesetzgebung ausgeweitet werden.[1274] Maßstab für die Zulässigkeit der richterlichen Rechtsfortbildung sei weder der Regelungsplan der nationalen noch derjenige der europäischen Gesetzgebung. Entscheidend sei statt dessen die „Systemwidrigkeit" am Maßstab des objektiven, an der „Rechtsidee" ausgerichteten inneren Systems der Gesamtrechtsordnung. Dies soll nicht nur dann gelten, wenn die suspendierende Wirkung unmittelbar anwendbaren Unionsrechts zu einem Regelungsdefizit im nationalen Recht führe, sondern auch dann, wenn eine „Rechts(setzungs)pflicht", etwa die Pflicht zur Umsetzung einer Richtlinie, ein abweichendes Ergebnis vorschreibe.[1275]

912b Dem ist insoweit zuzustimmen, als das Bestehen einer Regelungslücke vor dem Hintergrund der immer stärkeren Überlagerung der nationalen Rechtsordnungen durch das Unionsrecht heute nicht mehr allein nach nationalrechtlichen Maßstäben geprüft werden kann. So kann das Unionsrecht aufgrund seines Anwendungsvorrangs Lücken in die Rechtsordnungen der Mitgliedstaaten reißen.

912c Die unmittelbare Geltung einer unionsrechtlichen Vorschrift ist eine notwendige Voraussetzung dafür, daß sie am Anwendungsvorrang des Unionsrechts teilhat. Nur soweit ein solcher Vorrang besteht, tritt das nationale Recht zurück. In diesen Fällen kann in Anlehnung an den Begriff der unionsrechtskonformen Auslegung von einer „unionsrechtskonformen Rechtsfortbildung" gesprochen werden. Das Unionsrecht erhält hier eine doppelte Bedeutung: Erstens

---

1273 C. Herresthal, Rechtsfortbildung im europarechtlichen Bezugsrahmen, München 2006, S. 217 ff.

1274 C. Herresthal, Rechtsfortbildung im europarechtlichen Bezugsrahmen, München 2006, S. 221.

1275 C. Herresthal, Rechtsfortbildung im europarechtlichen Bezugsrahmen, München 2006, S. 225.

begründet es die Lücke im nationalen Recht, indem es zur Unanwendbarkeit der unionsrechtswidrigen Vorschrift(en) führt. Zweitens gibt es einen Rahmen vor, innerhalb dessen die Lücke auszufüllen ist. Die Lückenausfüllung geschieht zwar auch in diesen Fällen nach den oben dargestellten Grundsätzen (vgl. Rn. 878 ff.). Die Gerichte haben also die bestehende Rechtsordnung auf den entstandenen Lückenbereich „hochzurechnen“. Allerdings sind die Gerichte verpflichtet, dabei die Vorgaben des Unionsrechts zu beachten. Sie dürfen kein unionsrechtswidriges Richterrecht schaffen. Die durch den Verstoß gegen das Unionsrecht entstandene Lücke ist somit unionsrechtskonform zu schließen, aber so weit wie möglich in Einklang mit den Wertungen der nationalen Rechtsordnung.

Demgegenüber führt eine Divergenz zwischen dem nationalen **912d** Recht und einer EU-Richtlinie grundsätzlich nicht zur Derogation des nationalen Rechts. Richtlinien sind nur hinsichtlich ihrer Ziele verbindlich. Die Wahl der Mittel zur Erreichung dieser Ziele bleibt den Mitgliedstaaten vorbehalten. Verstößt das nationale Recht gegen eine Richtlinie, so liegen zwar zwei inhaltlich nicht miteinander übereinstimmende Regelungsanordnungen vor. Die Gerichte haben bei der Rechtsanwendung jedoch primär die Regelungsanordnung des Mitgliedstaates zu beachten. Da der Richter nur an das nationale Recht gebunden ist, besteht in diesem Fall keine Normenkollision, die er aufzulösen hat (vgl. zur ausnahmsweisen Unanwendbarkeit richtlinienwidrigen nationalen Rechts Rn. 768). Die Folge ist vielmehr ein Richtlinienverstoß, der eine Haftung des Mitgliedstaates wegen fehlerhafter Umsetzung der Richtlinie[1276] oder ein Vertragsverletzungsverfahren vor dem EuGH gemäß Art. 258 f. AEUV nach sich ziehen kann. Richtlinien sind also nur mittelbar anwendbare Rechtsquellen. Sie bewirken keine für die Rechtsfortbildung erforderliche Gesetzeslücke im nationalen Recht.[1277]

Die Zulässigkeit einer „richtlinienkonformen Rechtsfortbildung“ **912e** bemißt sich allein am Wertungsplan der nationalen Gesetzgebung. Anderenfalls würde über die Hintertür eine generelle unmittelbare

1276 Grundlegend EuGH vom 19.11.1991, Slg. 1991, I-5357 „Francovich“; EuGH vom 14.7.1994, Slg. 1994, I-3325 „Faccini Dori“; EuGH vom 30.9.2003, Slg. 2003, I-10239 „Köbler“.

1277 M. Franzen, JZ 2003, 321, 327 f.; C. Höpfner, Die systemkonforme Auslegung, Tübingen 2008, S. 280; J. Schürnbrand, JZ 2007, 910, 913; a. A. C.-W. Canaris, Die richtlinienkonforme Auslegung und Rechtsfortbildung, in: FS Bydlinski, Wien 2002, S. 47, 85; C. Herresthal, Rechtsfortbildung im europarechtlichen Bezugsrahmen, München 2006, S. 225.

Wirkung von Richtlinien herbeigeführt. Zudem würde die verfassungsrechtlich vorgeschriebene Gesetzesbindung der deutschen Gerichte in unzulässiger Weise eingeschränkt und der deutschen Gesetzgebung ihre Normsetzungsprärogative abgesprochen. Einen derart weitreichenden Eingriff in die Gewaltenteilung rechtfertigt das Unionsrecht nicht. Auch nach der Rechtsprechung des EuGH ist ein contra-legem-Judizieren von der Pflicht zu richtlinienkonformer Auslegung oder Rechtsfortbildung nicht gedeckt.[1278] Die Pflicht zur Umsetzung von Richtlinien rechtfertigt nicht Übergriffe der Judikative in die Kompetenzen der Legislative der Mitgliedstaaten. Wenn also von „richtlinienkonformer Rechtsfortbildung“ die Rede ist, so bedeutet dies lediglich, daß eine – allein nach nationalem Recht zu beurteilende – Regelungslücke im nationalen Recht richtlinienkonform ausgefüllt werden muß. Dies aber ist eine Selbstverständlichkeit, da sich die Pflicht zur Umsetzung von Richtlinien nicht nur an die Gesetzgebung, sondern auch an die Judikative richtet, sofern diese Richterrecht schafft.

F. Scheinbegründungen richterlicher Normsetzungen

913 Richterliche Normsetzung („Ersatzgesetzgebung“) ist nach den traditionellen Vorstellungen einer strikten Gewaltenteilung ein verfassungsrechtliches und verfassungspolitisches Problem. Richten galt daher lange Zeit, besonders im Selbstverständnis der deutschen Richter, als eine „unpolitische“ Tätigkeit, als „rein wissenschaftliche“ Rechtsanwendung. Ganz anders war und ist das Selbstverständnis amerikanischer Richter. Sie verstehen ihre Rolle stärker als die eines demokratisch legitimierten Gesetzgebers. Sie bekennen sich zu ihrer rechtspolitischen Aufgabe und haben ihr Augenmerk auf die sozialen Folgen ihrer Entscheidungen gerichtet („social engineering“).[1279]

914 Die Normsetzungsaufgaben und -befugnisse der Gerichte bedeuten rechtspolitische Regelungsmacht. Machtausübung neigt zur Verleugnung ihrer Existenz. Aus diesen Gründen werden richterliche Normsetzungen („Rechtsfortbildungen“) als rechtspolitische Akte oft nicht offen gelegt, sondern durch scheinwissenschaftliche Argumente und Ableitungen verschleiert. Die in den Entscheidungen

1278 EuGH vom 4.7.2006, Slg. 2006, I-6057 Rn. 108 „Adeneler“.
1279 M. Rheinstein, Die Rechtshonoratioren und ihr Einfluss auf Charakter und Funktion der Rechtsordnungen, RabelsZ 34 (1970), S. 1 ff.

Vgl. GK, B 26.3.14, 736 m. Anm. Rüthers

wirksamen Normen des Richterrechts werden nicht mit den rechtspolitisch maßgeblichen Gestaltungsargumenten (Normzwecken) begründet, sondern mit scheinbar logischen oder wissenschaftlichen Argumenten. Dazu eignen sich verschiedene Argumentationsmuster.[1280]

Als neue Rechtsquellen werden Begriffe angeboten wie „rechtsethische Prinzipien", „Natur der Sache", „Wesen" von Lebensverhältnissen, „objektiv-teleologische" Auslegungskriterien,[1281] „Typen und Typenreihen" oder gar die in Umbruchzeiten viel zitierte und immer neu gedeutete „Rechtsidee" selbst.[1282] Es handelt sich bei solchen Argumentationsmustern, genau besehen, nicht um rechtsmethodisch kontrollierte und kontrollierbare Rechtsanwendung. Hinter diesen Vokabeln verbirgt sich vielmehr die rechtspolitische Normsetzung ihrer Verwender. Oft verzichten sie unter dem Mantel der scheinbar „wissenschaftlichen" Begründungen darauf, ihre für die beabsichtigte Normsetzung maßgeblichen Wertvorstellungen und Regelungsziele offenzulegen. 915

I. Berufungen auf die „Rechtsidee"

In der Literatur werden bisweilen unmittelbare Ableitungen von Normen und Beurteilungsmaßstäben aus der „Rechtsidee", aus „rechtsethischen Prinzipien", aus Grundsätzen der „Gerechtigkeit" oder aus „obersten Grundsätzen des Rechts" hergeleitet. Diese Begriffe, aus denen unmittelbar verbindliche Beurteilungsmaßstäbe für ungeregelte Lebensbereiche gewonnen oder Gesetzesabweichungen gerechtfertigt werden sollen, sind in ihrem Bedeutungsgehalt weit und unbestimmt. Rechtsgeschichtlich haben sie sich, besonders in den europäischen Staaten des letzten Jahrhunderts, als ungemein wechselhaft erwiesen. Sprachsoziologisch handelt es sich um eine spezielle Art von ausfüllungsfähigen Leerformeln. Sie besitzen keinen verläßlichen, intersubjektiv gültigen Bedeutungsgehalt. 916

Für die Ableitung von Normen und verbindlichen Wertmaßstäben aus diesen Begriffen bedeutet das: Niemand kann ihnen etwas ande- 917

1280 Vgl. eingehend Ch. Fischer, Topoi verdeckter Rechtsfortbildungen im Zivilrecht, Tübingen 2007, mit einem Topoiverzeichnis verdeckter Rechtsfortbildungen auf S. 546 ff.

1281 Vgl. K. Larenz/C.-W. Canaris, Methodenlehre der Rechtswissenschaft, Studienausgabe, 3. Aufl., Berlin 1995, S. 238 und 153 f.

1282 Zur Kritik vgl. K. Engisch, Einführung in das juristische Denken, 11. Aufl., Stuttgart 2010, S. 331.

res entnehmen, als das, was er zuvor in sie hineingedacht hat. Wer die Rechtsidee, wer rechtsethische Prinzipien, Gerechtigkeit und ähnliches als Normquelle beschwört, verfügt nicht etwa über „die" Rechtsidee oder „die" Gerechtigkeit etc., sondern er meint **seine** Rechtsidee und **seine** Gerechtigkeit. Die Argumentation mit solchen Begriffen bedeutet inhaltlich nichts anderes als die Anwendung subjektiver oder tradierter normpolitischer Konzepte mit dem (nicht begründeten) Anspruch wissenschaftlich erwiesener Gültigkeit. Die Beschwörung der „magischen Kraft des Zauberbesens Rechtsidee"[1283] und ähnlicher erhabener, aber unbestimmter Kategorien trägt zur rationalen Lösung von Problemen der richterlichen Rechtsfortbildung wenig bei.

918 Diese Begriffe sind andererseits zur Begründung richterlicher Normsetzungen nicht schlechthin untauglich. Rechtsidee, Gerechtigkeit und ähnliche Bezugsgrößen können normative Setzungen begründen, wenn unter den Beteiligten gemeinsame Überzeugungen über deren Inhalte bestehen. Ihre Überzeugungskraft beruht dann aber nicht auf wissenschaftlicher Begründung, sondern auf einem schon vorhandenen Konsens, auf gemeinsamen Vorverständnissen oder Glaubensinhalten. Insgesamt ist festzustellen, daß Normbegründungen aus der Rechtsidee, der Gerechtigkeit u. ä. wissenschaftlich als Scheinargumente einzuordnen sind. Ihre Verwender appellieren an einen erhofften Konsens oder sie verzichten unter Beschwörung feierlicher Vokabeln auf sachhaltige Begründungen für richterrechtliche Normsetzungen. Die Verwendung solcher Begriffe weist in der Regel auf das Vorhandensein ungeregelter, regelungsbedürftiger Rechtsprobleme hin.

II. Natur der Sache und das Wesen von Einrichtungen

919 Ein anderes bei der richterlich oder literarisch betriebenen Rechtsfortbildung gern verwendetes Argument ist die „Natur der Sache". Darüber haben viele namhafte Autoren eine Menge von Büchern und Beiträgen geschrieben.[1284] Der Begriff „Natur der Sache" ist unbestimmt und kann vieles bedeuten.

1283 K. Engisch, Einführung in das juristische Denken, 11. Aufl., Stuttgart 2010, S. 295.
1284 Vgl. etwa die Übersichten bei K. Larenz/C.-W. Canaris, Methodenlehre der Rechtswissenschaft, Studienausgabe, 3. Aufl., Berlin 1995, S. 236 ff.; K. Engisch, Einführung in das juristische Denken, 11. Aufl., Stuttgart 2010, S. 264, 330 f.; K. F. Röhl/H. C. Röhl, Allgemeine Rechtslehre, 3. Aufl., Köln 2008, § 7 V; P. Raisch, Juristische Methoden, Heidelberg 1995, S. 176 ff.

Mit der „Natur der Sache“ wird häufig argumentiert, wenn der Verwender eine juristische Problemlösung, etwa seine Vorschläge für die Ausfüllung einer Lücke, für plausibel, für unbestritten, für nach Lage der Dinge „vernünftig“, also intersubjektiv zustimmungsfähig hält. Besteht dieser vom Verwender der Vokabel vorausgesetzte oder eingeforderte Konsens tatsächlich, so kommt es auf seine Begründung nicht an. Das Ergebnis wird dadurch getragen und gefestigt, daß niemand widerspricht. Die angebliche „Natur der Sache“ wird zum Synonym für eine übereinstimmende Rechtsüberzeugung der Beteiligten. Die Begründungsfunktion entfällt allerdings, sobald die vertretene Rechtsauffassung in Frage gestellt oder abgelehnt wird. Dann muß offengelegt werden, um welche „Natur“ es sich handelt, woher sie kommt und wer die Definitionskompetenz über die „Natur der Sache“ besitzt. 920

1. Natur der Sache als Bezugnahme auf vorgegebene Tatsachen und Gegebenheiten. Jede Normsetzung, also auch die richterliche Ersatzgesetzgebung im Lückenbereich, hat die vorgegebenen Fakten und Wirkungszusammenhänge des Lebensbereiches zu beachten, die sie regeln will. Tut sie das nicht, so werden die Regelungsziele im Zweifel verfehlt. So setzt z. B. die zutreffende Regelung, Anwendung und richterrechtliche Ergänzung kartellrechtlicher Vorschriften Grundkenntnisse der ökonomischen Wettbewerbstheorien und, falls erforderlich, die Einschaltung geeigneter Sachverständiger voraus. Ohne die Berücksichtigung wirtschaftswissenschaftlicher Erkenntnisse sind Begriffe wie „relevanter Markt“, „Marktbeherrschung“ u. v. a. (vgl. §§ 1 ff., 19 ff., 35 GWB, Art. 101, 102 AEUV) nicht normzweckgerecht auszulegen. Die Verwechselungsgefahr bei der Werbung für Produkte (§ 14 Abs. 2 Nr. 2 MarkenG) ist durch empirische Sozialforschung meßbar. Juristische Aussagen über ärztliche Kunstfehler oder über den sachgerechten Umgang mit den Risiken technischer Systeme (Atomindustrie, Flugverkehr etc.) sind an die Einsicht in medizinische und technische Zusammenhänge gebunden, die den Normsetzern vorgegeben und für sie nicht veränderbar sind. Dasselbe gilt für entscheidungsrelevante, gesicherte Erkenntnisse wissenschaftlicher Disziplinen (Medizin, Psychologie, Soziologie, Geschichte, Physik, Chemie etc.). Die Berücksichtigung solcher Fakten, Zusammenhänge und naturwissenschaftlich-technischer Gesetzlichkeiten ist eine selbstverständliche Aufgabe jeder juristischen Normsetzung und Rechtsanwendung. Sie nicht zu beachten, käme einer 921

Rechtsnorm gleich, welche Bananenanbau am Nordpol vorschreiben wollte.

Man kann diese Vorgegebenheiten als „Natur der Sache" bezeichnen. Da der Begriff aber überwiegend mit anderer Bedeutung verwendet wird, erscheint es sinnvoll, in diesen Fällen besser vom realen Umfeld des Regelungsbereiches und seinen vorgegebenen Zusammenhängen und Gesetzlichkeiten zu sprechen.

922 **2. Natur der Sache als Rechtsquelle?** Viele Autoren und Gerichte berufen sich auf die „Natur der Sache", wenn sie ihre Regelung eines gesetzlich nicht geregelten Lebenssachverhaltes mit einem angesehenen, traditionell und feierlich klingenden Argumentationsmuster begründen wollen. Dabei wird häufig eine Formulierung von Dernburg zitiert:[1285]

> „Die Lebensverhältnisse tragen, wenn auch mehr oder weniger entwickelt, ihr Maß und ihre Ordnung in sich. Diese den Dingen innewohnende Ordnung nennt man Natur der Sache. Auf sie muß der denkende Jurist zurückgehen, wenn es an einer positiven Norm fehlt oder wenn dieselbe unvollständig oder unklar ist."

Die fehlende Norm soll sich also aus der „inneren Ordnung", den „sachlogischen Strukturen"[1286] des zu regelnden Lebenssachverhaltes ablesen lassen. Die „Natur der Sache" in diesem Sinne einer verborgenen Rechtsquelle soll „von großer Bedeutung im Zusammenhang mit der Forderung der Gerechtigkeit, Gleiches gleich, Ungleiches ungleich zu behandeln"[1287] sein. Sie gilt ihren Vertretern als ein „objektiv-teleologisches Auslegungskriterium". Damit wird die „Natur der Sache" von einigen ihrer Vertreter in einen unmittelbaren Zusammenhang mit „rechtsethischen Prinzipien" gebracht, „in denen der Sinnbezug (einer Regelung) auf die Rechtsidee faßbar gemacht wird".[1288]

923 Daß in Wahrheit, wo der Gesetzgeber schweigt, der Richter als Gesetzgeber auftritt, bleibt bei dieser Terminologie meist verborgen.

1285 H. Dernburg, Pandekten, Bd. I, 7. Aufl., Berlin 1902, S. 84; ders., System des römischen Rechts, Bd. I, 8. Aufl., Berlin 1911, S. 64.

1286 G. Stratenwerth, Das rechtstheoretische Problem der „Natur der Sache", Tübingen 1957, S. 20.

1287 K. Larenz/C.-W. Canaris, Methodenlehre der Rechtswissenschaft, Studienausgabe, 3. Aufl., Berlin 1995, S. 237.

1288 C.-W. Canaris, Systemdenken und Systembegriff in der Jurisprudenz, 2. Aufl., Berlin 1983, S. 69ff.

Die „Natur" oder das „Wesen" der Sache wird zum Tarnmantel für die real stattfindende richterliche Ersatzgesetzgebung.[1289]

Allein der Rechtsanwender entscheidet bei Ableitungen von Rechtsgeboten aus der „Natur der Sache", was die „Natur" ist und was die „Sache" ist und was beide gebieten. Die weltanschaulichen Vorverständnisse der Rechtsanwender, ihre Sinndeutung des zu regelnden Lebensbereiches vor dem Hintergrund ihres Menschen- und Weltbildes können, wie die Rechtsgeschichte und die Rechtsvergleichung lehren, die Ableitungsergebnisse aus der „Natur der Sache" entscheidend beeinflussen. Die Zweifel an diesem Argumentationsmuster sind früh artikuliert worden.[1290] Bereits 1892 hat Ernst I. Bekker dazu bemerkt:

> „Das schlimmste bei dem Ausdruck ist, daß er nicht zum scharfen Denken zwingt, und darum schon recht häufig als Gedankensurrogat vernutzt ist"[1291].

Erich Fechner spricht im Blick auf die reale Funktion dieses Arguments von der „Zauberformel der Natur der Sache"[1292].

Eine systematische, gründliche und unwiderlegte Kritik findet sich 924
in Ralf Dreiers Buch „Zum Begriff der 'Natur der Sache'".[1293] Er weist nach, daß mit dem Argument aus der „Natur der Sache" der wissenschaftstheoretisch unhaltbare Versuch gemacht wird, ein konkretes Sollen aus dem Sein eines bestimmten Lebenssachverhaltes abzuleiten (vgl. Rn. 94 ff.). Die Einflüsse der Wert- und Zielvorstellungen der Normsetzer werden dabei hinter scheinbar „logischen", „sachlogischen" und „objektiven" Schlußfolgerungen und Ableitungen sichtbar. Die reale richterliche Norm**setzung** wird als wissenschaftlich zwingende Norm**findung** ausgegeben.

Das Thema „Natur der Sache" wird in diesem Grundriß deshalb 925
ausführlich dargestellt, weil es rechtstheoretisch und rechtspolitisch von besonderer Brisanz ist. Die Anhänger dieser Argumentationsfigur vermeiden bis heute jede inhaltliche Auseinandersetzung mit der umfangreichen kritischen Literatur, insbesondere mit der Analyse von R. Dreier. Bei Larenz/Canaris, deren Methodenlehre die Rechtsprechung der obersten Bundesgerichte stark beeinflußt hat, ist diese nüchterne Enttarnung der „Natur der Sache" als Scheinargument un-

1289 Vgl. B. Rüthers, Wir denken die Rechtsbegriffe um … – Weltanschauung als Auslegungsprinzip, Zürich 1987, S. 74 ff.
1290 Vgl. schon E. Ehrlich, Über Lücken im Rechte, JBl. 1888, S. 511 ff.
1291 E. I. Bekker, Ernst und Scherz über unsere Wissenschaft, Leipzig 1892, S. 147.
1292 E. Fechner, Rechtsphilosophie, 2. Aufl., Tübingen 1962, S. 147.
1293 R. Dreier, Zum Begriff der „Natur der Sache", Berlin 1965.

bekannt. Sie wird weder im Text noch in der Literaturübersicht erwähnt. A. Kaufmann, der die „Natur der Sache" zum Gegenstand einer seiner Hauptschriften gemacht hat,[1294] geht ganz ähnlich mit wenigen Zeilen an den kritischen Darlegungen von Dreier vorbei. Der in die gleiche Richtung weisende kritische Beitrag von W. Scheuerle über „Das Wesen des Wesens"[1295] findet weder bei Larenz/Canaris noch bei A. Kaufmann auch nur Erwähnung. Die gesamte kritische Literatur[1296] wird weitgehend verleugnet.

926 Rechtshistorisch hat sich die Argumentation mit der „Natur der Sache" oder mit Wesensargumenten als Vielzweckwaffe zur unbegrenzten richterlichen Normsetzung im Dienste fast beliebiger rechtspolitischer Zwecke erwiesen. Dabei sind verschiedene Etikettierungen dieses Begründungsmusters zu verzeichnen. Unter unterschiedlichen Namensgebungen wird immer wieder das Recht unmittelbar aus der Wirklichkeit, das Sollen aus dem Sein abgeleitet. Besonders deutlich wird das bei A. Kaufmann formuliert:

„Recht ist die Entsprechung von Sollen und Sein"[1297].

Als nach 1933 die aus dem Kaiserreich und der Weimarer Republik überkommene Gesetzesordnung aufgebrochen und auf die Ziele des Nationalsozialismus umgedeutet werden sollte, erhielt von den Vertretern dieser „Rechtserneuerung" ebenfalls die Wirklichkeit normative Kraft. Sie sollte die eigentliche Schöpferin des neuen Rechts sein:

„Die Lebensverhältnisse sind daher, sofern sie Gemeinschaftscharakter tragen, schon mehr als bloße Faktizität; sie enthalten insofern bereits einen Maßstab für das Verhalten des Einzelnen, der sich in diesen Lebensverhältnissen befindet"[1298].

„Gemeinschaften wie Familie und Betrieb haben als Gliederungen der Volksgemeinschaft unmittelbar die Bedeutung rechtlicher Ordnungen, deren Grundverfassung keiner gesetzlichen Bestätigung bedarf. Sie haben die Kraft, ihnen entgegenstehende abstrakt-allgemeine Gesetzesnormen insoweit zu-

---

1294 A. Kaufmann, Analogie und Natur der Sache, 2. Aufl., Heidelberg 1982.
1295 W. Scheuerle, Das Wesen des Wesens, AcP 163 (1964), 431.
1296 Dazu zählen u. a. K. F. Röhl/H. C. Röhl, Allgemeine Rechtslehre, 3. Aufl., Köln 2008, § 7 V; P. Raisch, Juristische Methoden, Heidelberg 1995, S. 176 ff.; MünchKomm-Säcker, Bd. 1, 7. Aufl., München 2015, Einl. Rn. 96 ff.; K. Engisch, Einführung in das juristische Denken, 11. Aufl., Stuttgart 2010, S. 330 ff.; B. Rüthers, Die unbegrenzte Auslegung, 8. Aufl., Tübingen 2017, S. 293 ff.
1297 A. Kaufmann, Rechtsphilosophie im Wandel, Frankfurt/M. 1972, S. 286 ff.
1298 K. Larenz, Über Gegenstand und Methode völkischen Rechtsdenkens, Berlin 1938, S. 27 f.

rückzudrängen, als ihre besondere Art und völkische Aufgabe das erfordert“[1299].

Die in diesen Sätzen beschworenen „konkreten Ordnungen“ der Lebensverhältnisse sind nur ein anderer Name für die „Natur der Sache“. Die Verwandtschaft zwischen der Ableitung von neuen Rechtsgeboten aus den „Naturen“ der Sachen und „konkreten Ordnungen“ ist den Verwendern dieser Metaphern durchaus bewußt.[1300]

Diese juristischen Denkfiguren verwandeln methodisch uneingeschränkt neue „Wirklichkeiten“ und neue Wertvorstellungen in geltendes Recht. Sie sind also nicht nur Instrumente, mit denen Gesetzes- oder Rechtslücken im Sinne des jeweiligen „etablierten“ Zeitgeistes ausgefüllt werden können. Sie sind darüber hinaus geeignet, die bestehende Gesetzesordnung durch die Berufung auf entgegenstehende neue Seinsordnungen zu verdrängen: 927

„Alle diese Ordnungen bringen ihr inneres Recht mit sich ... Unser Streben hat die Richtung lebendigen Wachstums auf seiner Seite und unsere neue Ordnung kommt aus uns selbst“[1301].

Noch deutlicher heißt es an anderer Stelle:

„Wir denken die Rechtsbegriffe um ... Wir sind auf der Seite der kommenden Dinge“[1302].

Aus alledem folgt: Die Argumentation mit der „Natur“ von Sachen und mit „konkreten Ordnungen“ betrifft nicht Fragen der Rechts**anwendung.** Es geht vielmehr um die Erschließung neuer Rechtsquellen außerhalb der traditionellen Rechtsquellenlehre. „Rechtsidee“, „Natur der Sache“, „konkrete Ordnungen“, „konkret-allgemeine Begriffe“ und „typologische Rechtsfindung“ sind Bezeichnungen für mehr oder weniger bewußt betriebene Rechtspolitik. Deshalb sind sie nicht nur in der Literatur, sondern bisweilen auch in den Begründungen der Entscheidungen oberster Bundesgerichte, nicht zuletzt des BVerfG,[1303] anzutreffen. 928

1299 K. Larenz, Über Gegenstand und Methode völkischen Rechtsdenkens, Berlin 1938, S. 31; zu Larenz näher B. Rüthers, Die unbegrenzte Auslegung, 8. Aufl., Tübingen 2017, S. 302–321.

1300 Vgl. den Verweis von A. Kaufmann für seine Sicht der Natur der Sache auf „das konkrete Ordnungsdenken“ von C. Schmitt, in: Rechtsphilosophie im Wandel, Frankfurt/M. 1972, S. 283 Fn. 29. Vgl. auch E.-W. Böckenförde, in: J. Ritter/K. Gründer (Hrsg.), Historisches Wörterbuch der Philosophie, Basel/Stuttgart 1971 ff., Stichwörter: „Ordnungsdenken, konkretes“ und „Normativismus“.

1301 C. Schmitt, Nationalsozialistisches Rechtsdenken, DR 1933, 225, 228.

1302 C. Schmitt, Nationalsozialistisches Rechtsdenken, DR 1933, 225, 229.

1303 Vgl. etwa BVerfGE 1, 14 (52); 3, 427 f.; 7, 377 (406); 11, 88 (99); 12, 251; 22, 217; 26, 257; 84, 133 (148); 85, 360 (374).

929 Ralf Dreier hat in seiner Analyse vorgeschlagen, auf dieses Scheinargument endgültig zu verzichten. Aber dieser Vorschlag unterschätzte offenkundig den Reiz und die Nützlichkeit der Zauberformel für jene, die ihre rechtspolitischen Aktivitäten und Spekulationen weiterhin als „logische" und „wissenschaftliche" Ableitungen ausgeben möchten. So bleibt es eine Aufgabe kritischer Juristenausbildung, die scheinwissenschaftliche Struktur und Funktionsweise solcher Argumentationsmuster, aber auch die Beliebigkeit der mit ihnen erzielbaren „Auslegungsergebnisse" aufzudecken. Die „Natur der Sache" ist kein Auslegungs-, sondern ein Einlegungsmittel.

III. Typus und Typenreihe – „Typologische Rechtsfindung"

930 Eine ebenfalls häufig verwendete Denkfigur der richterlichen Normsetzung im Lückengebiet ist die Argumentation mit einem „Typusbegriff".[1304] Das Denken in „typischen" Fallgruppen ähnlicher oder gleicher Interessenlagen mit entsprechend angenäherten normativen Beurteilungsmaßstäben ist eine spezifische Aufgabe der Rechtswissenschaft, der Gesetzgebung und der Justizpraxis. Jeder gesetzlich normierte Tatbestand enthält eine generell-abstrakte Umschreibung eines oder mehrerer regelungsbedürftiger Lebenssachverhalte. Ein Beispiel ist etwa § 823 Abs. 1 BGB. Dort sind typisierte Fallgruppen der Verletzung absolut geschützter Rechtsgüter zusammengefaßt und mit der gleichen Rechtsfolge rechtlich bewertet. Vor einer ähnlichen Aufgabe steht der Richter, wenn er auf eine gesetzlich nicht geregelte Interessenlage trifft. Er muß sie wegen des Rechtsverweigerungsverbotes im Rahmen seiner Zuständigkeit beurteilen. Er sollte dabei wissen, daß seine Beurteilung eingefügt sein muß in das innere System der Gesamtrechtsordnung. Er hat also den ihm vorliegenden Einzelfall in eine möglichst widerspruchsfreie Ordnung ähnlicher oder gleichgelagerter Fallgruppen einzuordnen und für deren Abgrenzung voneinander geeignete Kriterien zu entwickeln. Solche abgrenzbaren Fallgruppen und „Typenreihen" sind die Voraussetzung sinnvoller („geglückter") richterlicher Normsetzungen. Die gelungene Unterscheidung und/oder Zusammenfassung ähnlicher Fallgruppen dient dem Gleichbehandlungsgebot, Gleiches gleich und Ungleiches un-

---

1304 K. Larenz/C.-W. Canaris, Methodenlehre der Rechtswissenschaft, Studienausgabe, 3. Aufl., Berlin 1995, S. 290 m. Nachw.; kritisch dazu B. Rüthers, Entartetes Recht, 3. Aufl., München 1994, S. 204 ff.; L. Kuhlen, Typuskonzeptionen in der Rechtstheorie, Berlin 1977.

gleich zu behandeln, das ist die Hauptfunktion der Typenbildung bei der Rechtsanwendung im Lückengebiet.

Ein anderes Konzept der Typenlehre vertritt K. Larenz.[1305] Für ihn 931 ist der Typus eine besondere Begriffs- und Denkform. Der Typus wird den sog. abstrakten Begriffen (Klassenbegriffen) gegenübergestellt. Klassenbegriffe seien dadurch gekennzeichnet, daß sie unbeweglich und geschlossen sind, daß sie durch eine Merkmalskette definiert werden müssen und daß unter sie subsumiert werden kann und muß. Im Gegensatz dazu seien Typusbegriffe offen und nicht definierbar. Anders als bei der Subsumtion sei es möglich, Sachverhalte einem Typus „mehr oder weniger" zuzuordnen. Mit der Typenlehre hat Larenz seine ursprüngliche methodische Auffassung von den konkret-allgemeinen Begriffen aus der NS-Zeit nach und nach in die Nachkriegszeit überführt.[1306] Schon aus dieser Entwicklung ist zu entnehmen, daß sich viele seiner ursprünglichen Überlegungen zum konkret-allgemeinen Begriff (vgl. Rn. 563 ff.) nunmehr unter der veränderten Terminologie des Typusbegriffs wiederfinden.

Die Typuskonzeption von Larenz weist bereits in ihrer Formulie- 932 rung Unklarheiten auf. So wird nicht geklärt, ob mit der Bezeichnung „Typus" bestimmte Sachverhalte oder bestimmte Begriffe gemeint sind. Diese unpräzise Verwendungsweise hat ihren Sinn. Typenbegriffe sollen nämlich im Gegensatz zu abstrakten Begriffen der „Natur der Sache" nachgebildet werden können. Bei der Beschreibung eines Typusbegriffes soll es sich um einen Erkenntnisprozeß handeln. Es geht, wie im Fall der konkret-allgemeinen Begriffe, darum, die Unterscheidung von Sein und Sollen aufzulösen. Unhaltbar ist vor dem Hintergrund der modernen Definitionslehre vor allem die These, daß Typenbegriffe durch ihre Offenheit und abstrakte Begriffe durch ihre Geschlossenheit gekennzeichnet seien. Diese These beruht auf der seit langem überholten Auffassung, daß Definitionen nur durch die Addition von Merkmalen erfolgen könnten. Schon das BGB beweist in § 100, daß Begriffe ohne weiteres auch durch eine al-

---

1305 Die ausführlichste Darstellung findet sich in: K. Larenz, Methodenlehre der Rechtswissenschaft, 2. Aufl., Berlin 1968, S. 412 ff.

1306 Vgl. K. Larenz, über Gegenstand und Methode völkischen Rechtsdenkens, Berlin 1938. In der zweiten Auflage seiner Methodenlehre (1969) führt Larenz aus (S. 467), daß sich „die Denkform des konkret-allgemeinen Begriffs … vornehmlich für die Rechtsphilosophie, aber nur bedingt für die Rechtsdogmatik" eigne. Später wird diese Begriffsform nur noch in einem Exkurs behandelt (vgl. 2. Aufl. der Studienausgabe von 1992, S. 345 ff.); dazu B. Rüthers, Wir denken die Rechtsbegriffe um … – Weltanschauung als Auslegungsprinzip, Zürich 1987, S. 62 ff.

ternative Verknüpfung („oder“) von Merkmalen definiert werden und damit offen sein können. Larenz verdeutlicht mit seiner Typuslehre nur den allgemein bekannten Umstand, daß Begriffe und ihre Definitionen sich im Laufe der Zeit ändern können und ihre Änderung auf Grund neuer Erfahrungen oft zweckmäßig ist. Aus diesem Umstand läßt sich aber nicht folgern, daß es Begriffe gäbe, die gar nicht definiert werden könnten.

933 Das Argumentieren aus einem Typus oder einer Typenreihe wird zum Scheinargument dort, wo der Rechtsanwender suggeriert oder ihm suggeriert wird, es handele sich beim Typus um eine Denkfigur, bei der ihm durch ihr „elastisches Merkmalsgefüge“[1307] gleichsam mit wissenschaftlicher Stringenz die Einheit in der Vielheit vermittelt werde. Das soll in Anlehnung an den „konkreten Begriff“ Hegels geschehen.[1308] Das Argumentieren aus Typus und Typenreihe ermöglicht – wie die „Natur der Sachen“ und die Wesensargumente – nahezu beliebige Anpassungen der Auslegungsergebnisse an veränderte soziale Faktenlagen und politische Wertvorstellungen, ohne daß die Rechtspolitik der Interpreten, die dabei maßgebend ist, als solche offengelegt wird. Die „typologische Rechtsfindung“, die auch von obersten Bundesgerichten praktiziert wird,[1309] ist also in Wahrheit nicht Rechtsfindung, sondern Normsetzung. Nicht der Typus, also der vom Rechtsanwender typisierte Lebenssachverhalt, sondern der Interpret bestimmt die Merkmale sowohl der Fallgruppe als auch ihrer rechtlichen Beurteilung.

934 Als Ergebnis ist festzuhalten: Die Begriffe Typus und Typenreihe sind in einer auf Rationalität bedachten Rechtsmethode nur als Darstellungs- und Ordnungsbegriffe verwendbar. Werden sie im Stil der „Natur der Sache“ und der „Wesensargumente“ zu Gebotsbegriffen umgedacht, aus denen Rechtsnormen abgeleitet werden, so handelt es sich dabei um Scheinbegründungen. In Wahrheit dienen sie dann zur (schein-)wissenschaftlichen Verkleidung der Rechtspolitik ihrer Verwender.

1307 D. Leenen, Typus und Rechtsfindung, Berlin 1971, S. 34; K. Larenz/C.-W. Canaris, Methodenlehre der Rechtswissenschaft, Studienausgabe, 3. Aufl., Berlin 1995, S. 299.

1308 Zur Kritik dieser Neuauflage einer hegelianisch konzipierten Begriffsjurisprudenz und zu den historischen Bezügen vgl. die kritischen Hinweise bei B. Rüthers, Entartetes Recht, 3. Aufl., München 1994, S. 205 ff.

1309 Vgl. etwa BAG EzA § 611 BGB Arbeitnehmerbegriff Nr. 21 = AP Nr. 34 zu § 611 BGB Abhängigkeit (bes. Gründe II 3).

G. Zusammenfassung zu § 23

I. Die Zulässigkeit von richterlichen Rechtsfortbildungen gründet sich auf das rechtsstaatlich verankerte Rechtsverweigerungsverbot. 935

II. Voraussetzung für richterliche Normsetzungen ist grundsätzlich das Bestehen einer Lücke im Gesetz. Von der Lückenausfüllung ist die richterliche Gesetzesberichtigung, d. h. die Rechtsumbildung, zu unterscheiden. Dazu ist der Richter nur in Ausnahmefällen berechtigt.

III. Es lassen sich drei Aufgabenbereiche der Rechtsprechung unterscheiden:
   1. Auslegung und Anwendung vorhandener Rechtsnormen,
   2. Lückenfeststellung und Lückenausfüllung,
   3. Verwerfung bestehender Rechtsnormen und ihre Ersetzung durch richterliche Eigenwertungen.

IV. Der Begriff „Gesetzeslücke“ wird traditionell als planwidrige Unvollständigkeit des Gesetzes definiert. Diese Definition ist zu eng. Es gibt sowohl geplante Lücken als auch ein bewußtes Schweigen des Gesetzes. Geplante Lücken sind vor allem gesetzliche Generalklauseln und unbestimmte Rechtsbegriffe. In diesen Fällen delegiert die Gesetzgebung das Recht zu ihrer Konkretisierung im Sinne einer beschränkten Regelungsbefugnis auf die Gerichte. Auch das beredte Schweigen des Gesetzes ist eine bewußte Lücke. Allerdings soll der Richter diese Lücke nach dem Willen der Gesetzgebung gerade nicht schließen dürfen.

V. Es können drei Lückenarten unterschieden werden:
   1. Normlücken,
   2. Gesetzeslücken (mit Kollisionslücken),
   3. Rechts- oder Gebietslücken. Bei allen drei Lückenarten kann es sich um eine anfängliche (= primäre) oder eine nachträgliche (= sekundäre) Lücke handeln.

VI. Bereits die Lückenfeststellung ist in aller Regel ein wertender Akt. Die Feststellung einer Lücke erfolgt in der Regel nach dem Bewertungshorizont der Gerichte im Anwendungszeitpunkt. Dadurch eignet sich das Lückenargument für die Gerichte dazu, die Gesetzesbindung zu lockern und an die Stelle gesetzlicher Wertmaßstäbe Eigenwertungen zu setzen.

VII. Bei der Lückenausfüllung ist der Richter an vorhandene gesetzliche Wertungen gebunden. Die wichtigsten Instrumente der Lückenfüllung sind:
1. Analogie, „Erst recht"-Schluß und teleologische Extension,
2. Umkehrschluß und
3. teleologische Reduktion.

VIII. Bei Rechts- oder Gebietslücken sind die traditionellen Mittel der Lückenausfüllung untauglich. Hier müssen die Gerichte sich an den Wertmaßstäben der Verfassung, an fernwirkenden Wertungen einfachgesetzlicher Normen und an Rechtsgrundsätzen, kurz: an dem inneren System der Rechtsordnung orientieren.

IX. Im Falle eines Verstoßes des nationalen Rechts gegen Unionsrecht sind die nationalen Gerichte verpflichtet, die aufgrund des Anwendungsvorrangs des Unionsrechts entstandene Lücke unionsrechtskonform zu schließen („unionsrechtskonforme Rechtsfortbildung"). Dies gilt jedoch nur, soweit das Unionsrecht unmittelbar anzuwenden ist. Richtlinien taugen nicht als Maßstab einer Lückenfeststellung.

X. Richterliche Normsetzungen werden häufig unter dem Deckmantel „rein wissenschaftlicher" Rechtsanwendung betrieben. Dabei spielen vor allem drei Begründungsmuster eine Rolle, die alle als Scheinargumente die richterliche Entscheidung und die darin enthaltene Normsetzung nicht zu begründen vermögen. Es handelt es sich dabei um Ableitungen von Normen aus der „Rechtsidee", der „Natur der Sache" und aus „Typenbegriffen". Immer dann, wenn diese Begriffe in Entscheidungsbegründungen auftauchen, ist davon auszugehen, daß erhebliche Begründungsdefizite vorliegen. Es handelt sich um Tarnvokabeln für verschleierte interpretative Normsetzungen, d. h. für Rechtspolitik.

§ 24. Richterliche Gesetzesabweichungen

Schrifttum: R. Dreier, Widerstandsrecht im Rechtsstaat? Bemerkungen zum zivilen Ungehorsam, in: ders., Recht – Statt – Vernunft, 1991, S. 39ff.; V. Krey, Zur Problematik richterlicher Rechtsfortbildung contra legem, JZ 1978, 361ff., 428ff., 465ff.; B. Rüthers, Methodenrealismus in Jurisprudenz und Justiz, JZ 2006, 53ff.; ders., Methoden im Arbeitsrecht 2010 – Rückblick auf ein halbes Jahrhundert, NZA-Beilage 2011, 100ff.; ders., Die heimliche Revolution vom Rechtsstaat zum Richterstaat, 2. Aufl., Tübingen 2016, S. 86ff.

A. Fallgruppen

936 Im Lückenbereich sind die Gerichte nach Art. 20 Abs. 3, 97 Abs. 1 GG bei der richterlichen Ergänzung von Rechtsnormen und Gesetzen zu „denkendem Gehorsam“[1310] verpflichtet. Im Folgenden geht es um bewußte Abweichungen der Gerichte von vorhandenen gesetzlichen Regelungen. Zur Erfassung der Vielschichtigkeit der damit verbundenen Probleme ist es geboten, vier Fallgruppen zu unterscheiden.

I. Scheinbare Gesetzesabweichungen

937 Die ersten beiden Fallgruppen sind nur scheinbare Abweichungen vom Gesetz. In Wirklichkeit dient die richterliche Korrektur des Gesetzeswortlauts oder die Ergänzung von Ausnahmelücken im Hinblick auf Normzweck und Regelungsziel dazu, die gesetzgeberische Interessenbewertung und damit den Verfassungsauftrag der Rechtsprechung zu verwirklichen.

938 **1. Redaktionelle Korrekturen am Wortlaut.** Bei der Auslegung von Rechtsnormen nach dem Wortlaut und dem Textsinn haben wir bereits festgestellt, daß beides wichtige, aber keineswegs immer zuverlässige Anhaltspunkte für die Ermittlung des wirklichen Normzwecks der Gesetzgebung sind. Der vermeintlich „eindeutige Wortlaut“ („Eindeutigkeitsregel“, Rn. 732f.) vermittelt nicht mit Sicherheit das erstrebe Regelungsziel der Normsetzer. Er kann durch Redaktionsversehen verfälscht (z. B. der Begriff „Sache“ in §§ 90,

1310 Ph. Heck, Gesetzesauslegung und Interessenjurisprudenz, AcP 112 (1914), 20, 51.

[illegible] RTh 20, 301 (306), [illegible] 26.3.14, 736 m. Anm. Rüthers ([illegible])

119 Abs. 2 BGB, Rn. 732) oder durch systematische Gesichtspunkte (z. B. §§ 119, 434 ff. BGB, Rn. 747) in Frage gestellt werden. Die Gerichte sind nicht an den Wortlaut der Gesetze, sondern an die erkannten wirklichen Normzwecke der Gesetzgebung gebunden. Aufgabe der Rechtsanwendung ist es, den wirklichen Willen der Gesetzgebung zu vollziehen; es geht um denkenden Gehorsam, nicht um Buchstabengehorsam (Rn. 717 ff.).

939 **2. Ergänzungen von Gesetzen bei Ausnahmelücken.** Die zweite Fallgruppe betrifft die Ergänzung gesetzlicher Wertungen durch die Gerichte. Das Problem entsteht besonders dann, wenn die Gesetzgebung bei einer generellen Regelung eine zwecknotwendige Ausnahme übersehen hat. Der zu weit gefaßte Wortlaut der Norm enthält die erforderliche Einschränkung nicht. Es besteht eine „Ausnahmelücke". Als Beispiel ist auf die bereits erörterten „Ausnahmelücken" in § 181 BGB[1311] und § 400 BGB[1312] (Rn. 903) zu verweisen. Hier gilt der Grundsatz: Was die Normsetzer nicht als regelungsbedürftig erkannt haben („Anschauungslücke"), konnten sie auch nicht regeln. Die Rechtsprechung schließt solche „Ausnahmelücken" im Gesetz in der Regel durch eine teleologische Reduktion (Rn. 902). In diesen Fällen vollzieht die Rechtsprechung den wirklichen, allerdings unvollständig ausgedrückten Regelungswillen der Gesetzgebung. Sie korrigiert nur den zu weit gefaßten Wortlaut der Vorschriften, nicht aber den Normzweck und das Regelungsziel. Diese Auslegung gegen den Wortlaut ist Gesetzesverwirklichung in denkendem Gehorsam. Sie folgt den Wertungen der Gesetzgebung. Sie setzt nicht eigene richterliche Interessenbewertungen an deren Stelle.

II. Richterliche Korrekturen am Normzweck

940 **1. Das Problem.** In einer dritten Fallgruppe geht es um die Frage, ob und unter welchen Voraussetzungen die Rechtsanwender nicht nur vom Wortlaut, sondern auch vom erkannten Normzweck gesetzlicher Regelungen abweichen dürfen. Der hohe verfassungsgesetzliche Rang der richterlichen Gesetzesbindung (Art. 20 Abs. 3 und 97 Abs. 1 GG), der aus dem Demokratieprinzip und dem rechtsstaatlichen Gewaltenteilungsgrundsatz folgt, könnte den Gedanken nahele-

1311 Vgl. BGHZ 52, 316; 65, 93; 112, 330.
1312 Vgl. BGHZ 4, 153; 59, 109 (115); BAG NJW 1980, 1652.

gen, daß richterliche Abweichungen von gesetzlichen Wertmaßstäben schlechthin unzulässig seien. Dagegen spricht allerdings eine verbreitete Praxis der Rechtsprechung. In zahlreichen Fällen auf allen Rechtsgebieten finden sich höchstrichterliche Entscheidungen, die bestehende Gesetzesvorschriften nicht nur gegen den Wortlaut, sondern auch entgegen dem ursprünglichen Normzweck „ausgelegt" oder für unanwendbar erklärt und durch richterliche, fallgruppenbezogene Normsetzungen, also durch Richterrecht verdrängt haben.[1313]

2. Beispiele. a) Geschäftsgrundlage. Die Gesetzgebung zum BGB 941
ging vom Grundsatz „pacta sunt servanda" aus und lehnte vor dem Hintergrund eines unerschütterten Stabilitäts- und Sicherheitsvertrauens in die bestehende Staats- und Gesellschaftsordnung den Gedanken einer gesetzlichen Verankerung des „Wegfalls der Geschäftsgrundlage" (damals „clausula rebus sic stantibus" genannt) entschieden ab.[1314] B. Windscheid hatte schon damals gewarnt, wenn man der „clausula"-Lehre als Gesetzgeber die Türe weise, so komme sie zum Fenster wieder herein.[1315] Die einschneidenden Veränderungen in der Sozialexistenz als Folgen zweier verlorener Weltkriege und mehrfacher Währungskrisen und Systemwechsel haben zur Abkehr der Rechtsprechung von den auf strikte Vertragstreue („pacta sunt servanda") ausgerichteten Wertmaßstäben und Regelungszielen der BGB-Gesetzgebung geführt.[1316] Die Rechtsprechung hat schließlich nach dem zweiten Weltkrieg unter Berufung auf § 242 BGB ein differenziertes System von Beurteilungsmaßstäben für Störungen der Geschäftsgrundlage entwickelt.[1317] § 242 BGB hat sich im Laufe der judiziellen Entwicklung nicht nur als Fenster, sondern als bequeme, breit geöffnete Hintertür für die vom Gesetzgeber im BGB nicht gewollte generelle „Geschäftsgrundlage" erwiesen. Das zur Geschäfts-

1313 Eingehende Darstellung richterlicher Zivilrechtsfortbildungen im 20. Jahrhundert bei Ch. Fischer, Topoi verdeckter Rechtsfortbildungen im Zivilrecht, Tübingen 2007, S. 149ff.

1314 Motive zum BGB, Bd. II, S. 199, 843; Protokolle bei B. Mugdan, Bd. II, S. 636, 1174.

1315 B. Windscheid, Die Voraussetzung, AcP 78, (1892), 161, 197; vgl. zur Entwicklung der Lehre von der Geschäftsgrundlage B. Rüthers, Die unbegrenzte Auslegung, 8. Aufl., Tübingen 2017, S. 13ff.

1316 Zu den mehrfach gewechselten Argumentationsmustern des Reichsgerichts in Fragen der „veränderten Umstände" nach dem ersten Weltkrieg, vgl. B. Rüthers, Die unbegrenzte Auslegung, 8. Aufl., Tübingen 2017, S. 13ff., 36ff., 66ff.

1317 Zur knappen Übersicht vgl. Palandt-Grüneberg, BGB, 77. Aufl., München 2018, § 313 Rn. 1ff.; zur Einwirkung von Veränderungen der Sozialexistenz (Krieg, Währungsverfall, Systemwechsel) vgl. etwa BGH NJW 1984, 1746; BGH NJW 1993, 1856, 1859; BGH NJW 1997, 320, 323; BGHZ 120, 10, 21; 121, 378, 393; 128, 320, 329; 131, 209, 214.

grundlage entwickelte Richterrecht wurde in seinen Grundgedanken durch das „Schuldrechtsmodernisierungsgesetz“ 2002 als § 313 in das BGB übernommen.

942 **b) Nichtrechtsfähiger Verein.** Nach § 54 BGB sind auf nichtrechtsfähige Vereine die Vorschriften über die Gesellschaft (§§ 705 ff. BGB) anzuwenden. Zweck dieser Regelung war es, die freie Körperschaftsbildung vor allem für die von der Gesetzgebung mißtrauisch betrachteten (sozialistischen) Gewerkschaften und politischen Parteien nur unter bestimmten normativen Voraussetzungen zu ermöglichen (verschleiertes Konzessionssystem).[1318] Parteien und Gewerkschaften sollten zur Eintragung in das Vereinsregister veranlaßt und dadurch einer gewissen Kontrolle unterworfen werden. Dieses Regelungsziel wurde nachweislich verfehlt (Rn. 955). Die Rechtsprechung wendet daher auf den nichtrechtsfähigen Idealverein heute entgegen dem ursprünglichen Zweck des § 54 BGB ganz überwiegend nicht die §§ 705 ff. BGB, sondern das Recht des eingetragenen Vereins an.[1319] Das Schrifttum vertritt zudem einhellig die Auffassung, daß der nichtsrechtsfähige Verein für seinen Vorstand analog § 31 BGB haftet.[1320]

Nach § 50 Abs. 1 ZPO ist parteifähig nur, wer rechtsfähig ist. Nichtrechtsfähige Vereine hatten nach der bis 29.9.2009 offiziell geltenden Fassung des § 50 Abs. 2 ZPO nur die passive, nicht die aktive Parteifähigkeit. Der BGH erkannte den Gewerkschaften trotzdem schon vor langer Zeit, gleichsam mit einem Federstrich des Ersatzgesetzgebers, gegen den Normzweck des § 50 Abs. 2 ZPO a. F. die aktive Parteifähigkeit zu.[1321]

943 **c) Geldersatz bei Verletzungen des Persönlichkeitsrechts.** Nach § 253 Abs. 2 BGB kann eine Geldentschädigung wegen eines Nichtvermögensschadens nur in den gesetzlich bestimmten Fällen gefordert werden. Auch der 2002 neu eingefügte Absatz 2 der Vorschrift sieht einen Geldersatz wegen Verletzungen des allgemeinen Persönlichkeitsrechts nicht vor (vg. Rn. 761, 862). Das war beim Erlaß des BGB bewußt geschehen: Es galt als unschicklich, für immaterielle

1318 MünchKomm-Arnold, Bd. 1, 7. Aufl., München 2015, § 54 Rn. 1 ff. m. Nachw.
1319 Vgl. etwa BGHZ 50, 325, 328; RGZ 78, 136 „Austritt statt Kündigung“; BGH NJW 1979, 230 „Haftung nur mit Vereinsvermögen“.
1320 MünchKomm-Arnold, Bd. 1, 7. Aufl., München 2015, § 31 Rn. 12 ff. m. Nachw.
1321 BGHZ 42, 210; 50, 325; krit. F. Kübler, Rechtsfähigkeit und Verbandsverfassung, Berlin 1971.

Schäden, besonders bei Ehrverletzungen, Geldersatz zu verlangen.[1322] Überspitzt gesagt: In der gehobenen Männergesellschaft pflegte man sich zu duellieren. Die Gesetzgebung hatte deshalb ein allgemeines Persönlichkeitsrecht nicht anerkannt. Die einschneidenden Veränderungen der gesellschaftlichen Wertvorstellungen einerseits sowie der Kommunikationstechnologien, der Medien und der daraus erwachsenden Gefährdungen des Persönlichkeits- und Ehrenschutzes durch die bewußte Vermarktung von Rechtsverstößen andererseits haben den BGH veranlaßt, unter Hinweis auf Art. 1 Abs. 1 i. V. m. Art. 2 Abs. 1 GG ein allgemeines Persönlichkeitsrecht im Privatrecht anzuerkennen. Verletzungen desselben, zumal wenn sie vorsätzlich und wiederholt begangen werden, hat der BGH entgegen dem Normzweck des § 253 BGB mit beträchtlichen Geldersatzansprüchen sanktioniert.[1323] Dieses Richterrecht gilt auch nach der Neufassung des Gesetzes trotz des entgegenstehenden Wortlauts von § 253 Abs. 2 BGB fort.

III. Richterliche Gesetzesablehnungen als Verfassungskonflikte

Bei der vierten Fallgruppe geht es um die Durchbrechung der Ge- 944
setzesbindung, also die „Gesetzesvereitelung“ (Ph. Heck) durch den Richter. Immer wieder im Verlauf der Rechtsgeschichte hat es Situationen gegeben, in denen Gerichte einem geltenden Gesetz den Gehorsam verweigert und in freier, richterlicher Würdigung des vorliegenden Sachverhalts anders entschieden haben als die Gesetzgebung dies geboten hatte. Die Gerichte brechen also das alte, „geltende“ Gesetz und setzen eigenes, neues Recht. Es geht hier, anders als bei der richterlichen Normzweckkorrektur, nicht um eine Anpassung des Gesetzes an veränderte Umstände, sondern um den Aufstand des Richters gegen den Willen der Gesetzgebung.

1. Aufwertungsurteil des Reichsgerichts. Ein spektakuläres Bei- 945
spiel eines solchen Aufstandes der Richter gegen das Gesetz war das sog. Aufwertungsurteil des Reichsgerichts in Zivilsachen vom 28. November 1923.[1324] Das Reichsgericht hob damit den in den Währungsgesetzen festgelegten Grundsatz „Mark gleich Mark“

1322 Protokolle bei B. Mugdan, Bd. II, S. 22f.
1323 Zuerst BGHZ 26, 349 „Herrenreiter“; dann BGH NJW 1995, 861 „Caroline von Monaco“; BGH NJW 1996, 984 und 985; dazu M. Prinz, Geldentschädigung bei Persönlichkeitsverletzungen durch Medien, NJW 1996, 953 ff.
1324 RGZ 107, 78; entgegengesetzt noch RGZ 101, 141 (145).

(Goldmark gleich Papiermark) auf. Zu dem Zeitpunkt, in dem sich das Reichsgericht gegen das Gesetz erhob, wurde als Folge eines heute unvorstellbaren Geldwertverfalls eine Goldmark gegen 522 Milliarden Papiermark gehandelt. Das bedeutete, daß vor dem ersten Weltkrieg begründete Darlehenshypotheken bei Fälligkeit mit einem winzigen Bruchteil ihres früheren Wertes beglichen und ihre Löschung im Grundbuch verlangt werden konnte.[1325] Das Reichsgericht nahm mit seiner als revolutionär empfundenen Entscheidung das Recht in Anspruch, an Stelle des untätigen Gesetzgebers, der die Geldgläubiger im Ergebnis enteignete, einen neuen Währungskurs festzusetzen. Es ging dabei im Kern um einen Verfassungskonflikt zwischen Gesetzgebung und Justiz, der aus der Gewissensnot der Richter entstanden war. Sie waren nicht länger gewillt, durch Gesetzesgehorsam die ungerechten Folgen der galoppierenden Inflation mitzuverantworten.[1326] Es geht in diesen Fällen um die Frage: Wann ist ein Gericht wegen der schreienden Ungerechtigkeit eines Gesetzes berechtigt oder gar verpflichtet, der Gesetzgebung den verfassungsrechtlich geschuldeten Gehorsam zu verweigern und gegen das Gesetz seine eigenen Gerechtigkeitsvorstellungen durchzusetzen?

946 Die Frage ist in diesem Jahrhundert nicht nur bei der Inflation nach dem ersten Weltkrieg aufgetreten. Sie war in den Unrechtssystemen des Nationalsozialismus und des Stalinismus in manchen Rechtsgebieten von bedrückender Aktualität.[1327] Anschauliche Beispiele solcher Diskriminierungen rassischer oder politischer Gegner finden sich zahlreich im politischen Strafrecht, im Strafvollzugsrecht, im bürgerlichen Recht, im Berufs-, Wirtschafts- und Arbeitsrecht sowie im Polizeirecht totalitärer Systeme. In diesen Gebieten wurde ein Sonderrecht für „Artfremde“ und „Staatsfeinde“ geschaffen.

1325 Überblick bei Ph. Heck, Grundriss des Schuldrechts, Tübingen 1929, Neudruck Aalen 1974, S. 61 ff.; ders., Das Urteil des Reichsgerichts vom 28.11.1923 über die Aufwertung von Hypotheken und die Grenzen der Richtermacht, AcP 122 (1924), 203 ff.

1326 Zu dem politischen und wirtschaftlichen Umfeld der Aufwertungsentscheidung, vgl. B. Rüthers, Die unbegrenzte Auslegung, 8. Aufl., Tübingen 2017, S. 66 ff.

1327 Vgl. etwa J. Walk, Das Sonderrecht für die Juden im NS-Staat, Karlsruhe 1981; B. Rüthers, Recht als Waffe des Unrechts, NJW 1988, 2825 ff.; zur DDR vgl. etwa Materialien zur Lage der Nation 1972, BT-Drucks. VI/3080; Materialien zur Lage der Nation 1990 – „Bürger und Staat“, Köln 1990, S. 221 ff., 251 ff., 283 ff.; F. C. Schröder, Das Strafrecht des realen Sozialismus, Opladen 1983; W. Schuller, Geschichte und Struktur des politischen Strafrechts der DDR bis 1968, Ebelsbach 1980; G. Brunner, Einführung in das Recht der DDR, 2. Aufl., München 1979; K. W. Fricke, Opposition und Widerstand in der DDR, Köln 1984.

2. Richterliche Gesetzesablehnung im demokratischen Rechtsstaat. Auch in der rechtsstaatlichen Normallage demokratischer Verfassungsstaaten kann es vorkommen, daß Gerichte aus Gerechtigkeitsgründen einzelne Vorschriften der Rechtsordnung ablehnen und ihnen den Gehorsam verweigern. Aus der kritischen Haltung der Arbeitsgerichtsbarkeit gegenüber dem Dienstvertrags- und dem allgemeinen Schuldrecht des BGB sind erhebliche Teile der Sonderprivatrechtsdisziplin „Arbeitsvertragsrecht" entstanden. Das geschah ganz überwiegend nicht etwa durch den Gesetzgeber, sondern durch richterliche Normsetzungen am BGB vorbei oder auch gegen bestehendes Gesetzesrecht.[1328] **947**

So hat etwa das BAG bei der freiwilligen (!) betrieblichen Altersversorgung entgegen dem Grundsatz „Mark gleich Mark" und bereits vor Erlaß des Betriebsrentengesetzes bei einer starken Verteuerung der Lebenshaltung aus § 242 BGB eine richterrechtlich normierte Pflicht des Arbeitgebers abgeleitet, die bereits laufenden Betriebsrenten der Teuerung anzupassen.[1329] Auch die normzweckwidrige Entwicklung des Richterrechts zum Kündigungsschutzgesetz bietet dafür zahlreiche Beispiele.[1330] „Widerstand gegen die Norm" zu leisten wird im Selbstverständnis höchster Gerichte bisweilen als Leitprinzip verdienstvoller Richtertätigkeit gefeiert.[1331]

Der richterliche Aufstand gegen das geltende Gesetz wird nicht immer als solcher deklariert. Im Gegenteil: Die Abweichung vom Gesetzesrecht geschieht in der Regel verdeckt.[1332] Ein Aufstand gegen das Gesetz findet objektiv auch dort statt, wo ein Gericht eine im geltenden Gesetz nicht vorhandene, vermeintliche „verdeckte Regelungslücke" erfindet, um in der angeblichen Lücke gesetzwidrige **948**

1328 Eingehende Darstellung arbeitsrechtlicher Rechtsfortbildungen bei Ch. Fischer, Topoi verdeckter Rechtsfortbildungen im Zivilrecht, Tübingen 2007, S. 184 ff. sowie bei R. Wank, Auslegung und Rechtsfortbildung im Arbeitsrecht, Baden-Baden 2013.

1329 BAG EzA § 242 BGB Ruhegeld Nr. 21 – eine „Aufwertungsentscheidung" im Arbeitsrecht.

1330 Vgl. MünchKomm-Schwerdtner, Bd. III, 1. Halbband, 2. Aufl., München 1988, vor § 620 Rn. 171 ff., 173. Das KSchG von 1951 sei einem Kahlschlag zum Opfer gefallen: „Im Wege der 'unbegrenzten Auslegung' hat das BAG in den letzten 30 Jahren diese Willkürkontrolle zum 'ultima ratio'-Prinzip hin fortentwickelt"; vgl. ferner D. Reuter, Die Rolle des Arbeitsrechts im marktwirtschaftlichen System – Eine Skizze, ORDO 36 (1985), 51 f.; W. Zöllner, Gutachten zum 52. DJT 1978, D 116.

1331 Vgl. die Laudatio auf Hermann Stumpf von Th. Dieterich, RdA 1982, 329, 330.

1332 Ch. Fischer, Topoi verdeckter Rechtsfortbildungen im Zivilrecht, Tübingen 2007, S. 222 ff. zur Begründungspraxis des Bundesgerichtshofs in Zivilsachen.

richterliche Eigenwertungen zur Geltung zu bringen.[1333] Die Gesetzgebung muß bisweilen die aus einer solchen Rechtsprechung entstehenden Rechtsunsicherheiten und Fehlsteuerungen durch eine Gesetzesnovelle korrigieren.[1334]

B. Zur Zulässigkeit richterlicher Gesetzeskorrekturen

I. Normzweck als Ausgangspunkt und Rechtfertigung von Wortlautkorrekturen

949 Soweit es sich um die Ermittlung des hinter dem Wortlaut jeder Rechtsnorm stehenden und für die Rechtsanwendung maßgebenden Normzwecks der Gesetzgebung handelt, ist auf das bereits früher erörterte Verhältnis zwischen Normzweck und Wortlaut zu verweisen (Rn. 717 ff.).

950 **1. Formulierungsfehler und Redaktionsversehen.** Der Normzweck ist das primäre Auslegungsziel. Die Auslegung des Wortlauts ist dafür ein Mittel zum Zweck. Der wirkliche Wille der Gesetzgebung ist also auch dann maßgebend, wenn er im Gesetz fehlerhaft oder ungenügend (lückenhaft) Ausdruck gefunden hat. Etwas anderes gilt nur dort, wo der Vertrauensschutz der Normadressaten ein Festhalten am unzutreffenden Wortlaut der Norm gebietet, wie das etwa im Strafrecht oder im Steuerrecht der Fall sein kann.

Richterliche Korrekturen des Wortlauts, welche durch systematische Gesichtspunkte (selten) oder vor allem mit Argumenten aus der Entstehungsgeschichte der einschlägigen Normen den wirklichen Willen der Gesetzgebung zur Geltung bringen, fallen daher nicht in die Kategorie richterlicher Abweichungen vom Gesetz.

951 **2. Lücken im Rahmen des Normzwecks.** Eine ähnliche Situation besteht bei Anschauungslücken, insbesondere bei „Ausnahmelücken" der Normsetzer. Was die normsetzenden Instanzen nicht gesehen oder nicht als regelungsbedürftig erkannt haben, konnten und wollten sie auch nicht regeln. Auch hier weichen die Gerichte bei der Feststellung und Ausfüllung der Gesetzeslücken zwar vom Wortlaut, nicht aber vom Sinn und Zweck der Rechtsnormen ab. Sie verwirk-

1333 So das BAG in seiner mißglückten Judikatur zum Begriff der leitenden Angestellten in § 5 Abs. 3 Nr. 3 BetrVG a. F.; vgl. hierzu Rn. 874 m. Nachw.
1334 Vgl. zur Judikatur des BAG betr. den Begriff der leitenden Angestellten etwa die Novelle zu § 5 Abs. 3 BetrVG vom 20.12.1988 (BGBl. I 2312).

lichen den unzutreffend ausgedrückten, aber erkannten Willen und die Regelungsziele der Gesetzgebung.

II. Gewandelte Normzwecke zwischen dem Erlaß und der Anwendung von Gesetzen

1. Rechtsanwendung als Anpassungsleistung. Anders ist die Pro- 952
blematik dort, wo der Richter aus unterschiedlichen Gründen den erkannten, von der Gesetzgebung gewollten Normzweck nicht verwirklichen will. Die dafür angeführten Beispiele (Geschäftsgrundlage, nichtrechtsfähiger Verein, Geldersatz bei Verletzungen des Persönlichkeitsrechts) betreffen Interessenlagen, bei denen zwischen dem Erlaß des Gesetzes und seiner Anwendung beträchtliche Zeiträume mit erheblichen wirtschaftlichen, gesellschaftlichen und politischen Veränderungen, ja Umwälzungen sowohl in den Faktenstrukturen als auch in den Wertvorstellungen liegen. Gesetze unterliegen „Alterungsprozessen". Die Gerichte haben daher – nicht nur bei älteren Rechtsvorschriften – in einem zweiten Schritt der Rechtsanwendung (vgl. Rn. 730d) zu prüfen, ob der Normzweck im Anwendungszeitraum für den zu entscheidenden Streitfall noch fortgilt oder ob ein grundlegender Wandel der gesellschaftlichen Faktenstrukturen, der Rechtslage oder der Wertvorstellungen[1335] dazu berechtigt, vom Gesetzesrecht rechtsfortbildend abzuweichen. Diese Frage ist nicht nach dem Rechtsempfinden des jeweiligen Gerichts, sondern im Spiegel der nach dem Erlaß eingetretenen Entwicklung der Gesamtrechtsordnung zu prüfen. Der Wandel der sozialen Verhältnisse oder der für die Gesamtrechtsordnung maßgebenden Wertvorstellungen kann also dazu führen, daß gesetzliche Regelungen nachträglich lückenhaft, ergänzungs- oder korrekturbedürftig werden („sekundäre Lücken", vgl. Rn. 861 ff., 871 f., 953 ff.).[1336]

2. Fallgruppen richterlicher Anpassung. a) Anschauungslücken. 953
Die Aufgabe der verfassungsgemäßen Rechtsanwendung besteht bei einschneidendem Wandel der Fakten und der Wertmaßstäbe darin, die alten Normen daraufhin zu prüfen, ob sie auf die veränderten Lebenssachverhalte noch passen oder nicht. Haben diese sich grundlegend gewandelt, so fehlt in Wahrheit eine Regelung, weil die Gesetz-

---

1335 Hierzu Ch. Fischer, Rechtsfindung zwischen „Gesetzesgehorsam" und „ökonomischer Vernunft", ZfA 2002, 215, 235 f.
1336 BVerfG NJW 2004, 2662 f.

gebung die gewandelten Strukturen nicht kannte und, wären sie erkannt gewesen, anders geregelt hätte. Trifft das zu, so handelt es sich, auch wenn der Sprachsinn des gesetzlichen Tatbestandes den Lebenssachverhalt erfaßt, um eine Regelungslücke. Ein Beispiel bietet etwa die Frage nach der Anwendbarkeit der Leistungsstörungsregeln des BGB beim Teilstreik. Dieses Problem wird heute nach der Arbeitskampfrisikolehre gelöst.[1337]

954 **b) Veränderte Regelungsbedürfnisse.** Andererseits kann sich herausstellen, daß die Gesetzgebung die Bedeutung einer bei der Normberatung als nicht regelungsbedürftig eingeschätzten Frage nicht erkannt oder falsch eingeschätzt hat. So haben etwa die Folgen des ersten Weltkrieges sowie die Wirtschafts- und Währungskrisen nach 1918 zu der Einsicht geführt, daß die Probleme einschneidender Veränderungen der Geschäftsgrundlage mit dem von der Gesetzgebung deklarierten Grundsatz der Vertragstreue allein nicht zu bewältigen waren (Rn. 945).

955 **c) Gescheiterte Regelungsziele der Gesetzgebung.** Eine andere Fallgruppe richterlicher Korrekturen gesetzlicher Regelungen betrifft den Wegfall von gesetzgeberischen Normzwecken. Beispiele sind die genannten Regelungen für den nichtrechtsfähigen Verein in § 54 BGB und § 50 Abs. 2 ZPO a. F. (Rn. 946). Hier gilt der alte, aus dem Kirchenrecht stammende Grundsatz:

> „Cessante ratione legis, cessat lex ipsa."
> (Wenn der Zweck einer Norm entfällt, entfällt auch die Norm selbst).

Der Versuch der Gesetzgebung im Kaiserreich, über die genannten Vorschriften die freie Körperschaftsbildung mißliebiger, als staatsgefährdend verdächtigter Gewerkschaften und Parteien unter staatliche Aufsicht zu stellen, ist gescheitert. Damit war der wichtigste Zweck der genannten Rechtsnormen spätestens seit Gründung der Bundesrepublik entfallen.

956 **d) Grundlegend gewandelte Lebenssachverhalte und Wertvorstellungen.** Spannungen zwischen Gesetzgebung und Justiz können auch auftreten, wenn nicht nur die Faktenstruktur des geregelten Lebenssachverhalts, sondern auch die Wertvorstellungen in der Rechtsgemeinschaft sich im Alterungsprozeß einer Kodifikation, wie etwa

---

1337 Zuerst RGZ 106, 272; dazu H. Brox/B. Rüthers/M. Henssler, Arbeitsrecht, 19. Aufl., Stuttgart 2017, Rn. 394.

beim hundertjährigen BGB, grundlegend wandeln. Ein Hauptbeispiel ist die Frage des Geldersatzes bei Persönlichkeitsverletzungen. Die Reihe der dazu ergangenen Entscheidungen des BGH ist schon wegen der Farbigkeit der Sachverhalte nachlesenswert. Die Beispiele zeigen eine durch den Medieneinfluß und seine Mißbrauchsmöglichkeiten grundlegend gewandelte Gesellschaft, die auf Sanktionen gegen die rechtswidrige Vermarktung vorsätzlicher, oft mehrfacher Verletzungen fremder Persönlichkeitsrechte nicht mehr verzichten kann. Das bedeutet eine deutliche Abkehr der Rechtsprechung von den Wertmaßstäben der BGB-Gesetzgebung, die noch in den Vorstellungen der „Herrengesellschaft" des 19. Jahrhunderts befangen war.

Der Rechtsprechung des BGH, die § 253 BGB a. F. insoweit außer 957
Kraft setzte, um Geldansprüche zu ermöglichen, lieferten Art. 1 Abs. 1 und Art. 2 Abs. 1 GG willkommene Argumente.[1338] Sie wurde auch vom BVerfG bestätigt.[1339] Unter Berufung auf das höherrangige Verfassungsrecht wurde die einfachgesetzliche BGB-Vorschrift rechtsfortbildend modifiziert und partiell außer Kraft gesetzt. Aber selbst wenn diese Verfassungsnormen gefehlt hätten, ist es vorstellbar, daß die partielle Reduktion des § 253 BGB wegen gewandelter Faktenlage und wegen veränderter Wertmaßstäbe ebenfalls erfolgt wäre,[1340] denn aus Gewinnsucht begangene Persönlichkeitsverletzungen durch Massenmedien waren der BGB-Gesetzgebung noch unbekannt.

An diesem Beispiel wird zugleich deutlich, daß ein bestimmtes 958
Rechtsanwendungsergebnis, welches von einer gewandelten Rechtsüberzeugung wegen veränderter Fakten und Wertvorstellungen ganz überwiegend gefordert wird, mit verschiedenen Rechtsanwendungsmethoden und Argumentationsmustern begründet werden kann. Die Berufung auf Art. 1, 2 GG argumentiert mit den höherrangigen Wertmaßstäben der Verfassung. Andere sehen hier eine durch den Wandel der Rechtsüberzeugung und durch das gesteigerte Verletzungspotential der Massenmedien eingetretene, nachträgliche Regelungslücke, die von der Rechtsprechung durch teleologische Reduktion des § 253 BGB geschlossen wurde. Obwohl die Gesetzgebung diese Materie durch das Einfügen eines zweiten Absatzes in § 253 und die Streichung des § 847 BGB 2002 neu regelte, hat sie davon abgesehen,

1338 BGHZ 26, 349 „Herrenreiter"; 39, 124 „Fernsehansagerin".
1339 BVerfGE 30, 173 „Mephisto"; 34, 269 „Soraya".
1340 MünchKomm-Rixecker, Bd. 1, 7. Aufl., München 2015, Anhang zu § 12 Rn. 270ff.

den Geldersatz bei Verletzungen des Persönlichkeitsrechts endlich in das Gesetz aufzunehmen. Den offenkundigen Widerspruch zwischen dem Gesetzesrecht (§ 253 Abs. 2 BGB) und dem geltenden Richterrecht nahm sie billigend in Kauf (vgl. Rn. 761, 862, 943). Hier wird der Wandel vom demokratischen *Gesetzesstaat* zum *Richterstaat* augenfällig.

959 **3. Voraussetzungen und Grenzen richterlicher Korrekturen des Normzwecks.** Richterliche Gesetzesablehnungen sind, auch wenn Richter glauben, „überpositives Recht" anzuwenden,[1341] nicht in das Belieben der Gerichte gestellt. Die Tatsache, daß sich Faktenstrukturen oder allgemeine Wertvorstellungen geändert haben, reicht allein nicht aus, um Abweichungen oder das Ablehnen von Gesetzesvorschriften durch den Richter zu rechtfertigen.

960 Vor Entscheidungen, die eine Abweichung von vorhandenen gesetzlichen Wertmaßstäben bedeuten, hat der Richter die verfassungsrechtlichen Grenzen der Rechtsprechung gegenüber der Gesetzgebung zu bedenken. Die Rechtsgemeinschaft muß grundsätzlich darauf vertrauen können, daß die Gerichte die geltenden Gesetze ausführen. Die Unterordnung des Richters unter die gesetzgebende Gewalt ist ein fundamentaler Grundsatz des demokratischen Rechtsstaates, der Ausnahmen nur unter ganz bestimmten, streng zu beachtenden Voraussetzungen duldet. Nur wenn der Richter überzeugt sein darf, daß die Gesetzgebung bei Anschauung der konkreten von ihm zu beurteilenden Interessenlage nach den für sie leitenden Rechtsgrundsätzen und Regelungszielen ebenfalls eine andere als die vorhandene gesetzliche Regelung getroffen hätte, kann eine richterliche Gesetzesabweichung gerechtfertigt sein.[1342]

961 Richterliche Änderungen der Gesetzes- oder Rechtslage unterliegen einem Abwägungsgebot. Vor jeder richterlichen Normzweckkorrektur ist eine Abwägung der Rechtsänderungsinteressen gegen die Interessen der Rechtssicherheit erforderlich. Es ist davon auszugehen, daß jede richterliche Änderung oder Ablehnung von Gesetzen die Vorhersehbarkeit der Rechtslage für den Rechtsverkehr beeinträchtigt. Für die Parteien und/oder Betroffenen des konkreten Verfahrens bewirkt sie in der Regel eine unvorhersehbare, für sie rück-

1341 Vgl. G. Hirsch, Zwischenruf – Der Richter wird's schon richten, ZRP 2006, 161; dazu B. Rüthers, JZ 2008, 446ff.

1342 So schon Ph. Heck, Gesetzesauslegung und Interessenjurisprudenz, AcP 112 (1914), 197ff., 222; B. Rüthers, Methodenrealismus in Jurisprudenz und Justiz, JZ 2006, 53.

wirkende Änderung der Rechtslage. Sie gefährdet insoweit das rechtsstaatliche Gebot der Rechtssicherheit, das bei Gesetzen die nachteilige Rückwirkung generell ausschließt, die „Stabilitätsinteressen“ der Rechtsgemeinschaft und besonders die der Betroffenen. Eine Abänderung der Gesetzeslage oder des Richterrechts darf der Richter daher nur vornehmen, wenn dafür schwerwiegende Gründe (Bedürfnisse des Rechtsverkehrs, Zweckmäßigkeits- und Gerechtigkeitsargumente) vorliegen (vgl. Rn. 249ff.).

Beispiel: Die nachteiligen, oft schwankenden Korrekturen richterlicher Rechtsfortbildung werden an der Rechtsprechung des 1. Senats des BAG zum Arbeitskampf deutlich. Gegen die Vorgaben des Großen Senats hat der 1. Senat etwa den Grundsatz, daß Arbeitskämpfe nur als letztes Mittel und nur nach einem Schlichtungsversuch stattfinden dürfen, aufgehoben und dadurch die Waffengleichheit („Kampfparität“) in erheblichem Umfang beseitigt.[1343]

Die richterliche Korrektur des Gesetzes kann sich in solchen Fällen **962** auf zwei verschiedenen methodischen Wegen vollziehen:

Das Gericht geht zum einen davon aus, daß der Gesetzgeber die zu beurteilende Interessenlage nicht kannte oder nicht bedacht hat. Dann ist von einer Gesetzes- oder Rechtslücke auszugehen (Rn. 850ff.). Ein Beispiel ist etwa die Rechtsprechung des Reichsgerichts zur „Sphärentheorie“ beim Teilstreik.[1344]

Die Entwicklung der gesetzlich geregelten Lebenssachverhalte **963** kann andererseits auch bei Problemlagen, die von der Gesetzgebung erkannt wurden, einen Verlauf nehmen, der von ihr nicht vorausgesehen oder unzureichend gewichtet wurde. Beispiel dafür ist die Entwicklung der Rechtsprechung zu den kriegs- und währungsgestörten Vertragsverhältnissen nach 1918, die wegen der Untätigkeit der Gesetzgebung in die richterliche Anerkennung der Rechtsfigur „Geschäftsgrundlage“ führte. Ein von der Gesetzgebung erkanntes, bewußt nicht geregeltes Problem erhält hier nachträglich durch tiefgreifende Veränderungen in der Sozialexistenz eine völlig neue Dringlichkeit.

Die Beschreibung der Fallgruppen wie auch der Lösungsmuster **964** für richterliche Korrekturen gewandelter gesetzlicher Normzwecke führt zu Unschärfen und Schwierigkeiten bei der genaueren Abgren-

---

1343 Näheres bei B. Rüthers, Beschäftigungskrise und Arbeitsrecht, Bad Homburg 1996, S. 104ff.

1344 RGZ 106, 272.

zung der einzelnen Problemkonstellationen. Die Entscheidung darüber, ob die Voraussetzungen eines richterlichen Eingriffs in die von der Gesetzgebung festgelegten und von den Gerichten erkannten Interessenbewertungen gegeben sind, enthält unvermeidbar wertende, und damit voluntative Elemente. Diese können nur dann eingeschränkt werden, wenn der ursprüngliche Normzweck vom Rechtsanwender erforscht wird. Hierzu ist er verfassungsrechtlich verpflichtet (vgl. Rn. 730c). Die historische Auslegung leistet einen Beitrag dazu, richterliche Abweichungen vom Normzweck und Regelungsziel der Gesetzgebung wenigstens bewußt zu machen. Die Verpflichtung, das von der Gesetzgebung Vorentschiedene zunächst zur Kenntnis zu nehmen, geht mit einem erheblich gesteigerten Begründungszwang für die Gerichte bei Rechtsfortbildungen einher.[1345]

III. Das Bundesverfassungsgericht zwischen Verfassungsfortbildung und Verfassungsänderung

964a Verfassungen werden für lange Zeiträume geschaffen. Ihre Anwender müssen aber auch auf die sich schnell wandelnden Realitäten Rücksicht nehmen. Rechtsfortbildung ist also eine zwingende Aufgabe auch der Verfassungsgerichte. Andererseits sollen Verfassungen sowohl in der Staatsorganisation wie im Grundrechtsbereich bestimmte Grundwerte festlegen und der richterlichen Abänderbarkeit entziehen. Deshalb sind Verfassungsänderungen an die besonderen Voraussetzungen des Art. 79 GG gebunden. Die zentrale Aufgabe des Bundesverfassungsgerichtes besteht darin, die Verfassung zu bewahren. Es ist der berufene „Hüter der Verfassung". Zu richterlichen Verfassungsänderungen ist es nicht befugt. Das wird durch die „Ewigkeitsklausel" des Art. 79 Abs. 3 GG für die in Art. 1 und 20 GG niedergelegten Grundsätze noch einmal unterstrichen.

Aus dem Geschilderten entsteht nicht selten ein Spannungsverhältnis, bisweilen ein offenkundiger Konflikt zwischen den beiden Funktionen der notwendigen Verfassungsfortbildung und der verbotenen Verfassungsänderung durch das BVerfG. In dem Maße, in dem die Bundesrepublik sich vom Rechtsstaat in einen Richterstaat verwandelt hat, wird die Frage brennend, weil sie die Grundfesten der freiheitlich-demokratischen Grundordnung berührt. Eine besonders umstrittene Entscheidungsreihe begann mit dem Beschluß des Zweiten

1345 Ch. Fischer, Topoi verdeckter Rechtsfortbildungen im Zivilrecht, Tübingen 2007, S. 489 ff., 495 f.

Senats zum „Ehegattensplittung für homosexuelle Paare“.[1346] Das BVerfG hat mit diesen Entscheidungen zu eingetragenen Lebenspartnerschaften bestehende Verfassungsgarantien (Art. 6 Abs. 1 GG) mit irriger Berufung auf den Gleichheitssatz (Art. 3 Abs. 1 GG) außer Kraft gesetzt.

Bei dem Streit über diese Rechtsprechung geht es primär nicht um die vom Gericht entschiedene Sachfrage, ob nämlich das „Ehegattensplitting“, bisher ausschließlich für Ehegatten geltend, auch auf gleichgeschlechtliche Lebensgemeinschaften erstreckt werden kann. Über eine gesetzliche Regelung dieses Inhalts kann man je nach weltanschaulichen und religiösen Vorverständnissen verschiedener Meinung sein. Die in der früheren Gesetzesordnung vorhandene, mehrfache Diskriminierung[1347] sollte und mußte beseitigt werden. Die Gesetzgebung hat hier im verfassungsmäßigen Verfahren ein weites Regelungsermessen. Der Begriff der „Ehe“ ist aber nach der bisherigen Rechtsprechung des BVerfG in Art. 6 GG im traditionellen Sinne einer dauerhaften Lebensgemeinschaft einer Frau mit einem Mann festgelegt.

Es geht also um die Frage: Hat dieser Beschluß des Zweiten Senats das Grundgesetz *ausgelegt* oder *geändert*? Ist das BVerfG befugt, den Ehebegriff der Verfassung beliebig zu verändern? Kann es autonom die volle Gleichstellung gleichgeschlechtlicher Lebensgemeinschaften mit „Ehe und Familie“ entgegen Art. 6 Abs. 1 GG und entgegen dem Willen der Verfassungsgeber anordnen? Dazu gehen die Meinungen in der juristischen Literatur und in den Medien weit auseinander.[1348] Die Aktualität dieses Problems wurde bestätigt, als der Bundestag am Freitag, 30. Juni 2017, den unveränderten Gesetzesentwurf des Bundesrates „zur Einführung des Rechts auf Eheschließung für Personen gleichen Geschlechts“ mit großer Mehrheit verabschiedete. Der Bundesrat billigte fast einstimmig bereits am 7. Juli 2017 die „Ehe für alle“.[1349]

1346 BVerfG NJW 2013, 2257 ff.

1347 Dazu J. Wasmuth, Ende einer langen staatlichen Diskriminierung: Die Erweiterung des Ehebegriffs auf gleichgeschlechtlich orientierte Personen, Neue Justiz 2017, 353 ff.

1348 Vgl. B. Rüthers, Die heimliche Revolution vom Rechtsstaat zum Richterstaat, 2. Aufl., Tübingen 2016, S. 115–134; ders., Die Ehe – keine Gleitklausel, sondern ein fester Wertemaßstab, FAZ vom 23. Juli 2015 (Staat und Recht), S. 8.

1349 BGBl. I S. 2787; zustimmend J. Wasmuth, Ende einer langen staatlichen Diskriminierung: Die Erweiterung des Ehebegriffs auf gleichgeschlechtlich orientierte Personen, Neue Justiz 2017, 353 ff.

Das Verfahren ist bemerkenswert. Die Initiative zu dieser Gesetzgebung ist aufschlußreich, im Hinblick auf die Bedeutung der Regelung geradezu skurril. Am Montag, dem 26. Juni 2017, sagte die Bundeskanzlerin und CDU-Vorsitzende Merkel abends bei einem Gespräch in und mit der Frauenzeitschrift „Brigitte", sie wünsche sich zu der umstrittenen Frage „Ehe für alle?" eine Diskussion, die „eher in Richtung einer Gewissensentscheidung geht". Die SPD und die Grünen ergriffen die sich bietende Gelegenheit und beantragten sofort einen Beschluß im Bundestag. Dieser beschloß entsprechend einer vorliegenden Gesetzesvorlage des Bundesrates dieses Gesetz am Freitag derselben Woche mit großer Mehrheit. Die bestehenden, in der Fachpresse und den Medien vielfach erörterten verfassungsrechtlichen Bedenken aus Art. 6 Abs. 1 GG wurden im Bundestag nicht erörtert. Die Abstimmung endete in einem Konfetti-Regen der „Sieger". Eine Rüge des ungewöhnlichen Vorgangs fand nicht statt.

Das Gesetz führt in dem neuen § 1353 Abs. 1 S. 1 BGB einen neuen Ehebegriff ein: „Die Ehe wird von zwei Personen verschiedenen oder gleichen Geschlechts auf Lebenszeit geschlossen." Der Beundestag änderte also eigenmächtig den in der deutschen Verfassungstradition und in der Rechtsprechung des Bundesverfassungsgerichts klar festgelegten Ehebegriff entgegen Art. 6 Abs. 1 GG. Der Bundestag hielt es nicht für geboten, die in der juristischen Literatur breit erörterte Frage eines Verfassungsverstoßes durch ein von ihm in einem Blitzverfahren „durchgewinktes" Gesetz mit dem Ziel „Ehe für alle" auch nur aufzugreifen und zu erörtern, ein einmaliger Vorgang. Daß es hier um eine Verfassungsfrage ging, hätte ein Blick auf die Verfassungs- und Systemwechsel der Geschichte in den Jahren nach 1933 (Ehegesetz 1938) und 1945/49 (Rechtsprechung des BGH und des Obersten Gerichts der DDR) gezeigt. Das „Wesen der Ehe" wurde von jedem politischen System nach den wechselnden Staatsidealen neu bestimmt.[1350] Die Einführung eines abweichenden, in der Verfassung nicht verankerten Ehebegriffs liegt nicht in der Kompetenz des einfachen Gesetzgebers und nicht in der Kompetenz des Bundesverfassungsgerichts.

Weitere Denkanstöße für fragwürdige Ausdehnungen der BVerfG-Rechtsprechung über seine Kompetenzgrenzen hinaus bieten Entscheidungen zum Ehren- und Persönlichkeitsschutz sowie zur Rege-

1350 B. Rüthers, Wir denken die Rechtsbegriffe um … Weltanschauung als Auslegungsprinzip, Zürich 1987, S. 45 ff. mit zahlreichen Nachweisen.

lung offener Vermögensfragen (Bodenreform in der DDR und Mauergrundstücksgesetz) im Prozeß der Wiedervereinigung.[1351]

IV. Richterlicher Aufstand gegen die Gesetzgebung

Eine andere Situation ist gegeben, wenn Gerichte die Anwendung von Gesetzen verweigern, weil sie deren Gebotsinhalt nach ihren eigenen Gerechtigkeitsmaßstäben für grob ungerecht halten und deshalb für unverbindlich erklären. Ein solcher Aufstand von Richtern gegen geltendes Gesetzesrecht oder gegen die untätige Gesetzgebung ist äußerst selten. Ein Beispiel war das bereits erörterte „Aufwertungsurteil“ des Reichsgerichts (Rn. 945). Die Ausgangslage ist hier anders als bei den richterlichen Anpassungen überkommener Gesetze nach Systemwechseln. Anpassende Gesetzesumdeutungen werden meist im Wege eines vorauseilenden Gehorsams auf der Linie des neuen Regimes, seiner Weltanschauung und seiner vermuteten Regelungsziele geleistet. Richterlicher Aufstand hingegen richtet sich gegen Rechtsvorschriften, die von der amtierenden Legislative gewollt und „geltendes Gesetz“ im Sinne der richterlichen Gesetzesbindung sind. Es geht um die Frage nach den Grenzen der Gesetzesbindung, wenn der Richter ein in seinen Augen ungerechtes Gesetz, also gesetzlich angeordnetes schweres Unrecht, vollziehen soll. Damit ist der Konflikt zwischen dem Gesetz und dem Gewissen des Rechtsanwenders angesprochen. 965

Auch hier sind die speziellen Situationen, in denen die Gerichte vor solchen Problemen stehen, zu unterscheiden. In der verfassungsrechtlichen Normallage eines demokratischen Rechtsstaates betreffen solche Konflikte zwischen dem geltenden Gesetz und der richterlichen Gewissensüberzeugung in aller Regel nur einzelne Normen oder Normengruppen der Rechtsordnung. 966

In der „Grundrechtsdemokratie“ des deutschen Grundgesetzes stellt sich das Problem der richterlichen Gehorsamsverweigerung wegen des positiven Verfassungsrechts in gemilderter Form. Jedes Gericht kann ein Gesetz auf seine Verfassungsmäßigkeit prüfen. Da die traditionellen Kriterien der Gerechtigkeit im Grundrechtskatalog des Grundgesetzes verankert („positiviert“) sind, ist der Richter also insoweit implizit auch zur Gerechtigkeitsprüfung befugt (vgl. 967

1351 B. Rüthers, Die heimliche Revolution vom Rechtsstaat zum Richterstaat, 2. Aufl., Tübingen 2016, S. 107ff., 111ff.; J. Wasmuth, NJW 1993, 2476ff.; ders., Der verdrängte Terror, FAZ v. 24.04.2014; ders., ZOV 2015, 164ff.; Th. Purps, Neue Justiz 2009, 233ff. mit zahlreichen Beispielen.

Rn. 262 ff.). Hält er ein vorkonstitutionelles Gesetz (aus der Zeit vor 1949) für verfassungswidrig, so wendet er es mit dieser Begründung nicht an.[1352] Bei nachkonstitutionellen Gesetzen kann er das Verfahren aussetzen und das fragliche Gesetz nach Art. 100 Abs. 1 GG zur Prüfung dem Bundesverfassungsgericht oder dem zuständigen Landesverfassungsgericht vorlegen. Damit ist der persönliche Gewissenskonflikt der Richter, bei Zweifeln an der Rechtsqualität von Gesetzen zwischen Gesetzesbindung und Gewissen wählen zu müssen, entscheidend entschärft. Die Ablehnung von Gesetzen durch Gerichte wegen eines „ungerechten" Gesetzesinhalts ist in einem rechtsstaatlichen Verfahren geregelt. Diese weitreichende Entscheidung wird den deutschen Gerichten dadurch erleichtert, daß die Verfassung wichtige Kriterien der Gerechtigkeit in den Grundrechten, vor allem im Gleichheitssatz des Art. 3 GG, positiviert hat. Vorkonstitutionelle Gesetze, die gegen diese Kriterien verstoßen, können die Gerichte selbst verwerfen. Nachkonstitutionelle Gesetze, die sie als ungerecht und deshalb verfassungswidrig ansehen, haben sie dem zuständigen Verfassungsgericht vorzulegen. An dessen Entscheidungen sind sie gebunden.

968 Im übrigen ist der Richter nicht berechtigt, seine Gerechtigkeitsvorstellungen an die Stelle des geltenden Gesetzes zu setzen und dadurch den Willen der Rechtsgemeinschaft zu durchbrechen. Sollte ihm sein Gewissen den Gesetzesgehorsam verbieten, so muß er sein Richteramt aufgeben. Es ist nach der neuen Rechtsprechung des Bundesverfassungsgerichts mit der Verfassung eines demokratischen Rechtsstaates nicht vereinbar, daß an die Stelle des Willens der Gesetzgebung die Anarchie individueller richterlicher Gerechtigkeitsvorstellungen tritt (Rn. 799). Würde der Richter die gesamte Rechtsordnung in ihren Grundwerten für Unrecht halten, hätte er kaum seinen Beruf gewählt und den Eid auf die Verfassung leisten können.

969 Eine andere Situation entsteht, wenn ein Staatswesen sich in ein Unrechtssystem verwandelt, das auf Menschen- und Grundrechte keine Rücksicht nimmt und ein totalitäres Herrschaftssystem errichtet. Der Gewissenskonflikt hat dann nicht mehr die Anwendung einzelner fragwürdiger Rechtsvorschriften zum Gegenstand, sondern die Grundprinzipien des gesamten Rechtssystems und den Dienst für einen Staat, der durch die Verabsolutierung einer pseudoreligiösen

1352 So für den sog. Kranzgeldanspruch nach § 1300 BGB a. F. AG Münster, NJW 1993, 1720.

Weltanschauung (Nationalsozialismus, Marxismus-Leninismus) den gesamten Staatsapparat einschließlich der Justiz als Unterdrückungsmaschinerie mißbraucht. In einem solchen System betrifft der Konflikt nicht nur Juristen. Er erfaßt alle Führungseliten eines Unrechtssystems, die an der Vermittlung und Ausführung verbrecherischer Weisungen und Maßnahmen eines totalitären Staates beteiligt sind, also Offiziere, Hochschullehrer, Verwaltungsbeamte, Journalisten und in der Öffentlichkeit tätige Berufsgruppen.[1353] Wollen die Angehörigen dieser Berufe ihrem Gewissen folgen, so bleibt ihnen in solchen Systemen ebenfalls in der Regel nur der Verzicht auf ihre Ämter oder Tätigkeiten, oft gar die Emigration.

Unter dem Eindruck des gesetzlichen Unrechts im Nationalsozia- 970
lismus wurde die lange herrschende positivistische Rechtsgeltungslehre (Rn. 466 ff.) durch die viel zitierte Radbruchsche Formel relativiert:

> „Der Konflikt zwischen der Gerechtigkeit und der Rechtssicherheit dürfte dahin zu lösen sein, daß das positive, durch Satzung und Macht gesicherte Recht auch dann den Vorrang hat, wenn es inhaltlich ungerecht und unzweckmäßig ist, es sei denn, daß der Widerspruch des positiven Gesetzes zur Gerechtigkeit ein so unerträgliches Maß erreicht, daß das Gesetz als 'unrichtiges Recht' der Gerechtigkeit zu weichen hat … wo Gerechtigkeit nicht einmal erstrebt wird, wo die Gleichheit, die den Kern der Gerechtigkeit ausmacht, bei der Setzung positiven Rechts bewußt verleugnet wurde, da ist das Gesetz nicht etwa nur 'unrichtiges Recht', vielmehr entbehrt es überhaupt der Rechtsnatur“[1354].

Die Radbruchsche Formel bietet keine letzte Schärfe begrifflicher 971
Unterscheidung von „gerechten“ und „ungerechten“ Gesetzen. Aber sie ist als Grenze für die Ablehnung offensichtlich ungerechter („unsittlicher“) Gesetze allgemein anerkannt.

V. Richterliches Widerstandsrecht (Art. 20 Abs. 4 GG)?

1. Widerstandsrecht im Grundgesetz (Art. 20 Abs. 4 GG). Die 972
Erfahrungen im NS-Staat und im SED-Staat zeigen, daß Richter in totalitären Systemen vor der Frage stehen können, wie sie sich verhalten sollen, wenn von ihnen verlangt wird, „gesetzliches Unrecht“ an-

1353 Für die Armeeführung im NS-Staat vgl. E. Kosthorst, Die Geburt der Tragödie aus dem Geist des Gehorsams, Bonn 1998; A. Stahlberg, Die verdammte Pflicht, 13. Aufl., Berlin 2005.

1354 G. Radbruch, Rechtsphilosophie (Studienausgabe), 2. Aufl., Heidelberg 2003, S. 216 ff.; zur Vertiefung vgl. den Beitrag von R. Dreier, G. Radbruch, H. Kelsen, C. Schmitt, in: Festschrift für G. Winkler, Staat und Recht, Wien 1997, S. 193 ff.

zuwenden. Gibt es in solchen Situationen ein richterliches Widerstandsrecht gegen Gesetze, welche im Sinne der Radbruchschen Formel bewußt fundamentale Grundsätze der Gerechtigkeit und der Menschenrechte verletzen? Ist Widerstand der Gerichte, also die Gesetzesablehnung, in solchen Fällen eine Pflicht der Richter, die aus Art. 1 GG folgt, weil es um den staatlichen Schutz der Würde des Menschen, der Menschenrechte und der Grundrechte geht?

973 Die Verweigerung des Gesetzesgehorsams durch Gerichte wurde in der Rechtsprechung und Literatur nach 1945, vor allem im Hinblick auf die Strafgesetze der NS-Zeit mit offenkundig verbrecherischem und menschenrechtswidrigem Inhalt, erörtert.[1355] Die Frage ist nach der Wiedervereinigung durch die Mauerschützenprozesse und die Verfahren gegen die politischen und militärischen Führungseliten der DDR erneut aktuell geworden.[1356]

974 Die juristischen Probleme eines Rechtes zum Widerstand werden in der Regel auf der Grundlage naturrechtlicher Lehren erörtert.[1357] Die Diskussion hatte in der jüngeren Vergangenheit zwei Höhepunkte, nämlich nach dem Zusammenbruch des NS-Staates 1945 und anläßlich der „Notstandsnovelle" des Grundgesetzes von 1968.[1358] Sie führte zu einem neuen Art. 20 Abs. 4 GG:

> „Gegen jeden, der es unternimmt, die Verfassungsordnung des Grundgesetzes zu beseitigen, haben alle Deutschen das Recht zum Widerstand, wenn andere Abhilfe nicht möglich ist."

975 Das verfassungsgesetzliche Widerstandsrecht dient ausschließlich dem Schutz und der aktiven Verteidigung der Verfassungsordnung des Grundgesetzes gegen jeden Angriff auf ihren Bestand, von wem er auch kommt, etwa durch Staatsstreich, Revolution oder Verfas-

1355 Vgl. H. Coing, Grundzüge der Rechtsphilosophie, 5. Aufl., Berlin 1993, S. 231 ff. m. Nachw. in Fn. 40.

1356 BGH NJW 1993, 141; dazu H. Dreier, Gustav Radbruch und die Mauerschützen, JZ 1997, 421 ff.; M. Frommel, Festschrift für A. Kaufmann, Heidelberg 1993, S. 81 ff.; A. Kaufmann, Die Radbruchsche Formel vom gesetzlichen Unrecht und vom übergesetzlichen Recht in der Diskussion um das im Namen der DDR begangene Unrecht, NJW 1995, 81 ff.; F. Saliger, Radbruchsche Formel und Rechtsstaat, Heidelberg 1995; B. Rüthers, Verräter, Zufallshelden oder Gewissen der Nation? – Facetten des Widerstandes in Deutschland, Tübingen 2008, S. 108–121; ders., Die einsamen Außenseiter. Deutscher Widerstand im Lichte des wechselnden Zeitgeistes, Konstanz 2011.

1357 Grundlegend: F. Kern, Gottesgnadentum und Widerstandsrecht im frühen Mittelalter, 7. Aufl., Darmstadt 1980; K. Wolzendorff, Staatsrecht und Naturrecht in der Lehre vom Widerstandsrecht des Volkes, Breslau 1916, Neudruck Aalen 1968.

1358 Vgl. etwa A. Kaufmann/L. E. Bachmann (Hrsg.), Widerstandsrecht, Darmstadt 1972, mit umfangreicher Bibliographie, S. 562 ff.; J. Isensee, Das legalisierte Widerstandsrecht, Bad Homburg 1969; H. Schneider, Widerstand im Rechtsstaat, Karlsruhe 1969.

sungsbruch durch ein Staatsorgan. Ziel des berechtigten Widerstandes kann nur die Wiederherstellung oder Sicherung der verfassungsmäßigen Ordnung sein.[1359] Eine solche Lage kann für Richter und Gerichte entstehen, wenn ein Gesetz die Verfassungsordnung, etwa Grundrechtsgewährleistungen, rechtswidrig – also nicht im Wege einer legalen Verfassungsänderung – zu beseitigen sucht.[1360]

In funktionsfähigen rechtsstaatlich organisierten Grundrechtsdemokratien kann für die Gerichte die hier behandelte Extremsituation der Verweigerung des geschuldeten Gesetzesgehorsams als Form des Widerstandes nach Art. 20 Abs. 4 GG nicht entstehen. Die rechtsstaatlichen Verfahrensgewährleistungen, vor allem Art. 100 GG, schließen das aus. Die Gerichte schulden im Rahmen der rechtsstaatlichen Ordnung auch solchen Gesetzen Gehorsam, deren Inhalt sie aus Gewissensgründen nicht billigen, etwa im Bereich der gesetzlichen Regelungen zur Abtreibung (Tötung der Leibesfrucht im Mutterleib), zum Asylrecht, zur Kernenergie oder zur Genforschung und ihrer Anwendung. Der Richter steht dann vor der Frage, ob er aus Gewissensgründen sein Amt aufgeben (passiver Widerstand) oder sich gar zu Handlungen des aktiven Widerstandes entschließen will. Auf Art. 20 Abs. 4 GG kann er sich dafür nicht berufen.[1361] Ein Recht zum Widerstand oder zur Revolution, das nicht der Erhaltung, sondern der Beseitigung oder Änderung der Verfassung dienen soll, läßt sich nicht aus der Verfassung ableiten, die beseitigt werden soll. Solcher Widerstand beschwört in aller Regel vorstaatliches „Naturrecht“, eine höhere Gerechtigkeit oder die „Rechtsidee“.[1362] 976

2. Chancen richterlichen Widerstands. In diesem Zusammenhang ist oft die Frage erörtert worden, ob nicht ein kollektiver richterlicher Widerstand das Unrecht in totalitären Weltanschauungsdiktaturen hätte aufhalten, wenn nicht verhindern können. 977

Widerstand gegen eine bereits etablierte, zur Macht gelangte totalitäre politische Gruppe oder Bewegung mit juristischen Mitteln ist in aller Regel wenig erfolgreich. Die totalitären Machthaber betrachten Justiz, Staatsanwaltschaft und Polizei ausschließlich als Instrumente 978

1359 Vgl. H. D. Jarass, in: H. D. Jarass/B. Pieroth, Grundgesetz, 14. Aufl., München 2016, Art. 20 Rn. 128 ff.

1360 Vgl. etwa Art. 9 Abs. 3 S. 3 GG, der ebenfalls mit der Notstandsnovelle in das Grundgesetz eingefügt wurde.

1361 Dazu vgl. H. Coing, Grundzüge der Rechtsphilosophie, 5. Aufl., Berlin 1993, S. 232 ff. m. Nachw. in Fn. 40.

1362 Vgl. dazu H. Heller, Staatslehre, Leiden 1934, S. 226; Heller war aus dem NS-Staat emigriert und wußte, wovon er schrieb.

ihrer Machterhaltung und -erweiterung. Sie sehen jede leiseste Regung offenen Widerstandes in diesen Bereichen als Angriff auf ihren Machtapparat an und eliminieren die „Angreifer".

979 Es kommt hinzu, daß Richter zwar ein in der staatsrechtlichen Normallage wichtiges und unabhängiges Amt ausüben. Aber anders als etwa Armeeführer, Polizeichefs, Industrielle oder Gewerkschaften (Arbeitskampfaufruf) verfügen sie über keinerlei reale Machtbasis. Der Kampf gegen ein totalitäres Unrechtssystem mit juristischen Mitteln muß, wenn er Erfolgschancen haben soll, vor der „Machtergreifung" geführt werden. Nachher wird er von den Machthabern im Zweifel schnellstens im Keim erstickt. Die Justiz ist kein potentielles Zentrum aussichtsreicher Gegenwehr gegen etablierte Unrechtssysteme.

980 Analysiert man das vorhandene, reichhaltige Rechtsprechungsmaterial aus der Zeit zwischen 1933 und 1945, so hat es in allen Gerichtszweigen Entscheidungen gegeben, die den Wünschen und Tendenzen der NS-Führung etwa nach einer rigorosen Durchsetzung ihrer Rassenpolitik oder der Verdrängung politischer Gegner aus dem Arbeits- und Wirtschaftsleben zuwiderliefen oder diese erkennbar zu bremsen versuchten.[1363] Diese „systemfremde" Rechtsprechung zeigt in der NS-Zeit deutlich die Grenzen richterlichen Widerstandes in etablierten Unrechtsstaaten auf. Der offene Aufstand eines Gerichts gegen die herrschenden Anschauungen der totalitären Machthaber hätte die sofortige Amtsenthebung der betroffenen Richter zur Folge gehabt. Die Richter in etablierten totalitären Systemen, die dem System ablehnend gegenüberstehen, haben also nur die Wahl, entweder ihre Ablehnung zu tarnen und sich im Rahmen einer formal angepaßten Judikatur verdeckte Freiräume gegenläufiger richterlicher Eigenwertungen vorzubehalten oder den Dienst zu quittieren. Beide Wege gefährden nicht den Bestand eines bereits bestehenden totalitären Systems.

981 Richterlicher Widerstand gegen totalitäres Unrecht hat nach allem zwei Funktionsbedingungen. Die erste Voraussetzung ist eine selbstkritische Analyse und Beurteilung des eigenen Tuns und seiner gesell-

1363 Vgl. dazu etwa B. Rüthers, Die unbegrenzte Auslegung, 8. Aufl., Tübingen 2017, S. 233 u. 238ff. sowie 269 mit Hinweisen; H. Schorn, Der Richter im Dritten Reich, Frankfurt/M. 1959, ein Buch mit stark defensiver Tendenz und fraglicher Gesamtwertung; I. Müller, Furchtbare Juristen, Die unbewältigte Vergangenheit unserer Justiz, München 1987, S. 187 mit deutlicher Gegentendenz zu Schorn und einseitiger Tatsachenauswahl.

schaftlichen und politischen Folgen durch die Juristen. Die Richter müssen zweitens erkennen, daß und in welchem Ausmaß sie bereits im bloßen Vollzug gesetzlicher Wertungen, erst recht aber bei Akten der richterlichen Rechtsfortbildung zu rechtspolitischen Funktionsträgern des jeweiligen politischen Systems werden. Richterlicher Widerstand hat – für sich betrachtet – erfahrungsgemäß wenig Aussicht, in etablierten totalitären Staaten eine Systemveränderung zu bewirken.

C. Zusammenfassung zu § 24

I. Korrekturen am Wortlaut oder Berichtigung gesetzlicher Wertungen, die der Verwirklichung gesetzgeberischer Ziele dienen, stellen keine richterlichen Gesetzesabweichungen dar. 982

II. Zu einer Gesetzesabweichung kommt es nur dann, wenn der Richter vom erkannten Normzweck des Gesetzes abweichen will oder wenn er die Anwendung des Gesetzes vollständig verweigert.

III. Die Korrektur gesetzgeberischer Normzwecke ist dann zulässig, wenn sich die Tatsachengrundlagen maßgeblich geändert haben, wenn die Regelungsziele der Gesetzgebung weggefallen sind oder wenn die geltenden Wertvorstellungen grundlegend andere geworden sind.

IV. Bei jeder Korrektur des gesetzgeberischen Normzwecks ist eine Abwägung erforderlich. Das Rechtssicherheitsinteresse der Betroffenen ist gegen die Bedürfnisse des Rechtsverkehrs, Zweckmäßigkeits- und Gerechtigkeitsüberlegungen abzuwägen. Nur wenn für die Änderung der Rechtslage die schwerer wiegenden Gründe sprechen, darf der Richter die Gesetzeskorrektur vornehmen.

V. Im demokratischen Rechtsstaat des Grundgesetzes ist der Aufstand des Richters gegen die Gesetzgebung unzulässig. Das Grundgesetz enthält alle wesentlichen Kriterien der Gerechtigkeit. Hält der Richter ein Gesetz für ungerecht und damit für verfassungswidrig, so ist er nach Art. 100 GG verpflichtet, dem Bundesverfassungsgericht die Norm zur Prüfung vorzulegen.

VI. Richterlicher Widerstand gegen „gesetzliches Unrecht" hat in totalitären Systemen geringe Erfolgschancen. In der Regel ist er auf einen Amtsverzicht des Richters beschränkt.

§ 25. Das Verhältnis zwischen Rechtstheorie und juristischer Methodenlehre

A. Methodentheoretische Erfahrungen aus Systemwechseln

I. Anpassung und Umdeutung als Daueraufgabe der Rechtsanwendung

983 Technische, wirtschaftliche, gesellschaftliche, kulturelle und politische Verhältnisse sind einem ständigen Wandel unterworfen, der auch das geltende Recht nicht unberührt läßt. Es besteht eine systemspezifische Wechselwirkung: Das Recht steuert die genannten Veränderungsprozesse. Gleichzeitig wirken diese Prozesse in vielfältiger Weise auf die Rechtsinhalte ein. Ganze politische Systeme können sich, wie die Beispiele in vielen europäischen Ländern während der Spanne eines Menschenalters zeigen, mehrfach grundlegend ändern. Der verfassungsmäßige neue Gesetzgeber kann auf solche Veränderungen und Umwälzungen in der Regel nur verspätet reagieren. Oft bleibt er längere Zeit völlig untätig. Das führt regelmäßig zu einer Aufgaben- und Rollenverschiebung von der untätigen Gesetzgebung auf die Justiz. Sie ist zu Entscheidungen gezwungen, denn für Gerichte gilt das Rechtsverweigerungsverbot (Rn. 314, 823). Sie mutiert zum „Ersatzgesetzgeber“ und produziert rollengemäß nur „Gesetzgebungsersatz“.

984 Jurisprudenz und Justiz haben im Laufe ihrer Geschichte eine Reihe von Denkfiguren und Instrumenten entwickelt, mit denen das in solchen Lagen komplizierte Verhältnis zwischen Gesetzgebung und Justiz im jeweils systemkonformen Sinne steuerbar gemacht werden soll. Justiz und Rechtswissenschaft werden zu Vorreitern des „verzögerten“ neuen Gesetzgebers. In Zeiten eines radikalen und schnellen Wandels von gesellschaftlichen und politischen Strukturen gewinnen solche Denkfiguren und Umdeutungsinstrumente besondere Bedeutung: Die überkommenen „alten Gesetze“ werden auf rechtspolitisch erwünschte „neue“ Regelungskonzepte entweder umgedeutet oder als „obsolet“, nicht mehr systemgerecht im Sinne der neuen, etablierten Ordnung, verworfen.

985 Die deutschen Systemwechsel von 1918, 1933 und 1945/49 zeigen am Beispiel radikaler Umwälzungen der Verfassungen, aber auch der

Wirtschafts- und Arbeitsrechtsordnungen, die rechtstheoretischen und rechtsmethodischen Instrumente auf, mit denen überkommene Gesetzesordnungen aus abgelebten Verfassungsepochen auf neu etablierte gesellschaftliche und politische Wertetafeln umgedeutet werden können. Besonders bei der Perversion ganzer Rechtsordnungen in totalitären Unrechtssystemen, die – wie im NS-Staat und ähnlich im SED-Staat – überwiegend im Wege unbegrenzter Auslegungen oder besser Einlegungen bewirkt wurden, drängt sich die Frage auf: Wie war das in Ländern mit bewährter Rechtskultur möglich? Aus welchen Antrieben, mit welchen Mitteln wird eine Rechtsordnung von Juristen pervertiert?

Die häufige Wiederkehr solcher Umdeutungsaufgaben für Rechts- **986** wissenschaft und Justiz nach politischen, aber auch technologischen, gesellschaftlichen, wirtschaftlichen und kulturellen Umwälzungen legt eine neue Sicht der Kernaufgaben juristischer Berufe nahe. Die Anpassung und Umdeutung von älteren Gesetzen auf neue Wirklichkeiten kann im Hinblick auf entsprechende Vorgänge in nahezu allen Ländern Europas als eine juristische Daueraufgabe verstanden werden. Nach jedem Systemwechsel entsteht die Frage und Aufgabe, wie die alten Gesetze im Lichte der neuen, jetzt „herrschenden" Wertordnung oder im Hinblick auf neue Faktenstrukturen in Wirtschaft und Gesellschaft, die der historische Gesetzgeber nicht kannte, anzuwenden, anzupassen, umzudeuten oder für unanwendbar zu erklären sind. Es zeigt sich in solchen historischen Prozessen ein funktionaler Zusammenhang zwischen politischen und gesellschaftlichen Strukturveränderungen einerseits, sowie der Rolle des Rechts und der Juristen andererseits.

Das Problem der richterlichen Anpassung, Fortbildung und Um- **987** deutung von Gesetzen ist nicht auf die Ausnahmelage von Verfassungsumbrüchen beschränkt. In und nach solchen Phasen tritt es nur besonders deutlich zutage. Die rasante Veränderungsgeschwindigkeit moderner Gesellschaften löst auch in vielen alltäglichen, unspektakulären und scheinbar unpolitischen Interessenkonstellationen die Frage aus, ob die Wertmaßstäbe, welche die Gesetzgebung beim Erlaß der Rechtsnormen festgelegt hat, die veränderte Lage im Zeitpunkt der Anwendung noch zutreffend erfassen. Das ist zweifelhaft, wenn sich der geregelte Lebensbereich einschneidend verändert hat oder wenn sich die Wertmaßstäbe der heutigen Gesetzgebung gegenüber dem früheren Erlaßzeitpunkt in späteren Regelungen nachweisbar geändert haben. Die richterliche Konkretisierung und Fortbildung des gesetzlichen Rechts auf gewandelte oder ungeregelte Interessenlagen ist eine ureigene, unvermeidbare und unverzichtbare Aufgabe der Gerichtsbarkeit. Sie folgt aus dem Rechtsverweigerungsverbot. Die Rechtsprechung ist dann verpflichtet, den gesetzgeberischen Gestaltungswillen und Regelungszweck (Art. 20 Abs. 3, 97 Abs. 1 GG) in denkendem Gehorsam zu erfüllen.

II. Schleusen neuer Wirklichkeiten für alte Gesetze

988 Als besonders geeignete Instrumente zum Einschleusen neuer Sachverhalte oder veränderter Wertvorstellungen in alte Gesetze und Rechtsordnungen haben sich bestimmte rechtstheoretische und rechtsmethodische Argumentationsmuster erwiesen:[1364]

- die Proklamation einer neuen, universalen „Rechtsidee" oder neuer „Rechtsideale" (Rn. 916 ff.);
- die Konstruktion neuer Rechtsquellen mit einem Vorrang vor bestehenden Gesetzen (Rn. 555 f.);
- die Ausfüllung von Generalklauseln und unbestimmten Rechtsbegriffen mit neu etablierten weltanschaulichen Wertvorstellungen (Rn. 836 f.);
- die Suche und Feststellung von Rechts- und Gesetzeslücken nach dem Maßstab neuer rechtspolitischer Wert- und Zielvorstellungen (Rn. 873 ff.);
- die Proklamation der Normativität konkreter (rechtspolitisch erwünschter) Wirklichkeiten. Konkrete Lebensordnungen sollen danach ihr Recht in sich selbst tragen. Dazu gehören das „konkrete Ordnungsdenken", das „Wesen" von Einrichtungen, die „Natur von Sachen" und die Lehre vom „Typus" (Rn. 184, 557 ff., 919 ff., 930 ff.);
- die Konstruktion neuer Begriffslehren und neuer vorrangiger Rechtsgrundbegriffe sowie „objektiv-teleologischer" Prinzipien. Das vorrangige und selbständige Sein der Begriffe und Prinzipien bestimmt danach in Zweifelsfällen den Rechtsinhalt (Rn. 757);
- eine zu weit verstandene „systematische Auslegung" (Rn. 755a ff.), etwa unter Berufung auf angebliche allgemeine Rechtsgrundsätze und Prinzipien, oder in Form einer sog. systemkonformen Auslegung, also bestimmte Spielarten (scheinbar) verfassungs-, europarechts- und völkerrechtsgeleiteter „Auslegungen" (Rn. 762a ff.).

1364 Zu möglichen „Topoi verdeckter Rechtsfortbildungen im Zivilrecht" siehe die Analyse von Ch. Fischer, Tübingen 2007, S. 273 ff., 546 ff., 561 ff.

– die sog. objektiv-teleologische Gesetzesauslegung, die den subjektiven rechtspolitischen Vorstellungen der Rechtsanwender und des jeweiligen Zeitgeistes weite Gestaltungsspielräume eröffnet (Rn. 796 ff., 801 ff.).

Die methodengeschichtlichen Erfahrungen zeigen: Wenn die vor- 989 genannten Argumentationsfiguren und Methodeninstrumente eingesetzt werden, handelt es sich in aller Regel nicht um Gesetzesauslegung, sondern um eine als Auslegung getarnte rechtspolitische Normsetzung der Rechtsanwender. Die äußere Form der Argumentation suggeriert zwar, dieses Verfahren sei eine wissenschaftlich besonders qualifizierte Form der Rechtsanwendung. Der Sache nach geht es jedoch meist darum, bestehende Gesetze entweder interpretativ umzudeuten oder ihre geltenden Wertmaßstäbe durch richterliche Eigenwertungen zu verdrängen.

Solche Korrekturen oder Vereitelungen der ursprünglichen Norm- 990 zwecke durch die Gerichte können unter bestimmten engen Voraussetzungen gerechtfertigt, ja in denkendem Gehorsam gegenüber der Gesetzgebung und der Gesamtrechtsordnung sogar geboten sein. Aber gerade dann ist die Offenlegung der richterlichen Gesetzesabweichung ein Gebot der Methodenehrlichkeit. Wo diese Instrumente bei der Rechtsanwendung eingesetzt werden, ist also erhöhte methodische Aufmerksamkeit geboten: Welche rechtspolitischen Ziele werden mit welchen Begründungen aus der geltenden Rechtsordnung verfolgt? Das gilt besonders für Entscheidungen des Bundesverfassungsgerichts, mit denen verfassungsgesetzliche Garantien aufgehoben oder verändert werden.[1365] Richterliche Verfassungsänderungen im Wege einer vermeintlichen Verfassungsfortbildung verstoßen gegen Art. 79 des Grundgesetzes (Rn. 964a). Dabei geht es nicht mehr um Auslegung der Verfassung, sondern um Einlegung richterlicher Eigenwertungen.

Die Methodenehrlichkeit der Gerichte ist eine Bedingung ihrer Verfassungstreue und die grundlegende Voraussetzung der richterlichen Unabhängigkeit. Die Erziehung dazu ist eine Kernaufgabe der Juristenausbildung.

1365 B. Rüthers, Die heimliche Revolution vom Rechtsstaat zum Richterstaat, 2. Aufl., Tübingen 2016, S. 109–138 und S. 155–162, jeweils m. Nachw.

B. Juristische Methodenlehre als Schranke gegen Rechtsperversionen?

I. Aufgaben und Grenzen der Methodenlehre

991 Die dramatischen Methodenerfahrungen im vergangenen Jahrhundert führen zu der Frage: Welche Rolle spielen juristische Methoden bei der interpretativen Inhaltsänderung, ja Umdeutung von ganzen Rechtsordnungen?

Die juristische Methodenlehre entwickelt, wenn sie auf ihre Funktionsweisen hin analysiert wird, Theorien der konkreten Wertverwirklichung. Die juristischen Methoden der Rechtsanwendung sind Theorien formaler Verwirklichung materialer, von der Gesetzgebung vorgegebener Wertentscheidungen.[1366] Eine formale Rechtsanwendungsmethode kann auf Rechtsordnungen mit sehr verschiedenen Wertgrundlagen angewendet werden. Sie erlaubt es, die jeweiligen Werte und Ziele einer Rechtsordnung an die sich wandelnden gesellschaftlichen Verhältnisse einer Rechtsgemeinschaft anzupassen. Die Rechtsanwendung hat also primär eine dienende Funktion. Sie verwirklicht die Wertmaßstäbe der jeweiligen Gesamtrechtsordnung.[1367]

992 Die Umdeutung ganzer Rechtsordnungen in totalitären Systemen, etwa im NS-Staat und im SED-Staat, hat zu der Frage geführt: Kann die juristische Methodenlehre wirksame Schranken gegen die durch Auslegung bewirkte Perversion der Rechtsordnung errichten? Die Antwort lautet: Nein. Das Methodenbewußtsein macht die Risiken richterlicher Umdeutungen des Rechts nur frühzeitig erkennbar. Eine sichere Schranke dagegen bietet die Methodenlehre nicht. Als formale Theorie der Verwirklichung vorgegebener materialer Wertmaßstäbe verfügt sie selbst nicht über die Kriterien, die es erlauben, formell gültig erlassene Rechtsvorschriften in „gerechte“ (also anwendbare) und „ungerechte“ (also nicht anwendbare) zu unterscheiden. Dazu sind materiale, übergesetzliche Maßstäbe erforderlich, die aus der Rechtsphilosophie, der Kulturtradition oder der Religion, nicht aber von der juristischen Methodenlehre begründet werden können.

1366 Nachw. bei B. Rüthers, Die unbegrenzte Auslegung, 8. Aufl., Tübingen 2017, S. 434 ff.

1367 Vgl. ähnlich J. Schmidt, Die Neutralität der Rechtstheorie gegenüber der Rechtsphilosophie, Rechtstheorie 2 (1971), 95 ff.

Anders als die Rechtsphilosophie verfügt die juristische Methodenlehre nicht über materiale Kriterien der Gerechtigkeit. Sie ist daher schon von ihrem Erkenntnisgegenstand her (Methoden der Rechtsanwendung) ungeeignet, wirksame Schranken gegen die Verwirklichung formell gültiger Rechtsvorschriften in Verwaltung und Justiz zu errichten. Die im Gesetzgebungsverfahren verbindlich gewordene „Gerechtigkeitsvorstellung" der Normsetzer ist methodisch auf ihre Inhalte hin nicht kontrollierbar. Als Theorie der praktischen Rechtsanwendung ist die juristische Methodenlehre auf die **Verwirklichung,** nicht auf die **Abwehr** der in der Rechtsgemeinschaft normativ verfestigten Rechts- und Wertvorstellungen gerichtet. 993

Diese ihre typische Verwirklichungs- und Dienstfunktion erfüllt sie auch dann, wenn die Rechtsideale der jeweiligen Machthaber (= Normsetzer) als abwegig, ja als pervers bezeichnet werden müssen. Das wird durch den Verlauf der Rechtsentwicklung und der Rechtspraxis in den totalitären Systemen der jüngeren Vergangenheit bestätigt. Die Rechtsanwender haben bei dem Versuch, mit methodischen Mitteln erwünschte Gerechtigkeiten zu erschließen, häufig unbestimmte, generalklauselartige Begriffe verwendet, etwa die „Rechtsidee", das „Naturrecht", die „Natur der Sachen", „allgemeine Rechtsgrundsätze" oder „fundamentale Interessen". Sprachsoziologisch gesehen handelt es sich dabei jeweils um Leerformeln, die von ihren Verwendern in der Regel mit den materialen Wertüberzeugungen der jeweiligen Epoche gefüllt („konkretisiert") werden.

Gegen diese Funktionsanalyse der juristischen Methodenlehre kann eingewendet werden, durch sie erhalte die Rechtspraxis in Unrechtssystemen eine methodische Rechtfertigung. Der Einwand trifft zu. Die Geschichte lehrt: Vorhandene Normsetzungsmacht schafft staatliches Recht. Wer den totalitären Mißbrauch und die Perversion einer Rechtsordnung verhindern will, darf das Heilmittel nicht von einer unrechtsverhindernden Methodenlehre erwarten. Die gibt es nicht. Mit methodischen Instrumenten kann gesetzlich angeordnetes Unrecht in den Anwendungsergebnissen allenfalls gemildert, nicht aber verhindert werden. Den Gerichten bleibt bei vielen wertbezogenen Einzelakten der Rechtsanwendung ein erheblicher Beurteilungsspielraum. So erklärt sich das vielfach zu beobachtende Phänomen, daß dasselbe Sachproblem am Maßstab derselben Rechtsnorm gemessen, von verschiedenen Gerichten auch bei methodentreuer Auslegung unterschiedlich beurteilt werden kann. In den richterlichen Beurteilungsspielräumen setzen sich oft zeitgebundene und wandelbare 994

Gerechtigkeitsvorstellungen der gerichtlichen Spruchkörper durch. Dabei zeigt sich häufig eine Alternative: Die Gerichte können bereitwillig, nicht selten im Zuge eines vorauseilenden Gehorsams, den Wünschen neuer politisch etablierter Wertvorstellungen in ihren Entscheidungen Geltung verschaffen. Das kann so weit gehen, daß Justiz und Rechtswissenschaft als „Motoren" bei der Umkehrung einer ganzen Rechtsordnung im Sinne einer neuen, politisch zu Macht gelangten Weltanschauung mitwirken. Sie können andererseits eine totalitäre Gerechtigkeitsdoktrin, auch wenn diese bereits politisch etabliert ist, in der rechtspraktischen Durchsetzung hemmen, indem sie auf entgegengesetzte Wertmaßstäbe im überkommenen Normengefüge Bezug nehmen, widersprüchliche Positionen im neuen Wertsystem hervorheben („Rechtsstaatlichkeit", „sozialistische Gesetzlichkeit") oder Verfahrensrügen vorbringen. Solchen hinhaltenden Widerstand hat es in beiden deutschen Diktaturen gegeben.

995 Dieser hemmende Einfluß der Gerichte wie der Rechtswissenschaft bei der Perversion von Rechtsordnungen in totalitären Diktaturen bleibt jedoch erfahrungsgemäß gering und nur beschränkt wirksam. Es ist daher ein Mißverständnis der realen Funktionen und Möglichkeiten einer juristischen Methodenlehre, von ihr materiale Aussagen zum Gerechtigkeits- oder Unrechtsgehalt formell gültig erlassener Rechtsnormen zu erwarten. Totalitäre Unrechtssysteme lassen sich mit methodischen Mitteln weder verhindern noch beseitigen.

II. Methodenbewußtsein als Umdeutungsbremse

996 Die kritische Funktion der juristischen Methodenlehre wird deutlich, wenn sie die geschichtlichen Erfahrungen ihres Wirkens im Wechsel der Verfassungen und der politischen Systeme einbezieht. Eine Methode, welche die Erforschung der Entstehungsgeschichte und der ursprünglichen Zwecke von Rechtsnormen zum Ausgangspunkt jeder Rechtsanwendung macht, konfrontiert den Rechtsanwender unvermeidbar mit beabsichtigten Abweichungen von den ursprünglichen Zielen der Gesetzgebung. Er wird sich der Abkehr von der Gesetzgebung und damit des Wechsels der Wertungen bewußt. Er muß begründen, warum er abweicht, warum er seine neuen statt der gesetzlichen Wertmaßstäbe zur Geltung bringt. Er sieht, daß er eine Umwertung des Rechts vornimmt. Wer dagegen darauf verzichtet, den feststellbaren Normzweck der Gesetzgebung aufzuhellen, setzt damit bewußt zum methodischen „Blindflug" an. Er verzichtet darauf, mögliche Abweichungen vom Willen der Gesetzgebung zu erkennen. Die richterliche Deutung eines angeblich objektiv-vernünftig ausgelegten Gesetzeswortlauts führt zur vorbehaltlosen Vorherrschaft des jeweilig etablierten Zeitgeistes und der subjektiven Wertüberzeugungen des Interpreten. Das ist einer der Gründe, warum methodische Analysen nach dem Zusammenbruch politischer Systeme bei deren Funktionsstäben wenig beliebt sind.

Der Verstärkung des historisch angereicherten juristischen Metho- 997
denbewußtseins kommt eine oft unterschätzte rechtspraktische und verfassungspolitische Bedeutung zu. Eine Wissenschaft wird in der Zuverlässigkeit ihrer Erkenntnisse und in der gesellschaftlichen Nützlichkeit ihrer Leistungen maßgeblich von ihrer Fähigkeit und Bereitschaft bestimmt, ihre eigenen Schwachstellen und Fehlleistungen zu erkennen und zu korrigieren. Hier liegt eine der Hauptaufgaben der juristischen Methodenlehre. Sie zeigt im Aufriß und in der Analyse der juristischen Methodenpraxis über die Epochen hinweg an, mit welchen Instrumenten welche Wirkungen auf die Rechtsinhalte und ihre praktische Durchsetzung erzielt werden können. Jeder juristischen Entscheidung mit sozialgestaltenden Wirkungen muß als methodisches Gebot eine Folgenabwägung vorausgehen. Die Methodenlehre kann damit ein wirksames Kontrollinstrument für das Selbstverständnis und die Funktionsweisen aller rechtsanwendenden Berufe sein. Über die Sachgerechtigkeit, Angemessenheit oder gar „Richtigkeit" der Rechtsinhalte kann sie nur formale Aussagen – etwa im Sinne des Gebotes der Widerspruchsfreiheit – machen. Auch eine perfekte juristische Methodenlehre ist und bleibt wertneutral. Sie ist also ein Instrument der effizienten Umsetzung von Rechtsnormen in gesellschaftliche und politische Wirklichkeit. Sie dient damit der Umsetzung von Wertentscheidungen, die ihr von der jeweiligen Gesetzgebung vorgegeben werden. Über die materiale moralische Qualität dieser Werte sagt sie nichts aus. Die Methodenlehre bestimmt die Qualität der **Anwendung** des Rechts. Gegenüber der Qualität der Rechts**inhalte** ist sie weitgehend neutral.

Die juristische Methodenlehre behandelt vor allem die sachgerechte, verfassungsgemäße Anwendung des Rechts. Gründliche Kenntnisse ihrer Kernfragen und Erkenntnisse sind die Voraussetzung für die wissenschaftliche Arbeit in allen juristischen Berufen.

Die weitgehende Ausklammerung der Methodenlehre und der Methodengeschichte aus der deutschen Juristenausbildung hat verhängnisvolle Auswirkungen auf die Fachkompetenz der juristischen Eliten bis in die obersten Bundesgerichte. Dasselbe gilt für die Marginalisierung der übrigen juristischen Grundlagenfächer (Rechtsgeschichte, Rechtsphilosophie, Rechtssoziologie). Eine sich in einigen Landesjustizministerien abzeichnende Neigung, das „Bologna-Modell" der Verschulung und Verkürzung des akademischen Studiums administrativ gegen deren Widerstand auf die juristischen Fakultäten zu übertragen, würde diese Misere und den Qualitätsverlust der deutschen Juristenausbildung noch steigern.

C. Unverzichtbarkeit der Grundwerte

998 Eine auf Methodenprobleme reduzierte Rechtstheorie würde einem Navigator ähneln, der über ausgezeichnete Meßinstrumente und Rechnergeräte verfügt, aber nicht über verläßliche Fixpunkte (Funkfeuer, Leuchttürme, Sterne), um seinen Standort, seinen Kurs und sein Ziel zu bestimmen. Die Frage, wo und wie Rechtswissenschaft und Rechtspraxis eine verläßliche Verankerung der Rechtsinhalte und Maßstäbe für die Kontrolle ihrer Entwicklung finden können, ist unabweisbar. Es geht dabei um die Grundwerte der Rechtsordnung und um die Grundlagen ihrer Geltung. Hier liegen die Aufgaben der Rechtsphilosophie. Für jeden einzelnen Juristen geht es um die Frage nach dem Sinn, den Folgen und der Verantwortbarkeit seines juristischen Tuns (Rn. 617ff.).

Der in der Bundesrepublik weitgehend vollzogene Wandel vom „Rechtsstaat" (im herkömmlichen Sinne des Gesetzesstaates) zum „Richterstaat" fordert eine Besinnung auf die Grundfragen von Recht und Staat. Dieser Wandel hat den Rechtsbegriff, die Rangfolge der Rechtsquellen und damit das Gefüge der Machtverteilung in der Verfassung nachhaltig verändert.[1368] Die Tragweite dieser Veränderungen für das gesamte Gemeinwesen und besonders für Justiz, Jurisprudenz und Exekutive wird nur zögernd erkannt.

999 Entscheidend ist der unlösbare Wertbezug des Rechts. Jeder Rechtsordnung liegt eine bestimmte Wertordnung zugrunde. Jede einzelne Rechtsnorm geht auf ein Werturteil der Normgeber zurück. Die viel beschworene Gesamtrechtsordnung ist ein ideal postuliertes einheitliches System gesetzlich und richterrechtlich festgelegter Wert-

---

1368 B. Rüthers, Die heimliche Revolution vom Rechtsstaat zum Richterstaat, 2. Aufl., Tübingen 2016, S. 163–169.

maßstäbe und Gebote für menschliches Verhalten (Rn. 744 ff.).[1369] Die Antworten der Rechtsphilosophie auf die Frage nach den juristischen Grundwerten haben im Laufe der Geschichte gewechselt. Wertfragen lassen sich nicht mit intersubjektiv zweifelsfreien, wissenschaftlichen Argumenten eindeutig beantworten. Die Geltung von Grundwerten beruht auf bejahter „Vernünftigkeit", auf Glauben, Vertrauen oder Akzeptanz in einem unterschiedlich motivierten und intensiven, weltanschaulich begründeten Konsens der Mehrheit einer Rechtsgemeinschaft. Das ist die notwendige Grundlage für die Stabilität und Dauerhaftigkeit des Staates (vgl. Rn. 46). Die vielfältigen Erklärungen der Menschen- und Bürgerrechte seit dem ausgehenden 18. Jahrhundert bis in die Gegenwart haben zu strukturähnlichen Grundrechtskatalogen der Verfassungen nahezu aller zivilisierten Staaten geführt. Das weist auf eine Konvergenzbewegung des Rechtsbewußtseins der Kulturnationen in Fragen der Grundwerte hin. Vor dem Hintergrund dieser wachsenden gemeinsamen Überzeugungen in Fragen der Menschenrechte und der Grundwerte ist auch die Errichtung eines unabhängigen internationalen Strafgerichtshofes für Menschenrechtsverletzungen und Kriegsverbrechen zu sehen.[1370]

Die Ereignisse in den totalitären Systemen der Vergangenheit und 1000
Gegenwart, die Erfahrungen mit den furchtbaren Verbrechen, die auch im Namen des Rechts begangen wurden und werden, nicht zuletzt die Geschehnisse im Nahen Osten und in Nordafrika zeigen anschaulich: Eine Rechtsordnung, eine Rechtswissenschaft und eine Justiz, welche sich ihrer Verankerung in einer mehrheitlich akzeptierten, auf Dauer angelegten, materialen Wertordnung mit unverzichtbaren Grund- und Menschenrechten nicht bewußt sind, werden zum Manipulationsinstrument der jeweiligen Machthaber. Vermeintlich wertfreies oder wertneutrales Recht sowie eine entsprechende Justiz und Jurisprudenz sind wie Wetterfahnen im Wind des Zeitgeistes der jeweils Herrschenden. Eine Rechtstheorie ohne Aussagen zu den Wertgrundlagen des Rechts verfehlt ihren Gegenstand.

1369 Vgl. B. Rüthers, Rechtsordnung und Wertordnung, Konstanz 1986, S. 19 ff.
1370 K. Ambos, Der neue Internationale Strafgerichtshof – ein Überblick, NJW 1998, 3743 ff.

Namensverzeichnis

(Die Zahlen verweisen auf die Randnummern)

Stichwortverzeichnis

(Die Zahlen verweisen auf die Randnummern)

Gesetz und Recht 711

Schriften der Verfasser zur Rechtstheorie

Bernd Rüthers:
- Rechtsordnung und Wertordnung –
  Zur Ethik und Ideologie im Recht, Konstanz 1986
- Wir denken die Rechtsbegriffe um … Weltanschauung als Auslegungsprinzip, Zürich 1987
- Ideologie und Recht im Wandel der Systeme, München 1992
- Entartetes Recht –
  Rechtslehren und Kronjuristen im Dritten Reich, 3. Aufl., dtv-wissenschaft (C. H. Beck-Verlag), München 1994
- Carl Schmitt im Dritten Reich, 2. Aufl., C. H. Beck-Verlag, München 1990
- Das Ungerechte an der Gerechtigkeit –
  Defizite eines Begriffs, 3. Aufl., Tübingen 2009
- Die Wende-Experten –
  Zur Ideologieanfälligkeit geistiger Berufe am Beispiel der Juristen, C. H. Beck-Verlag, München 1995
- Geschönte Geschichten –
  Geschonte Biographien/Sozialisationskohorten in Wendeliteraturen, Tübingen 2001
- Die unbegrenzte Auslegung, 8., um ein Nachwort erweiterte Aufl., Tübingen 2017
- Toleranz in einer Gesellschaft im Umbruch, Konstanz 2005
- Verräter, Zufallshelden oder Gewissen der Nation? –
  Facetten des Widerstandes in Deutschland, Tübingen 2008
- Die heimliche Revolution vom Rechtsstaat zum Richterstaat, 2. Aufl., Tübingen 2016
- Wider den juristischen Zeitgeist, Aufsätze von 1964 bis 2015, hrsg. von Martin Henssler und Clemens Höpfner, Tübingen 2017
- Deutsche Funktionseliten als Wende-Experten? –
  Erinnerungskulturen im Wandel der Systeme und Ideologien 1933, 1945/1949 und 1989, Konstanz 2017

Christian Fischer:
- Topoi verdeckter Rechtsfortbildungen im Zivilrecht, Tübingen 2007.